(Se) Raconter des histoires :
Histoire et histoires
dans les littératures francophones du Canada

Du même auteur

Hotte, Lucie, et Johanne Melançon (dir.), *Introduction à la littérature franco-ontarienne*, Sudbury, Éditions Prise de parole, 2010, 279 p.

Hotte, Lucie et Guy Poirier (dir.), *Habiter la distance*, Sudbury, Éditions Prise de parole, 2009, 191 p.

Hotte, Lucie et Johanne Melançon (dir.), *Thèmes et variations. Regards sur la littérature franco-ontarienne*, Sudbury, Éditions Prise de parole, 2005, 393 p.

Hotte, Lucie (dir.), avec Louis Bélanger et Stefan Psenak, *La littérature franco-ontarienne : voies nouvelles, nouvelles voix*, Ottawa, Le Nordir, 2002, 280 p.

Cardinal, Linda et Lucie Hotte (dir.), *La parole mémorielle des femmes*, Montréal, Éditions du remue-ménage, 2002, 200 p.

Hotte, Lucie, *Lecture du roman, romans de la lecture, L'inscription de la lecture*. Québec, Nota Bene, 2001, 186 p.

Hotte, Lucie et François Ouellet (dir.), *La littérature franco-ontarienne. Enjeux esthétiques*, Hearst, Le Nordir, 1996, 139 p.

Hotte, Lucie (dir.), *La problématique de l'identité dans la littérature francophone du Canada et d'ailleurs*, Hearst, Le Nordir, 1994, 152 p.

(Se) Raconter des histoires :
Histoire et histoires
dans les littératures francophones du Canada

Sous la direction de
Lucie Hotte

COLLECTION AGORA
Éditions Prise de parole
Sudbury 2010

Catalogage avant publication de Bibliothèque et Archives Canada

(Se) raconter des histoires / sous la direction de Lucie Hotte.

(Agora)

Comprend des réf. bibliogr.

ISBN 978-2-89423-253-8

1. Littérature canadienne-française — Histoire et critique. I. Hotte, Lucie II. Titre: Raconter des histoires. III. Collection: Collection Agora (Sudbury, Ont.).

PS8073.S43 2010   C840.9   C2010-905684-1

Distribution au Québec: Diffusion Prologue • 1650, boul. Lionel-Bertrand • Boisbriand (QC) J7H 1N7 • 450-434-0306

 Ancrées dans le Nouvel-Ontario, les Éditions Prise de parole appuient les auteurs et les créateurs d'expression et de culture françaises au Canada, en privilégiant des œuvres de facture contemporaine.

La maison d'édition remercie le Conseil des Arts de l'Ontario, le Conseil des Arts du Canada, le Patrimoine canadien (programme Développement des communautés de langue officielle et Fonds du livre du Canada) et la Ville du Grand Sudbury de leur appui financier.

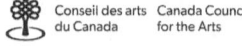

La collection « Agora » publie des études en sciences humaines sur la francophonie, en privilégiant une perspective canadienne.

Conception de la page de couverture et mise en pages: Olivier Lasser

Tous droits de traduction, de reproduction et d'adaptation réservés pour tous pays. Imprimé au Canada.

Copyright © Ottawa, 2010
Éditions Prise de parole
C.P. 550, Sudbury (Ontario) Canada P3E 4R2
http://pdp.recf.ca

ISBN 978-2-89423-253-8

L'auteure souhaite remercier le Conseil de recherche en sciences humaines du Canada (CRSH) pour son appui financier, sans lequel cet ouvrage n'aurait pu être publié.

RACONTER DES HISTOIRES

Lucie Hotte
Chaire de recherche sur les cultures et
les littératures francophones du Canada
Université d'Ottawa

Raconter des histoires est le propre de l'être humain, soutient Nancy Huston dans son essai *L'espèce fabulatrice*. En effet, dit-elle, puisque nous tentons constamment de donner un sens à notre vie et à tout ce qui nous entoure, nous construisons inévitablement des récits pour expliquer ce que nous ne comprenons pas vraiment, pour commémorer notre passé et pour imaginer notre futur. Dans cette vaste tentative de « doter, par [nos] fabulations, le réel de Sens[1] », le roman — la fiction, pourrions-nous dire — apparaît, selon elle, au moment « où la survie est garantie. Dès que leur survie est en jeu, les humains ont tendance à adhérer sans réserve aux fictions qui sous-tendent et renforcent leur identité[2] ». Noah Richler rappelle, dans son livre *This Is My Country, What's Yours? A Literary Atlas of Canada*, que pour l'écrivain britannique Bruce Chatwin l'être humain a commencé à raconter des histoires afin de rester éveillé et vigilant lorsque de garde au bord du feu. Pour lui, « *"Man is a talking animal, a*

---

[1] Nancy Huston, *L'espèce fabulatrice*, Paris / Montréal, Actes Sud / Leméac, « Un endroit où aller », 2008, p. 17.
[2] *Ibid.*, p. 177.

*storytelling animal" that "talked his way out of extinction, and that is what talk is for*³" ». J. Edward Chamberlin, pour sa part, ouvre sa réflexion dans *If This Is Your Land Where Are Your Stories?* en racontant l'anecdote d'une rencontre entre des Amérindiens de la côte de la Colombie-Britannique et des représentants du gouvernement qui venaient prendre possession des terres au cours de laquelle un vieil Amérindien souleva la question, fondamentale pour eux, qui donne son titre à l'essai de Chamberlin. Cet échange illustre, pour Chamberlin, le fait incontestable que «*stories give meaning and value to the places we call home; [...] they bring us close to the world we live in by taking us into a world of words; [...] they hold us together and at the same time keep us apart*⁴». Ainsi, pour ces essayistes, raconter des histoires est au cœur même de l'activité humaine, voire de la condition humaine, et essentiel à la survie de l'espèce.

Bien que nous nous racontions des histoires depuis la nuit des temps, celles-ci se sont transformées au cours des âges. Les plus anciennes sont sans aucun doute les mythes, les contes et les légendes, qui, même dans leur forme orale, permettaient de conserver l'histoire de la communauté, d'expliquer les phénomènes naturels incompris et évidemment de divertir. La littérature est le reposoir de nos histoires modernes. De la tradition orale, des récits racontés au coin du feu, aux romans postmodernes, les histoires ont pris des formes bien différentes et ont abordé des thématiques diversifiées. Il n'en est pas autrement des œuvres qui forment le corpus littéraire francophone au Canada : elles cherchent elles aussi à divertir, à instruire, à préserver pour les générations futures l'Histoire de la communauté dans des formes narratives, poétiques et dramatiques toujours renouvelées. Aussi, cet ouvrage vise à explorer les formes adoptées par les histoires que racontent les auteurs francophones du Canada, leurs modalités narratives ou génériques et les thèmes qui y sont abordés. Certains des articles

---

³ Bruce Chatwin cité par Noah Richler, *This Is My Country, What's Yours? A Literary Atlas of Canada*, Toronto, McClelland & Stewart, 2006, p. 65.

⁴ J. Edward Chamberlin, *If This Is Your Land, Where Are Your Stories? Finding Common Ground*, Toronto, Vintage Canada, 2004, p. 1.

qui le composent étudient les liens qui unissent les histoires que l'on raconte à l'Histoire — cette Histoire qui témoigne du passé d'une communauté voire de l'humanité — ou aux histoires personnelles ou familiales, d'autres se penchent plutôt sur la forme narrative que prennent les récits.

Au fondement de cet ouvrage était le désir de réunir des chercheurs — de partout dans le monde — qui s'intéressent aux histoires racontées par les écrivains francophones du Canada afin d'en saisir la diversité, mais aussi de faire ressortir certaines récurrences, certains thèmes de prédilection, certains courants littéraires. Le défi a été relevé avec brio puisque l'ouvrage comprend 33 articles, d'auteurs venant de divers horizons, qui analysent les écrits franco-canadiens à partir de grilles d'analyse variées. Le livre offre ainsi tant aux spécialistes de la littérature — professeurs, chercheurs, étudiants —, qu'à ceux œuvrant dans des domaines connexes tels que la communication, la sociologie, l'histoire, le folklore, qu'aux amateurs de fiction bien ciselée l'occasion de mieux connaître la littérature francophone du Canada, de découvrir des œuvres méconnues, d'explorer des époques littéraires moins fréquentées et de prendre conscience de la prégnance de certains thèmes, de certains courants littéraires et même de structures narratives innovatrices. Les articles portent, on l'aura compris, sur ce qui constitue l'essence même de la littérature : les histoires que l'on raconte. Ils sont donc aussi variés que les textes qu'ils étudient, tant dans les œuvres qu'ils abordent (l'époque, le genre, les thématiques) que dans les approches critiques privilégiées pour les analyser. Ils sont regroupés en sept parties en fonction d'éléments variés soit génériques (le théâtre, les contes et chansons), géographiques (l'Acadie ou l'Ouest canadien) ou narratifs (le temps, l'espace, l'écriture au féminin). Il existe bien sûr des recoupements transversaux que la lectrice et le lecteur pourront opérer en cours de lecture : un article qui se trouve dans la section portant sur le théâtre peut aborder aussi des questions narratives dans un texte de l'Ouest canadien !

La première partie du livre porte sur des formes génériques plus « anciennes » et plus nettement tributaires de la tradition orale dans leurs incarnations « modernes », soit la chanson et le conte. Les deux premiers textes, celui de Jean Levasseur ainsi que celui d'Annette Chrétien et Robert Papen, abordent la chanson telle qu'elle se pratiquait au XIXᵉ siècle alors que le tout dernier texte de cette section, celui de Robert Proulx, examine comment un groupe québécois contemporain, Mes aïeux, revisite la tradition orale. Johanne Melançon et Emir Delic se penchent pour leur part sur la variante moderne des contes traditionnels. La première étudie comment une série d'émissions radiophoniques s'inspire de l'art traditionnel de conter des histoires alors que le second analyse le conte urbain en Ontario français.

La deuxième partie du livre aborde un autre genre : le théâtre, qui est, après les chansons et les contes, le genre le plus ancien pratiqué au Canada français puisque la première représentation théâtrale, celle du *Théâtre de Neptune* de Marc Lescarbot, remonte à 1606. Bien que les textes ici réunis ne remontent pas aussi loin dans le temps, ils dressent malgré tout un portrait éclairant du théâtre contemporain francophone du Canada. Jane Moss signe un survol magistral de l'évolution du drame historique dans les théâtres francophones du Canada. Les autres chapitres se penchent plutôt sur des questions d'identité, de langue et de minorisation dans le théâtre de l'Ouest canadien. Lise Gaboury-Diallo examine les enjeux identitaires dans la dramaturgie franco-manitobaine alors que Louise Ladouceur et Nicole Nolette s'intéressent à des questions de langue. Si Louise Ladouceur aborde la question du bilinguisme tel qu'il est mis en scène dans le théâtre de l'Ouest canadien depuis quelques années, Nicole Nolette analyse, pour sa part, les enjeux propres au surtitrage à l'occasion de la représentation de la pièce bilingue *Boom!* d'Isabelle Rousseau, Anna-Maria Lemaistre et Mireille Moquin au Festival de théâtre Fringe 2007 à Edmonton. La section se clôt sur l'article de Nicole Côté, qui propose une lecture des différentes formes que prend la minorisation (mais pas exclusivement liée à la question linguistique) dans la pièce *L'année du Big Mac* de Marc Prescott.

La troisième partie, « L'Acadie en histoires », est consacrée à la littérature acadienne, ou, dans le cas de l'article d'Yvan Lepage, à la représentation de l'Acadie. L'article de Raoul Boudreau aurait pu servir d'introduction à ce livre puisqu'il y propose une réflexion sur les particularités des littératures francophones du Canada afin de déterminer s'il y a lieu de les aborder de façon spécifique. Ces réflexions sont par la suite utilisées pour étudier l'œuvre d'Herménégilde Chiasson. Yvan Lepage se penche, pour sa part, sur le projet de drame lyrique — inspiré de la Déportation des Acadiens et du poème *Evangeline* de Henry W. Longfellow — auquel a songé Félix-Antoine Savard pendant plus de 60 ans. Les trois articles suivants s'intéressent à des œuvres contemporaines de l'Acadie. Ceux de Robert Viau et Denis Bourque portent sur l'œuvre d'Antonine Maillet. Alors que Robert Viau présente un survol de l'ensemble de l'œuvre de Maillet, Denis Bourque s'attarde plutôt à deux romans, *Pélagie-la-Charrette* et *Cent ans dans les bois*, afin d'y analyser la réécriture de trois grands récits fondateurs de l'Acadie, les récits sur les Origines, sur la Déportation et le retour ainsi que celui sur la Renaissance acadienne au XIXe siècle. Cette section sur la littérature acadienne se clôt avec l'article de Julia Morris-von Luczenbacher, qui étudie le rapport à l'autre et l'ouverture sur le monde dans *Sacrée montagne de fou* d'Ulysse Landry.

«Histoires du Far-Ouest» regroupe quatre articles portant sur la littérature de l'Ouest canadien. Dans le premier, Paul Dubé, par une analyse formelle du roman *La grotte* de Jean-Pierre Dubé, illustre comment certaines thématiques (la famille, la religion, la sexualité) ne sont pas nécessairement abordées en fonction des ornières traditionnelles de l'ethnographie, mais donnent naissance à un récit qui devient «une sorte de métaphore dont le déploiement dans et par sa forme renvoie à une violente critique, nietzschéenne, d'un aspect charnière de notre culture canadienne-française et de notre civilisation occidentale: la négation du corps et, par extension, la négation du sujet lui-même». Si Paul Dubé montre que les littératures minoritaires ne servent pas nécessairement à raconter l'Histoire de la collectivité, il n'en demeure pas moins que certains textes ont ce but. C'est le cas des trois témoignages qu'analyse Pierre-Yves Mocquais. En effet, Denys Bergot dans

Réminiscences d'un pionnier, Gaston Giscard dans *Dans la prairie canadienne* et François-Marie Rohel dans l'entrevue que Carmen Roy, alors du Musée de l'homme, a réalisée avec lui en 1970 contribuent «à construire une certaine Histoire des premiers colons de langue française de l'Ouest canadien». Pamela Sing s'intéresse elle aussi à des récits fondateurs. Elle propose, dans son article, des prolégomènes à l'analyse de la réécriture des contes par les écrivains francophones de l'Ouest grâce à une étude des histoires publiées dans les journaux francophones de l'Alberta au début du XXe siècle. Le dernier article, de Jimmy Thibeault, porte sur le roman *Sauvage Sauvageon* de Marguerite Primeau. L'auteur y aborde la question du rapport à l'autre, notamment au père, essentiel dans la définition de l'identité de tout individu.

Les trois dernières sections ne regroupent pas les articles en fonction des corpus géographiques abordés, mais en fonction de questions narratives: le genre (*gender*) et les questions spatio-temporelles, fondamentales à tout corpus littéraire. «Les femmes racontent et se racontent» propose cinq articles portant sur l'écriture au féminin. Andrea Oberhuber se penche sur l'écriture de la mémoire et de la filiation dans les deux romans d'Élise Turcotte, *Le bruit des choses vivantes* et *La maison étrangère*. Dans l'article d'Estelle Dansereau, c'est plutôt la représentation des femmes âgées dans divers textes du Canada français qui est analysée. Leurs histoires sont-elles racontées en fonction des stéréotypes du déclin et de la perte de jeunesse, de l'incapacité et de l'abjection? Ou sont-elles plutôt des lieux de résistance à cette déchéance? Contribuent-elles à proposer de nouvelles façons de percevoir la vieillesse? Voilà les questions au cœur de cette étude. Vincent Schoenberger analyse, pour sa part, diverses techniques d'écriture — telle que l'utilisation de clichés, de citations et d'ellipses — qui instaurent une économie discursive synthétique dans *Alexandre Chenevert* de Gabrielle Roy. Marie Carrière revisite le mythe de Médée, l'infanticide, afin d'en cerner les nouvelles incarnations dans *Le livre d'Emma* de Marie-Célie Agnant, née à Port-au-Prince et habitant Montréal. Dans son article, Eileen Lohka propose une réflexion sur le processus de création dans le contexte de l'exil par un questionnement de la narration fragmentée, de la pluralité stylistique et linguistique et du monologue intérieur dans son recueil de récits *Miettes et morceaux*. La création deviendrait alors une façon, pour l'écrivaine, de réconcilier l'avant et l'après de l'exil et de fusionner les diverses facettes de son identité.

Il n'est sans doute pas étonnant que plusieurs des récits qui nous nourrissent soient des récits de vie ou des histoires inspirées par l'Histoire. Ainsi, Jean-Jacques Defert s'intéresse à ce qu'il appelle les «"histoires", populaires, politiques et scientifiques du *discours social*» portant sur l'argent qui «s'inscrivent dans la dynamique énonciative d'un projet collectif sur la base d'un passé, d'un "étant" et d'un devenir de la nationalité canadienne-française». L'article de Rémi Ferland porte sur la façon dont les faits historiques sont fictionnalisés dans les romans de Pamphile Le May, soit *Le pèlerin de Sainte-Anne*, *Picounoc le Maudit*, *L'affaire Sougraine* et *Bataille d'âmes* et le long poème narratif *Les vengeances*, et sur les liens qu'ils entretiennent avec les microrécits insérés dans les textes. L'article de Stéphane Inkel aborde l'inscription de l'Histoire dans *Le triptyque des temps perdus* de Jean Marcel. Il montre clairement que, dans ces textes, la période mise en scène — la chute de l'Empire de Rome et la «relève» (*Aufhebung*) de son héritage culturel par le christianisme — ne sert finalement que de prétexte pour réfléchir sur la fin d'une période historique et le passage à un nouveau monde. Les romans analysés par Elsa Ollier, *Le coup de poing* de Louis Caron et *Un dernier blues pour Octobre* de Pierre Turgeon, mettent en scène une page de l'histoire québécoise plus récente, soit celle de la Crise d'octobre. Cet article porte sur la mise en récit de l'Histoire dans la fiction afin d'en cerner les enjeux politiques et esthétiques.

Les derniers textes ont en commun de se pencher sur des «histoires d'espace». Les *road novels*, dont *Un train pour Vancouver* de Nicole Lavigne et *Le joueur de flûte* de Louis Hamelin, analysés par Lise Gauvin en sont la forme la plus pure. *Volkswagen blues*, auquel se réfère Lise Gauvin, est un exemple frappant, une sorte de mètre étalon. John Kristian Sanaker étudie ce roman de Jacques

Poulin afin d'y repérer les microrécits faits par les personnages qui parsèment le roman et d'en cerner le rôle dans l'économie narrative. Du vaste espace nord-américain, nous passons à l'espace plus circonscrit de Montréal dans l'article de Christina Horvath. Celle-ci s'y intéresse à la représentation d'un Montréal multiculurel dans *Les aurores montréales* de Monique Proulx et *Côte-des-Nègres* de Mauricio Segura. Maria Fernanda Arentsen analyse, pour sa part, *Le magicien* de Sergio Kokis afin d'y identifier et de mieux comprendre ce qu'elle appelle les H/histoires de frontières, d'exclusion et de violence qui y sont mises en scène. Cette section — comme l'ouvrage — se clôt sur une étude de *La mauvaise foi* et de *La clef de sol* de Gérald Tougas. Renald Bérubé montre comment réel et fictif se mêlent souvent dans les textes littéraires et que les frontières entre les textes sont elles aussi fréquemment poreuses.

Si raconter des histoires est une activité fort ancienne, au cœur même de la réalité humaine, les écouter, les lire et les apprécier sont nécessairement tout aussi anciens. Les histoires n'existent que dans la mesure où elles trouvent un auditoire, un lectorat. En effet, pas de narration sans quelqu'un pour recevoir le récit. Comme le disait Jean-Paul Sartre, « Un livre n'est rien qu'un petit tas de feuilles sèches, ou alors une grande forme en mouvement : la lecture ». Les articles critiques que nous vous présentons sont la version écrite de nos lectures. Nous espérons qu'ils servent de pont pour vous amener à lire à votre tour les histoires racontées par les écrivains francophones du Canada. Bonne lecture!

CONTES ET CHANSONS

LA CHANSON SATIRIQUE, LA LITTÉRATURE ET L'HISTOIRE AU XIXE SIÈCLE :
RÉMI TREMBLAY ET *LE CHANSONNIER POLITIQUE DU* CANARD (1879)

JEAN LEVASSEUR
UNIVERSITÉ BISHOP'S

Dans la généalogie de la grande famille des sciences dites « humaines », Littérature et Histoire sont des sœurs qui se sont longtemps jalousées, sinon ignorées. Pendant que la première n'en faisait et n'en fait encore que mention, de manière souvent anecdotique, la seconde en fait le plus souvent abstraction. Le traitement et l'enseignement de l'histoire n'ont été sensiblement modifiés, au Québec, que lorsque l'école des Annales de Lucien Fevre (France) parvint finalement à faire une percée universitaire, dans les plus belles heures d'ouverture de la Révolution tranquille. Une troisième et une quatrième générations d'historiens universitaires furent alors formées, ouvertes aux possibilités offertes par l'émergence des nouvelles sciences. Les Wallot, Bernard, Roby et Hamelin côtoieront ainsi, et influenceront définitivement quelques années plus tard, une multitude de nouveaux jeunes chercheurs et historiens, tels que Gérard Bouchard, René Hardy, Normand Séguin, Fernand Harvey et Yvan Lamonde, pour n'en nommer que quelques-uns, tous passionnés par les chemins que leur présentait cette nouvelle historiographie; car l'histoire sociale était désormais à l'honneur et, avec elle, la nécessité d'utiliser des sources nouvelles, différentes et complémentaires. Les dossiers personnels des gouverneurs, évêques et premiers ministres n'étaient désormais plus les seules archives qu'il valait la peine de consulter. Le marxisme et son idéologie sous-jacente, si forte dans les années 1970, jouèrent eux aussi un rôle important dans les préoccupations de ces générations pour les phénomènes sociaux et économiques ayant marqué l'histoire du Québec. Les objets d'étude se multiplièrent : à l'histoire traditionnelle des grands personnages et événements s'ajoutèrent ainsi celles de l'économie, des idéologies, des travailleurs et, bientôt, celles de la femme, de l'urbanité, du syndicalisme, etc. «Je découvrais avec de plus en plus d'acuité, écrira René Durocher en 1984, que l'histoire était une science sociale. C'est ainsi que la revue *Recherches sociographiques* m'apparaissait bien plus importante que la *Revue d'histoire de l'Amérique française* et qu'Albert Faucher m'en apprenait plus que Lionel Groulx[1].»

La littérature comme témoignage de l'Histoire n'a cependant pas encore réussi à faire ce pas. Plus intéressée dans les années 1960 et 1970 par des questions de formes et de structures que par des données de contenu, plus intéressée dans les années 1980 par la psychanalyse que par l'évolution des idées ou des mentalités, et plus intéressée depuis par de vastes et vagues questions de postmodernisme, la littérature, dans son ensemble, a choisi de ne pas monter dans le navire de l'Histoire, et ce, malgré de vaillantes réalisations ponctuelles — l'essai de Robert Major sur l'«art de réussir» de Jean Rivard (PUL, 1991), l'immense travail de Maurice Lemire dans sa tentative de réunir les institutions littéraires, réelles et tangibles, avec l'évolution de la littérature elle-même (*L'histoire littéraire au Québec*), etc. C'est sans doute en raison de ce manque d'études individuelles que les deux plus récents efforts de mise en perspective de la littérature québécoise (Heinz Weinmann et

---

[1] René Durocher, «L'émergence de l'histoire du Québec contemporain», dans Georges-Henri Lévesque et Guy Rocher (dir.), *Continuité et rupture : les sciences sociales au Québec*, Montréal, Presses de l'Université de Montréal, 1984, p. 299-306.

Roger Chamberland, *Littérature québécoise. Des origines à nos jours* (Montréal, HMH, 1996), destinée aux cégeps, et *Histoire de la littérature québécoise* de l'équipe Biron, Dumont et Nardout-Lafarge (Montréal, Boréal, 2007)), malgré leur grande valeur référentielle, demeurent des ouvrages de facture traditionnelle qui présentent une vision de la littérature québécoise foncièrement identique à celle des histoires des décennies précédentes, où les événements extérieurs à l'histoire jouent un rôle on ne peut plus modeste.

Les analyses littéraires brillent encore aujourd'hui, pour reprendre l'expression de Benoît Melançon, par «leur isolationnisme: malgré d'incessants appels à l'interdisciplinarité, il n'y a guère plus insulaire que les études littéraires, enfermées dans leur altière solitude[2]». En retard sur l'Histoire, la littérature a donc encore comme tâche présente et future d'analyser les cas particuliers pour, éventuellement, dépasser la démarche inductive et en arriver à intégrer cet art dans une perspective historique plus scientifique. À preuve, l'omission généralisée par les historiens des ouvrages de fiction, y compris même ceux rédigés par des personnages politiques. À peine le *Charles Guérin* du futur premier ministre de la province, P.J.O. Chauveau, obtient-il à l'occasion une note au bas d'une page d'un essai d'historien; et que dire des *Faux brillants*, œuvre théâtrale d'un autre premier ministre, Félix-Gabriel Marchand, qui n'est, au bout du compte, jamais mentionnée et encore moins observée, étudiée ou analysée. Pour l'Histoire contemporaine du Québec, la littérature demeure en effet un étrange et anecdotique épiphénomène auquel il ne vaut pas la peine de s'attarder.

Dévastée par un certain courant français des années 1970, valorisée à l'excès par une Amérique en quête de direction, l'étude de la littérature québécoise n'a donc pu encore se départir de l'héritage hermétique des Foucault, Derrida et compagnie, en cela tout le contraire des études en Histoire, beaucoup plus influencées, elles, par des philosophes tel Karl Popper (1902-1994), pour qui

---

[2] Benoît Melançon, «Écrire Maurice Richard. Culture savante, culture populaire, culture sportive», *Globe*, vol. 9, n° 6, 2006, p. 111.

« la clarté est une valeur intellectuelle, puisque sans elle la discussion critique est impossible[3] ».

Tant au XVIIIe siècle qu'au XIXe, la poésie dite « de circonstance » est une tradition connue et pratiquée déjà dans plusieurs pays d'Europe et les journaux en font souvent un élément intrinsèque de leurs publications. Elle est considérée par les classes dirigeantes « comme un moyen de contestation redoutable[4] », comme en témoigne l'emprisonnement, en mars 1810, de l'imprimeur du *Canadien*, Charles Lefrançois, en partie en raison de la publication ponctuelle dans ses pages, depuis 1807, de chansons irrespectueuses de l'autorité britannique et de son représentant, le gouverneur Craig. L'analyse du cas particulier de ce chansonnier de Rémi Tremblay, première et seule expression d'envergure du genre dans le XIXe siècle littéraire canadien-français, se propose comme une tentative de réunion d'une expression à caractère populaire (la chanson satirique) avec l'Histoire, dans un désir commun de tendre vers ce que Popper appelait la « connaissance objective », alors qu'induction et corroboration se rejoignent.

Les origines et la carrière de Rémi Tremblay

Avril 1865. Au terme de la guerre de Sécession, et après avoir échappé à l'attention des gardes de l'armée de l'Union qui le ramenaient à Fort Trumbull (New London, Connecticut) à la suite de sa désertion, le jeune Rémi Tremblay, 17 ans, avait en toute simplicité décidé de reprendre cette même route qui l'avait vu, 18 mois plus tôt, quitter Contrecœur, où il travaillait chez un marchand. Quatre-vingts kilomètres plus au sud, à Rouse's Point, poste frontière américain, il s'était engagé dans les forces de l'armée du président Lincoln. Douze mois de combats, six mois d'incarcération dans la terrible prison sudiste de Libby, en Virginie occidentale, et, surtout, l'idée de passer les derniers trois ans et demi de son contrat comme simple petit soldat dans un coin

---

[3] Karl Popper, *La connaissance objective*, Bruxelles, Éditions Complexe, 1985, p. 69.

[4] Maurice Lemire (dir.), *La vie littéraire au Québec*, Sainte-Foy, Presses de l'Université Laval, t. I, 1991, p. 340.

tranquille et perdu de l'Amérique l'avaient vite convaincu qu'un retour au pays natal était préférable. Il avait donc retraversé la frontière à Rouse's Point et était calmement, en marchant, revenu au bercail.

Son passage par Montréal fut alors pour lui l'occasion d'assister au spectacle improvisé d'un curieux troubadour européen, un certain Grosperrin, homme à la verve habile et chaleureuse. Impressionné par sa prestation, il avait même acheté quelques-unes de ses chansons, que l'artiste de foire vendait bon marché sur des feuilles volantes. Plusieurs années plus tard, l'écrivain Louis Fréchette, qui l'aura à son tour rencontré dans les rues du Vieux-Québec, dira de lui :

> [...] on le rencontrait partout, dans la rue, sur la place publique, à la porte des églises, à l'embarcadère des bateaux à vapeur en été, aux abords du pont de glace en hiver, chantant à tue-tête ou récitant ses productions, faisant le boniment et distribuant ses brochures et plaquettes à droite et à gauche, moyennant deux, trois, cinq ou dix sous, suivant leur importance.
> [...]
> Romances de saules pleureurs, refrains bachiques, grivoiseries au gros sel, stances de céladon, satires politiques, philippiques à l'emporte-pièce, il y en avait pour les goûts les plus divers[5].

Fréchette lui consacra un chapitre entier dans son ouvrage de 1892 *Originaux et détraqués,* où, signe évident des images originales qu'il avait su lui léguer, il citait de mémoire plusieurs de ses créations[6]. Le troubadour avait également marqué l'imaginaire du jeune Tremblay et son image, claire ou diffuse, joua peut-être un rôle dans la rédaction, 12 ans plus tard, des premiers refrains satiriques d'un jeune journaliste fringant, futur romancier et poète.

En 1878, après avoir fait ses classes dans quelques journaux régionaux, en Nouvelle-Angleterre, dans les Cantons de l'Est et dans les Laurentides, Tremblay avait réussi à se tailler une modeste, mais

---

[5] Louis Fréchette, *Originaux et détraqués*, Montréal, Messageries du Jour, 1972, p. 172-173.
[6] *Ibid.*, p. 165-184.

certaine, réputation de journaliste hardi et énergique. C'est à cette époque que le hasard le remit sur la route d'un ex-collègue, Hector Berthelot, et de son nouvel hebdomadaire satirique, *Le Canard*. Quelques mois plus tôt, en octobre 1877, l'ancien employé du conservateur *Courrier de Montréal* avait en effet fondé un petit journal satirique sans prétention, mais qui n'hésitait cependant pas à attaquer tant les libéraux que les conservateurs, les deux seuls partis politiques d'alors. À sa grande surprise, le journal avait rapidement acquis une popularité insoupçonnée et le tirage avait dépassé les 10 000 exemplaires avant même la fin de l'année. Désireux de s'entourer de collaborateurs audacieux qui ne se sentiraient pas liés par les obligations de partis — presque tous les journaux d'alors étaient intimement liés à un parti et/ou une idéologie politique —, Berthelot avait alors contacté Tremblay, qui l'avait déjà remplacé au *Courrier de Montréal*, alors qu'il était malade. Sous son pseudonyme principal de Père Louison[7], Tremblay amorça donc avec le dessinateur et journaliste Berthelot une fructueuse collaboration, publiant chaque semaine articles et chansons, des chansons le plus souvent inspirées d'airs folkloriques et populaires connus qui commentaient, avec ironie et goguenardise, les diverses activités, le plus souvent politiques, des mondes municipal, provincial et fédéral. En 1879, fortes de plus d'un an de succès répétés, les presses du *Canard* firent paraître un recueil inédit de chansons politiques du Père Louison, une édition illustrée accompagnée de partitions musicales intitulée *Le chansonnier politique du* Canard.

Le choix et la forme d'une telle publication n'étaient pas fortuits ; mis à part le désir de Berthelot de profiter du succès de son périodique, *Le chansonnier politique du* Canard participait en effet à une recrudescence de l'intérêt, dans la population

---

[7] Son pseudonyme le plus connu et le plus fréquemment utilisé. Tremblay employa également les noms de Fanfan Mimiche, Blaguefort, Vicomte de Blague-Fort, Turlututu, Mio Zotis et Sévère Sansfaçon. Il ne faut sans doute établir aucun lien entre ce pseudonyme et le père Louison (Boisvert), personnage auquel Fréchette redonne vie dans ses *Originaux et détraqués* (*op. cit.*, p. 213-216).

canadienne-française, pour le folklore canadien. Depuis le milieu du XIXe siècle, en effet, plus d'une vingtaine de ces anthologies avaient été, seraient publiées et, souvent, rééditées[8]. La publication du *Canard* était toutefois avant-gardiste puisqu'elle se voulait le premier exemple, au Québec, de chansonnier original, original en ce sens qu'il ne s'agissait pas d'une reproduction d'airs et de textes folkloriques connus, comme c'était le cas pour les autres chansonniers, mais plutôt d'adaptations originales, sur des airs connus, de textes inspirés par des événements politiques d'importance. *Le chansonnier politique du* Canard s'avère ainsi un témoignage unique de la perception populaire des bouleversants événements politiques survenus durant les années 1878 et 1879. Toutefois, puisque l'*intelligentsia* littéraire québécoise oublia cette publication, ainsi en fut-il malheureusement de l'Histoire et des historiens.

Rémi Tremblay (1847-1926) était le fruit d'un foyer on ne peut plus humble dont les belles-lettres devaient sans doute être absentes — son père pratiqua tour à tour les métiers d'agriculteur et de cordonnier avant de devenir, comme lui, travailleur d'usine en Nouvelle-Angleterre. Il termina à peine ses études primaires avant de se lancer à son tour dans de petits métiers qui n'annonçaient rien d'extraordinaire. Une série de circonstances fortuites et un désir inextinguible d'apprendre et de vivre des aventures le poussèrent d'abord vers la guerre de Sécession américaine, puis vers le journalisme. Autodidacte, bientôt polyglotte, il vécut, souvent involontairement, une existence de bohème, trimbalant ses pénates de Montréal à la Nouvelle-Angleterre, d'Ottawa à Saint-Lin (Laurentides), de l'Europe au Chili. Il se forgea rapidement une réputation de journaliste indépendant et aguerri, écrivit le seul témoignage francophone connu d'une participation active à la guerre de Sécession américaine, *Un revenant* (1884), et occupa des positions importantes dans plusieurs des journaux les plus influents du dernier quart du XIXe siècle.

---

[8] François-Joseph Brassard, «Petits chansonniers anthologiques», dans Maurice Lemire (dir.), *Dictionnaire des œuvres littéraires du Québec*, Montréal, Fides, 1978, t. I, p. 573-575.

Sa véritable vocation ne résidait toutefois pas dans la prose; issu d'une famille dans laquelle la musique occupait un rang digne — tous les garçons de la famille furent à un moment ou un autre chantres dans leur église —, il se lança très tôt dans sa carrière, toujours par le biais du journalisme, dans la chanson satirique; après son *Chansonnier politique du* Canard (1879), il publia, dans les 30 années suivantes, 4 autres recueils de poésies et chansons, dont les textes paraissaient d'abord, pour la plupart, dans les journaux. Après le premier recueil, composé d'inédits, il se tourna vers les milieux dont il était issu pour témoigner, de sa plume féconde, du quotidien des gens ordinaires, de leurs tics, de leurs coutumes et de leurs doux travers, en cela annonciateur des poètes populaires tels Mary Travers (La Bolduc) et Émile Coderre (Jean Narrache). Observateur fin et ingénieux inspiré par les Nadaud, Pottier, Avenel et, particulièrement, Pierre Jean de Béranger[9], il composa une véritable chronique de la fin du XIXe siècle, laissant aller librement son imagination et jouant, dans un vocabulaire riche et attachant, sur des sujets encore inédits, sinon tabous.

Là où histoire et littérature se rencontrent : les scandales politiques des années 1878 et 1879

Le *Chansonnier politique du* Canard est un bref ouvrage de 65 pages comprenant 10 créations originales, toutes accompagnées de leur partition musicale ainsi que d'une illustration préalable. Les nécessités économiques étant ce qu'elles sont[10], l'ouvrage comprend aussi 19 publicités distribuées de façon aléatoire : 2 annonces pleine page avant la première chanson, 3 autres au cœur du texte, dont 2 doubles, et 4 qui clôturent le *Chansonnier*. Lorsque

---

[9] Les compositions de Béranger se trouvent régulièrement dans les recueils de chansons parus au Canada au XIXe siècle et les journaux considèrent important de reproduire toute nouvelle provenant de France à son sujet, ne serait-ce que l'anniversaire de sa mort (Anonyme, « Béranger », *La Patrie*, 3 août 1884).

[10] Conscient de la valeur économique de ses patrons, Rémi Tremblay reconnaîtra à nouveau l'importance de ces pratiques commerciales dans deux poèmes publiés dans *Le Canard*, « Nos annonceurs » (17 septembre 1881) et « Les patrons du *Canard* » (31 décembre 1881). Tremblay était copropriétaire du journal, avec Aristide Filiatreault, depuis le mois de mai de cette année.

l'espace le permettait, c'est-à-dire au terme des chansons, au pied des pages, l'éditeur a inséré neuf autres textes promotionnels. Les entreprises représentées dans ces publicités témoignent du caractère généralement populaire du lectorat : y dominent les magasins et boutiques de variétés à bon marché, spécialisés dans le vêtement, le tissu, la chaussure et/ou le meuble. Sont aussi présents des réclames de pharmacies affichant des produits miraculeux pouvant remédier aux problèmes respiratoires, intestinaux ou grippaux les plus divers, un restaurant populaire, un plombier — ferblantier — couvreur, une ferronnerie, une épicerie et une manufacture de cigares « à bon marché, possédant un arôme des plus délicats[11] ». Deux patrons détonnent de cette liste et soulignent par leur seule présence l'existence d'un lectorat aussi plus cultivé : l'Hôtel du Canada, un hôtel d'excellente réputation situé au coin des rues Saint-Gabriel et Sainte-Thérèse, se voulait le « rendez-vous des marchands et des hommes de profession canadiens[12] » ; et le « grand restaurant » de R. Fortin, où l'on trouve une « magnifique » salle de billard ainsi que « des vins, liqueurs et cigares de premier choix[13] ». Le *Chansonnier* fut vendu au coût de 10 cents, le dixième environ du prix d'un roman de quelques centaines de pages. Ce prix, qui justifie l'emploi de publicités, est d'autant plus populaire que, à simple titre comparatif, un autre chansonnier, *La muse populaire*, annoncé dans ce même chansonnier, était vendu au prix de 25 cents[14] (et comptait 100 pages).

Tremblay, comme il a été dit, ne pratique pas ici, contrairement aux autres anthologies, le simple rôle de parolier de textes patriotiques ou de ballades pour voyageurs ; les 10 chansons du recueil

---

[11] Père Louison (pseudonyme de Rémi Tremblay), *Chansonnier politique du Canard*, Montréal, Des Presses à vapeur du Canard, 1879, p. 63.

[12] *Ibid*, p. 58. Dans son roman de 1884, *Un revenant*, Rémi Tremblay y fait descendre son protagoniste principal lors de son arrivée à Montréal. C'est là qu'il fait la rencontre d'un homme d'affaires véreux, Charles-Auguste Grippard, qui se veut une personnification de l'important homme d'affaires Louis-Adélard Sénécal. Voir Rémi Tremblay, *Un revenant*, Jean Levasseur, éd., Sainte-Foy, Éditions de la Huit, 2003, p. 26.

[13] Père Louison, *op. cit.*, p. 62.

[14] *Ibid*, p. 58.

rappellent plutôt aux lecteurs les grands scandales survenus sur la scène politique provinciale au cours des 18 mois précédents, période particulièrement riche et active de l'histoire politique du Québec, marquée par la surprenante décision du lieutenant-gouverneur Luc Letellier de Saint-Just de destituer le gouvernement conservateur de Boucher de Boucherville, en mars 1878, et par ses incalculables conséquences politiques. Le Père Louison ne manque pas non plus d'y dénoncer tout le système électoral, avec ses achats de votes et le phénomène redondant des transfuges, opportunistes politiques populairement appelés les *veaux*, dont il se moque assidûment. Bien qu'à ce moment encore d'allégeance conservatrice, on remarque déjà l'expression d'une indépendance intellectuelle qui ne saura plus jamais s'assagir et une tendance certaine à prendre la défense de la classe populaire dont il est issu. L'auteur ne ménage ainsi ni les *bleus* ni les *rouges*, mais lutte avec les mots pour une pratique honnête et décente de la politique.

Les années 1870 furent bien fournies en crises, scandales et rebondissements politiques de toutes sortes. Dans les premières heures de la confédération, deux partis politiques avaient émergé à l'avant-scène de l'espace politique canadien : le Parti libéral, un parti ouvert aux liens nord-sud avec les Américains, intéressé par les idées de démocratie du peuple, de capitalisme et de libertés diverses développées dans le dernier siècle par la jeune république ; et le Parti conservateur, désireux de préserver les institutions et valeurs religieuses traditionnelles, plus protectionniste dans son approche économique et favorable au maintien d'une certaine élite dans les affaires gouvernementales. Le double mandat — ce curieux système qui permettait à un individu d'être élu tant au provincial qu'au fédéral — étant permis et encouragé, les différences entre les partis provinciaux et fédéraux étaient pour ainsi dire minimes. Le Parti conservateur avait dominé l'arène politique des débuts du *Dominion*, mais avait subi un net mais temporaire recul, tant au provincial qu'au fédéral, après deux scandales d'importance. En novembre 1873, le premier ministre canadien John A. Macdonald fut d'abord forcé de démissionner lorsqu'il fut démontré que son parti avait favorisé une compagnie privée dans l'obtention de contrats pour la construction du chemin de fer devant relier la nouvelle province de Colombie-Britannique avec l'est du pays, en échange de généreux dons (350 000 $) à la caisse électorale de son parti. Presque à la même époque, éclatait au Québec le scandale des Tanneries (1874), où d'importants représentants du Parti conservateur (Adolphe Chapleau et Arthur Dansereau) avaient à leur tour profité d'un opportuniste échange de terrains pour faire de remarquables profits personnels, ces terrains étant soudainement achetés par la province pour la construction d'un hôpital.

À la fin de la décennie, c'est-à-dire au moment du *Chansonnier politique*, le Parti conservateur avait toutefois repris toute sa vigueur. Pour plusieurs, cependant, l'illusion de l'honnêteté et de l'intégrité politiques était brisée et l'innocence perdue. Des démarches étaient même effectuées dans le but de créer, déjà, un nouveau parti politique provincial qui regrouperait les meilleurs éléments de l'un et de l'autre et dont l'objectif premier serait la défense des intérêts du Québec[15]. Les chansons de Tremblay témoignent de ce sentiment populaire de méfiance envers la vieille garde, et les événements de 1878-1879 leur donneraient raison. Avant d'aborder ces événements, le Père Louison choisit toutefois d'ouvrir son recueil avec une chanson satirique qui donne le ton plutôt que le propos, une chanson somme toute achronique, «Thiers le petit», qui met l'accent sur la (maigre) culture et les (pitoyables) connaissances grammaticales du chef du Parti conservateur au Québec et bientôt premier ministre (31 octobre 1879), Adolphe Chapleau, et sur nombre de ses collègues. Pièce anecdotique s'il en est, son intérêt premier demeure avant tout son auteur, jusqu'alors un conservateur reconnu et organisateur politique à ses heures, qui n'hésitait pas, sous l'anonymat du pseudonyme bien sûr[16], à critiquer les éminences grises de son parti de prédilection.

---

[15] Ces pourparlers seront à ce moment infructueux. Toutefois, quelques années plus tard, les fruits seront mûrs ; Honoré Mercier créera le Parti national en 1885 et réussira à prendre le pouvoir l'année suivante.

[16] Sans fortune personnelle aucune, marié et père de famille, Rémi Tremblay devait sa subsistance à son travail de journaliste dans un hebdomadaire dont les propriétaires favorisaient nettement les conservateurs.

Le lien entre l'Histoire et la littérature ne se fait toutefois qu'à partir de la deuxième pièce du *Chansonnier*, « Un ministère flambe », qui se veut un résumé des événements de la crise constitutionnelle la plus célèbre du Québec du XIXe siècle, dont il couvre les 18 mois de la durée et qui se conclut par la fin abrupte du gouvernement libéral du protestant francophone Henri-Gustave Joly de Lotbinière. Sur le principe connu des chansons à répondre, l'auteur rappelle de façon relativement objective chacune des étapes de cette crise, avant de conclure par un ambigu :

> Hourrah pour Chapleau, dondaine,
> Joly est noyé, dondé[17].

L'ironie est révélée par les chansons trois et cinq du recueil, « Les veaux » et « Le ministère des veaux », pièces marquantes qui témoignent de l'évolution des mentalités politiques de la province. C'est ici un Père Louison outragé qui dénonce le comportement des politiciens de sa province. Pour la première fois de l'histoire, en effet, et dans le seul but d'obtenir le pouvoir, Joseph-Adolphe Chapleau et le Parti conservateur avaient réussi à attirer dans leurs rangs, en octobre 1879, à l'étonnement général, cinq députés jusque-là fidèles aux idéaux libéraux, événement qui provoquera la chute du fragile gouvernement de Joly de Lotbinière, abordée dans la chanson précédente, et l'arrivée au pouvoir de Chapleau. En réaction à ce douloureux incident, les libéraux pondirent alors un fielleux pamphlet contre les transfuges qu'ils intituleront *Les renégats du 29 octobre*[18]. Leurs cinq nouvelles têtes de Turc y furent affublées du surnom de « veaux » et le terme eut un tel succès qu'il entra pour un temps dans le vocabulaire canadien-français[19]. Tremblay reprend alors pour lui ce nouveau vocable et lance son fiel sur ces politiciens de carrière qui ont clairement démontré par

---

[17] Père Louison, « Un ministère flambe », *op. cit.*, p. 23.
[18] Cité par Robert Rumilly, *Histoire de Montréal*, Montréal, Fides, t. II, 1972, p. 220.
[19] La Société du parler français définit le terme comme : « Homme qui change d'opinion politique pour un avantage matériel » (*Glossaire du parler français au Canada*, Québec, L'Action sociale (limitée), 1930, p. 690).

leurs gestes qu'ils n'accordaient aucune importance au vote et à la volonté de leurs commettants. Il n'hésite pas lui non plus à laisser sous-entendre que l'argent ne serait pas étranger à cette tractation politique :

> Les veaux — qu'ils soient à la Chambre
> Ou chez messieurs les bouchers, —
> Quand y'en a plusieurs à vendre,
> Ils sont à meilleur marché.
> Les veaux, les veaux, etc.[20]

Et le responsable de cette fine stratégie, le financier et ami de Chapleau, Louis-Adélard Senécal, entend bien sûr être généreusement récompensé pour ses réussites :

> Sénécal[21] dit : je l'veux bien [être le « premier sergent » du gouvernement] ;
> Mais j'les nourris pas pour rien.
> Tâch' de graisser mon assiette !
> Turlurette ! Turlurette !
> Ma tante Turlurette[22] !

Il est alors clair pour Tremblay, et il l'annonce à tout le lectorat du *Canard* et de son chansonnier, que la politique québécoise ne serait désormais plus jamais la même :

> Maintenant, veuillez comprendre,
> Libéraux, Conservateurs,
> Le p'tit veau qui vient de s'vendre
> Veut vendre ses électeurs
> [...]
> Quand on trahit une cause,
> On peut bien en trahir deux.
> [...]

---

[20] Père Louison, « Les veaux », *op. cit.*, p. 25.
[21] Le nom de famille de ce politicien est couramment écrit, de son contemporain même, avec deux accents aigus, une erreur.
[22] Père Louison, « Le ministère des veaux », *op. cit.*, p. 35.

> Quand on a vendu son maître,
> Et craché sur son drapeau,
> On n'appartient plus qu'aux traîtres
> Qui ont tourné leur capot[23].

Le Père Louison prend toutefois bien soin ici de ne pas favoriser un parti ou l'autre ; c'est au peuple entier qu'il s'adresse, c'est le peuple qu'il défend et, pour ce faire, il s'assure d'intercaler, entre ses deux pièces sur les veaux, « Les rêves et les regrets de Luc », pièce on ne peut plus critique sur le comportement du lieutenant-gouverneur du Québec, Luc Letellier de Saint-Just, un libéral reconnu choisi à ce poste en décembre 1876 et dont la décision de destituer le premier ministre conservateur Boucher de Boucherville, le 2 mars 1878, avait pavé la voie au déshonneur et à la crise politique que l'on sait :

> J'avais rêvé que sous l'ancienne Chambre,
> Par mes amis je serais défendu.
> [...]
> J'avais juré, sur le saint Évangile,
> De gouverner impartialement,
> Mais je voulais chasser De Boucherville,
> Il m'a fallu oublier mon serment[24].

La chanson qui suit « Le ministère des veaux », intitulée « Les rouges et la faribole », s'amuse à son tour aux dépens des représentants du Parti libéral, parti où « Le louis d'or comme l'obole / Sont également bien reçus[25] ». Le reste du recueil joue indistinctement sur cette alternance, l'auteur se moquant (et dénonçant avec un humour sur fond d'outrage) du comportement de l'ensemble de la classe politique, tantôt du conservateur *indépendant* Arthur Turcotte, dans un superbe texte où il témoigne également de la crainte, chez les hommes, de la perte de leurs

---

[23] *Ibid.*, « Les veaux », p. 27.
[24] *Ibid.*, « Les rêves et les regrets de Luc », p. 31.
[25] *Ibid.*, « Les rouges et la faribole », p. 38.

cheveux, tantôt des grands pieds de l'ennuyant Charles Thibault, un ultramontain, etc.

Une autre façon de connaître l'Histoire

Lire le *Chansonnier politique du* Canard, c'est revivre un pan souvent oublié de la petite histoire du Québec des premières années de la Confédération, et particulièrement d'une crise politique majeure qui marqua l'évolution du pays et que nombre d'historiens n'hésitent pas à appeler «coup d'État». C'est aussi saisir, pour la première fois de cette histoire, le sentiment d'outrage et la lassitude populaire face au comportement intéressé de la classe politique, vision du monde que l'Histoire n'a pas encore véritablement abordée et qui est rendue possible par l'observation et l'étude attentives de la littérature.

Tremblay n'arrêtera pas là son observation de l'univers dans lequel il habitait. Ses poésies et chansons des recueils suivants plongeront le lecteur dans une multitude d'événements, d'anecdotes, politiques ou non, d'expressions de vie que l'Histoire a depuis longtemps oubliés: la vogue des clubs de raquette, le magnifique Carnaval de Montréal des années 1880, les différentes manifestations de la Saint-Jean-Baptiste, avec ses commerçants véreux et opportunistes, les compliquées mais amusantes relations entre les hommes et les femmes depuis leur première rencontre jusqu'au mariage et à la vie commune, et les premiers pas de la femme nouvellement émancipée. Sous un humour quelquefois léger, quelquefois grinçant, les grands problèmes sociaux seront aussi abordés: l'anglomanie, l'alcoolisme, l'exploitation des classes ouvrières à une époque de capitalisme sauvage, la surabondance des représentants des professions libérales dans l'élite économique du pays et la violence contre les femmes sont tous des sujets qui, s'ils sont quelquefois traités avec une révérence de bon aloi, ne rencontrent néanmoins jamais l'interdit.

Ce refus de la censure et de l'autocensure lui causera maintes fois problème, mais jamais plus qu'en 1888. Un de ses poèmes, *Aux chevaliers du nœud coulant*, écrit dans la colère consécutive à la pendaison de Louis Riel, sera lu et débattu durant plusieurs heures à la Chambre des communes, à Ottawa. Il sera un facteur important dans son congédiement comme traducteur, poste qu'il avait été le premier à obtenir au terme d'examens linguistiques plutôt que grâce à un quelconque favoritisme politique et qu'il occupait alors depuis plus de quatre ans. Rémi Tremblay devenait ainsi, au XIXe siècle, le premier exemple canadien de victime littéraire de la censure politique[26].

---

[26] Jean Levasseur, « Aux chevaliers du nœud coulant », dans Pierre Hébert, Yves Lever et Kenneth Landry (dir.), *Dictionnaire de la censure au Québec. Littérature et cinéma*, Montréal, Fides, 2006, p. 57-60.

BIBLIOGRAPHIE

Anonyme, « Béranger », *La Patrie*, 3 août 1884.

Brassard, François-Joseph, « Petits chansonniers anthologiques », dans Maurice Lemire (dir.), *Dictionnaire des œuvres littéraires du Québec*, Montréal, Fides, t. I, 1978, p. 573-575.

Durocher, René, « L'émergence de l'histoire du Québec contemporain », dans Georges-Henri Lévesque, Guy Rocher *et al.*, *Continuité et rupture : les sciences sociales au Québec*, Montréal, Presses de l'Université de Montréal, 1984, p. 299-306.

Fréchette, Louis, *Originaux et détraqués*, Montréal, Messageries du Jour, 1972, 285 p.

Lemire, Maurice (dir.), *La vie littéraire au Québec*, Sainte-Foy, Les Presses de l'Université Laval, t. I, 1991, 494 p.

Levasseur, Jean, « Aux chevaliers du nœud coulant », dans Pierre Hébert, Yves Lever et Kenneth Landry (dir.), *Dictionnaire de la censure au Québec. Littérature et cinéma*, Montréal, Fides, 2006, p. 57-60.

Melançon, Benoît, « Écrire Maurice Richard. Culture savante, culture populaire, culture sportive », *Globe*, vol. 9, n° 6, 2006, p. 109-136.

Père Louison (pseudonyme de Rémi Tremblay), *Chansonnier politique du Canard*, Montréal, Des Presses à vapeur du Canard, 1879, 65 p.

Popper, Karl, *La connaissance objective*, Bruxelles, Éditions Complexe, 1985, 176 p.

Rumilly, Robert, *Histoire de Montréal*, Montréal, Fides, t. II, 1972, 418 p.

Société du parler français, *Glossaire du parler français au Canada*, Québec, L'Action sociale (limitée), 1930, p. 690.

Tremblay, Rémi, *Aux chevaliers du nœud coulant. Poèmes et chansons*, Jean Levasseur (éd.), Sainte-Foy, Presses de l'Université Laval, 2007, 533 p.

Tremblay, Rémi, *Un revenant*, Jean Levasseur (éd.), Sainte-Foy, Éditions de la Huit, 2003 [1884], 459 p.

Tremblay, Rémi, *Caprices poétiques et chansons satiriques*, Montréal, A. Filiatrault & Cie, 1883, 311 p.

Tremblay, Rémi, *Coups d'aile et coups de bec*, Montréal, Imprimerie Gebhardt-Berthiaume, 1888, 268 p.

Tremblay, Rémi, *Boutades et rêveries*, Fall River (Massachusetts), L'Indépendant, 1893, 320 p.

Tremblay, Rémi, *Vers l'idéal*, Ottawa, La Cie d'imprimerie commerciale, 1912, 352 p.

Tremblay, Rémi, *Pierre qui roule. Souvenirs d'un journaliste*, Montréal, Beauchemin, 1923, 234 p.

LE VOYAGE DE LA « CHANSON DE LA GORNOUILLÈRE »
DE PIERRE FALCON, BARDE MÉTIS

Annette Chrétien
Université Wilfrid Laurier
et
Robert A. Papen
Université du Québec à Montréal[1]

Sans aucun doute, le plus grand chansonnier métis du XIXe siècle se nomme Pierre Falcon (1793-1876)[2]. Employé de la Compagnie du Nord-Ouest (CNO) et plus tard de la Hudson's Bay Company (HBC), il est surtout connu pour avoir composé des ballades historiques, lesquelles portaient souvent sur des événements militaires auxquels il avait lui-même participé ou dont il avait été personnellement témoin. Sa « Chanson de la Gornouillère » (< *grenouillère*), qu'on a appelée également « La

---

[1] Même si cet article est un article conjoint, les responsabilités de rédaction et les sources n'ont pas été identiques pour les deux auteurs. Une bonne partie de l'analyse musicologique reprend un certain nombre d'études non publiées — dont la thèse de doctorat — de la coauteure (Chrétien, 2006). La comparaison et l'analyse linguistique des multiples versions de la *Chanson de la Gornouillère* sont de la plume du coauteur.

[2] Pour plus de détails biographiques sur Pierre Falcon, voir Arnett MacLeod (1959), Allard (1963) ainsi que Julien (1995/1996).

chanson des Bois-brûlés», «La victoire des Bois-brûlés», «La ballade des Sept-Chênes», «La chanson de Pierriche Falcon», etc. — en anglais *The Battle of Seven Oaks*» —, traite du premier conflit militaire canadien impliquant les Métis, auquel Falcon a lui-même participé.

L'escarmouche en question eut lieu le 19 juin 1816, dans le contexte du long conflit qui sévissait alors entre la CNO et la HBC. À cause d'une pénurie de vivres, le gouverneur de la colonie de la rivière Rouge (officiellement la colonie d'Assiniboia), Miles Macdonell, avait non seulement défendu à qui que ce soit de faire l'exportation de nourriture, mais il avait également défendu aux Métis de «courir le bufflo» («chasser le bison»). Par contre, les Métis ne reconnaissaient ni la légitimité de Macdonell ni ses proclamations. En 1815, celui-ci fut remplacé par Robert Semple, un homme d'affaires américain n'ayant aucune expérience dans la traite des fourrures. En 1816, une bande de Métis, sous le commandement de Cuthbert Grant, avait saisi une quantité de pemmican (nourriture essentielle des voyageurs) aux mains des hommes de la HBC dans la vallée Qu'Appelle (sud-est de la Saskatchewan actuelle) et se dirigeait vers un point de rendez-vous avec des gens de la CNO, à qui les Métis voulaient le vendre. À quelques lieues au nord de Fort Douglas (maintenant Winnipeg), non loin de la rivière Rouge, à un endroit marécageux appelé «la Gornouillère», Semple et un petit groupe d'employés de la HBC et de colons anglophones affrontèrent les Métis. Les Métis envoyèrent un porte-parole pour négocier, mais Semple essaya de s'emparer du fusil de celui-ci, qui réussit à s'échapper. Plusieurs coups de fusil éclatèrent de part et d'autre[3]. Semple et ses hommes n'avaient aucune chance contre les Métis, tous d'excellents tireurs et trois fois plus nombreux. L'action ne dura qu'une quinzaine de minutes, mais le résultat final fut que 22 des 24 hommes, y inclus Semple lui-même, furent tués. La nuit même de la bataille, Pierre Falcon composa sa chanson.

---

[3] Il n'est pas clair qui a tiré le premier. Selon les Métis, ce seraient les hommes de la HBC.

Avec le temps, cette chanson est devenue en quelque sorte l'hymne national des Métis du XIXe siècle, puisque la bataille marqua la première prise de conscience de la part des Métis qu'ils représentaient un peuple distinct de l'Ouest canadien. L'événement lui-même est souvent considéré comme marquant le début de la « nation métisse ».

Durant tout le XIXe siècle, la chanson de Pierre Falcon fut régulièrement chantée par les voyageurs, de la Terre de Rupert jusqu'aux États-Unis. On l'a même appelée « la *Marseillaise* des pays sauvages[4] ». On dit également que, durant la célèbre « bataille de Batoche », en 1885, alors que les Métis faisaient face à l'armée canadienne équipée de canons et de mitraillettes, ils entamèrent la chanson de Falcon pour leur donner courage. Depuis lors, la chanson a été publiée à de très nombreuses reprises, sous diverses versions. Dans les sections qui suivent, nous présentons et discutons les versions les plus importantes, tout en analysant comment ces diverses représentations ont servi à construire les multiples identités métisses. En dernier lieu, nous proposons une analyse plus « linguistique » de certaines de ces versions.

Depuis le début des années 1990, nous avons de nombreuses fois eu l'occasion d'analyser la chanson de Falcon, suscitant chaque fois une interprétation nouvelle et menant inévitablement à des questions que nous ne nous étions pas posées auparavant. Nos différentes « prises de vue » de la chanson de Falcon constituent le cadre de la première partie de cet article. Elles représentent à la fois le cheminement et l'évolution de notre compréhension des identités métisses au Canada au fil des années ainsi que la nature toujours « en gestation » des identités multiples des Métis contemporains.

---

[4] Henry M. Robinson, *The Great Fur Land, or, Sketches of Life in the Hudson's Bay Territory*, New York, G. P. Putnam's Sons, 1879, 348 p.

Première « prise de vue » : Un peuple métis, une nation métisse

Notre premier contact avec la chanson de Falcon a eu lieu au moment où Annette Chrétien faisait ses études de maîtrise en musicologie à l'Université d'Ottawa, en 1990. À ce moment-là, le climat sociopolitique des Métis était particulièrement instable, surtout en Ontario[5]. En dépit du fait que dans la constitution de 1982 les Métis avaient été reconnus officiellement comme un des trois peuples aborigènes, très peu de progrès avaient été faits pour déterminer les conséquences concrètes de ce statut et il y avait énormément de difficultés, tant de la part des gouvernements (fédéral et provinciaux) que de la part des Métis, à s'entendre sur une définition précise de ce qu'on devait entendre par le terme *métis*. Lorsque Annette Chrétien a commencé à étudier la chanson de Falcon, le renouveau nationaliste des Métis de l'Ouest était encore très peu connu des Métis de l'Ontario. Aux yeux de ces derniers, l'idée d'une existence « nationale » et d'appartenir à une nation « métisse » semblait extrêmement alléchante. Pour les Métis de l'Est (c'est-à-dire ceux vivant à l'est du Manitoba), le concept même de « nation » devait permettre une certaine validation de leur propre identité « métisse » et, de plus, il leur offrait potentiellement une certaine historicité car, même si, à cette époque, cette histoire était celle des « autres » (*i.e.* les Métis de l'Ouest), les liens historiques entre ces derniers et ceux de l'Ontario étaient indéniables. Bien sûr, le concept de « nation » ne pouvait pas, à cette époque, avoir été éclairé à la lumière des ouvrages d'auteurs comme Anderson (1983), Hobsbawm (1983) ou Bhabha (1990).

---

[5] Par exemple, pour la première fois depuis les années 1920, les Métis étaient traités comme catégorie distincte dans le recensement canadien de 1991. En 1993, le Ralliement national des Métis a reconnu pour la première fois une organisation métisse de l'Ontario comme membre distinct. En 1994, dans la cause *R. v. Powley*, la Cour de l'Ontario a reconnu aux Métis le droit de chasser l'orignal en dehors des périodes de chasse réglementaires. Éventuellement, cette cause fut entendue par la Cour suprême du Canada et la décision rendue est devenue essentielle pour déterminer les droits aborigènes des Métis.

Cette première « prise de vue » n'a pas permis de comprendre pourquoi cette chanson était si importante dans l'évolution de l'identité métisse, mais elle a donné l'occasion d'aborder un certain nombre de problèmes liés aux pratiques d'enregistrement et de transcription des chercheurs du début du XXe siècle.

La première version de la chanson analysée est un enregistrement sur cylindre de cire, produit par le bien connu folkloriste et ethnologue Marius Barbeau en 1916, à Tadoussac, Québec. Les analyses préliminaires sont donc basées sur cette version puisque, à ce moment-là, les autres versions n'avaient pas encore été publiées. Il est important de noter également qu'au début des années 1990 il existait encore très peu de données ou de renseignements sur la culture des Métis en général, et encore moins sur celle des Métis de l'Est en particulier. Dans la plupart des archives ou des bibliothèques, le terme *métis* renvoyait toujours et uniquement aux Métis « historiques », c'est-à-dire les peuples métis de l'Ouest du Canada, particulièrement ceux qui avaient été impliqués dans les conflits de 1869-1870 ou de 1884-1885 déclenchés par Louis Riel. La recherche sur les chansons métisses était particulièrement ardue, étant donné le mythe courant voulant que les chansons métisses avaient plus ou moins toutes disparu ou tout au moins étaient moribondes. L'ironie d'avoir entendu pour la première fois cette chanson métisse à partir de l'enregistrement de Barbeau de 1916 et fait au Québec ne nous avait pas échappé[6] !

Cet enregistrement de Barbeau représente bien les tendances des recherches ethnomusicologiques courantes au début du siècle dernier. Par exemple, plutôt que de transcrire les chansons par oreille durant les interprétations des chanteurs, Barbeau les transcrivait plus tard, uniquement à partir des enregistrements sur cylindres de cire qu'il avait effectués. Deuxièmement, Barbeau se permettait de modifier en français de référence les paroles qui avaient été

---

[6] L'enregistrement se trouve au Musée des civilisations à Gatineau, Québec, dans la collection Marius Barbeau, « Chanson n° 386 [B-Aw-129.2] ». Voir n° 5 à l'Appendice.

chantées en français mitchif[7], ajustant simultanément la structure des chansons elles-mêmes afin de les rendre plus conformes aux schémas des chansons françaises. Par exemple, sur l'enregistrement dont il est ici question, le chanteur prononce clairement «Bon gouv*a*rneur, voulez-vous arrêter un p'ti*te* moment, on voudrait vous parler...», que Barbeau «corrige» en «Bon gouverneur, voulez-vous arrêter? On voudrait vous parler un petit moment...».

Aussi, même si l'enregistrement de Barbeau date de 1916, le folkloriste et ethnologue ne publie la chanson que 26 ans plus tard, en 1942, dans une collection de chansons de voyageurs. À noter d'ailleurs que ces voyageurs sont présentés comme étant des «Canadiens français» et non pas des «Métis». Aussi, Barbeau ne publie que la première strophe de la chanson qu'il avait tirée de ses notes et les paroles qui s'y trouvent ne reflètent pas celles qu'on peut entendre sur l'enregistrement de 1916[8]. Ce premier contact avec la chanson de Falcon indiquait très clairement les difficultés que les chansons métisses représentaient pour les chercheurs. La version qui se trouve en annexe démontre bien à quel point Barbeau avait de la difficulté à entendre — et donc à comprendre — ce que les interprètes chantaient réellement. Les difficultés linguistiques ainsi que les pratiques courantes de recherche ethnomusicologique du début du siècle exigeaient une étude en profondeur. Il fallait à tout prix analyser en plus grand détail les autres versions publiées ainsi que les transcriptions disponibles.

Deuxième «prise de vue»: un «peuple» métis, plusieurs «nations» métisses

La deuxième étude de la «Gornouillère» fut faite dans le contexte des recherches doctorales d'Annette Chrétien, davantage guidées par les développements récents dans la façon de comprendre des

---

[7] Le français mitchif est une variété relativement distincte du français laurentien parlée dans l'Ouest canadien par les Métis. Pour plus de détails sur ce parler, voir Papen 1984, 1998, 2002 et 2004.

[8] Voir Barbeau, «Voyageurs songs», *The Beavers*, juin 1942, p. 15-19. La chanson est publiée sous le titre «Les Bois-Brûlés». Pour plus de détails sur cette version, voir Chrétien (2006).

concepts tels que «tradition» et «nation». Étant donné qu'un nombre toujours grandissant de groupes métis revendiquaient le statut de nation depuis la reconnaissance officielle des Métis en 1982, il semblait évident qu'il fallait considérer la chanson de Falcon comme symbole de la naissance de la nation métisse à l'aune de points de vue plus contemporains. Il s'agissait donc de suivre à la trace la chanson à travers les diverses «pistes» qu'elle avait tracées durant son «voyage», c'est-à-dire à travers ses publications ou ses enregistrements, afin de mieux comprendre son rôle dans la constitution des diverses identités métisses contemporaines. Les pistes du voyage qu'a fait la chanson de Falcon révèlent de manière éloquente comment les pratiques d'enregistrement des chercheurs contemporains et l'enchevêtrement des textes écrits, des textes oraux enregistrés et des discours ont fait en sorte que le caractère distinctif des traditions musicales de la chanson métisse, voire des Métis eux-mêmes, a été largement effacé.

La version LaRue (1863)

Le «voyage» de la chanson de Falcon commence en 1863, lorsque LaRue a pour la première fois publié le texte à Québec (voir le texte en annexe). Cette version a parcouru de nombreux kilomètres depuis: elle a été utilisée dans des publications subséquentes, telles que celle de Tassé (1878), celle de Complin (1939) (avec de très légères modifications) et les versions françaises de Arnett Macleod (1956) et de Fowke et Mills (1960). C'est également la version de LaRue (1863) qui est à la base de certaines traductions en anglais, comme celle qu'on trouve dans Arnett Macleod (1959) — de James Reaney, mais qui s'inspire en partie de certaines strophes de la version de Complin, comme le font d'ailleurs Fowke et Mills pour leur traduction de 1960 et, plus tard, celle de 1984 — et enfin la version anglaise qu'on trouve dans le *Rapport RCAP* de 1996, qui reprend la version de Arnett Macleod. Aucune de ces versions n'a été transcrite à partir d'enregistrements sonores ; elles ont donc toutes été constituées à partir de versions publiées antérieurement ou à partir d'autres personnes qui auraient transcrit la chanson «à l'oreille».

Le gommage de la réalité métisse

Seules 3 de ces nombreuses publications, sur une période de presque 150 ans, sont effectivement basées sur des enregistrements sonores. De plus, des 14 versions publiées, seulement 3 font référence à la chanson comme étant une chanson proprement « métisse ».

Le gommage des Métis du Canada comme peuple aborigène distinct, tant dans les écrits que dans les enregistrements, où on les représente plutôt comme étant des Canadiens français, ne date pas d'hier car, comme on l'a vu pour l'enregistrement Barbeau de 1916, ce gommage est en partie le résultat des pratiques d'enregistrement des chercheurs du début du XXe siècle. On en trouve un exemple frappant dans les versions française et anglaise de la chanson dans Fowke et Mills (1960), dans lesquelles l'aspect spécifiquement « métis » tend à disparaître. Premièrement, le texte de la chanson est présenté en français de référence (ainsi que son équivalent plus ou moins fidèle en anglais) et non pas en français mitchif, variété dans laquelle les paroles avaient sûrement été produites par le barde lui-même lorsqu'il l'a composée. Fowke note elle-même : « On a dû quelque peu modifier la mélodie afin d'accommoder la traduction[9] ». Rappelons que le texte utilisé par Fowke et Mills dans leur publication est tiré de la version écrite de Complin (1939).

La version de Complin avait apparemment été recueillie auprès de certains petits-enfants de Pierre Falcon. Elle note également : « Falcon, peut-être à cause des difficultés de son dialecte métis, a beaucoup souffert aux mains des traducteurs[10] ». Néanmoins, il appert que Complin n'a obtenu ni le texte ni la mélodie de la chanson directement des petits-enfants de Falcon, mais plutôt d'un prêtre de la région, du nom de Henri Picton, qui s'était intéressé aux chansons métisses et qui apparemment avait transcrit une des versions de la chanson « par oreille ». Complin tente même

---

[9] Edith Fowke et Alan Mills, *Canada's Story in Song*, Toronto, W.H. Gage Ltd., 1960, p. 11.

[10] Margaret Complin, « Chanson de la Grenouillère », *Royal Society of Canada Transactions Series* 3/33, 1939, p. 55.

de nous convaincre que sa version est sûrement la version « originale » du simple fait que le bon père Picton avait une formation musicale !

Néanmoins, il existe une version (partielle) de la chanson qui nous viendrait d'un descendant de Falcon, nommé Joseph (dit Canada) Vandal[11]. Les vers qui s'y trouvent sont typiques du français mitchif : « On était pas aussitôt débarqués / Deux de nos gens ça l'ont crié / I l'ont crié / "Voilà l'Anglais qui vient pour nous pendre / Qui vient nous attaquer !" ».

La troisième version publiée de la chanson de Falcon est présentée comme étant une chanson véritablement métisse, mais elle est aussi plus ancienne. Cette version se trouve dans un ouvrage qui deviendra éventuellement la source majeure des enregistrements commerciaux des chansons métisses. En 1963, Barbara Cass-Beggs publie pour la première fois sur disque des chansons traditionnelles métisses, tirées d'enregistrements sonores et chantées par un interprète métis. On y trouve deux chansons — dont la « Chanson de la Grenouillère » — mais, pour des raisons qui restent pour le moment inexpliquées, celle-ci est chantée par le père Rufin Turcotte, alors que la seconde est chantée par un interprète métis du nom de Joseph Gaspard Jeanotte. Les deux chansons sont présentées sur la pochette comme étant des chansons folkloriques « françaises ». La collection Cass-Beggs est une des publications les plus importantes de la musique métisse car les versions qui s'y trouvent serviront de source pour les enregistrements commerciaux subséquents.

En dépit du fait que Cass-Beggs elle-même avait enregistré ces chansons, elle n'a de toute évidence pas publié les transcriptions de ses enregistrements ; au contraire, elle utilise la version de Complin (ou l'une de ses variantes). Une comparaison rapide de la version chantée par Jeanotte sur l'enregistrement publié par Cass-Beggs (1963) et la version écrite révèle que la version orale a été « corrigée » à l'écrit. Le défi de transcrire fidèlement les textes chantés

---

[11] *La chanson des Bois-Brûlés*, tirée du site Internet www.shsb.mb.ca/paysriel/decouvertes/md204-chanson_bois_brules/md204-contenu.html, page consultée le 3 février 2009.

en français mitchif aurait été trop lourd et aurait empêché la plupart des chercheurs intéressés aux chansons métisses de les transcrire à partir de vrais enregistrements ou à partir d'enregistrements archivés. Ceci explique peut-être même pourquoi, en fin de compte, peu de chercheurs se sont intéressés à enregistrer des chansons métisses.

Les versions « classiques »

À partir du début des années 1970, plusieurs compositeurs classiques du Canada se sont mis à adapter et à enregistrer des chansons tirées de la collection Cass-Beggs. Par exemple, en 1973, Keith Bissell a publié une version pour enfants d'une des chansons de la collection : « Adieu de la mariée à ses parents[12] ». Un autre compositeur canadien bien connu, Malcolm Forsythe, a adapté trois chansons de la collection Cass-Beggs, y inclus la « Chanson de la Grenouillère », en 1978. Ces arrangements sont sortis sur plusieurs disques classiques, chantés par de nombreux interprètes, certains utilisant des arrangements légèrement adaptés[13].

Il n'est pas inutile de souligner que la plupart de ces enregistrements « classiques » des chansons métisses ont été produits et publiés après la reconnaissance officielle des Métis comme étant un des trois peuples aborigènes du pays, ce qui a suscité un intérêt

---

[12] Cette version était arrangée pour soprano, alto et basse et devait être jouée avec des instruments Orff. Voir Bissell, 1973, p. 21-22. Plus tard, Bissell a produit un autre arrangement choral de la même chanson, qui fut enregistrée par les Tudor Singers de Montréal, chanson qui fut enregistrée sur un album du même titre en 1978. Tout comme pour la collection Cass-Beggs, la publication de Bissell présente la chanson comme étant une chanson folklorique métisse, mais l'enregistrement, lui, l'étiquette comme une « chanson canadienne-française ».

[13] La contre-alto bien connue Maureen Forrester a publié un enregistrement de l'arrangement de Forsythe avec l'Orchestre de chambre de McGill en 1986. Judith Forst, mezzo-soprano, a enregistré la chanson avec l'Orchestre de chambre de Vancouver en 1989. Deux autres enregistrements ayant recours à des arrangements légèrement différents de celui de Forsythe ont été enregistrés par Lyne Comtois, mezzo-soprano et Wendy Humphreys, soprano. Seule la version de Humphreys fait allusion au terme *métis*: *Metis Songs from the Qu'Appelle Valley*.

nouveau pour la chose métisse[14]. En 1985, centième anniversaire du dernier conflit armé entre les Métis et le Canada (la bataille de Batoche) et la pendaison de Louis Riel, la cantatrice Nancy G. Hockley, dont le nom de scène est Lucinda Clemens, a lancé un album sur lequel se trouve une chanson appelée « Une chanson de vérité », dont les paroles sont tirées de la première strophe de notre chanson. Cet enregistrement contient des arrangements classiques de 14 chansons métisses que Clemens aurait apprises directement de J. G. Jeanotte, le même interprète qui avait chanté pour Cass-Beggs. Néanmoins, l'enregistrement de Clemens semble poser un certain nombre de problèmes et Marie-Louise Perron (1988), du *Saskatchewan Archives Board*, en fait une critique assez sévère. Perron souligne d'emblée que l'approche préconisée par Clemens « risque d'irriter bon nombre de personnes intéressées ». Elle souligne l'importance de la collection vu la pénurie de recherches sur la chanson métisse, mais elle doute de la pertinence d'utiliser des arrangements classiques pour les chansons métisses traditionnelles. Deuxièmement, Perron pose un regard critique sur les « traductions ». La pochette du disque fournit les paroles des chansons, mais en français de référence plutôt qu'en français mitchif, même si Clemens admet que Jeanotte avait interprété les chansons dans son dialecte et qu'elle-même essaie d'imiter sa prononciation dialectale dans l'interprétation de la chanson. Perron met également en question le choix d'instrumentation qu'a fait Clemens, déclarant qu'il était « *poorly informed and documented*[15] ». En dernier lieu, Perron met même en doute le fait que Clemens aurait vraiment travaillé avec Jeanotte.

---

[14] Notons par exemple la Michif Language Conference qui eut lieu à la Newberry Library de Chicago en 1981 et dont les actes ont été publiés en 1985 (Peterson et Brown, 1985). Pour la première fois, on publiait des études détaillées sur l'histoire et la culture des Métis. Ce colloque a par la suite provoqué de nombreuses études sur les langues des Métis, dont plusieurs sur le mitchif, langue mixte franco-crie (voir par exemple Bakker et Papen, 1997; Bakker, 1997; Papen, 1987 et 2005) ainsi que sur le français mitchif (voir Papen, 1984, 1998, 2002 et 2004).

[15] Marie-Louise Perron, « Tape reviews », *Canadian Journal of Native Studies*, vol. 8, n° 2, 1988, p. 295-298.

L'album de Clemens contient plusieurs des chansons de la collection Cass-Beggs et quelques-unes qui avaient été publiées par les folkloristes dans les années 1950 et 1960. Il est à déplorer, par contre, que le déni de la réalité métisse, si marqué au milieu du siècle, se répète sur le disque de Clemens, car la chanson métisse y est présentée comme étant plus ou moins moribonde, en dépit du fait que la sortie de ce disque devait célébrer et reconnaître la culture des Métis !

En fin de compte, les seules parutions commerciales contenant effectivement les enregistrements des interprètes métis de qui on avait obtenu les chansons sont des enregistrements d'archives et il en existe, à vrai dire, très peu : Cass-Beggs publie une chanson en 1963 et Dorion, Paquin et Smith en publient deux en 1996. Tous les autres enregistrements connus nous viennent sous la forme d'arrangements divers, dont la plupart effacent les traits distinctifs qui auraient pu caractériser la musique et mettent surtout l'accent sur les événements historiques du XIXe siècle en présentant les Métis comme un peuple « romantique » voué à l'échec.

La version Ferland (1979)

La version de Marcien Ferland, publiée pour la première fois en 1979 et rééditée en 1991, est la seule version publiée qui tente de représenter graphiquement le parler français mitchif dans lequel la chanson a été chantée et enregistrée[16]. Ferland tente également de représenter comment la chanson avait effectivement été exécutée, en utilisant des fragments musicaux d'une manière irrégulière afin d'accommoder le texte. Néanmoins, cette chanson fait partie d'une collection de chansons à répondre canadiennes-françaises du Manitoba et elle n'est pas présentée comme étant spécifiquement « métisse ». Ainsi, dans une note de présentation, Ferland explique le contexte de la chanson en faisant référence à l'escarmouche « entre un groupe de Métis et des colons de Lord Selkirk à un endroit nommé la Grenouillère », mais pour ce faire il fait parler le chanteur (Paul Lavallée), sans souligner son origine métisse, et

---

[16] Voir la discussion à la section 4 et la version complète en annexe.

ce dernier explique brièvement qu'il avait appris la chanson d'un certain Guillaume Lafrenière, sans mentionner non plus que lui aussi était métis.

Une analyse comparée de certaines versions de la « Gornouillère »

Comme nous l'avons vu, il existe au moins 14 versions différentes de cette chanson et les limites de cet article ne nous permettent pas de toutes les traiter de manière détaillée. Dans cette section, nous nous limitons à comparer un certain nombre de versions entre elles — celles que nous considérons les plus importantes — afin de montrer de quelle manière elles se ressemblent et de quelle manière elles peuvent se distinguer. Nous offrons également quelques commentaires sur la langue utilisée. Les textes entiers de chacune des versions se trouvent en annexe.

La version LaRue (1863)

Commençons par la toute première version, celle de F.A.H. LaRue, publiée dans *Le Foyer canadien*, à Québec, en 1863. Nous ne nous arrêterons pas longtemps sur des petits détails comme le fait que le mot *juin* commence par une majuscule plutôt qu'une minuscule (serait-ce ici l'influence de l'anglais?). Ce sont surtout les formes verbales qui surgissent dès la quatrième strophe et répétées à la cinquième et à la neuvième strophes qui attirent l'attention : « *J'avons* cerné la bandes [sic] des grenadiers » ; « *j'avons* envoyé un ambassadeur » ; « *j'avons* tué presque toute son armée ». Ces formes représentent la première personne du pluriel de l'auxiliaire *avoir* et elles sont typiques du parler acadien traditionnel[17]. Par contre, à notre connaissance, ces formes n'existent pas et n'ont jamais existé dans la variété de français parlée par les Métis. Aucune attestation de cette forme — orale ou écrite — n'a jamais été relevée par les chercheurs qui ont étudié cette variété. Comment donc expliquer

---

[17] Bien que ces formes « traditionnelles » tendent à disparaître dans le parler de la plupart des adultes, elles ont repris vigueur dans le parler des adolescents de Moncton, connu sous le vocable *chiac*.

sa présence dans la chanson, surtout que de nombreuses versions basées sur celle de LaRue l'ont systématiquement reprise[18] (par exemple, Tassé, 1878 ; Complin, 1939) ?

Pour résoudre cette énigme, il faut creuser quelque peu la vie de Pierre Falcon. Il naquit à Fort-au-Coude, dans la région de la rivière du Cygne (près de l'actuel Swan River), dans le nord du Manitoba actuel, en 1793 ; fils de Jean-Baptiste Falcon et d'une mère amérindienne dont le nom ou la tribu nous sont inconnus[19]. Ce même Jean-Baptiste naquit au Québec, à Baie-Saint-Paul, de parents venus de Picardie qui déménagèrent par la suite au village de L'Acadie, situé en Montérégie, non loin de Saint-Jean-sur-Richelieu. Cette communauté avait été fondée par des Acadiens exilés aux États-Unis durant le « Grand Dérangement » en 1755 et qui, par la suite, avaient choisi de s'installer au Québec plutôt que de retourner en Acadie. Le père du petit Pierre l'amena avec lui dans l'un de ses voyages au Québec et le confia à sa mère. Il fut baptisé à L'Acadie en 1798, à l'âge de cinq ans ; il y passa plusieurs années et y fit ses premières années d'école. Il ne faut donc pas s'étonner qu'à son retour dans l'Ouest en 1808, à l'âge de 15 ans, Pierre Falcon maintenait encore certaines formes dialectales acadiennes, qu'il avait sans doute acquises durant son séjour dans la communauté de L'Acadie.

Notons finalement que la dernière ligne propose deux choix, dont l'un est quelque peu agrammatical : une fois que l'auteur de la chanson est identifié (Pierriche Falcon — probablement son surnom car c'est une vieille tradition métisse que de se donner ou de se faire donner un surnom), on dit de la chanson, soit qu'« elle a faite et composée sur la victoire que nous avons gagnée », soit qu'« elle est faite et composée... », sans terminer la proposition, puisque suit « Chantons la gloire des Bois-Brûlés ! ». Certaines versions[20] reprennent mot à mot cette fin inattendue ; d'autres

---

[18] Par exemple, Joseph Tassé, *Les Canadiens de l'Ouest*, Montréal, Cie d'imprimerie canadienne, vol. 2, 1878, p. 348-349 et Margaret Complin, *op. cit.*

[19] Bryce (1896:6) croit qu'elle venait du Missouri.

[20] Par exemple, Joseph J. Hargrave, *Red River*, Montréal, John Lovell, 1871, 506 p.

«corrigent» le texte en proposant plutôt «Elle est bien faite et composée. Chantons la gloire de tous ces Bois-brûlés!».

La version Hargrave (1871)
Hargrave (1871) dit avoir obtenu la chanson directement «des lèvres du barde». Si Hargrave prétend qu'à sa connaissance cette chanson n'a jamais été publiée auparavant, une comparaison rapide de sa version avec celle de LaRue nous permet de déceler de très nombreuses ressemblances — même si les deux versions ne sont effectivement pas identiques. Ainsi, les mêmes formes verbales inattendues *j'avons cerné, j'avons agi* et *j'avons tué* apparaissent dans les deux versions. Par contre, le *j'avons envoyé* de la version de LaRue devient *nous envoyâmes* dans la version de Hargrave, forme tout aussi inattendue...et quelque peu suspecte, puisqu'elle cumule deux formes verbales appartenant à deux dialectes, ou à tout le moins, à deux registres distincts du français.

La version Complin (1939)
Nous avons vu que la version de Complin n'avait pas été obtenue des petits-enfants de Falcon, mais plutôt auprès d'un prêtre de la région. Il est quand même très étonnant que cette version ressemble énormément à celle de LaRue, à tel point que les mêmes formes verbales «acadiennes» (*j'avons cerné*, etc.) réapparaissent quelque 70 ans plus tard. Décidément, ces formes verbales ont la vie dure.

Selon Complin, elle aurait eu énormément de difficulté à trouver la chanson, car celle-ci avait été «interdite» durant la période des conflits de 1869-1870 et de 1884-1885 puisque les Métis «l'utilisaient pour encourager leurs gens à se battre[21]» et que cela explique pourquoi la chanson avait plus ou moins disparu.

Notons finalement que Complin élimine le dernier couplet des versions antérieures, où l'on identifie l'auteur de la chanson; en guise d'explication, elle note que les descendants de Falcon ne

---

[21] Margaret Complin, *op. cit.*, p. 54.

chantaient pas le dernier couplet parce qu'ils ne pensaient pas que leur aïeul aurait chanté ses propres gloires. Par contre, Complin a le mérite d'inclure pour la première fois trois variantes de la mélodie, c'est-à-dire l'organisation des vers, ainsi que la structure musicale de la chanson.

La version Lafrenière, telle que transcrite par Letourneau (1970)
Les pistes du voyage de notre chanson devraient inclure également la version chantée par le Métis Alfred Lafrenière de Portage-la-Prairie, Manitoba, enregistrée par Henri Letourneau en 1970. Cet enregistrement se trouve au Musée des civilisations à Gatineau, Québec, ainsi qu'aux Archives de Saint-Boniface, à Winnipeg. Letourneau était un ethnologue amateur qui s'intéressait énormément au folklore traditionnel francophone des gens de l'Ouest (tant canadien que métis). Pendant de nombreuses années, il a donc enregistré des locuteurs canadiens-français et métis, les faisant chanter, raconter, parler. Néanmoins, la transcription de Letourneau de la chanson qu'il avait enregistrée n'est pas très bonne, vu les conditions difficiles dans lesquelles l'enregistrement a été fait. L'interprète, homme assez âgé, a clairement perdu beaucoup de sa mémoire et ne se rappelle que vaguement les paroles, qu'il marmonne d'ailleurs assez souvent (par exemple, «du gargénique» ou «des garganaises» pour parler des Orcanais). Il doit souvent se faire aider par sa femme, qui fredonne des bouts de la chanson en sourdine. La qualité de l'enregistrement laisse également à désirer, tant et si bien que la transcription est fragmentaire et pleine de points de suspension. Néanmoins, on en retire de nombreuses formes typiquement métisses, telles que *nouvemb'e*, où la voyelle *o* se prononce *ou*; l'insertion d'un *l* devant l'auxiliaire *avoir*: *On l'a été les rencontrer..., on l'a agi..., on l'a envoyé..., l'a tiré l'ambassadeur*. Letourneau transcrit fidèlement aussi les fausses liaisons, du type *envoyé-z-un ambassadeur; arrêter-z-un petit moment*, etc. Ces liaisons sont symptomatiques de ce qu'on appelle la «surcorrection», phénomène courant chez les locuteurs du vernaculaire mis en situation formelle où un langage plus «formel» est de mise.

La version de Lavallée, telle que transcrite par Ferland (1979)
En 1979, Marcien Ferland publie *Les chansons à répondre du Manitoba*. Parmi les chansons du texte se trouve une version de la chanson de Falcon que Ferland intitule « La chanson de Pierrich' Falcon ». C'est de loin la version la plus « authentique », dans ce sens que la transcription tente par tous les moyens (pas toujours les meilleurs, malheureusement) de rendre fidèlement la prononciation et la syntaxe des paroles telles qu'effectivement produites au moment de l'enregistrement.

Par exemple, à la quatrième ligne du premier couplet, on trouve « Les *caups* l'ont arrivé... », là où en français de référence on aurait « Les *coups* sont arrivés... ». Ceci reflète assez bien le français mitchif. Dans cette variété, les voyelles *ou* et *o/au* sont souvent confondues : *loup* peut se prononcer *lot* et vice-versa : *coups* devient donc *caups*. Ferland utilise l'apostrophe pour démontrer que certains sons ne sont pas prononcés : par exemple *not'* pour *notre*. Malheureusement, il la met souvent là où de toute façon on ne prononcerait pas la voyelle à l'oral en français de référence : par exemple *un'* pour *une*, *seiz'* pour *seize*, *band'* pour *bande*, *comm'* pour *comme*, *fair'* pour *faire*, etc. Néanmoins, il faut souligner ici le bel effort d'authenticité de la part de Ferland lorsqu'il indique bien la prononciation de *juin* en *jan* (les Métis ont beaucoup de difficulté avec la semi-voyelle qu'on entend dans *juin*), la *Gornouillèr'* pour *Grenouillère*, *Gouvarneur* pour *Gouverneur*, *pétit* pour *petit*, *jouè* pour *joie*, *novell's* (?) pour *nouvelles*, etc. Remercions-le également pour avoir bien indiqué les formes verbales vernaculaires comme *on a y-été* pour *on a été*, *s'creyait* pour *se croyait*, *enweyé* pour *envoyé*, ainsi que des tournures typiquement métisses comme *Voilà l'Anglais qui l'est ici* ; *les caups l'ont arrivé*, etc.

Nous notons, aux trois dernières lignes de la quatrième strophe : « Le premier, c'est l'Anglais / Qui a tiré l'ambassadeur / Le-r-a manqué tué. » Cette transcription est relativement douteuse car elle ne fait aucun sens. Tout probablement l'interprète aurait plutôt dit « Leur a manqué tué », ce qui, tout en restant agrammatical, est plus plausible.

En terminant, il est intéressant de noter qu'au deuxième vers de la chanson le chanteur dit : « C'est une chanson de *dévérité* » plutôt que le « C'est une chanson de *vérité* » attendu. Selon les commentaires de Ferland, on ne peut douter de la sincérité et de la fierté de l'interprète dans le fait de chanter cette ballade. Est-ce dû alors au fait que le chanteur en question ne comprenait pas vraiment ce qu'il disait ?

Conclusion

Cette troisième « prise de vue » de la *Chanson de la Gornouillère* fournit quelques réponses aux problèmes de traduction et d'interprétation des traits langagiers de cette chanson[22]. Même si les traductions textuelles peuvent aider à résoudre certains problèmes linguistiques, elles ne nous permettent pas de faire face aux problèmes de représentation relatifs aux pratiques d'interprétation. La plupart des versions de la chanson dont nous avons discuté ne présentent à vrai dire ni la structure musicale ni le phrasé dans lesquels la chanson a été interprétée, exception faite de la version de Ferland. Afin de résoudre ces problèmes, il nous faudra des analyses musicales plus détaillées ainsi que des transcriptions plus précises de la musique et des paroles. Aussi, la découverte d'autres enregistrements d'archives pourrait-elle nous permettre d'aller encore plus loin. Disons tout au plus que le voyage de la *Chanson de la Gornouillère* n'est pas encore terminé[23].

---

[22] Ces travaux ont été effectués alors que la coauteure bénéficiait d'une bourse postdoctorale au Musée des civilisations à Gatineau.

[23] Nous n'avons pris connaissance de l'excellent article de Julien (1995) sur la vie et l'œuvre de Pierre Falcon qu'après la rédaction de notre article et à notre regret, nous n'avons donc pas pu en tenir compte.

BIBLIOGRAPHIE

Allard, Martial, « Pierre Falcon, barde des Prairies », mémoire de maîtrise, Québec, Université Laval, 1963.
Anderson, Benedict, *Imagined Communities*, Londres, Verso, 1983, 160 p.
Arnett MacLeod, Margaret, « Bard of the Prairies », *The Beaver*, printemps 1956, p. 20-24.
Arnett MacLeod, Margaret, *Songs of Old Manitoba*, Toronto, Ryerson Press, 1959, 93 p.
Bakker, Peter, *Language of our Own. The Genesis of Michif, the Mixed Cree-French Language of the Canadian Métis*, New York, Oxford University Press, 1997, 316 p.
Bakker, Peter et Robert A. Papen, « Michif : A mixed language based on Cree and French », dans Sarah Thomason (dir.), *Contact Languages : A Wider Perspective*, Philadelphie, John Benjamins, 1997, p. 295-363.
Barbeau, Marius, « Voyageur Songs », *The Beaver*, juin 1942, p. 15-19.
Bhabha, Homi (dir.), *Nation and Narration*, Londres et New York, Routledge, 1990, 333 p.
Bissell, Keith, *Let's Sing and Play*, Waterloo, Waterloo Music Company Limited, 1973.
Bryce, George, « Worthies of Old Red River », *Transactions of the Manitoba Historical Society*, Winnipeg, Manitoba Free Press, 1896.
Cass-Beggs, Barbara, *Seven Metis Songs from Saskatchewan*, Don Mills, BMI Canada, 1963, 31 p.
Chrétien, Annette, « Fresh Tracks in Dead Air : Mediating Contemporary Metis Identities through Music and Storytelling », thèse de doctorat, Toronto, Université York, 2006, 405 p.
Clemens, Lucinda, *Listener's Guide to « Une chanson de vérité »*, Indian Head, The Other Opera Company, 1985, 19 p.
Complin, Margaret, « Chanson de la Grenouillère », *Royal Society of Canada Transactions Series* 3/33, 1939, p. 49-58.
Ferland, Marcien, *Chansons à répondre du Manitoba*, 2ᵉ éd., Saint-Boniface, Éditions du Blé, 1991 [1979], 218 p.
Forsythe, Malcolm, *Three Métis Folksongs from Saskatchewan*, Willowdale, Leeds Music, 1978.
Fowke, Edith, *Singing our History*, Toronto, Doubleday Canada Limited, 1984, 249 p.
Fowke, Edith et Alan Mills, *Canada's Story in Song*, Toronto, W.H. Gage Ltd., 1960, 230 p.
Hargrave, Joseph J., *Red River*, Montréal, John Lovell, 1871, 506 p.

Hobsbwam, Eric, *The Invention of Tradition*, Cambridge, Cambridge University Press, 1983, 320 p.

Julien, Jacques, «Pierre Falcon: le détournement littéraire d'une tradition orale», (première partie) *Francophonies d'Amérique*, n° 5, 1995, p. 107-120; (deuxième partie), *Francophonies d'Amérique*, n° 6, 1996, p. 61-73.

LaRue, François Alexandre Hubert, *Le foyer canadien*, Québec, Bureau du Foyer canadien, 1863.

Letourneau, Henri, *Fonds Henri Letourneau*, Archives de Saint-Boniface, Musée des civilisations, Gatineau, Québec, 1970.

Papen, Robert A., «Le métif: le *nec plus ultra* des grammaires en contact», *Revue québécoise de linguistique théorique et appliquée*, vol. 6, n° 2, 1987, p. 57-70.

Papen, Robert A., «Le mitchif: langue franco-crie des Plaines», dans Albert Valdman, Julie Auger et Deborah Pisten-Hatlen (dir.), *Le français en Amérique du Nord: état présent*, Sainte-Foy, Presses de l'Université Laval, 2005, p. 327-348.

Papen, Robert A., «Le parler français des Métis de l'Ouest canadien», dans Patrice Brasseur (dir.), *Français d'Amérique: variation, créolisation, normalisation*, Avignon, CECAV, Université d'Avignon, 1998, p. 147-161.

Papen, Robert A., «Quelques remarques sur un parler français méconnu de l'Ouest canadien: le métis», *Revue québécoise de linguistique*, vol. 14, n° 1, 1984, p. 113-139.

Papen, Robert A., «Sur quelques aspects structuraux du français des Métis de l'Ouest canadien», dans Aidan Coveney, Marie-Anne Hintze et Carol Sanders (dir.), *Variation et francophonie*, Paris, L'Harmattan, 2004, p. 105-129.

Papen, Robert A., «Les troub': analyse linguistique d'un texte oral en français des Métis», *Cahiers franco-canadiens de l'Ouest*, vol. 14, n°s 1-2, 2002, p. 61-88.

Perron, Marie-Louise, «Tape reviews», *Canadian Journal of Native Studies*, vol. 8, n° 2, 1988, p. 295-299.

Peterson, Jacqueline et Jennifer Brown (dir.), *The New Peoples. Being and Becoming Métis in North America*, Winnipeg, University of Manitoba Press, 1985, 266 p.

Report of the Royal Commission on Aboriginal Peoples, vol. 1-5, Ottawa, Canada Communication Group, 1996.

Robinson, Henry M., *The Great Fur Land, or, Sketches of Life in the Hudson's Bay Territory*, New York, G. P. Putnam's Sons, 1879, 348 p.

Tassé, Joseph, *Les Canadiens de l'Ouest*, Montréal, Cie d'imprimerie canadienne, vol. 2, 1878, p. 348-349.

Version LaRue (1863)
La gloire des Bois-Brûlés

    Voulez-vous écouter chanter,
    Une chanson de vérité :
    (Bis-premiers deux vers)
    Le dix-neuf de Juin, la bande des Bois-Brûlés,
    Sont arrivés comme de braves guerriers.

    En arrivant à la grenouillère,
    Nous avons fait trois prisonniers :
    Trois prisonniers des Arkanys
    Qui sont ici pour piller notre pays.

    Etant sur le point de débarquer,
    Deux de nos gens se sont écriés :
    Deux de nos gens se sont écriés :
    Voilà l'Anglais qui vient nous attaquer.

    Tout aussitôt nous avons déviré,
    Nous avons été les rencontrer :
    J'avons cerné la bandes des grenadiers,
    Ils sont immobiles, ils sont tous démontés.

    J'avons agi comme des gens d'honneur
    J'avons envoyé un ambassadeur :
    Le gouverneur, voulez-vous arrêter
    Un petit moment, nous voulons vous parler ?

    Le gouverneur qui est enragé,
    Il dit à ses soldats : tirez.
    Le premier coup c'est l'Anglais qui a tiré,
    L'ambassadeur ils ont manqué tuer.

    Le gouverneur qui se croit empereur,
    Il veut agir avec rigueur :
    Le gouverneur qui se croit empereur,
    A son malheur, agit trop de rigueur.

Ayant vu passer tous ces Bois-Brûlés,
Il a parti pour les épouvanter :
Etant parti pour les épouvanter :
Il s'est trompé, il s'est bien fait tuer.

Il s'est bien fait tuer.
Quantité de ses grenadiers ;
J'avons tué presque toute son armée,
Quatre ou cinq se sont sauvés.

Si vous aviez vu tous ces Anglais,
Tous ces Bois-Brûlés après,
De butte en butte les Anglais culbutaient,
Les Bois-Brûlés jetaient des cris de joie.

Qui en a composé la chanson?
Pierriche Falcon, ce bon garçon.
Elle a été faite et composée
Sur la victoire que nous avons gagnée.
OU :
Elle a été faite et composée
Chantons la gloire des Bois-Brûlés !

Version Hargrave (1871)
Chanson écrite par Pierre Falcon

    Voulez-vous écouter chanter
    Une chanson de vérité ?
    Le dix-neuf de Juin les Bois-Brûlés sont arrivés
    Comme des braves guerriers.

    En arrivant à la Grenouillère,
    Nous avons fait trois prisonniers
    Des Orcanais ! Ils sont ici pour piller notre pays.

    Etant sur le point de débarquer
    Deux de nos gens se sont écriés
    Voilà l'Anglais qui vient nous attaquer !

    Tout aussitôt nous avons déviré,
    Pour aller les rencontrer :
    J'avons cerné la bandes des Grenadiers,
    Ils sont immobiles ! Ils sont démontés !
    J'avons agi comme des gens d'honneur,
    Nous envoyâmes un ambassadeur
    Gouverneur ! voulez-vous arrêter un p'tit moment ?
    Nous voulons vous parler !
    Le gouverneur qui est enragé,
    Il dit à ses soldats -Tirez !
    Le premier coup l'Anglais le tire,
    L'ambassadeur a presque manqué d'être tué.

    Le gouverneur se croyant l'Empereur,
    Il agit avec rigueur.
    Le gouverneur se croyant l'Empereur,
    A son malheur agit avec trop de rigueur.

    Ayant vu passer les Bois-Brûlés,
    Il a parti pour nous épouvanter :
    Etant parti pour nous épouvanter :

Il s'est trompé; il s'est bien fait tué
Quantité de ses grenadiers.

J'avons tué presque toute son armée.
De la bande quatre ou cinq se sont sauvés.

Si vous aviez vu les Anglais,
Tous ces Bois-Brûlés après!
De butte en butte les Anglais culbutaient,
Les Bois-Brûlés jetaient des cris de joie!

Qui en a composé la chanson?
C'est Pierre Falcon! Le bon garçon!
Elle a été faite et composée
Sur la Victoire que nous avons gagnée!
Elle a été faite et composée
Chantons la gloire des Bois-Brûlés.

Version Complin (1939)
Chanson de la Grenouillère

    Voulez-vous écouter chanter
    Une chanson de vérité ?
    Le dix-neuf de Juin, la bande des Bois-Brûlés
    Sont arrivés comme de braves guerriers.

    En arrivant à la Grenouillère,
    Nous avons fait trois prisonniers :
    Trois prisonniers des Arkanys
    Qui sont ici pour piller notre pays.

    Etant sur le point de débarquer,
    Deux de nos gens se sont mis à crier :
    Deux de nos gens se sont mis à crier :
    Voilà l'Anglais qui vient nous attaquer.

    Tout aussitôt nous avons déviré,
    Nous avons été les rencontrer :
    J'avons cerné la bandes des grenadiers,
    [Ils] sont immobiles, ils sont tous démontés.

    J'avons agi comme des gens d'honneur,
    J'avons envoyé un ambassadeur :
    "Le Gouverneur, voulez-vous arrêter
    Un petit moment, nous voulons vous parler ?"

    Le Gouverneur qui est enragé,
    Il dit à ses soldats : "Tirez !"
    Le premier coup c'est l'Anglais qu'a tiré ;
    L'ambassadeur a manqué de tuer.

    Le Gouverneur qui se croit *empéreur*,
    Il veut agir avec rigueur ;
    Le gouverneur qui se croit *empéreur*,
    A son malheur, agit trop de rigueur.

Ayant vu passer tous ces Bois-Brûlés,
Il a parti pour les épouvanter,
Etant parti pour les épouvanter,
Il s'est trompé, il s'est fait tuer.

Il s'est trompé, il s'est fait tuer
Un quantité de ses grenadiers;
J'avons tué presque toute son armée,
Rien que quatre ou cinq ça l'ont pu se sauvés.

Si vous aviez vu tous ces Anglais,
Tous ces Bois-Brûlés après,
De butte en butte, les Anglais culbutaient,
Les Bois-Brûlés lâchaient des cris de joie!

Versions Barbeau 1916/1942
Les Bois-Brûlés

Version 1 : Tirée de la transcription de Barbeau de l'enregistrement de 1916
>Voulez-vous écouter chanter
>Un chanson de vérité?
>[C'é]tait le dix-neuf de n(ov)embre
>[Que] les gens des Arcanais
>Venaient prendre notre pays.

Version 2 : Tirée des notes de Barbeau (*il y ajoute la mélodie*)
>Voulez-vous é-couter chanter
>Une chanson de vé-ri-té
>Le dix-neuf de- neor-ne
>Les gens des Arcanés
>Que viennent prendre notre pays

Version 3 : Publiée en 1942, également tirée de ses notes
>Vou-lez-vous é-cou-ter chan-ter
>U-ne chanson de ve-ri-té?
>Le dix-neuf de né-am-bre (?),
>Les gens des Ar-ca-nés s'en vien-nent
>Prendre notre pa-ys.

Version 4 : Transcription contemporaine de l'enregistrement de 1916
>Voulez-vous écouter chanter
>Une chanson de vérité?
>[C'é]tait le dix-neuf de juin (prononcé *jan*)
>[Que] les gens des Arcanais
>Venaient prendre notre pays.

Les autres strophes sont identiques à celle de LaRue (1863)

Version française de Macleod (1956, 1959)
Titre ?

La version du texte de MacLeod est identique à celle de LaRue (1863), sauf que le dernier verset est :
> Qui en a composé la chanson
> Pierre Falcon, poète du canton.

Version française de Fowke & Milles (1960, 1984)
Titre ?

La version est identique à celle de Complin, sauf la dernière strophe :
> Qui en a composé la chanson ?
> C'est Pierre Falcon, poète du canton.
> Elle a été faite et composée.
>
> Chantons la gloire de ces Bois-Brûlés !

Version Lafrenière (1970) (Fonds Létourneau)
Une chanson de vérité

> Voulez-vous écouter chanter
> Une chanson de vérité ?
> Le dix-neuf nouvemb'e dernier
> Les côteaux …….. (?)
> Là-bas du garganique (?) ont été
> Pour piller not' pays
>
> Tout aussitôt nous avons deviné
> On l'a été les rencontrer
> Nous avons cerné
> Les « garganaises » (??) qu'elles sont ici
> Pour piller not'e pays (bis)
>
> On l'a agi comme les gens d'honneur
> On l'a envoyé-z- un ambassadeur.
> « Mon gouverneur,
> Voulez-vous arrêter-z-un petit moment ?

Je voudrais vous parler. »
Le gouverneur était enragé
A dit-z-à ses soldats : « Tirez. »
Le premier, c'est l'Anglais
Qui l'a tiré l'ambassadeur.

« Mon gouverneur,
Voulez-vous arrêter-z-un petit moment ?
Je voudrais vous parler. » (bis)

Si vous avez vu tous ces Anglais
C'est comme du bois brûlé après. (bis)
Chantons la gloire que nous avons gagnée
C'est la victoire, j'entends des cris de joie. (bis)

Version Lavallée (1979) Ferland
La chanson de Pierrich' Falcon

    Voulez-vous m'écouter chanter ?
    C'est une chanson de dévérité.
    C'était le dix-neuf de *jan* (juin) darnier,
    Les *caups* (coups) l'ont arrivé
    En mil huit cent seiz'.
    La band' des Bois-brûlés il' ont arrivé
    Comm' des bravés guerriers.

On a y-été à la Gornouillèr'	A
Nous avons fait fair' trois prisonniers ;	B
Trois prisonniers.	C,
Voilà l'Anglais qui l'est ici	D,
Pour piller not' pays.	G
Quand aussitôt nous avons déviré,	A
On a y-été les rencontrer	B
Quand on a vu mais tous ces Anglais,	A
On était démonté.	B
On était en bandonnance (abandonné) aussi.	B
— Mon gouvarneur ! Voulez-vous arrêter	C D
Un pétit moment ?	E
Le Gouvarneure s'creyait l'empereur.	A
I'-a dit-z-à ses soldats : « Tirez ! »	B
Le premier, c'est l'Anglais	C
Qui a tiré l'ambassadeur :	D1
Le-r-a manqué tuer.	G
On s'est arrangé mais comm' des gens d'honneur ;	A
On a-enweyé-z-un ambassadeur.	B
Sé vous aviez vu mais tous ces Anglais,	A
C'était tout comme du bois brûlé.	B
En butte en butt', les Anglais culbutaient	C D
Comm' les Bois-brûlés jètant des cris de jouè.	E G

Sé vous aviez vu mais tous ces Anglais! A
N'avaient yinqu' cinq ou six dé sauvés! B
Le Gouverneur criant-z-en ses soldats: C D
— Laissons-les aller! E
I'-emporte'ront des novell's. G

Elle a 'té composée, la chanson A
Sur la victoir' qu'on l'avait gagnée, B

C'est Pierrich' Falcon, que cé beau garçon, A
Qui a composé la chanson. B

Version anglaise de Fowke & Mills (1984)

> *Say, would you like to hear me sing*
> *Of a true and historic thing?*
> *The nineteenth of June our band of Bois-Brûlés*
> *Arrived like warriors, brave and gay.*
>
> *When we arrived upon Frog Plain*
> *Three Orkney men we did detain—*
> *These soldiers who had come across the sea*
> *All for to pillage our fair country*
>
> *Just as we were about to set out*
> *Two of our warriors gave a shout.*
> *They shouted out and cried, "Alas, alack!*
> *Here come the Englishmen to attack!"*
>
> *Quickly we reined our horses in*
> *All for to meet those Englishmen.*
> *We soon surrounded all their grenadiers*
> *Who stood quite still in the grip of fear.*
>
> *As men of honor we acted then,*
> *And an ambassador we did send*
> *To ask the English governor to wait*
> *And talk with us ere it was too late.*
>
> *But that bold governor, filled with ire,*
> *Ordered his men to open fire.*
> *Now comes the first volley—their muskets roar*
> *And almost kill our ambassador.*
>
> *That governor thinks he's an emperor,*
> *Thinks he can act like a proud seigneur.*
> *He thought he'd drive away the Bois-Brûlés;*
> *For this mistake with his life he did pay.*

For this mistake with his life he did pay,
Most of his grenadiers we did slay,
But four of five of them escaped that day,
While the rest of our guns fell prey.

You should have seen those Englishmen
And our Bois-Brûlés right after them,
Till one by one we did them all destroy
While our brave comrades shouted with joy.

As to the singer of this song,
I am a poet named Pierre Falcon.
'Twas I who wrote this song that very day
To sing in praise of the Bois-Brûlés.

Version anglaise de Macleod (1959) — traduction James Reaney

Would you like to hear me sing
Of a true and recent thing?
It was June nineteen, the band of Bois-Brûlés arrived that day,
Oh the brave warriors they!

We took three foreigners prisoners when
We came to the place called Frog, Frog Plain.
They were men who'd come from Orkney,
Who'd come, you see,
To rob our country.

Well we were just about to unhorse
When we heard two of us give, give voice.
Two of our men cried, "Hey! Look back, look back!
The Anglo-Sack
Coming for to attack."

Right away smartly we veered about
Galloping at them with a shout!
You know we did trap all, all those Grenadiers!
They could not move
Those horseless cavaliers.

Now we like honourable men did act,
Sent an ambassador—yes, in fact!
"Monsieur Governor! Would you like to stay?
A moment spare—
There's something we'd like to say."

Governor, Governor, full of ire.
"Soldiers!" he cries, "Fire, Fire."
So they fire and their muskets roar!
They almost kill
Our ambassador!

Governor thought himself a king.
He wished an iron rod to swing.
Like a lofty lord he tries to act.
Bad luck, old chap!
A bit too hard you whacked!

When we went galloping, galloping by
Governor thought that he would try
For to chase and frighten us Bois-Brûlés.
Catastrophe!
Dead on the ground he lay.

Dead on the ground lots of grenadiers too.
Plenty of grenadiers, a whole slew.
We've almost stamped out his whole army.
Of so many
Five or four left there be.

You should have seen those Englishmen—
Bois-Brûlés chasing them, chasing them.
From bluff to bluff they stumbled that day
While the Bois-Brûlés
Shouted "Hurray!"

Tell, oh tell me who made up this song?
Why it's our own poet, Pierre Falcon
Yes, she was written this song of praise
For the victory
We won this day.
Yes she was written this song of praise—
Come sing the glory of the Bois-Brûlés.

LE SALUT DE L'ARRIÈRE-PAYS:
LE CONCEPT RADIOPHONIQUE
DE LA LÉGENDE ET DU CONTE

JOHANNE MELANÇON
UNIVERSITÉ LAURENTIENNE

Le salut de l'arrière-pays est une série de huit émissions produites par CBON, la Première Chaîne de la radio de Radio-Canada à Sudbury, d'après une idée originale de l'ex-animateur et ex-chroniqueur culturel de la station Normand Renaud[1], qui s'est inspiré du *Vynil Café* de Stuart Mclean diffusé sur les ondes de CBC Radio-One ainsi que de l'émission *Prairie Home Companion* de Garrison Keiller (Minnesota Public Radio). Mais *Le salut de l'arrière-pays*, ce sont d'abord huit soirées enregistrées devant public entre le 20 février 2004 et le 4 mars 2005 dans autant de petites communautés du Nord de l'Ontario: Gogama, Verner, Chapleau, Earlton, Iroquois Falls, Spanish, Sturgeon Falls et Fauquier. Les émissions ont ensuite été diffusées sur les ondes de CBON entre le 28 février 2004 et le 12 mars 2005

---

[1] Je souhaite ici remercier Normand Renaud pour sa précieuse collaboration, de même que Guylaine Tousignant.

dans tout le Nord de l'Ontario[2]. En juin 2004, avec l'émission enregistrée à Verner, *Le salut de l'arrière-pays* a remporté la palme de la meilleure émission régionale à l'occasion de la remise des Prix de la radio 2003-2004 de Radio-Canada à Montréal devant 33 concurrents.

Le contenu des émissions «s'inspirait des réalités, des ambiances et des expériences locales[3]». Plus précisément, le projet se voulait une réponse, ou du moins une réaction, à la situation socioéconomique propre au Nord de l'Ontario, en particulier à l'exode des jeunes vers les grands centres et l'incertitude dans les communautés à industrie unique confrontées à des fermetures d'usines ou des interruptions de travail découlant des difficultés dans l'industrie forestière. Dans ce contexte, *Le salut de l'arrière-pays* souhaitait «jouer le rôle de catalyseur» d'une prise de conscience du déclin démographique et économique qui affecte ces villes et villages en proposant «un modèle original d'animation communautaire[4]». Ainsi, chaque épisode d'une heure débutait par une brève présentation de la communauté dans laquelle avait lieu la soirée, qui était suivie du portrait d'un «personnage haut en couleur de l'histoire récente de la communauté érigé en exemple des qualités humaines de ce milieu». Le deuxième segment consistait en «un sketch humoristique réunissant, dans une entrevue radiophonique fictive, une animatrice métropolitaine peu familière des régions et un agent

---

[2] L'équipe du *Salut de l'arrière-pays* réunissait Roger Corriveau, Alain Harvey, Normand Renaud, Éric Robitaille, Guylaine Tousignant et Pierre-Mathieu Tremblay, l'auteur-compositeur-interprète Stef Paquette, de même que Stéphane Gauthier, Mélanie Tremblay et Miriam Cusson pour la lecture de textes. *Le salut de l'arrière-pays* est une production de CBON, Première Chaîne de Radio-Canada dans le Nord de l'Ontario, en collaboration avec la maison d'édition Prise de parole, avec le soutien financier du Conseil des arts du Canada, de la Fondation Langelier et de la Société Saint-Jean-Baptiste de Montréal. Une publication verra le jour à l'automne 2010 à Prise de parole.

[3] Source: «"Le salut de l'arrière-pays": Une stratégie de motivation et de mobilisation des milieux ruraux en vue du développement communautaire», document électronique fourni par Normand Renaud en septembre 2007. Le rapport a été présenté par Normand Renaud dans le cadre de la 3e Table de concertation du Réseau de développement économique et d'employabilité — Nord de l'Ontario à Sault-Sainte-Marie, le mercredi 22 février 2006.

[4] *Ibid.*

de développement économique brasseur de projets farfelus que des réalités géographiques et sociales du milieu ont inspiré». Enfin, le troisième segment présentait «un récit littéraire écrit par un écrivain renommé qui a visité la communauté et qui s'en est inspiré[5]». Chaque segment était entrecoupé d'une chanson «aux thèmes évocateurs du visage humain du déclin démographique: départ des fils et filles, fermetures d'usines, désenchantement de l'émigré en métropole, nostalgie du contact avec la nature[6]». Le titre même de la série mettait à profit la double signification des deux concepts qu'il réunissait: «"Le salut de l'arrière-pays", c'était à la fois la salutation des régions et l'appel à leur mobilisation salvatrice. (Quant à la notion d'"arrière-pays", celle-ci aussi a son double sens: loin des métropoles, mais près de la nature…)[7]». Le projet affichait donc un caractère évident d'affirmation régionale: chaque soirée, et par le fait même chaque émission, cherchait à donner «une vision valorisante de la vie en région[8]» et les moyens utilisés pour y parvenir étaient liés à des manifestations collectives qui se voulaient rassembleuses, soit une soirée «cabaret chantant» enregistrée dans la communauté même, suivie d'une diffusion à l'échelle régionale pour créer un lien de solidarité entre ces communautés ayant les mêmes problèmes. Quant au contenu, il faisait appel à l'histoire — à la mémoire —, à l'humour, à la chanson et à la littérature, en particulier à la légende et au conte.

La phrase célèbre de Charles Nodier — «Hâtons-nous de raconter les délicieuses histoires du peuple avant qu'il ne les ait oubliées» —, si souvent citée par les écrivains québécois du XIXe siècle[9] et véritable programme des *Soirées canadiennes* et de l'école patriotique de Québec, serait-elle de nouveau source d'inspiration? Les légendes créées par Normand Renaud nous permettent de le croire. Mais la

---

[5] *Ibid.*
[6] *Ibid.*
[7] *Ibid.*
[8] Source: «Ébauche de projet d'émission de radio: "Le salut du Canada profond"», document électronique fourni par Normand Renaud en septembre 2007.
[9] Jean Du Berger, «La littérature orale», *Études françaises*, vol. 13, n°s 3-4, 1977, p. 221.

fierté régionale prônée par *Le salut de l'arrière-pays* fait-elle de ces émissions une série régionaliste ? L'idéateur et animateur de la série, dans l'émission portant sur Iroquois Falls, ne parle-t-il pas du conte, aspect littéraire du projet, comme d'un « conte rural ou régional » ? En fait, on verra que, si la visée du *Salut de l'arrière-pays* participe d'une idéologie régionale, et même régionaliste, le projet, dans sa réalisation, nous amène à nuancer la notion de régionalisme.

Le salut de l'arrière-pays est sans contredit une émission régionale — tout comme on parlerait d'une « littérature régionale[10] » —, puisqu'elle est inspirée par une petite communauté et produite et diffusée par une station régionale de la radio de Radio-Canada. Est-elle pour autant régionaliste ? Pour répondre à cette question, il faut d'abord définir « régionaliste » et « régionalisme ». Comme le souligne Annette Hayward, il est « presque impossible d'arriver à une définition univoque de ce que l'on entend par "régionalisme" au Québec[11] » — et au Canada français pourrions-nous ajouter — allant même jusqu'à distinguer quatre formes ou conceptions du régionalisme[12] au XXe siècle. En fait, le terme a conservé une connotation fortement péjorative[13], surtout en ce qui a trait à son aspect passéiste — sinon réactionnaire —, associé à l'idéologie terroiriste du début du siècle avec, par exemple, « [l]e roman régionaliste [qui] plaide pour le "retour à la terre" [...] [, r]etour

---

[10] Au sujet de la distinction entre littérature régionale et littérature régionaliste, on pourra lire René Dionne, « La littérature régionale : essai de définition », dans *La littérature régionale aux confins de l'histoire et de la géographie*, Sudbury, Prise de parole, 1993, p. 11-35.

[11] Annette Hayward, « Régionalismes au Québec au début du siècle », *Tangence*, n° 40 (mai 1993), p. 7.

[12] Soit le « régionalisme décentralisateur et bon-ententiste » de la Société du parler français de Camille Roy et Adjutor Rivard, le régionalisme séparatiste de *L'Action française* et du chanoine Groulx, le régionalisme paysan et réaliste de Claude-Henri Grignon, jusqu'au « canadianisme intégral » d'Alfred DesRochers et Albert Pelletier. *Ibid.*, p. 7-27.

[13] Par exemple, Marie-Andrée Beaudet, dans le « Liminaire » du numéro de la revue *Tangence* consacré au régionalisme, se demande : « Le régionalisme n'a-t-il été que cet étouffoir esthétique, passéiste et stérile que l'histoire a rapidement classé et éliminé comme production illégitime, non conforme ? N'a-t-il représenté qu'une erreur de parcours typiquement canadienne-française ? » Marie-Andrée Beaudet, « Liminaire », *Tangence*, n° 40 (mai 1993), p. 5.

aux figures héroïques du passé (cultivateur, défricheur, colonisateur, etc.), au mode de vie traditionnel d'un "nous" ethnique défini d'abord et avant tout par la langue française et la religion catholique[14]». Or le régionalisme, qu'il ne faut pas confondre avec le nationalisme[15] bien que les frontières ne soient pas toujours très claires dans la littérature canadienne-française, ne se limite pas à cet aspect. «Ce qui est certain, c'est que le terme *"régionalisme"* est indissociable de l'idée d'un centre qui se situe ailleurs[16].» En ce sens, *Le salut de l'arrière-pays* est très certainement régionaliste. L'affirmation de soi, comme région, est au cœur du projet et elle passe par la critique de l'Autre, incarné par le gouvernement mais surtout par le grand centre, ignorant des régions. Cette critique prend ici un visage très radio-canadien (ce qui est tout à fait subversif), surtout dans le segment central, une parodie de l'émission *Indicatif présent* animée par Marie-France Bazzo, devenue, dans *Le salut de l'arrière-pays, Incitatif pédant* animée par Annie-France Brazeau, qui reçoit à chacune des émissions Grégory Rottheingham, auteur de rapports aussi farfelus les uns que les autres portant des titres comme «Vers un Verner vert» ou «Chapleau, une nature naturelle à exploiter naturellement». Ce personnage s'avère une mordante caricature des agents de développement économique régional qui voient la panacée universelle dans la création de petites entreprises d'écotourisme pour pallier les difficultés socioéconomiques des régions, incluant l'exode des jeunes.

À l'évidence, *Le salut de l'arrière-pays* s'inscrit dans une visée régionaliste et nous amène à nuancer la définition du régionalisme ainsi qu'à lui donner aussi une valeur positive, critique, engagée et contemporaine. En effet, bien que les légendes proposent des portraits de personnages «hauts en couleur» — ceux qui ont l'étoffe des héros — rappelant leurs aventures et leurs hauts faits,

---

[14] Michel Biron, François Dumont et Élisabeth Nardout-Lafarge, *Histoire de la littérature québécoise*, Montréal, Boréal, 2007, p. 195.
[15] À ce sujet, on lira René Dionne, *op. cit.*, p. 19-23, de même qu'Annette Hayward, *op. cit.*, p. 12-14.
[16] Annette Hayward, *op. cit.*, p. 14.

sont presque toutes ancrées dans le passé et contribuent à alimenter une visée identitaire et à susciter une fierté à la fois locale et régionale, elles ne prônent pas pour autant un retour à la terre ou au mode de vie traditionnel. Elles n'insistent pas non plus sur le caractère ethnique d'un « nous ». De plus, les contes, cette « parole rassembleuse » aux « extraordinaires qualités d'adaptation[17] », sont davantage ancrés dans le présent, s'inscrivant ainsi dans la pratique actuelle du conte contemporain qui, s'il peut être vu comme un « médium[s] propre[s] à alimenter notre quête identitaire[18] », utilise aussi « la parlure comme résistance[19] », tire profit du pouvoir subversif du conte[20] et « donne un sens à notre réalité fragmentée[21] ». Ainsi, on peut dire que *Le salut de l'arrière-pays* est régionaliste parce qu'il se porte à la défense d'une région et se veut rassembleur. En rappelant des figures héroïques du passé, dans les légendes du premier segment de l'émission, *Le salut de l'arrière-pays* est régionaliste au sens terroiriste du terme, mais il dépasse cet aspect dans ses autres composantes (la parodie et le conte). En fait, en plus de sa visée identitaire (liée à un « nous » partageant un territoire et des défis à relever, mais non pas nécessairement à la langue ou à la religion), *Le salut de l'arrière-pays* a une visée politique puisqu'il veut susciter une prise de conscience et amener les gens à agir, à changer le cours des choses — et en ce sens on pourrait parler d'une « émission engagée » comme on dit « chanson engagée ». Tout comme le conte lui-même, *Le salut de l'arrière-pays* veut répondre « à ce besoin, satisfaisant à la fois le désir de se retrouver à plusieurs autour d'une activité de parole et la nécessité de combler un manque par projection d'un récit d'aventures dont le héros, l'héroïne, sortiront,

---

[17] « La prolifération actuelle du conte témoigne du rôle de parole rassembleuse que lui reconnaissent les sociétés et met en évidence ses extraordinaires qualités d'adaptation. » Jeanne Demers, *Le conte. Du mythe à la légende urbaine*, Montréal, Québec/Amérique, 2005, p. 8.
[18] Jean-Pierre Massie, *Petit manifeste à l'usage du conteur contemporain*, Montréal, Planète rebelle, 2001, p. 16.
[19] *Ibid.*, p. 15.
[20] *Ibid.*, p. 18.
[21] *Ibid.*, p. 30.

l'espère-t-on, victorieux[22] », tout en se faisant critique, surtout dans le segment parodique. La série d'émissions s'avère également un pont entre l'ancien et le nouveau, le passé et le présent, car, si la majorité des légendes inventent ces héros du passé, la plupart des contes créent des héros du présent, ceux et celles dont l'histoire démontre qu'il est possible, aujourd'hui, de vivre heureux en région et d'envisager l'avenir de façon optimiste.

« Le salut de l'arrière-pays » : un projet de fierté régionale et régionaliste

L'aspect régional du *Salut de l'arrière-pays* est d'abord souligné par le médium de diffusion, CBON étant « [à] titre de média panrégional, [...] la seule radio capable de faire entendre nos communautés les unes les autres[23] », fait valoir Normand Renaud, donc le média rassembleur par excellence du Nord de l'Ontario. Cette « conscience régionale » nourrit la série :

> Cette émission se donne pour mandat d'exprimer la prise de conscience régionale face au plus crucial des enjeux sociaux que doivent affronter toutes les communautés, grandes et petites du Nord de l'Ontario (à l'instar de toutes les régions non métropolitaines du Canada), à savoir, son déclin démographique économique révélé par les données des deux derniers recensements.
>
> Elle entend le faire en prêtant une voix enjouée et optimiste à l'expression de la *vitalité régionale* et de la volonté de s'engager envers son avenir. L'émission veut être perçue comme un acte de présence intelligente et sympathique *au cœur des communautés*. Elle se présentera comme un événement radiophonique divertissant et émouvant où des textes de création littéraire, musicale et humoristique sont mis à contribution dans le contexte d'une formule radiophonique innovatrice[24].

---

[22] Jeanne Demers, *op. cit*, p. 128.
[23] Source : « Le salut de l'arrière-pays. Une soirée cabaret ambulant de Radio-Canada dans le Nord de l'Ontario. Justification du projet » de Normand Renaud, document électronique fourni par Normand Renaud en septembre 2007.
[24] *Ibid*. Je souligne.

De plus, les moyens mis en œuvre pour sensibiliser le public et l'amener à agir ne se limitent pas au discours idéologique ou politique. À l'écoute de la morale du «pouvoir des fables» de La Fontaine, on a misé sur la création artistique en racontant des histoires plutôt qu'en prononçant des discours. En fait, le choix, par l'équipe de CBON, d'avoir recours à la création comme moyen d'action dans la communauté (locale et régionale) n'est pas une surprise lorsqu'on sait l'importance qu'elle a eue dans l'élaboration d'un «nouveau» Nouvel-Ontario à Sudbury au début des années 1970 sous l'influence de Fernand Dorais[25]. Cependant, bien qu'il fasse appel à l'humour et au spectacle, *Le salut de l'arrière-pays* n'est pas un simple divertissement. Comme le conte contemporain, il vise à faire réfléchir — à «sortir de la pensée dominante[26]» — au moins autant qu'à rassembler et à divertir les auditeurs. À l'aspect régional (inspiration, rassemblement) se greffe donc clairement une visée politique — la prise de conscience que l'on veut susciter envers la situation socio-économique — et l'émission se présente comme moyen d'action pour contrer la disparition des petites communautés du Nord de l'Ontario, comme le confie Normand Renaud au journaliste Mathieu Berger dans *Le Voyageur*: «*Le salut de l'arrière-pays* se veut une réponse au dépeuplement régional au profit des grands centres urbains[27].» Ainsi, au début de chaque émission, l'animateur parle au «nous» et insiste sur la valeur positive et inspirante des petites communautés:

> Le salut de l'arrière-pays, c'est le petit café ambulant, littéraire et chantant, de CBON, la Première Chaîne de Radio-Canada dans le Nord de l'Ontario, avec les éditions Prise de parole.
>
> *Le salut de l'arrière-pays*, c'est le signe de la main que les petites villes du Nord envoient à leurs plus grandes voisines…

---

[25] Voir Johanne Melançon, «Le Nouvel-Ontario: espace réel, espace imaginé, espace imaginaire», *Quebec Studies*, «L'Ontario français» (sous la dir. de Lucie Hotte), n° 46, automne 2008 / hiver 2009, p. 49-69.

[26] Jean-Pierre Massie, *op. cit.*, p. 15.

[27] Mathieu Berger, «CBON met les patelins du Nord en lumière», *Le Voyageur*, vol. 37, n° 2, mercredi 16 juin 2004.

... les deux se ressemblant bien plus qu'on le pense.

Parce que nos petites communautés qui cherchent leur avenir sont à l'image de toute notre grande région nord-ontarienne qui cherche son avenir...

... malgré son dépeuplement qu'indiquent les recensements, malgré l'exode de sa jeunesse particulièrement.

Le salut de l'arrière-pays, c'est l'espoir en l'avenir que nous affirmons par nos récits et nos chansons.

C'est l'expression de notre confiance en la force du cœur et de l'esprit des gens d'ici.

Et c'est notre acte de présence au Nord de l'Ontario, notre coin du monde qui nous tient à cœur.

Pour vous, les Esturgeois, c'est une heure où mes collègues et moi de Radio-Canada, et notre auteur invité des éditions Prise de parole, nous allons vous offrir, en guise [d']hommage, des images de votre communauté.

Sturgeon Falls, l'inspiration des élans de notre imagination.

(chanté)
Des photos dans un album
Des souvenirs de bons coups
Des salut[s], je t'en conte une bonne
Et p'is comment ça va chez vous
Un pays qu'on a vu grandir
Des histoires à redire
À tous ceux qui veulent que ça continue
On dit salut[28].

Cette introduction, qui situe bien le projet et l'objectif du *Salut de l'arrière-pays*, est reprise de façon presque identique au début

---

[28] Source : Transcription de l'émission radiophonique « *Le salut de l'arrière-pays à Sturgeon Falls* », production CBON, Première Chaîne de Radio-Canada dans le Nord de l'Ontario. Émission enregistrée devant public au Centre communautaire de Sturgeon Falls le vendredi 11 février 2005 à 19 h, diffusée à CBON le samedi 19 février 2005 à 10 h. Présentation : Normand Renaud. Réalisation : Éric Robitaille.

de chaque émission. On y sent la volonté rassembleuse, l'esprit de fraternité s'ancrant dans un passé commun, mais aussi dans un avenir souhaité, comme l'exprime la courte chanson qui conclut la mise en situation. L'objectif est clairement exprimé : affirmer l'espoir en l'avenir pour et dans les régions et, plus concrètement, contrer l'exode de la population, en particulier les jeunes. La suite de l'introduction rappelle certaines particularités de la communauté, donne quelques informations géographiques ou démographiques, rappelle quelques faits historiques, avant de cibler un héros qui fera l'objet de la légende.

On peut dire que chaque émission est régionaliste lorsque, en renvoyant une image valorisante et positive de la ville ou du village et de toute la région, elle veut contribuer à la survie de ces petites communautés en leur permettant de se rallier dans l'adversité et d'affirmer haut et fort leur existence et leur enracinement. Ce régionalisme se tourne vers le passé dans les légendes de Normand Renaud, qui cherchent à réhabiliter ou sinon à créer un héros auquel la communauté peut s'identifier et dont elle peut être fière. C'est aussi ce que proposent les contes, dans la mesure où ils s'inspirent tous du lieu où est enregistrée l'émission : dans le premier cas, c'est la création (ou recréation) d'une tradition la plupart du temps orale (puisque souvent les informations ou les anecdotes concernant les personnages réels n'ont pas été colligées par écrit), ancrée dans l'histoire et porteuse de vérité (la légende) qui propose une image positive (le héros) alors que, dans le second, c'est la littérature (le conte, rédigé par un auteur franco-ontarien, mais destiné à être transmis oralement) qui donne ses lettres de noblesse au village en question. Des chansons, qui agissent à titre de transition entre les différentes parties de l'émission, viennent souligner ou compléter le propos des légendes et des contes. Les héros locaux ou régionaux ainsi que les auteurs venus de différentes régions (même d'Ottawa, de Montréal et de Toronto) pour découvrir et/ou s'inspirer de chaque communauté deviennent une source de fierté pour les habitants de ces villes et villages.

Ainsi, la portée du *Salut de l'arrière-pays* est nettement régionale, tout en ayant un ancrage dans différentes localités[29]. Mais cette volonté d'affirmation d'une fierté régionale donne aussi à l'émission un caractère régionaliste au sens où chaque communauté démontre «une volonté de se distinguer du centre, de constituer elle-même une sorte de centre secondaire avec ses valeurs, son idéologie [...][30]». Les légendes et les contes ont aussi un caractère régionaliste qu'il nous reste à définir.

Les légendes de Normand Renaud

En première partie de chaque émission, Normand Renaud présente la légende d'un héros en reconstituant sa vie et ses hauts faits d'après le souvenir et les témoignages des gens qui l'ont connu ou des documents écrits qui en ont gardé quelques traces. Car, lorsque *Le salut de l'arrière-pays* arrive dans un village, «c'est pour trouver dans son histoire un symbole de ses richesses humaines, qui valent plus encore que ses richesses naturelles. C'est pour y chercher une image, un personnage qui puisse rappeler un passé dont l'avenir pourrait se nourrir[31]»; «c'est pour y honorer un personnage de l'histoire locale qui symbolise l'esprit des lieux[32]» parce qu'il «nous en faudrait des figures mythiques capables de symboliser leur esprit, pour léguer aux bâtisseurs de l'avenir la

---

[29] Normand Renaud voyait des retombées possibles à cette série d'émissions pour d'autres communautés: «Le concepteur et les artisans du *Salut de l'arrière-pays* osent espérer que les agents du RDÉE et ses partenaires qui ont bénéficié de cette présentation voudront explorer la possibilité de lui donner suite dans leurs milieux. Deux voies s'ouvrent pour ce faire. Des intervenants pourraient s'en inspirer pour développer des soirées semblables avec des talents présents dans leurs communautés. Ou encore ils pourraient entreprendre la reprise de ces soirées dans un contexte non radiophonique, vu le fait que la Société Radio-Canada n'a pas l'intention de les poursuivre.» Source: «"*Le salut de l'arrière-pays*": Une stratégie de motivation et de mobilisation des milieux ruraux en vue du développement communautaire», document électronique fourni par Normand Renaud en septembre 2007.

[30] Annette Haward, *op. cit.*, p. 15.

[31] Source: Normand Renaud, document électronique «salut spanish canevas 1».

[32] Source: Transcription de l'émission radiophonique «*Le salut de l'arrière-pays* à Sturgeon Falls».

force des bâtisseurs du passé[33] ». L'animateur se fait donc conteur pour rappeler, par exemple, l'existence d'un héros littéraire, François Duvalet[34], à Chapleau ; pour raconter les hauts faits de Jos Laflamme, le dompteur de loups de Gogama, un homme avec une force de caractère et une originalité peu communes ; pour évoquer la force de Wilfrid Paiement de Earlton, ou les exploits du bûcheron Bucko Beauchamp de Fauquier, un travailleur infatigable. Il rapporte aussi des anecdotes liées au père Joseph Marchand de Sturgeon Falls, un vicaire un peu grossier mais ayant un bon sens de l'humour ; les frasques du père Charles Alfred Paradis de Verner, « prêtre rebelle, justicier foug[u]eux, colonisateur visionnaire, tempérament volontaire, brasseur de m... mémorables controverses[35] », de même que les histoires invraisemblables du conteur Jules Couvrette de Spanish. Tous ces personnages appartiennent au passé, mais Normand Renaud souligne aussi les actions d'un homme du présent très engagé dans sa communauté, Denis « Bine » Lachapelle, le « père Noël » d'Iroquois Falls. Chacun de ces héros, du passé et du présent, représente des qualités — chaleur humaine, force de caractère, « bagout », générosité, « cœur à l'ouvrage, [la] fierté du travail bien fait, [le] respect de la forêt boréale[36] » — ou l'audace d'avoir des rêves pour le Nord de l'Ontario. Ces légendes sont nécessaires puisqu'il faut conserver la mémoire des hauts faits pour avoir des exemples à suivre, car « une partie du secret du dur désir de durer, c'est peut-être de savoir rappeler les sentiers par où le passé nous a menés et les personnages plus grands que nature qui les ont ouvert [*sic*][37]. »

---

[33] Source : Normand Renaud, document électronique « salut iroquois falls canevas ».

[34] Maurice de Goumois, *François Duvalet*, Hearst, Le Nordir, 1989. Le roman, en partie autobiographique, raconte les aventures d'un « Français du Valois » qui, venu chercher fortune au Canada, se retrouve à Chapleau dans le Nord de l'Ontario à la fin des années 1920. Peu habile pour les travaux en forêt, arnaqué par les hommes d'affaires de Chapleau, François Duvalet finit par quitter le Nord pour repartir vers la grande ville.

[35] Source : Normand Renaud, document électronique « salut verner version 2 ».

[36] *Ibid.*

[37] *Ibid.*

Que faut-il penser de ces histoires, mi-biographiques, mi-légendaires, qui veulent susciter une certaine fierté et souhaitent réhabiliter ou inscrire dans l'Histoire — du moins dans l'histoire régionale — des gens souvent oubliés? Fidèles au programme des *Soirées canadiennes* et à l'invocation de Charles Nodier, elles viennent rappeler aux gens qui ils sont et permettent de rétablir le lien avec le passé, avec un passé héroïque. Elles le font tout en célébrant des gens auxquels les auditeurs-spectateurs peuvent s'identifier et peut-être même qu'ils connaissent ou qu'ils ont connus. Ce faisant, elles nourrissent le sentiment de fierté régionale, mais répondent bien sûr à la visée politique du projet: par exemple, *François Duvalet* est présenté comme «une allégorie de notre destinée collective[38]». En citant en exemple des gens qui ont des qualités particulières comme les Jules Couvrette, Jos Laflamme et Bucko Beauchamp, ou ceux qui contribuent, aujourd'hui, à changer les choses dans leurs communautés comme Denis Lachapelle, ou même les rêveurs comme le père Paradis, Normand Renaud fait aussi de ses légendes, comme l'indique le titre de son rapport, une «stratégie de motivation et de mobilisation des milieux ruraux en vue du développement communautaire». C'est également l'objectif des contes écrits sur commande par huit écrivains franco-ontariens[39] pour *Le salut de l'arrière-pays*.

---

[38] «Et quant à moi, ce roman serait même une allégorie de notre destinée collective, gens du Nord. Malgré notre vaillance, notre coin de pays se dépeuple. Chaque nouveau recensement le dit. Est-ce donc vrai que c'est juste ailleurs qu'on promette l'espoir aux gens de valeur?» Source: Normand Renaud, document électronique «salut Chapleau canevas». Rappelons qu'à la fin du roman François Duvalet, faute de travail, quitte Chapleau.

[39] Céleste Dubé (Gogama), Marguerite Andersen (Iroquois Falls), Robert Dickson (Sturgeon Falls), Melchior Mbonimpa (Fauquier), Gaston Tremblay (Earlton), Guylaine Tousignant (Chapleau), Danièle Vallée (Verner) et Richard Léger (Spanish).

Les contes des écrivains franco-ontariens

S'il est vrai que les contes du *Salut de l'arrière-pays* sont nettement d'inspiration régionale, chaque conte étant associé à une communauté, sont-ils pour autant régionalistes et, si tel est le cas, de quel régionalisme s'agit-il? René Dionne, reprenant la définition du critique français Gaston Roger, rappelle que les caractéristiques des œuvres régionalistes sont

> l'attachement au passé, l'amour des traditions, de la campagne et de la vie simple, la couleur locale qui se manifeste surtout par l'abondance des descriptions, le sens du pittoresque, une façon particulière de voir le monde à partir de son village, le lyrisme soutenu, parfois l'utilisation d'un idiome particulier, etc.[40]

Il est vrai que l'on trouve un élément de couleur locale dans le choix des lieux où se passe l'action, une consigne que les auteurs devaient suivre. L'aspect régionaliste lié au conte passe ainsi par son ancrage dans l'espace-temps de la communauté visitée, qui se fait principalement par les noms de lieux, des communautés environnantes, de sites particuliers, l'allusion à des commerces ou même la mention de numéros de route. Aussi, certains contes mettent en scène une part d'attachement au passé, qu'il s'agisse de retrouver les origines, soit l'histoire familiale («Tamara de Fauquier») ou l'histoire d'une partie d'une communauté («Sabine au fond des bois»), de revenir chez soi («Madame Fillion») ou d'évoquer le passé avec une certaine nostalgie («L'hurluberlu de Earlton»). Il y a donc une part de mémoire, autre forme d'attachement au passé, dans les contes, que ce soit le rappel de coutumes du passé (le défilé de la Saint-Jean-Baptiste dans «La parade») ou de dates liées à l'histoire du village («Tout feu tout flamme», «Sabine au fond des bois»), l'évocation de lieux qui n'existent plus (les chutes d'Iroquois Falls dans «Sabine au fond des bois»), d'un personnage célèbre (Louis Hémon dans «Madame Fillion»), ou même d'une légende (celle de la prisonnière espagnole qui aurait donné son nom au village

---

[40] René Dionne, *op. cit.*, p. 14.

de Spanish dans « Tout feu tout flamme »). C'est aussi le rappel d'un passé individuel (la jeunesse désespérée de la narratrice de « Madame Fillion »), d'un passé collectif assez récent (souvenirs de jeunesse d'amis qui se retrouvent dans « Avance »), d'un passé personnel qui rejoint un passé collectif (rêve de poursuivre l'aventure agricole du grand-père et du père dans « L'hurluberlu de Earlton »). Mais, mis à part la parade dans le conte éponyme et les souvenirs de « L'hurluberlu de Earlton », le retour au passé n'est pas nostalgique et il ne s'agit pas de donner une image idéalisée de ce passé. Cette mémoire, mise en scène et racontée au présent (sauf dans « La parade »), est plutôt mise à profit pour expliquer la vie du personnage principal, qui devient un exemple à suivre. Le passé ne constitue pas un objectif en soi ou un but à atteindre; il devient plutôt un élément pour comprendre le présent et un déclencheur pour regarder vers l'avenir.

En fait, contrairement aux légendes, les contes sont surtout ancrés dans le présent[41]; ils nourrissent ainsi l'aspect engagé de la série d'émissions puisqu'ils montrent la possibilité de vivre heureux dans une petite communauté aujourd'hui. C'est en quelque sorte leur morale, que l'on pourrait qualifier de rebelle puisqu'elle va à l'encontre du mouvement que l'on observe dans la société, soit l'exode des populations vers les grands centres et la dénégation des régions au profit des centres urbains, et qu'elle a inversé la perspective centre-périphérie.

Ce régionalisme, plutôt que de prôner une fidélité au passé comme le prescrivait l'idéologie de la Société du parler français ou de *L'Action française*, milite pour une fidélité à soi au sein de sa petite communauté. Dans les contes, il est question d'identité, mais sans repli sur soi : dans la plupart de ces contes, rester dans la communauté ou y revenir constitue un choix personnel, conscient et bien assumé. Les sous-thèmes abordés dans les contes sont en partie

---

[41] Un seul conte (« La parade ») est ancré dans le passé, deux sont ancrés à la fois dans le passé et le présent (« Madame Fillion », « L'hurluberlu de Earlton »), deux dans le passé proche et le présent (« Watershe », « Avance ») et trois principalement dans le présent mais à la recherche du passé (« Tout feu tout flamme », « Tamara de Fauquier », « Sabine au fond des bois »).

liés à l'identité, à travers le métissage (l'existence «cosmopolite» de Tamara qui est à la fois juive, allemande, russe, finlandaise, canadienne-française mais surtout citoyenne de Fauquier dans «Tamara de Fauquier»), la quête de soi (le pèlerinage de Tamara sur la tombe de son grand-père pour comprendre ses origines dans «Tamara de Fauquier»), la fierté de ses origines («Madame Fillion», «L'hurluberlu de Earlton») ou même la thérapie par le retour aux origines («Madame Fillion»), mais le propos est la plupart du temps fortement lié au principal objectif de la série d'émissions, soit la possibilité de vivre en région : le désir de revenir chez soi, que cela s'avère possible («Madame Fillion») ou pas («L'hurluberlu de Earlton»), la fierté de pouvoir faire valoir ses droits pour rendre la vie meilleure dans sa communauté («Avance»), ou même le rêve d'un avenir meilleur ailleurs et le sentiment d'étouffement dans une petite communauté qui sont remplacés par le bonheur d'y vivre («Watershe»). Ces contes parlent aussi d'amour («Tout feu tout flamme», «Tamara de Fauquier», «Sabine au fond des bois») et d'amitié («Avance»); le régionalisme n'exclut pas des préoccupations humanistes et universelles.

On le voit, le régionalisme est ici, beaucoup plus qu'un attachement au passé, à la mémoire et à l'identité ou un recours à la «couleur locale», une affirmation de soi et la revendication d'une vie moderne, contemporaine, en région. En fait, un seul conte est entièrement tourné vers le passé, «La parade», où une petite fille se rappelle le passé avec nostalgie, le texte mettant en scène un passé heureux mais dont la magie a disparu (le train de passagers n'existe plus; le petit saint Jean-Baptiste a perdu son auréole). Cette nostalgie d'un passé révolu, on la trouve aussi, sous une forme différente, dans «L'hurluberlu de Earlton», qui met en scène un homme qui aurait bien voulu rester dans le Nord mais qui a dû partir puisqu'il n'y avait pas d'avenir pour lui là-bas. En cela, il fournit un exemple de la situation difficile que vivent ceux qui ont quitté leur lieu d'origine avec regret. Mais si ce conte peut contribuer à la prise de conscience du problème, ce n'est pas encore le message plus clairement optimiste que les autres contes proposent.

Le régionalisme des contes, comme celui de la parodie humoristique d'une émission radiophonique, consiste donc surtout à s'affirmer vis-à-vis les grands centres, à montrer qu'il est possible de contrer l'exode de la population, que vivre en région est possible, voire enviable. C'est là la visée critique et rebelle de ces contes mettant en scène des personnages qui vivent dans les petits villages, soit qu'ils ne les aient jamais quittés, soit qu'ils y soient revenus ou même qu'ils aient choisi de venir y faire leur vie. « Avance », qui rappelle une lutte des années 1970, la crise scolaire de Sturgeon Falls, gagnée par les Franco-Ontariens et donc sujet de fierté, met en scène, dans le cadre d'une partie de pêche au lac des Cèdres, des gens qui sont restés dans le Nord, qui ont revendiqué leurs droits et qui sont fiers et heureux de ce qu'ils sont devenus, fidèles à eux-mêmes, fidèles en amitié. Ce conte est aussi l'occasion d'un règlement de comptes avec les Québécois et leurs préjugés sur les francophones hors-Québec, affirmation régionaliste s'il en est. Et puis, s'il y a ceux qui restent, il y a aussi ceux qui reviennent. « Madame Fillion » met en scène une jeune femme qui a vécu la détresse des jeunes qui ne voient pas d'avenir pour eux dans une communauté éloignée du Nord, mais décide d'y revenir après 11 ans passés à Toronto. Ce retour est l'occasion d'une prise de conscience qui lui rend la fierté de ses origines et constitue, par le fait même, une véritable thérapie. Bien plus, elle ira vivre dans une communauté encore plus éloignée, allant résolument à contre-courant du mouvement d'exode des jeunes. Aussi, on peut rester dans sa communauté, un peu malgré soi, mais trouver le bonheur. Dans « Watershe », si la narratrice, adolescente, rêvait de partir, devenue adulte, elle est heureuse d'être restée dans son village : « Du coin de l'œil j'ai vu Robert et la p'tite. C'est là que j'ai compris pour la première fois que les événements de ma vie avaient respecté la direction d'un courant naturel, que je n'aurais pas pu être ailleurs qu'ici[42]. » Enfin, on peut venir d'ailleurs et décider de s'installer dans le Nord. C'est ce que fait Sabine, l'étudiante venue

---

[42] Céleste Dubé, « Watershe », février 2004, document électronique (« WatershedeClesteDubé »).

faire des recherches à Iroquois Falls pour sa thèse. Fille de la ville, elle finit par s'installer dans ce village éloigné à la recherche d'un passé qui n'est pas le sien mais qu'elle a envie de partager. Elle prévoit y rester puisqu'elle y a trouvé l'amour.

Un régionalisme contemporain

On pourrait considérer d'un œil critique et soupçonneux un projet qui se propose de créer des héros en vantant leurs qualités et leurs exploits dans des légendes, en puisant dans le passé, nous enjoignant de ne pas oublier. Mais *Le salut de l'arrière-pays* ne se limite pas à ce regard vers le passé. De fait, parmi les héros de Normand Renaud, il y en a au moins un qui existe bel et bien au présent et, si l'animateur-auteur de légendes ravive des exemples du passé, c'est pour mieux nourrir le présent et l'avenir. Tout simplement, prône-t-il, pour être fidèle à soi, il faut savoir d'où l'on vient; pour bâtir l'avenir, il faut avoir des exemples à suivre. Les légendes ont été créées et les contes commandés dans le but de donner une image positive des petites communautés et de la vie en région. Surtout ancrés dans le présent, reposant sur des scénarios qui privilégient des expériences individuelles et voulant servir de modèles pour l'avenir, les contes permettent de contrer l'aspect péjoratif relié à une certaine conception du régionalisme. Dans *Le salut de l'arrière-pays*, la visée identitaire, si elle est souvent ancrée dans le passé, n'appelle pas pour autant à un repli sur soi; tout simplement, elle veut contribuer à ranimer la fierté. On peut dire que, s'il est régionaliste dans son projet, *Le salut de l'arrière-pays* est contemporain dans son propos; malgré les légendes presque toutes tournées vers le passé, la parodie d'une émission radiophonique se pose comme une critique au présent alors que les contes cherchent à sensibiliser et à engager dans une action tournée vers l'avenir les auditeurs. Quoique ancré dans le passé, il est préoccupé par le présent et tourné vers l'avenir.

Aussi, dans sa forme même, l'émission est actuelle et innovatrice. Si le recours au « pouvoir des fables » n'est pas nouveau pour tenter de sensibiliser un public à des questions d'ordre économique ou social, l'usage du conte et de la légende dans le cadre d'une émission radiophonique est certes un projet original. *Le salut de l'arrière-pays* met à profit à la fois les leçons de La Fontaine («Le pouvoir des fables») et celles des *Soirées canadiennes* (contrer l'oubli), de même que les possibilités que lui offre la technologie (la radio et la diffusion à plus large échelle) et la richesse d'une démarche artistique (légendes, contes, chansons et textes humoristiques) pour valoriser la vie en région. Pour cette raison et parce qu'il s'inspire des régions, on peut dire du *Salut de l'arrière-pays* qu'il est régional et régionaliste. Mais il faut associer ce régionalisme à une nouvelle tendance. C'est que «L'histoire récente nous oblige [donc] à réévaluer les connotations négatives qui se sont historiquement attachées au terme *"régionaliste"*[43]». Revu et corrigé, un peu comme dans *Le salut de l'arrière-pays*, le régionalisme «constitue un antidote à l'uniformisation radicale du monde contemporain et à "l'inadaptation des structures politiques et sociales de l'État classique aux formes nouvelles d'une civilisation dite de masse et de consommation"[44]». Permettant aux petites communautés de s'affirmer et même de se rebeller contre l'hégémonie du centre (la grande ville) — du moins par l'imaginaire — et de revendiquer leur spécificité, polémique et engagé, *Le salut de l'arrière-pays* est bel et bien régionaliste... au sens contemporain du terme.

---

[43] Annette Hayward, *op. cit.*, p. 26.
[44] *Ibid.*, p. 27.

BIBLIOGRAPHIE

Beaudet, Marie-Andrée, « Liminaire », *Tangence*, n° 40, mai 1993, p. 5-6.

Berger, Mathieu, « CBON met les patelins du Nord en lumière », *Le Voyageur*, vol. 37, n° 2, mercredi 16 juin 2004.

Biron, Michel, François Dumont et Élisabeth Nardout-Lafarge, *Histoire de la littérature québécoise*, Montréal, Boréal, 2007, 689 p.

De Goumois, Maurice, *François Duvalet*, Hearst, Le Nordir, 1989, 215 p.

Demers, Jeanne, *Le conte. Du mythe à la légende urbaine*, Montréal, Québec/Amérique, 2005, 142 p.

Du Berger, Jean, « La littérature orale », *Études françaises,* vol. 13, n°s 3-4, 1977, p. 219-235.

Hayward, Annette, « Régionalismes au Québec au début du siècle », *Tangence*, n° 40, mai 1993, p. 7-27.

Massie, Jean-Pierre, *Petit manifeste à l'usage du conteur contemporain*, Montréal, Planète rebelle, 2001, 96 p.

Documents électroniques

Dubé, Céleste, « Watershe », février 2004, document électronique (« WatershedeClesteDub »).

« Ébauche de projet d'émission de radio : "Le salut du Canada profond" », document électronique fourni par Normand Renaud en septembre 2007.

Renaud, Normand, document électronique « salut Chapleau canevas »

Renaud, Normand, document électronique « salut iroquois falls canevas ».

Renaud, Normand, document électronique « salut spanish canevas 1 ».

Renaud, Normand, document électronique « salut verner version 2 ».

« Le salut de l'arrière-pays. Une soirée cabaret ambulante de Radio-Canada dans le Nord de l'Ontario. » Justification du projet de Normand Renaud, document électronique fourni par Normand Renaud en septembre 2007.

« "Le salut de l'arrière-pays" : Une stratégie de motivation et de mobilisation des milieux ruraux en vue du développement communautaire », document électronique fourni par Normand Renaud en septembre 2007. Le rapport a été présenté par Normand Renaud à l'occasion de la 3e Table de concertation du Réseau de développement économique et d'employabilité — Nord de l'Ontario à Sault-Sainte-Marie le mercredi 22 février 2006.

Transcription de l'émission radiophonique « *Le salut de l'arrière-pays à Sturgeon Falls* », production CBON Première Chaîne de Radio-Canada dans le Nord de l'Ontario. Émission enregistrée devant public au Centre communautaire de Sturgeon Falls le vendredi 11 février 2005 à 19 h, diffusée à CBON le samedi 19 février 2005 à 10 h. Présentation : Normand Renaud. Réalisation : Éric Robitaille.

LE CONTE URBAIN EN ONTARIO FRANÇAIS :
SE (DONNER À) DIRE, SE (DONNER À) LIRE

Emir Delic
Université d'Ottawa

> [...] [S]ur les contes de tradition orale, l'empire totalisant
> de l'Un s'exerce de manière sensiblement moins pesante.
> [À] tout moment ils font jouer deux dynamiques opposées :
> l'une exerce une pression de réduction des écarts ;
> l'autre, au contraire, va dans le sens du discernement des différences,
> de leur maintien ou de leur rétablissement.
> François Flahault[1]

Si l'invention de l'imprimerie a, sans conteste, favorisé la diffusion de textes à grande échelle, ouvrant ainsi un nouveau chapitre dans l'Histoire, la facilité de dissémination d'idées qui en a résulté et dont nous profitons déjà depuis plus de 500 ans ne signifie pas forcément propagation du pluriel, et encore moins son acceptation. On sait qu'aujourd'hui un petit nombre de cultures dominantes, dans lesquelles la typographie est le principal moyen de transmission du savoir, ont sacralisé le texte imprimé, si bien que, jusqu'à tout récemment, on n'hésitait pas à opposer le dit, signe de tradition, à l'écrit, apanage de la modernité. Ainsi, comme le souligne François Paré dans ses retentissantes *Littératures*

---

[1] François Flahault, *L'interprétation des contes*, Paris, Denoël, 1988, p. 12.

de l'exiguïté, ont été exclues du discours ontologique non seulement des sociétés dont le patrimoine se transmet essentiellement par la parole orale, mais aussi des cultures où le verbal, soit en s'opposant au scriptural soit en l'informant, occupe une place importante[2]. Or, « [à] cause de la pauvreté des moyens d'impression et de diffusion des livres, affirme Paré, l'exercice de l'oralité — la voix communautaire — reste la ressource la plus précieuse pour la plupart des cultures de l'exiguïté[3] ». La culture et la littérature de l'Ontario français ne font pas exception à cet égard.

Dès son avènement au début des années 1970, la littérature franco-ontarienne se livre à une exploration plus ou moins énoncée des dimensions orales de la langue. Car, au même titre que la fragilité institutionnelle évoquée par Paré, le rapport qu'entretient un écrivain minoritaire avec sa langue affecte profondément son écriture et, d'un point de vue global, la production littéraire du groupe culturel auquel il appartient. Dans le cadre de l'Ontario français et même dans celui plus large de toute littérature d'expression française produite à l'extérieur de l'Hexagone, ce rapport de l'écrivain à sa langue relève d'une grande ambiguïté, étant donné que le français normatif imposé par la France se trouve, est-il besoin de le rappeler, en constante tension avec la langue parlée dans les différents îlots de l'archipel francophone. De cet écart plus ou moins sensible entre le vernaculaire et le véhiculaire, naissent des rapports complexes entre un écrivain et sa langue d'écriture, rapports qui placent ce dernier dans une situation de « surconscience linguistique[4] », selon l'expression de Lise Gauvin. Si ces conditions engendrent d'emblée un questionnement continuel sur les rapports entre langues et littératures[5], ce questionnement devient particulièrement fructueux une fois qu'un écrivain adopte une conscience ethnolinguistique

---

[2] François Paré, *Les littératures de l'exiguïté*, Ottawa, Le Nordir, coll. « Bibliothèque canadienne-française », 2001 [1992], p. 45-47.

[3] *Ibid.*, p. 144.

[4] Lise Gauvin, « D'une langue l'autre. La surconscience linguistique de l'écrivain francophone », dans Lise Gauvin (dir.), *L'écrivain francophone à la croisée des langues: entretiens*, Paris, Karthala, 1997, p. 5-15.

[5] *Ibid.*, p. 6-7.

positive[6] lui permettant de voir en sa langue, non pas une « langue *symptôme* et *cicatrice* », mais une « langue *laboratoire* et *transgression*[7] », pour emprunter une autre formule parlante de Gauvin. L'une des stratégies majeures mises en œuvre dans ce laboratoire langagier de l'écrivain minoritaire consiste justement en l'insertion de l'oralité dans l'écriture.

De fait, plusieurs écrivains franco-ontariens, en s'inspirant, à des degrés divers et de manières différentes, des particularités du français parlé en Ontario et en puisant leur matière narrative dans le contexte de cette province, non seulement mettent en évidence un aspect spécifique de leur écriture, mais valorisent du même coup la communauté dont émane la parole leur servant de source d'inspiration. Cette valorisation est particulièrement prégnante dans nombre d'œuvres des années 1970 et 1980, qui, en affichant un souci communautaire, révèlent la fonction sociale accolée à la littérature franco-ontarienne à son émergence[8]. En ce sens, la littérature de l'Ontario français témoigne d'abord — on l'a souvent constaté — d'une prédilection marquée pour les genres rattachés à l'oralité, à savoir la poésie et la dramaturgie, tandis que la prose, considérée comme signe incontestable de maturité d'une jeune littérature, commence à jouer un rôle de plus en plus important depuis le milieu des années 1980. Comment situer dans cette évolution du paysage littéraire franco-ontarien l'apparition du

---

[6] Voir Joshua A. Fishman, *In Praise of the Beloved Language : A Comparative View of Positive Ethnolinguistic Consciousness*, Berlin/New York, Mouton de Gruyter, 1997.

[7] Lise Gauvin, *La fabrique de la langue. De François Rabelais à Réjean Ducharme*, Paris, Seuil, coll. « Points Essais », 2004, p. 271 ; en italique dans le texte.

[8] Sur cette question, voir notamment Lucie Hotte, « Littérature et conscience identitaire : l'héritage de CANO », dans Andrée Fortin (dir.), *Produire la culture, produire l'identité*, Sainte-Foy, Presses de l'Université Laval, coll. « Culture française d'Amérique », 2000, p. 53-68, et François Paré, « L'institution littéraire franco-ontarienne et son rapport à la construction identitaire des Franco-Ontariens », dans Jocelyn Létourneau (dir.), *La question identitaire au Canada francophone. Récits, parcours, enjeux, hors-lieux*, Sainte-Foy, Presses de l'Université Laval, coll. « Culture française d'Amérique », 1994, p. 45-62.

conte urbain? Est-ce une autre voie qu'emprunte la communauté pour se dire, pour se raconter afin de consolider sa place dans l'Histoire? Est-ce une façon de raconter tout simplement, peu importe qu'il s'agisse d'histoires ou d'Histoire, peu importe qu'elles soient individuelles ou collectives? À qui s'adresse cette variante postmoderne de la tradition orale? Et dans quel dessein? Afin d'aborder ces questions cherchant à préciser l'intérêt du conte urbain pour la littérature franco-ontarienne, il faudra, au préalable, s'interroger sur la naissance et sur les traits particuliers de ce nouvel art de la parole.

L'apparition d'un nouveau genre hybride

Le concept des contes urbains voit le jour à la présentation des *Foufs* d'Yvan Bienvenue en 1991. Ayant goûté au succès de cette première expérience à la salle Biscuit à Montréal, Bienvenue, en collaboration étroite avec Stéphane Jacques, fonde en 1992 le Théâtre Urbi et Orbi, où l'on continuera à peaufiner ce genre hybride. Hybride parce que, comme on le verra, tout en s'inspirant du conte de tradition orale, le conte urbain innove, aussi bien par l'exploration, parfois fort audacieuse, de thématiques touchant aux divers aspects du vécu urbain que par ses affinités génériques avec le théâtre, le monologue et la poésie. C'est sans doute dans cette hybridité que résident la plus grande richesse et la source du remarquable attrait de ce type particulier de récit, qui, après sa première version officielle au Théâtre La Licorne en 1994, y deviendra une attraction annuelle et suscitera un vif intérêt public.

Le conte urbain marque, en effet, le début d'une réémergence de la pratique du conte, état de fait dont Bienvenue se montre parfaitement conscient:

> [...] [Q]uand nous sommes arrivés en 1991, il n'y avait pas de mouvement du conte [...]. Les folkloristes ont tous disparu de la carte dans les années 80, après l'échec référendaire. Michel Faubert n'avait pas encore commencé ses histoires de Fradette... Il n'y avait rien. C'est après les *Contes urbains* qu'il y a eu le Festival multiculturel du conte,

les Éditions Planète Rebelle [*sic*], les Dimanches du conte au Sergent Recruteur [un bar montréalais], le conte mutagène de Jean-Marc Massie... Aujourd'hui, il y a un momentum [...][9].

De fait, il conviendrait de dire que, depuis le début des années 1990, le conte ne connaît pas seulement une résurgence, mais un véritable renouveau qui s'avère spectaculaire à plusieurs égards[10]. Parmi les diverses manifestations (post)modernes de la parole conteuse auxquelles ce renouveau a donné lieu, et que Jean-Marc Massie désigne par l'appellation juste de « contes contemporains[11] », le conte urbain se présente comme un cas éloquent[12], d'autant plus qu'il se répand au Canada et ailleurs dans le monde francophone[13].

Ainsi, sept ans après sa naissance, la vogue irrésistible du conte urbain atteint l'Ontario français. Sont alors créés, à la Cour des

---

[9] Cité par Chantal Guy, « Yvan Bienvenue, père du conte urbain ? », *La Presse*, 3 décembre 2004, [Arts et spectacles] p. 2.

[10] À ce sujet, voir Geneviève Calame-Griaule (dir.), *Le renouveau du conte / The Revival of Storytelling*, Paris, Centre national de la recherche scientifique, 1991, et Jean-Marc Massie, *Petit manifeste à l'usage du conteur contemporain. Le renouveau du conte au Québec*, Montréal, Planète rebelle, 2001.

[11] Jean-Marc Massie, *op. cit.*, p. 73-75.

[12] Si nous sommes au diapason de Massie concernant l'appartenance du conte urbain à la catégorie du conte contemporain qu'il propose, son approche du conte urbain diffère de celle adoptée ici en ce sens qu'il semble limiter l'horizon thématique propre à ce type de récit à la triade « sexe, drogue, béton » (Voir Jean-Marc Massie, *op. cit.*, p. 65-68 et 73). Sans négliger la place importante occupée par cette triade, surtout dans les premiers récits, il faut souligner que les contes urbains abordent également de nombreux autres aspects relevant de l'urbanité. Autrement dit, le conte urbain, à titre de conte justement, demeure malléable et évolue. C'est ce que constate d'ailleurs Bienvenue lui-même à plusieurs reprises. Voir, par exemple, Isabelle Mandalian, « Contes urbains. Nuits magiques », *Voir*, vol. 9, n° 54, 7 décembre 1995, p. 34, et Stéphane Baillargeon, « Le syndrome de l'intellectuel léger », *Le Devoir*, 4 décembre 1999, p. B3.

[13] Notons que le concept de Bienvenue a aussi donné naissance au projet des *Zurbains*, une version de contes urbains pour adolescents qui a également remporté un immense succès. Voir Collectif, *Les Zurbains*, Montréal, Dramaturges Éditeurs, 1997, et Collectif, *Les Zurbains en série*, Montréal, Dramaturges Éditeurs, 2004.

arts d'Ottawa en janvier 1998, les *Contes urbains. Ottawa*[14], suivis des *Contes d'appartenance*[15] et des *Contes sudburois*[16] présentés au Théâtre du Nouvel-Ontario respectivement en juin 1998 et en février 1999. Le Théâtre français de Toronto organise, pour sa part, deux séries de contes intitulées *Contes urbains, contes torontois*[17], la première ayant lieu en janvier 2002 et la deuxième en février 2005. Enfin, en février 2007, a lieu *Faut que j'te dise...Contes d'Ottawa et de Sudbury*, un spectacle qui, comme l'indique le sous-titre, puise dans le répertoire des contes urbains franco-ontariens présentés antérieurement. Cela dit, examinons maintenant de plus près le caractère innovateur de ce type de récit.

Urbanité, hypercontemporanéité et hyperréalisme

Nul doute que le conte urbain ressort du conte traditionnel. Dit et transmis de génération en génération, celui-ci circulait surtout dans les milieux populaires et se pratiquait encore au début du XXe siècle dans certains milieux francophones du Canada, tels les camps de bûcherons. S'il y a certainement continuité entre ces

---

[14] Les *Contes urbains. Ottawa* sont créés sous la direction artistique de Patrick Leroux, dans une coproduction du Théâtre la Catapulte, du Centre culturel d'Orléans (MIFO) et du Centre culturel Le Chenail (Hawkesbury). Cette première série de contes urbains franco-ontariens, tout comme les quatre séries suivantes, font l'objet d'une publication: Patrick Leroux (dir.), *Contes urbains. Ottawa*, Ottawa, Le Nordir, 1999. Désormais, les références à cet ouvrage seront indiquées par le sigle *CUO*, suivi du folio, et placées entre parenthèses dans le texte.

[15] Les *Contes d'appartenance* sont présentés au Théâtre du Nouvel-Ontario, sous la direction artistique de Patrick Leroux et d'Anne-Marie White, dans une production de l'Institut franco-ontarien et du Théâtre du Nouvel-Ontario: Patrick Leroux (dir.), *Contes d'appartenance*, Sudbury, Prise de parole, 1999.

[16] Les *Contes sudburois* sont créés sous la direction artistique d'André Perrier, dans une production du Théâtre du Nouvel-Ontario: André Perrier (dir.), *Contes sudburois*, Sudbury, Prise de parole, 2001. Désormais, les références à cet ouvrage seront indiquées par le sigle *CS*, suivi du folio, et placées entre parenthèses dans le texte. Mentionnons que cette série, moins le conte *J'ai pas toujours eu l'air que j'ai* de Paulette Gagnon, a été reprise dans le cadre des *15 jours de la dramaturgie des régions*, tenus à Ottawa en juin 1999.

[17] Marguerite Andersen (dir.), *Contes urbains, contes torontois*, *Virages*, n° 30, numéro spécial II, février 2005. Désormais, les références à cet ouvrage seront indiquées par le sigle *CUCT*, suivi du folio, et placées entre parenthèses dans le texte.

deux arts de la parole orale, il y a aussi rupture. Tout d'abord, on peut constater un changement de milieu. En ce sens, comme le reflète sa désignation, le conte urbain émerge et se propage là où le conte n'a jadis pas eu cours : l'espace urbain. Cette nouvelle donne s'explique en partie par le fait que les mouvements d'urbanisation mondiaux, qui s'intensifient progressivement depuis la fin de la Seconde Guerre mondiale, paraissent sans frein. Bien que la pratique du conte s'éloigne donc du milieu rural, où la veillée de contes constituait l'un des plaisirs les plus chéris[18], le public citadin à qui s'adresse principalement le conte devenu urbain se révèle tout aussi avide d'histoires que l'étaient les populations agricoles d'autrefois.

Cependant, et là se manifeste une autre rupture, le conte urbain ne nous présente ni Prince charmant qui, après biens des exploits, épouse la princesse sauvée ni aventures rocambolesques comme celles de Ti-Jean, ni même quelque contrée lointaine peuplée de créatures parmi les plus insolites. Puisant sa matière narrative dans l'espace-temps contemporain, il met plutôt en scène l'univers hétéroclite des villes modernes et explore les multiples préoccupations avec lesquelles se collettent les populations citadines. Aussi ces récits abordent-ils toute une gamme de thématiques allant de la sexualité à l'incommunicabilité en passant par des désirs enfouis, des traumatismes violents et des préjugés insensés.

Prenons, à titre d'exemple, *La poire coupée en deux* de Marguerite Andersen (*CUCT* : 49-56). Ce récit raconte l'histoire d'une amitié se développant entre la conteuse, femme célibataire qui gagne bien sa vie dans le milieu artistique de Toronto, et Marie, une Québécoise qui, de nombreuses années après son émigration en Ontario, est devenue une sans-abri. Lors de leurs rencontres fréquentes dans le quartier aisé de The Annex, Marie, en signe de

---

[18] Selon Stith Thompson, l'intérêt pour le conte s'explique par un besoin de divertissement : « *The call for entertainment to fill in the hours of leisure has found most peoples very limited in their resources, and except where modern urban civilization has penetrated deeply[,] they have found the telling of stories one of the most satisfying of pastimes* » (Stith Thompson, *The Folktale*, Berkeley / Los Angeles, University of California Press, 1977 [1946], p. 5).

reconnaissance envers la conteuse, qui prend l'habitude de lui donner de la monnaie, tient à offrir à cette dernière un cadeau, soit le peu de nourriture qu'elle se procure. Ce geste de reconnaissance est d'abord refusé par la conteuse puisqu'elle ne peut s'empêcher de voir en Marie une clocharde dont elle craint de s'approcher. Quoique la conteuse finisse par maîtriser cette peur irraisonnée — ce que fait ressortir la scène où elle accepte la moitié de la poire coupée en deux, comme le signale le titre du conte —, cette prise de conscience semble se faire trop tard, car Marie disparaît et la conteuse la cherche depuis trois mois. Sa quête aboutit, du moins dans le jeu de la fiction, sur scène, où elle partage son histoire avec le public. Voilà un conte urbain typique qui s'attaque aux préjugés généralisés que l'on porte envers les plus démunis des sociétés occidentales qui, sous l'ombre des gratte-ciel des multinationales et à l'écart des attractions touristiques, peuplent les mégalopoles.

Tout comme *La poire coupée en deux*, le conte *Sans titre*, de Brigitte Haentjens[19], traite à sa manière de relations interpersonnelles et de la construction des images de l'autre (*CS*: 19-29). Le conte d'Haentjens s'ouvre sur une scène dans un restaurant de Sudbury où Linda, la veille de son mariage, passe un moment agréable avec ses trois demoiselles d'honneur et amies de longue date, y compris la narratrice. Tout le monde envie la situation de Linda: elle est la future épouse de Dave, Apollon et Hercule à la fois, qui, en plus d'être riche, s'empresse de satisfaire ses moindres désirs, même celui de chasteté, Linda désirant rester vierge jusqu'à la consommation de son mariage. Pourtant, le Prince charmant n'est pas aussi irréprochable qu'il n'y paraît. En effet, à la fin du conte, Linda et ses demoiselles d'honneur, qui tiennent à voir la robe de la future mariée, surprennent Dave sur le point d'accomplir l'acte charnel, et ce, revêtu de la robe blanche et avec son garçon d'honneur. Cette chute bouffonne, grotesque, si elle renvoie immanquablement à l'adage « *Tout ce qui brille n'est pas*

---

[19] Remarquons qu'à la création des *Contes sudburois* le conte d'Haentjens était intitulé *La noce italienne*. Le changement de titre permet sans doute d'élargir les possibilités d'interprétation de l'œuvre.

or», suscite également une réflexion intéressante sur les problématiques de la sexualité, de la fidélité et des stéréotypes.

À la lumière des récits d'Andersen et d'Haentjens, il est évident que le conte urbain s'ancre dans un monde réaliste et contemporain, peu importe qu'il adopte un ton tragique (*La poire coupée en deux*) ou comique (*Sans titre*). Ces deux récits attestent également que le conteur urbain, à la différence du conteur traditionnel, fait souvent partie de l'histoire qu'il raconte puisqu'il prétend rapporter soit une tranche de sa vie personnelle soit une expérience vécue par une personne qu'il connaît. Il s'ensuit que le conte urbain est investi d'une dimension anecdotique qui s'avère importante dans la mesure où elle rejoint parfaitement le fond réaliste du récit. Cette dimension est notamment mise en relief par l'effort du conteur de camper l'histoire dans un espace-temps clairement identifié et identifiable de manière que le public soit capable de reconnaître les lieux et les (genres de) personnages qui les fréquentent. D'où les mentions récurrentes de faits divers et d'événements historiques marquants relativement à la ville représentée. Ainsi, *Le grand incendie* de Claudette Gravel, pour citer un exemple patent à cet égard, tourne autour de l'incendie qu'a connu Toronto en 1904 (*CUCT* : 37-44).

Pourtant, qui dit anecdote ne dit-il pas aussi dévoilement ? « Les anecdotes, écrivait Voltaire, [...] sont des petits détails long-temps cachés [*sic*][20] ». En ce sens, le réalisme propre aux contes urbains est effectivement tel que l'on peut, avec Jane Moss et Marcel Olscamp respectivement, qualifier ces récits d'« hyperréalistes[21] » et d'« hypercontemporains[22] ». C'est que non seulement les événements relatés auraient pu et pourraient, en général, se produire dans le monde que le public reconnaît comme réel, mais encore le conteur ne recule nullement devant la mise à nu des faces voilées, gênantes, crues, de l'univers urbain et de ses habitants.

---

[20] Voltaire, *Le siècle de Louis XIV*, nouvelle édition, vol. 3 [chap. XXV], Londres, [s. é.], 1788 [1751], p. 1.

[21] Jane Moss, « Yvan Bienvenue and the *Conte urbain* », *Theatre Research in Canada / Recherches théâtrales au Canada*, vol. 20, n° 1, 1999, p. 19.

[22] Marcel Olscamp, « De l'oralité à l'oralité : le récit bref au Canada français (1990-2000) », *University of Toronto Quarterly*, vol. 69, n° 4, automne 2000, p. 922.

Outre les facteurs considérés jusqu'ici, à savoir l'urbanité du public et des thématiques, l'hypercontemporanéité et l'hyperréalisme, le conte urbain se distingue du conte traditionnel par ses modes de création et de transmission et, de ce fait, il brouille encore davantage que ce dernier les frontières du genre[23].

Parentés génériques

L'émergence et l'évolution du conte urbain dans le milieu théâtral mettent d'emblée en lumière sa filiation avec le genre dramaturgique. De fait, le théâtre fait depuis longtemps appel aux pratiques du conte. Pensons, par exemple, à la figure du messager dans la tragédie grecque, qui rapporte des événements ayant eu lieu hors scène, ou encore à la fonction des apartés dans la *commedia dell'arte*, qui établissent une complicité entre comédiens et public[24]. Inversement, le conte emprunte au théâtre des procédés relevant du jeu de la scène. On peut songer ici au conteur traditionnel qui, en interrompant son récit, fait languir l'auditoire, alors qu'il tasse sa pipe et en tire plusieurs bouffées avant de livrer la suite de l'histoire. C'est aussi le cas des

> [...] anciens conteurs du Périgord qui mettaient du salpêtre dans le feu pour créer des effets-surprise ou choisissaient le bois en fonction des histoires à raconter autour de la cheminée : le chêne-vert, par exemple, dont les craquèlements emplissaient la pièce d'étincelles[25].

S'il existe donc depuis longtemps des liens qui unissent le conte et le théâtre, le conte urbain, tout en s'éloignant du conte traditionnel, semble resserrer les liens avec la dramaturgie.

---

[23] Comme le conte s'apparente, entre autres, au mythe, à la fable, à l'*exemplum* et à la nouvelle, ses définitions génériques sont nombreuses et variées. Pour un survol intéressant de la question, voir Jeanne Demers et Lise Gauvin, «Autour de la notion de conte écrit : quelques définitions», *Études françaises*, vol. 12, n°s 1-2, 1976, p. 157-177.

[24] Luis Pepito Mateo, «Le théâtre et la pratique du conteur», dans Geneviève Calame-Griaule (dir.), *Le renouveau du conte / The Revival of Storytelling*, Paris, Centre national de la recherche scientifique, 1991, p. 288.

[25] Daniel L'Homond, «Le conte d'aujourd'hui», dans Geneviève Calame-Griaule (dir.), *Le renouveau du conte / The Revival of Storytelling*, Paris, Centre national de la recherche scientifique, 1991, p. 167.

Ces tendances s'expliquent sans doute par la formule même qui préside à la création du conte urbain. Voici l'explication qu'en donne Patrick Leroux :

> Le concept est bien simple : on commande un conte chacun à plusieurs auteurs locaux. Le conte est ensuite livré par un comédien ou, encore mieux, par l'auteur. On se limite à quinze minutes, on évite les accessoires, exception faite pour la proverbiale chaise de bois du conteur[26].

Cette explication du « protocole[27] » du conte urbain indique clairement d'autres ruptures majeures de celui-ci avec le conte traditionnel. Ce dernier, ne possédant ni véritable origine ni fin unique, se perpétue grâce à la recréation et à la mémoire collective. Par manque de mise en texte, un tel conte existe chez chaque conteur sous la forme d'un « scénario imaginé[28] » (« *imagined script* ») ou d'un canevas contenant des éléments que le conteur croit essentiels au conte. Aussi les contes traditionnels sont-ils aptes à se transformer et à évoluer en plusieurs versions, comme le font, par exemple, les récits de la chasse-galerie. Les contes urbains, par contre, sont à l'origine des textes destinés à une mise en scène par les conteurs-comédiens. Le conte urbain paraît en ce sens figé et le comédien, qui est censé « faire semblant », qui est censé jouer le rôle de conteur, répète le conte, et ce, selon les directives du metteur en scène-directeur artistique et/ou de l'auteur du texte. Il en découle que, dans la présentation des contes urbains, tout semble se passer dans les limites bien établies avant la levée du rideau : des pauses rhétoriques aux apostrophes, de la gestuelle à la mimique, on cherche à déterminer par avance tous les aspects de la présentation. Pareille programmation du conte, si elle est exécutée à la lettre, risque évidemment d'inhiber le conteur-comédien

---

[26] Patrick Leroux, « Préface », *Contes d'appartenance*, *op. cit.*, p. 7.
[27] Le terme est de Bienvenue. Voir Stéphane Baillargeon, *op. cit.*, p. B3.
[28] L'expression est de Karen Barber. Voir son étude « Literacy, Improvisation and the Public in Yorùbá Popular Theatre », dans Stewart Brown (dir.), *The Pressures of the Text : Orality, Texts and the Telling of Tales*, Edgbaston / Birmingham, Centre of West African Studies / Université de Birmingham, coll. « Birmingham University African Studies Series », 1995, p. 17-19.

(qu'il soit ou non l'auteur du texte)[29], de nuire à la spontanéité naturelle de la parole conteuse et, enfin, d'empêcher la mise en place de la situation de complicité entre le conteur-comédien et l'auditoire, laquelle constitue l'élément fondamental de tout récit se voulant conte.

Or, c'est la réalisation d'une telle complicité entre le conteur (auteur et comédien)[30] et l'auditoire — réalisation dont la réussite varie, il faut bien le reconnaître, d'un récit à l'autre et d'un conteur à l'autre — qui distingue le conte urbain d'une pièce de théâtre. Dans celle-ci, en effet, l'espace scénique se montre autosuffisant dans la mesure où, comme le fait remarquer Anne Ubersfeld, «[...] le contenu du discours [théâtral] n'a de sens que dans un espace déterminé (l'aire de jeu, la scène) et dans un temps déterminé (celui de la représentation)[31]». En revanche, dans le conte urbain, le quatrième mur, qui, par convention théâtrale, sépare virtuellement les comédiens du public, s'effondre et l'aire de jeu renferme l'intégralité de l'espace théâtral, c'est-à-dire tant l'espace scénique proprement dit que l'espace occupé par le public. Par conséquent, tandis que «[...] le message qu[e] [la parole théâtrale] dispense n'est pas référentiel, ou plus exactement ne se rapporte qu'au *référent scénique*[32]», la parole du conteur urbain est branchée à même le «réel référentiel», duquel «[l]e discours de théâtre apparaît [...] déconnecté [...][33]». À preuve, l'hyperréalisme caractéristique du conte urbain et l'attention particulière que devrait porter le conteur-comédien aux réactions de l'auditoire, qui, après tout, participe, de manière plus ou moins perceptible,

---

[29] Patrick Leroux précise à ce sujet: «Je me suis rendu compte de la duperie sur scène, alors que je livrais mon texte et qu'il m'empêchait d'aller au bout de cet échange avec le public...» (Patrick Leroux, «Préface», *Contes d'appartenance*, *op. cit.*, p. 8).

[30] Dorénavant, le mot *conteur* s'appliquera indifféremment au conteur-auteur et au conteur-comédien, d'autant plus que les deux figures se fusionnent aux yeux du public ou mieux de l'auditoire à l'écoute de l'histoire.

[31] Anne Ubersfeld, *Lire le théâtre*, Paris, Éditions sociales, coll. «Classiques du peuple / Critique», 1977, p. 258.

[32] *Ibid.*, p. 260; en italique dans le texte.

[33] *Ibid.*, p. 261.

à l'élaboration du récit. Envisagé dans cette perspective, le conte urbain, quand il est mis en scène, se fonde, non pas sur une double énonciation propre au discours théâtral, mais sur une triple énonciation, car, à l'émetteur-auteur (le conteur-auteur) et à l'émetteur-personnage (le conteur-comédien), se joint l'émetteur-auditeur (le public).

La complicité et l'intimité qui s'installent entre le conteur et l'auditoire dépendent d'un autre facteur, déjà évoqué discrètement, qui différencie le conte urbain du théâtre : la parole conteuse. Ainsi, dans le conte urbain, la narration passe essentiellement par la voix du conteur. En d'autres termes, l'histoire racontée n'est pas censée être jouée sur scène ni nécessiter un décor. Idéalement, on se passe aussi d'accessoires. C'est pour cela que, comme le précise Leroux, « [s]eule la proverbiale chaise de conteur [devrait] se retrouver sur scène[34] ». Malgré cet avertissement, et comme si le conte urbain ne négligeait aucune occasion de revendiquer sa malléabilité, son hybridité, plusieurs conteurs choisissent d'incorporer des accessoires dans leurs récits. Dans *La poire coupée en deux*, par exemple, la conteuse qui cherche son amie, Marie, apporte sur scène le manteau qu'elle a l'intention de lui donner. Toujours est-il que de tels accessoires, dont le nombre est généralement limité, ne font qu'appuyer la parole conteuse, qui porte réellement le récit. François Flahault montre avec acuité ce rôle primordial que joue la voix du conteur :

> [...] [L]es paroles [du conteur] sont prononcées avec un jeu d'intonations (appuyé de gestes et de mimiques) qui à la fois accompagne le mouvement des formules et souligne celui des péripéties racontées ; qui donc rend présente la manière autant que la matière, et, au-delà du récit même, implique le consensus de l'auditoire et du conteur, donne corps à leur « être-ensemble »[35].

La parole du conteur, dont les modulations et l'immédiateté rappellent une certaine théâtralité[36], demeure donc, comme dans le

---

[34] Patrick Leroux, « Préface », *Contes urbains. Ottawa, op. cit.*, p. 10.
[35] François Flahault, *op. cit.*, p. 25.
[36] À ce sujet, voir Chantal Hébert, « De la rue à la scène : la langue que nous habitons », *Présence francophone*, n° 32, 1988, p. 56.

conte traditionnel, le véritable pivot du conte urbain. C'est cette parole qui anime l'histoire, qui fonde la nécessaire complicité entre conteur et auditoire, et qui engendre leur «être-ensemble». Toutefois, la parole conteuse, tout en rendant possible pareil «être-ensemble», laisse aussi transparaître — et cela peut sembler paradoxal — une subjectivité, ce qui nous renvoie à la filiation du conte urbain avec le monologue.

Par le fait même que le conteur-comédien, seul sur scène, livre un récit à caractère anecdotique, qu'il emploie souvent la première personne du singulier et qu'il semble ainsi exposer ses pensées personnelles, un rapprochement entre le conte urbain et le monologue, et plus précisément le monologue tel qu'il s'actualise au théâtre, paraît s'imposer. On devrait cependant se garder de confondre conte urbain et monologue, comme le soulignent d'ailleurs Patrick Leroux[37] et André Perrier[38]. Car, bien que le monologue théâtral, qui suppose par définition l'absence d'un interlocuteur scénique, s'adresse toujours à un public, la présence de ce dernier ne contribue généralement pas, compte tenu du quatrième mur invisible, à la constitution du discours du comédien. Cette situation d'énonciation s'oppose, nous l'avons déjà noté, à celle du conte urbain. Il est intéressant de remarquer ici que Marc LeMyre, moyennant une sorte de métadiscours, évoque, dans *Toronto, futur antérieur*, la spécificité de la situation d'énonciation du conte urbain : «[L]a notion de spectacle, j'aimerais qu'on me la précise un peu... ça doit être plus que d'être planté sur une scène tout seul en train de raconter des histoires à du monde» (*CUCT* : 62). Sans aucun doute LeMyre a-t-il raison puisque le conte urbain vise par principe une complicité entre conteur et auditoire. Néanmoins, on ne saurait nier que ce genre hybride s'apparente au monologue théâtral sous plusieurs angles.

De fait, dans sa fine étude du conte urbain d'Yvan Bienvenue, Jane Moss considère ce type de récit comme «un renouveau de

---

[37] Voir Patrick Leroux, «Préface», *Contes urbains. Ottawa*, *op. cit.*, p. 10.
[38] Voir André Perrier, «Préface», *Contes sudburois*, *op. cit.*, p. 8-9.

la forme du monologue[39] » (« *a renewal of the monologue form* ») et elle insiste sur la place importante qu'occupe le monologue dans l'évolution du théâtre québécois, où cette forme semble enracinée[40]. L'un des éléments les plus importants, en effet, qui lient le monologue québécois au conte urbain est leur facture transgressive. Tout comme le monologue québécois, qui est, selon Laurent Mailhot et Doris-Michel Montpetit, « [...] l'aire et l'art de l'anti-héros [*sic*], du sous-personnage, de l'individu émietté et perdu[41] » et qui « [...] réintroduit l'écoute, la présence, la vision, là où elles menaçaient de disparaître[42] », le conte urbain, comme nous avons pu le constater, n'hésite pas à présenter précisément des « anti-héros », des « individus » perturbés et troublants qui habitent des espaces urbains contemporains ni à éclairer des réalités quotidiennes obscurcies.

En plus de partager des qualités transgressives avec le monologue de facture théâtrale, le conte urbain témoigne aussi d'affinités avec le monologue intérieur. Affinités puisque, de nouveau, les deux formes ne sauraient être assimilées, ne serait-ce que par le fait que le monologue intérieur constitue *a priori* un discours non prononcé[43]. Cela dit, le monologue intérieur est aussi, d'après la définition qu'en donne Édouard Dujardin, un discours « [...] par lequel un personnage exprime sa pensée la plus intime, la plus proche de l'inconscient, antérieurement à toute organisation logique, c'est-à-dire en son état naissant [...], de façon à donner l'impression "tout venant"[44] ». Certains contes urbains se présentent justement comme des discours exposant des pensées intimes des personnages, pensées qui semblent faire irruption sans être filtrées, censurées, ordonnées, rappelant par là une sorte de déchaînement

---

[39] Jane Moss, *op. cit.*, p. 20.
[40] *Ibid.*, p. 20-21.
[41] Laurent Mailhot et Doris-Michel Montpetit, *Monologues québécois 1890-1980*, Montréal, Leméac, 1980, p. 26.
[42] *Ibid.*, p. 34.
[43] Édouard Dujardin, *Les lauriers sont coupés* suivi de *Le monologue intérieur*, Rome, Bulzoni Editore, 1977 [1924 et 1931], p. 214-215.
[44] *Ibid.*, p. 230.

d'un courant de conscience. Considérons, à cet égard, *Red voit rouge* de Jean Marc Dalpé. Dans ce conte urbain, Red, un petit escroc, se voit trahi et humilié à l'occasion de sa fête de fiançailles par ceux qu'il tenait pour amis. Aussi donne-t-il libre cours au « flux ininterrompu des pensées qui traversent [son] âme [...]⁴⁵ » :

> Sais-tu c'que m'a y faire à c't'ostie-là !? / C'que j'aimerais y faire !? / Le pendre, ostie ! / Par les boules, ostie ! Par les tabarnaks de boules, ostie ! / Le pendre par les boules... à un clou, Chriss ! / Ou mieux que ça... Mieux que ça, man. / C'que j'aimerais vraiment y faire à c't'ostie d'chien sale-là... / Ouain... l'autre affaire que j'voudrais faire / ça s'rait de l'attacher après mon char avec des chaînes, / pis le traîner partout dans Vanier... / faire le tour de Vanier, fuck ! / le tour de Vanier avec lui qui crie en arrière tout l'long, fuck ! (*CUO* : 27)

Ce passage exprime nettement le surgissement des idées et des émotions de Red, qui peste et proteste, vitupère et gémit dans un langage rocailleux. *Red voit rouge*, qui donne tout au long du récit l'impression que les pensées du conteur sont en devenir, illustre donc bien les affinités du conte urbain avec le monologue intérieur. Mais ce n'est pas tout. Car — on l'aura remarqué — l'extrait que nous venons de citer recèle une qualité proprement poétique. Dans *Red voit rouge*, en effet, sons, silences, répétitions et disjonctions concourent pour traduire la déception et la rage qui rongent Red. Ces observations nous renvoient à la parenté du conte urbain avec le dernier genre à l'étude ici, à savoir la poésie.

Dans ce contexte, notons en premier lieu que, pour Bienvenue, le « père du conte urbain⁴⁶ », la poésie résidait au cœur du concept originel. La remarque suivante de Moss fait ressortir cet aspect poétique des œuvres de Bienvenue :

> Bienvenue describes his writing as exploring ways of combining narrative and poetry in order to invent a contemporary poetic language for theatre. [...] The published texts, with few if any

---

⁴⁵ *Ibid.*, p. 237.
⁴⁶ Voir Chantal Guy, *op. cit.*

stage directions or punctuation marks, look more like long poems than theatrical scenarios since the goal is poeticized orality[47].

Le concept originel de Bienvenue a évidemment évolué, au point que, pour ce qui est du conte urbain en Ontario français, la prose prévaut sur la poésie. N'empêche que cette dernière se trouve toujours valorisée par des conteurs-auteurs, tels Bienvenue lui-même, Jean Marc Dalpé ou encore Glen Charles Landry. Il suffira, pour s'en convaincre, de tendre l'oreille au passage suivant, tiré du *Nobody de la 504* de Landry :

> La première chose / Le silence / Un silence qui prend toute la place / Pis qu'on a peur de déranger / Un silence avec lequel la terreur aime jouer // Lentement j'ouvre les yeux / Lentement j'comprends où j'suis / Suspendu, pendu / Dans une énorme masse d'eau / Comme dans le ventre de ma mère / Comme dans l'abdomen d'une énorme mer / Où y a pas de pied-à-terre / Pogné / Suspendu sans sortie / Sans gilet de survie. (*CUCT* : 82)

Ce court extrait du *Nobody de la 504*, où le conteur extériorise, verbalise, dans un style poétique, l'impression que produit sur lui un trajet à travers Toronto, signale que la filiation du conte urbain avec la poésie passe en quelque sorte par le monologue. Cela devrait-il surprendre ? Le monologue n'est-il pas, après tout, intimement lié à la poésie lyrique ?

Ici encore, Dujardin, en parlant du monologue intérieur, a clairement saisi les rapports qui lient les deux genres :

> Ce caractère « poésie » du monologue intérieur, cette présentation de la pensée à sa naissance sans préoccupation logicienne, ne pouvait s'exprimer que par le moyen de phrases exemptes elles-mêmes de préoccupation raisonnante. [...] [I]l faut parler [...] de phrases très simples, très directes, aussi peu « construites », j'entends aussi peu cicéroniennes que possible, de phrases réduites au *minimum grammatical*[48].

---

[47] Jane Moss, *op. cit.*, p. 21.
[48] Édouard Dujardin, *op. cit.*, p. 224-225 ; en italique dans le texte.

Si alors l'aspect poétique du monologue intérieur, qui consiste en l'impression d'une pensée en formation, se traduit par un « minimum grammatical », le même principe s'applique au conte urbain. C'est dire que les contes urbains à caractère poétique tendent également vers un « minimum grammatical ». C'est pour cela que *Red voit rouge* de Dalpé et *Le nobody de la 504* de Landry sont marqués par nombre de ruptures et de disjonctions syntaxiques ainsi que de déformations morphologiques qui éludent la grammaire orthographique et lexicale. Ces efforts pour minimiser le grammatical participent effectivement du souci proprement poétique de minimiser ou de néantiser le référentiel. En fait, dans les contes de Dalpé et de Landry, de même que dans la poésie, les sons et les rythmes appartiennent à l'architectonique du sens et le référentiel y relève tout autant — sinon davantage — des sonorités que du visuel. Dans les contes urbains de facture poétique, le sens est alors plutôt connoté que dénoté, et la minimisation du grammatical et la néantisation du référentiel qui s'y opèrent ont pour effet, comme l'a constaté Ubersfeld au sujet du théâtre[49], d'appuyer solidement la fonction phatique du langage, autrement dit, de mettre expressément en valeur la relation entre conteur et auditoire.

C'est en définitive sur cette relation que se fonde le conte urbain, peu importe qu'il flirte avec le théâtre, le monologue ou la poésie. Et cette relation ne saurait s'installer sans la parole conteuse et l'oralité qui s'y rattache.

Oralité intrinsèque : au carrefour de lettres et de voix

Le trait le plus spécifique du conte urbain, comme celui de tout conte, c'est l'oralité. Il importe de remarquer qu'elle ne signifie pas ici la simple mise en voix, mais dénote plutôt la configuration rythmique d'un discours, ainsi que le souligne Henri Meschonnic :

> Il devient [...] non seulement possible, mais nécessaire, de concevoir l'oralité non plus comme l'absence d'écriture et le seul passage de la bouche à l'oreille [...], mais comme une organisation du discours

---

[49] Voir Anne Ubersfeld, *op. cit.*, p. 271-272.

régie par le rythme : la manifestation d'une gestuelle, d'une corporalité et d'une subjectivité dans le langage. Avec les moyens du parlé dans le parlé. Avec les moyens de l'écrit dans l'écrit[50].

Il s'ensuit que, dans les contes urbains, l'oralité, identifiée à la cadence de la langue parlée, se caractérise aussi bien par la spontanéité, par les particularités syntaxiques et lexicales et par le mélange des registres et des langues que par tout autre élément qui trahit une subjectivité. Qui plus est, l'oralité ne rend pas seulement manifeste la subjectivité, la corporalité, bref, la présence du conteur, mais encore celle de l'auditoire. De là proviennent les nombreuses métalepses (au sens narratologique du terme) qui parsèment les contes. En effet, tous les conteurs se plaisent à dévier du cheminement de l'histoire, à intercaler ici et là des observations piquantes sur quelque fait anodin et à apostropher leurs auditeurs. S'il va de soi que l'oralité est accusée différemment et de manière plus ou moins accentuée d'un conte urbain à l'autre, elle est particulièrement exhibée, pour reprendre un exemple déjà cité, dans *La poire coupée en deux*:

> *Habillée d'un manteau, une femme entre en scène. Elle transporte un autre gros manteau. Inquiète, elle scrute la salle...*
>
> Vous n'avez pas vu Marie? Non? Marie. Oui, tout simplement Marie. Pas Marie-Jeanne, ni Marie-Anne. Ni Marie-Thérèse ou Marie-Antoinette. Marie... je sais, il y en a beaucoup. Même dans cette salle il doit y en avoir plusieurs. Levez donc la main, toutes celles qui s'appellent Marie... ou Mary... Une, deux, trois... quatre... Bon. Mais la Marie que je cherche, non, elle n'est pas là. [...] Personne n'a vu Marie, l'itinérante de la rue Bloor, ça fait trois mois qu'elle a disparu... *(Elle pose le manteau par terre.)*
>
> Vous comprenez, ce manteau est pour elle, nous sommes en hiver, vous le savez bien, il va encore neiger demain. Quoi? *(Elle s'adresse à une personne au fond de la salle.)* Ça vous arrange? Vous faites du ski, j'imagine!? Marie, elle n'en fait pas. Elle est vieille, vous comprenez. (*CUCT*: 49)

---

[50] Henri Meschonnic, «Littérature et oralité», *Présence francophone*, n° 31, 1987, p. 12.

Ce passage illustre bien que l'oralité signale, voire dramatise, la présence du conteur et de l'auditoire, et ce dans le but précis d'instituer et de mettre en valeur un « être-ensemble ».

Sous cet angle, le conte urbain, quoiqu'il côtoie le théâtre, le monologue et la poésie et qu'il dérive de l'écrit, doit à l'oralité son appartenance générique au conte. C'est que l'oralité permet d'accomplir les trois mouvements identifiés par Jeanne Demers comme étant constitutifs de la réalisation de tout conte[51], à savoir attirer l'attention de l'auditoire, créer « la connivence conteur-conté[52] » et, finalement, mettre en œuvre le *showing* (par opposition au *telling*)[53]. À ce dernier mouvement, le conteur, s'effaçant derrière son récit, ne fait plus que projeter l'histoire aux yeux et aux oreilles de l'auditeur, qui se trouve pleinement emporté dans l'univers du conte, tellement qu'il peut même en faire partie[54]. Cet engagement entier de l'auditoire s'effectue notamment, comme on a pu le constater, dans les contes urbains dotés d'une dimension poétique.

Il y a lieu de faire, enfin, une distinction entre la version parlée, mise en scène, et la version écrite, publiée, du conte urbain. Car, si le conte urbain « triche », comme le dit si bien Leroux, parce que « [l]e point de départ [est] le texte […][55] », il « triche » doublement, puisque, découlant du scriptural avant sa mise en scène, il le réintègre après, par sa publication. Cette distinction s'impose ici étant donné que, comme l'a souligné Meschonnic, l'oralité s'exprime différemment selon qu'elle participe du régime du parlé ou de celui de l'écrit. Dans cette perspective, l'oralité se déploie pour ainsi dire naturellement dans la mise en scène des contes urbains — dépendamment bien sûr des aptitudes du conteur-comédien —, tandis que, dans la publication des textes, elle procède, paradoxalement, d'un véritable travail sur l'écriture. En effet, dans sa version écrite, le conte urbain, tel tout conte écrit, doit

---

[51] Jeanne Demers, *Le conte. Du mythe à la légende urbaine*, Montréal, Québec/Amérique, coll. « En question », 2005, p. 85-86.

[52] *Ibid.*, p. 86.

[53] À propos de cette opposition, voir Wayne C. Booth, *The Rhetoric of Fiction*, 2ᵉ éd., Chicago/Londres, University of Chicago Press, 1983 [1961].

[54] Jeanne Demers, *op. cit.*, p. 86.

[55] Patrick Leroux, « Préface », *Contes d'appartenance, op. cit.*, p. 8.

produire « l'effet-conte », c'est-à-dire mimer un conte dit, parlé[56] ; et, dans le cas du conte urbain, l'objectif est évidemment de mimer sa version parlée.

À cette fin, au lieu d'obéir à quelque réflexe scriptural et de dépouiller le récit de ce qui, dans l'économie de l'écrit, risque d'être traité d'excédent ou de surplus, les contes urbains publiés s'emploient à surcharger le texte, à le « sur-écrire », pour employer l'expression évocatrice de Jeanne Demers et de Lise Gauvin[57]. Pour s'en convaincre, on n'a qu'à songer au passage de *La poire coupée en deux* que nous venons de citer. De fait, à y regarder de près, il s'y profile deux couches de « sur-écriture », l'une audible et l'autre visible. En ce sens, la première couche concerne le discours même du conteur-comédien[58], c'est-à-dire tout ce qu'il profère à haute voix (« Vous n'avez pas vu Marie ? »), alors que la deuxième relève de la gestuelle véhiculée surtout par les didascalies (« *Habillée d'un manteau, une femme entre en scène.* »). À ces deux couches de « sur-écriture », qui font partie du plan textuel de chaque conte urbain, se joint une autre, qui relève du plan paratextuel et se rapporte à l'ensemble des contes regroupés dans le recueil publié. Sur ce plan paratextuel, notamment par le biais du discours préfacier, on établit le contexte dans lequel les contes en question ont été présentés, restituant de cette manière leur situation d'énonciation. Ainsi, grâce à ces trois couches de « sur-écriture », tout se passe comme si, au moment de la lecture des contes urbains, le lecteur était porté à imaginer très bien la scène, comme s'il faisait partie de l'auditoire à l'écoute du conteur-comédien en exercice, comme s'il se glissait, ultimement, dans un « être-ensemble ».

---

[56] Jeanne Demers, *op. cit.*, p. 57-58. Voir aussi son étude « L'art du conte écrit ou le lecteur complice », *Études françaises*, vol. 9, n° 1, 1973, p. 3-13.

[57] Nos propos sur les surcharges de l'écrit s'inspirent, tout en les adaptant aux fins de notre analyse, d'une étude de Jeanne Demers et de Lise Gauvin sur le conte écrit dans laquelle elles élaborent la notion de « sur-écriture » (Jeanne Demers et Lise Gauvin, « Le conte écrit, une forme savante », *Études françaises*, vol. 12, n°s 1-2, 1976, p. 3-24) ainsi que de la réflexion de Jeanne Demers sur l'effet-conte (Jeanne Demers, *op. cit.*, p. 57-71).

[58] Il est à noter que, même si c'est une conteuse qui rapporte l'histoire dans *La poire coupée en deux*, le genre masculin est employé ici en raison de la généralité du propos.

❖

Autant le conte urbain, ce genre hypercontemporain et hyperréaliste qui touche à la fois au théâtre, au monologue et à la poésie, repousse sans cesse ses frontières génériques, autant l'oralité qui lui est consubstantielle l'inscrit dans le genre du conte. Si la mise en texte de ce genre hybride s'avère, tant bien que mal, nécessaire dans le dessein de lui assurer une reconnaissance institutionnelle, l'oralité n'y est pas pour autant perdue. Elle passe, nous l'avons vu, par une «sur-écriture» tripartie, qui, fait curieux, se trouve doublée d'une surconscience linguistique. Car il ne faudrait pas oublier que, à l'instar de tout écrivain minoritaire, les écrivains franco-ontariens qui font fonction de conteurs se montrent, même en sourdine, tiraillés entre l'affirmation du groupe, parce que leur écriture en est encore et toujours le symbole et la preuve d'existence, et leur aspiration à contribuer à la Littérature. Aurait-on déniché dans le conte urbain un genre qui en fin de compte (conte?) apporte une ouverture au tiraillement de l'écrivain minoritaire?

Tout laisse supposer une réponse favorable à cette question dans la mesure où les visées du conte urbain peuvent être situées aussi bien «verticalement» qu'«horizontalement», c'est-à-dire au-dedans et au-dehors du lieu d'origine du conte[59]. En ce sens, étant donné qu'il met en scène un milieu urbain particulier (Ottawa, Sudbury, Toronto) et s'adresse, du moins dans un premier temps, à un public appartenant à ce milieu, le conte urbain de l'Ontario français se place d'emblée sur l'axe vertical. Cependant, il n'y est pas cantonné, loin de là. Alors même que le conte urbain, contrairement au conte traditionnel, localise l'espace et le temps, l'universalité des thématiques abordées assure sa capacité de délocalisation et, partant, son accès à l'axe horizontal. En intégrant ce dernier, ce genre hybride rejoint, comme par une sorte de retour aux sources,

---

[59] Guy de Bosschère, «Écrivain et public: un engendrement mutuel», dans Lise Gauvin et Jean-Marie Klinkenberg (dir.), *Écrivain cherche lecteur: l'écrivain francophone et ses publics*, Paris / Montréal, Créaphis / VLB éditeur, coll. «Rencontres à Royaumont», 1991, p. 27-30.

le conte traditionnel. L'une des singularités de ce dernier n'est-elle pas justement de voyager à travers l'espace et le temps ? C'est ainsi qu'avec le conte urbain naît la possibilité de se dire et de se lire tout en se donnant à dire et à lire.

Quand bien même une thématique universelle rendrait possible un voyage spatiotemporel du conte urbain, il faut se rappeler que, dans un conte, la relation qui se met en place entre conteur et auditoire s'avère plus déterminante que la matière racontée. Comme le signale Jean Marcel, « [l]e conte, dirait-on, vient en contant, et la manière la plus honorable de faire un conte c'est encore de conter[60] ». Ainsi, le conte, qui, par son oralité intrinsèque, actualise une connivence, une complicité, une intimité entre conteur et auditoire, et engendre leur « être-ensemble », détient inévitablement une qualité communale. C'est justement cette qualité, d'ailleurs, qui est évoquée dans le titre du recueil des contes présentés, en 1999, à l'occasion du *Forum sur la situation des arts au Canada français*, qui est : *Contes d'appartenance*. Créer ou mieux faire valoir un sentiment d'appartenance, non plus seulement à une minorité ni même à un nouveau Canada français, mais à l'Être, et mettre en évidence l'existence résiliente et vibrante d'une littérature qui revendique sa place dans la Littérature, ce sont là les visées essentielles, profondes, du conte urbain franco-ontarien, qu'il réalise en faisant appel à un moyen propre aux jeunes littératures : l'art de l'oralité. Paré constate, dans ce contexte, que « [l]'oralité est toujours présente en [les *petites* littératures], comme si elles avaient pour but ultime de *faire parler l'écriture*[61] ». Même s'il est encore trop tôt pour évaluer sa véritable portée, le conte urbain semble avoir atteint ce but ultime. Ce faisant, il a ouvert la voie vers une plus grande reconnaissance de la littérature franco-ontarienne et, qui sait, peut-être nous a-t-il rapprochés tant soit peu d'une époque où l'on pourra affirmer : il était une fois… les littératures de l'exiguïté.

---

[60] Jean Marcel, *Jacques Ferron malgré lui*, Montréal, Éditions du Jour, 1970, p. 59.

[61] François Paré, *op. cit.*, p. 41 ; en italique dans le texte.

BIBLIOGRAPHIE

Andersen, Marguerite (dir.), *Contes urbains, contes torontois, Virages*, n° 30, numéro spécial II, février 2005, 118 p.

Baillargeon, Stéphane, « Le syndrome de l'intellectuel léger », *Le Devoir*, 4 décembre 1999, p. B3.

Barber, Karen, « Literacy, Improvisation and the Public in Yorùbá Popular Theatre », dans Stewart Brown (dir.), *The Pressures of the Text: Orality, Texts and the Telling of Tales*, Edgbaston / Birmingham, Centre of West African Studies / University of Birmingham, coll. « Birmingham University African Studies Series », 1995, p. 6-27.

Booth, Wayne C., *The Rhetoric of Fiction*, 2ᵉ éd., Chicago / Londres, University of Chicago Press, 1983 [1961], xix-552 p.

Calame-Griaule, Geneviève (dir.), *Le renouveau du conte / The Revival of Storytelling*, Paris, Centre national de la recherche scientifique, 1991, 449 p.

Collectif, *Les Zurbains*, Montréal, Dramaturges Éditeurs, 1997, 52 p.

Collectif, *Les Zurbains en série*, Montréal, Dramaturges Éditeurs, 2005, 318 p.

De Bosschère, Guy, « Écrivain et public : un engendrement mutuel », dans Lise Gauvin et Jean-Marie Klinkenberg (dir.), *Écrivain cherche lecteur : l'écrivain francophone et ses publics*, Paris / Montréal, Créaphis / VLB éditeur, coll. « Rencontres à Royaumont », 1991, p. 25-33.

Demers, Jeanne, « L'art du conte écrit ou le lecteur complice », *Études françaises*, vol. 9, n° 1, 1973, p. 3-13.

Demers, Jeanne, *Le conte. Du mythe à la légende urbaine*, Montréal, Québec/Amérique, coll. « En question », 2005, 142 p.

Demers, Jeanne et Lise Gauvin, « Autour de la notion de conte écrit : quelques définitions », *Études françaises*, vol. 12, nᵒˢ 1-2, 1976, p. 157-177.

Demers, Jeanne et Lise Gauvin, « Le conte écrit, une forme savante », *Études françaises*, vol. 12, nᵒˢ 1-2, 1976, p. 3-24.

Dujardin, Édouard, *Les lauriers sont coupés* suivi de *Le monologue intérieur*, Rome, Bulzoni Editore, 1977 [1924 et 1931], 311 p.

Fishman, Joshua A., *In Praise of the Beloved Language: A Comparative View of Positive Ethnolinguistic Consciousness*, Berlin / New York, Mouton de Gruyter, 1997, 351 p.

Flahault, François, *L'interprétation des contes*, Paris, Denoël, 1988, 312 p.

Gauvin, Lise, « D'une langue à l'autre. La surconscience linguistique de l'écrivain francophone », dans Lise Gauvin (dir.), *L'écrivain francophone à la croisée des langues : entretiens*, Paris, Karthala, 1997, p. 5-15.

Gauvin, Lise, *La fabrique de la langue. De François Rabelais à Réjean Ducharme*, Paris, Seuil, coll. «Points Essais», 2004, 342 p.

Guy, Chantal, «Yvan Bienvenue, père du conte urbain?», *La Presse*, 3 décembre 2004, [Arts et spectacles] p. 2.

Hébert, Chantal, «De la rue à la scène: la langue que nous habitons», *Présence francophone*, n° 32, 1988, p. 45-58.

Hotte, Lucie, «Littérature et conscience identitaire: l'héritage de CANO», dans Andrée Fortin (dir.), *Produire la culture, produire l'identité*, Sainte-Foy, Presses de l'Université Laval, coll. «Culture française d'Amérique», 2000, p. 53-68.

Leroux, Patrick (dir.), *Contes d'appartenance*, Sudbury, Prise de parole, 1999, 70 p.

Leroux, Patrick (dir.), *Contes urbains. Ottawa*, Ottawa, Le Nordir, 1999, 64 p.

L'Homond, Daniel, «Le conte d'aujourd'hui», dans Geneviève Calame-Griaule (dir.), *Le renouveau du conte / The Revival of Storytelling*, Paris, Centre national de la recherche scientifique, 1991, p. 167-168.

Mailhot, Laurent et Doris-Michel Montpetit, *Monologues québécois 1890-1980*, Montréal, Leméac, 1980, 420 p.

Mandalian, Isabelle, «Contes urbains. Nuits magiques», *Voir*, vol. 9, n° 54, 7 décembre 1995, p. 34.

Marcel, Jean, *Jacques Ferron malgré lui*, Montréal, Éditions du Jour, 1970, 221 p.

Massie, Jean-Marc, *Petit manifeste à l'usage du conteur contemporain. Le renouveau du conte au Québec*, Montréal, Planète rebelle, 2001, 96 p.

Meschonnic, Henri, «Littérature et oralité», *Présence francophone*, n° 31, 1987, p. 9-28.

Moss, Jane, «Yvan Bienvenue and the *Conte urbain*», *Theatre Research in Canada / Recherches théâtrales au Canada*, vol. 20, n° 1, 1999, p. 16-34.

Olscamp, Marcel, «De l'oralité à l'oralité: le récit bref au Canada français (1990-2000)», *University of Toronto Quarterly*, vol. 69, n° 4, automne 2000, p. 917-924.

Paré, François, «L'institution littéraire franco-ontarienne et son rapport à la construction identitaire des Franco-Ontariens», dans Jocelyn Létourneau (dir.), *La question identitaire au Canada francophone. Récits, parcours, enjeux, hors-lieux*, Sainte-Foy, Presses de l'Université Laval, coll. «Culture française d'Amérique», 1994, p. 45-62.

Paré, François, *Les littératures de l'exiguïté*, Ottawa, Le Nordir, coll. «Bibliothèque canadienne-française», 2001 [1992], 230 p.

Pepito Mateo, Luis, « Le théâtre et la pratique du conteur », dans Geneviève Calame-Griaule (dir.), *Le renouveau du conte / The Revival of Storytelling*, Paris, Centre national de la recherche scientifique, 1991, p. 287-290.

Perrier, André, *Contes sudburois*, Sudbury, Prise de parole, 2001, 69 p.

Thompson, Stith, *The Folktale*, Berkley / Los Angeles, University of California Press, 1977 [1946], 510 p.

Ubersfeld, Anne, *Lire le théâtre*, Paris, Éditions sociales, coll. « Classiques du peuple / Critique », 1977, 309 p.

Voltaire, *Le siècle de Louis XIV*, nouvelle édition, vol. 3 [Chapitre XXV], Londres, [s. é.], 1788 [1751], 416 p.

MES AÏEUX :
LE FUNKLORE OU LA TRADITION ORALE REVISITÉE

Robert Proulx
Université Acadia

Dans *L'encyclopédie de la musique au Canada*, on trace l'évolution de la musique traditionnelle québécoise depuis les Veillées du bon vieux temps, organisées à Montréal à partir de 1919. Dans la première moitié du XXe siècle, des chanteurs et chanteuses comme Ovila Légaré et La Bolduc de même que des violoneux comme Ti-Jean Carignan et Ti-Blanc Richard font revivre le folklore d'antan. Puis, dans les années 1950 et 1960, d'autres artistes tels Les Cailloux, Raoul Roy, André Lejeune, Jean-Paul Fillion, Jacques Labrecque, Jeanne d'Arc Charlebois et Pierre Daigneault continuent de le faire vivre à travers la musique populaire. À la détermination de ces pionniers s'ajoute l'intérêt porté par les universitaires et par la nouvelle technologie de l'époque, la télévision :

> La mise sur pied des Archives de folklore de l'Université Laval par Luc Lacourcière, lui-même inspiré par le travail de Marius Barbeau, et la diffusion de l'émission télé *La soirée canadienne*, ne sont que deux exemples concrets parmi d'autres des efforts investis pour préserver le folklore[1].

---

[1] *Encyclopédie de la musique au Canada*, Musique pop au Québec (Canada français); *L'Encyclopédie canadienne. Historica.* 2008; www.thecanadianencyclopedia.com, consulté le 5 mai 2008.

On constate qu'à partir des années 1970 le mélange des styles devient plus fréquent et que des groupes québécois et canadiens-français comme Le Rêve du diable, Les Karrik, Barde, Suroît, Breton-Cyr, Garolou, 1755, Beausoleil Broussard, Barachois et Cano « ont déjà une démarche artistique hybride[2] ». Enfin, on fait la distinction entre ceux qui reprennent le folklore et ceux qui s'en inspirent pour leurs propres créations :

> À partir des années 1990, la reprise du folklore par la jeune génération dans un style dit « authentique » est qualifiée de « trad » et est représentée par des groupes comme Le Vent du nord, La Volée d'castors, Les Charbonniers de l'enfer et Les Tireux d'roches. Mais la reprise du même folklore avec une volonté claire de fusion des styles musicaux pop [reggae, jazz, rock] est qualifiée de « néo-trad »[3].

Grand Dérangement, un groupe bien connu de la Nouvelle-Écosse, et Mes Aïeux du Québec représentent ce mouvement « néo-trad ». Un autre point commun entre les deux formations est l'aspect festif qui anime leurs prestations scéniques. Le relevé de quelques titres d'articles consacrés à Mes Aïeux révèle cet esprit de fête contagieux qui caractérise leurs spectacles : « Un party signé Mes Aïeux[4]! », « Mes Aïeux cassent la baraque[5] », « Mes Aïeux : un avant-goût du temps des Fêtes[6] » et « Mes Aïeux : à voir et à danser[7] ». En plus d'offrir quelques chansons qui s'accompagnent d'une chorégraphie[8], les membres de Mes Aïeux sont reconnus pour leur goût du déguisement. Surnommés « les *Village People* du

---

[2] *Ibid.*
[3] *Ibid.*
[4] Éric Thibault, « Un *party* signé Mes Aïeux! », *Le Journal de Québec*, 15 décembre 2004, p. 60.
[5] Régis Tremblay, « Mes Aïeux cassent la baraque », *Le Soleil*, 15 décembre 2004, p. B5.
[6] Philippe Renaud, « Mes Aïeux : un avant-goût du temps des Fêtes », *La Presse*, 17 octobre 2002, p. C4.
[7] Alexandre Vigneault, « Mes Aïeux : à voir et à danser », *La Presse*, 28 décembre 2004, p. 5.
[8] Par exemple, « La corrida de la Corriveau » ou « Remède miracle » lorsque présentées en spectacle.

Québec[9] » ou « les *Village People* du folklore bien de chez nous[10] », Mes Aïeux ont emprunté et mis en scène les figures folkloriques de l'imaginaire collectif québécois : le Diable (Stéphane Archambault, auteur de tous les textes et chanteur), l'ange (Marie-Hélène Fortin, violoniste et chanteuse), le curé (Éric Desranleau, compositeur, guitariste, bassiste, flûtiste et chanteur), le coureur des bois (Frédéric Giroux, compositeur, guitariste, bassiste, harmoniciste et chanteur), l'Amérindien (Marc-André Paquet, batteur, percussionniste et chanteur), le farfadet (Benoît Archambault, claviériste, trompettiste et chanteur) et l'orignal (Luc Lemire, saxophoniste et chanteur). Cette nomenclature présente non seulement les sept membres de Mes Aïeux avec leur rôle et leur spécialité, mais révèle aussi la richesse de l'instrumentation du groupe, qui allie la trompette, la flûte et le saxophone au violon et à l'harmonica ordinairement présents dans la musique traditionnelle québécoise. De plus, on constate que tous les sept chantent, ce qui donne lieu à de riches harmonies vocales, une autre marque de commerce de Mes Aïeux qui n'est pas sans rappeler un des groupes les plus populaires de l'histoire de la chanson québécoise, Beau Dommage, qui comprenait lui aussi plusieurs membres qui chantaient : « Archambault assume totalement l'influence des groupes folk-pop québécois des années 1970, Beau Dommage en tête[11] ». Et dans la même interview, l'auteur des chansons explique ce qui caractérise leur musique :

> La vérité, c'est qu'on métisse le folklore. Mais au lieu d'aller vers des trucs plus ethniques comme le font la plupart des groupes, on le fusionne avec la musique pop… Disons qu'on se situe à mi-chemin entre Daniel Boucher et Les Batinses[12].

---

[9] Philippe Renaud, « Mes Aïeux : un avant-goût du temps des Fêtes », *op. cit.*
[10] Jean-Christophe Laurence, « Un coup de rame à la fois », *La Presse*, 23 décembre 2000, p. D8.
[11] *Ibid.*
[12] *Ibid.*

Quelques lignes de leur cru, présentées sous la forme d'un *curriculum vitæ* affiché sur leur site Internet, précisent leur projet esthétique et leur démarche artistique :

> Mes Aïeux concoctent une fusion où se retrouvent les éléments les plus divers : le folklore québécois bien entendu, mais aussi le funk, le rap, le disco, la bossa nova et la chanson française. Ce qui a fait dire à leurs adeptes [...] qu'ils donnent dans le funklore, cette désignation référant aussi bien à la rythmique funky qu'au mot fun qui fait aussi partie de leur credo. Aux premières loges du renouveau musical depuis dix ans, Mes Aïeux puisent avant tout aux thèmes légendaires de la littérature orale qu'ils servent dans un contexte des plus contemporains[13].

C'est ce mélange d'ancien et de moderne, servi avec lucidité et humour, ce « funklore », qui fera l'objet de notre analyse. Depuis 10 ans, Mes Aïeux sillonnent les routes du Québec et de la France, où ils ont présenté plus de 500 spectacles. Ils ont aussi autoproduit leurs trois premiers disques, ignorés jusqu'à tout récemment par les radios commerciales. Et après avoir remporté le Félix de l'album folk contemporain en 2005, ils ont raflé trois trophées Félix au gala de l'Adisq en 2007 : album de l'année (meilleur vendeur) pour *Tire-toi une bûche*, chanson populaire de l'année pour « Dégénérations » et groupe de l'année.

Dans une interview accordée à l'hebdomadaire culturel *Voir* en 2005, l'auteur du groupe déclarait : « On n'a jamais prétendu qu'on faisait de la musique traditionnelle ; on s'en inspire[14]. » Cette affirmation nous servira de point de départ pour l'analyse des processus mis en œuvre par Mes Aïeux afin d'intégrer la tradition orale dans leurs chansons. Nous serons ainsi amenés à traiter d'inspiration, de transformation et de transposition ; inspiration des personnages et légendes du folklore canadien-français ; transformation des faits et gestes de ces personnages grâce

---

[13] Site Internet officiel de Mes Aïeux, www.mesaïeux.qc.ca, consulté le 5 mai 2008.

[14] François Couture, « Assemblée de cuisine », *Voir*, 22 décembre 2005, p. 32.

à l'exagération, à l'amplification et à l'humour comme le permettent la légende et le conte; enfin, transposition de ces éléments ou situations dans un contexte contemporain. Nous serons ainsi à même de constater les résultats de cette entreprise d'intégration de la tradition orale dans l'œuvre lyrique de Mes Aïeux en examinant, en particulier, l'exploitation qu'ils font de trois légendes québécoises qu'ils revisitent: celles de Rose Latulipe, de La Corriveau et d'Alexis le Trotteur. Nous verrons aussi comment Mes Aïeux abordent l'Histoire, prise au sens large, dans quelques autres chansons, dont la fameuse « Dégénérations ».

Rose Latulipe est une légende[15] du XVIIIᵉ siècle, relatée notamment dans le chapitre cinquième intitulé « L'étranger » du premier roman québécois, *Le chercheur de trésors (ou l'influence d'un livre)*, de Philippe Aubert de Gaspé (fils) bien qu'on pense qu'elle est de la plume du père. Lors d'une veillée du Mardi gras, la jolie Rose Latulipe est courtisée par un bel étranger qui l'incite à continuer à danser après minuit. En « dansant sur le mercredi des Cendres[16] », elle enfreint les règles religieuses et donne son âme au Diable, mais le curé vient sauver la situation *in extremis* en chassant le démon. Cette légende devait inciter les jeunes gens à respecter les règles strictes de l'Église durant le carême. Dans la chanson de Mes Aïeux intitulée « Rose Latulipe[17] », on trouve la transposition de la légende dans un contexte contemporain où l'héroïne, sans jeu de mots, consomme de l'*ecstasy* au cours d'une soirée *rave*. « Possédée par le son du violon », elle repousse les avances de « trois capitaines, dans leurs plus beaux atours, déguisés en Martiens qui veulent lui faire la cour, qui veulent lui faire l'amour ». Loin de succomber au désir sexuel, elle refuse l'invitation à coucher de l'un de même que son offre de mariage: « Je ne veux pas de mari. L'amour je n'y crois

---

[15] Il existe plusieurs versions de cette légende. Voir entre autres « Documents: Cinq versions de "Rose Latulipe" » *Études françaises*, vol. 12, nᵒˢ 1-2, 1976.

[16] Maurice Lemire et Aurélien Boivin, « À la découverte de la littérature québécoise: un siècle d'histoire (1840-1940) », dans René Bouchard (dir.), *Culture populaire et littératures au Québec*, Saratoga, Anma Libri, 1980, p. 89.

[17] La chanson « Rose Latulipe » est tirée du premier disque de Mes Aïeux, *Ça parle au diable*, 2000. Les citations qui suivent se rapportent à cette chanson.

pas. Ma *dope* me suffit. Cette vie est éphémère. Je ne veux pas de mari. Maintenant laisse-moi. Mon *trip* est pas fini, je retourne en enfer. »

Cette danse vers la mort est « rythmée par la voix du démon » incarné par « le grand méchant loup qui lui a offert d'autres bonbons » : « Danse, danse, danse… sur le bord de l'*overdose*… que ton cerveau explose… jusqu'à la fin du monde…que la calotte te fonde… » Et la finale évoque, avec un refrain de chanson folklorique, la fin tragique de cette jeunesse désabusée : « J'ai tant dansé, j'ai tant sauté, dansons ma bergère au gué… J'en ai décousu mon soulier… J'en ai cassé mon sablier… »

Le texte parsème suffisamment d'éléments modernes pour fixer un décor contemporain facilement identifiable par les auditeurs : « le futon », « l'*ecstasy* », « le *smart drink* », la « *dope* », mon « *trip* », le verbe « *débuzzer* », « l'*overdose* ». Mais l'auteur mélange habilement ces référents actuels à d'autres, beaucoup plus anciens, puisés dans le vieux fonds traditionnel. Par exemple, la répétition de la phrase à la tournure syntaxique archaïque « Ils sont trois capitaines à … », le mot *atours* et les incitations à la danse formulées ainsi : « Danse, danse, danse ma bergère joliment que le plancher en rompe » et, enfin, la formulation connue, tirée des chansons traditionnelles : « J'ai tant dansé, j'ai tant sauté, dansons ma bergère au gué… » La transposition de la légende de Rose Latulipe dans un contexte contemporain vise ici à sensibiliser les jeunes aux dangers de la surconsommation de drogues. Mes Aïeux vont revisiter cette même légende dans une autre chanson, intitulée « Le yâbe est dans la cabane[18] », qui figure sur leur deuxième disque.

Celle-ci adhère plus fidèlement à la légende : l'arrivée vers 11 heures d'un « bel étranger » dans une « veillée » sème un émoi palpable auprès des dames. Toutefois, le récit prend vite des libertés et des tournures aussi inattendues que comiques. Ici, c'est l'épouse, et non la fille de l'hôte qui est l'objet des attentions

---

[18] La chanson « Le yâbe est dans la cabane » figure sur le deuxième disque de Mes Aïeux, *Entre les branches*, 2001. Les citations qui suivent se rapportent à cette chanson.

marquées de l'étranger. Quand Joe Picard veut faire cesser la « débauche » de sa femme en tirant sur le « démon », il vise mal et atteint le crucifix, avec pour résultat que Jésus, « qui a juste le temps de se tasser », décide de s'en mêler : il va « se déclouer de sur sa croix » et se mettre à danser comme un déchaîné. S'ensuit « un duel biblique » sous forme de compétition de danse entre le « yâbe et Jésus ». Ce dernier « transpire de l'eau bénite », ce qui fait fuir le démon, qui craint d'en « recevoir une goutte ».

Même si le récit a conservé certains éléments du décor et de la trame narrative de la légende de Rose Latulipe, on remarque des différences importantes dans le contenu et dans le ton. La figure du curé, qui joue le rôle du héros dans la légende en venant asperger le Diable d'eau bénite, est ici absente. Il est remplacé par « Jésus » qui, sous ses diverses appellations — « le Christ », « le Messie », « le fils de Dieu » —, affronte pacifiquement « le yâbe », aussi nommé « Satan », « Belzébuth » ou « le démon ». Le ton, davantage comique qu'irrévérencieux, surgit dans les portraits de Jésus et la description de ses gestes :

> Y'est aussi hot que Travolta / Mais dans sa couche y'est plus sexy […] Sacré Jésus, quand même quel mec ! Y'a même pus de musique pis il danse encore ! […] Personne ne peut rivaliser avec le fils de Dieu … en canissons.

Ces représentations humoristiques de la divinité illustrent le fossé qui s'est creusé entre la religion et le peuple dans le Québec d'aujourd'hui. On constate une sorte de glorification de la figure christique, vue comme un héros moderne parmi tant d'autres ; impossible d'imaginer une telle désinvolture il y a à peine 40 ans. Ici encore, le texte mélange les références modernes et anciennes telles « Y'a quelque chose de cochon dans l'air / Comme dans Bleu Nuit à Quatre Saisons » et « et domino les femmes ont chaud ».

La variété lexicale qui fait se côtoyer mots savants (« apocalypse », « phéromones », « bacchanale ») et expressions populaires (« boucane », « chicane », « c'est l'bout' de tout' ») de même que l'abondance d'anglicismes (« *fun* », « *jacker* », « *gun* », « *hot* », « *bad trip* », « *follow spot* »), participent de cette esthétique du « funklore » que pratiquent et revendiquent Mes Aïeux. Remarquons enfin la présence du conteur dans la narration comme dans le conte : « Mais attendons de voir la suite... ». Bref, Mes Aïeux utilisent une panoplie d'éléments de l'oralité en transposant dans un contexte moderne la légende de Rose Latulipe.

Une autre allusion à cette légende se trouve dans « Jamais la plus belle[19] ». Le Diable est ici un imprésario qui offre à une belle jeune fille de devenir mannequin. Comme « le bel étranger » dans la légende de Rose Latulipe, il s'intéresse à la beauté de la jeune femme, mais c'est pour l'exploiter. Le résultat sera le même : la belle sera victime de sa beauté et perdra son âme. Évoluant dans un monde factice et luxueux, la belle perd ses repères et sombre dans la consommation de drogues. Le rêve d'être « top-modèle » échoue dans les pages « d'un magazine porno » et la limousine noire « du grand Satan » peut être vue comme le pendant du beau cheval noir qui faisait fondre la neige sous ses sabots dans une des versions de cette légende. La chanson est narrée par l'amoureux délaissé, qui, après quelques tentatives infructueuses pour faire prendre conscience à sa belle des dangers qu'elle court dans cet univers superficiel, perd tout espoir et se suicide. La morale de cette chanson au dénouement tragique semble dire qu'il est périlleux de trop s'éloigner de ses origines et de ceux qui nous aiment vraiment. Comme l'écrivent Lemire et Boivin dans *Culture populaire et littératures au Québec*, « tout l'art du conteur tient à son exploitation personnelle des éléments traditionnels[20] », et les chansons de Mes Aïeux obéissent certainement à cette règle. Pour étayer leur affirmation, Lemire et Boivin notent des différences marquées entre quelques versions de la légende de Rose Latulipe. Ainsi, Philippe Aubert de Gaspé donne de nombreux détails sur les vêtements du Diable, ses gants, son chapeau ainsi que sur ses gestes et les regards de fureur qu'il jette à une vieille dévote qui égrène son chapelet. De plus, et Mes Aïeux s'en inspirent,

---

[19] La chanson « Jamais la plus belle » est tirée du premier disque de Mes Aïeux, *Ça parle au diable*, 2000. Les citations qui suivent se rapportent à cette chanson.

[20] Maurice Lemire et Aurélien Boivin, *op. cit.*, p. 90.

des détails étranges concernent le cheval noir du survenant : il a des yeux de feu et la neige fond autour de ses sabots. Des conteurs moins chevronnés, comme Louvigny de Montigny («Le rigodon du Diable») et Joseph-Ferdinand Morisette («Le Diable au bal») omettent ces détails et négligent de créer une atmosphère de mystère[21].

Une autre légende inspirée d'un fait historique va capter l'intérêt de Mes Aïeux. La Corriveau est une histoire réelle s'échelonnant entre 1749 et 1763 et relatée 100 ans plus tard dans *Les anciens Canadiens* (1863) de Philippe-Aubert de Gaspé (père). Marie-Josephte Corriveau est accusée du meurtre de ses deux maris et condamnée à être pendue et son corps exposé dans une cage de fer accrochée à un carrefour de Lévis. Cette histoire effroyable a frappé l'imagination des gens et s'est transmise de génération en génération pour finir par s'incruster dans l'imaginaire collectif. Déjà en 1863, l'auteur des *Anciens Canadiens* le notait dans ses «notes et éclaircissements»:

> Trois ans après la conquête du pays, c'est-à-dire en 1763, un meurtre atroce eut lieu dans la paroisse de Saint-Vallier, district de Québec ; et quoiqu'il se soit bientôt écoulé un siècle depuis ce tragique événement, le souvenir s'en est néanmoins conservé jusqu'à nos jours, entouré d'une foule de contes fantastiques qui lui donnent tout le caractère d'une légende[22].

Il faut dire que cette légende a été maintes fois racontée. Des littérateurs et des historiens comme Louis Fréchette et Pierre-Georges Roy ont tenté de narrer l'histoire de La Corriveau, «mais sans parvenir à dissocier complètement les faits réels des fantaisies anachroniques ou des données légendaires et romanesques[23]». Et la figure de La Corriveau n'a cessé, depuis, d'inspirer romans, chansons, films et pièces de théâtre. Soulignons, entre autres, la

---

[21] *Ibid.*
[22] Philippe Aubert de Gaspé, *Les anciens Canadiens*, Montréal, Fides, coll. «Bibliothèque canadienne-française», 1970, p. 299-300.
[23] Luc Lacourcière, «Marie-Josephte Corriveau», dans *Dictionnaire biographique du Canada* [en ligne].

nouvelle de Fréchette de 1885 intitulée *La cage de La Corriveau*, plusieurs fois remaniée et republiée en 1913 sous le titre « Une relique » dans *Almanach du peuple de la librairie Beauchemin* à Montréal. On compte aussi trois pièces de théâtre de Victor-Lévy Beaulieu[24], d'Anne Hébert[25] et de Guy Cloutier[26] de même que des romans[27], des romans pour la jeunesse[28] et des films[29], ce qui illustre bien la pérennité des légendes. Du côté de la chanson populaire, Gilles Vigneault en a fait le sujet d'une chanson en 1966[30] et Mes Aïeux s'en emparent en 2001.

Déjà le titre, « La corrida de La Corriveau[31] », nous indique le traitement humoristique que Mes Aïeux font de cette légende effrayante. On y trouve de l'exagération : sept maris tués au lieu de deux comme dans l'histoire réelle et comme dans la chanson de Vigneault, ce qui constitue précisément une caractéristique de la légende, qui exagère, amplifie, déforme au fil du temps et au gré des versions un fait historique :

> Contrairement au conte qui est pure fiction, la légende se présente avec quelque apparence de fondement historique. Le lieu y est indiqué avec précision. Les personnages sont nettement individualisés

---

[24] *Ma Corriveau*, pièce de théâtre de Victor-Lévy Beaulieu, mise en scène par André Pagé et présentée au Théâtre d'Aujourd'hui du 19 septembre au 30 octobre 1976.

[25] *La cage*, pièce de théâtre d'Anne Hébert, 1990.

[26] *La Corriveau*, pièce de théâtre de Guy Cloutier, mise en scène par Denise Verville et présentée au Périscope, du 12 au 30 janvier 1993 ; reprise, adaptée et diffusée en dramatique télévisuelle par Radio-Canada en 1995.

[27] *La Corriveau*, roman historique d'Andrée LeBel, Montréal, Libre Expression, 1981, et *La fiancée du vent : l'histoire de La Corriveau, née en Nouvelle-France et pendue sous le Régime anglais*, roman de Monique Pariseau, Montréal, Libre Expression, 2003.

[28] *La maudite*, roman jeunesse de Daniel Mativat, Saint-Laurent, Éditions Pierre Tisseyre, 1999, et *Julie et le serment de La Corriveau*, roman jeunesse de Martine Latulippe, Montréal, Québec-Amérique, coll. « Jeunesse », 2003.

[29] *Nouvelle-France*, film réalisé par Jean Beaudin en 2004 (adaptation très libre du thème de La Corriveau), et *La Corriveau*, film d'animation de Kyle Craig en 2006.

[30] Gilles Vigneault, « La Corriveau », dans *Tenir paroles 1958. Chansons – 1967*, Montréal, Nouvelles éditions de l'Arc, 1983, p. 238-239.

[31] La chanson « La corrida de La Corriveau » figure sur le deuxième disque de Mes Aïeux, *Entre les branches*, 2001. Les citations qui suivent se rapportent à cette chanson.

dans l'espace et dans le temps et ils accomplissent des actes qui ont un fondement historique mais déformés par l'imagination[32].

On note aussi d'autres différences majeures dans le traitement de cette histoire. Alors que la chanson de Vigneault se concentre sur le drame et la cruauté de la sentence rendue en anglais par un tribunal militaire, celle de Mes Aïeux insiste sur la fourberie et la cruauté du personnage féminin « qui maniait son jupon comme un torero / Messieurs, mettez-vous en ligne, prenez un numéro / Goûtez délices et supplices de La Corriveau ». Ce changement de perspective implique un changement de victime : La Corriveau chez Vigneault, les sept maris assassinés chez Mes Aïeux. Ce changement majeur se reflète aussi dans la musique : solennelle et minimaliste dans la première chanson, emportée et dansante dans la seconde. Dans cette corrida endiablée, les divers maris sont comme les taureaux sacrifiés pendant un spectacle de tauromachie. Mes Aïeux auraient pu s'arrêter à six pour établir un parallèle parfait avec le nombre de taureaux tués au cours d'une corrida en accord avec la musique résolument espagnole de leur chanson. En ajoutant un septième mari, Mes Aïeux suivent le mouvement d'exagération et d'amplification des faits d'une histoire qui a connu de nombreuses versions et qui a fait frémir d'horreur de nombreuses générations. En finale, Mes Aïeux reviennent à la crainte et aux superstitions suggérées par la légende en interpellant l'auditeur-spectateur avec des détails réels de l'histoire comme le faisaient et le font encore les conteurs :

> Si vous passez une nuit
> Sur la côte de Lévis
> Et qu'il vous semble entendre un arbre qui gémit
> Gardez les yeux par terre
> Et faites une prière
> Car la Corriveau se balance toujours dans sa cage de fer[33]

---

[32] Aurélien Boivin, *Le conte littéraire québécois au XIXe siècle*, Montréal, Fides, 1975, p. XIX.
[33] « La corrida de La Corriveau », *Entre les branches*, 2001.

Dans leur dernier coffret contenant un disque et un DVD intitulé *Tire-toi une bûche*[34], Mes Aïeux offrent un conte qu'ils intitulent «La naissance d'une légende» en guise d'introduction à leur chanson relatant la vie d'Alexis le Trotteur (1860-1924). Son histoire est celle d'un surhomme du Saguenay qui courait plus vite qu'un cheval. À la suite de nombreux exploits, sa renommée traverse les frontières et il se rend aux États-Unis, où, après un certain temps, il subit des revers et est réduit à s'exhiber comme bête de cirque. Il rentre au pays couvert de honte. Désormais objet de moqueries, il s'engage au Canadien National et devient sourd. Il connaît une fin tragique, écrasé par un train.

Mes Aïeux jouent ici sur deux registres. En guise d'introduction à la chanson qui relate la légende d'Alexis le Trotteur, ils racontent l'histoire imaginée et farfelue de la naissance d'Alexis Lapointe[35]. Il s'agit bien d'un conte avec ses aspects fantastiques et irréels. Une femme accouche seule par un soir de tempête. L'enfant est mort-né et la femme, folle de chagrin, va à l'écurie pour maudire le cheval qui, parce qu'il était blessé, n'a pu servir à aller chercher le docteur. Alors qu'elle maudit le cheval, le tonnerre gronde et la foudre tombe sur la pauvre bête, qui meurt; au même moment, le bébé reprend vie. Cet enfant conservera des attributs du cheval : ses piaffements, ses hennissements, sa petite cervelle et surtout sa grande vitesse.

Suit la chanson au titre éloquent «Train de vie (Le surcheval)[36]», qui brosse le portrait d'Alexis Lapointe, ce «bien drôle d'animal» qui «avait des *springs* dans ses *runnings*». Elle raconte, dans les couplets, son histoire ponctuée d'exploits et de revers qui finit tragiquement. Le refrain final, qui reprend habilement les éléments des deux premières occurrences du refrain, renferme la morale de l'histoire, qui s'adresse autant sinon plus aux auditeurs qu'à Alexis :

---

[34] *Tire-toi une bûche*, coffret CD et DVD, 2006.
[35] Personnage réel né le 4 juin 1860 à Saint-Étienne-de-La-Malbaie et mort le 12 juin 1924.
[36] La chanson «Train de vie (Le surcheval)» figure aussi sur le troisième disque de Mes Aïeux, *En famille*, 2004. Les citations qui suivent se rapportent à cette chanson.

> Alexis, ralentis (3 fois)
> Assis sur la galerie du Paradis
> Toi tu r 'gardes d'En Haut ceux qui te r'gardaient de haut
> On court pis on s'énerve comme des p'tites fourmis
> On s'épivarde, on s'éparpille comme des vraies queues d'veaux
> Hey, on court après quoi, on court après qui ?
> On s'essouffle pour épater la galerie
> Hey, on se prend pour quoi, on se prend pour qui ?
> On court après nos vies, ça en vaut-tu le prix[37] ?

Le passage du «tu» au «on» a pour effet de généraliser l'expérience individuelle d'Alexis. Ainsi, c'est bien le spectateur d'aujourd'hui, souffrant de surmenage dans un monde au rythme effréné, qui se doit de «ralentir», au risque de passer à côté de sa vie. D'ailleurs, le titre «Train de vie (Le surcheval)» renvoie à l'idée de vitesse du monde moderne et c'est à nous, qui jouons souvent malgré nous aux surhommes, que s'adresse la morale du conte, qui, comme à l'habitude, mélange les références anciennes et contemporaines. Ici, Alexis le Trotteur est comparé au coureur olympique québécois Bruny Surin.

Par ailleurs, quelques autres chansons de Mes Aïeux abordent l'Histoire prise au sens large et les traditions québécoises. «Dégénérations[38]», qui a remporté le Félix de la chanson de l'année au gala de l'Adisq 2007, retrace l'histoire «humaine» du Québec, celle des «gens du pays» selon la formule de Vigneault, en esquissant le destin d'une famille paysanne. Au fil des générations et des couplets, la terre ancestrale passe par les étapes du défrichage, du labourage, de la rentabilité et de la vente, mais le descendant de la famille, personnage contemporain, se retrouve en appartement en ville «dans un p'tit trois et demi bien trop cher frette en hiver» et «rêve la nuit d'avoir son petit lopin de terre». Comme son titre l'indique, la chanson illustre l'effritement progressif des valeurs traditionnellement rattachées au Québec: famille nombreuse, sens de l'entraide, pratique et observance de la religion, sexualité exclusivement en vue

---

[37] «Train de vie (Le surcheval)», *En famille*, 2004.
[38] «Dégénérations» figure sur le troisième disque de Mes Aïeux, *En famille*, 2004. Les citations qui suivent se rapportent à cette chanson.

de la procréation. Si cette transformation des valeurs traditionnelles revêt des aspects positifs et négatifs, la chanson se termine quand même sur une note positive. Il reste, en fin de compte et de conte, une valeur fondamentale qui a perduré au fil des siècles et qui s'est transmise de génération en génération jusqu'à aujourd'hui : le goût de la fête :

> Tes arrière-arrière-grands-parents, ils savaient comment fêter
> Tes arrière-grands-parents, ça swignait fort dans les veillées
> Pis tes grands-parents ont connu l'époque yé-yé
> Tes parents, c'tait les discos ; c'est là qu'ils se sont rencontrés
>
> Et pis toi, mon ami, qu'est-ce que tu fais de ta soirée ?
> Éteins donc ta tivi ; faut pas rester encabané
> Heureusement que dans 'vie certaines choses refusent de changer
> Enfile tes plus beaux habits car nous allons ce soir danser...[39]

Cet esprit festif se manifeste dans différents décors selon les époques, des veillées d'antan dans les maisons de campagne aux sorties du samedi soir à la discothèque ou au bar.

La chanson « Swigne la bacaisse[40] » du premier disque répète précisément le même message, à savoir la prépondérance de la fête dans la culture québécoise. Après la description d'une scène de drague qui tourne à vide dans un bar, le narrateur de la chanson, comme le meneur d'une danse folklorique, dit : « Stop ! / Changez de côté vous vous êtes trompés ! ». Puis, la dernière strophe révèle le changement radical :

> On oublie les discothèques et pis les cruising bars... On va se louer toute la gang un petit shack dans le nord... Un violon, deux guitares, pis des bouteilles de fort en masse... On va fêter le fait qu'on n'est pas encore mort... (On est-y mort ?) On va se conter des histoires de démon pis d'esprits... On va bourrer nos pipes d'herbe du pays...Ô cannabis, herbe de nos aïeux... [...] La lune nous sourit... Tout le monde dans le lac pour un bain de minuit[41] !

---

[39] *Ibid.*
[40] « Swigne la bacaisse » figure sur le premier disque de Mes Aïeux, *Ça parle au diable*, 2000.
[41] *Ibid.*

Ici encore, on voit le mélange de l'ancien et du moderne, en l'occurrence la remise en valeur des traditions, une constante thématique chez Mes Aïeux. Les personnages délaissent la cocaïne pour la *marijuana*, la ville pour la campagne, le bar pour le lac. Dans les notes qui accompagnent le texte, on peut lire que la chanson contient « un solo de violon emprunté au *Reel du diable...* traditionnel et que le texte est truffé de clins d'œil respectueux à monsieur Gilles Vigneault[42] ». Ces emprunts témoignent du respect de Mes Aïeux pour leurs prédécesseurs et de leur désir de s'inscrire dans une continuité culturelle et historique.

Enfin, les titres des disques méritent un commentaire parce qu'ils sont, à notre avis, révélateurs de l'esthétique de Mes Aïeux, qui s'inspirent du passé pour créer un produit nouveau et porteur de sens pour les Québécois d'aujourd'hui. En effet, *Ça parle au diable !* (2000), *Entre les branches* (2001), *En famille* (2004) et *Tire-toi une bûche* (2006) sont des expressions de la langue populaire aux origines assez anciennes ayant traversé les siècles et qui se disent et se comprennent encore aujourd'hui au Québec. De plus, tous les disques affichent le même sous-titre, qui insiste sur l'aspect « produit du terroir » que revendique Mes Aïeux : « De la musique *gossée à la main* par des artisans de chez nous[43] » et, dans le cas de l'album double DC et DVD : « Un spectacle *gossé à la main* par des artisans de chez nous ». Même leur site Internet porte cette mention[44]. Bref, leur musique, leurs spectacles et jusqu'à eux-mêmes sont, d'après eux, les fruits d'un travail artisanal et les résultats d'une tradition ancestrale.

En se réappropriant et en réactualisant certains mythes populaires de l'imaginaire collectif québécois, Mes Aïeux offrent une approche rafraîchissante de la tradition orale. Dans *Héritage de la francophonie canadienne : traditions orales*, Jean-Claude Dupont décrit la richesse du « tableau légendaire du Canada français [qui] comprend une multitude de récits où l'imaginaire du thème s'allie au vraisemblable

---

[42] Notes du paratexte accompagnant la chanson.
[43] Sous-titres apparaissant sur les trois disques.
[44] Site Internet mesaïeux.qc.ca consulté le 13 décembre 2008.

du contexte ou de la situation[45] » et explique le rôle joué par la légende, qui

> reformule des récits qui remontent très loin dans le temps, mais réfère toujours à un monde connu : un lieu, des individus, des occupations courantes [...] réunissant ainsi le vécu individuel, communautaire ou social aux éléments les plus insaisissables de la vie[46].

La suite de son exposé donne la définition et la fonction de ce genre, d'abord oral puis écrit et qui repasse à l'oral dans les chansons :

> La légende se veut un message réduit à sa plus simple expression, elle véhicule un contenu symbolique si dense et si profond qu'elle paraît impossible à expliquer... Que les ancêtres y aient cru ou non a moins d'importance que la compréhension du message qu'ils cherchaient à transmettre à leur auditoire et à la postérité[47].

Mes Aïeux continuent dans la même voie ; tout en actualisant la forme afin de la rendre attrayante pour la jeunesse du XXIe siècle, ils poursuivent des objectifs semblables à ceux des conteurs d'antan et ne dédaignent pas, tout en divertissant le public, de lui faire la morale ou, du moins, de lui livrer des messages importants. Avec une langue vivante truffée d'anglicismes, de québécismes et de tournures archaïsantes empruntées aux chansons traditionnelles, ils exposent des problèmes contemporains : le surmenage dans un monde pris dans l'engrenage infernal de la vitesse, la déchéance causée par l'abus de drogues dures de même que la destruction de l'environnement par la pollution et la cupidité des grandes compagnies et des banques. Cette lucidité sociale et planétaire se teinte cependant d'une forte dose de joie de vivre qui leur permet de livrer des messages d'espoir à un public sans cesse grandissant qui apprécie leur travail et leur esthétique. Avec leur musique rythmée puisant à de multiples sources, Mes Aïeux ont su rallier la jeunesse québécoise et lui transmettre de larges pans de la tradition

---

[45] Jean-Claude Dupont, *Héritage de la francophonie canadienne : traditions orales*, Sainte-Foy, Presses de l'Université Laval, 1986, p. 71-72.
[46] *Ibid.*
[47] *Ibid.*

orale qui risquaient de tomber dans l'oubli. Ainsi, leur entreprise de réactualisation du folklore sert la lutte pour la survivance de l'identité québécoise, laquelle passe par la vitalité de sa culture, dont la langue et les traditions constituent les points d'ancrage.

BIBLIOGRAPHIE

Aubert de Gaspé, Philippe, *Les anciens Canadiens*, Montréal, Fides, coll. «Bibliothèque canadienne-française», 1970, 359 p.

Aubert de Gaspé, Philippe (fils), *Le chercheur de trésors (ou L'influence d'un livre)*, Québec, Réédition-Québec, 1968, 98 p.

Boivin, Aurélien, *Le conte littéraire québécois au XIXe siècle*, Montréal, Fides, 1975, 385 p.

Bouchard, René (dir.), *Culture populaire et littératures au Québec*, Saratoga, Anma Libri, 1980, 310 p.

Couture, François, «Assemblée de cuisine», *Voir*, 22 décembre 2005, p. 32.

Dupont, Jean-Claude, *Héritage de la francophonie canadienne: traditions orales*, Sainte-Foy, Presses de l'Université Laval, 1986.

Encyclopédie de la musique au Canada. Musique pop au Québec (Canada français), L'Encyclopédie canadienne, Historica, 2008.

Larouche, Jean-Claude, *Alexis le Trotteur*, Chicoutimi, Éditions JCL, 1987.

Laurence, Jean-Christophe, «Un coup de rame à la fois», *La Presse*, 23 décembre 2000, p. D8.

Lavoie, Kathleen, «La chaleur de Mes Aïeux fait oublier le froid, *Le Soleil*, 21 août 2004, p. B3.

Renaud, Philippe, «Mes Aïeux: un avant-goût du temps des Fêtes», *La Presse*, 17 octobre 2002, p. C4.

Thibault, Éric, «Un *party* signé Mes Aïeux!», *Le Journal de Québec*, 15 décembre 2004, p. 60.

Tremblay, Régis, «Mes Aïeux cassent la baraque», *Le Soleil*, 15 décembre 2004, p. B5.

Vigneault, Alexandre, «Mes Aïeux: à voir et à danser», *La Presse*, 28 décembre 2004, Arts et spectacles, p. 5.

Vigneault, Gilles, *Tenir paroles 1958. Chansons – 1967*, Montréal, Nouvelles Éditions de l'Arc, 1983, 276 p.

Discographie

Mes Aïeux, *Ça parle au diable*, Les disques Victoire, 2000.
Mes Aïeux, *En famille*, Les disques Victoire, 2004.
Mes Aïeux, *Entre les branches*, Les disques Victoire, 2001.
Mes Aïeux, *Tire-toi une bûche*, Les disques Victoire, 2006.
Site Internet officiel de Mes Aïeux, mesaïeux.qc.ca

THÉÂTRE

JOUER DES H/hISTOIRES :
LES THÉÂTRES FRANCOPHONES DU CANADA

Jane Moss
Duke University

Dans cet essai, je propose d'explorer l'évolution du drame historique dans les théâtres francophones du Canada. Évidemment, c'est un projet ambitieux puisque, dès ses origines, le théâtre canadien-français a été obsédé par l'Histoire et le corpus des pièces est énorme. Les questions qui m'intéressent sont les suivantes : comment les théâtres dans les communautés francophones s'approprient-ils l'Histoire pour construire et déconstruire l'identité de la nation imaginée et des communautés régionales et quel est le rôle des théâtres historiographiques dans le processus de révision identitaire ?

Plusieurs théoriciens ont insisté sur le lien entre la mise en scène de l'Histoire et la création d'une communauté avec une identité et une mémoire collectives, mais à mon avis ils n'ont pas assez souligné les enjeux du théâtre identitaire et mémoriel. Si le retour au passé idéalisé et mythifié est confortant pour la durée du spectacle, la consolation nostalgique risque de rendre plus douloureuse la réalité actuelle parce qu'on ne peut pas restaurer ce qui est perdu. La conscience historique ainsi affirmée est rarement triomphale dans le cas des francophones du Canada ni dans le cas des autochtones ou des immigrants, pour des raisons évidentes.

Elle est souvent une mémoire blessée par l'échec du projet impérial de la France et du projet nationaliste du Canada français ainsi que par de multiples expériences de défaite, dépossession, minorisation, violence, exil et marginalisation. Les drames historiques qui construisent des identités basées sur les vieilles idéologies, sur les griefs et sur les ressentiments, ou sur des visions mythiques, nostalgiques, ou folklorisantes du passé, deviennent des obstacles à l'accession à la modernité et à la formation de nouvelles identités.

Depuis que Lord Durham a commenté le manque d'une histoire et d'un théâtre nationaux au Canada français, les dramaturges franco-canadiens n'ont pas cessé de mettre en scène le passé. Au XIXe siècle, le théâtre historique se conformait au modèle romantique français, lui-même inspiré par les pièces historiques de Shakespeare. Au Québec[1] et en Acadie[2], les pièces historiques sont souvent mélodramatiques, patriotiques et didactiques: elles représentaient la mission providentielle des Français en Amérique, les grands héros de la colonisation et du Régime français, la lutte contre les autochtones, les Anglais et les Américains. Il y a 100 ans, L. O. David résumait ainsi sa vision d'une littérature nationale:

> Je souhaite qu'avant longtemps nos poètes et nos littérateurs fournissent à nos théâtres des pièces bonnes pour le cœur comme pour l'esprit, des pièces où tous les bons sentiments, le patriotisme, l'amour pur et la vertu seront honorés et glorifiés. Je souhaite qu'ils puisent dans notre Histoire, notre glorieuse Histoire, l'inspiration d'œuvres fortes et morales dont l'effet sera bienfaisant[3].

Il va sans dire que l'Église catholique et les élites avaient le monopole sur la mémoire culturelle jusqu'aux années 1960 et il n'est pas sans importance que beaucoup des pièces historiques aient été

---

[1] Étienne-F. Duval (1978) et L. E. Doucette (1997), parmi d'autres.
[2] Marguerite Maillet (1983), Zénon Chiasson (1988, 1992, 1996), Judith Perron (1998) et Denis Bourque (1998).
[3] L. O. David, cité par Jacques Cotnam, *Le théâtre québécois: instrument de contestation politique et sociale*, Montréal, Fides, 1976, p. 46.

écrites par des prêtres. Mais si les élites clérico-politiques voulaient édifier le peuple au théâtre, ce n'était pas toujours le cas puisque « la glorieuse histoire » dramatisée par ces pièces commémoratives et mémorielles incluait les traumatismes tels que la Déportation des Acadiens, la Conquête, la Rébellion des Patriotes, la pendaison de Louis Riel, l'émigration massive aux États-Unis, etc.

À partir des années 1960, quand les intellectuels québécois commençaient à mettre en question l'idéologie conservatrice et sa version de l'Histoire, le théâtre est devenu un forum pour le débat sur la mémoire collective et l'identité nationale[4]. Dans les pièces comme *Les grands soleils* Jacques Ferron (1958, montée en 1968), *Le marquis qui perdit* (1970) de Réjean Ducharme, *Marche, Laura Secord!* (1975) de Claude Roussin, *Un pays dont la devise est je m'oublie* (1976), *Mamours et conjugat* (1978), et *A Canadian Play / Une plaie canadienne* (1983) de Jean-Claude Germain, nous voyons des versions parodiques et carnavalisées de la pièce historique. Ces pièces ne prétendent pas faire revivre l'histoire — au contraire, elles démythifient la version officielle trouvée dans les manuels scolaires. Employant les stratégies brechtiennes et antiréalistes, tournant en ridicule les grandes figures de l'Histoire, se moquant de toutes formes d'autorité (y compris l'Église), la pièce historique carnavalisée est un exercice d'exorcisme qui problématise la version consacrée du passé et déconstruit la pièce historique traditionnelle. La métathéâtralité remplace le réalisme documentaire et la nouvelle pièce historique devient une interrogation du passé, un dialogue entre le passé et le présent qui mène aux revendications politiques. C'est plutôt un drame contre-mémoriel et métahistorique, c'est-à-dire une réflexion critique sur l'histoire qui participe au grand projet social de cette période, projet qui mène à la révision de la mémoire collective au Québec et à la création d'une nouvelle conscience historique et d'une culture nationale décolonisée.

Malgré cette transformation du drame historique dans les théâtres montréalais, il faut admettre que la recréation du passé

---

[4] *Cf.* Jane Moss, « Playing with the Past: Quebec Historical Plays from the Quiet Revolution to the Referendum », *French Review*, vol. 63, n° 2, 1989, p. 337-346.

collectif continue ailleurs — dans le théâtre documentaire à but éducatif, dans le cinéma et les téléromans, ainsi que dans les festivals et grands spectacles qui attirent les touristes[5]. Dans les pièces montées au Musée canadien des civilisations, dans les rues du Vieux-Québec pendant les Fêtes de la Nouvelle-France, au Festival du voyageur de Winnipeg, dans le royaume du Saguenay-Lac-Saint-Jean, et le Village acadien, les personnages des manuels scolaires sont ressuscités.

Plusieurs critiques ont remarqué qu'après la défaite au référendum de 1980 l'Histoire sert d'autres objectifs sur scène. Si les pièces contre-culturelles et contre-mémorielles des années 1970 ont démythifié le passé collectif et redéfini l'identité québécoise pour mieux se conformer aux aspirations nationalistes, à partir des années 1980, les dramaturges trouvent de l'inspiration dans les histoires des gens ordinaires pour réviser l'image collective de la province et pour nuancer la définition de l'identité québécoise. Dans cette période, on voit la théâtralisation de la vie communautaire et quotidienne dans le passé — par exemple *Le temps d'une vie* (1973) de Roland Lepage, *Ils étaient venus pour...* (1981) et *C'était avant la guerre à l'Anse-à-Gilles* (1982) de Marie Laberge. Souvent, ce sont les petites histoires familiales qui révèlent des secrets honteux avec des conséquences parfois tragiques. Comme Marcel Dubé et Gratien Gélinas avaient déjà fait, la mise en scène des histoires de famille continue dans les pièces de Michel Tremblay, Jeanne-Mance Delisle, Michel Marc Bouchard et Anne Legault[6], pour n'en nommer que quelques-uns.

---

[5] Je pense aux *Huit promenades sur les plaines d'Abraham* (1999) de Jean Herbiet, à *La tête à Papineau. Drame historique en sept scènes présentant les tractations politiques ayant mené aux événements de 1837* (1998) de Jean-Marc Brunet, à *Frontenac* (1990) de Jacqueline Martin, et à *La fabuleuse histoire d'un royaume* de Ghislain Bouchard montée dans le Saguenay–Lac-Saint-Jean (1988-2006).

[6] Michel Tremblay : *À toi, pour toujours, ta Marie Lou* (1971), *Bonjour, là, bonjour* (1974), *Albertine en cinq temps* (1984), *Le vrai monde ?* (1987), *La maison suspendue* (1990), *Encore une fois, si vous permettez* (1998) et *Le passé antérieur* (2003); Jeanne-Mance Delisle : *Un reel ben beau, ben triste* (1980) et *Un oiseau vivant dans la gueule* (1987); Michel-Marc Bouchard : *La poupée de Pélopia* (1984), *La contre-nature de Chrysippe Tanguay* (1984), *Les feluettes* (1987) et *Les muses orphelines* (1989); Anne Legault : *La visite des sauvages* (1986).

Ce genre du drame historique modifie la vision à l'eau de rose de la vie au Québec, comme *Aurore, l'enfant martyre* l'avait fait auparavant.

Une autre tendance qui mérite notre attention, ce sont les pièces écrites par des femmes qui dramatisent la condition féminine dans le passé du Québec[7]. Inspirées par les historiennes féministes (Le Collectif CLIO), ces femmes dramaturges participent à la révision du récit de l'histoire québécoise, insistant sur l'inclusion de leurs aïeules. En général, les pièces historiques écrites par les femmes ne présentent pas les grandes femmes du passé, à l'exception de deux pièces qui documentent la lutte pour obtenir le droit de vote[8], soit la réécriture de la légende de La Corriveau faite par Anne Hébert dans *La cage* (1989) et *La saga des poules mouillées* de Jovette Marchessault, qui dramatise la vie de quatre écrivaines célèbres. Plus souvent, les femmes dramaturges préfèrent recréer des périodes historiques et montrer la vie des femmes ordinaires pour faire une critique de la société patriarcale et pour que la mémoire des Québécoises ne soit pas exclue du grand récit de l'histoire du Québec. Michèle Lalonde a été une des premières auteures à faire une place aux femmes avec son drame historique *Derniers recours de Catherine à Baptiste* (1977), où nous voyons une habitante à plusieurs moments importants du passé. D'autres pièces par Marie Laberge, Maryse Pelletier, Elizabeth Bourget et Marthe Mercure documentent la vie des femmes dans la première moitié du XXe siècle. Pour ce qui est des événements plus récents, dans *Conte d'hiver 70* (1992), une pièce qui prenait comme point de départ la crise d'Octobre, Anne Legault nous présente une femme victime de l'injustice dénoncée par les terroristes du FLQ. Puisque l'Histoire officielle exclut souvent l'expérience quotidienne des femmes, il faut en parler parce que, comme Legault nous le rappelle, « L'Histoire, ce sont les anecdotes, pas les événements[9] ».

---

[7] Voir Jane Moss, « Women, History, and Theatre in Quebec », *French Review*, vol. 67, n° 6, 1994, p. 974-984.

[8] *Pour toi je changerai le monde* (1981) par Madeleine Greffard et *L'incroyable lutte que quelques-unes ont menée pour obtenir le droit de vote pour toutes* (1990) par Jocelyne Beaulieu, Josette Couillard, Madeleine Greffard et Luce Guilbeault.

[9] Anne Legault, *Conte d'hiver 70*, Montréal, VLB éditeur, 1992, épigraphe p. 3.

D'autres groupes exclus de la version officielle de l'Histoire (le métarécit historique) commencent à raconter leurs histoires sur scène pendant cette période postréférendaire, souvent caractérisée comme postnationaliste. Les dramaturges gais et lesbiennes se servaient du théâtre pour illustrer la difficulté d'être homosexuel dans une société puritaine et conservatrice comme le Québec du passé. Michel Tremblay avait déjà osé parler de ce groupe marginalisé dans les pièces qui présentent les travestis de la Main mais, pendant les années 1980, René-Daniel Dubois, Normand Chaurette, Michel Marc Bouchard, Marie-Claire Blais et d'autres racontent et jouent l'expérience des homosexuels sur scène.

Les artistes autochtones ont aussi leur mot à dire pendant cette période. Yves Sioui Durand et Catherine Joncas fondent la Compagnie Ondinnok en 1985 au sein de l'École nationale de théâtre et, comme leur prédécesseur Bernard Assiniwi, ils documentent l'histoire des Premières Nations depuis l'arrivée des colonisateurs européens. Ondinnok se veut « un théâtre de guérison » qui récupère la culture, l'identité et la spiritualité des Amérindiens. Dans les spectacles comme *La conquête du Mexique* (1991) et *Le porteur des peines du monde* (1992), l'histoire de la colonisation est dramatisée du point de vue des peuples vaincus et maltraités. D'autres pièces racontent des expériences plus récentes des autochtones et invitent la majorité francophone à reconnaître la condition des minorités au Québec.

Le théâtre produit par des dramaturges immigrants est une autre indication de la multiplicité des mémoires dans la société pluriethnique postnationaliste et postidentitaire. Les pièces des Italo-Québécois Marco Micone et Filippo Salvatore; des Libano-Québécois Abla Farhoud, Bernard Antoun et Wajdi Mouawad; des réfugiés chiliens Alberto Kurapel et Miguel Retamal, syrien Khaldoun Imam et algérien Bachir Bensaddek dramatisent d'autres histoires nationales et parlent de traumatismes tels que les répressions politiques, les coups d'État et les guerres civiles. Il n'y a rien de nostalgique dans ces pièces qui racontent et représentent la violence et mémorialisent les victimes. De plus, le théâtre immigrant théâtralise l'expérience de l'exil et de la difficile intégration dans la société québécoise. Ces histoires ethniques alternatives viennent se mêler à l'histoire des Québécois de vieille souche, transformant en même temps la société et l'identité québécoises. La mémoire collective d'un Québec francophone homogène n'est plus possible aujourd'hui — c'est peut-être pour cette raison que le théâtre québécois est devenu de plus en plus intimiste et autobiographique[10]. Tout drame historique nationaliste risque de paraître passéiste, folklorique ou, pire, réactionnaire.

Après la rupture du Canada français à la fin des années 1960, les dramaturges francophones hors Québec ont mis en scène leurs mémoires et leurs identités, suivant souvent le même processus de démythification et de redéfinition. En parlant de ces différentes histoires dramatisées, il faut éviter la tentation de la généralisation devant la fragmentation sociale évidente et la diversité des impulsions créatrices. Parfois, le drame historique affirme l'identité fondée sur une version de la mémoire collective; parfois, il force la communauté à reconnaître la diversité des mémoires et la précarité de l'avenir de la communauté minoritaire. Dans le meilleur des cas, la mémoire dramatisée aide les communautés francophones minoritaires à forger de nouvelles identités bilingues et interculturelles. La fonction de l'Histoire dépend de la vision du dramaturge et des circonstances de la communauté.

En Acadie, où le sentiment d'appartenance à un peuple distinct avec sa propre histoire a toujours été très fort, la théâtralisation de ce passé suivait le modèle traditionnel avant les années 1960. Le drame historique recrée la fin de la colonie dans *Subercase ou les dernières années de la domination française en Acadie* (1902) par le père Alexandre Braud et dans *Le drame du peuple acadien* (1932) par le père Jean-Baptiste Jégo. Pascal Poirier lamentait

---

[10] Voir Jane Moss, «Passionate Post-Mortems: Couples Plays by Quebec Women Dramatists», dans Roseanna Lewis Dufault et Paula R. Gilbert (dir.), *Doing Gender: Franco-Canadian Women Writers of the 1990s*, Livingston, New Jersey, Fairleigh Dickinson University Press, 2001, p. 108-129; et Louis Patrick Leroux, «A Nation of Distinct Selves: From Collective Identity to the Individual in Québec Drama», *Canadian Theatre Review*, n° 125, hiver 2006, p. 62-68.

la tragédie de la Déportation dans *Les Acadiens à Philadelphie* (1875), tandis que le père James Cormier Branch décourageait l'émigration aux États-Unis dans *L'émigrant acadien* (1929) et trouvait de l'inspiration dans *Jusqu'à la mort!... Pour nos écoles!* et *Vivent nos écoles catholiques! Ou la résistance de Caraquet* (1932). À partir de la fin des années 1960 et à l'instar du *nouveau théâtre québécois*, Antonine Maillet, Claude Renaud, Rino Morin Rossignol, Herménégilde Chiasson et d'autres ont créé une nouvelle dramaturgie acadienne, divorcée des institutions religieuses et scolaires, et qui a osé refuser le discours dominant, s'affranchir du passé[11] et affirmer une identité acadienne contemporaine. Quoique beaucoup d'Acadiens ne veuillent pas que *La Sagouine* (1971) ou *Évangéline deusse* (1975) représentent l'Acadie, on ne peut pas nier que le théâtre d'Antonine Maillet prouve que l'histoire acadienne ne se termine pas en 1755 et que les femmes y sont pour quelque chose. En 1988, Zénon Chiasson a écrit :

> L'histoire est encore présente dans le théâtre acadien moderne.
>
> Toutefois, le point de vue a radicalement changé. Les auteurs ont renoncé à perpétuer une vision passéiste et complaisante de l'histoire, au profit d'une nouvelle perception de l'Acadie au moyen de l'éclairage historique, même s'il faut pour cela décaper nos symboles, égratigner nos héros et démythifier l'histoire[12].

Poursuivant son analyse, Chiasson parle des œuvres de Jules Boudreau, Calixte Duguay, Herménégilde Chiasson et Gérald Leblanc — auteurs qui n'hésitent pas à « jouer de l'histoire », à distordre et transgresser la vérité historique afin de « créer un code esthétique nouveau où la dérision et la caricature, même provocantes, font partie du jeu[13] ». Par exemple, *Le pique-nique* (1982) de Rossignol imagine une rencontre anachronique de

---

[11] Voir l'excellent article de Judith Perron, « L'histoire carnavalisée dans le théâtre d'Antonine Maillet », dans Denis Bourque et Anne Brown (dir.), *Les littératures d'expression française d'Amérique du Nord et le carnavalesque*, Moncton, Éditions d'Acadie, 1998. p. 49-74.

[12] Zénon Chiasson, « Itinéraire d'un parcours difficile ou l'émergence d'une dramaturgie acadienne », *Dalhousie French Studies*, n° 15, 1988, p. 77.

[13] *Ibid.*

Lord Durham avec l'héroïne d'une légende amérindienne, un homme gai de l'Acadie contemporaine et un évêque. C'est un spectacle carnavalesque qui montre les multiples identités et mémoires historiques de l'Acadie. Quant au théâtre d'Herménégilde Chiasson, c'est moins une représentation du passé qu'une critique de la hantise du passé et une tentative d'exorciser les démons de l'Histoire pour accéder à la modernité.

Dans l'Ontario français, il y a moins de grands mythes fondateurs, de traumatismes majeurs et de grand héros identifiés spécifiquement à la province. Avec l'exception de la lutte politique contre le *Règlement XVII*, qui fermait les écoles françaises entre 1912 et 1927 — crise dramatisée dans le docudrame *La parole et la loi* (1980) du Théâtre La Corvée — l'histoire des francophones ontariens est plutôt associée aux lieux. Les titres des pièces font preuve du besoin de nommer les villes et les villages, d'inscrire la présence française sur la carte: *Moé j'viens du Nord, 'stie* (1971), *Lavalléville* (1974), *Les murs de nos villages* (1979), *Hawkesbury blues* (1981), *1932, la ville du Nickel* (1984), *Fort Rouillé* (1984), *Porquis Junction ou des rêves perdus dans le nowhere* (1980), *French Town* (1994) et *Moulinette* (2001). Qu'on y parle de villes imaginées, de villages dépeuplés, de communautés riveraines inondées par les barrages hydroélectriques ou la Voie maritime du Saint-Laurent, de forts français ou de quartiers urbains démolis, les pièces ontariennes constatent la présence historique au temps du Régime français à Toronto, de la construction du canal Rideau et d'Ottawa et de la colonisation du Nouvel-Ontario au début du XXe siècle. Mais, en même temps, le théâtre ontarien a fréquemment constaté la dépossession, la marginalisation et l'assimilation qui menace la collectivité. Même quand le théâtre franco-ontarien cesse d'être préoccupé par les questions identitaires, le besoin de raconter des histoires liées à une géographie précise est toujours urgent, comme nous le voyons dans *Contes urbains, Ottawa* (1998), *Les contes sudburois* (2001) et les deux séries *Contes urbains, contes torontois* (2002, 2005). Une remarque du sociologue Roger Bernard sur les francophones hors Québec explique cette préoccupation de la géographie: « Nos ancêtres avaient un rêve, celui de construire un chapelet de paroisses catholiques et françaises, de Québec à Winnipeg, de Montréal à Windsor. De prendre possession du territoire, d'y implanter la vie française et de faire du Canada notre pays[14]».

Souvent, le rêve est celui d'un grand-parent venu refaire sa vie dans les mines et les villes industrielles ou défricher la terre du Grand Nord, mais le souvenir de ce passé familial n'intervient dans le présent que pour souligner l'échec du rêve et la disparition d'un mode de vie. Dans *Le chien* (1987) de Jean Marc Dalpé de même que dans *Corbeaux en exil* (1992), *French Town* (1993), *La dernière fugue* (1997) et *King Edward* (1998) de Michel Ouellette, les histoires familiales tragiques hantent les personnages et les empêchent de vivre. Un des personnages de *La dernière fugue* explique la hantise du passé :

> Tu comprends rien. C'est que le Passé est tout autour de nous. Tout ce qui nous entoure, c'est le Passé. Le Passé lointain, le Passé proche. Le Passé immédiat. C'est ça qu'on a dans les yeux toute notre vie. C'est avec le Passé qu'on vit notre vie[15].

Voulant échapper à ce passé paralysant, les dramaturges franco-ontariens ont récemment tourné le dos à l'histoire pour se concentrer sur la vie contemporaine des francophones éduqués, bilingues et biculturels. De cette façon, ils redéfinissent l'identité de leur communauté.

Dans l'Ouest, l'histoire régionale inspire souvent des pièces : les voyageurs et coureurs des bois, les Métis et Louis Riel, la colonisation de la prairie, la lutte pour préserver les écoles françaises, la résistance contre l'assimilation — tous ces sujets ont été dramatisés. Figure importante dans l'imaginaire des Canadiens français, Riel est ressuscité sur la scène montréalaise en 1886, peu après sa pendaison, dans un mélodrame historique éponyme écrit par deux professeurs français, Charles Bayer et E. Parage, et il y réapparaît souvent.

---

[14] Roger Bernard, *De Québécois à Ontarois*, Ottawa, Le Nordir, 1996, p. 9.
[15] Michel Ouellette, *La dernière fugue* suivie de *Duel* et de *King Edward*, Ottawa, Le Nordir, 1999, p. 23.

Quand les francophones de l'Ouest ont commencé à créer leurs propres dramaturgies il y a 30 ans, ils sont retournés à cette période cruciale de leur histoire. Au lieu de glorifier le chef des Métis, le Manitobain Claude Dorge explore sa vie intime et ses écrits dans *Le roitelet* (1975), pièce expérimentale dans laquelle le spectateur voit Riel enfermé à l'asile. *La trahison* (première version 1984), par le Fransaskois Laurier Gareau, est une autre pièce qui refuse la version officielle de la révolte des Métis. Gareau imagine un dialogue entre Gabriel Dumont, l'ami de Riel, et le curé de Batoche, qu'il accuse d'avoir trahi la cause des Métis.

Puisque les théâtres francophones dans l'Ouest sont toujours en train de définir leur spécificité et de développer des auteurs professionnels, il n'est pas étonnant qu'on trouve toujours des drames historiques qui suivent les modèles conventionnels. Ces œuvres font appel à la mémoire collective afin de rendre hommage aux aïeux; elles recréent le passé sans le problématiser. Dans cette veine, le Manitobain Marcien Ferland célèbre la résistance à la fermeture des écoles françaises dans *Les batteux* (1983). La saga familiale, une autre formule de drame historique, semble convenir aux besoins des communautés isolées de l'Ouest de se souvenir des pionniers. Dans *Accorder la rouge* (2000), Rhéal Cenerini raconte l'histoire de la famille d'un coureur des bois venu du Québec et son épouse, fille d'un chef penacheguay, à Saint-Jean-Baptiste, Manitoba, entre 1800 et 1999. *De blé d'Inde et de pissenlits* (1993), de Lorraine Archambault, documente la vie des colons québécois, belges et français en Saskatchewan pendant 50 ans. La note de l'auteure mise en tête de la version publiée explique la fonction mémorielle de ce genre de drame nostalgique. Archambault écrit:

> Ce périple dans l'histoire des francophones de la Saskatchewan se veut un aperçu du «quotidien» des braves gens qui ont contribué au développement de notre province. Plutôt qu'un récit des grands événements qui ont marqué notre histoire, cette œuvre est une randonnée dans le cœur des pionniers et des pionnières d'antan avec escales sur leurs joies, leurs difficultés, leur philosophie, leur sens de l'humour, et surtout sur leur capacité d'adaptation à un nouveau

milieu, une nouvelle culture, un nouveau climat, un nouveau train de vie, quoi[16].

Cette conception du théâtre historique comme forum pour célébrer la vie des gens ordinaires affirme l'identité collective.

Le projet « pour une théâtralité franco-albertaine » entrepris en 1993-1994 et décrit par Roger Parent, David Millar et France Levasseur-Ouimet se basait sur la notion que les traditions orales (contes, légendes et chansons) et la mémoire collective seraient le matériel pour la création d'un corpus théâtral qui exprimerait une identité culturelle régionale. Les histoires orales et récits de vie, selon les ethnologues et les folkloristes, sont importants pour les gens qui n'ont pas une longue tradition de littérature écrite. Le monologue d'André Roy et Claude Binet, *Il était une fois Delmas, Sask... mais pas deux fois!* (1993) est un exemple de ce genre de théâtre narratif. Le comédien raconte l'histoire d'un village francophone depuis sa fondation à la fin du XIXe siècle jusqu'au présent en parallèle avec l'histoire de sa vie. La triste vérité de ce récit, c'est que Delmas n'est plus francophone — il ne reste que quelques vieux Fransaskois. Bien que *Elephant Wake* (1997) de Joey Tremblay et Jonathan Christenson soit écrit en anglais (avec beaucoup de français), ce monologue est aussi l'histoire d'un village francophone en voie de disparition. Même constat en Colombie-Britannique, où *Un one-way* (1999) de Craig Holzschuh et Stephan Cloutier fait un retour dans le passé pour narrer l'histoire de Maillardville, mais revient au présent pour insister sur la précarité de l'identité francophone dans l'Ouest.

Si les récits historiques mènent souvent à la conclusion que le rêve nationaliste d'une Amérique française est mort et que les récits familiaux soulignent le déclin de cette institution sociale, les récits des contes urbains nous rassurent sur la présence des francophones dans l'Ouest. Imitant la formule inventée par

---

[16] Lorraine Archambault, *De blé d'Inde et de pissenlits*, dans Françoise Sigur-Cloutier et Stéphane Côté (dir.), *Le théâtre fransaskois, Recueil de pièces de théâtre*, tome I, Saskatoon, La nouvelle plume, 2006, p. 3 [Pièce montée en 1993].

Le Théâtre Urbi et orbi au début des années 1990, L'Unithéâtre d'Edmonton a monté les *Contes albertains* (2000, 2001) et Le Théâtre La Seizième de Vancouver a produit les *Contes vancouverois* (2004). Yvan Bienvenue, créateur du conte urbain, m'a expliqué l'importance du conte urbain dans le contexte minoritaire :

> Je crois fortement que l'engouement pour la conterie, mais pour le conte urbain en particulier vient de la nécessité de communiquer et de se reconnaître dans l'autre. [...] affirmer sa présence au monde dans son unicité en même temps que de se reconnaître pareil à l'autre. Cet acte de reconnaissance s'exprime en partie dans la réalisation que le lieu qu'on habite et partage fait de nous en tant que collectivité une micro-culture. Un bastion identitaire où l'on partage des mœurs, des us et coutumes, où l'on a des amis et des connaissances communes, où l'on a des références premièrement géographiques, mais surtout humaines. Ce qu'il y a de magique, comme tout part du lieu, cette micro-culture devient vite une micro-culture multiculturelle. [...]
>
> Pour être plus précis en parlant de milieu minoritaire, probablement que pour plusieurs, étant souvent plus accessible que la poésie, le conte urbain en a pris la relève en tant qu'acte de résistance, en tant qu'outil de survivance. Dans la rencontre que les Contes urbains permettent entre les individus, les citoyens, il y a l'application directe du dernier vers du merveilleux *Speak White* de Michèle Lalonde : « Nous savons que nous ne sommes pas seuls ». Parce que plusieurs, dans leur isolement, dans l'effritement de leur collectivité, décimée par la dénatalité et l'assimilation, pourraient en douter, les Contes urbains leur prouvent, sinon leur rappellent qu'ils sont toujours en vie et leur permettent de dire : « Maintenant !, nous savons que nous ne sommes pas seuls[17]. »

Comme nous l'avons constaté, l'évolution du drame historique reflète la transformation de la francophonie canadienne. Le grand rêve d'une Amérique française est mort et ses mythes, légendes, héros et tragédies tombent dans l'oubli. Il faut, comme Paul Dubé

---

[17] Yvan Bienvenue, courriels adressés à l'auteure, 11-12 juin 2007.

nous le rappelle, changer d'histoire pour se ré-identifier[18]. La recréation dramatique du passé caractérisée par le réalisme, le nationalisme et le didactisme est de plus en plus rare à cause de la rupture entre le passé et le présent, de la fragmentation de ce qui était la nation canadienne-française, de la cohabitation des espaces francophones devenus multiculturels, de l'urbanisation et de la modernité des communautés francophones.

---

[18] Paul Dubé, « Pour une nouvelle symbolique francophone. La construction d'une identité interculturelle », dans Jean Morency, Hélène Destrempes, Denise Merkle et Martin Pâquet (dir.), *Des cultures en contact. Visions de l'Amérique du Nord francophone*, Québec, Éditions Nota Bene, 2005, p. 35, citant Albert D'Haenens, « Mémoires collectives et identifications communautaires. La fonction historienne dans l'élaboration de l'à-venir social », *Cahiers du CACEF*, n° 93, 1982, p. 24.

BIBLIOGRAPHIE

Pièces citées

Archambault, Lorraine, *De blé d'Inde et de pissenlits*, dans Françoise Sigur-Cloutier et Stéphane Côté (dir.), *Le théâtre fransaskois, Recueil de pièces de théâtre*, tome I, Saskatoon, La nouvelle plume, 2006, p. 1-58.
Bayer, Charles et E. Parage, *Riel*, Saint-Boniface, Éditions des Plaines, 1984, 71 p.
Beaulieu, Jocelyne *et al.*, *L'incroyable lutte que quelques-unes ont menée pour obtenir le droit de vote pour toutes*, Montréal, VLB éditeur, 1990, 64 p.
Bouchard, Michel Marc, *La contre-nature de Chrysippe Tanguay, écologiste*, Montréal, Leméac, 1984, 70 p.
Bouchard, Michel Marc, *Les feluettes ou la répétition du drame romantique*, Montréal, Leméac, 1987, 125 p.
Bouchard, Michel Marc, *Les muses orphelines*, Montréal, Leméac, 1989, 117 p.
Bouchard, Michel Marc, *La poupée de Pélopia*, Montréal, Leméac, 1985, 83 p.
Boudreau, Jules et Calixte Duguay, *Louis Mailloux*, Moncton, Éditions d'Acadie, 1994, 110 p.
Boudreau, Jules, *Cochu et le soleil*, Moncton, Éditions d'Acadie, 1979, 84 p.
Branch, James Cormier, *L'émigrant acadien : drame social acadien en 3 actes*, Moncton, L'Évangéline, 1929, 36 p.
Branch, James Cormier, *Jusqu'à la mort*, Moncton, L'Évangéline, 1929, 32 p.
Branch, James Cormier, *Vivent nos écoles catholiques, ou La Résistance de Caraquet*, Moncton, L'Évangéline, 1932, 42 p.
Braud, Alexandre, *Subercase ou Les dernières années de la domination française en Acadie*, inédit, 1902, 51 p.
Brunet, Jean-Marc, *La tête à Papineau*, Montréal, Éditions Varia, 1998, 119 p.
Cenerini, Rhéal, *Accorder la Rouge*, inédit, 2000.
Champeau, Nicole V., *Moulinette*, Ottawa, Éditions du Vermillon, 2001, 91 p.
Christenson, Jonathan et Joey Tremblay, *Elephant Wake*, dans Anne Nothof (dir.), *Ethnicities: Plays from the New West*, Edmonton, NeWest Press, 1999, p. 169-198.
Collectif, *Contes albertains*, inédit, 2000-2001.
Collectif, *Contes d'appartenance*, Patrick Leroux (dir.), Sudbury, Prise de Parole, 1999, 70 p.
Collectif, *Contes sudburois*, avec une préface d'André Perrier, Sudbury, Prise de parole, 2001, 69 p.

Collectif, *Contes urbains, Ottawa*, Patrick Leroux (dir.), Ottawa, Le Nordir, 1999, 65 p.
Collectif, *Contes urbains, contes torontois*, Marguerite Andersen (dir.), Toronto, *Virages* 30, 2005, 118 p.
Collectif, *Contes vancouverois*, inédit, 2006.
Conan, Laure [pseudonyme de Félicité Angers], *Si les Canadiennes le voulaient! Aux jours de Maisonneuve*, Montréal, Leméac, 1974, 163 p.
Dalpé, Jean Marc et Brigittte Haentjens, *Hawkesbury blues*, Sudbury, Prise de parole, 1980, 73 p.
Delisle, Jeanne-Mance, *Un reel ben beau, ben triste*, Montréal, Éditions de la pleine lune, 1994 [1980], 156 p.
Dorge, Claude, *Le roitelet*, Saint-Boniface, Éditions du Blé, 1980, 124 p.
Ducharme, Réjean, *Le marquis qui perdit*, inédit, 1969.
Dumas, Patricia, *Fort Rouillé*, inédit, 1984.
Ferland, Marcien, *Les batteux*, Saint-Boniface, Éditions du Blé, 1983, 109 p.
Ferron, Jacques, *Les grands soleils*, Montréal, Éditions d'Orphée, 1958, 180 p.
Gareau, Laurier, *La trahison*, Régina, La nouvelle plume, 1998, 88 p.
Germain, Jean-Claude, *A Canadian play / Une plaie canadienne*, Montréal, VLB éditeur, 1983, 222 p.
Germain, Jean-Claude, *Un pays dont la devise est je m'oublie*, Montréal, VLB éditeur, 1976, 138 p.
Greffard, Madeleine, *Pour toi je changerai le monde*, *La Grande Réplique*, n° 11, 1981, p. 2-69.
Hébert, Anne, *La cage* suivi de *L'île de la demoiselle*, Montréal, Boréal / Seuil, 1990, 246 p.
Herbiet, Jean, *Huit promenades sur les plaines d'Abraham*, Montréal, Éditions Élaeis, 1999, 129 p.
Holzschuh, Craig et Stephan Cloutier, *Un one-way*, inédit, 1999.
Jégo, Jean-Baptiste, *Le drame du peuple acadien*, Paris, Oberthur, 1932, 119 p.
Laberge, Marie, *C'était avant la guerre à L'Anse-à-Gilles*, Montréal, VLB éditeur, 1981, 119 p.
Laberge, Marie, *Ils étaient venus pour…*, Montréal, VLB éditeur, 1981, 139 p.
Lalonde, Michèle, *Derniers recours de Baptiste à Catherine*, Montréal, Leméac, 1977, 137 p.
Legault, Anne, *Conte d'hiver 70*, Montréal, VLB éditeur, 1992, 127 p.
Legault, Anne, *La visite des sauvages ou L'île en forme de tête de vache*, Montréal, VLB éditeur, 1986, 143 p.

Maillet, Antonine, *Évangéline Deusse*, Montréal, Leméac, 1975, 109 p.
Maillet, Antonine, *La Sagouine*, Montréal, Leméac, 1971, 105 p.
Martin, Jacqueline, *Frontenac*, Ottawa, Éditions du Vermillon, 1990, 292 p.
Morin Rossignol, Rino, *Le pique-nique*, Moncton, Éditions Perce-Neige, 2001 [1982], 60 p.
Ouellette, Michel, *Corbeaux en exil*, Hearst, Le Nordir, 1992, 114 p.
Ouellette, Michel, *La dernière fugue* suivi de *Duel* et de *King Edward*, Ottawa, Le Nordir, 1999, 161 p.
Ouellette, Michel, *French Town*, Hearst, Le Nordir, 2000 [1994, 1996], 114 p.
Paiement, André, *Lavalléville: comédie musicale franco-ontarienne*, dans *Les partitions d'une époque. Les pièces d'André Paiement et du Théâtre du Nouvel-Ontario (1971-1976)*, volume II, préface de Joël Beddows, Sudbury, Prise de parole, coll. «Bibliothèque canadienne-française», 2004, p. 21-146.
Paiement, André, *Moé j'viens du Nord, 'stie*, dans *Les partitions d'une époque. Les pièces d'André Paiement et du Théâtre du Nouvel-Ontario (1971-1976)*, volume I, préface de Joël Beddows, Sudbury, Prise de parole, coll. «Bibliothèque canadienne-française», 2004, p. 27-74.
Petitjean, Léon et Henri Rollin, *Aurore, l'enfant martyre*, préface d'Alonzo Leblanc, Montréal, VLB éditeur, 1982, 273 p.
Poirier, Pascal, *Les Acadiens à Philadelphie*, suivi de *Accordailles de Gabriel et d'Évangéline*, texte établi et annoté par Judith Perron, Moncton, Éditions d'Acadie, 1998, 128 p
Roussin, Claude, *Marche, Laura Secord!*, Montréal, L'Aurore, 1975, 136 p.
Roy, André et Claude Binet, *Il était une fois, Delmas, Sask... mais pas deux fois!*, dans Françoise Sigur-Cloutier et Stéphane Côté (dir.), *Le théâtre fransaskois, Recueil de pièces de théâtre*, tome 2, Régina, La nouvelle plume, 2006, p. 135-150.
Sioui Durand, Yves, *Le porteur des peines du monde*, Montréal, Leméac, 1992, 61 p.
Sioui Durand, Yves, *La conquête de Mexico*, Montréal, Trait d'union, 2001, 199 p.
Théâtre d'la Corvée et Théâtre de La Vieille 17, *La parole et la loi* suivi de *Les murs de nos villages*, Sudbury, Prise de parole, coll. «Bibliothèque canadienne-française», 2007 [1980 et 1983], 322 p.
Tremblay, Michel, *À toi, pour toujours, ta Marie-Lou*, Montréal, Leméac, 1971, 94 p.
Tremblay, Michel, *Albertine en cinq temps*, Montréal, Leméac, 1984, 103 p.

Tremblay, Michel, *Bonjour, là, bonjour!*, Montréal, Leméac, 1974, 111 p.
Tremblay, Michel, *Damnée Manon, sacrée Sandra* suivi de *Surprise! Surprise!*, Montréal, Leméac, 1977, 125 p.
Tremblay, Michel, *Hosanna* suivi de *La duchesse de Langeais*, Montréal, Leméac, 1973, 106 p.
Tremblay, Michel, *La maison suspendue*, Montréal, Leméac, 1990, 109 p.
Tremblay, Michel, *Sainte-Carmen de la Main*, Montréal, Leméac, 1976, 88 p.
Trudel, Sylvie, *Porquis Junction ou des rêves perdus dans le nowhere*, Sudbury, Prise de parole, 1980, 51 p.

Ouvrages consultés

Banu, Georges, « De l'histoire vers la mémoire… », *L'annuaire théâtral*, n°s 5-6, 1989, p. 29-35.
Beauchamp, Hélène et Joël Beddows (dir.), *Les théâtres professionnels du Canada francophone. Entre mémoire et rupture*, Ottawa, Le Nordir, 2001, 302 p.
Beliveau, George, « Exploring the Acadian Expulsion Using Drama-based Teaching », *Port Acadie*, n° 5, 2004, p. 25-38.
Bernard, Roger, *De Québécois à Ontarois*, Ottawa, Le Nordir, 1996, 179 p.
Bourque, Denis, « Théâtre de libération et théâtre carnavalisé : quelques réflexions sur l'évolution et la carnavalisation du théâtre acadien », dans Denis Bourque et Anne Brown (dir.), *Les littératures d'expression française d'Amérique du Nord et le carnavalesque*, Moncton, Éditions d'Acadie, 1998, p. 91-116.
Chiasson, Zénon, « Fragments d'identité du / dans le théâtre acadien contemporain (1960-1991) », *Studies in Canadian Literature*, vol. 17, n° 2, 1992, p. 61-69.
Chiasson, Zénon, « Itinéraire d'un parcours difficile ou l'émergence d'une dramaturgie acadienne », *Dalhousie French Studies*, n° 15, 1988, p. 69-82.
Chiasson, Zénon, « Théâtre, histoire, mémoire », dans Raoul Boudreau, Anne Marie Robichaud, Zénon Chiasson et Pierre Gérin (dir.), *Mélanges Marguerite Maillet*, Moncton, Éditions d'Acadie, 1996, p. 119-131.
Clarke, P. D., « "Sur l'empremier", ou récit et mémoire en Acadie », dans Jocelyn Létourneau et Roger Bernard (dir.), *La question identitaire au Canada francophone. Récits, parcours, enjeux, hors-lieux*, Sainte-Foy, Presses de l'Université Laval, 1994, p. 3-44.
David, L. O., « L'avenir du théâtre canadien », *L'annuaire théâtral*, Montréal, G. H. Roberts, 1908-1909. Cité par Jacques Cotnam, *Le théâtre québécois : instrument de contestation politique et sociale*, Montréal, Fides, 1976, p. 46.

D'Haenens, Albert, « Mémoires collectives et identifications communautaires. La fonction historienne dans l'élaboration de l'à-venir social », *Cahiers du CACEF*, n° 93, 1982, p. 19-30.

Doucette, Leonard E., *The Drama of Our Past: Major Plays from Nineteenth-Century Quebec*, Toronto, University of Toronto Press, 1997, 327 p.

Dubé, Paul, « Je est un autre... et l'autre est moi. Essai sur l'identité franco-albertaine », dans Jocelyn Létourneau et Roger Bernard (dir.), *La question identitaire au Canada francophone. Récits, parcours, enjeux, hors-lieux*, Sainte-Foy, Presses de l'Université Laval, 1994, p. 79-100.

Dubé, Paul, « Pour une nouvelle symbolique francophone. La construction d'une identité interculturelle », dans Jean Morency, Hélène Destrempes, Denise Merkle et Martin Pâquet (dir.), *Des cultures en contact. Visions de l'Amérique du Nord francophone*, Québec, Nota Bene, 2005, p. 33-47.

Duval, Étienne-F., *Anthologie thématique du théâtre québécois au XIXe siècle*, Montréal, Leméac, 1978, 462 p.

Filewod, Alan, *Performing Canada. The Nation Enacted in the Imagined Theatre. Textual Studies in Canada*, Kamloops, University College of the Cariboo Print Services, 2002, 120 p.

Hébert, Raymond-F., « Essai sur l'identité franco-manitobaine », dans Jocelyn Létourneau et Roger Bernard (dir.), *La question identitaire au Canada francophone. Récits, parcours, enjeux, hors-lieux*, Sainte-Foy, Presses de l'Université Laval, 1994, p. 63-78.

Joubert, Ingrid, « Current Trends in Franco-Manitoban Theatre », *Prairie Fire*, vol. 11, n° 1, printemps 1990, p. 118-128.

Joubert, Ingrid, « Le passé a-t-il de l'avenir devant lui ? Bilan du théâtre francophone de l'Ouest », *Theatre Research International*, vol. 21, n° 3, 1996, p. 208-218.

Legris, Renée *et al.*, *Le théâtre au Québec, 1825-1980 : repères et perspectives*, Montréal, VLB éditeur, 1988, 205 p.

Leroux, Louis Patrick, « A Nation of Distinct Selves : From Collective Identity to the Individual in Québec Drama », *Canadian Theatre Review*, n° 125, hiver 2006, p. 62-68.

Létourneau, Jocelyn, « Présentation », dans Jocelyn Létourneau et Roger Bernard (dir.), *La question identitaire au Canada francophone. Récits, parcours, enjeux, hors-lieux*, Sainte-Foy, Presses de l'Université Laval, 1994, p. vii-xvii.

Levasseur-Ouimet, France et Roger Parent, « Un désir d'autonomie artistique et un besoin d'identité culturelle ; l'enjeu du théâtre d'expression française en Alberta », dans Hélène Beauchamp et Joël Beddows (dir.), *Les théâtres professionnels du Canada francophone. Entre mémoire et rupture*, Ottawa, Le Nordir, 2001, p. 153-172.

Lindenberger, Herbert, *Historical Drama. The Relation of Literature and Reality*, Chicago, University of Chicago Press, 1975, 194 p.

Lonergan, David, *La création à cœur. L'histoire du théâtre l'Escaouette*, Tracadie-Sheila, Éditions de la Grande Marée, 2000, 48 p.

Lonergan, David, « L'émergence du théâtre professionnel en Acadie : le Théâtre populaire d'Acadie et le théâtre l'Escaouette », dans Hélène Beauchamp et Joël Beddows (dir.), *Les théâtres professionnels du Canada francophone. Entre mémoire et rupture*, Ottawa, Le Nordir, 2001, p. 27-48.

Maillet, Marguerite, *Histoire de la littérature acadienne. De rêve en rêve*, Moncton, Éditions d'Acadie, 1983, 262 p.

Moe, Christian H., Scott J. Parker et George McCalmon, *Creating Historical Drama: A Guide for Communities, Theatre Groups, and Playwrights*, 2ᵉ édition, préface de Romulus Linney, Carbondale, Southern Illinois University Press, 2005, 318 p.

Moss, Jane, « "All in the Family" : Quebec Family Drama in the 1980s », *Journal of Canadian Studies*, vol. 27, n° 2, été 1992, p. 97-106.

Moss, Jane, « The Drama of Identity in Canada's Francophone West », *American Review of Canadian Studies*, vol. 34, n° 1, printemps 2004, p. 81-97.

Moss, Jane, « Drama of Survival : Staging Post-Traumatic Memory in Plays by Lebanese-Québécois Dramatists », *Theatre Research in Canada*, vol. 22, n° 2, 2001, p. 173-189.

Moss, Jane, « Immigrant Drama in Quebec : Traumatic Departures, Unsettling Arrivals », dans Susan Ireland et Patrice Proulx (dir.), *Textualizing the Immigrant Experience in Contemporary Quebec*, Westport, Connecticut, Greenwood Press, 2004, p. 65-81.

Moss, Jane, « Multiculturalism and Postmodern Theater : Staging Québec's Otherness », *Mosaic*, vol. 29, n° 3, 1996, p. 75-96.

Moss, Jane, « Passionate Post-Mortems : Couples Plays by Quebec Women Dramatists », dans Roseanna Lewis Dufault et Paula R. Gilbert (dir.), *Doing Gender : Franco-Canadian Women Writers of the 1990s*, Livingston, New Jersey, Fairleigh Dickinson University Press, 2001, p. 108-129.

Moss, Jane, « Playing with the Past : Quebec Historical Plays from the Quiet Revolution to the Referendum », *French Review*, vol. 63, n° 2, 1989, p. 337-346.

Moss, Jane, « Les théâtres francophones en Amérique du Nord, » dans Jean Morency, Hélène Descrempes, Denise Merkle et Martin Pâquet (dir.), *Des cultures en contact : visions de l'Amérique francophone*, Québec, Nota Bene, 2005, p. 393- 409.

Moss, Jane, « Les théâtres postidentitaires : état des lieux », *Canadian Literature*, n° 187, 2005, p. 57-71.

Moss, Jane, «Women, History, and Theatre in Quebec», *French Review*, vol. 67, n° 6, mai 1994, p. 974-984.

Nichols, Glen, «Bard of Acadie: The Theatre of Herménégilde Chiasson», *Port d'Acadie*, n° 2, 2001, p. 25-42.

Nichols, Glen, «Le miroir refait. L'affirmation de la culture acadienne dans les pièces d'Herménégilde Chiasson», dans Hélène Beauchamp et Joël Beddows (dir.), *Les théâtres professionnels du Canada francophone. Entre mémoire et rupture*, Ottawa, Le Nordir, 2001, p. 237-256.

Parent, Roger, «Récit, jeu et théâtralité: texte et métatextes», *Canadian Review of Comparative Literature*, vol. 23, n° 2, 1996, p. 323-340.

Parent, Roger, «Théâtre et identité I: Deux approches au théâtre professionnel régional», *Theatre Research in Canada*, vol. 23, n°s 1-2, 2002, p. 19-48.

Parent, Roger, «Théâtre et identité II: Les modalités de l'Échange», *Theatre Research in Canada*, vol. 23, n°s 1-2, 2002, p. 49-81.

Parent, Roger et David Millar, «Histoire orale et création dramatique: stratégies nouvelles en milieu minoritaire», *Cahiers franco-canadiens de l'Ouest*, vol. 6, n° 2, automne 1994, p. 247-272.

Parent, Roger et David Millar, «"Pour une théâtralité franco-albertaine": survol et genèse», *Cahiers franco-canadiens de l'Ouest*, vol. 6, n° 1, printemps 1994, p. 27-46.

Parent, Roger et David Millar, «Tradition, oralité et création théâtrale», *Francophonies d'Amérique*, n° 5, 1995, p. 121-130.

Perron, Judith, «L'histoire carnavalisée dans le théâtre d'Antonine Maillet», dans Denis Bourque et Anne Brown (dir.), *Les littératures d'expression française d'Amérique du Nord et le carnavalesque*, Moncton, Éditions d'Acadie, 1998, p. 49-74.

Rokem, Freddie, *Performing History. Theatrical Representations of the Past in Contemporary Theatre*, Iowa City, University of Iowa Press, 2000, 241 p.

Runte, Hans R., *Writing Acadia. The Emergence of Acadian Literature 1970-1990*, Amsterdam / Atlanta, Rodopi, 1997, p. 58-76.

Tompkins, Joanne, «Canadian Theatre and Monuments: memorializing and countermemorializing in *The Death of General Wolfe, Angélique* and *Sled*», *Canadian Theatre Review*, n° 115, été 2003, p. 5-11.

Wikander, Matthew H., *The Play of Truth and State. Historical Drama from Shakespeare to Brecht*, Baltimore, Johns Hopkins University Press, 1986, 287 p.

ENJEUX IDENTITAIRES
DANS LA DRAMATURGIE
FRANCO-MANITOBAINE CONTEMPORAINE

LISE GABOURY-DIALLO
COLLÈGE UNIVERSITAIRE DE SAINT-BONIFACE

Depuis sa création en 1925, le Cercle Molière joue un rôle primordial au sein de la communauté franco-manitobaine en cherchant à promouvoir le théâtre francophone, et ce, dans un milieu majoritairement anglophone. De plus, cette compagnie de théâtre, la plus ancienne au Canada, s'est également donné comme mandat de tenir compte du rôle éducatif du théâtre, qui, comme l'affirme Louise Ladouceur[1], demeure un lieu privilégié d'affirmation et de résistance culturelles pour les francophones du Canada. Nous poserons, dans un premier temps, quelques jalons historiques afin d'illustrer comment l'art dramatique, qui repose comme on le sait sur les principes de la *mimesis* et la dynamique de la *catharsis*, a évolué au fil des ans. Puis, dans un deuxième temps, nous montrerons qu'au Manitoba français ce sera surtout à la suite de la création de *Je m'en vais à Régina*[2], que le drame

---

[1] Louise Ladouceur, *Making the Scene. La traduction du théâtre d'une langue officielle à l'autre au Canada*, Québec, Nota bene, 2005, 281 p.

[2] Roger Auger, *Je m'en vais à Régina*, préface de Jacques Godbout, Montréal, Leméac, 1976, 83 p.

de l'aliénation linguistique ou culturelle constituera une source inépuisable de sujets pertinents pour de futurs dramaturges. Certains auteurs franco-manitobains contemporains, tels Roger Auger, Claude Dorge, Irène Mahé, Marc Prescott et Glenn Joyal, abordent deux thèmes connexes: les enjeux identitaires soulevés par la question de la qualité de la langue parlée par une minorité constamment menacée par l'assimilation, ainsi que la problématique socioculturelle de la représentation de l'identité et de l'altérité. Nous tenterons enfin de mesurer l'impact de la réception critique à cette dramatisation de questions de survie linguistique ou culturelle, afin de mieux cerner la contribution récente du théâtre au débat sur la langue et la culture en milieu minoritaire au Canada français.

Quelques jalons: un théâtre en évolution constante

On joue du théâtre au Manitoba français depuis très longtemps. Toutefois, on en écrit depuis relativement peu de temps, les premières pièces étant créées dans les années 1960, dont *Confucius* de Jacques Ouvrard (1962) et *Les projecteurs* de Guy Gauthier (1965). Ces créations illustrent parfaitement la dualité qui marque la production locale: du genre soit traditionnel pour la première, soit innovateur, voire postmoderne, pour la seconde. Il faudra attendre les années 1970, le début de ce que nous avons appelé notre «évolution tranquille», pour voir un effort soutenu de la part des dramaturges franco-manitobains et, comme l'ont déjà signalé les critiques[3], la création dite «classique», comme celle de Marcien Ferland par exemple, qui exploitera le passé pour rappeler et valoriser une Histoire méconnue. La production de ces œuvres, souligne Ingrid Joubert, devient en soi un événement spectaculaire cathartique pour la communauté, car ces drames combinant morale, politique et fierté culturelle permettent aux spectateurs de se remémorer et de célébrer un pan de leur passé. Cette dramaturgie, tournée vers la mythification du passé et qui cherche de

---

[3] On pourrait lire, par exemple, les analyses de Jane Moss, Ingrid Joubert ou Annette Saint-Pierre.

façon explicite à revitaliser ou à valider le sens communautaire et identitaire, n'est pas celle qui nous intéresse aujourd'hui. Ce sera plutôt celle qui s'ancre dans une contemporanéité, plus ou moins réaliste, qui sera l'objet de cette étude. Dans le bref tableau récapitulatif qui se trouve en annexe, les œuvres franco-manitobaines sont présentées en ordre chronologique, selon leur date de production et/ou de publication. D'autres auteurs[4] créent en français au Manitoba. Cependant, nous n'avons retenu que certains auteurs parce que nous voyons une évolution très nette entre leur premier texte et les suivants et que les thèmes liés aux enjeux identitaires y sont, à quelques exceptions près, très manifestes. Cette écriture qui interroge le présent se trouve dans les œuvres de Roger Auger, les coauteurs Claude Dorge et Irène Mahé, ainsi que Marc Prescott.

C'est l'incontournable œuvre maîtresse de Roger Auger, *Je m'en vais à Régina*, qui constitue un point de démarrage important pour la dramaturgie franco-manitobaine, puisqu'elle est la première à traiter d'une famille franco-manitobaine aux prises avec la menace de l'assimilation linguistique et culturelle, la lutte des classes et à la vie en contexte minoritaire. J. R. Léveillé rappelle d'ailleurs comment, pour le directeur artistique Roland Mahé : « la "première véritable pièce franco-manitobaine", *Je m'en vais à Régina* [représente] "une tranche tellement importante de notre théâtralité ici, de notre aventure théâtrale moderne au Manitoba et au Cercle Molière. [...] On voyait ce que c'était de vivre dans un milieu minoritaire[5]". »

Chacun des auteurs étudiés pose sciemment un geste politique : son premier texte est un cri du cœur viscéral puisqu'il attaque et critique, parfois avec ironie, l'ennemi, qui plus souvent qu'autrement est nul autre que soi. Roger Auger est le premier à pousser ses spectateurs à la réflexion lorsqu'il rédige *Je m'en vais à Régina*. Les

---

[4] On pense à l'œuvre de Marcien Ferland, de Rhéal Cenerini ou de Jean-Pierre Dubé, pour ne citer que ces derniers.

[5] J. R. Léveillé, « Petite histoire de la modernité du théâtre franco-manitobain », *Parade ou les autres*, Saint-Boniface, Éditions du Blé, 2005, p. 245.

Franco-Manitobains s'identifient aux comédiens et le dramaturge les pousse à s'interroger. Chacun doit se demander si en fin de compte il n'est pas tout simplement en train d'abandonner son héritage en voulant se fondre à la majorité. Le protagoniste Bernard déclare, un peu pour aiguillonner son entourage, mais aussi pour exprimer sa grande inquiétude : « On est en train de se faire assimiler à tous les jours. Si on se bat [pas] pour nos droits, il y en plus un de nous autres qui va parler français dans dix ans[6]. » Quelques années plus tard, le duo Dorge et Mahé propose à son tour une pièce polémique avec *Les Tremblay*; les auteurs reviennent à la charge et, de façon indirecte, ils demandent encore à leur public s'il n'est pas en train de vendre son âme.

> François : Tu trouves pas ça important, l'enseignement du français ?
> Raymond : C'est un problème économique. Quand t'as l'argent derrière toi, tu peux dire au monde ce qu'ils vont parler. Écoute. C'est pas à cause du français que je suis vice-président « in charge of sales », région Ouest. [...]
> Claire Tremblay (femme de Raymond) : Toi, tes priorités se situent toutes à la même place. C'est à cause de francophones comme toi qui s'en foutent qu'on se fait assimiler[7].

Quant à Prescott, il rappelle la fierté identitaire de la jeune protagoniste, pour ensuite souligner, dans *Sex, lies et les Franco-Manitobains*, la dichotomie fondamentale entre les assimilés et les autres :

> Lui : Oh ! Scuse-moi, perdon ! Comme ça, « Madame » fait partie de l'élite franco-manitobaine ? Bravo. Tu dois être fière de toé en sacrament !
> Elle : Oui. Je suis fière. Fière de ma langue. Je suis fière d'être francophone pis je suis fière de ma culture. [...]
> Lui : Franchement, je trouve que les Franco-Manitobains, surtout l'élite culturelle, c'est rien qu'une maudite gang d'hypocrites qui ont créé une hiérarchie pour discriminer contre tous les gens qui sont

---

[6] Roger Auger, *Je m'en vais à Régina*. Il s'agit de la nouvelle édition, corrigée, publiée à Saint-Boniface, Éditions du Blé, 2007, p. 47.

[7] Irène Mahé et Claude Dorge, *Les Tremblay*, scène 4, texte non publié.

> pas comme eux autres. [...] Tu veux une définition de « vrais de vrais Franco-Manitobains ? » Les « vrais de vrais », c'est le monde qui travaille au Collège, à Radio-Tralal, au Centre Culturel ou dans une des associations de la francofolie. Eux autres, c'est la crème de la crème — l'élite culturelle. Y parlent ben le français pis y poussent fort pour la culture[8].

Bref, chacun de ces auteurs semble brandir haut le flambeau pour signaler le fait que la minorité francophone risque d'être assimilée, qu'elle serait en voie de disparition.

Toutefois, le point tournant dans la carrière d'un auteur, c'est certainement la possibilité de récidiver, de recréer le même succès, de maintenir un certain élan créatif pour tenter de récolter à nouveau des acclamations avec les productions ultérieures. Ce qui se passe après une réception qui accorde la célébrité sinon la notoriété à un dramaturge devient alors capital. Et, malgré les prévisions pessimistes dans la préface provocatrice de Godbout dans la première édition (Leméac), où il est question de « génocide culturel que les subventions du Secrétariat d'État à Ottawa ne peuvent empêcher ni masquer[9] », les dramaturges continuent à écrire et à produire des textes.

Auger a également écrit deux autres pièces pour adultes après *Je m'en vais à Régina*, c'est-à-dire *John's Lunch* et *V'là Vermette!*[10]. Dorge et Mahé, quant à eux, ont enchaîné avec deux suites à leur premier drame, pour créer ce qui deviendra une série : *Les Tremblay II* et *Les Tremblay III. Noël en famille*. À son tour, Prescott continue de proposer de nouvelles pièces, dont *Big, Bullshit / Poissons, Encore, L'année du Big Mac* et, plus récemment, *Fort Mac*.

Notons, avant de procéder, que ces auteurs écrivent de nouvelles pièces et, dans la plupart des cas, optent désormais pour

---

[8] Marc Prescott, *Big!, Bullshit, Sex, Lies et les Franco-Manitobains*, Saint-Boniface, Éditions du Blé, coll. « Rouge », 2001, p. 45-47.
[9] Roger Auger, *op. cit.*, p. x.
[10] Auger écrit un texte pour enfants et il propose deux adaptations théâtrales inédites : *L'extase de Rita Joe* et *Séraphin Poudrier*, cette dernière pièce étant basée sur *Les belles histoires des pays d'en-haut*.

un français vernaculaire, ce *franglais* ou *frenglish* rappelant le joual québécois ou le chiac acadien. Auger le premier se sert de cette langue populaire et, pour la linguiste Sandrine Hallion Bres, cette transcription d'une langue parlée permet aux Franco-Manitobains de se reconnaître, chaque comédien pouvant « "se dire" dans sa langue, ses langues, ses variétés de langue [...] traversée par les emprunts à l'anglais et les alternances codiques[11] ». Il y a, dans le choix d'afficher un type d'oralité chez Auger, mais aussi chez Dorge, Mahé et Prescott, une conscience que cette langue, avec ses particularités sur les plans de l'accent et du vocabulaire, véhicule plus que des mots. En effet, elle sera investie, comme le dit Ladouceur, d'« un excédant identitaire, [d]'un surplus d'identité qui ne veut pas se taire. [...], et cette langue avec son accent particulier n'est désormais plus », selon elle, « un choix, c'est une condition[12] ».

Le drame de l'aliénation linguistique et culturelle

Une fois que Roger Auger a mis le doigt sur le pouls de sa population, une fois qu'il a projeté une lumière crue sur le problème de l'aliénation linguistique et culturelle dans sa première et plus célèbre pièce, quel thème abordera-t-il? Ou, comme le dirait un de ses personnages, *what next?* Auger continue à aborder la thématique de l'identité dans ses deux pièces subséquentes, mais il le fait tout en douceur, sans pour autant aliéner son auditoire et sans tomber dans de simples redites.

Dans *John's Lunch*, « une comédie imbue d'amertume[13] », Auger aborde autrement la question de l'identité. Ed a hérité le restaurant de son père sur le boulevard Provencher, et son fils l'avocat voudrait qu'il vende aux riches banquiers anglophones pour s'assurer une belle retraite. Toutefois, pour Ed, cette fermeture imminente

---

[11] Sandrine Hallion Bres, « *Sex, lies et les Franco-Manitobains* (1993) de Marc Prescott : la minorité franco-manitobaine sous les feux de la rampe », dans Patrice Brasseur et Madelena Gonzalez (dir.), *Théâtre des minorités. Mises en scène de la marge à l'époque contemporaine*, Paris, L'Harmattan, 2008, p. 19.
[12] Louise Ladouceur, *op. cit.*, p. 274.
[13] J. R. Léveillé, *op. cit.*, p. 349.

symbolise la disparition d'une partie de son héritage et surtout la perte d'une tradition dans la communauté. Nous voyons dès lors poindre à l'horizon la lutte intergénérationnelle, deux visions de l'avenir qui se confrontent. Avec cette pièce, Auger réussit à montrer comment la nostalgie peut freiner l'élan des jeunes, mais aussi comment l'insouciance de ces derniers met en péril la spécificité même de leur communauté culturelle. Il peint avec humour et doigté ce que Madeleine Bernier décrit comme «*an acidulous picture of life in the francophone community*[14]».

Dans la première pièce d'Auger, Bernard est un protagoniste engagé. Il exprime clairement sa frustration et sa révolte face à ce qu'il considère être un laisser-aller suicidaire de sa communauté. Il s'identifie continuellement avec le Québec et la France, lisant par exemple Vian, qu'il trouve «au bout[15]», et fréquentant son ami français Claude Toulemont. Cependant, dans sa deuxième pièce, cette relation d'admiration avec la France et le Québec subit un revirement explicite et illustre une forme de «désidentification» progressive d'avec ces bastions historiques de la francophonie. Ce phénomène n'est qu'un écho, très similaire par ailleurs, à celui connu au Québec, où la France et ses ressortissants sont parfois mal vus, et ce, à cause de sentiments d'exclusion, de marginalisation à cause d'une provincialité d'un second ordre (dans le sens où le statut du Québécois est sans cesse à renégocier dans la tension réelle qui oppose souvent le centre et la périphérie). Dans le deuxième texte d'Auger, on ne se méfie plus que des anglophones et des autres étrangers, mais on critique les francophones venus d'ailleurs, et parfois de façon directe, parce qu'ils ne comprennent pas du tout la minorité franco-manitobaine. Au début de *John's Lunch*, le Québécois Capitaine est l'ami de Réal mais, au fur et à mesure que la pièce progresse, nous découvrons qu'il n'est qu'un vulgaire coureur de jupons. Il drague toutes les filles du bar et tente d'usurper jusqu'aux chansons créées par son ami :

---

[14] Cité dans Léveillé, *ibid*, p. 349.
[15] Roger Auger, *Suite manitobaine, op. cit.*, p. 30.

> Capitaine : J'ai essayé d'enligner ma petite antiquité en or. Viens ma petite Venus Milano, viens avec ton petit Capitaine. (*Il prend la chanson. Il chante.*) [...]
> Réal, *lui arrache la feuille des mains* : Donne-moi ça ! Maudit moqueur. Maudit bâtard de Québécois. Mêle-toi donc de ce qui te regarde[16].

Ainsi, le Québec, et à plus forte raison la France, et leurs ressortissants respectifs, appartiennent à un autre univers, complètement inaccessible aux personnages de *John's Lunch*. Roger Auger opte pour une fin heureuse à son drame sentimental, puisque le plus jeune fils prend la relève, et, comme l'explique Cansino : « *beyond his plot and symbolism, family and community ties emerge as a lifeline, rich, warm, forgiving and gentle even*[17] ».

Au début de *V'là Vermette*, qui prend selon Léveillé « des apparences plus intimes de comédie mélodramatique[18] », Auger lui-même insiste que c'est le « même message [c'est-à-dire l'assimilation] mais présenté d'une façon moins sérieuse[19] ». Le protagoniste revient d'un voyage à Vancouver et, à la fin de la comédie, projette d'entreprendre un séjour dans l'Est, tout en se lamentant du fait que Montréal n'est plus comme auparavant. Or, l'évolution de cette ville cosmopolite est plutôt perçue comme un déclin, symbolisé ici par la disparition de Marguerite, qu'un Vermette nostalgique avait autrefois cherché à retrouver partout à Montréal, mais sans succès. Ce sera une simple destination touristique, après Toronto et Ottawa, et on apprend qu'il sent qu'il a plus d'affinités avec les francophones minoritaires de Moose Jaw, bien représentés par sa nouvelle conquête amoureuse Dotty, alias Dorothée. Vermette raconte ainsi ses amours avec la Québécoise Marguerite :

> Vermette : [...] Moi je t'aimais. Puis toi, tu m'as regardé droit dans les yeux : « Je t'aimerai pour toujours toi Joseph Vermette. » « Moi itou Marguerite Ferland », que je t'avais répondu.

---

[16] *Ibid*, p. 175.
[17] J. R. Léveillé, *op. cit.*, p. 350.
[18] *Ibid.*, p. 352.
[19] Bernard Boquel, « Un ton différent », *La Liberté*, 11 mai 1978.

> Mais tes parents ont tout appris de nous autres comme de raison. Un beau jour cet automne-là vous êtes retournés dans la province de Québec. J'avais mal au cœur comme si on me l'avait arraché. Moi je suis parti pour te retrouver. Je t'ai cherchée partout dans Montréal. Mais je t'ai jamais revue Marguerite. Je t'ai jamais revue. C'était bien vite la guerre. Je suis revenu dans l'Ouest[20].

En fin de compte, la réplique qui clôt le drame nous révèle que le vieil homme préfère tout simplement rester chez lui. « Vermette : Ouais, bien, je crois bien que l'année prochaine on prendra pas de vacances. On va rester à la maison pour faire un changement[21] ! »

Dans la série des *Tremblay*, dont le format est calqué sur les *soaps* ou téléfeuilletons, les auteurs exploitent les mêmes trames dramatiques abordés dans la première pièce et en développent de nouvelles. À la suite des problèmes de couple entre Claire et Raymond Tremblay, le fils révolté part pour aller vivre à Montréal avec sa sœur Yolande. Dans *Tremblay II*, comme le signale Jane Moss, la famille ne semble plus terriblement préoccupée par les menaces d'assimilation[22]. Toutefois, comme elle le précise à propos de la première pièce de la série, les auteurs soulignent déjà comment les Québécois n'ont qu'une connaissance limitée, pour ne pas dire folklorique, de l'Ouest francophone. La Québécoise Éloïse déclare innocemment : « Je ne savais pas qu'il y avait tant de francophones dans l'Ouest[23] ».

Dans *Les Tremblay II*, ce même phénomène sera accentué. On décrie d'abord l'incompréhension des Québécois qui se prennent pour d'autres et qui agissent avec un certain mépris et une certaine suffisance, et ce, même s'ils ne comprennent pas toujours quelle est la réalité des minorités franco-canadiennes de l'Ouest. On déplore le fait que l'identité du minoritaire sous-entend toujours un statut d'inférieur. Louise, l'invitée québécoise, s'adresse à son

---

[20] Roger Auger, *Suite manitobaine, op. cit.*, p. 344.
[21] *Ibid.*, p. 345.
[22] Jane Moss, « The Drama of Identity in Canada's Francophone West », *American Review of Canadian Studies*, vol. 34, n° 1, printemps 2004, p. 87.
[23] Claude Dorge et Irène Mahé, *Les Tremblay*, scène 10, texte non publié.

compatriote Jean-Luc, qui, lui, est venu dans l'Ouest en voyageant par autobus.

> Louise : J'aime donc pas ça l'autobus.
> Raymond (*à Jean-Luc*) : Comme tous les Québécois.
> François (*un ami franco-manitobain*) : On s'y fait.
> Louise : C'est *plate* entre Montréal puis ici. Tout ce qu'on voit c'est des sapins puis des roches[24].

De plus, on se moque, gentiment il est vrai, du fait que le Québécois Jean-Luc ne comprend pas l'anglais. Alors que le fils des Tremblay, Yvon, taquine le Québécois, Mme Tremblay intervient :

> Jean-Luc : Y m'niaisait, madame Tremblay.
> Yvon Tremblay : Niaiser ? C'est fin. J'y donnais sa première leçon d'anglais.
> Claire Tremblay : Moi qui me battais pour les écoles françaises, puis en plein salon, on donne des leçons d'anglais...[25]

Plus tard, la mère se lamente du fait que son fils Yvon s'exprime si souvent en anglais, ce à quoi il rétorque :

> Yvon : J'suis qui je suis, puis si vous pouvez pas m'accepter tel quel, *that's your tough luck.*
> Claire : On pourrait te répondre la même chose.
> Raymond Tremblay : C'est à Montréal que t'as appris à bouder de même ?
> Yvon : *Get off my case*[26] !

Enfin, comble du malheur, on fait valoir le fait que l'ami d'Yvon, le jeune Jean-Luc, qui est perçu au début par les parents d'Yvon comme le fils qu'ils auraient aimé avoir, n'est à leurs yeux finalement qu'« un dépravé », puisque ce dernier révèle à la fin de la pièce qu'il a des tendances homosexuelles... Donc, pour les parents Tremblay, il appert que ni le Québec ni la France ne

---

[24] Claude Dorge et Irène Mahé, *Les Tremblay II*, Acte 1, scène 5, texte non publié. Nous soulignons.
[25] *Ibid.*, Acte 1, scène 2.
[26] *Ibid.*, Acte II, scène 11.

représentent des points d'ancrage identitaire clairs. Certes les Franco-Manitobains restent fidèles à leur patrimoine linguistique et culturel, mais les communautés francophones dans l'Ouest canadien ont évolué au fil des ans.

On arrive au même constat évident, avec la première pièce de Prescott, *Sex, lies et les Franco-Manitobains*. Mais, une fois cette pièce écrite et mise en scène, quels sujets préoccuperont l'auteur et comment seront-ils exploités dans ses pièces subséquentes? Dans *Fort Mac*, sa dernière pièce, il abordera à nouveau la question identitaire. Il réussit encore à innover et à scandaliser quelque peu son public, car le thème y est abordé tout autrement. Grâce à son écriture, où les dialogues riches et nuancés révèlent toujours sa verve humoristique, souvent acerbe, Prescott met en scène des Québécois, Jaypee et Mimi, ignorants de l'existence des Franco-Albertains, dont le jeune Maurice:

> Maurice: Je suis pas Québécois.
> Jaypee: Ah, non?
> Maurice: Non.
> Mimi: Pourtant… T'a pas l'accent acadien.
> Maurice: Non. Je suis un gars d'icitte.
> Jaypee: De Fort Mac [Fort McMurray]?
> Maurice: Non, de Plamondon.
> Jaypee: Plamondon? C'est où, ça?
> Maurice: À une coupe d'heures au sud.
> Jaypee: Pis tu parles français?
> Maurice: C'est pas ça que je fais?
> Jaypee: Oui, mais…
> Mimi: Je pensais pas qu'il y avait des francophones qui vivaient ici[27].

Quant au jeune Maurice, lui, il est parfaitement bilingue, fier et confiant dans son être. Au contact de ces «immigrants socio-économiques», il s'étonne de leur manque de connaissances sur les minorités francophones de l'Ouest. Ainsi, au lieu de se moquer

---

[27] Marc Prescott, *Fort Mac*, Saint-Boniface, Éditions du Blé, 2009, p 19.

des Franco-Manitobains comme il l'a fait dans sa première pièce, Prescott tourne sa loupe pour scruter l'Autre.

Il est important de noter que, dans *Fort Mac*, Prescott choisit d'une part de faire parler les Québécois avec un accent, représentatif selon l'auteur[28] du français vernaculaire de l'île de Montréal. L'auteur décide, d'autre part, et ce, afin d'éviter de tomber dans un piège qu'il qualifie de «dangereux[29]», de donner à Maurice un français plutôt correct, pour que celui-ci soit perçu comme étant capable de bien parler et de comprendre sa langue maternelle. À l'instar d'Auger, Dorge et Mahé, il souligne également le fait que la minorité francophone de l'Ouest se distingue des Québécois dans la mesure où elle est parfaitement bilingue. Jaypee, Mimi et Kiki ont d'énormes difficultés à se faire comprendre et à transiger avec les anglophones parce que, contrairement à ce que prétend Jaypee, ils sont loin d'être parfaitement bilingues.

> Maurice: Pis tu parles l'anglais?
> Jaypee: *Shit!* Ben sûr que je parle anglais! *Toaster, Big-Mac, hot-dog, hamburger!*
> Maurice: Parce que c'est important icitte.
> Jaypee: *Shit!* Le Canada, c'est pas un pays bilingue dans les deux langues[30]?

Il est donc intéressant de constater qu'après leur première pièce, lorsque Auger, Dorge, Mahé et Prescott mettent en scène le francophone minoritaire de l'Ouest canadien, ils le présentent avec son franglais titillant ou scandaleux, sa langue parsemée d'anglais et d'expressions mal tournées, d'anglicismes ou de barbarismes et solécismes. Le spectateur constate alors que les thèmes de l'enjeu identitaire réapparaissent et foisonnent toujours mais, cette fois, l'angle est légèrement changé.

Doublement retranchés et isolés, soit par la distance chronologique que constituent les siècles séparant la neuve Amérique de

---

[28] Marc Prescott, entrevue accordée à l'auteure le 10 octobre 2007.
[29] *Ibid.*
[30] Marc Prescott, *Fort Mac, op. cit.* p 24.

la vieille Europe, soit par la distance géographique d'un océan à franchir entre deux continents et des kilomètres qui clivent l'Est canadien de l'Ouest, les minorités francophones réinventent la notion d'identité à la suite des abandons successifs de leurs ancêtres. Ils scrutent leur avenir pour voir s'il n'y a pas mieux. Chez Auger, les protagonistes, Ed de *John's Lunch* et Vermette de *V'là Vermette!*, cherchent à tour de rôle à découvrir une identité plus seyante, confortable, moins frustrante. Ces deux hommes ont l'impression de dépérir, de s'étouffer ou de s'étioler dans leur petite paroisse de Saint-Boniface... Ils rêvent de partir, de se réinventer ou de disparaître dans un anonymat béat. Mais, en fin de compte, chacun décide de s'approprier son héritage, le présent, le passé et l'avenir. Ils décident d'embrasser qui ils sont, avec tous les travers et toutes les qualités que cela sous-entend.

On arrive au même constat avec la série que proposent Dorge et Mahé, où, finalement, dans *Tremblay III*, le couple est enfin serein, épanoui et confiant que l'avenir pourra le combler, peu importe son statut de minoritaire, et où, malgré les grands drames de la vie (alcoolisme, accident de voiture très grave, etc.), on ne s'interroge plus ici sur les enjeux identitaires. Quant au *Fort Mac* de Prescott, le beau rôle y revient à Maurice, le Franco-Albertain, réaliste, entreprenant, qui devient le héros de Kiki même s'il ne peut la sauver à la fin de la pièce.

Créations récentes et la réception critique

Dans un récent article, Jane Moss fait valoir le fait que les écrits théâtraux s'inscrivent désormais dans une tendance qu'elle identifie comme étant postidentitaire. « Le besoin d'affirmer l'identité collective et d'historiciser la communauté minoritaire cède la place au désir d'explorer des sujets universels et des stratégies théâtrales postmodernes[31]. » Dans un autre article, elle précise sa pensée :

---

[31] Jane Moss, cité dans Hélène Beauchamp et Joël Beddows, *Les théâtres professionnels du Canada francophone : entre mémoire et rupture*, Ottawa, Le Nordir, coll. « Roger-Bernard », 2001, p. 58.

« Refusant les contraintes qui auraient fait d'eux 'des mandataires sociaux', plusieurs se sont rebellés contre le théâtre identitaire et communautaire, optant pour des formes plus expérimentales et des thèmes plus universels et individualistes[32]. »

Toutefois, nous aimerions prendre le relais de Moss et regarder de plus près cette catégorisation usuelle de textes préidentitaires, identitaires et postidentitaires, et ce, à la suite de l'analyse des thèmes et de leur traitement dans les ouvrages que nous venons d'étudier et dont aucun, évidemment, ne tombe dans la première catégorie, sauf peut-être, par exemple, un texte comme celui de Jacques Ouvrard, qui imite la création dramatique québécoise ou française.

Cette question d'une identité spécifique naît au Québec, puis au Manitoba, avec une prise de conscience de la spécificité d'une identité francophone en Amérique du Nord. Certains auteurs du Manitoba, comme Ferland, se complaisent dans une identité figée, c'est-à-dire où il n'y aucun appétit pour une remise en cause de celle-ci et où on ne décèle aucun questionnement sur l'importance et la reconnaissance d'une identité francophone au Manitoba. Ces auteurs privilégient le discours de la valorisation et la célébration d'une survivance en milieu minoritaire. Puis, parallèlement à cette production, il y a celle qui ose lever le voile sur le *statu quo*, qui va proposer un discours-choc, qui devient, dans le cas d'Auger, un « miroir tendu au [...] Franco-Manitobain [qui] est censé opérer en celui-ci un raidissement de ses forces de résistance face au constat d'une réalité intolérable[33] ». Les auteurs qui proposent un discours plus subversif, souvent imprégné d'ironie ou de satire, font intervenir plusieurs motifs. Dans les pièces d'Auger

---

[32] Jane Moss, « Les théâtres francophones post-identitaires : état des lieux », *Canadian Literature / Littérature canadienne*, numéro spécial, Littérature francophone hors Québec / Francophone Writing Outside Québec, n° 187, hiver 2005, p. 59.

[33] Ingrid Joubert, « Tendances actuelles du théâtre franco-manitobain », dans André Fauchon (dir.), *Langue et communication*, Edmonton, Institut de recherche de la Faculté Saint-Jean, actes du colloque du Centre d'études franco-canadiennes de l'Ouest (CEFCO), 1990, p. 85.

et de Dorge et Mahé, les tensions, souvent basées sur des conflits intergénérationnels, éclatent au grand jour et permettent de voir d'abord les visions contrastantes entre jeunes et moins jeunes, puis les écarts entre ceux qui tiennent à leurs traditions et ceux qui sont ouverts aux changements, et enfin les jeux de rapports de force socioéconomiques entre un groupe majoritaire (les anglophones) et les Franco-Manitobains. Dans toutes les pièces, sauf *Fort Mac*, de nombreuses allusions à ces tensions, à l'image des fameuses guerres de clochers, nous permettent de constater que les auteurs soulignent les dichotomies profondes qui divisent la population. Ces clivages fondamentaux opposent dès lors une identité considérée moderne — libérale, moins pratiquante, bilingue, entreprenante, urbaine, ouverte, tournée vers l'avenir, etc. — et une identité traditionnelle à la vision stagnante — conservatrice, catholique, unilingue, de condition modeste, rurale, parfois raciste, fixée sur le passé, etc.

Or, si la problématique de l'identité semble être évacuée dans certains textes, comme *Encore* et *L'année du Big Mac* de Prescott, par exemple (et aussi dans certains textes de Rhéal Cenerini), force est de reconnaître que la question identitaire, latente dirait-on, resurgit de temps à autre sous une autre forme, comme une plante vivace ou une maladie chronique. Même si stratégies, situations et thèmes varient, le spectre de l'identité hante les lieux et apparaît de façon originale dans certains textes contemporains. Parfois exprimées en sourdine, parfois explicites, les questions liées à une identité minoritaire en contexte de globalisation culturelle continuent à inspirer les auteurs qui choisissent le théâtre comme lieu privilégié d'affirmation, de questionnement et de résistance pour les Franco-Manitobains.

Saint-Boniface, microcosme de la francité, barricadée tel un contrefort, noyau de la culture et des infrastructures, est toujours un village, dirait-on. De municipalité, à ville puis à banlieue de la capitale, elle reste néanmoins et toujours le centre de la francophonie pour ces petites paroisses perdues qui, comme Dean Louder et Eric Waddell le disent si bien, sont des îlots dans cet archipel de la francophonie nord-américaine. En somme, l'évolution du théâtre part d'une écriture d'imitation, pour ensuite s'épanouir et articuler les préoccupations propres à une minorité et s'exprimant avec ce que Lise Gauvin appelle une « surconscience linguistique[34] ». Puis, la dramaturgie explore de nouvelles avenues, s'ouvrant sur une écriture moins focalisée sur la spécificité identitaire d'un groupe où les problématiques universelles abondent et où la langue, parfois normative, parfois pas, révèle une confiance et une aisance face à une identité unique. Toutefois, nous constatons que les créateurs n'échappent pas à cette récurrence thématique. Par contre, la démarche est tout autre : les auteurs ne cherchent plus à circonscrire ou à définir *une* identité, trop longtemps perçue à travers une loupe révélant une prétendue uniformité homogénéisante. Aujourd'hui, ce genre de discours réducteur semble être dépassé et nombreux sont les artistes qui cherchent alors à explorer les thèmes de l'identité et de l'altérité avec une sensibilité esthétique *prismatique* qui décompose et révèle la complexité d'hétérogénéité parfois inconciliable, où contacts, métissages et accommodements raisonnables seront considérés. Parallèlement au postidentitaire, le pluri-identitaire jouit d'un certain engouement.

Chacun des auteurs étudiés ici nous permet de constater qu'au fil des ans et de leur production l'espace identitaire se décloisonne petit à petit. Ce qui devient apparent dans chaque œuvre où l'action se situe au Manitoba français, c'est que la vision du monde y devient moins sombre. Les divers protagonistes qui se cherchent et s'interrogent finissent par se découvrir. Pour les minoritaires, il est clair que la notion d'identité semble être en flux perpétuel, parfois douloureux. Cette identité du minoritaire, assujettie depuis ses origines et sans doute parfois à son insu à de nombreuses influences, se drape aujourd'hui, bien malgré elle, de nouvelles expressions cosmopolites rendues possibles grâce au luxe des arts, au contact avec autrui.

La réception et la critique aussi s'ouvrent à cette présence de voix francophones hors Québec. Les linguistes, les universitaires et les passionnés de théâtre se penchent sur la production de l'Ouest, comme en témoignent les publications récentes d'auteurs non

---

[34] Lise Gauvin, *La fabrique de la langue. De François Rabelais à Réjean Ducharme*, Paris, Seuil, 2004, p. 7.

franco-manitobains[35]. Mis à part le grand succès d'Auger avec sa première pièce et les nombreuses tournées en région de la série des *Tremblay*, il faut également souligner le fait que Marc Prescott a été couronné à deux reprises pour ses œuvres : il reçoit le Masque de la meilleure production franco-canadienne du théâtre pour les représentations de sa pièce *Poissons* (dont le titre d'origine était *Bullshit*), qui fut jouée à Ottawa, et plus récemment pour sa pièce *L'année du Big Mac* (2007).

Pour conclure, nous aimerions évoquer brièvement la toute nouvelle pièce de Glenn Joyal, *Les lions et leurs ponts*. Bien que son œuvre récente nous intéresse au plus haut point, nous n'avons pas inclus les œuvres de Joyal dans notre analyse pour deux raisons. Premièrement parce que sa première pièce a d'abord été écrite en anglais, puis a été traduite, en l'occurrence par Marc Prescott. D'autre part, contrairement aux autres auteurs étudiés, cette première pièce — *Séquestrés* — n'est pas axée sur des questions identitaires, c'est un drame policier. Pourtant, sa deuxième pièce les aborde de façon très directe et concrète. L'auteur offre cette rétroaction sur la question dans le mot de l'auteur qui figure dans le programme pour situer ses spectateurs :

> « Qui sommes-nous ? » C'est un refrain invoqué et entendu à travers le monde. Cette question est à la fois très simple et profondément complexe. Peu importe le contexte, soit international, national, provincial, communautaire ou familial, la discussion qui s'ensuit tourne inévitablement vers le sujet de la « survie ». La question qui s'impose à cet égard est souvent : « Comment protéger notre identité ? »
>
> Pourtant, en discutant « qui sommes-nous », les points de référence sont loin d'être évidents. Dans un monde de plus en plus pluraliste où des accommodements raisonnables sont devenus une nécessité pragmatique, est-ce que tous les accommodements sont possibles ? Est-ce qu'il y a des éléments d'une identité qui ne sont pas négociables ? Supposons que l'identité d'une communauté peut être suffisamment

---

[35] Voir, à titre d'exemple, les écrits de Jane Moss, Hélène Beauchamp et Joël Beddows, Hélène Beauchamp et Gilbert David, de même que Sandrine Hallion Bres.

définie, qu'est-ce qui mérite d'être préservé et comment le faire ? Au nom de la survie, est-ce que l'exclusion peut se justifier ?

Ces questions sont plus urgentes pour une communauté minoritaire où les enjeux au sujet de la survie sont toujours prioritaires[36].

Il précise également que tous ses personnages « se battent férocement afin de protéger "un pont" » métaphorique qui symbolise les liens tissés entre le présent et un héritage traditionnel, politique et religieux et qui est menacé par des lions, tout aussi métaphoriques, qui représenteraient la diversité ethnique, l'américanisation de la culture, la modernité, etc. Ainsi, Joyal revient à la case départ et nous relance dans une réflexion familière ; pourtant, celle-ci n'est ni préidentitaire, ni identitaire, ni postidentitaire, mais peut-être, en fin de compte, pluri-identitaire. Avec cette toute récente production du Cercle Molière, il semblerait que, finalement, les questions liées à l'identité et à l'altérité pourront encore inspirer les dramaturges, et ce, de manière chronique, récurrente, vivace, pérenne, invétérée, durable et persistante.

---

[36] Programme de la pièce *Des lions et leurs ponts* de Glenn Joyal, Cercle Molière, 12 octobre au 3 novembre 2007.

ANNEXE

Tableau historique de textes franco-manitobains

Auteur(s)	Pièce	Production / Publication
Auger, Roger	*Je m'en vais à Régina*	1975, 1986 / 1976, 2007
	John's Lunch	1977 / 2007
	V'là Vermette!	1978 / 2007
Dorge, Claude et Mahé, Irène	*Les Tremblay*	1986 / n. p.
	Les Tremblay II	1987 / n.p.
	Les Tremblay III. Noël en famille[37]	1989 / n.p.
Prescott, Marc	*Sex, lies et les Franco-Manitobains*	1993 / 2001
	Big!	1998 / 1999, 2001
	Poissons (Bullshit)	2001 / 2001
	Encore[38]	2003 / 2003
	L'année du Big Mac[39]	1999, 2004 / 2004
	Fort Mac	2007 / n.p.
Joyal, Glenn	*Séquestrés* (traduction de Marc Prescott)	2004 /2004
	Les lions et leurs ponts (traduction de Marc Prescott)	2007 /n.p.

---

[37] La dernière pièce dans la série, *Les Tremblay III. Noël en famille*, n'aborde pas les thèmes liés à l'identité ou à l'altérité.

[38] Texte exclus de cette étude : *Encore*, œuvre exceptionnelle écrite dans un français normatif, dans laquelle aucune référence explicite n'est faite à la problématique identitaire, et où le seul marqueur culturel est constitué de références nombreuses à l'équipe de hockey les Canadiens de Montréal, qui, comme le précise Prescott (2007), est l'équipe par excellence de tous les francophones au Canada.

[39] Texte exclus de cette étude : *L'année du Big Mac*, texte écrit en franglais dans le cadre d'une mise en scène au cours de la dernière année d'études de l'auteur à l'École nationale de théâtre en 1999. Ce texte, très «américanisé» ou américain, n'aborde pas du tout le problème de l'identité franco-manitobaine.

BIBLIOGRAPHIE

Auger, Roger, *Je m'en vais à Régina*, préface de Jacques Godbout, Montréal, Leméac, 1976, 83 p.

Auger, Roger, *Suite manitobaine: Je m'en vais à Régina, John's Lunch et V'là Vermette!*, préface de Bryan Rivers, Saint-Boniface, Éditions du Blé, coll. «Blé en poche», 2007, 360 p.

Beauchamp, Hélène et Joël Beddows, *Les théâtres professionnels du Canada francophone: entre mémoire et rupture*, Ottawa, Le Nordir, coll. «Roger-Bernard», 2001, 302 p.

Beauchamp, Hélène et Gilbert David, *Théâtres québécois et canadiens-français au XXe siècle. Trajectoires et territoires*, Sainte-Foy, Presses de l'Université du Québec, 2003, 436 p.

Boquel, Bernard, «Un ton différent», *La Liberté*, 11 mai 1978.

Cenerini, Rhéal, *Aucun motif* suivi de *Les partisans*, Winnipeg, Éditions du Blé, 1983,

Cenerini, Rhéal, *Kolbe* suivi de *La femme d'Urie*, Winnipeg, Éditions du Blé, 1996, 182 p.

Cenerini, Rhéal, *Laxton* suivi de *La tentation d'Henri Ouimet*, Winnipeg, Éditions du Blé, 2004, 264 p.

Dorge, Claude et Irène Mahé, *Les Tremblay*, 1986, inédit.

Dorge, Claude et Irène Mahé, *Les Tremblay II*, 1987, inédit.

Dorge, Claude et Irène Mahé, *Les Tremblay III. Noël en famille*, 1989, inédit.

Dubé, Jean-Pierre, *La grotte*, roman, Winnipeg, Éditions du Blé, 1994, 128 p.; l'adaptation théâtrale de ce roman a été finaliste aux premiers «Chantiers-théâtre» de l'Association des théâtres francophones du Canada, Edmonton 2000. *La grotte* a été jouée au Cercle Molière en 2004. Manuscrit non publié.

Dubé, Jean-Pierre, *Piaf*, 1992, manuscrit non publié.

Dubé, Jean-Pierre, *Quand on n'a que l'amour*, 1993, manuscrit non publié.

Gaboury-Diallo, Lise, «Théâtre et dramaturgie en français dans l'Ouest canadien: bilan et perspectives», dans Hélène Beauchamp et Gilbert David (dir.), *Théâtres québécois et canadiens-français au XXe siècle, Trajectoires et territoires*, Sainte-Foy, Presses de l'Université du Québec, 2003, p. 197-219.

Ferland, Marcien, *Les Voyageurs*, 1995, manuscrit non publié.

Ferland, Marcien, *Au temps de la prairie*, 1986, manuscrit non publié.

Ferland, Marcien, *Les Batteux, Comédie lyrique*, Winnipeg, Éditions du Blé, 1982.

Gauvin, Lise, *La fabrique de la langue. De François Rabelais à Réjean Ducharme*, Paris, Seuil, 2004, 342 p.

Hallion Bres, Sandrine, « *Sex, lies et les Franco-Manitobains* (1993) de Marc Prescott : la minorité franco-manitobaine sous les feux de la rampe », dans Patrice Brasseur et Madelena Gonzalez (dir.), *Théâtre des minorités. Mises en scène de la marge à l'époque contemporaine*, Paris, L'Harmattan, 2008, p. 17-30.

Joubert, Ingrid, « Tendances actuelles du théâtre franco-manitobain », dans André Fauchon (dir.) *Langue et communication*, Edmonton, Institut de recherche de la Faculté Saint-Jean, Actes du colloque du Centre d'études franco-canadiennes de l'Ouest (CEFCO), 1990, p. 135-149.

Joyal, Glenn, *Les lions et leurs ponts*, traduction de Marc Prescott, 2007, inédit.

Joyal, Glenn, *Séquestrés*, traduction de Marc Prescott, Saint-Boniface, Éditions des Plaines, 2004, 102 p.

Ladouceur, Louise, « De la langue à la parole sur les scènes francophones du Canada », *L'Ouest : directions, dimensions et destinations*, les actes du vingtième colloque du Centre d'études franco-canadiennes de l'Ouest (CEFCO), tenu au Collège universitaire de Saint-Boniface (CUSB) les 15-18 octobre 2003, sous la direction d'André Fauchon, Saint-Boniface, CEFCO et CUSB, 2005, p. 273-284.

Ladouceur, Louise, *Making the Scene. La traduction du théâtre d'une langue officielle à l'autre au Canada*, 2005, Québec, Nota bene, 281 p.

Léveillé, J. R., « Petite histoire de la modernité du théâtre franco-manitobain », *Parade ou les autres*, Saint-Boniface, Éditions du Blé, 2005, p. 341-392.

Moss, Jane, « The Drama of Identity in Canada's Francophone West », *American Review of Canadian Studies*, vol. 34, n° 1, printemps 2004, p. 81-97.

Moss, Jane, « Les théâtres francophones post-identitaires : état des lieux », *Canadian Literature / Littérature canadienne*, numéro spécial, Littérature francophone hors Québec / Francophone Writing Outside Québec, n° 187, hiver 2005, p. 57-71.

Prescott, Marc, *L'année du Big Mac*, Saint-Boniface, Éditions du Blé, coll. « Rouge », 2004, 142 p.

Prescott, Marc, *Big!, Bullshit, Sex, lies et les Franco-Manitobains*, Saint-Boniface, Éditions du Blé, coll. « Rouge », 2001, 219 p.

Prescott, Marc, *Encore*, Saint-Boniface, Éditions du Blé, 2003, 142 p.

Prescott, Marc, entrevue accordée à l'auteure le 10 octobre 2007.

Prescott, Marc, *Fort Mac*, Saint-Boniface, Éditions du Blé, coll. « Rouge », 2009, 120 p.

Saint-Pierre, Annette, *Le rideau se lève au Manitoba*, Winnipeg, Éditions du Blé, 1980.

LES LANGUES DU THÉÂTRE FRANCOPHONE
DE L'OUEST CANADIEN[1]

Louise Ladouceur
Université de l'Alberta

Vaste et diversifiée, la francophonie canadienne regroupe 30,69 % de la population du pays en 2006. Elle comprend 13,24 % de francophones unilingues, résidant en majorité au Québec, et 17,45 % de bilingues répartis sur tout le territoire, dont 2,17 % sont disséminés dans les 4 provinces de l'Ouest du Canada[2]. Dans ces communautés très minoritaires et très éloignées des centres francophones de l'Est, le bilinguisme est une nécessité quotidienne puisque la vie publique s'y déroule exclusivement en anglais, le français étant confiné aux échanges privés ou aux activités de rares organismes culturels et éducatifs. Dans de tels contextes, se dire francophone, c'est s'identifier à une langue traitée en inférieure et source d'une angoisse identitaire qui agit

---

[1] Cet article reprend en partie le texte suivant : Louise Ladouceur, « Bilinguisme et performance : traduire pour la scène la dualité linguistique des francophones de l'Ouest canadien », *Alternative francophone*, vol. 1, n° 1, 2008, p. 46-56 ; [revue libre accès] www.arts.ualberta.ca/AlternativeFrancophone/index.php/af.

[2] Statistiques Canada, *Population selon la connaissance des langues officielles, par province et territoire, recensement de 2006)* ; [en ligne] www.40.statcan.ca/l02/cst01/demo15_f.htm?searchstrdisabled=langues%202006&filename=demo15_f.htm&lan=fre, consulté le 15 mai 2008.

sur les façons dont on représente cette langue dans les productions culturelles, en l'occurrence le théâtre. Forme d'art privilégiée dans les contextes francophones minoritaires parce qu'elle permet de faire résonner la langue sur la place publique pour mieux en affirmer l'existence, le théâtre offre aussi l'avantage de faire entendre une oralité bien spécifique, celle de sa communauté, et la façon dont elle s'est approprié le français, avec ses accents et autres marques particulières.

Acte d'affirmation et de résistance culturelle pour les francophones, la prise de parole publique par le théâtre s'est donné pour mission première de défendre la langue française par rapport à un anglais dominant. Ainsi, les premières productions franco-albertaines ont privilégié un « conservatisme linguistique[3] » destiné à préserver une langue française intacte, non traversée par l'anglais omniprésent de l'espace social. Cette langue idéalisée était toutefois circonscrite aux lieux clos réservés à cet usage, soit l'école et la scène culturelle. Depuis quelques années, toutefois, on assiste à l'émergence d'un répertoire franco-albertain qui témoigne d'une volonté d'afficher le bilinguisme incontournable des communautés francophones de l'Ouest et, plus encore, de le revendiquer comme représentation légitime d'une façon d'être francophone au Canada. Il faut dire que ce bilinguisme, auparavant objet de honte puisqu'il était perçu comme une incapacité de s'approprier totalement le français et de combattre ainsi l'anglicisation, prend une tout autre valeur dans le contexte d'une mondialisation où il acquiert une plus-value incontestable.

En effet, la capacité de fonctionner dans la langue favorite des affaires à l'échelle mondiale et dans les deux grandes langues littéraires que sont le français et l'anglais comporte des avantages indiscutables. Sur la scène internationale, cela permet de s'inscrire dans plusieurs réseaux construits autour de l'usage de l'une ou l'autre des langues véhiculaires, que ce soit au sein du Commonwealth ou

---

[3] Monica Heller et Normand Labrie (dir.), *Discours et identité : la francité canadienne entre modernité et mondialisation*, Fernelmont, Belgique, Éditions modulaires européennes, 2003, p. 17.

de la Francophonie mondiale. La mise en valeur du bilinguisme des communautés franco-canadiennes minoritaires participe ainsi du « discours mondialisant[4] » identifié par Heller et Labrie comme troisième type de discours participant à l'évolution du Canada français. Après le discours traditionaliste, qui a dominé depuis la Conquête jusqu'au milieu du XXe siècle, et le discours modernisant construit autour des notions d'État-nation québécois et de francophonie minoritaire, le discours mondialisant s'ancre dans une nouvelle économie qui « restructure les rapports entre les ressources que les francophones possèdent, notamment en matière de connaissances linguistiques, et la possibilité de les investir sur le marché du travail[5] ». Donnant accès à un marché global qui a fait de l'anglais sa *lingua franca*, le bilinguisme des francophones en milieu minoritaire leur permet de participer à la nouvelle économie mondiale et d'en récolter les bénéfices[6]. Sur le plan culturel, la mise en valeur du bilinguisme offre aussi un avantage non négligeable puisqu'elle participe d'un multiculturalisme officiel qui permet au Canada de se distinguer des États-Unis en opposant la mosaïque canadienne au *melting pot* du puissant voisin américain.

Sur la scène nationale, l'esthétique bilingue des petites dramaturgies franco-canadiennes pourrait aussi constituer un « signe distinctif », dans le sens où l'entend Pierre Bourdieu, pour qui « l'identité sociale se définit et s'affirme dans la différence[7] », puisqu'elle met de l'avant une caractéristique qui la distingue d'une norme québécoise décidément unilingue. Le théâtre québécois occupant le centre de l'institution théâtrale francophone au Canada, c'est en se démarquant de la norme québécoise que les dramaturgies franco-canadiennes peuvent faire valoir leur spécificité, tout comme le joual a permis aux auteurs québécois de se distancier du français normatif de France pour élaborer un répertoire qui leur soit propre.

---

[4] *Ibid.*, p. 16.
[5] *Ibid.*, p. 20.
[6] *Ibid.*, p. 21.
[7] Pierre Bourdieu, *La distinction : critique sociale du jugement*, Paris, Minuit, 1979, p. 191.

Afficher un bilinguisme accentué, révélateur de la dualité linguistique propre aux minorités franco-canadiennes de l'Ouest, comporte aussi des inconvénients de taille. D'entrée de jeu, l'appartenance à deux espaces linguistiques porte atteinte à l'idée voulant qu'une culture se caractérise par la conscience de son unité, laquelle est cimentée par la langue. Dans cette perspective, exhiber des marques prononcées d'hétérolinguisme, terme proposé par Rainier Grutman pour qualifier les manifestations littéraires du multilinguisme[8], signifie n'habiter vraiment aucun espace linguistique et n'appartenir pleinement à aucun ensemble littéraire légitimement constitué autour d'une seule langue.

Si l'hétérolinguisme du texte littéraire le condamne à circuler en marge des institutions et des répertoires dominants monolingues, ses manifestations dans le texte dramatique destiné à la scène sont encore plus problématiques et le repoussent aux marges de la marge. La communication théâtrale étant soumise aux impératifs de la performance, elle exige que le message soit immédiatement compréhensible dans l'espace et le temps alloués au spectacle, sans recours aux dictionnaires ou aux notes de bas de page. Un bilinguisme prononcé dans un texte où les dialogues dans l'une et l'autre langues sont essentiels à la compréhension du spectacle fait obstacle à la circulation de l'œuvre auprès d'auditoires n'ayant pas les compétences linguistiques nécessaires pour la comprendre. Ne pouvant s'adresser qu'au public restreint partageant le même profil linguistique, la parole bilingue des textes dramatiques franco-canadiens les contraint à circuler en périphérie des métropoles théâtrales du Canada et d'ailleurs. C'est un cercle vicieux: ce qui permet de se distinguer comme produit culturel canadien de langue française devient du même coup source de discrimination sur le marché des échanges culturels francophones. Pour échapper à l'effet discriminatoire d'un tel bilinguisme, ces textes doivent nécessairement passer par la traduction. C'est une condition *sine qua non*

---

[8] Rainier Grutman, «Refraction and recognition: Literary multilingualism in translation», *Target, International Journal of Translation Studies*, vol. 18, n° 2, 2006, p. 18.

pour se faire reconnaitre au sein des institutions dominantes francophones ou anglophones, car on peut alors concevoir la traduction dans les deux sens et avoir accès aux importants marchés qu'elles régissent. Toutefois, si la traduction permet d'échapper à l'effet discriminatoire de la parole bilingue, c'est souvent au prix d'une conversion qui modifie profondément la portée et les enjeux du texte.

Le modèle de traduction le plus courant consisterait en effet à traduire le texte bilingue dans une seule langue, celle du destinataire, et y injecter un minimum d'hétérolinguisme portant sur certains termes ou passages dont la compréhension n'est pas essentielle. C'est le cas des pièces de l'auteur ontarien Jean Marc Dalpé, dont le texte français original ne contient que quelques termes ou énoncés en anglais qui n'ont pratiquement aucune valeur diégétique. Dans *Le chien*, par exemple, on trouve quelques expressions anglaises couramment employées en français populaire telles que « *[t]hat's it. That's all*[9]. » et, dans la scène finale, les paroles d'un étranger anglophone rapportées par le père. Ces énoncés anglais ne sont qu'accessoires puisque le père raconte en français les circonstances entourant la naissance de Céline et que l'essentiel de l'information est transmis en français dans le texte qui accompagne les énoncés anglais :

> PÈRE — C'était une des pires tempêtes de l'hiver. Je r'gardais la TV quand ça cogne à porte. C't'un homme, un Indien avec une Indienne enceinte. « Got to phone », l'homme y me dit, « She's having a baby. » [...] Fait que j'les laisse entrer. « Was tryin' to get to the hospital, ya see. » J'ai amené la femme tu-suite sur not' lit. « Goddamn car swerved in front of us, we went down into the ditch just over here. Fuckin asshole didn't even stop! » Là, à lumière pis proche d'elle, j'ai vu que la femme, ben c'était vraiment une fille. J'veux dire, elle avait l'air d'avoir dix-huit ou dix-neuf ans, même pas. J'sais pas trop. Ben, t'sais jamais trop avec eux autres. Les Indiennes. Ça vieillit pas pareil, on dirait. Était jeune entéka. Pis déjà dans ses douleurs. L'autre, l'Indien, y'avait pas l'air plus énervé que ça[10].

---

[9] Jean Marc Dalpé, *Le chien*, Sudbury, Prise de parole, 1987, p. 40.
[10] *Ibid.*, p. 59.

La traduction monolingue anglaise, dans laquelle on a inséré de rares mots en français lorsque le contexte s'y prête, reprend en somme la configuration linguistique de l'original. Si les pièces de Dalpé se prêtent bien à ce genre de traduction, c'est qu'elles contiennent un hétérolinguisme minimal et accessoire qui s'exprime à travers de rares termes ou passages livrés en anglais dans le texte français, lesquels n'ont pas de fonction diégétique importante et ne sont pas essentiels à la compréhension de l'intrigue.

Ce n'est pas le cas toutefois de certaines œuvres récentes du répertoire francophone qui se développe plus à l'Ouest, telles que *Sex, lies et les Franco-Manitobains* de Marc Prescott, créée à Saint-Boniface en 1993, et de *Cow-boy poétré* de Kenneth Brown, créée à Edmonton en 2005. La première met en scène trois personnages : deux francophones bilingues et le cambrioleur anglophone unilingue qui s'est infiltré dans l'appartement, qui ne parle qu'anglais et à qui on doit parler en anglais ou traduire les répliques échangées en français entre les deux autres personnages. Dans cette pièce, le profil linguistique des personnages agit non seulement sur la forme des dialogues, mais sur tout le déroulement de l'action, comme on peut l'observer dans l'échange suivant entre Lui, Elle (personnages francophones bilingues) et Him (personnage anglophone unilingue) :

> Lui — C'est drôle quand tu y penses.
> Elle — Je trouve pas ça drôle, moi.
> Lui — *She thinks it's pretty funny.*
> Elle — Non je trouve pas ça drôle. Pas du tout.
> Lui — *Correction here. She doesn't think it's funny — she thinks it's hilarious.*
> Him — *It's a goddam riot! I'm gonna split a gut.* (Him rit.) *Man! Sorry, sorry if I don't speak French. I took a class once, but I forgets* [sic] *everything, everything except:* (Avec un énorme accent.) Dje m'excuze, but dje ne parluh pas franzais.
> Lui — *Not bad.*
> Elle — *It could use some work.*
> Lui — *Maybe you could teach him.*
> Elle — Ta gueule[11] !

---

[11] Marc Prescott, *Big!; Bullshit; Sex, lies et les Franco-Manitobains*, Saint-Boniface, Éditions du Blé, 2001, p. 62.

On est ici en présence d'un hétérolinguisme à forte valeur diégétique puisqu'il informe la structure même de la pièce et de l'histoire qu'elle raconte. Essentiel à l'économie de la pièce, il ne peut être annulé pour rendre les dialogues accessibles à un auditoire francophone ou anglophone unilingue. Sans traduction, le bilinguisme sur lequel la pièce est construite, et qui est au cœur de la réalité francophone de l'auteur, risque de nuire à la circulation du texte. Prescott en est conscient lorsqu'il avoue ne plus vouloir écrire des pièces injouables ailleurs que chez lui[12].

Avec *Cow-boy poétré* de Kenneth Brown, on a affaire à un autre mode d'hétérolinguisme, lui aussi indispensable mais dans un registre différent. D'entrée de jeu, la genèse de la pièce est informée par l'aller-retour constant d'une langue à l'autre, puisqu'il s'agit d'une création en français d'un texte qui a d'abord été rédigé en anglais, puis traduit partiellement en français par Laurier Gareau[13]. L'action se déroule dans le monde du rodéo et elle est racontée en une série d'analepses qui reconstituent les parcours suivis par les quatre personnages principaux, lesquels s'expriment dans un amalgame de français et d'anglais dont les degrés peuvent varier considérablement. Les quatre personnages francophones bilingues parlent un «franglais» qui incorpore de nombreux termes anglais dans une langue française de niveau populaire, alors que l'annonceur des concours de rodéo ne s'exprime qu'en anglais, le rodéo étant une activité publique qui se pratique exclusivement en anglais dans l'Ouest canadien.

L'hétérolinguisme du texte s'accompagne d'une forte hétérophonie des interprètes, dont l'accent est un puissant opérateur diégétique puisqu'il sert à révéler l'origine des personnages dans une intrigue mettant en scène deux *cow-boys* francophones d'origine albertaine (Jack et Diamond) et un *cow-boy* d'origine québécoise (Luke) qui se disputent les faveurs de la belle chanteuse *country*

---

[12] Conversation avec l'auteur, 17 octobre 2006.

[13] Pour plus de détails, voir Louise Ladouceur, «Write to Speak: accents et alternances de code dans les textes dramatiques écrits et traduits au Canada», *Target, International Journal of Translation Studies*, vol. 18, n° 1, 2007, p. 49-68.

(Chantal), laquelle finira par quitter son mari albertain pour un amant québécois. Dans le contexte albertain, cette rivalité amoureuse se charge de fortes connotations idéologiques et politiques puisqu'elle reproduit l'équation dans laquelle se trouvent les petites communautés francophones du Canada par rapport à un Québec dominant qui prend toute la place et leur accorde peu de considération. Symboliquement, le choix de Chantal est encore plus douloureux si l'on considère que le rôle est interprété par Crystal Plamondon, une légende franco-albertaine de la chanson *country* à laquelle l'auditoire est très attaché. Partageant son temps entre l'Alberta et la Louisiane, Crystal Plamondon parle une langue chargée d'une hétérophonie très complexe où se côtoient des sonorités américaines, albertaines et louisianaises. À lui seul, cet accent dessine sur scène une cartographie fort éloquente de la diaspora francophone nord-américaine.

On est donc ici en présence d'un hétérolinguisme de l'œuvre écrite et d'une hétérophonie de l'œuvre en performance qui mettent en jeu une variété de langues et s'adressent à un public possédant de multiples ressources linguistiques. Facilement accessibles pour le public francophone bilingue des communautés minoritaires franco-canadiennes, les pièces de Prescott et de Brown-Gareau ne peuvent toutefois sortir du circuit restreint des petits théâtres franco-canadiens et avoir accès aux scènes et institutions québécoises, lesquelles détiennent le plus grand pouvoir de légitimation au Canada, qu'à condition de passer par la traduction. À cet effet, il est intéressant de considérer les lignes directrices du Programme de partenariat interministériel avec les communautés de langue officielle (PICLO) mis en place par Patrimoine canadien et le Conseil des arts du Canada pour appuyer le développement, l'épanouissement et le rayonnement des artistes et des organismes francophones du Canada en situation minoritaire. Un des trois objectifs du Programme est de «diffuser les œuvres des artistes et des organismes au Canada et à l'étranger[14]» et stipule que ces œuvres doivent

---

[14] Conseil des arts du Canada (2008), *Programme de partenariat interministériel avec les communautés de langue officielle (PICLO)*; [en ligne] www.canadacouncil.ca/subventions/zf127234202709375000.htm#6, consulté le 15 mai 2008.

circuler à l'intérieur de la francophonie canadienne en situation minoritaire, au Québec et dans l'espace francophone étranger. Les compagnies de théâtre franco-canadiennes sont donc appelées à faire circuler leurs productions au Québec et à l'étranger pour avoir accès à ces fonds. Pour ce faire, elles doivent nécessairement passer par la traduction, mais sans dépouiller l'œuvre de l'hétérolinguisme et de l'hétérophonie qui sont essentiels à son économie linguistique et diégétique et lui permettent d'afficher une spécificité langagière propre aux communautés dont elle est issue.

Le défi est de taille. Pour le relever, il faut mettre de côté les modes habituels de traduction textuelle et exploiter plutôt les ressources de la performance afin de concevoir des procédés de traduction qui s'éloignent de la lettre du texte pour explorer ce qui appartient en propre à l'acte théâtral. En premier lieu, la nature ponctuelle du spectacle, qui s'adresse à un public précis délimité par l'endroit et le moment où il se produit, permet d'opter pour des choix de traduction différents selon les destinataires. Contrairement à l'œuvre publiée, immuable et figée sur papier, la théâtralité de l'œuvre jouée permet d'en varier la forme selon le destinataire à qui l'on s'adresse. La traduction de la pièce en performance n'a donc pas à se concevoir comme unique et applicable à tous, puisque le spectacle peut être modifié en fonction du public. En outre, pour transmettre le sens de l'œuvre originale, la traduction de l'œuvre jouée peut faire appel non seulement à des ressources linguistiques mais aussi à des procédés scéniques, auditifs ou visuels intégrant la traduction au spectacle autrement que par la bouche des interprètes.

De tels procédés sont déjà employés dans les festivals internationaux, où les productions de divers pays sont accompagnées de surtitres afin d'accommoder un public de langues multiples. Sur le modèle des sous-titres utilisés au cinéma, les surtitres sont projetés sur un écran situé au-dessus de la scène ou intégré au décor. Cette technique permet à l'auditoire de recevoir le spectacle dans sa forme originale et d'avoir ainsi accès, dans leur intégralité, à des œuvres étrangères autrement inintelligibles, et ce à un coût moindre que celui d'une traduction complète exigeant une nouvelle production. Outre les surtitres, des procédés scéniques peuvent être incorporés au spectacle et agir comme supports de traduction lorsque l'esthétique de la pièce le permet. Le choix de ces procédés scéniques se fait en fonction du public visé et leur intégration à la pièce originale en constitue la version traduite. Les traductions ainsi transmises, de même que les supports qui les véhiculent, vont varier selon les publics, mais elles sont toujours créées à partir de la version originale, qui sert de matrice, intégrant tous les procédés de traduction linguistiques et scéniques conçus spécifiquement pour l'auditoire visé.

À la manière des spectacles multilingues que Robert Lepage fait circuler sur la scène internationale, les productions traduites de *Sex, lies et les Franco-Manitobains* ou de *Cow-boy poétré* pourraient ainsi s'adapter aux contextes et aux destinataires. Dans cette perspective, une production de la première pièce destinée à un public francophone de Montréal pourrait avoir recours à des surtitres fournissant la version française des dialogues en anglais. Pour la seconde pièce, la traduction conserverait tels quels les dialogues livrés dans les différentes langues francophones du spectacle original et accompagnerait les dialogues en anglais de traductions adaptées au support choisi. Ces supports pourraient être de natures variées : des surtitres accompagnant les dialogues en anglais, ou des traductions préenregistrées accompagnant chaque présentation faite en anglais par l'annonceur, ou bien une traduction simultanée effectuée par un autre personnage sur scène qui reprendrait en français l'essentiel des énoncés livrés en anglais, ou encore la création d'un autre personnage qui servirait de pendant francophone à l'annonceur anglophone. Quels que soient les procédés retenus, ils seraient insérés au spectacle original pour créer un autre spectacle intégrant des éléments nouveaux. Plutôt qu'une imitation du spectacle original, la traduction en proposerait ainsi une variation conçue en fonction de l'auditoire visé.

Les supports de traduction pourraient aussi ajouter un élément ludique au spectacle, comme c'est le cas de la pièce *Boom* présentée en 2007 au Fringe Theatre d'Edmonton par Anna-Maria Lemaistre, Mireille Moquin et Isabelle Rousseau. Cette comédie albertaine sur la prospérité et sur la croissance personnelle contenait des répliques en français et en anglais accompagnées de surtitres en anglais ou en français dont certains offraient une traduction plutôt libre, agrémentée de commentaires dont seuls les spectateurs bilingues pouvaient comprendre l'ironie. Il y avait donc trois lectures possibles du spectacle: une lecture en français uniquement, une lecture en anglais uniquement et une lecture bilingue porteuse d'une critique sociale à laquelle seuls les spectateurs bilingues pouvaient avoir accès[15].

La recherche d'équivalence «en performance» vise à ouvrir à l'œuvre dramatique bilingue des marchés qui lui seraient autrement interdits sans la dépouiller de la dualité linguistique qui lui est propre. Donnant accès aux vastes publics anglophones ou francophones qui n'ont pas les connaissances linguistiques nécessaires pour comprendre l'œuvre initiale, la recréation par la traduction permet au théâtre des minorités linguistiques d'échapper à la ghettoïsation à laquelle il se voit autrement destiné, sans sacrifier toutefois la dimension interculturelle qui le caractérise. Dans cet esprit, certains théâtres francophones minoritaires commencent à explorer des stratégies leur permettant de rejoindre un auditoire anglophone qui leur est demeuré jusqu'à présent étranger.

Ainsi, en 2005, le Théâtre français de Toronto a mis en place un système de soirées avec surtitres anglais pour donner la chance au public «d'inviter amis, conjoints et collègues anglophones à venir au théâtre afin de profiter de textes dans leur version originale mais aussi de découvrir de nouveaux auteurs ou des textes jamais présentés en anglais à Toronto[16]». Cependant, «les surtitres ne sont pas offerts à chaque représentation afin de laisser le choix au public de venir à des représentations sans cette option[17]». La Troupe du Jour de Saskatoon a emboîté le pas en 2007, suivie de

---

[15] Nicole Nolette fait une analyse détaillée de la pièce dans «Surtitrage et colinguisme: des histoires à (se) raconter», publié dans cet ouvrage, p. 197-211.
[16] Bulletin de l'Association des théâtres francophones du Canada, *Des surtitres en anglais pour attirer un nouveau public* (automne 2007); [en ligne] http://atfc.ca/index.cfm?Id=38960&Sequence_No=38957&Repertoire_No=-589634889&Voir=bulletin_article&niveau=3, consulté le 15 mai 2008.
[17] *Ibid.*

l'UniThéâtre d'Edmonton en 2008. Il s'agit d'une initiative qui témoigne non seulement d'une ouverture envers une langue et une communauté anglophones avec laquelle on a tissé des liens et fait des rapprochements, mais aussi d'une volonté de transgresser des frontières linguistiques et culturelles qu'on avait d'abord voulues étanches, mais avec lesquelles on a appris à vivre pour se composer une identité francophone bilingue qu'on veut maintenant afficher et affirmer au théâtre.

En conclusion, la récente écriture dramatique bilingue qui se développe dans l'Ouest canadien donne à entendre un hétérolinguisme et une hétérophonie dotés d'une forte valeur diégétique et représentatifs de la condition linguistique de ces communautés francophones très minoritaires éloignées des centres francophones de l'Est. Pour rendre les textes bilingues accessibles à des auditoires n'ayant pas les compétences requises pour les comprendre et leur permettre ainsi de circuler sur un marché élargi où elles peuvent recevoir une légitimation institutionnelle accrue, ces pièces doivent passer par la traduction. Afin de conserver la dualité linguistique des œuvres, de nouvelles modalités de traduction doivent être envisagées pour mettre à profit les multiples ressources de la performance et la spécificité de la représentation, laquelle s'adresse à un public précis délimité par l'endroit et le moment où le spectacle est produit. Il s'agit ici de mettre à contribution tout le potentiel de l'acte théâtral pour raconter son histoire sur les scènes du monde sans évacuer l'empreinte linguistique qui en a fait une œuvre originale et pertinente dans le contexte de sa création et qui la distingue au sein de la francophonie canadienne. Autrement dit, il s'agit de raconter une histoire francophone qui ne saurait se raconter autrement qu'à travers une parole bilingue, porteuse d'une dualité linguistique qui est au cœur de la problématique identitaire des francophones de l'Ouest canadien.

BIBLIOGRAPHIE

Bourdieu, Pierre, *La distinction: critique sociale du jugement*, Paris, Minuit, 1979, 670 p.

Brown, Kenneth, avec la collaboration de Laurier Gareau et Daniel Cournoyer, *Cow-boy poétré*, Saint-Boniface, Éditions du Blé, 2010, 99 p.

Bulletin de l'Association des théâtres francophones du Canada, *Des surtitres en anglais pour attirer un nouveau public*, automne 2007; [en ligne] http://atfc.ca/index.cfm?Id=38960&Sequence_No=38957&Repertoire_No=-589634889&Voir=bulletin_article&niveau=3, consulté le 15 mai 2008.

Conseil des arts du Canada (2008), *Programme de partenariat interministériel avec les communautés de langue officielle (PICLO)*; [en ligne] http://www.canadacouncil.ca/subventions/ zf127234202709375000.htm#6, consulté le 15 mai 2008.

Dalpé, Jean Marc, *Le chien*, Sudbury, Prise de parole, 1987, 123 p.

Grutman, Rainier, «Refraction and recognition: Literary multilingualism in translation», *Target, International Journal of Translation Studies*, vol. 18, n° 2, 2006, p. 17-47.

Heller, Monica et Normand Labrie (dir.), *Discours et identité: la francité canadienne entre modernité et mondialisation*, Fernelmont, Belgique, Éditions modulaires européennes, 2003, 448 p.

Ladouceur, Louise, «Bilinguisme et performance: traduire pour la scène la dualité linguistique des francophones de l'Ouest canadien», *Alternative francophone*, vol. 1, n° 1, 2008, p. 46-56; [journal libre accès]. www.arts.ualberta.ca/AlternativeFrancophone/index.php/af, consulté le 15 décembre 2008.

Ladouceur, Louise, «Write to Speak: accents et alternances de code dans les textes dramatiques écrits et traduits au Canada», *Target, International Journal of Translation Studies*, vol. 18, n° 1, 2007, p. 49-68.

Prescott, Marc, *Big!; Bullshit; Sex, lies et les Franco-Manitobains*, Saint-Boniface, Éditions du Blé, 2001, 219 p.

Statistiques Canada, *Population selon la connaissance des langues officielles, par province et territoire, recensement de 2006)*; [en ligne] www40.statcan.ca/l02/cst01/demo15_f. htm?searchstrdisabled=langues%202006&filename=demo15_f. htm&lan=fre, consulté le 15 mai 2008.

SURTITRAGE ET COLINGUISME:
DES HISTOIRES À (SE) RACONTER

Nicole Nolette
Université de l'Alberta

« (Se) raconter des H/histoires: Histoire et histoires dans les littératures francophones du Canada», c'est, au premier regard, établir et déconstruire une dichotomie entre les histoires contées et l'Histoire perçue, réimaginée et réitérée comme conte national. Mais une autre dichotomie s'impose aussi dans ce titre: celle du «Se» mis entre parenthèses. Car raconter des histoires et se raconter des histoires, ça ne veut pas toujours dire la même chose, et les histoires ne seront pas racontées, selon le public, de la même façon. Dans l'Ouest canadien, cette langue du «raconté» se fait à la fois double et hybride, mêlant le français et l'anglais dans un style qui semble instinctif aux auteurs et surtout aux dramaturges des Plaines. Dans un contexte si fortement minoritaire, le français n'est une langue identitaire que dans sa cœxistence tantôt invisible, tantôt contestatrice, avec l'anglais. Ces enjeux du bilinguisme se comprennent peut-être bien lorsqu'un ouvrage bilingue est présenté à un public à l'aise dans les deux langues. Mais, pour rejoindre un plus grand public que le bassin bilingue, pour aller plus loin que de *se* raconter des histoires, et donc pour raconter nos histoires aux autres, il faut, dans cet environnement, passer par une certaine traduction. Dans une présentation de la pièce bilingue *Boom!* d'Isabelle Rousseau, Anna-Maria Lemaistre et Mireille Moquin au Festival de théâtre Fringe 2007 à Edmonton, les trois dramaturges et comédiennes ont choisi de passer à un plus grand public par le surtitrage. Dans cette pièce, comme le soulignent les artistes,

> [u]n des points fondamentaux était le bilinguisme. «C'était important de le faire bilingue parce que nous vivons dans une réalité bilingue et nous voulons un public plus grand, d'où les sous-titres [surtitres] développés par Anna-Maria [Lemaistre], explique la Québécoise [Isabelle Rousseau] avant de céder la parole à celle qui a passé plus d'une semaine sur la traduction. Il y a plusieurs personnes qui, autrement, ne viendraient pas. Moi, j'ai des amis qui ne viendraient pas me voir en français[1].»

Il faut noter que les surtitres étaient prévus d'emblée pour la présentation de cette pièce bilingue qui n'a jamais été jouée sans eux. Le bilinguisme de la pièce se situe donc d'abord dans le texte et la présentation de la pièce, puis dans ses surtitres, et c'est dans cet ordre que nous en ferons l'examen.

La pièce raconte la vie et la thérapie d'une jeune fille, Hannah, qui s'éveille à la vie et aux répercussions du *boom* économique en Alberta. Dans le texte de cette pièce bilingue, le français et l'anglais ont chacun leur place. Si le français semble dominer la plus grande partie du texte, l'anglais y fait intrusion jusqu'à prendre la place principale dans certaines scènes. C'est le cas, notamment, de conversations entre Hannah et ses collègues de travail anglophones, de conversations entre Hannah et son père et parfois même de bouts de réflexion personnelle ou d'interjections lancées à sa psychologue. Le passage suivant met en scène Hannah, sa mère et son père dans une situation où le français et l'anglais occupent des places particulières. La mère d'Hannah, Ghislaine, est originaire du Québec et parle beaucoup, alors que son mari, Paul, est un Franco-Albertain presque muet qui, lorsqu'il parle, le fait plutôt en anglais:

---

[1] Héloïse Archambault-Lafontaine, «Place au *BOOM*! francophone: Edmonton International Fringe Theatre Festival», *Le Franco*, Edmonton, vendredi 31 août 2007, p. 3.

GHISLAINE : Tu ne peux pas te fermer les yeux sur la situation, Paul. Arrête de faire l'autruche ! Notre fille perd la tête. Je ne peux pas tout faire. Regarde ! Elle est là-bas en train de se parler à voix haute. Va lui parler !
PAUL : Oh, hi, Hannah. You know, you look…beautiful and very… toned and…healthy and hearty[2].

Paul semble victime d'un trouble du langage qui affecte sa communication, alors que Ghislaine semble obsessive dans son usage de la langue et celui des autres. Ghislaine, figure généralement unilingue, fait entendre sa voix et sa langue sur scène. Pour les personnages bilingues de Paul et d'Hannah, l'utilisation des langues mène à l'insécurité linguistique dans le premier cas et à la folie dans le deuxième lorsque Hannah se parle à elle-même. Les paroles de Ghislaine sont très révélatrices à cet égard : celle qui parle beaucoup doit ordonner à celui qui parle peu, Paul, de parler à celle qui se parle à elle-même, Hannah. Malgré tout, Paul n'est pas capable d'exprimer ses sentiments envers sa fille en français et a beaucoup de difficulté à le faire en anglais, langue dans laquelle son intervention est marquée de silences et d'hésitations. À la suite de cette conversation, Hannah ne sera que plus désespérée. Ces échanges linguistiques ont un impact réel sur l'évolution de la pièce, où Hannah devra naviguer entre les langues autant qu'entre les situations pour sortir du désespoir et trouver un sens à sa vie. Pour transmettre les échanges bilingues caractéristiques de cette pièce, la traduction devra refléter le rôle spécifique accordé au bilinguisme.

Les auteures ont choisi le surtitrage pour s'attaquer à la traduction de leur pièce. On remarquera ici que le surtitrage commence à percer comme moyen de diffusion des pièces en français dans l'Ouest canadien. Il se justifie souvent par un besoin de rejoindre des publics à l'extérieur des communautés francophones et donc d'augmenter le potentiel de diffusion des théâtres de ces communautés. À Saskatoon, par exemple, pour la première fois en 2007,

---

[2] Isabelle Rousseau, Anna Maria LeMaistre et Mireille Moquin, *Boom!*, manuscrit non publié, p. 24.

trois des cinq représentations du *Mariage forcé* et de *La jalousie du barbouillé* de Molière sont présentées par la Troupe du Jour avec surtitres anglais. C'est aussi le cas pour la création *Les vieux péteux* de la dramaturge fransaskoise Madeleine Dalhem-Blais, présentée en avril 2008. Dans ces pièces, le surtitrage est projeté au-dessus de la scène et contribue à transmettre deux différents types de pièces pour un public varié : un classique originaire de France et une création locale ancrée dans le contemporain. Lors de la présentation des farces de Molière, le surtitrage reposait sur une méthode de traduction plutôt simplificatrice qui cherchait surtout à tracer les grandes lignes du texte. Le surtitrage en anglais et en français du texte bilingue de *Boom !*, par contre, se distinguera de ce genre de surtitrage plutôt conventionnel.

Si le texte original est de prime abord bilingue, le surtitrage contribue à une seconde stratégie de bilinguisme. Il se fera par moments fidèle, à d'autres subtilement infidèle, pour raconter des histoires qui varient légèrement selon les ressources linguistiques du spectateur. Ainsi, l'histoire a une signification différente pour le spectateur qui l'interprète à partir de la version française, pour celui qui le fait à partir de celle en anglais et pour un troisième qui maîtrise les deux langues. La traduction par surtitres de l'extrait précédent, par exemple, ne se fera pas vers une seule langue (surtitres en anglais), mais inversera les langues. C'est-à-dire que, lorsque les personnages parlent français, le surtitre sera en anglais, alors que, lorsqu'ils parlent en anglais, le surtitre sera en français. On tient pour acquis que le public ne sera pas composé entièrement de personnes ne comprenant que l'anglais, mais aussi peut-être de personnes ne comprenant que le français. Cette stratégie linguistique se trouve dans la traduction par surtitrage de l'extrait bilingue cité précédemment :

> *You can't turn a blind eye on this situation, Paul.*
> *Our daughter's losing her mind. I*
> *can't take care of everything.*
> *Look! She's over there talking to*
> *herself. Go say something!*

Oh, salut, Hannah. Tu sais, tu as l'air... hum... très belle...
...et aussi... en forme...
...et... en santé et costaude[3].

La conversation entre Ghislaine et Paul ainsi que l'équilibre de leur apport à cette conversation sont reproduits dans la traduction. Hannah se parle toujours à elle-même, sa mère insiste toujours pour que le père aille lui dire quelque chose et le père est tout aussi hésitant dans ses compliments. Alors que le texte de Ghislaine est traduit en anglais, celui de Paul est en français, procédant ainsi à une inversion des langues dans le surtitrage.

Le surtitre demeure toutefois assez fidèle au texte et, à d'autres occasions, il met assez fidèlement en relief la performance. C'est le cas de la citation suivante, extraite de la mise en contexte de la narratrice au début de la pièce :

> Le peuple de l'Alberta travailla si fort que la bonne fée décida de lui accorder un vœu. Pensant au futur, les Albertains demandèrent quelque chose dont les générations à venir pourraient bénéficier... La fée leur donna le pétrole[4].

Le surtitre, projeté sur une bande au-dessus de la scène, offre une traduction assez fidèle en anglais :

> *The people of Alberta were such*
> *hard workers,*
> *that the fairy decided to grant them*
> *a wish.*
> *Looking to the future, the Albertans wished for something*
> *that would benefit generations to come.*
> *The fairy gave them...*
> *OIL*[5]*!*

---

[3] Isabelle Rousseau, Anna Maria LeMaistre et Mireille Moquin, « Surtitres pour *Boom!* », traduction d'Anna Maria LeMaistre, manuscrit non publié, p. 16-17.

[4] Isabelle Rousseau, Anna Maria LeMaistre et Mireille Moquin, *Boom!*, *op. cit.*, p. 1.

[5] Isabelle Rousseau, Anna Maria LeMaistre et Mireille Moquin, « Surtitres pour *Boom!* », *op. cit.*, p. 1.

Ce texte ne change pas beaucoup dans les surtitres anglais ; même l'ordre des mots de la traduction aide les anglophones à comprendre en même temps que les francophones. Le surtitre est espacé de façon à permettre une compréhension facile et rapide pour un public ne comprenant pas le français. La mise en majuscules et en plus grand format de «*OIL*» met en relief une exagération déjà présente en performance : les trois comédiennes prenaient une pause dramatique avant d'articuler à l'unisson : « le pétrole ». Cette mise en relief dans le surtitre aide ainsi à situer les deux textes l'un contre l'autre en montrant où ils coïncident, car le format du surtitre répète ici celui du texte en performance.

Parfois, cependant, les langues ne sont pas traduites par le surtitre ; le dialogue y est plutôt énoncé de nouveau dans la même langue. Dans l'extrait suivant, c'est un genre de chœur grec qui articule des mots en anglais pour rappeler la situation personnelle d'Hannah face à des défis sociaux de plus grande envergure :

> NARRATRICE : Mais face à sa crise existentielle croissante, Hannah se mit à agir de façon…eh bien…disons bizarre, même gênante…
> C : *Political boredom*
> B : *Indifference*
> C : *Panic attacks*
> B : *Stabbings*
> C : *Eating disorders*
> B : *Compulsive shopping*
> C : *There is a big problem*
> B : Un gros gros problème
> C : *Everything is big*! Qu'est-ce que je fais à Edmonton ? J'ai besoin de la nature ! J'ai besoin de me reconnecter ! On est en train de tout tuer[6].

Dans les surtitres, les commentaires de C et de B restent en majorité dans la langue du texte original, donc en anglais :

---

[6] Isabelle Rousseau, Anna Maria LeMaistre et Mireille Moquin, *Boom!*, *op. cit.*, p. 10.

> *However, faced with a growing existential crisis,*
> *Hannah had begun to act in a way that was...well...let's say*
> *"odd".*
> *Even Embarrassing.*
> *Political boredom*
> *Indifference*
> *Panic attacks*
> *Stabbings*
> *Eating disorders*
> *Compulsive shopping*
> *There is a big problem*
> *A big, big problem*
> *Everything is big! What am I doing in Edmonton?*
> *I need to be close to nature! I need*
> *to reconnect!*
> *We're killing everything*[7].

Contrairement à la stratégie utilisée pour la traduction du premier extrait cité, celle-ci semble refuser de traduire certains mots et les enjeux sociaux qui s'y rattachent. C'est le cas, entre autres, de l'apathie politique et des autres symptômes du «gros gros problème» albertain. La traduction semble reprendre la stratégie de l'inversion des langues seulement pour mettre l'accent sur ce fameux «gros problème», ce qui fait en sorte que le surtitre au complet se déroule en anglais, effaçant les traces du bilinguisme du texte original mais dédoublant aussi le texte joué sur scène. Car si le texte n'est pas traduit, il est alors répété dans la même langue dans le surtitre, permettant aux spectateurs d'entendre et de lire à la fois le même message dans la même langue. Cette stratégie diffère des précédentes en ce qu'elle ne choisit pas nécessairement d'être fidèle à la traduction linguistique ou à la mise en relief des intonations des comédiennes offerte par le surtitrage. Elle choisit plutôt d'apporter quelque chose de nouveau à la pièce par sa performance surtitrée, c'est-à-dire qu'elle ajoute à la pièce en refusant de traduire.

---

[7] Isabelle Rousseau, Anna Maria LeMaistre et Mireille Moquin, «Surtitres pour *Boom!*», *op. cit.*, p. 6.

Ce qui se passe sur scène est aussi affecté par la traduction qui apparaît simultanément, car il faut rappeler que les surtitres défilent une ligne à la fois durant la présentation de la pièce. Dans l'extrait suivant, les textes fournissent des images différentes du côté des deux langues, le français parlé et l'anglais des surtitres; pour les individus bilingues dans le public, les images (de ravins, d'arbres, de condos, de villes, de «SUVs», de terrains de stationnement) se multiplient et se contrastent.

> En Alberta
> On déboise nos ravins
> Pour bâtir des gros condos
> Ou bien des sites pavés
> Que le monde y trouve bien beaux[8]

> *Alberta's home*
> *We cut down all the trees*
> *To build our booming cities*
> *Or to make more parking lots*
> *For all the SUVs we've bought*[9]

Une préoccupation de la rime a donc engendré, dans la traduction, l'élaboration du problème par de nouvelles images. Les gros condos sont comparés aux *booming cities*, alors que les sites pavés engendrent l'image des stationnements et des véhicules utilitaires sport qui apparaissent dans le surtitre. Le surtitre ne répète donc pas tout à fait le texte original, mais y ajoute de nouvelles images pour ceux qui comprennent les deux versions. Le prochain passage comprend le même genre de transposition créatrice. Le rôle protecteur de la fée apparaît dans différentes lignes et on ne fait mention de la peur que dans la version anglaise. En outre, l'image de la Prairie situe le texte anglais dans une géographie plus albertaine que celle du texte français. Dans ce dernier, il n'y a aucun positionnement géographique.

---

[8] Isabelle Rousseau, Anna Maria LeMaistre et Mireille Moquin, *Boom!*, *op. cit.*, p. 29.

[9] Isabelle Rousseau, Anna Maria LeMaistre et Mireille Moquin, «Surtitres pour *Boom!*», *op. cit.*, p. 20.

> Elle voulut tellement la protéger
> Si seulement elle avait une fée
> Sur qui elle pourrait déverser
> Toute son obsessionnalité [10]

> *Ghislaine wished she had a fairy*
> *To protect her from all things scary*
> *She felt so confused on the prairie*
> *She started to feel cuckoo-berry*[11]

En outre, si l'« obsessionnalité » ne fait que s'amorcer en anglais, elle est déjà très présente en français. Cette transposition fait varier légèrement les perceptions à la fois chez ceux qui comprennent les deux versions et chez ceux qui n'en comprennent qu'une. La paranoïa vient plus tard en français, dans le passage suivant :

> Elle devint trop paranoïaque
> Elle craignait de subir une attaque
> Si sa fille se mettait au crack
> Si un jour elle prononçait « tabarnak »[12]

> *She started to act like a quack.*
> *What if someone attacked?*
> *What if her daughter smoked crack,*
> *Or always fucked around bare back?*[13]

Dans les textes français et anglais, on a une compréhension différente des comportements vulgaires. On y note surtout une différence de degré de vulgarité. Si la version française révèle un humour blasphématoire, c'est un humour à caractère sexuel qu'évoque la version anglaise. La mise en évidence de ces différences révèle un

---

[10] Isabelle Rousseau, Anna Maria LeMaistre et Mireille Moquin, *Boom!*, *op. cit.*, p. 3.

[11] Isabelle Rousseau, Anna Maria LeMaistre et Mireille Moquin, « Surtitres pour *Boom!* », *op. cit.*, p. 2.

[12] Isabelle Rousseau, Anna Maria LeMaistre et Mireille Moquin, *Boom!*, *op. cit.*, p. 3.

[13] Isabelle Rousseau, Anna Maria LeMaistre et Mireille Moquin, « Surtitres pour *Boom!* », *op. cit.*, p. 2.

certain humour qui ne peut être apprécié que par les personnes bilingues ayant accès aux deux textes côte à côte.

La réception critique de la presse tant anglophone que francophone a moins souligné l'apport du bilinguisme que celui de la perspective francophone dans cette pièce bilingue. *Le Franco*, hebdomadaire francophone de l'Alberta, traduisait ainsi les propos du journaliste Matthew Halliday de *See Magazine*:

> par rapport à la dénonciation des difficultés de la province, que «de l'entendre du point de vue francophone lui donne une perspective unique» (traduction libre). Un commentaire que les principales concernées s'expliquent mal. «Peut-être que nous ne sommes pas tout à fait conscientes qu'il existe des différences, mais nous nous faisons souvent dire qu'il y a des différences dans l'humour, dans la perception», explique celle qui jouait le rôle du père, Paul, Isabelle Rousseau[14].

Cette différence perçue par le journaliste anglophone reflète l'altérité que soulève habituellement la critique anglophone. Bien qu'ils mentionnent la langue principale du texte, les critiques anglophones ne font pas mention de la fidélité du surtitre au texte joué sur scène. Si les auteurs utilisent le texte et les surtitres pour jouer avec les langues et créer la différence, les critiques anglophones associent l'altérité à la culture et au sens de l'humour particuliers. L'interprétation singulière de la critique anglophone, donc, pourrait découler de la légère différence entre le texte joué et sa traduction par le surtitre. Pour un public qui ne comprend que le surtitre et qui n'est pas conscient de son inadéquation au texte original, l'exposition des difficultés albertaines offerte par les comédiennes pourrait être conçue comme étant représentative de la vision francophone minoritaire.

Le surtitrage dans *Boom!* et son inadéquation occasionnelle avec le texte d'origine se rapprochent de la notion de colinguisme de Catherine Leclerc, «une forme de *code-switching* littéraire qui ferait place à la réciprocité», tout en insistant sur un partenariat

---

[14] Héloïse Archambault-Lafontaine, *op. cit.*, p. 3.

équitable des langues[15]. Ce n'est pas pour dire que tout surtitrage constitue une forme de colinguisme, bien qu'il puisse s'agir d'une variation sur le colinguisme. Au sujet des éditions bilingues conventionnelles, que l'on peut rapprocher d'un surtitrage tout aussi conventionnel, Leclerc rappelle que « parce qu'elles reproduisent un récit déjà existant en une autre langue plutôt que de mettre deux langues en partage dans la constitution d'un seul récit, [elles] ne sont pas colingues au sens où nous l'entendons ici[16] ». Ainsi, c'est plutôt le jeu subtil entre le scénario, le texte et sa parodie de la traduction qui se rapproche du colinguisme tel que défini par Catherine Leclerc. La différence voulue entre le texte en performance, les surtitres et leurs langues respectives met en valeur une réciprocité entre les deux. *Boom!* et sa traduction par surtitres font ainsi usage du colinguisme par les stratégies d'inversion des langues, de réitération du texte dans la langue originale, de différences subtiles menant à la prolifération d'images et à l'humour.

Ce partage des langues est également présent dans le récit *L'homme invisible / The Invisible Man* de Patrice Desbiens, ouvrage qui est d'ailleurs utilisé par Leclerc à titre d'exemple du colinguisme. Dans cette édition dite bilingue, la page de gauche est habituellement en anglais et la page de droite habituellement en français, « suggérant l'appartenance simultanée de ce texte à deux communautés linguistiques distinctes[17] ». Mais, au-delà de cette suggestion d'appartenance, le texte semble plutôt tenter de revitaliser une « communalité de ses formes équivoques et simultanées de bilinguisme[18] ». On verra, par exemple, l'anglais pénétrer la page de gauche et le français pénétrer celle de droite, alors que parfois la traduction semblera correspondre à l'original. Comme avec Hannah, dont le discours des collègues anglophones demeure en anglais, les paroles de l'ami anglophone de l'homme invisible

---

[15] Catherine Leclerc, « Des langues en partage? Cohabitation du français et de l'anglais en littérature contemporaine », thèse de doctorat, Montréal, Université Concordia, Département des *Humanities*, 2004, p. 45.
[16] *Ibid.*, p. 74.
[17] *Ibid.*, p. 246.
[18] *Ibid.*, p. 281.

le demeurent aussi : « *"Hey, you sure know how to die...",* lui dit un de ses amis[19] ». Les deux versions différeront aussi beaucoup : dans certains passages, l'action se poursuit dans l'autre langue sur l'autre page ; dans d'autres, elle se contredit de la même façon. Mais la lecture des deux versions sera toujours nécessaire, puisque la « soi-disant traduction ne fourni[t] qu'à l'occasion les accommodements nécessaires à la compréhension du récit par un lecteur unilingue[20] ». Leclerc caractérise *L'homme invisible / The Invisible Man* « colinguisme de l'exiguïté » en se référant au concept élaboré par François Paré. Si *L'homme invisible / The Invisible Man* fait preuve du colinguisme de l'exiguïté le plus poussé, *Boom!* y participe aussi, mais de façon beaucoup plus subtile. Pour un spectateur ne comprenant que l'une des langues énoncées sur scène, les surtitres sont essentiels ; au spectateur comprenant les deux langues, les surtitres fournissent un supplément qui lui permet de jouer avec ses compétences linguistiques.

En outre, si *L'homme invisible / The Invisible Man* fait usage des possibilités du colinguisme à l'écrit, le surtitrage de *Boom!* tente d'en explorer le potentiel en performance. Car, au théâtre, il faut toujours prendre en compte ces deux aspects fondamentaux du scénario, celui du texte sur la page et celui de sa performance sur la scène. Ces aspects peuvent poser problème en traduction pour un texte reçu et jugé dans l'immédiateté de la performance par le public, qui ne peut pas déposer le texte afin de consulter des outils linguistiques. Selon Susan Bassnett-McGuire, spécialiste en traduction du théâtre, « *a theatre text exists in a dialectical relationship with the performance of that text. The two texts — written and performed — are coexistent and inseparable, and it is in this relationship that the paradox for the translator lies*[21] ». C'est toutefois

---

[19] Patrice Desbiens, *L'homme invisible / The Invisible Man* suivi de *Les cascadeurs de l'amour*, Sudbury, Prise de parole, 1997 [1981], p. 6.
[20] Catherine Leclerc, *op. cit.*, p. 247.
[21] Susan Bassnett-McGuire, « Ways Through the Labyrinth. Strategies and Methods for Translating Theatre Texts », dans Theo Hermans (dir.), *The Manipulation of Literature, Studies in Literary Translation*, Londres, Croom Helm, 1985, p. 87.

justement dans cette relation qu'un interstice s'ouvre pour délimiter un espace autre où peut prendre forme le colinguisme, celui du plateau et des possibilités audiovisuelles qu'il offre au défilement des langues. Ainsi, les surtitres forment des outils de la traduction en performance et permettent de profiter des ressources de la performance pour concevoir une traduction spécifique au théâtre. L'utilisation de ces outils permet d'imaginer des stratégies de traduction pour d'autres œuvres dramatiques bilingues dont on doute toujours de la possibilité d'être traduites. Abé Mark Nornes, qui propose l'usage de sous-titres, qu'il qualifie d'« abusifs » au cinéma, souligne que ceux-ci permettent de confronter le spectateur à l'étrangeté du texte original et de le renvoyer, de ce fait, à l'original :

> *Rather than smothering the film under the regulations of the corrupt subtitle, rather than smoothing the rough edges of foreignness, rather than convening everything into easily consumable meaning, the abusive subtitles always direct spectators back to the original text. Abusive subtitles circulate between the foreign and the familiar, the known and the unknown*[22].

Le sous-titre « abusif » de Nornes évite de trop se conformer aux attentes culturelles d'un public unilingue et refuse de condenser le sens du texte original pour le rendre plus facile à consumer. Au contraire, il tente de puiser le plus possible dans le texte original et sa différence culturelle et linguistique pour donner le goût au public d'y accéder. Contrairement au sous-titre « corrompu », le sous-titre « abusif » confronte les spectateurs à leurs préconceptions du film de l'étranger et les force à faire l'aller-retour entre les langues et les cultures. La variation légère entre le texte bilingue de *Boom !* et ses surtitres permet à un public bilingue, et éventuellement à un public unilingue, de faire cet aller-retour. Pour éviter d'évacuer la dualité linguistique des textes dramatiques bilingues, le cas de la traduction par surtitres de *Boom !* nous montre les balbutiements

---

[22] Abé Mark Nornes, « For an Abusive Subtitling », dans Laurence Venuti (dir.), *The Translation Studies Reader*, 2004 [1992, 2000], p. 467.

d'une stratégie de diffusion et d'inclusion à grand potentiel. Cette utilisation du surtitrage imagine la possibilité de renouveler le bilinguisme du texte par une tentative de colinguisme en performance qui ferait varier l'expérience théâtrale des spectateurs selon leurs ressources linguistiques. Il crée ainsi un mode par lequel on peut simultanément se raconter nos histoires, les raconter à d'autres et raconter l'espace qui les sépare et qui les rapproche.

BIBLIOGRAPHIE

Archambault-Lafontaine, Héloïse, «Place au *BOOM!* francophone: Edmonton International Fringe Theatre Festival», *Le Franco*, Edmonton, vendredi 31 août 2007.

Bassnett-McGuire, Susan, «Ways Through the Labyrinth. Strategies and Methods for Translating Theatre Texts», dans Theo Hermans (dir.), *The Manipulation of Literature, Studies in Literary Translation*, Londres, Croom Helm, 1985, p. 87-102.

Desbiens, Patrice, *L'homme invisible / The Invisible Man* suivi de *Les cascadeurs de l'amour*, Sudbury, Prise de parole, 1997 [1981], 186 p.

Leclerc, Catherine, «Des langues en partage? Cohabitation du français et de l'anglais en littérature contemporaine», thèse de doctorat, Montréal, Université Concordia, Département des *humanities*, 2004, 342 p.

Nornes, Abé Mark, «For an Abusive Subtitling», dans Laurence Venuti (dir.), *The Translation Studies Reader*, 2004 [2000, 1992], p. 743-784.

Rousseau, Isabelle, Anna Maria LeMaistre et Mireille Moquin, *Boom!*, manuscrit non publié, copie disponible auprès des auteures.

Rousseau, Isabelle, Anna Maria LeMaistre et Mireille Moquin, «Surtitres pour *Boom!*», traduction d'Anna Maria LeMaistre, manuscrit non publié, copie disponible auprès des auteures.

REPRÉSENTATIONS DE LA MINORISATION
DANS *L'ANNÉE DU BIG MAC*, DE MARC PRESCOTT

NICOLE CÔTÉ
UNIVERSITÉ DE RÉGINA

Marc Prescott, dramaturge originaire du Manitoba et résidant désormais à Edmonton, a écrit de nombreuses pièces de théâtre, dont environ une demi-douzaine ont été publiées. Prescott est souvent vu par les critiques comme un auteur à l'écriture purement référentielle, bien que parodique. Je m'intéresserai ici à une pièce de Prescott publiée en 2004, *L'année du Big Mac*, une œuvre populaire dans le répertoire franco-canadien. Dans cette œuvre, l'écriture référentielle se double selon moi d'un registre symbolique. En effet, la pièce, qui peut être vue comme une critique des élections américaines ayant mené Bush au pouvoir, présente également une réflexion sur les effets délétères de l'hégémonie culturelle anglophone américaine sur un groupe minoritaire franco-canadien qui n'assume pas son particularisme.

Avant de présenter mon argument, je résumerai brièvement la pièce : il s'agit d'un moment dans la vie de la famille Prozac, dont tous les membres, sauf Henry, le fils aîné — qui narre l'histoire de sa famille *a posteriori* à une animatrice de télé —, vivent dans un monde imaginaire afin d'échapper à leur intolérable vie de paumés. La mère, Jacklyn, régulièrement internée, considère ses périodes psychiatrisées comme des séjours dans une « clinique de beauté chronique ». Le plus jeune des fils, un bel idiot dépressif, se considère comme un digne candidat à la présidence des États-Unis depuis qu'il a été encouragé par Dieu à coup de clichés du grand rêve américain. Le père, Jerry, ayant sombré dans un coma après avoir été frappé par une rondelle de hockey égarée alors qu'il assistait à un match des Bruins de Boston, ne reprend conscience que pour être témoin de la tragédie familiale. Comme les autres membres de la famille — sauf Henry, l'aîné, qui échappera au carnage parce que sa mère oublie de voir ce fils laid mais lucide —, Jerry se fera assassiner par sa femme ce jour-là. Dès son réveil le jour fatal, Jerry est parfaitement lucide et tente inutilement de convaincre sa femme que son chien Rover n'existe pas : elle entrera dans une colère terrible et affirmera, avant de se tuer elle-même, que c'est le chien qui a tiré sur tous les membres de la famille. Parmi les personnages se trouve également Mary, l'amoureuse de William, qui exige constamment de lui qu'il l'épouse sur-le-champ et le menace de se suicider s'il n'obtempère pas à sa demande. Henry, le survivant, servira de narrateur de l'histoire tragique de son frère, qui s'était rendu aux élections présidentielles avec ses discours empreints d'ignorance et de naïveté. Lilianne Paul, animatrice de l'émission de télévision *Les stars du Stars & Stripes*, obnubilée par le rêve américain, sert de destinataire au récit, présenté sous la forme d'une pièce de théâtre encadrée par les publicités commanditaires de l'émission.

Hégémonique contre minoritaire

J'ai dit qu'on pouvait lire *L'année du Big Mac* à deux niveaux, référentiel et symbolique. Sur le plan référentiel, cette pièce se présente effectivement comme une parodie des élections américaines qui ont mené Bush au pouvoir. Mais Prescott y élargit la parodie pour inclure le rapprochement opéré, par le biais de la télé, entre les pubs et les élections présidentielles. La parodie s'étend donc à l'ensemble de la culture américaine, avec sa caractéristique interpénétration des sphères politique, religieuse et économique. Sur le plan symbolique, la pièce est selon moi représentative de la relation entre l'hégémonie de la culture américaine et la très minoritaire culture franco-canadienne de l'Ouest. C'est ce dernier aspect de la pièce qui m'intéresse parce qu'il semble occulté par son contenu référentiel évident. Peut-être serait-il important de rappeler que la littérature, en raison de son double pouvoir, celui de représentation du réel et celui d'«imagination culturelle», selon un terme de Ricœur[1], présente généralement les conditions de son émergence dans un médium qui travaille sur les plans tant du référentiel que du symbolique. Je veux dire par là que si, en surface, la fiction peut souvent être considérée comme représentant la réalité mimétiquement, à un autre niveau, elle s'organise en un réseau d'images qui connotent une réalité de type symbolique.

Sur un plan symbolique, donc, Prescott oppose à l'hégémonique tonitruant de la société américaine une famille francophone rendue malade par sa difficulté de minoritaire.

En effet, en dépit du fait que la famille Prozac montre tous les signes d'une aliénation mégalomaniaque, mégalomanie qu'elle copie sur la société hégémonique dans laquelle elle vit, elle ne se voit pas franchir le seuil qui sépare le réel du fantasmatique — exception faite du lucide et dépressif Henry — parce qu'elle participe par osmose au grand rêve américain, rêve qui ne peut être maintenu qu'artificiellement (de là son patronyme[2] «Prozac»). Elle représente le versant sombre de la condition minoritaire, le grand

---

[1] Paul Ricœur, «Ideology and Utopia as Cultural Imagination», dans Donald M. Borchert et David Stewart (dir.), *Being Human in a Technological Age*, Athens, Ohio University Press, 1982, p. 112-121. Cet article n'a pas d'original en français. Il a été écrit en anglais au moment où Ricœur enseignait aux États-Unis.

[2] Les prénoms des personnages de la famille Prozac renvoient tous, sauf, ironiquement, celui bassement prosaïque du père, Jerry, à des dirigeants politiques, royaux ou démocratiques: Jacklyn nous rappelle Jacqueline Kennedy, qui était d'une famille de vieille souche française, qu'accuse son patronyme, Bouvier. Henry, William et Mary rappellent les souverains conjoints de l'Angleterre et de l'Écosse, William III et Mary II, et Henry peut également faire référence à Henry Kissinger — qui a été conseiller de nombreux présidents américains et promoteur de la *realpolitik*, qui opposait le réalisme à l'idéalisme prôné par les néoconservateurs. Cela correspondrait au rôle d'Henry dans la famille Prozac, celui d'amener sa famille perdue dans des rêves de grandeur à reconnaître la triste réalité. Par contraste, les prénoms faisant allusion à des souverains accuseraient leur folie des grandeurs.

désir d'oubli de leur condition que François Paré a repéré chez les minoritaires. En effet, dans son célèbre ouvrage *Les littératures de l'exiguïté*, Paré affirme que les petites littératures souffrent de deux misères opposées : la conscience et l'oubli. L'une reconnaît sa fragilité et s'institue en faisant de l'œuvre littéraire « ce noyau d'identification collective autour duquel tournoient les fidélités et les appartenances individuelles[3] » ; l'autre — l'oubli — nie son appartenance à sa communauté, « ne veut rien avoir à faire avec une origine qui lui paraît locale », et ainsi « disperse et généralise[4] » les signes de son appartenance. La conscience est misère parce que, selon Paré, une conscience continue et « exacerbée des mécanismes agissant dans la culture serait purement insupportable[5] ». Dans *La distance habitée*, il revient sur cette question et insiste sur « la nécessité de l'oubli dans toute société ouverte sur l'avenir[6] ». Ces propos de Paré s'appliquent selon moi à *L'année du Big Mac* en ce que cette œuvre prend le pouls du minoritaire franco-canadien dans son oscillation entre l'hyperconscience de son état et son oubli. Cet oubli emprunte également les traits de l'atopique[7], c'est-à-dire l'absence de cartographie du territoire occupé : en effet, est escamoté, dans *L'année du Big Mac*, le territoire géopolitique précis sur lequel la famille Prozac vit, bien que celui des États-Unis soit omniprésent : les noms des personnages sont anglo-américains, la seule ville mentionnée (Boston) l'est également, de même que la campagne présidentielle. Néanmoins, la dualité très franco-canadienne de leur code linguistique laisse entendre que les membres de cette famille vivent au Canada anglais ou qu'ils sont des Canadiens émigrés aux États-Unis.

La famille Prozac étant paralysée par la dépression et la misère, la télévision, représentation du discours hégémonique américain,

---

[3] François Paré, *Les littératures de l'exiguïté*, Ottawa, Le Nordir, 1992, p. 123.
[4] *Ibid.*, p. 124.
[5] François Paré, *La distance habitée*, Ottawa, Le Nordir, 2004, p. 56.
[6] *Ibid.*, Paré reprend ici l'idée de Joël Candau.
[7] Selon Paré, « l'atopique » (l'absence de l'espace) est à la fois condition de l'exiguïté culturelle et symptôme de la part de l'oubli des œuvres produites dans des conditions minoritaires. *Les littératures de l'exiguïté, op. cit.*, p. 22.

lui permet d'adopter une position fantasmée d'osmose avec cet hégémonique. La famille sombre dans l'oubli de sa condition, se situant dans l'atopique en se croyant majoritaire, c'est-à-dire en semblant adopter la géographie et la culture des États-Unis.

On a vu qu'Henry, qui s'oppose à son frère cadet William par sa lucidité et par sa laideur, est le fils que Jacklyn oublie toujours; ce n'est pas surprenant car il représente la réalité pour sa famille, qui vit de l'assistance sociale depuis que le père est comateux. Littéralement assommé par le hockey — signe atavique d'une certaine canadianité en déperdition puisqu'elle est absorbée par la culture américaine —, le père catatonique semble représenter l'échec de l'interdit structurant, laissant mère et fils à leurs fantasmes délirants. En effet, pendant l'essentiel de la pièce, la présence gargouillante du père agit comme un baromètre de la loi perdue, ou, si l'on veut, du contrat social égaré. Le père, qui, dans la tradition psychanalytique, est celui qui demande que la jouissance des fils soit délimitée par les tâches sociales, visant le bien commun, est présent, mais réduit à l'état de mort-vivant. C'est Henry qui remplace sa conscience, mais il s'agit d'une conscience déchue, sans autorité parce que, cynique, Henry ne croit plus à son autorité. Le père, lorsqu'il se secouera enfin de sa catatonie (au dernier acte), se mettra d'ailleurs immédiatement à départager les fantasmes de la réalité en rappelant à sa femme que son chien imaginaire Rover n'existe pas.

William, le préféré de sa mère, est un bon exemple de l'oscillation entre les pôles opposés de l'oubli et de l'hyperconsience identitaires que vivent les minorités en ce qu'il se noie dans les représentations hégémoniques qu'offre la télévision avant qu'Henry, son aîné, ne l'oblige à faire face au réel et au fait qu'il est un raté. L'hyperconscience toutefois ne dure qu'un temps, car William penche de nouveau vers l'oubli et, grâce aux encouragements de Dieu (Dieu le père lui apparaît en effet sous les traits du colonel Sanders, adoptant l'image que s'en fait William), il se présentera comme candidat aux présidentielles américaines.

Sur le plan symbolique donc, on pourrait considérer *L'année du Big Mac* comme une parodie des conséquences psychologiques de la minorisation culturelle et linguistique face à l'hégémonie.

Parodie et idéologie

La pièce concentre les idées reçues à un point tel qu'un malaise naît chez le lecteur après les premiers éclats de rire qu'elle provoque. En effet, la pièce se présente comme une parodie burlesque du lieu commun, comme une œuvre dont le sous-titre pourrait être *Dictionnaire des idées reçues*. Pourquoi créer un texte dramatique où le cliché est présent *ad nauseam* ? Il m'a semblé que, par la surutilisation de lieux communs, Prescott effectuait une brutale dénaturalisation des valeurs du système hégémonique pour en révéler l'idéologie sous-jacente. L'idéologie, selon Ernesto Laclau[8], permet à un groupe particulier, avec son système de valeurs, de se présenter comme ayant des intérêts universels pour conserver son hégémonie par rapport aux autres groupes, avec lesquels il serait autrement en compétition. Le minoritaire chez Prescott serait tenté par les fictions hégémoniques présentes dans les clichés parce qu'elles constituent de puissants soporifiques qui lui offrent un oubli momentané de sa condition[9]. Le burlesque agirait donc comme un diagnostic de la situation en ridiculisant les minoritaires qui se prennent à jouer le jeu du majoritaire, à en parler la langue.

En ce sens, il n'est pas surprenant que soient associées à la campagne présidentielle les publicités qui fragmentent tout discours ou récit télévisé : en effet, l'économique est inextricablement lié au politique en ce qu'ils utilisent tous deux l'idéologie pour en arriver à leurs fins. L'idéologique, d'après la définition que Ricœur[10] en donne, est le discours qui cherche à combler l'écart existant entre la prétention — ici, d'un candidat aux élections présidentielles ou de la publicité d'un produit manufacturé — et la réalité (de ce que le candidat, ou le produit, peut vraiment accomplir).

---

[8] Ernesto Laclau, « Universalism, Particularism and the Question of Identity », *Emancipation(s)*, Londres-New York, Verso, 2007 [1996], p. 26.

[9] La famille Prozac de Prescott rappelle les lotophages de *L'odyssée*, ces marins qui, quoique avertis par Ulysse de l'effet de l'ingestion des fleurs de lotus, ne peuvent s'empêcher d'en consommer et sombrent dans l'oubli.

[10] Paul Ricœur, *op. cit.*, p. 112-121.

Selon Ricœur[11], l'idéologie et l'utopie peuvent être appréhendées selon un cadre conceptuel unique qu'il désigne comme une théorie de l'imagination culturelle. L'idéologie correspondrait à un écart, un manque à combler entre des représentations non réelles et la réalité du processus de la vie sociale comprise comme distortion et dissimulation. En effet, Ricœur rappelle que, selon Marx et Engels, chaque nouvelle classe dirigeante (hégémonique) représente ses intérêts comme étant l'intérêt commun de tous les membres de la société, exprimés sous une forme idéale : elle donne à ses idées la forme de l'universalité et les représente comme les seules rationnelles et universellement valides. Ce qui est en jeu ici est un processus de légitimation, de justification. La question suivante, selon Ricœur, est celle de la relation entre une prétention à la légitimité et la croyance en cette légitimité, une prétention de l'autorité en place et une croyance accordée par les individus sous cette autorité. Dans *L'année du Big Mac* comme dans la société américaine de la seconde partie du XXe siècle, le principal véhicule de cette prétention à la légitimité par le biais de l'idéologie est la télévision.

Le petit écran : lieu de rencontre de l'idéologie et de l'économie hégémoniques avec le minoritaire

On a vu que l'idéologie est le discours qui cherche à combler l'écart existant entre la prétention et la réalité. La prétention, dans *L'année du Big Mac*, se situe sur au moins deux fronts, l'un économique — celle de la publicité d'un produit manufacturé — et politique — celle de la prétention d'un candidat aux élections présidentielles. Or ces deux types de discours se côtoient à la télévision. Prescott souligne par là à la fois la contamination de la politique par des intérêts économiques dans l'hégémonie américaine et le fonctionnement commun de ces deux sphères grâce à l'idéologie.

Par ailleurs, en ce qui concerne les personnages principaux de *L'année du Big Mac*, la télévision sert à la fois à combler l'absence

---

[11] *Ibid.*

de liens sociaux et à les informer sur le monde réel. Toutefois, comme la télévision occupe une place prépondérante, elle devient le lieu d'une rencontre fantasmée, car elle semble ne s'adresser qu'à un interlocuteur, que ce soit William, qui se présentera avec le plus grand sérieux du monde aux élections présidentielles après l'avoir écoutée, ou sa mère Jacklyn, qui se prend pour une reine de la publicité en écoutant les annonces publicitaires. Parce qu'elle représente le discours social, la télévision est la voix de l'hégémonie, en faux dialogue avec l'individu (car ces personnages s'adressent à elle), qui représente le minoritaire. Comme si la minorisation face à l'hégémonique ne pouvait que résulter en une communication pas plus efficace que celle du monologue d'un personnage face à un écran.

En exagérant la manière dont la publicité envahit nos vies, c'est-à-dire en imaginant des paumés vivant par procuration grâce à la télévision, Prescott oblige son public à s'interroger sur le rôle des fictions dominantes dans la constitution de l'identité, ces fictions étant véhiculées par des discours politique et économique commodifiés. Les pauses publicitaires, qui agissent sur les personnages comme un prozac social en suscitant le désir d'avoir plutôt que d'être, servent d'autant plus à colmater le vide existentiel des personnages que ceux-ci, des minoritaires, s'accrochent au fétichisme de la commodité comme à une bouée.

D'ailleurs, Prescott, qui n'est pas étranger au fonctionnement de la publicité, exagère ici l'éventail de la clientèle visée par celle-ci et en rend manifestes les contradictions. En effet, ces publicités sont désopilantes parce qu'elles présentent des antithèses qui annulent la direction du message et la spécificité de l'adresse au public. En fait, elles ne sont différentes des publicités réelles que par le degré d'exagération du pouvoir des produits ou par celui de l'éventail des clients satisfaits. Prédatrice, la publicité opère de telle manière que chacun des groupes mentionnés se reconnaîtra et oubliera la fondamentale ambiguïté du message publicitaire.

Codes langagiers et hygiène verbale à l'œuvre chez les membres de la famille Prozac

On a vu que les thèmes contribuent à dessiner dans *L'année du Big Mac* les rapports entre culture majoritaire et culture minoritaire. Les indices de ce rapport des personnages au majoritaire se trouvent dans le style parodique — stratégie de subversion pour établir une distance ironique par rapport à l'hégémonie — mais également dans la langue, où les codes, toujours mouvants, remettent en question l'information véhiculée par leurs contenus. On pourrait avancer que cette variation exagérée des codes langagiers nous situe dans l'univers du fantasmatique, c'est-à-dire dans une représentation théâtrale parodique qui laisserait entendre que les États-Unis ont perdu le contrôle de leur représentation de la normalité, perte de contrôle qui se traduirait dans la forme par une perte de la neutralité des discours. Le contenu du discours hégémonique de l'animatrice Lilianne Paul montre que les *USA* souffrent d'une boulimie de mythes éculés qui témoignent d'une problématique santé mentale, une sorte de déclin prolongé de l'Empire américain.

Une autre interprétation est possible : celle que les codes langagiers mixtes soient l'indice de francophones en situation minoritaire. Par exemple, il est significatif que la mère, Jacklyn Prozac, une mythomane, adopte des normes linguistiques opposées, qui correspondent à ses états psychiques bipolaires : son français est châtié lorsqu'elle adopte le rôle de reine de la publicité — c'est-à-dire presque toujours —, mais revient à ce qu'on suppose être son français normal, c'est-à-dire à une syntaxe franglaise, semée de sacres, lorsque son fils Henry la ramène au réel intolérable : « Bravo, Willam, comme je suis fière de toi ! Je déborde de fierté[12] ! », s'exclame sa mère lorsque William lui confie : « Je me lance dans la course pour la présidence des États-Unis[13] ! ». Henry explique ici à William et aux membres de sa famille, qui lui ont demandé s'ils

---

[12] Marc Prescott, *L'année du Big Mac*, Saint-Boniface, Éditions du Blé, coll. « Rouge », 2004, p. 62.

[13] *Ibid.*, p. 61.

peuvent compter sur son aide, les raisons qui le poussent à la leur refuser :

> Parce que ça me tente pas de m'embarquer dans votre folie. Vous rendez-vous compte que ç'a aucun bon sens? C'est une perte de temps monumentale, estie!
>
> Vous rendez-vous compte qu'y a aucune chance de gagner? Qu'y vont penser que vous êtes une gang de fous? Qu'y vont rire de vos yeules[14]?

À quoi Jacklyn lui répond, changeant, en quelques répliques, totalement son niveau de langue : « Ben *too bad* pour toi, maudit pisse-vinaigre[15] ! ».

On a vu que le père, Jerry, ne fait que gargouiller en raison d'une blessure à la tête reçue il y a une décennie. Par sa syntaxe totalement destructurée, aux syllabes répétées, il est associé à un animal, comme le montre l'extrait suivant :

> JERRY, *très émotif.* Ogo-gah-gu-guuuu-bo-di-du-du.Ga-tu-faaaa-ro-lo-ti-ta. Ra....Ke-ke-queue! Du-Du-Du. La-dou-fus-ja-ja-gi-tu-pi-tu-ha! Agu-aju-afu-fu. [...] Pa-pa-tou-tou. Saaaa...Ogo-go-hut-hhhuuuuu...Fa-ma. Fa-ma. Saaaaa....
> HENRY. Mets-en. La grosse vie sale! En veux-tu un autre?
> JERRY. Gaaaaak!
> *Henry lance une gâterie pour chien. Jerry l'attrape.*
> JERRY. Wouf. Wouf.
> HENRY. Du vrai *bonding* entre père et fils[16] !

Ainsi, Henry, peut-être par vengeance œdipienne, s'amuse à lui lancer les biscuits à chien que sa mère a achetés pour son chien imaginaire Rover. Quant à William, fils-adonis qui deviendra candidat aux présidentielles en raison de son apparence et de sa naïveté, il favorise un parler de débile léger — que Prescott qualifie de « gnongnon » — jusqu'à ce que Dieu apparaisse pour

---

[14] *Ibid.*, p. 64.
[15] *Ibid.*
[16] *Ibid.*, p. 81.

l'encourager dans sa démesure. En effet, devenu politicien, il déploie une parole variée et séduisante.

Même à la télévision, les codes langagiers sont mouvants. Ainsi, Lilianne Paul passe-t-elle allègrement du ton formel au ton familier dans la première minute de sa présentation de Henry, invité à son émission pour parler de son défunt frère William.

La belle langue, celle des convenances, est dans tous les cas chez Prescott la langue des idées reçues : elle est hypocrite et mortifère. D'ailleurs, des valeurs similaires — un français châtié, épuré, s'opposant à un français hétéroglossique, reflet de la situation minoritaire et, en ce sens, représentant le désir de reconnaître le réel, si insoutenable soit-il — sont contrastées dans une autre pièce de Prescott, *Sex, lies et les Franco-Manitobains* : une enseignante de français est obsédée par la langue à tel point qu'elle corrige les fautes que son cambrioleur commet et qu'elle exige du service des urgences du poste de police à Winnipeg qu'on lui adresse la parole en français.

D'ailleurs, si le franco-canadien mâtiné d'anglais comme indice mimétique de réalité dans *Sex, lies et les Franco-Manitobains* demeure présent dans *L'année du Big Mac*, la langue parlée, dans cette pièce plus récente, devient un indice de l'intégrité psychique des personnages : en effet, les personnages qui nient leur condition en insistant pour parler un français normatif, c'est-à-dire les femmes, sont présentés comme déconnectés de la réalité. Dans cette dernière pièce de Prescott, la langue qui se déglingue totalement, comme chez le père, ou qui revient à un code doxique et uniforme, comme chez William, est un indice sûr d'aliénation mentale, vraisemblablement parce que ces minoritaires se sont laissé happer par la culture hégémonique. Il faut dire que ce désir de se fondre dans la culture dominante leur permet un certain répit de leur condition de minoritaire. Il n'est donc pas étonnant qu'Henry, le plus lucide et le plus ironique des personnages de *L'année du Big Mac*, ait recours à un franglais peu orthodoxe pour ramener les membres de sa famille, souffrant de divers problèmes de santé mentale, à la réalité. Voici un extrait où Henry s'adresse à son cadet Wiliam au sujet de sa fiancée :

> HENRY. Là, tabarnak, ça va faire, estie de crisse [...] A' fait du chantage! Crisse, William, *shake* ta tête, un peu! Tout le monde icitte est en train de faire des esties de free-game, estie, même si y jouent avec juste un *flipper* pis que les *bumpers* marchent pas! Crisse, c'est-tu juste dans ma tête à moi que ça fait *tilt*?

Et, s'adressant à Mary, l'amoureuse éplorée de William :

> HENRY. Tu vois ben qu'y va jamais te marier, crisse!
> MARY. Pourquoi pas?
> HENRY. Parce qu'y est pas capable de rien faire sauf se pogner le beigne! C'est rien que ça qu'y sait faire : *parker* son *steak* devant la T.V. pis envier les grosses vedettes[17].

L'hétéroglossie se pose donc chez Prescott comme une solution de rechange subversive au français normatif afin de rendre compte d'une réalité culturelle hétérogène. On trouve dans les codes langagiers de *L'année du Big Mac* la même opposition polaire qui existe entre la culture hégémonique dominante et la culture minoritaire. À la première opposition langue anglaise hégémonique / langue française minoritaire s'ajoute celle du français normatif / français métissé d'anglais des francophones de l'Ouest.

On peut donc conclure que, chez les personnages de Prescott, la langue est dans tous les cas un indice de la situation de minoritaire, que les personnages choisissent de compartimenter leur français orthodoxe (ce sont toujours des personnages qui vivent coupés de la réalité ambiante) ou qu'ils choisissent de parler une langue hybride, qui répond aux besoins du moment (ce sont les minoritaires qui s'assument).

La double minorisation des femmes et ses conséquences

Relégués à l'arrière-plan, les personnages féminins dans *L'année du Big Mac* vivent de clichés. On verra que leur seule originalité c'est, dans un accès de désespoir, d'attirer l'attention sur eux-mêmes en tuant ou en se tuant. Il semble que les femmes chez Prescott, esseulées parce qu'elles n'arrivent pas à gagner l'attention

---

[17] *Ibid.*, p. 35.

des hommes, doivent en venir à des mesures extrêmes, si théâtrales qu'elles pourraient, si ces mesures étaient menées à terme, attirer l'attention des médias. C'est d'ailleurs le lien qui unit les trois personnages féminins : Mary menace constamment de se suicider pour obtenir l'attention et l'amour de William ; Jacklyn, acculée au pied du mur de la réalité innommable, choisit d'annihiler sa famille ; et Lilianne, vidée de son individualité pour mieux servir les médias, semble incarner la seule possibilité de survie du féminin dans l'univers de *L'année du Big Mac*, celle d'embrasser les médias hégémoniques en s'en faisant la voix et le corps, ce qui lui permet de conserver la vie. Le tissu de mensonges diffusé aux masses lui évite de s'assumer. La non-agentivité systémique réservée aux femmes dans cette pièce les pousse toutes à donner sens à leur existence en la moulant dans un rôle entériné par la tradition : Liliane, comme porte-parole de l'hégémonie à ses dépens, Jacklyn comme mère — quoique son rêve tenace de devenir reine de la pub indique l'impossibilité flagrante d'épanouissement par le seul rôle de mère —, et Mary comme fiancée et rien d'autre.

En effet, Mary, la prétendante de William, recycle l'idée du mariage comme but ultime de la vie d'une femme et pourchasse William afin qu'il fasse sa demande en mariage car, comme elle le dit, « son horloge biologique fait tic, tic, tic ». Épouser un homme et faire des enfants, c'est accéder à la vraie vie, une autre fiction dominante qui a la vie dure. Dans l'extrait qui suit, Henry se positionne comme celui qui remet les idées reçues en question et Mary comme celle qui doit désespérément croire aux clichés éculés servis par la société pour s'accrocher à la vie :

> MARY : T'es ben mieux d'avoir une bague avec toi, sinon... Sinon, je vas appuyer sur la gâchette pis ça va faire *BANG !* Pis y va y avoir des morceaux de cervelle partout dans le salon ! Tu m'entends ?
> WILLIAM : Mary, non !
> [...]
> HENRY : Pourquoi y faut que vous vous mariez [*sic*] ?
> MARY : Parce qu'y faut ! Y faut se marier dans une grosse église avec plein de monde, pis moi je vas porter une belle grande robe blanche avec une longue traîne... Te souviens-tu de ta promesse ? « Après les noces, on partira en *honeymoon* pis tu t'offriras à un homme pour la

première fois. Tu seras pure. Vierge. On fera l'amour et tu seras enfin comblée. On reviendra jamais ici. On ira vivre dans une grande belle maison, pis on fera des enfants... » T'en souviens-tu ? C'est ça que tu m'as promis. Te souviens-tu de ta promesse solennelle[18] ?

Ce qui fait la force de Marc Prescott est sa présentation crue des clichés sur lesquels les institutions sociales sont fondées. Dans le cas de la vie privée, ce sont les femmes qui souffrent le plus de l'écart entre l'idéologie présentée ici, celle du mariage, et la réalité. Cet écart est si grand pour les femmes qu'une fois qu'on les arrache à leur rêve elles veulent mourir ou tuer.

En ce qui concerne Jacklyn, la mère et épouse vidée de son rôle puisque ses enfants sont devenus adultes et que son mari est dans le coma, il est symptomatique que son fantasme le plus récurrent soit d'être une *star* de la pub, car qu'est-ce que la pub sinon de l'idéologique, c'est-à-dire ce qui vise à combler l'écart entre ce qu'est censé représenter un produit et ce qu'il est vraiment ? En ce sens, Jacklyn a épousé ce système, puisqu'elle prétend être quelqu'un qu'elle n'est pas. On pourrait d'ailleurs dire que sa fonction sociale fantasmée relève du domaine des choses, pas de celui des idées : c'est un être chosifié. Le rôle traditionnel des femmes étant de mousser la carrière de leur mari ou de leurs fils, Jacklyn ne peut qu'encourager celui des siens qui a les apparences en sa faveur et qui est assez fou pour croire qu'il a des chances de devenir président des États-Unis — un rôle de l'ordre du fantasme en ce qu'il représente littéralement le poste le plus important au monde. Le chien imaginaire de Jacklyn semble endiguer toutes les frustrations de sa vie ratée. En effet, l'obligation de se retrouver chef de famille avec le coma du père et la conséquente plongée dans la pauvreté de la famille, accentuée par l'absence d'ambition de ses fils, dirige Jacklyn vers un constant déséquilibre qui se traduit par des alternances entre folie mégalomane et dépression face au réel intolérable. Elle se vide par ailleurs de son ambition démesurée en la projetant sur son fils cadet, William.

---

[18] *Ibid.*, p. 33.

Si on peut se fier à Henry comme narrateur de l'histoire de sa famille, la remarque la plus caustique de Prescott sur les dangers de l'idéologique qui ne se connaît pas est la tuerie qu'amorce la mère à l'avant-dernière scène lorsque la famille la force à abandonner sa vie fantasmée, car elle fait une fixation sur son chien imaginaire Rover. Ce dernier — en animal dépourvu de conscience — permet paradoxalement à Jacklyn de se retrancher de toute agentivité en rejetant la responsabilité de ses gestes : elle néglige d'exercer sa conscience critique en considérant son chien comme responsable du meurtre des membres de sa famille. Cela montre de façon spectaculaire que la mère, Jacklyn, est la plus aliénée des personnages de *L'année du Big Mac*.

Tout se passe comme si le fait d'être doublement minorisée — en tant que terme faible des équations sexuelle et sociale — ne pouvait résulter qu'en des sujets féminins incapables de regard critique face aux représentations hégémoniques, aux fictions dominantes qui se déploient à la télévision dans les nouvelles (Lilianne), les publicités (Jacklyn) ou les lieux communs des institutions culturelles comme le mariage et la famille (Mary).

En cela, les femmes dans *L'année du Big Mac* sont parfaitement aliénées. Mary ne voit de vie possible que dans le rêve monomaniaque du mariage et des enfants, peu importe la valeur sociale de l'homme considéré, qu'il soit paumé ou président. L'animatrice Lilianne Paul est aussi un être chosifié dépourvu de conscience parce qu'elle n'offre pas de résistance à la culture hégémonique. Jacklyn a été épouse et mère, de même qu'elle a tenté de colmater son vide existentiel par la publicité, mais son geste de violence grandiloquente montre que ni le rôle unique d'épouse et de mère, qui force la femme à se cacher derrière mari et enfants, ni celui du monde de la consommation ne suffisent pour donner sens à une vie.

J'espère avoir montré ici que la situation minoritaire est inscrite en creux dans *L'année du Big Mac*. L'auteur utilise les élections américaines et la publicité pour représenter les forces hégémoniques qui menacent l'identité de la famille Prozac. L'interrelation entre la culture francophone minoritaire — ici représentée par la famille Prozac — et le majoritaire se fait par le truchement de la télévision, qui n'instaure pourtant qu'une communication univoque. Ce semblant de relation est d'autant plus attirant pour un minoritaire que la publicité et les présidentielles sont saturées d'idéologie, dont le rôle est de combler l'écart entre ce qui est et ce qui paraît. Le minoritaire pourrait être tenté de choisir l'oubli et de s'associer à l'hégémonique afin de ne plus sentir ce tiraillement entre hyperconscience et oubli, tiraillement dont les codes linguistiques opposés adoptés par la famille Prozac sont un symptôme et que le style burlesque de la pièce accuse. Mais Prescott montre dans cette œuvre tragi-comique qu'il n'est de survie symbolique que par la conscience de sa situation de minoritaire, si pénible soit-elle, voire dans la mise en scène de cette conscience — ici par Henry, dont la survie assure la narration de l'histoire de son frère, mort avant d'être élu président, et de sa famille.

BIBLIOGRAPHIE

Laclau, Ernesto, *Emancipation(s)*, Londres-New York, Verso, 2007 [1996], 126 p.

Paré, François, *La distance habitée*, Ottawa, Le Nordir, 2004, 277 p.

Paré, François, *Les littératures de l'exiguïté*, Ottawa, Le Nordir, 1993, 175 p.

Prescott, Marc, *L'année du Big Mac*, Saint-Boniface, Éditions du Blé, coll. «Rouge», 2004, 120 p.

Prescott, Marc, *Big!; Bullshit; Sex, lies et les Franco-Manitobains*, Saint-Boniface, Éditions du Blé, 2001 [1993], coll. «Rouge», 224 p.

Prescott, Marc, *Encore*, Saint-Boniface, Éditions du Blé, coll. «Rouge», 2004, 142 p.

Ricœur, Paul, «Ideology and Utopia as Cultural Imagination», dans Donald M. Borchert et David Stewart (dir.), *Being Human in a Technological Age*, Athens, Ohio University Press, 1982, p. 112-121.

L'ACADIE EN HISTOIRES

PARATOPIE ET SCÈNE D'ÉNONCIATION
DANS LA LITTÉRATURE ACADIENNE CONTEMPORAINE

Raoul Boudreau
Université de Moncton

Dans la réflexion proposée par cet ouvrage, la polyphonie du vocable histoire a été volontairement préservée, mais c'est l'histoire au sens de fiction qui retiendra mon attention. Je m'attarderai ainsi à nos histoires, les histoires qui sont au cœur de nos littératures comme de toute littérature et qui, par la manière dont elles sont mises en scène, sont révélatrices de nos particularités et de notre identité.

Je voudrais donc revenir sur la question de la spécificité de nos littératures, que nous n'avons pas encore réussi à nommer avec assurance, hésitant entre «littératures franco-canadiennes», «littératures d'expression française du Canada», «littératures francophones du Canada», expressions qui parfois incluent la littérature québécoise et parfois l'excluent, comme l'appellation «littératures francophones» hésite à inclure ou à exclure la littérature française de France. Mais nous avons encore plus de difficulté à saisir la spécificité de ces littératures qu'on identifie comme étant «nôtres» par rapport à d'autres littératures plus fortes, plus institutionnalisées.

Quand on essaie de spécifier ce rapport aux autres littératures, le désarroi lexical est encore plus vif. Malgré le succès phénoménal de l'ouvrage de François Paré, *Les littératures de l'exiguïté*[1], et la formidable brèche qu'il a ouverte dans le mur homogène des approches littéraires «*made in* France», l'expression est loin d'avoir fait l'unanimité. Dans le récent livre de Joseph-Yvon Thériault, *Faire société*[2], elle est détournée en toute connaissance de cause pour désigner l'étroitesse et le repli ethnique. De manière plus générale, on lui reproche sa péjoration. Les autres désignations n'évitent pas cet écueil et ne sont pas davantage prisées. «Littératures mineures», selon Deleuze et Guattari[3], dont Lise Gauvin[4] a bien montré qu'il s'agit d'une interprétation abusive de Kafka et d'une exaltation trop exclusive de la minorisation, qui ne peut provenir que du majoritaire, qui en ignore la souffrance. «Littératures périphériques, littératures dominées, littératures minoritaires», voire «petites littératures», où l'on a toujours le mauvais rôle et où on risque de s'enfermer dans une cause perdue d'avance. «Littératures de l'intranquillité», belle expression proposée par Lise Gauvin[5], qui renvoie à la fois à la précarité et à l'inconfort, éléments fondamentaux de nos littératures sur lesquels je reviendrai; mais l'expression n'a pas vraiment collé: trop poétique, sans doute. «Littératures liminaires», désignation proposée par Michel Biron[6], est un concept très fécond, mais qui ne s'est pas imposé non plus comme désignation générale: trop spécifique, peut-être. On aurait presque envie de s'écrier, comme la Sagouine: «Pour l'amour de Djeu, qui c'est que je sons,

---

[1] François Paré, *Les littératures de l'exiguïté*, Ottawa, Le Nordir, 2001 [1992], 230 p.

[2] Joseph-Yvon Thériault, *Faire société. Société civile et espaces francophones*, Sudbury, Prise de parole, 2007, p. 252-253.

[3] Gilles Deleuze et Félix Guattari, *Kafka, Pour une littérature mineure*, Paris, Éditions de Minuit, 1975, 159 p.

[4] Lise Gauvin, «Autour du concept de littérature mineure: variations sur un thème majeur», dans Jean-Pierre Bertrand et Lise Gauvin avec la collaboration de Laurent Dumoulin (dir.), *Littératures mineures en langue majeure: Québec / Wallonie-Bruxelles*, Montréal / Bruxelles, Presses de l'Université de Montréal / P.I.E.-Peter Lang, 2003, p. 19-40.

[5] *Ibid.*, p. 38.

[6] Michel Biron, *L'absence du maître. Saint-Denys Garneau, Ferron, Ducharme*, Montréal, Presses de l'Université de Montréal, 2000, 320 p.

nous autres⁷ ? » Cette difficulté à nommer est révélatrice d'une situation très complexe, contradictoire en fait, et certainement inconfortable.

Je n'ai pas pour le moment d'autre appellation à proposer pour désigner nos littératures, mais j'aimerais essayer de préciser leurs particularités et voir si celles-ci entraînent l'obligation de les aborder de manière spécifique. Le débat est, me semble-t-il, toujours ouvert entre les tenants de ce qu'on peut appeler, à la suite de François Paré, une critique de l'exiguïté, c'est-à-dire une approche qui tienne compte des conditions particulières de production de nos littératures, et ceux qui, au contraire, y voient le risque de la pérennisation de la marginalité qui nous afflige. Déjà, au début des années 1970, Alain Masson s'intéressait, en structuraliste éclairé, aux premiers balbutiements de la poésie acadienne moderne, qu'il n'osait encore rattacher à une hypothétique littérature acadienne. Il faisait la part belle à l'écart radical qui séparait ces textes de la littérature, entendons de toute contrainte institutionnelle, et leur octroyait généreusement des qualités poétiques : « ... ce qui favorise la liberté de l'écriture, c'est l'absence de la littérature⁸ ». En posant comme principe de base que « [l]es valeurs d'une œuvre ne peuvent pas être confrontées ici à des modèles, mais doivent être déduites de leur singularité même⁹ », il pratiquait avant la lettre une critique de l'exiguïté. Il procède comme le font à peu près tous ceux qui sont appelés à commenter ces « petites littératures », c'est-à-dire qu'il transforme les manques en positivités, les faiblesses en force et peint la marginalité comme une voie d'accès privilégiée à l'écriture, sinon à la littérature, qui en Acadie viendra plus tard. Cependant, il ne manquait pas de mettre en garde contre les excès d'une telle attitude, contre « l'exaltation autarcique de ses propres mérites » et contre les écueils

---

⁷ Antonine Maillet, *La Sagouine, pièce pour une femme seule*, Montréal, Léméac, 1971, p. 88. Les paroles exactes de la Sagouine sont : « Pour l'amour de Djeu, où c'est que je vivons, nous autres ? ».

⁸ Alain Masson, *Lectures acadiennes*, Moncton, Éditions Perce-Neige, 1994, p. 29. Le texte original a été publié en 1972.

⁹ *Ibid.*, p. 53.

« d'une littérature trop étroitement contrainte par sa solidarité avec les valeurs locales [et qui] ne pourrait se juger elle-même que d'après son degré de conformité par rapport au fonds où elle se situe[10] ». Soucieux de lier le singulier à l'universel, Masson note avec satisfaction que « la plupart de nos jeunes poètes mettent beaucoup d'exactitude à lier leur sentiment singulier, leur projet collectif et leur aspiration universelle[11] ».

Le dilemme reste présent aujourd'hui et certains voudraient qu'on aborde un poème de Gérald Leblanc avec la même grille d'analyse formaliste que celle qu'on pourrait utiliser pour un poème d'Éluard[12]. On connaît les risques de cette uniformisation et on a souvent été confronté aux jugements lapidaires auxquels elle aboutit : « Ce n'est pas de la poésie » ; « Ce n'est pas de la littérature » ; ou, pire encore : « Ce n'est pas du français ». D'un autre côté, certains considèrent que le fait d'avoir recours à un ensemble de critères spécifiques et exclusifs risque de condamner nos littératures à la marginalité et de confirmer dans le temps leur exclusion. J'ai, par exemple, un collègue africain — et l'expérience africaine de la marginalité est sans doute bien plus radicale que la nôtre — qui est absolument réfractaire au recours à des critères différentiels pour considérer les littératures émergentes. Si ces littératures ne peuvent être défendues et rendues visibles qu'en leur appliquant un ensemble de valeurs qui ne s'appliquent qu'à elles, n'est-ce pas en même temps cristalliser leur différence et les empêcher d'accéder à l'universel ? Sans présumer de ce qu'à voulu entendre François Paré par une critique de l'exiguïté, peut-on rapprocher ce concept d'une espèce de « discrimination positive » pour nos littératures ou de règles asymétriques, système bien connu dans le contexte des politiques linguistiques canadiennes ? De telles approches ont suscité bien des débats et sont parfois remises en question par ceux-là mêmes qui sont censés en bénéficier. Une approche différentielle de certains textes littéraires

---

[10] *Ibid.*, p. 55.
[11] *Ibid.*, p. 56.
[12] Voir, dans *Les littératures de l'exiguïté* de François Paré, *op. cit.*, p. 192-194, « Le procès d'un certain formalisme ».

produits dans un contexte particulier, souvent définis par le manque par rapport aux normes des grandes littératures, peut-elle avoir l'effet inverse de celui qui était visé ? Il me semble qu'on ne peut répondre à ces questions qu'en examinant ce qui constitue vraiment la spécificité de ces littératures problématiques que sont les nôtres et la première constatation qui s'impose, c'est que, si elles présentent bien des divergences avec les littératures établies, elles comportent aussi bien des convergences. On ne peut pas considérer nos littératures comme radicalement étrangères à l'institution mondiale appelée Littérature. Cette institution universelle repose elle-même sur un équilibre bien fragile entre tradition et invention, entre conformisme et originalité. Toute œuvre littéraire digne d'intérêt et qui aspire à renouveler le discours dans lequel elle s'inscrit navigue sur la voie étroite entre ces deux pôles et doit y négocier un espace qui lui permette à la fois d'être comprise et reconnue comme appartenant à ce discours, mais aussi de le transformer. Et si nos littératures n'avaient fait que déplacer cet équilibre en mettant l'accent, dans les meilleurs des cas, nettement du côté de l'invention et de la transformation et en prenant des libertés avec la tradition, par choix ou par simple ignorance ? En somme, si les littératures de l'exiguïté présentent, par rapport aux grandes littératures, des différences évidentes dont il faut tenir compte, il ne faut pas ignorer qu'elles présentent aussi de nombreux points communs qui les rattachent à l'institution universelle de la littérature et qu'il doit y avoir moyen de décrire nos littératures exiguës en tenant compte des unes et des autres.

Comme toujours, cette réflexion doit être soumise à l'épreuve des textes pour voir quelles sont les spécificités les plus marquantes de ces littératures marginales. Or que nous apprennent les textes ? Au-delà de l'obsession de la langue, très bien définie et répertoriée par Lise Gauvin[13] grâce au concept de surconscience linguistique, obsession fondamentale faut-il le rappeler parce qu'elle est directement liée au travail de l'écriture, il me semble qu'il y a une obsession encore plus poignante et dont les enjeux sont encore

---

[13] Lise Gauvin, *Langagement : l'écrivain et la langue au Québec*, Montréal, Boréal, 2000, 254 p.

plus décisifs: c'est l'obsession de la disparition et de la mort. Milan Kundera y fait référence en parlant des petites nations, mais cela est encore plus vrai des petites communautés qui hésitent ou reculent devant le nom même de nation: «... les petites nations ne connaissent pas la sensation heureuse d'être là depuis toujours et à jamais; elle sont toutes passées, à tel ou tel moment de leur histoire, par l'antichambre de la mort; toujours confrontées à l'arrogante ignorance des grands, elles voient leur existence perpétuellement menacée ou mise en question; car leur existence *est* question[14]». De ce point de vue, l'œuvre d'Herménégilde Chiasson nous paraît exemplaire. Cette œuvre dont le premier mot est *mourir* dans le titre de *Mourir à Scoudouc*[15], dont l'infinitif déploie toutes les potentialités d'une mort qui menace dans l'anonymat de Scoudouc, une mort toujours présente mais toujours repoussée. Herménégilde Chiasson distille le pessimisme comme un tonique dans sa chronique ininterrompue d'une mort annoncée. Cette chronique avait pris il y a quelques années la forme d'un texte dont le titre fait peur: «Mourir est un jeu d'enfant[16]». La crainte de la disparition de la communauté par la disparition de la langue se propage bien sûr aux autres niveaux du texte. Comment croire à la vitalité d'une écriture qui raconte la déshérence du groupe dont elle émane? Dans la quatrième partie de *Climats*[17], exemple extrême d'autocritique et d'autodérision, Chiasson présente ironiquement un extrait d'un «texte retrouvé sur un des marcheurs de la grande migration qui mit fin au peuple acadien. Texte maintenant conservé au Smithsonian Institute de Washington[18]». Dans ce même recueil, il y a une interrogation implacable non seulement sur une langue qui se transforme en grognement, mais sur sa propre écriture et sur sa capacité de

---

[14] Milan Kundera, *Les testaments trahis*, Paris, Gallimard, 1993, p. 225.
[15] Herménégilde Chiasson, *Mourir à Scoudouc*, Moncton, Éditions d'Acadie, 1974, 63 p.
[16] Herménégilde Chiasson, «Mourir est un jeu d'enfant», *Francophonies d'Amérique*, n° 10, 2000, p. 167-174.
[17] Herménégilde Chiasson, *Climats*, Moncton, Éditions d'Acadie, 1996, 129 p.
[18] *Ibid.*, p. 118.

transmettre quoi que ce soit. « Je sais ce que je dis et non le contraire car je ne sais pas dire ce que je sais[19]. » « Le crime de n'avoir fait que parler et vivre entre des paroles clairsemées qui ponctuent le frimas de ma vie comme autant d'échecs et d'abandon[20]. » Pour qu'il n'y ait pas de malentendu, je précise que toutes ces remises en question donnent à l'œuvre d'Herménégilde Chiasson la force et la tension dramatique qui en font tout le prix. Le constat de la déliquescence de l'univers dans lequel s'incarne son écriture est, pour l'écrivain en général et pour celui-ci en particulier, le moyen de justifier encore davantage la nécessité de cette écriture, seul moyen réchappé de cet univers déchu parce qu'il permet d'en consigner la chute[21]. Cette œuvre nous rappelle qu'écrire ne va pas de soi et qu'il s'agit d'un pari somme toute assez risqué dont on n'est jamais certain de sortir gagnant, particulièrement lorsqu'on prétend exercer cette activité dans un milieu qui lui est fondamentalement étranger.

Les processus d'autolégitimation, actifs dans toute œuvre littéraire du point de vue de l'analyse du discours, deviennent ici particulièrement prégnants et j'y vois une caractéristique majeure des littératures dominées. Quelques œuvres de la littérature acadienne récente illustrent bien ce phénomène. Toujours chez Herménégilde Chiasson, le recueil de récits autobiographiques *Brunante*[22] peut être lu comme une tentative de légitimation du statut d'artiste du narrateur. *Brunante* est un recueil de textes brefs présentés sous le titre de « récits » et publiés en 2000. Constitués d'un récit élocutif, c'est-à-dire dans lequel l'écrivain parle en son propre nom, ces textes relatent la genèse de la vocation d'artiste et d'écrivain de l'auteur dans un contexte de petite culture dans laquelle l'accession à ces sphères d'activité est très difficile, où l'art et la culture sont aux antipodes des préoccupations quotidiennes.

---

[19] *Ibid.*, p. 110.
[20] *Ibid.*, p. 112.
[21] Sur ce paradoxe inhérent à la littérature, voir le chapitre « La duplicité énonciative », dans Dominique Maingueneau, *Le discours littéraire. Paratopie et scène d'énonciation*, Paris, Armand Colin, 2004, 262 p.
[22] Herménégilde Chiasson, *Brunante*, Montréal, XYZ éditeur, 2000, 129 p.

Ces textes sont une illustration frappante et émouvante de ce que Dominique Maingueneau appelle la situation paratopique de l'écrivain, ce déchirement entre des aspirations contradictoires de celui qui cherche la reconnaissance d'une société à laquelle il est fondamentalement étranger. Dans les termes de l'analyse du discours littéraire, la paratopie caractérise l'appartenance de l'écrivain au champ littéraire comme une négociation constante entre le lieu et le non-lieu, entre l'inclusion et l'exclusion[23]. Dans *Brunante*, l'Acadie est décrite comme un désert culturel, pendant les années d'enfance et d'adolescence de l'auteur, ce qui augmente d'autant le mérite de celui qui a pu y devenir écrivain :

> Nous prions dans la boue pour que notre âme soit sauvée de tous les péchés qui nous salissent. Notre soumission n'est-elle pas la preuve de notre souillure ? [...] nous vivons sous le couvert de l'anonymat et d'une colère sourde. Notre oubli est un bouclier, notre marche une dérive affligeante. Nous sommes de petits Acadiens marchant vers un souper dans la brunante, amnésiques et résignés. Notre hiver dure depuis toujours et nous avançons aveuglément vers le foyer[24].

Dans cet univers de désolation où « il y a peu de chances [...] qu'on se soucie le moins du monde de mon avancement intellectuel[25] », écrit-il, émerge la figure de l'artiste indigent d'abord personnifié dans le frère du narrateur : « Mon frère fera de la peinture sur un vieux bout de drap de lit avec un pinceau qu'il s'est bricolé en prenant les poils au chien[26]. » On ne peut guère aller plus loin dans l'image de l'artiste parti de rien.

L'autre versant de *Brunante*, c'est la convocation, tout au long de ces textes, d'innombrables références aux artistes occidentaux de tous les pays et de toutes les époques, de Platon à Malraux, de Titien à Giacometti, de Da Vinci à Rauschenberg, de Piero della Francesca à Proust. L'intertextualité constitue un des moyens

---

[23] Dominique Maingueneau, *op. cit.*, p. 72.
[24] Herménégilde Chiasson, *Brunante*, *op. cit.*, p. 94-95.
[25] *Ibid.*, p. 93.
[26] *Ibid.*

privilégiés d'autolégitimation parce qu'elle permet de se mettre sous le patronage des grandes œuvres du passé ou de créer avec elles une proximité. L'auteur tente ainsi de montrer qu'il est en pays de connaissance(s) aux deux sens du mot, c'est-à-dire qu'il connaît bien ces œuvres de la culture occidentale remontant à l'Antiquité et connaît aussi leurs auteurs, dont il révèle maints détails de la vie personnelle, comme s'il s'agissait de proches amis. C'est donc tout un panorama de figures tutélaires auprès desquelles l'auteur a en quelque sorte appris son métier qui défilent dans ce recueil, qui délimite ainsi une confrérie dans laquelle l'auteur réclame sa place.

L'écart, abyssal on l'a vu, entre la situation initiale du narrateur et ses aspirations illimitées, qui prennent comme modèles les plus grands artistes de l'Occident, a quelque chose d'émouvant. Émouvant aussi le fait que cette modeste plaquette, qui fait à peine plus de 125 pages, repose sur un pari qui rappelle, toutes proportions gardées, celui de Proust. Quand Chiasson choisit de raconter la genèse de sa vocation d'artiste, l'entreprise ne peut avoir de sens qui si, dans le même mouvement, par l'originalité qu'elle manifeste, elle fait la preuve que son auteur est bien un artiste. Mais la brièveté de l'ouvrage, le caractère fragmenté des textes et l'apparence d'avoir été mis ensemble après coup viennent nier un dessein aussi vaste, comme si, dans les petites littératures, on ne pouvait pas se payer le luxe de se prendre au sérieux parce qu'on n'a jamais les moyens de ses ambitions.

Pour prendre l'exemple d'un autre écrivain acadien, France Daigle n'a certes pas du tout le même rapport à la domination que celui qu'on vient de voir[27], mais le sentiment de sa propre fragilité et la menace de la mort marquent aussi son œuvre. Son premier roman a pour titre *Sans jamais parler du vent* et pour sous-titre *Roman de crainte et d'espoir que la mort arrive à temps*[28]. Il se

---

[27] Voir mon article « Les rapports Acadie / Québec dans les essais d'Herménégilde Chiasson », *Québec Studies*, vol. 43, printemps-été 2007, p. 18.
[28] France Daigle, *Sans jamais parler du vent : roman de crainte et d'espoir que la mort arrive à temps*, Moncton, Éditions d'Acadie, 1983, 141 p.

termine effectivement sur une mort annoncée, celle de l'écriture et de l'univers qu'elle porte. L'œuvre de France Daigle se présente comme un combat difficile contre le silence. Les romans *Pas pire*[29] et *Petites difficultés d'existence*[30] sont en un sens des entreprises de légitimation de l'écriture dans un milieu en apparence fondamentalement étranger à ce genre d'activité. France Daigle, narratrice du roman *Pas pire*, rapporte les propos de sa coiffeuse : « — T'écris des livres ? Vraiment ? *Geeeee...* Je savais pas même qu'y avait du monde qui faisiont ça par icitte[31]. » Le tiraillement entre les exigences de l'écriture et le milieu où s'exerce cette activité, en d'autres mots, la situation paratopique de l'écrivain, est explicitement souligné dans la conversation entre l'ami Camil et l'écrivaine juste après la prestation réussie de cette dernière à l'émission *Bouillon de culture*[32] :

> [Camil]
> — Pis j'ai vraiment aimé t'entendre. C'est vraiment intéressant ce que t'as à dire. Je trouve que t'es brillante. Sérieusement. J'en reviens pas que tu viens de par chez nous.
> [France]
> — Ben pour dire le vrai, des fois ça serait plus simple si j'étais juste normale.
> — Ah, nous autres les Acadiens, on a ben de la misère quand on se distingue. C'est comme si qu'on avait peur de briller[33].

L'écrivain selon France Daigle lutte pour exister, pour échapper à la non-existence, mais craint d'y arriver tellement son sentiment d'illégitimité est puissant :

> [...] la mort, ou tout au moins l'inexistence, est inscrite dans nos gènes [...] tout est affaire de légitimation ? Légitimité de ce que nous sommes aux yeux du monde et à nos propres yeux. [...] Remonter

---

[29] France Daigle, *Pas pire*, Moncton, Éditions d'Acadie, 1998, 169 p.
[30] France Daigle, *Petites difficultés d'existence*, Montréal, Boréal, 2002, 188 p.
[31] France Daigle, *Pas pire, op. cit.*, p. 159.
[32] Dans une mise en abyme audacieuse, le roman met en scène l'auteure elle-même parlant du roman que l'on est en train de lire à la célèbre émission de Bernard Pivot.
[33] *Ibid.*, p. 158.

le cours de l'histoire, descendre dans l'inconscient à la recherche de fondements, d'explications, de justifications, d'interprétations de sa propre existence dans des lieux où il n'y a parfois aucune autre manière d'être, d'exister, de voir et d'être vu, reconnu. Et enfin, peut-être que oui, pour toutes ces raisons, écrire[34].

On ne saurait souhaiter une description plus claire de la paratopie créatrice, cette situation intenable entre deux pôles opposés qui pousse à écrire à la fois et paradoxalement pour la dépasser et pour la maintenir. L'agoraphobie dont souffre la narratrice est une métaphore éloquente de cette fondamentale étrangeté au monde qui pousse à l'écriture. Sur un mode plus ludique, le roman *Petites difficultés d'existence* tente de faire la même démonstration, c'est-à-dire qu'on peut être légitimement artiste même si on provient d'un milieu dont la langue est bâtarde et stigmatisée et que même celle-ci peut devenir matière à création[35].

La condition paratopique de l'écrivain, cette séparation d'avec la société dont il origine, a donné lieu à de multiples représentations d'écrivains rebelles et nul n'a mieux incarné cette figure en littérature acadienne que Gérald Leblanc. Défenseur du chiac dès les années 1970, avant même que la vague postmoderniste ne vienne ramollir la rigidité des normes, il le lance à la figure des professeurs bien-pensants comme une injure et il est traité en retour comme un paria. Il faudra quelques décennies avant qu'on reconnaisse, derrière ses diatribes virulentes, l'importance de cet écrivain. La transformation de Moncton, anglais, bigot, fermé et provincial, en un lieu de création culturelle en français d'où l'on peut s'ouvrir sur la diversité du monde est au cœur de l'œuvre de Leblanc[36]. De nombreux textes, dont, au premier chef, *Moncton*

---

[34] *Ibid.*, p. 107.
[35] Voir mon article « Le rapport à la langue dans les romans de France Daigle : du refoulement à l'ironie » *Voix et Images*, vol. 29, n° 3 (87), 2004, p. 43-45.
[36] Voir ma préface « Gérald Leblanc, libre », dans Gérald Leblanc, *Géomancie*, Ottawa, L'Interligne, 2003, p. 9-15, et mon article « La création de Moncton comme "capitale culturelle" dans l'œuvre de Gérald Leblanc », *Revue de l'Université de Moncton*, vol. 38, n° 1, 2007, p. 33-56.

Mantra[37] et aussi le poème « Sutra de Moncton » qui clôt *L'éloge du chiac*[38], mettent en évidence l'ambiguïté et l'ambivalence de Moncton comme aiguillon et relance de l'écriture.

Aussi bien chez Chiasson, Daigle ou Leblanc, on pourrait montrer comment cette paratopie radicale se répercute à tous les niveaux de la scène d'énonciation du texte : dans la confrontation des langues et des variétés de langues, dans la transformation et le renouvellement très poussés des genres littéraires, dans le rapport à la tradition littéraire et dans les références intertextuelles, dans la voix narrative ou l'éthos particulièrement marqué par la hantise du rejet. En réaction à tous ces éléments, l'écriture engendre des processus massifs d'autolégitimation et/ou, à l'inverse, d'autodérision et de mise à distance. Comme Lise Gauvin a pu proposer fort justement le concept de surconscience linguistique pour caractériser l'écrivain francophone, je crois qu'on pourrait proposer, pour décrire une particularité des écrivains dont j'ai parlé et par extension de nombreux autres écrivains de l'Acadie et de littératures en situation similaire, le terme *surconscience paratopique*, car, dans ces cas, la paratopie joue d'entrée de jeu sur l'appartenance même à la littérature. C'est, me semble-t-il, ce qui donne à ces textes un supplément d'émotion et de tension dramatique malgré leurs maladresses, parfois en raison même de ces maladresses. Le fait de reprendre chaque fois, sinon le combat pour le droit à la parole du moins pour celui d'être entendu, de lutter contre le silence, de revendiquer sans aucune garantie de succès le droit à l'existence, ne permet pas que la littérature tombe dans l'exercice de style, dans le divertissement et dans la futilité.

N'est-ce pas ce qu'évoque Alain Masson quand il affirme que, pour les écrivains acadiens du XIXe siècle, position qu'il étendra ensuite aux écrivains contemporains : « La littérature est interdite, d'abord parce que la langue la plus naturelle des auteurs est prohibée, châtiée. Elle demeure interdite, prise de saisissement et d'admiration

---

[37] Gérald Leblanc, *Moncton Mantra*, Moncton, Éditions Perce-Neige, 1997, 144 p.

[38] Gérald Leblanc, *Éloge du chiac*, Moncton, Éditions Perce-Neige, 1995, 120 p.

devant les œuvres classiques[39]. » Il cherche, dans « ces efforts humbles et contraints ou cette relation nerveuse avec la langue », ce qu'il pourrait y avoir d'exemplaire et conclut à une « inquiétude féconde » et au fait que cette littérature « tire son intérêt précisément de ce qu'elle est démunie », ajoutant que « c'est peut-être aussi le sort de toute littérature contemporaine[40] ».

Si nous revenons maintenant à la question du début sur la spécificité de nos littératures, je crois qu'il faut conclure à une différence de degré et non de nature par rapport aux littératures des grandes nations. Si les littératures de l'exiguïté, pour revenir à cette appellation, exacerbent les caractéristiques de toute littérature, il n'y a pas lieu de les appréhender de manière radicalement différente. Il faut cependant que les analyses auxquelles on les soumet permettent de voir ces différences et de tenir compte de leurs effets dans la construction de la scène d'énonciation, marquée par l'inconfort, la précarité et le doute. Quant à moi, le recours à l'analyse du discours littéraire[41], qui n'a certes pas été élaborée spécifiquement pour nos littératures, me donne tous les outils pour faire ressortir leurs particularités, puisque cette approche a justement comme objectif la prise en compte du contexte d'énonciation. Plus encore, contrairement à ce qui se passe avec la plupart des approches formalistes du texte, ce sont nos textes et non les textes issus des littératures bien établies qui donnent le plus de prise à l'analyse du discours, en raison du positionnement toujours problématique de nos écrivains dans l'institution littéraire. Cette approche permet de commencer à expliquer ce que tous les commentateurs ont observé, chacun à leur manière, c'est-à-dire que ce qui distinguerait nos littératures, c'est que, du manque, de la privation, du dénuement et de la pauvreté, elles ont fait leur richesse, leur liberté et leur innovation et que, confrontées à l'interdiction de la littérature,

---

[39] Alain Masson, « Une littérature interdite », dans Raoul Boudreau *et al.* (dir.), *Mélanges Marguerite Maillet,* Moncton, Éditions d'Acadie et Chaire d'études acadiennes, 1996, p. 269.

[40] *Ibid.,* p. 270.

[41] On aura noté, d'après le titre de mon article, que mon modèle est ici le livre de Dominique Maingueneau cité plus haut.

elles ont fait de celle-ci une voie d'accès privilégiée à l'essence du littéraire[42].

Tout compte fait, pour nommer nos littératures, j'aurais peut-être une nouvelle appellation à ajouter à toutes celles dont on a déjà souligné les insuffisances, en ne me faisant bien sûr aucune illusion sur ses chances de succès. Si ces littératures se caractérisent par la transformation des négativités en positivités, de la faiblesse en force, si elles puisent dans la souffrance et le sentiment de leur propre fragilité une tension et une émotion qui en font la richesse, ne faudrait-il pas les appeler les «littératures de la résilience[43]», désignation qui a au moins l'avantage de ne pas être négative parce qu'elle souligne au contraire le dépassement d'une situation négative en son inverse positif. L'être résilient est un survivant dont la conscience aiguë de sa propre fragilité le pousse à la création permanente de soi. Assurément un beau programme pour toute littérature.

---

[42] Voir mon article «De la glorification à la critique: grandeurs et misères de la marge», dans Carol J. Harvey et Alan MacDonell (dir.), *La francophonie sur les marges*, Winnipeg, Presses universitaires de Saint-Boniface, 1997, p. 152-156.

[43] L'ironie avec laquelle je propose cette nouvelle appellation est volontaire car je ne suis pas certain de la nécessité de nommer nos littératures autrement que par le territoire et la langue qui les caractérisent, par exemple: littératures franco-canadiennes. Cependant, le concept de résilience, importé de la physique des matériaux, où il désigne la résistance d'un matériau à un choc, a essaimé dans de nombreux domaines comme l'écologie, l'économie, l'informatique et la psychologie, où il s'est développé grâce à l'éthologue Boris Cyrulnik. Ce concept, déjà utilisé pour qualifier la résistance communautaire, peut être utile métaphoriquement pour explorer certaines qualités spécifiques de nos littératures et c'est pourquoi je lui accorde une importante valeur opératoire, tout comme au concept de surconscience paratopique introduit ici.

BIBLIOGRAPHIE

Biron, Michel, *L'absence du maître. Saint-Denys Garneau, Ferron, Ducharme*, Montréal, Presses de l'Université de Montréal, 2000, 320 p.

Boudreau, Raoul, «La création de Moncton comme "capitale culturelle" dans l'œuvre de Gérald Leblanc», *Revue de l'Université de Moncton*, vol. 38, n° 1, 2007, p. 33-56.

Boudreau, Raoul, «De la glorification à la critique : grandeurs et misères de la marge», dans Carol J. Harvey et Alan MacDonell (dir.), *La francophonie sur les marges*, Winnipeg, Presses universitaires de Saint-Boniface, 1997, p. 151-162.

Boudreau, Raoul, «Gérald Leblanc, libre» dans Gérald Leblanc, *Géomancie*, Ottawa, L'Interligne, 2003, p. 9-15.

Boudreau, Raoul, «Le rapport à la langue dans les romans de France Daigle : du refoulement à l'ironie», *Voix et Images*, vol. 29, n° 3 (87), 2004, p. 31-45.

Boudreau, Raoul, «Les rapports Acadie/Québec dans les essais d'Herménégilde Chiasson», *Québec Studies*, vol. 43, printemps-été 2007, p. 3-21.

Chiasson, Herménégilde, *Brunante*, Montréal, XYZ éditeur, 2000, 129 p.

Chiasson, Herménégilde, *Climats*, Moncton, Éditions d'Acadie, 1996, 129 p.

Chiasson, Herménégilde, *Mourir à Scoudouc*, Moncton, Éditions d'Acadie, 1974, 63 p.

Chiasson, Herménégilde, «Mourir est un jeu d'enfant», *Francophonies d'Amérique*, n° 10, 2000, p. 167-174.

Daigle, France, *Pas pire*, Moncton, Éditions d'Acadie, 1998, 169 p.

Daigle, France, *Petites difficultés d'existence*, Montréal, Boréal, 2002, 188 p.

Daigle, France, *Sans jamais parler du vent : roman de crainte et d'espoir que la mort arrive à temps*, Moncton, Éditions d'Acadie, 1983, 141 p.

Deleuze, Gilles et Félix Guattari, *Kafka, Pour une littérature mineure*, Paris, Éditions de Minuit, 1975, 159 p.

Gauvin, Lise, «Autour du concept de littérature mineure : variations sur un thème majeur», dans Jean-Pierre Bertrand et Lise Gauvin avec la collaboration de Laurent Dumoulin (dir.), *Littératures mineures en langue majeure : Québec / Wallonie-Bruxelles*, Montréal/Bruxelles, Presses de l'Université de Montréal / P.I.E.-Peter Lang, 2003, p. 19-40.

Gauvin, Lise, *Langagement : l'écrivain et la langue au Québec*, Montréal, Boréal, 2000, 254 p.

Kundera, Milan, *Les testaments trahis*, Paris, Gallimard, 1993, 324 p.

Leblanc, Gérald, *Éloge du chiac*, Moncton, Éditions Perce-Neige, 1995, 120 p.

Leblanc, Gérald, *Moncton Mantra*, Moncton, Éditions Perce-Neige, 1997, 144 p.

Maillet, Antonine, *La Sagouine, pièce pour une femme seule*, Montréal, Leméac, 1971, 105 p.

Maingueneau, Dominique, *Le discours littéraire. Paratopie et scène d'énonciation*, Paris, Armand Colin, 2004, 262 p.

Masson, Alain, *Lectures acadiennes*, Moncton, Éditions Perce-Neige, 1994, 172 p.

Masson, Alain, «Une littérature interdite», dans Raoul Boudreau *et al.* (dir.), *Mélanges Marguerite Maillet*, Moncton, Éditions d'Acadie et Chaire d'études acadiennes, 1996, p. 259-270.

Paré, François, *Les littératures de l'exiguïté*, Ottawa, Le Nordir, 2001 [1992], 230 p.

Thériault, Joseph-Yvon, *Faire société. Société civile et espaces francophones*, Sudbury, Prise de parole, 2007, 384 p.

« LES ACADIENNES » :
PROJET DE DRAME LYRIQUE DE FÉLIX-ANTOINE SAVARD

Yvan G. Lepage
Université d'Ottawa

Félix-Antoine Savard a porté pendant près de 60 ans le projet d'un drame lyrique inspiré d'un épisode de la Déportation des Acadiens : le retour à Grand-Pré de femmes, d'hommes et d'enfants qui avaient été exilés à Boston en 1755. L'idée lui en était venue en 1923, à la lecture de l'*Evangeline* de Henry W. Longfellow, que Pamphile Le May avait traduit en alexandrins, entre 1863 et 1865, et dont la version définitive avait paru en 1912[1].

À cette date — octobre 1923 —, Félix-Antoine Savard, qui avait été ordonné prêtre l'année précédente, enseignait le français et le latin en classe de rhétorique au Séminaire de Chicoutimi, où il avait lui-même fait ses études. S'il n'hésite pas à introduire dans son enseignement le roman de Louis Hémon *Maria Chapdelaine*, dont les voix, confiera-t-il plus tard, l'avaient frappé « au cœur[2] » et qui devaient hanter Menaud[3], on ne sait s'il initia ses élèves

---

[1] Pamphile Le May, *Évangéline et autres poèmes de Longfellow*, Montréal, J.-Alfred Guay, 1912, 211 p. (1re édition dans *Essais poétiques*, Québec. G.-E. Desbarats, 1865, p. 1-107).

[2] Félix-Antoine Savard, *Carnet du soir intérieur*, I, Montréal, Fides, 1978, p. 161.

[3] Félix-Antoine Savard, *Menaud maître-draveur*, Québec, Librairie Garneau, 1937, 265 p.

au chef-d'œuvre de Henry W. Longfellow. Composé à l'apogée du romantisme et portant la marque du nationalisme culturel américain du milieu du XIXᵉ siècle, le poème avait tout pour satisfaire les aspirations du jeune Félix-Antoine Savard, qui publie toujours, à cette époque, des textes en vers et en prose inspirés de Lamartine et de Chateaubriand, dans *L'alma mater*, journal du Séminaire. *Evangeline* n'était pas au programme, au Séminaire de Chicoutimi, en ces années où Félix-Antoine Savard y enseignait. La *Mireille* de Frédéric Mistral ne l'était pas davantage, mais on sait que Félix-Antoine Savard la fit découvrir à ses élèves avec le même enthousiasme que celui qu'il avait mis à leur faire connaître *Maria Chapdelaine*. Qu'il leur ait aussi fait apprécier le touchant poème de Henry W. Longfellow reste donc tout à fait vraisemblable. Incarnée en terre d'Amérique, dans une nature encore vierge évoquant le paradis, cette « histoire d'amour et de séparation[4] », superbement portée par le souffle romantique des alexandrins de Pamphile Le May, avait tout pour plaire à Félix-Antoine Savard, lui qui aspirait déjà à conjuguer forme classique et matière canadienne.

C'est par ailleurs au début des années 1920, dans la foulée du VIIIᵉ Congrès national acadien, réuni en 1921 à Pointe-de-l'Église, que se met en place, à Grand-Pré, le dispositif destiné, comme l'écrit Robert Viau, à « ranimer la combativité de la jeunesse acadienne au moyen de la commémoration[5] » de la tragédie de 1755. Sur un terrain qui lui a été cédé par la compagnie ferroviaire Dominion Atlantic Railway, la Société nationale L'Assomption fait ériger, à partir de 1922, une chapelle votive sur le site de la primitive église de Grand-Pré. À l'avant-plan s'élève, depuis juillet 1920, une statue d'Évangéline, œuvre du sculpteur Louis-Philippe Hébert.

---

[4] Claude Beausoleil, « Préface » à *Evangeline* de Henry Wadsworth Longfellow, traduction de Pamphile Le May, Moncton, Éditions Perce-Neige / Écrits des Forges, 1994, p. ix.
[5] Robert Viau, *Les visages d'Évangéline. Du poème au mythe*, Beauport, Publications MNH, 1998, p. 119.

Symbole pour les Acadiens de la reprise de possession de leur patrie, Grand-Pré devient dès lors un lieu de pèlerinage commémoratif, « un véritable mythe identitaire, image d'un événement fondateur de la nouvelle Acadie[6] ». Il y avait déjà plus de 60 ans que l'héroïne de Henry W. Longfellow attirait les touristes canadiens et américains au « pays d'Évangéline », mais le temps était venu pour les Acadiens d'y reprendre symboliquement pied. Mûs par un ardent sentiment nationaliste attisé par les Henri Bourassa et les Lionel Groulx, les Canadiens français avaient déjà répondu généreusement à l'appel du comité de l'église Souvenir de Moncton, chargé de recueillir des fonds pour la construction de la chapelle votive et l'aménagement du site de Grand-Pré. C'est ainsi qu'au Monument National, à Montréal, une grande « Soirée de Grand-Pré » avait été organisée, le 30 mai 1917, par la Société Saint-Jean-Baptiste. Henri Bourassa et Lionel Groulx y avaient pris la parole. À partir de 1924, des pèlerinages partent de Montréal pour Grand-Pré, à l'initiative du journal *Le Devoir*. En cette même année 1924, paraissait une nouvelle traduction d'*Evangeline*, due cette fois à la plume du poète Paul Morin[7].

Tout ce battage autour de l'Acadie et de son héroïne nationale a dû franchir les murs du Séminaire de Chicoutimi et attirer l'attention du jeune professeur Félix-Antoine Savard. De là est né le projet des « Acadiennes », dont le dossier comprend une quarantaine de pièces de longueur variable[8].

---

[6] *Ibid.*
[7] *Evangeline* de H. W. Longfellow, nouvelle traduction et préface de Paul Morin, Montréal, Bibliothèque de l'Action française, 1924, 80 p.
[8] Les pièces de ce dossier (dont l'édition est sous presse) sont conservées dans le fonds Félix-Antoine-Savard des Archives de l'Université Laval, sous la cote 123-7-19-3 (adresse topographique : BP 2112). Voir Jacques Blais, « Répertoire numérique détaillé du fonds Félix-Antoine-Savard et de la série "Félix-Antoine Savard" du fonds Luc-Lacourcière (Archives de l'Université Laval) », Sainte-Foy, Université Laval, Faculté des lettres, Département des littératures, 1996, f. 264-267.

La troisième pièce[9], inspirée de toute évidence de la lecture de l'*Évangéline* de Pamphile Le May, se compose de neuf feuillets extraits d'un cahier d'écolier dont la trace a été perdue. Datés du «samedi soir 7 octobre 1923» (mais sans doute faut-il lire «6 octobre» ou «nuit du samedi 6 au dimanche 7 octobre»), ces feuillets enregistrent la naissance de l'«idée d'un poème sur [l']Acadie», avec un plan très simple, en trois parties: «avant — Dispersion — après (*espoir*)». Les feuillets 2 et 3, consacrés, comme les trois premiers chants d'*Évangéline*, aux temps heureux où le hameau de Grand-Pré vivait en harmonie avec la nature, égrènent — conformément à la méthode dont Félix-Antoine Savard est coutumier — les mots et expressions, puisés dans la traduction de Pamphile Le May, qui, comme la palette de couleurs de l'artiste, constituent les matériaux de base du tableau idyllique de l'Acadie d'avant le drame de la Déportation. Les trois feuillets suivants reprennent, quant à eux, les moments forts de la convocation des Acadiens à l'église de Grand-Pré et de leur expulsion brutale, qu'on lit dans les chants quatre et cinq de la première partie d'*Évangéline*. Le feuillet 7, qui sert de conclusion au drame de la Dispersion des Acadiens, stigmatise la conduite inqualifiable de l'Angleterre, la perfide Albion sur laquelle le narrateur appelle la vengeance du ciel: «Albion, honte à toi!» Cette dernière doit expier, ajoute-t-il, «pour avoir ignominieusement séparé les membres des familles acadiennes», avant de les disperser dans les diverses colonies britanniques d'Amérique, les condamnant ainsi à errer sans fin, «sans amis [ni] foyer».

Les deux feuillets qui composent la quatrième pièce du dossier des «Acadiennes» ont été rédigés un an plus tard, en novembre 1924. Ce n'est plus à un poème que Félix-Antoine Savard songe alors, mais à une «tragédie». Et déjà se font entendre parallèlement, dans les quelques lignes qui nous en sont restées, les lamentations des victimes et les apostrophes indignées de cette voix encore indéfinie qui sera, à partir de 1937, celle du chœur.

---

[9] Numérotée 3 dans l'édition sous presse, cette pièce, datée de 1923, est en fait la première, mais je place au début du dossier les Poèmes de 1977 (pièce 1) et de 1950 (pièce 2).

L'idée de faire intervenir dans sa tragédie cette instance narrative classique qu'est le chœur paraît être venue à Félix-Antoine Savard à l'époque où il refaisait ses humanités, profitant des moments de loisir que lui laissait son ministère, au presbytère de Sainte-Agnès en Charlevoix, à l'automne de 1927, puis à La Malbaie, à partir du printemps 1928. La lecture d'Eschyle lui révèle en effet la puissance extraordinaire de ce « personnage » à la fois humain et divin qu'est le chœur antique, appelé à commenter l'action et à en dévoiler le sens profond. Rien ne pouvait mieux correspondre à la conception que Félix-Antoine Savard se faisait de l'homme et de l'Univers, régis par les desseins impénétrables de la Providence, que la tragédie antique, chargée d'illustrer le rôle de la divinité dans la destinée humaine. Aux yeux de l'écrivain, influencé en cela par Bossuet et sa vision de l'histoire, le drame du peuple acadien a été voulu par Dieu. Les épreuves qui l'ont frappé, et dont les Anglais ont été les instruments, ont servi à le grandir, en lui garantissant une prospérité à laquelle il n'aurait pu accéder sans les souffrances qui ont contribué à l'endurcir et à lui faire prendre conscience de son destin[10].

La cinquième pièce du dossier, égarée en quelque sorte dans le dernier cahier de la deuxième version manuscrite de *Menaud maître-draveur* (cahier daté du 11 avril 1937), témoigne on ne peut plus clairement de cette vision du monde : « la haute destinée ne va pas sans l'épreuve », clame le chœur, qui ajoute : « Rien de grand sans la souffrance ». Constitué de trois éléments (dont deux seulement sont nommés : le peuple acadien et les « sauvages »), le chœur reçoit son unité du coryphée, qui le dirige.

Quand Félix-Antoine Savard renoue avec son projet de tragédie en 1943, c'est précisément au chœur qu'il confie le soin de rappeler le bonheur dans lequel a vécu l'Acadie avant les terribles épreuves

---

[10] Robert de Roquebrune paraît partager cette vision providentialiste, lui qui écrit, en conclusion à son article de la *Revue des deux mondes* (1ᵉʳ juillet 1956) sur « Le Grand Dérangement » : « C'est à eux [Lawrence et Winslow] que les Acadiens doivent d'être encore un peuple de Français. C'est [le Grand Dérangement qui] a fait des habitants d'Acadie une race dont la vitalité est remarquable, le caractère extraordinaire. » (p. 66).

que Dieu lui réservait: « Béni soit notre Dieu qui nous donne ce pays », chante le peuple acadien, par la voix du chœur, avant que ce dernier n'ajoute, se faisant alors, à l'instar du prêtre, le porte-parole de la divinité:

> Par des fourrés épais
> s'en vont les voies de la pensée divine
> par des ombres épaisses
> s'en vont-elles et nul mortel ne saurait les pénétrer.
> Les peuples qu'il aime sont dans la main de Dieu [...].
> (pièce 6, f. 1)

Déjà, Félix-Antoine Savard recourt aux vers libres, tantôt isolés, tantôt regroupés dans des strophes de longueur variable, allant de deux à huit ou neuf vers. La rédaction procède par à-coups, difficilement sans doute, en tout cas sans lien, bien souvent, entre les fragments qui composent cette pièce. On note par ailleurs, entrelacées aux vers de Félix-Antoine Savard, d'assez nombreuses références au théâtre d'Eschyle, qu'il relit parallèlement à la rédaction de sa tragédie. Les passages cités proviennent des *Suppliantes*, des *Perses* et de *Prométhée enchaîné*.

Le dernier feuillet contient des notes de lecture de la première édition d'*Un pèlerinage au pays d'Évangéline*, que l'abbé Henri-Raymond Casgrain avait publié en 1887[11] et dont Félix-Antoine Savard a pu prendre connaissance en cette année 1943. Ce journal de voyage évoque successivement, à l'instar de l'*Evangeline* de Henry W. Longfellow, le Grand-Pré édénique d'avant 1755 et l'état dans lequel Henri-Raymond Casgrain a trouvé ces lieux chargés d'histoire 132 ans plus tard. Félix-Antoine Savard était d'autant mieux en mesure d'apprécier ce « pèlerinage » qu'il en avait lui-même effectué un — son premier —, en compagnie de Luc Lacourcière, deux ans plus tôt. La date de ce retour aux sources nous est fournie par une carte postale que Félix-Antoine Savard a postée à Moncton, le 25 juin 1941, à son ami Jean-Marie

---

[11] Henri-Raymond Casgrain, *Pèlerinage au pays d'Évangéline*, Québec, Imprimerie de L.-J. Demers & frère, 1887, 500 p.

Gauvreau[12], directeur de l'École du meuble, à Montréal. On peut par ailleurs suivre l'itinéraire approximatif des deux amis grâce aux notes que Félix-Antoine Savard a laissées à ce sujet dans un cahier d'écolier[13].

Neuf années s'écoulèrent avant que Félix-Antoine Savard et Luc Lacourcière retournent en Acadie, plus précisément dans la péninsule acadienne, afin d'y mener des enquêtes folkloriques. Ils devaient ensuite y retourner régulièrement, durant les années 1950, seuls ou en compagnie de l'ethnomusicologue Roger Matton.

Mais, si l'on revient un peu en arrière, on voit que Félix-Antoine Savard n'avait pas oublié son projet des «Acadiennes» entre 1937 et 1943. Une note de son *Journal* inédit nous en fournit la preuve. On y lit en effet: «L'Orestie. Reçu de Luc [Lacourcière] les *Choéphores* et les *Euménides* de Claudel. / Est revenue l'obsession des Acadiennes, longtemps hier soir, ont roulé les chœurs et battu les sanglots [...][14]». Et il cite, en grec, les vers 469-470 des *Choéphores* d'Eschyle, que Paul Mazon traduit ainsi: «Hélas! intolérables et

---

[12] Carte postale («*Interior View of Museum Fortress of Louisbourg*, N. S., Canada.-3») adressée depuis Moncton à Jean-Marie Gauvreau, le 25 juin 1941. Archives nationales du Québec à Montréal, fonds Jean-Marie-Gauvreau, MSS-2, 2-4-4: correspondance Félix-Antoine Savard — Jean-Marie Gauvreau, lettre 18. En voici le texte: «Mon cher Jean-Marie, M. Lacourcière + moi faisons le tour des souvenirs français de l'Acadie. Nous ne t'oublions pas. Affection à Mme Gauvreau. F.-A. Savard ptre.»

[13] Félix-Antoine Savard, «Notes sur l'Acadie», cahier d'écolier à couverture noire, 16 f., conservé dans le fonds Félix-Antoine-Savard des Archives de l'Université Laval, sous la cote 123-7-19-3, cinquième dossier, pièce 3: «Les Acadiennes». Voir J. Blais, *op. cit.*, p. 267. Le f. 7 est daté du samedi 21 juin, ce qui correspond bien à l'année 1941, tout en étant parfaitement cohérent par rapport à la date de la carte postale adressée à Jean-Marie Gauvreau.

[14] Félix-Antoine Savard, «Journal» [inédit], Archives de l'Université Laval, fonds Félix-Antoine Savard, 16 janvier [1940]. Ce *Journal*, conservé sous la cote 123-8 (adresse topographique: BP 2115), couvre les années 1938 à 1982, mais seules les années 1938-1970 sont actuellement accessibles, les 12 dernières années étant fermées à la consultation jusqu'en août 2012. Voir Jacques Blais, *op. cit.*, f. 276-300. Félix-Antoine Savard a abondamment puisé dans les années 1961 à 1964 de son *Journal* au moment où il préparait les deux tomes de *Journal et souvenirs*, publiés respectivement en 1973 et 1975.

gémissantes angoisses! hélas! souffrances sans terme![15] », On notera aussi, par ailleurs, que *Les Acadiennes* sont annoncées comme « à paraître », en décembre 1943, dans la première édition de *L'abatis*, tout comme *Louise de Sinigolle* du reste (déjà annoncée en 1937 dans la première édition de *Menaud*). Annonce téméraire, et que Félix-Antoine Savard regrettera, puisque aucune de ces deux œuvres ne verra le jour.

De quoi devaient être faites ces *Acadiennes* de 1943? D'un chant de grâce du chœur, d'une déploration et d'une prophétie: « Du germe de douleur naîtra une race puissante » (pièce 6, f. 3), ainsi qu'on l'a vu précédemment. Mais ce schéma un peu trop général, Félix-Antoine Savard va essayer — sans trop de succès, il faut bien le dire — de lui donner un peu plus de consistance en novembre de la même année 1943. Il consigne en effet, sur les sept premiers feuillets d'un cahier d'écolier (pièce 7), quelques notes destinées à alimenter les trois actes de sa tragédie: la noce, d'abord, avec ses scènes de réjouissances populaires, troublée par l'inquiétude que suscitent les « menaces anglaises »; la Déportation et la séparation des époux, ensuite; puis, pour finir, le désir de vengeance d'un fils, que sa mère, par la voix du chœur, exhorte au pardon. Cette mère est sans doute la jeune épouse du premier acte et le fils, qui occupera désormais une place centrale dans les nombreuses esquisses à venir, prendra divers noms: Duncan, Malcolm, Yvan, François, jusqu'à ce que Félix-Antoine Savard fixe enfin son choix sur Malcolm. La mère, pour sa part, portera tour à tour le nom de Rachel Leblanc (pièce 9: mars 1948), de Geneviève (pièce 12: avril 1948), d'Évangéline Hébert (pièce 13: novembre 1948), de Marie Dugast (pièces 21 et 22: 1952?) et de Madeleine Hébert (pièce 33: 1960?), avant de reprendre — et on peut y voir le poids de la tradition — le nom d'Évangéline (pièce 40: octobre 1977).

Quand, 34 ans plus tard, en 1977, Félix-Antoine Savard reprend ce cahier de 1943, il l'annote ainsi: « 1er texte qui m'était venu à

---

[15] Eschyle, [*Tragédies*], t. II: *Agamemnon – Les Choéphores – Les Euménides*, texte établi et traduit par Paul Mazon, 7e édition, Paris, Les Belles Lettres, 1961, p. 98.

l'esprit en 1943. Mais en 1977, le drame est tout autre», Et il ajoute, au haut du troisième feuillet: «J'en ai conçu un tout autre fondé sur des textes du sénateur Poirier» (pièce 40: octobre 1977).

Félix-Antoine Savard fait ici allusion à l'article intitulé «Des Acadiens déportés à Boston en 1755. Un épisode du Grand Dérangement», que Pascal Poirier avait publié, en 1908, dans les *Mémoires de la Société royale du Canada*[16] et qu'il semble avoir découvert en 1948. Dans la genèse des *Acadiennes*, cet article est capital, «séminal», dirait-on en anglais. Avec les deux gros volumes de *La tragédie d'un peuple* d'Émile Lauvrière[17] (1923), il a en effet inspiré la seule version des *Acadiennes* qui soit, pour ainsi dire, «aboutie»: le poème d'août 1950, remanié en août 1977.

En quelle année Félix-Antoine Savard se procura-t-il la «troisième édition» de *La tragédie d'un peuple* d'Émile Lauvrière? Les deux tomes, signés «F. Ant. Savard ptre» sur les pages de faux-titre, et dont avait hérité son neveu Roger Le Moine, sont assez abondamment annotés en certaines de leurs parties (premiers et derniers chapitres du tome premier et les 170 premières pages du tome second). Le très mauvais état dans lequel ces deux tomes se trouvent aujourd'hui tendrait du reste à montrer que Félix-Antoine Savard les a beaucoup fréquentés, si nous n'en avions par ailleurs la preuve, grâce aux trois cahiers d'écolier à couverture noire, intitulés respectivement «*Les Acadiennes* / Notes, plan, etc.», «*Les Acadiennes* / Bibliographie» et «*Les Acadiennes* / Les noms», qui constituent les pièces 12, 14 et 15 de notre dossier. Ces cahiers — le second en particulier — comportent des notes extraites d'Émile Lauvrière (f. 1 à 4 du premier cahier, 1 à 55 du deuxième et 1 à 8 du troisième) témoignant d'une lecture attentive de l'ensemble des deux tomes de *La tragédie d'un peuple*. Au milieu du f. 7 du premier cahier, on lit: «Recommencé à travailler *Les Acadiennes* < le 12 avril 1948». Les premiers feuillets,

---

[16] Pascal Poirier, «Des Acadiens déportés à Boston en 1755. Un épisode du Grand Dérangement», *Mémoires de la Société royale du Canada*, vol. II, section I, 1908, p. 125-180.

[17] Émile Lauvrière, *La tragédie d'un peuple. Histoire du peuple acadien de ses origines à nos jours*, 3ᵉ édition, 2 tomes, Paris, Éditions Bossard, 1923, t. I, xvi-513 p.; t. II, 597 p.

où Félix-Antoine Savard a consigné des notes de lecture d'Émile Lauvrière, sont vraisemblablement de peu antérieurs à cette date. Le deuxième cahier a dû être commencé à la même époque, mais la prise de notes a pu s'étendre sur la seconde moitié de l'année 1948 et déborder sur l'année 1949[18]. Une note du *Journal* inédit, en date du 25 juillet 1949, nous en fournit un indice: «Lire Lauvrière — (IIe [tome]) sur les Acadiens. Le drame me poursuit.» Les f. 56 à 73 contiennent pour leur part une assez importante bibliographie consacrée à l'Acadie, ce qui montre que Félix-Antoine Savard s'est sérieusement documenté afin d'alimenter ses *Acadiennes*. On y trouve, entre autres, quelques renvois à l'article de Pascal Poirier, lequel, on l'a vu, a servi de déclencheur à la première version du *Poème d'août 1950* sur l'exode des Acadiens de Boston. Le *Journal* inédit y fait allusion à trois reprises. Le 5 décembre 1949, d'abord:

> Temps gris. Il a neigé, un peu, cette nuit. J'ai mal dormi, réveillé à toute heure par les *Acadiennes* (qui me travaillaient depuis hier). L'histoire de cet exode si tragique (celui de 1766) est assez facile à établir — et les lieux, encore plus. Mais il me répugne d'écrire un *roman* (!!) là-dessus. La tragédie à laquelle j'avais pensé d'abord est morte et ne chante plus. Tout ce qui semblerait arrangement, composition, jeu de l'esprit me paraît indigne. Ce qu'il faut: quelque chose de simple, de sacré — une sorte de prose biblique rythmée par un long sanglot. Que Dieu me soit en aide! Cette idée m'est venue après la messe de ce matin. Mais contentons-nous, pour le moment, de placer cela parmi les choses à peser.

Félix-Antoine Savard joue ici, comme à son habitude, sur le doublet étymologique de *pensare*, d'où sont issus les verbes *penser* et *peser*. Quant à la «prose biblique rythmée» à laquelle il songe, c'est effectivement à elle qu'il recourra dans son *Poème d'août 1950*, formé de strophes de longueur variable constituées pour l'essentiel de vers de 5 à 10 syllabes.

Ce long poème, qui occupe 48 feuillets dans sa version de 1977, se présente sous la forme d'un récit fait, comme dans la tragédie

---

[18] On trouve par ailleurs d'autres renvois à Émile Lauvrière dans des pièces des années 1952 (pièce 20) et 1953 (pièce 24).

antique, par un chœur qui évoque, plus qu'il ne raconte, tout en exhalant sa douleur et sa réprobation, le drame des exilés acadiens de Boston. Citons, à titre d'exemple, la deuxième strophe :

> Oh! tandis que dans le dernier soir
> brûlaient les terres et les maisons
> de l'heureuse Acadie…
> Dieu détournait sa face
> et les anges errant sur les grèves rouges
> pleuraient et disaient
> les hommes sont cruels.

Ou encore, la strophe 42, évoquant « la marche du retour » :

> Ah! lourde et lente était la marche
> et empêtrés les pas
> par la pensée des vieillards
> et des infirmes
> restés pour mourir
> dans la cruelle terre étrangère.

La strophe 3 dessine en d'amples vers libres l'hostile ville-prison de Boston :

> C'étaient de sévères, soucieuses maisons de briques rouges
> à la dure face triste et fermée
> oui, de dures maisons
> mais entourées d'ormes protecteurs
> de murs, de pelouses interdites
> et jalousement séparées de la rue
> où passe parfois
> la choquante, guenilleuse et discordante misère.

Cette ville puritaine si peu charitable, Félix-Antoine Savard la connaissait-il au moment où il rédigea la première version de ce poème, à l'été de 1950? Une note de son *Journal*, à la date du 10 décembre 1949, pourrait le laisser croire : « C'est la question des *Acadiennes* qui me préoccupe. Nous avons décidé, Luc et moi, de faire les lieux (de Boston à Baie Sainte-Marie) au printemps prochain. » Faute de journal pour cette période du printemps 1950, nous n'avons pas confirmation de ce voyage, qu'il devait faire deux ans plus tard, en novembre 1952, quand il fut invité à donner une conférence devant les membres de la Société historique franco-américaine. On sait en revanche qu'il passa six semaines dans la péninsule acadienne avec Luc Lacourcière, en juillet-août 1950[19]. C'est d'ailleurs vraisemblablement à Shippagan, dans le chalet que le Dr Dominique Gauthier avait mis à leur disposition, que l'auteur de *Menaud*, peut-être encore tout imprégné du souvenir de Boston et baignant dans l'atmosphère acadienne, conçut le projet de son poème, dont il commença la rédaction au début du mois d'août. La première strophe s'accompagne en effet de la mention : « Ce soir, 4 août 50 », date confirmée, deux fois plutôt qu'une, d'abord au f. 10 du *Poème* : « (brouillonné écrit ce soir du 4 août, 1950) », puis, à la même date, dans le *Journal* inédit :

> Poème sur la sortie des Acadiens de Boston, vers 1765... (ce soir du 4 août, 1950) / cf. *Des Acadiens déportés à Boston vers 1755* (Un épisode du Grand Dérangement) par Pascal Poirier [...]. / À tous ceux qui sont révoltés à bon droit contre... [...] à quelques vieux Anglo-Saxons vertueux, oublieux, cet ancien récit qu'il faut oublier — [...].

Les f. 12, 16-18 et 21 du *Poème* comportent eux aussi des renvois explicites à l'article de Pascal Poirier.

Le dernier feuillet du cahier « *Les Acadiennes* / Bibliographie » énumère d'autres ouvrages consacrés à l'Acadie, dont le récit de l'abbé Henri-Raymond Casgrain, que Félix-Antoine Savard connaissait depuis au moins 1943. La lecture d'Émile Lauvrière, comme celle de Pascal Poirier, paraît remonter, elle, à 1948. Ce sont là les principales sources des *Acadiennes*.

---

[19] « En 1950, nos enquêtes ont principalement porté sur le folklore acadien de la région de Shippagan [...]. Nous y avons fait deux séjours, le premier de six semaines, en juillet et août, et le second, de dix jours, au mois de novembre. Le nombre des informateurs rencontrés se chiffre par plus d'une centaine. Les informations et notes recueillies à la main ou sous forme d'enregistrement furent aussi abondantes qu'on pouvait l'espérer en une région où nous allions pour la première fois. » (Luc Lacourcière et Félix-Antoine Savard, « Le folklore acadien », *National Museum of Canada (Annual Report)*, année fiscale 1950-1951, bulletin n° 126, Ottawa, ministère des Ressources et du Développement, 1952, p. 99.)

L'influence d'Émile Lauvrière, quoique prépondérante dans l'ensemble des pièces qui constituent le dossier des *Acadiennes*, reste diffuse et implicite, alors que celle de Pascal Poirier, nommément reconnue — et plus d'une fois — s'exerce essentiellement sur le *Poème de 1950*, consacré précisément à la sortie de Boston. Trop vaste, l'ouvrage d'Émile Lauvrière ne suscite chez Félix-Antoine Savard que des projets dramatiques vagues et épars, continuellement repris et toujours abandonnés. Pascal Poirier, en revanche, qui se concentre sur un épisode précis du drame des Acadiens, lui inspire un texte lyrique d'une seule coulée, parfaitement cohérent des points de vue thématique et formel. Pour se mettre en branle, la faculté créatrice de Félix-Antoine Savard a besoin d'être sollicitée par une image à la fois précise et forte : Boston, ville qu'il a visitée avec Luc Lacourcière en 1952 (sinon dès 1950) et dont les rues sont toujours hantées par le souvenir douloureux des Acadiens, cristallise cette image d'où émergent les personnages fantomatiques du *Poème*.

Parmi les personnages clés de la tragédie avec chœur à laquelle Félix-Antoine Savard a travaillé sans relâche, il en est un dont le rôle est de garder, en raison de son grand âge, le souvenir de la Déportation. Bien qu'il appartienne au clan des Anglais, il s'en distingue par son esprit de charité et par la commisération dont il a su faire preuve au moment de la Dispersion à l'égard du héros acadien, devenu orphelin à la suite de la mort de son malheureux père. Ce « vieux fou », ainsi que l'appellent les soldats anglais chargés de barrer la route aux exilés acadiens cherchant à rentrer à Grand-Pré, est hanté par le sort tragique de ces derniers et par l'injustice dont ils ont été l'objet. Et c'est à lui qu'est dévolue la tâche de révéler sa véritable identité au jeune héros du drame.

Quant apparaît ce personnage d'intermédiaire entre les bourreaux et les victimes, en 1948, il porte le nom de Scott (pièce 8). Dès la pièce suivante (14 mars 1948), il devient, d'abord « le vieux Henry » (f. 28), puis « le vieux John » (f. 31), c'est-à-dire « John Pownall » (f. 44), plus tard rebaptisé « John Knox », dans l'« argument » de 1956 (pièce 28), scénario dont il est temps que nous parlions.

On possède deux versions de cet « argument » : un brouillon manuscrit de cinq pages, daté du 23 juin, mais sans indication d'année (pièce 28), et une copie dactylographiée, non datée (pièce 29[20]). Dans son « Répertoire », Jacques Blais situe le brouillon en 1958[21], date sujette à caution. Tout indique qu'il a été rédigé environ deux ans plus tôt, au moment où Félix-Antoine Savard déposait un dossier de demande de bourse Guggenheim. Deux fois en juillet 1956 et une fois en janvier 1957, il note dans son *Journal* qu'il travaille à ses *Acadiennes*. Le 8 mai 1957 lui parvient la mauvaise nouvelle : « Reçu ce matin la liste des boursiers Guggenheim. Pas un Canadien. Et voilà une affaire cuite et réglée, et beaucoup d'illusions dissipées. C'est un échec que j'accepte sans surprise et sans amertume. Mais il fait revivre mon poème sur *la sortie des Acadiens de Boston*. » Quelques jours plus tard, le 21 mai, renversement de situation : « Grande nouvelle qu'une bourse Guggenheim m'est accordée à partir de juillet. Encore une bonté de Dieu. » Juillet 1957 marquait la fin du mandat de Félix-Antoine Savard à titre de doyen de la Faculté des lettres de l'Université Laval.

Il est de nouveau question des *Acadiennes* dans le *Journal* en septembre 1958, janvier 1959, mars et novembre 1960, puis septembre 1962. Ainsi, le 13 mars 1960, Félix-Antoine Savard y note :

> Jonglé à mon programme [de travail] pour 60-61. Je ne veux point faire de cours. J'essayerai de finir des choses commencées : a) la *Folle* (théâtre) ; b) les *Acadiennes* (théâtre) ; c) Les Rois Mages + l'Enfant prodigue ; d) Divers poèmes ; e) Un roman ; f) Un volume de souvenirs. Ouf!

Le sort ne lui sera pas favorable et il devra se résigner à donner trois cours, en 1960-1961, l'un sur Villon, l'autre sur La Fontaine et le troisième sur l'Art et la poésie[22]. Alors, dans l'espoir de trouver

---

[20] Archives de l'Université Laval, fonds Félix-Antoine-Savard, 123-7-19-3, cinquième dossier, pièce 1. Une copie de la version dactylographiée de cet « argument » est annexée au présent article.
[21] Jacques Blais, *op. cit.*, f. 266.
[22] Voir sœur Thérèse-du-Carmel, *Bibliographie analytique de l'œuvre de Félix-Antoine Savard*, Montréal, Fides, 1967, p. 54.

enfin les loisirs qui lui manquent pour mener à terme son vaste programme d'écriture, et en particulier son projet des *Acadiennes*, il adresse une demande de bourse au Conseil des Arts du Canada. Robert Yergeau a résumé les pièces de ce dossier dans son essai consacré au *Mécénat d'État*[23]. Quand la réponse parvient à Félix-Antoine Savard, en mars 1962, elle est négative. Sa déception est profonde, ainsi qu'en témoigne son *Journal et souvenirs*, à l'entrée du 11 mars 1962 :

> Le Conseil des Arts du Canada a refusé de considérer un plan de tragédie que je lui avais soumis avec une certaine confiance ou... naïveté. Ainsi les Acadiennes, qui devaient être le drame de la pitié, du pardon, de la tendresse, mourront peut-être d'inanition. Pour le moment, c'est : Rideau[24].

Il ressasse cet échec, le 31 janvier 1963, au moment où il est plongé dans la rédaction de *La Dalle-des-Morts*[25] :

> Aussi, par moments, un peu triste, déçu, songeur, je pense à cette tragédie *Les Acadiennes* que le Conseil des Arts n'a point daigné considérer. Le sujet, dégagé de toute violence historique, m'apparaissait très grand ; et même si les circonstances étaient du passé, ce drame, où revenait, comme un leitmotiv, la plainte tragique des exilés et qu'animait la tendresse humaine, était de tous les temps et même du nôtre d'aujourd'hui[26].

Comme le précise Robert Yergeau, le ministère des Affaires culturelles du Québec se montrera plus généreux à l'égard de Félix-Antoine Savard en lui accordant trois bourses entre 1964 et 1968. En 1968, c'est une bourse de 7 000 $ qu'il obtient « [...] pour un secrétariat, l'achat d'un dictionnaire et des déplacements en

---

[23] Robert Yergeau, *Art, argent, arrangement. Le mécénat d'État, essai*, Ottawa, Éditions David, 2004, p. 588.

[24] Félix-Antoine Savard, *Journal et souvenirs, I : 1961-1962*, Montréal, Fides, 1973, p. 149.

[25] Félix-Antoine Savard, *La Dalle-des-Morts, drame en trois actes*, Montréal, Fides, 1965, 155 p.

[26] Félix-Antoine Savard, *Journal et souvenirs, II : 1963-1964*, Montréal, Fides, 1975, p. 25.

Gaspésie pour l'une de ses œuvres: *Les Acadiennes*[27] ». Peut-être sied-il d'ajouter que Félix-Antoine Savard venait d'être auréolé du prestigieux prix David. Quoi qu'il en soit, il bénéficiera de deux autres bourses du ministère des Affaires culturelles, en 1975 et en 1978. Le Conseil des Arts du Canada aura lui aussi reconnu les mérites de l'écrivain en lui accordant deux bourses de travail libre, en 1973 et 1975, puis une bourse de courte durée, en 1977[28].

Cette aide généreuse lui aura certes permis de rédiger les quatre volumes de ses mémoires et souvenirs, intitulés *Journal et souvenirs* (deux volumes) et *Carnet du soir intérieur* (deux volumes), mais *Les Acadiennes*, auxquelles il avait consacré tant d'énergie, devaient malheureusement faire naufrage. Faut-il le regretter? Probablement pas, si l'on en juge par les nombreux fragments épars qu'il nous en reste, aucun ne dépassant le stade de l'ébauche, sauf peut-être le *Poème de 1950*, revu en 1977, qui ne manque pas de souffle mais est resté à l'état de promesse.

---

[27] Robert Yergeau, *op. cit.*, p. 462.
[28] *Ibid.*, p. 75-77, 462 et 588.

ANNEXE

Les Acadiennes
  Drame en trois actes
  Argument

Préambule au drame

En 1755, à Grand-Pré, un Acadien du nom de Jean Hébert a échappé avec son enfant de quatre ans aux soldats de Winslow. La plupart des familles ayant été démembrées, sa femme a été séparée de lui au moment du départ pour l'exil et déportée dans une colonie anglaise non loin de Boston.

Le malheureux Hébert, pourchassé, vit comme il peut, de chasse et de pêche. Il est cependant, de temps à autre visité et secouru par un vieil Écossais charitable et compatissant, John Knox, lui-même chasseur et pêcheur, et l'un des témoins de la Déportation acadienne.

Épuisé de privations et accablé de chagrins, Hébert tombe gravement malade. Le vieux John l'assiste à son lit de mort et lui promet de s'occuper de son fils. C'est ainsi que l'enfant Hébert est confié à une famille de colons anglais de Grand-Pré, les Fraser. Jean Hébert, adopté, portera désormais le nom de Malcolm Fraser.

Au moment où s'ouvre le drame, à Grand-Pré, quelque 15 ans après la Déportation, Malcolm a vingt ans. De vagues souvenirs de sa petite enfance lui reviennent par moments et le troublent. Mais tout cela reste assez confus. Le vieux John qui l'a recueilli et protégé et les Fraser eux-mêmes qui l'ont élevé ne lui ont rien dévoilé de ses origines (que personne d'autre à Grand-Pré ne connaît d'ailleurs).

Malcolm est en amour avec Elisa Irving, une fille d'un voisin. Ils sont à la veille de s'épouser. Les préparatifs de la noce sont en cours.

Mais, depuis quelques jours, une atmosphère de crainte et d'anxiété règne à Grand-Pré (devenu Horton). Toutes sortes de rumeurs circulent. Des messages anglais venus de St-Jean annoncent, en effet, qu'une colonne de familles acadiennes sorties de Boston est en route vers Grand-Pré. Les choses sont exagérées. On craint le retour des anciens possesseurs. Une milice s'organise, et Malcolm, intelligent et valeureux est nommé chef de la petite troupe qui doit barrer la route aux Acadiens.

Le surlendemain, sortant des bois, arrive à Grand-Pré une centaine de pauvres malheureux, hommes, femmes et enfants. Leur dénuement est extrême. Ils demandent pitié. Ils espèrent qu'un coin de terre leur sera enfin accordé dans leur ancienne patrie.

C'est alors qu'après toutes sortes de plaintes, de demandes, de refus et même de menaces, une femme sort de la troupe acadienne et demande à parler. À l'époque de la Dispersion, en 1755, elle a perdu son mari et son fils. Elle est à leur recherche depuis ce temps; et elle s'informe, avec angoisse, si quelqu'un à Grand-Pré ne les aurait point vus.

Le vieux John a vite fait de reconnaître dans cette femme la mère de Malcolm.

Incapable de supporter plus longtemps le poids de son secret, il le déclare publiquement.

Malcolm se retrouve donc en face de sa mère; et il est bientôt tragiquement partagé entre son amour filial et son amour pour sa fiancée.

D'autre part, cette dernière se trouve elle-même douloureusement combattue par son amour pour Malcolm et par son amour pour son père qui s'oppose maintenant avec énergie au mariage de sa fille avec un Acadien.

Les choses sont vite entremêlées de passions de toutes sortes et semblent sans issue.

Les malheureux Acadiens sont, à la fin, chassés et Malcolm les suivra. Mais au moment où la troupe des exilés s'apprête à repartir vers son triste destin, Elisa se jette dans les bras de Malcolm. Elle suivra son fiancé, par amour, sans doute, mais aussi par grandeur d'âme. Elle veut partager le sort des proscrits et leur témoigner ainsi cette tendresse humaine dont ils ont été, depuis tant d'années, si injustement privés.

Les dernières paroles du drame sont au vieux John qui replace le pardon, la pitié, l'amour au-dessus des haines qui divisent les peuples.

N. B. : Les noms des personnages sont provisoires.

Sources historiques

a) Voir Haliburton, — Hist. Et Stat. Account of Nova Sc. I, chap. II et IV, p. 196 (1829) :

> À l'endroit où les colons du Connecticut débarquèrent (à Grand-Pré, en 1760), ils trouvèrent soixante chars à bœufs et autant de jougs dont les malheureux Français s'étaient servis pour amener leurs biens aux vaisseaux qui devaient les arracher à leur patrie ; et, à l'orée de la forêt, des tas d'ossements de bœufs et de moutons, qui, abandonnés par leurs possesseurs, avaient péri en hiver faute de nourriture. Ils rencontrèrent aussi quelques familles d'Acadiens errants qui avaient échappé aux recherches minutieuses des soldats, et qui, dans la crainte de subir le sort de leurs compatriotes, n'avaient pas osé cultiver le sol ni paraître en rase campagne. Ils n'avaient pas mangé de pain depuis cinq ans et n'avaient vécu que de légumes, de poisson et du bétail qui, plus résistant, avait survécu aux duretés de l'hiver... Partout gisaient les ruines des maisons incendiées...

b) Voir, citée par Émile Lauvrière, *Tragédie d'un peuple*, vol. 2, p. 82, une lettre de Thomas Lawrence datée de mars 1756.

c) Voir, dans le volume II des Mémoires de la Société royale du Canada, une étude de Pascal Poirier intitulée : *Des Acadiens déportés à Boston, en 1755.* (Un épisode du Grand Dérangement).

Félix-Antoine Savard, ptre

BIBLIOGRAPHIE

Beausoleil, Claude, «Préface» à *Evangeline* de Henry W. Longfellow, traduction de Pamphile Le May, Moncton, Éditions Perce-Neige / Écrits des Forges, 1994, p. vii-xx.

Blais, Jacques, «Répertoire numérique détaillé du fonds Félix-Antoine-Savard et de la série "Félix-Antoine Savard" du fonds Luc-Lacourcière (Archives de l'Université Laval)», Sainte-Foy, Université Laval, Faculté des lettres, Département des littératures, 1996, 442 f.

Casgrain, Henri-Raymond, *Pèlerinage au pays d'Évangéline*, Québec, Imprimerie de L.-J. Demers & frère, 1887, 500 p.

Eschyle, [*Tragédies*], t. II : *Agamemnon – Les Choéphores – Les Euménides*, texte établi et traduit par Paul Mazon, 7e édition, Paris, Les Belles Lettres, 1961, xxviii-173 p.

Lacourcière, Luc et Félix-Antoine Savard, «Le folklore acadien», *National Museum of Canada (Annual Report)*, année fiscale 1950-1951, bulletin n° 126, Ottawa, ministère des Ressources et du Développement, 1952, p. 99-104.

Lauvrière, Émile, *La tragédie d'un peuple. Histoire du peuple acadien de ses origines à nos jours*, 3e édition, 2 tomes, Paris, Éditions Bossard, 1923, t. I, xvi-513 p.; t. II, 597 p.

Le May, Pamphile, *Évangéline et autres poèmes de Longfellow*, Montréal, J. Alfred Guay, 1912, 211 p. (1re édition dans *Essais poétiques*, Québec. G.-E. Desbarats, 1865, p. 1-107).

Morin, Paul, *Evangeline* de H. W. Longfellow, nouvelle traduction et préface de Paul Morin, Montréal, Bibliothèque de l'Action française, 1924, 80 p.

Poirier, Pascal, «Des Acadiens déportés à Boston en 1755. Un épisode du Grand Dérangement», *Mémoires de la Société royale du Canada*, vol. II, section I, 1908, p. 125-180.

Roquebrune, Robert, «Le Grand Dérangement», *Revue des deux mondes*, n° 13, 1er juillet 1956, p. 51-67.

Savard, Félix-Antoine, *Carnet du soir intérieur*, I, Montréal, Fides, 1978, 207 p.

Savard, Félix-Antoine, *Carnet du soir intérieur*, II, Montréal, Fides, 1979, 156 p.

Savard, Félix-Antoine, *La Dalle-des-Morts, drame en trois actes*, Montréal, Fides, 1965, 155 p.

Savard, Félix-Antoine, *Journal et souvenirs, I : 1961-1962*, Montréal, Fides, 1973, 222 p.

Savard, Félix-Antoine, *Journal et souvenirs, II : 1963-1964*, Montréal, Fides, 1975, 263 p.

Savard, Félix-Antoine, *Menaud maître-draveur*, Québec, Librairie Garneau, 1937, 265 p.

Thérèse-du-Carmel, sœur [Lucienne Blais], *Bibliographie analytique de l'œuvre de Félix-Antoine Savard*, préface de Luc Lacourcière, Montréal, Fides, 1967, 229 p.

Viau, Robert, *Les visages d'Évangéline. Du poème au mythe*, Beauport, Publications MNH, 1998, 190 p.

Yergeau, Robert, *Art, argent, arrangement. Le mécénat d'État, essai*, Ottawa, Éditions David, 2004, 631 p.

ANTONINE MAILLET
ET LA COMÉDIE HUMAINE ACADIENNE

Robert Viau
Université du Nouveau-Brunswick

Au début, il y avait la mer et les aboiteaux. Puis un peuple qui n'avait connu que les fertiles terres marécageuses de la baie Française fut dépossédé de ses biens et chercha refuge sur des terres pelées, arc-boutées face à l'océan. Les fermiers devinrent des pêcheurs et cherchèrent à reconstruire leur pays dévasté. L'eau salée les baptisa Acadiens. Leurs voisins, d'une autre langue, d'une autre culture, firent tout en leur pouvoir pour que ce peuple sans pays s'oublie et soit oublié. Des Acadiens se levèrent, réclamant leur droit à l'instruction, à un clergé, à une littérature. Quelques modestes productions poétiques virent le jour. L'Acadie s'ébrouait, cherchait à poser sa voix, à définir une tonalité qui lui soit propre. Peu à peu, elle s'affirmait au sein du Canada et du monde. Puis vint Antonine Maillet, qui à son tour se mit à raconter sa région et son pays, qu'on avait un jour saisi, puis décimé, puis tordu dans tous les sens, mais qui avait toujours relevé la tête pour happer une gorgée d'air.

Fille d'Acadie, de la lignée des Maillet et des Cormier, Antonine Maillet est née à Bouctouche. Dans ce village côtier situé dans le sud-est du Nouveau-Brunswick, elle a grandi face à cette mer immense et sauvage qui allait exercer une influence marquante sur son œuvre. Comme elle l'écrira dans *L'Acadie pour quasiment rien* : « Il est malaisé de comprendre quelque chose au tempérament acadien si l'on n'a pas d'abord compris la mer[1] ». La mer, les dunes, le village, la famille, Antonine Maillet a été fortement influencée par le pays de son enfance et elle redira son histoire dans une œuvre foisonnante qui traverse plus de cinq décennies et comprend une quarantaine d'ouvrages.

Dès le premier roman, *Pointe-aux-Coques* (1958), le pays se confond avec un village au bord de la mer : « un petit village, tout entouré d'eau et de prés verts, qui était pour [elle] toute l'Acadie[2] ». Dans ce premier roman de facture traditionnelle, Mlle Cormier part à la recherche du pays de ses ancêtres. Elle veut connaître le village natal de son père, qui, à l'âge de 20 ans, avait quitté l'Acadie pour travailler dans les usines des États-Unis. Ayant obtenu un poste d'institutrice à Pointe-aux-Coques, la fille prendra la place du père et partagera pendant la durée d'une année scolaire la vie des villageois avant d'épouser un pêcheur et de s'installer définitivement au pays.

Roman quasi autobiographique[3] sur le retour au pays natal, l'arrivée de l'étrangère permet de décrire les us et coutumes acadiens. Des personnages hauts en couleur peuplent le village de Pointe-aux-Coques : la rigide Nazarine, qui, accoudée à la fenêtre, surveille scrupuleusement sa locataire ; Malvina, qui élève 13 enfants tout en s'occupant du bureau de poste ; le vieux Charlie, qui tout fringant roule à bicyclette sur les routes du village ; le grand Dan, un loup de mer que tous respectent. Nous trouvons dans *Pointe-aux-Coques* une première mouture de personnages typiquement mailletiens : la riche femme hautaine, le vieux et sage pêcheur, le héros valeureux qui se sacrifie pour son village, la femme qui joue un rôle capital dans la survie de sa communauté. L'écriture d'Antonine Maillet cherche sa

---

[1] Antonine Maillet, *L'Acadie pour quasiment rien*, Montréal, Leméac, 1973, p. 77.
[2] Antonine Maillet, *Pointe-aux-Coques*, Montréal, Leméac, 1977, p. 2.
[3] Sœur Marie-Grégoire, alias Antonine Maillet, a enseigné pendant un an à Richibouctou Village, un petit village de pêcheurs du sud-ouest du Nouveau-Brunswick.

voie, mais déjà certains traits s'imposent. Comme l'écrit Marcel Dubé, le roman contient déjà « en une gestation inéluctable tous les sédiments d'une belle œuvre à construire[4] ».

C'est à partir de son deuxième roman, *On a mangé la dune* (1962), que Maillet manifeste pour la première fois son intention de créer une véritable *Comédie humaine* acadienne, tout comme le fait le personnage de Radi, qui crée un univers dans un carré de sable :

> La rue traverse toute la ville. Et de chaque côté, des maisons se dressent : hautes, basses, carrées, rondes, pointues ; des maisons à lucarnes, à pignons, à cheminées ; des magasins, des forges, des garages, une église et une cathédrale [...] Comme Gulliver au-dessus de Lilliput, les enfants se penchent sur leur monde de sable qu'ils viennent de peupler de quarante mille Lilliputiens : des boutiquiers, des marchands, des commères, des businessmen, des policiers jaillissent des cerveaux en feu et pleuvent sur les rues. La ville grouille de démocratie ! Une ville immense[5].

Tout un monde mythique attend de naître sous la plume de Maillet. C'est un monde « tout juste sorti des transes [...] une terre de commencement du monde [...de] premier matin de la vie[6] ». Parmi les noms de personnages et de lieux évoqués pour la première fois se trouvent ceux de Catoune, de Citrouille et de l'Île-aux-Puces, qui prendront une importance insoupçonnée dans les romans subséquents.

À partir de la pièce *Les crasseux* (1968), il n'y a plus de personnage charnière comme Mlle Cormier, qui voit et structure la réalité qui l'entoure, mais des personnages bien en chair qui suivent leur destinée et s'affrontent sur des sujets humains tels l'amour, le pouvoir et l'argent. À mesure qu'elle ébauche sa grande fresque acadienne, Maillet laisse libre cours à ses personnages et à son imagination. L'auteure est aussi influencée à cette époque par

---

[4] Antonine Maillet, *On a mangé la dune*, Montréal, Leméac, 1977, p. 11.
[5] *Ibid.*, p. 90-92.
[6] *Ibid.*, p. 114.

Rabelais, qu'elle étudie dans le cadre de sa thèse de doctorat[7]. Tout comme ce dernier qui avait pris son coin de Touraine et en avait fait un royaume, celui du roi Grandgousier et de son fils Gargantua, Maillet transforme la région de son enfance, Bouctouche, en un pays acadien mythique.

Les premiers romans étaient marqués par deux axes: l'axe vertical de l'église et des traditions morales et religieuses, et l'axe horizontal de la mer. Entre ces deux infinis, se débattait pour survivre une petite communauté acadienne unie par les liens du sang et de l'histoire. Dans *Les crasseux*, il n'y a plus qu'une ligne, celle de la clôture qui divise le village acadien en l'En-haut et l'En-bas. Les gens d'En-bas, les crasseux, donnent le ton à la pièce avec leurs mœurs qui mettent en question la moralité des gens d'En-haut, les notables du village, qui se considèrent comme des parangons de vertu. Ces crasseux s'expriment dans une langue neuve, unique en littérature et qui s'apparente à celle des Acadiens[8]. Maillet est consciente de ce tournant dans sa manière d'écrire: « Le jour, dit-elle, où j'ai pu commencer un livre avec "godêche de *hell*", le jour où j'ai pu écrire un juron dans un livre et "j'avions" au lieu de "nous avions", j'ai compris que j'étais libérée sur le plan du langage. Et l'étant sur le plan du langage, je l'étais sur le plan littéraire[9]. » Cette libération des personnages, mais aussi de l'écriture mailletienne, assurera à l'œuvre un succès inattendu. Don l'Orignal, Noume, la Sagouine et la Cruche font une entrée fracassante sur scène et par la même occasion dans l'imaginaire acadien.

---

[7] Antonine Maillet, *Rabelais et les traditions populaires en Acadie*, Québec, Presses de l'Université Laval, 1971, 201 p.

[8] En fait, Maillet a créé une langue qui n'est pas une transcription de l'ancien acadien ou de l'acadien contemporain ni pure invention, mais un mélange que l'on pourrait appeler, comme le suggère Philip Stratford, de l'« antoninais » ou du « mailletois ». Voir Philip Stratford, « Masterpiece. Antonine Maillet's Epic Novel is Acadia's *Huckleberry Finn* », *The Gazette*, 27 octobre 1979, p. 109.

[9] Simone LeBlanc-Rainville, « Entretien avec Antonine Maillet », *Revue de l'Université de Moncton*, vol. 7, n° 2, mai 1974, p. 19-20.

Dans *Les crasseux,* apparaissent pour la première fois des personnages socialement marginaux, du moins selon les critères d'une morale bourgeoise: la catin, le coureur de jupons, la femme de ménage. Bien qu'ils soient pauvres, ils ne sont ni passifs ni soumis. Les gens d'En-bas ont compris depuis longtemps qu'on ne se rebelle pas si l'on n'a aucune chance de gagner. La lutte ouverte et l'affrontement verbal ne serviraient qu'à aggraver la situation. Il est donc préférable de ruser, de dire à mots couverts tout ce qu'on pense des notables et d'attendre l'occasion favorable de prendre sa revanche. Comme le rappelle Don l'Orignal: « À force de se frotter à des renards, je finissons par avoir du poil[10]. » Les crasseux se caractérisent par leur joie de vivre communale et leur ironie. Malgré la richesse et le pouvoir des bien nantis, les crasseux réussissent à duper ceux qui voudraient les déposséder et leur monde truculent et turbulent l'emporte sur la société sclérosée d'En-haut.

Les crasseux est la première œuvre où se manifestent un monde, un style et une verve qui seront désormais la marque d'Antonine Maillet. Il est intéressant de noter que l'auteure reprendra ce thème des conflits entre l'En-haut et l'En-bas dans bon nombre de ses livres, que ce soit dans le huitième conte de *Par-derrière chez mon père* (1972), le roman *Don l'Orignal* (1972) ou dans l'une des trois versions publiées des *Crasseux* (1968, 1973 et 1974). Chaque fois, cependant, l'éclairage est différent et, même si l'on trouve une atmosphère, un décor, des personnages et des thèmes similaires, ces éléments sont présentés sous un angle nouveau, ne serait-ce qu'avec l'addition de détails significatifs, tels un baril de mélasse, un phare, une voie ferrée et, surtout, « une petite île appelée à un grand destin[11] », l'Île-aux-Puces. Nous assistons à l'élaboration de la cosmogonie mailletienne, à l'art littéraire de faire un monde. Une série d'événements plutôt banals prennent des proportions épiques. Ainsi, une île surgit inopinément de la mer et enfante un peuple qui sème le désarroi et bouleverse les esprits. Le cycle des

---

[10] Antonine Maillet, *Les crasseux*, Montréal, Leméac, 1973, p. 91.
[11] Antonine Maillet, *Don l'Orignal*, Montréal, Leméac, 1977, p. 21.

crasseux met en scène les prototypes de la plupart des personnages qui reviendront dans les pièces de théâtre, les romans et les contes de l'auteure. Il établit la dichotomie, ou «l'antinomie fondamentale» comme la qualifie Pierre L'Hérault[12], entre l'En-haut et l'En-bas, entre ceux qui profitent de la loi et ceux qui la subissent. Une grande partie de l'œuvre mailletienne sera construite à partir de cette dichotomie. Enfin, il fait résonner pour la première fois dans l'œuvre de Maillet l'immense rire rabelaisien, libre et hardi, qui se moque des puissants et de ceux qui ont la prétention de se croire au-dessus de leurs semblables.

L'auteure tisse les fils de son œuvre et de ce qui deviendra le «pays de la Sagouine[13]». Elle construit ses personnages de texte en texte, par touches successives, de sorte que ceux-ci prennent de l'ampleur et acquièrent ce caractère qui leur est propre et en vertu duquel on les distingue facilement dans la faune mailletienne. Sarah Bidoche n'est pas seulement une cartomancienne, mais une de ces femmes qui «racontent, commentent et défrichent la parenté[14]». La Sainte devient une «fripeuse de bénitier» qui ne boit pas, ne fume pas, ne danse pas et «s'empêchait bien de falaquer[15]». Tous les personnages sont cantonnés dans un genre particulier qui les définit et qui les identifie. Si la Sagouine a choisi la terre, la Sainte choisit le ciel. Lorsque l'une voudra empiéter sur le domaine de l'autre, ce sera la guerre. Enfin, comment ne pas reconnaître Don l'Orignal, trônant sur une souche et arborant fièrement un bonnet en fourrure orné de cornes d'orignal, ou le sorcier Caille, nourri du *Petit Albert* et baptisé dans le vinaigre? Il y a aussi, faut-il le rappeler, la Cruche, qui fait son métier le plus simplement possible, ce qui fait «endéver» les femmes mariées. Don l'Orignal et la Sagouine ayant entrepris une vie autonome dans le roman et la pièce de théâtre qui portent leurs noms,

---

[12] Pierre L'Hérault, «*Les crasseux* ou le mythe du retour aux origines», *Revue de l'Université de Moncton*, vol. 7, n° 2, mai 1974, p. 49.
[13] Antonine Maillet, *Par-derrière chez mon père*, Montréal, Bibliothèque québécoise, 2004, p. 34.
[14] *Ibid.*, p. 33.
[15] *Ibid.*, p. 36.

rétroactivement, tous les crasseux profitent de cette notoriété accrue pour croître et occuper plus d'espace sur scène et dans les romans.

Au sujet de son personnage le plus connu, l'auteure explique : « Je l'avais nommée "La Sagouine" quand elle était un personnage des *Crasseux*. Mais à ce moment-là, ce n'était pas "La Sagouine" définitive, c'était un début de Sagouine[16] ». Dans la pièce éponyme publiée en 1971, la Sagouine n'est plus un agent de liaison du Service d'espionnage puçois (S.E.P.), mais nettoie les planchers, fait le commerce des hardes et des guenilles et, tout en déplaçant son sceau, donne sa vision du monde. Son mari Gapi le « badgeuleux » connaît lui aussi une transformation. Dans la pièce qui porte son nom, *Gapi* (1976), il n'est plus cet être invisible que la Sagouine interpelle, mais un gardien de phare qui harangue les goélands ou se dispute avec Sullivan le « navigueux ».

Est-ce que Gapi est aussi bien réussi que la Sagouine ? Si la Sagouine livre un témoignage implacable, Gapi semble écrasé par la fatalité. Il raconte ses malheurs à des oiseaux et se morfond sur son passé en compagnie de son ami Sullivan. Il manque à ces hommes une femme. Comme le remarque Évangéline Deusse : « Il leu manquait une femme ou deux [...] à nos houmes, pour les organiser, pis les fouetter, pis leu faire honte...[17] ». Il manque à Gapi et à Sullivan une femme pour leur insuffler la vie. Le critique Bruno Drolet est plus catégorique : « Il semble que la force de caractère, la ruse, la vivacité de l'esprit, la densité de vie soient passées aux femmes par hérédité dans l'univers poétique d'Antonine Maillet ; les hommes sont de pâles frelons[18]. » Les personnages féminins à venir : Évangéline Deusse, Mariaagélas, Pélagie, ne vont que confirmer ce jugement.

Ainsi, bien qu'il y ait trois personnages mâles dans *Évangéline Deusse* (1975), ceux-ci ne sont que des faire-valoir. André Dionne

---

[16] Paul-André Bourque, « Entrevue avec Antonine Maillet », *Nord*, n°s 4-5, automne 1972 – hiver 1973, p. 112.

[17] Antonine Maillet, *Évangéline Deusse*, Montréal, Leméac, 1975, p. 45.

[18] Bruno Drolet, *Entre dune et aboiteaux... un peuple : étude critique des œuvres d'Antonine Maillet*, Montréal, Pleins Bords, 1975, p. 74.

écrira avec ironie: «Nous remarquons une Viola Léger fort bien dirigée qui amène le rire, [...] et les trois autres sapins la soutiennent et l'entourent avec charme[19].» Évangéline Deusse occupe constamment le devant de la scène. Il ne s'agit toutefois plus dans cette pièce d'un réquisitoire contre les injustices de l'existence, comme le faisait la Sagouine, mais d'un plaidoyer en faveur d'un *carpe diem* enthousiaste, quel que soit l'âge de l'individu. Évangéline est une femme qu'aucune misère ne saurait abattre; c'est une batailleuse qui prend la vie «à brasse-corps[20]» et qui ne rend jamais les armes. Ce type de femmes reviendra à maintes reprises dans le cycle de la contrebandière.

Les romans de ce cycle portent sur la rivalité entre ceux qui veulent interdire l'alcool ou profiter exclusivement de la contrebande et ceux qui font ce qu'il faut pour survivre même si cela va à l'encontre de la religion et des lois. Comme l'explique la Sagouine: «Tu pourras pas te respecter ben longtemps, parce qu'il faut que tu vives... Ça fait que t'ajustes tes idéals à tes moyens[21].» Le «connestable» Ferdinand ou Martial, la veuve à Calixte ou la veuve Marie-Pet, le grand Vital ou le grand Dieudonné s'opposent aux contrebandières Mariaagélas ou Crache à Pic.

Ce qui caractérise ces contrebandières qui ont «du ressort dans les jambes [...] et des étouèles dans les yeux[22]», c'est leur «haine de l'asservissement[23]». Dignes descendantes des crasseux, elles refusent de servir autrui et d'obéir aux ordres des nantis, des «gros[24]». Une femme telle Mariaagélas, «avec un brin de jarnigoine ou une petite affaire de génie[25]», pourra échapper aux rets de la justice des hommes. Le tout est raconté avec humour et valorise la

---

[19] André Dionne, «Le théâtre qu'on joue. Printemps-été 76», *Lettres québécoises*, n° 3, septembre 1976, p. 16.
[20] Antonine Maillet, *Évangéline Deusse, op. cit.*, p. 30.
[21] Antonine Maillet, *La Sagouine*, Montréal, Bibliothèque québécoise, 1990, p. 25.
[22] Antonine Maillet, *Évangéline Deusse, op. cit.*, p. 62.
[23] Antonine Maillet, *Mariaagélas*, Montréal, Bibliothèque québécoise, 2000, p. 27.
[24] *Ibid.*, p. 161.
[25] *Ibid.*, p. 115.

spontanéité et l'audace des gens qui n'ont pas l'intention de subir la vie. Mariaagélas annonce la libération qui fermente en Acadie, la fin de deux siècles de résignation. Elle se présente aussi comme l'incarnation de la liberté de la femme, liberté située en dehors de la maternité et des comportements traditionnels, de sorte qu'Antonine Maillet pourra affirmer en 1974 : « Mariaagélas est la première et la seule femme libérée de la littérature québécoise[26]. »

Mariaagélas a été perçue par la majorité des critiques comme un symbole de révolte contre la misère endémique du peuple acadien et ses valeurs faites de soumission aux autorités laïques et religieuses. Dressées l'une en face de l'autre, comme le sud et le nord, Mariaagélas et la veuve à Calixte expriment deux ambitions, deux instincts antagonistes : le désir de vivre et l'angoisse de mourir. L'une a choisi de regarder la vie du côté « Mardi gras », l'autre a opté pour son côté « carême ». Mariaagélas représente la vie dans toute sa véhémence et sa voracité ; la Veuve à Calixte, avec son bras figé comme une faux, rappelle les interdits et la toute-puissance de la mort.

D'une certaine manière, le roman *Les Cordes-de-Bois* (1977) évoque encore une fois l'Île-aux-Puces et ces autres endroits mythiques d'où a surgi la race éternelle des crasseux. Le quartier misérable des « crassoux, sargailloux et forlaques[27] » est juché sur une butte et domine la mer et le village des bien-pensants, accroupi à ses pieds. Entre les deux clans du même pays se sont nouées des histoires « de mépris, haine, colère, et chicanes épiques[28] » reprises par Ma-Tante-la-Veuve et la Bessoune, qui ne cessent de se quereller. Les *Cordes-de-Bois* est un roman représentatif en ce sens qu'il reprend, en les modifiant, les anciens antagonismes sur lesquels sont fondées plusieurs œuvres de Maillet : lutte entre gens d'en haut et gens d'en bas, opposition entre la tradition et la nature, entre les conventions sociales et la liberté.

---

[26] Antonine Maillet citée par Martial Dassylva, « Mariaagélas, Acadienne et… libérée », *La Presse*, 18 mai 1974, p. E7.

[27] Antonine Maillet, *Les Cordes-de-Bois*, Montréal, Leméac, 1977, p. 14.

[28] *Ibid.*, p. 13.

Maillet réunit tous ses personnages turbulents dans un roman et une pièce. *Emmanuel à Joseph à Dâvit* (1975) se présente comme la somme des œuvres mailletiennes. De nouveau, il s'agit d'un récit des « gens des côtes » survenu « en ces années-là[29] », mais pour la première fois nous trouvons dans une même œuvre Don l'Orignal, la Sagouine, Gapi, la Sainte, Noume, Michel-Archange, Citrouille et la Cruche. S'ils assistent tous à la naissance du Christ en Acadie, les mêmes personnages se retrouvent dans l'antichambre du ciel, dans la pièce *Garrochés en paradis* (1986). Entre ces morts, s'ensuit une discussion sur la foi et les mérites de chacun. Chaque personnage a ses torts mais, en fin de compte, ils entreront tous au paradis en dansant au rythme d'un quadrille.

À lire ces œuvres les unes après les autres, on se prend à croire que les ressources de l'auteure sont inépuisables, que les événements et les personnages qu'elle évoque peuvent se multiplier à l'infini, de livre en livre, comme les vagues qui s'abattent sur les côtes, à la fois semblables et différentes. Maillet n'en a jamais complètement fini avec un personnage, comme un conteur n'a jamais fini de raconter toutes les aventures de son héros. Elle-même en est consciente :

> Reculez un peu l'horizon des Crasseux et puis c'est dans celui de Mariaagélas que vous embarquez. Je peux dire qu'en prenant les pièces que j'ai faites [...] on peut bâtir une sorte de sphère et à l'intérieur de ça il y aurait une centaine ou deux cents personnages qui circulent. Et le monde s'agrandit toujours. Alors chaque fois que j'ajoute soit un roman, soit une pièce, je recule l'horizon. C'est le même monde, mais sous des facettes différentes[30].

De roman en pièce de théâtre, les personnages de l'univers mailletien, tels les dieux de la religion hindoue, connaissent de perpétuels avatars et des transformations innombrables. Radi aux genoux sales, qui à l'âge de huit ans ne craint pas d'affirmer une personnalité hors du commun, ne possède-t-elle pas en germe les traits caractéristiques de la Sagouine, de Mariaagélas, de Crache à

---

[29] Antonine Maillet, *Emmanuel à Joseph à Dâvit*, Montréal, Leméac, 1975, p. 11.
[30] Martial Dassylva, *op. cit.*, p. E7.

Pic et de la Bessoune ? Sa sœur Céline, qui fonde une communauté de nonnettes, aura pour noms la Sainte, la Veuve à Calixte et Marie-Pet dans les romans subséquents. Le Grand Dan, le vieillard sage, se transforme en Don l'Orignal à la barbe fleurie, le grand Vital, puis Gapi. Jean, le fils spirituel du Grand Dan, se métamorphose en Noume. Citrouille deviendra Soldat-Bidoche, puis Tobie. Le danseur émérite du village ou son comédien s'appelle le vieux Charlie et Tit-Louis le Siffleux. Le jeune homme instruit membre de la caste d'En-haut est Musique, le fils de l'entrepreneur en construction, puis le collégien qui donne des cours de français l'été à Radi et à ses sœurs et Playboy dans *Les crasseux*. Le vieux « connestable » Ferdinand est remplacé par un Ferdinand plus jeune qui à son tour est remplacé par Martial et par Vif-Argent. Enfin, si le Grand Dan évoque les traditions ancestrales, dans les autres œuvres, les conteurs d'histoires sont la servante Joséphine, Pamphile le poète national de l'Île-aux-Puces, Sarah Bidoche qui évoque le passé et prédit l'avenir, puis Clovis à Clovis, le forgeron qui apprit de la forge le métier de conteur, et Tom Thumb, un matelot irlandais « aventureux-conteux-magicien[31] ».

Chaque œuvre prend appui sur celle qui l'a précédée. Ainsi, le roman *Mariaagélas* (1973) a engendré la pièce de théâtre *Mariaagélas* (1974), qui a engendré à son tour *La contrebandière* (1981), puis *Crache à Pic* (1984). L'auteure reprend son premier texte pour pouvoir écrire un nouveau texte, de sorte que celui-ci est un véritable palimpseste. Il y a, bien sûr, de nouvelles figures ou de nouveaux comportements chez des personnages connus, mais tous ont un air de parenté. Après tout, lorsqu'on vient d'Acadie... D'une certaine manière, Antonine Maillet refait ce qu'a fait Ti-Louis le Siffleux : « [Il] jouait de l'harmonica, et tapait du pied, et sifflait, et chantait, chantait dix chansons différentes, puis revenait aux premières, ajoutait des couplets, improvisait des airs nouveaux, transposait, turlutait, dansait, gigotait, et tombait d'épuisement[32] ». Antonine Maillet retient ces histoires et les

---

[31] Antonine Maillet, *Les Cordes-de-Bois*, op. cit., p. 258.
[32] Antonine Maillet, *Crache à Pic*, Montréal, Leméac, 1984, p. 167.

transmet «avec ses cinquante-six variantes[33] ». Ce n'est jamais tout à fait la même histoire ni la même époque, mais chaque œuvre s'inscrit dans un tout caractéristique et facile à reconnaître. Ces œuvres acquièrent un air de parenté, forment une immense *Comédie humaine* acadienne qui se développe de pièce de théâtre en roman en conte pour le plus grand plaisir des lecteurs.

Certes, Antonine Maillet a exploré d'autres voies. *Pélagie-la-Charrette* (1979) et *Cent ans dans les bois* (1981) se déroulent non plus à l'époque «glorieuse» de la Prohibition, mais pendant les années de la survivance acadienne. *Le huitième jour* (1986) et *Le merveilleux voyage de Rien* (2008) sont des contes philosophiques avec des personnages fantaisistes, tandis que les héros de *Christophe Cartier de la Noisette* (1981) et de *L'oursiade* (1990) sont des ours. La pièce *Margot la folle* (1987), d'inspiration gréco-latine, est une réflexion sur le destin et la mort, tandis que, dans *Les confessions de Jeanne de Valois* (1992), *Le chemin Saint-Jacques* (1996) et *Le temps me dure* (2003), ce sont des personnages âgés, c'est-à-dire des personnages qui savent que la Faucheuse marche dans leurs pas, qui transportent le lecteur sur les chemins du passé, un passé qui est en grande partie celui de l'auteure et de ses *alter ego* imaginaires, Radi et Radegonde.

L'univers d'Antonine Maillet semble en effet infini et d'une richesse inépuisable. Cependant, l'Acadie de Maillet, du moins celle qui est la plus connue, demeure l'Acadie des villages côtiers peuplés de personnages hauts en couleur. Cette Acadie est plus rêvée que réelle mais, comme l'écrit Danielle Lefort: Maillet «a si bien remythifié l'Acadie que son rêve est maintenant devenu collectif[34] ». Ce n'est plus simplement Maillet qui raconte et fait parler son peuple dans ses romans et ses pièces de théâtre, mais ce peuple qui de nos jours partage cette œuvre et cette image collective avec les touristes dans un lieu appelé Le Pays de la Sagouine. Le Pays de la Sagouine est un parc de la ville de Bouctouche, situé «sur une petite île, presque flottante, qui dansait au beau

---

[33] *Ibid.*, p. 251.
[34] Danielle Lefort, «L'influence de W. Faulkner sur Antonine Maillet», *Études canadiennes / Canadian Studies*, n° 37, 1994, p. 303.

mitan de la baie[35] », surnommée évidemment l'Île-aux-Puces. On y trouve des acteurs en costumes d'époque et on y présente des spectacles. Fondé en 1992, le parc a pour vocation de faire plonger les visiteurs dans l'univers de Maillet. Le Pays de la Sagouine attire 68 000 touristes par an, ce qui dépasse largement la population de Bouctouche (2 426 habitants en 2001).

Les touristes découvrent le théâtre, la danse et la musique acadiens dans un cadre enchanteur, à quelques kilomètres du phare d'Antonine Maillet. Comme l'annonce l'auteure :

> Chaque année, à la belle saison, au temps des huîtres, des coques et des petites fraises des champs, au temps du retour de la parenté et de l'invasion des amis des amis qui viennent de loin, le monde de la Sagouine, de la Sainte, de Gapi, de Sullivan, de Michel-Archange, de Citrouille, de Mariaagélas, de Marie-Gallante, de Sarah Bidoche et de tous les autres qui fourmillent entre le phare et les cabanes et la taverne du Bootleggeux, chaque été le monde de cette Acadie imaginaire s'en vient se raconter à l'Île-aux-Puces[36].

Le Pays de la Sagouine n'est pas un musée figé dans le temps où l'on évoque l'Acadie des années 1930, mais un lieu de création. Chaque année, on y présente de nouvelles pièces, de nouveaux segments de l'œuvre mailletienne. En 1996, Antonine Maillet a fait paraître *L'Île-aux-Puces*, une anthologie de ces pièces qui ont été présentées au Pays de la Sagouine. Dans cette œuvre, chaque personnage occupe le devant de la scène à tour de rôle, évoque son passé et raconte ce qu'il est devenu depuis sa dernière apparition dans une œuvre mailletienne.

Bien que les personnages soient connus depuis des décennies, ces monologues et courtes pièces permettent de découvrir des aspects inexplorés de leur personnalité, « des choses que le public n'a jamais vues[37] ». Mais les personnages ne peuvent changer radicalement. Ils incarnent des types : l'innocent qui aime une femme

---

[35] Antonine Maillet, *L'Île-aux-Puces*, Montréal, Leméac, 1996, p. 7.
[36] *Ibid.*, p. 8.
[37] Daniel Castonguay cité par Sylvie Mousseau, « Un triangle amoureux au Pays de la Sagouine », *L'Acadie nouvelle*, 10 février 2007, *Cahier des Arts*, p. 5.

insaisissable, la pharisienne qui juge les pauvres, le bourlingueux philosophe, le coureur de jupons, l'émancipée qui s'insurge contre les interdits... De plus, les personnages doivent être fidèles aux textes antérieurs. Certes, de monologue en monologue, les personnages s'approfondissent, s'enrichissent et se complexifient mais, comme le souligne David Lonergan, «ils ne peuvent s'échapper de leur situation originelle[38]». Ils ne peuvent changer dans leur caractère, dans leur gestuelle, dans leur parole, sans rompre le charme. Les spectateurs vont à ce théâtre pour revoir et réentendre les personnages des textes antérieurs, pour rire et se détendre dans un univers familier. Le public veut du nouveau, mais qui ne rompt pas avec ce qu'il connaît.

Afin de répondre à la demande, Antonine Maillet continue de créer des pièces taillées sur mesure pour les comédiens de l'Île-aux-Puces. Au printemps 2007, la pièce *La comédie des amoureux* d'Antonine Maillet a été présentée au Pays de la Sagouine avant d'entreprendre une tournée au Nouveau-Brunswick. Dans cette comédie, Citrouille désire prouver son amour à Mariaagélas, mais il ne sait pas comment exprimer ses sentiments. De son côté, Noume le matamore sait comment parler aux femmes, mais Mariaagélas ne l'écoute pas. Elle aime les deux hommes et se trouve dans un dilemme. Le triangle amoureux met aux prises quelques-uns des personnages les plus connus de l'univers mailletien, de sorte que le public retrouve des personnages attachants déchirés entre l'amour et l'amitié. Dans *Citrouille chez la vieille Ozite*, Citrouille se retrouve à passer une année entière en compagnie de la vieille Ozite. La pièce relate les aventures extraordinaires de ces deux personnages hors du commun et le rôle de la vieille femme est joué par Viola Léger, ex-Sagouine et ex-sénatrice, plus active que jamais au Pays de la Sagouine.

D'année en année, d'œuvre en œuvre, le lecteur retrouve des personnages et des intrigues qu'il connaît déjà, d'autres qu'il découvrira plus tard. Et pourquoi pas? L'univers d'Antonine Maillet est vaste, pourquoi ne l'explorerait-elle pas à fond, quitte à

---

[38] David Lonergan, «Y'a pas de mal à se faire du bien», *L'Acadie nouvelle*, 17 mars 2007, *Cahier des Arts*, p. 4.

revenir sur ses pas pour revisiter certains lieux et faire revivre certains personnages? Le lecteur ne peut qu'y gagner. Ceux qui auront pris goût aux aventures de la Sagouine, de Sarah Bidoche, de la Sainte, de la Cruche, de Don l'Orignal, de Soldat-Bidoche et compagnie, voudront ensuite en connaître davantage en lisant les autres œuvres. Ils développent ainsi une belle complicité avec les personnages qu'ils retrouvent et reconnaissent d'œuvre en œuvre. À force de les fréquenter, ils ne s'étonnent plus de les voir sur scène ou au Pays de la Sagouine.

Certes, comme le note tout lecteur, il y a des longueurs et des répétitions, mais Antonine Maillet a besoin de toutes les ressources du roman, du théâtre et du conte pour rendre la complexité des personnages qu'elle veut faire connaître et entendre, et pour raconter les grands et petits moments d'un peuple qu'elle aime. Ses œuvres perpétuent un sens qui est celui-là même de la durée. Ses personnages réussissent ainsi à exprimer le rêve d'éternité de la narratrice, qui souhaite inventer : « Un monde [...] où chaque être est soi tout en étant un autre, tous les autres, capable de recommencer éternellement sa vie. Un monde sans limites, sans ennui, sans fin[39] ». Si Dieu n'a pas pris le temps de compléter sa Création, rien n'empêche Antonine Maillet, dans sa soif gargantuesque de vivre, de refaire le monde le huitième jour et de donner l'existence, comme elle le dit, à tous les « possibles encore inexplorés[40] ».

Malgré le temps qui passe, tous les possibles sont encore à portée de main pour une auteure qui retourne dans son passé rattacher les cordons de sa destinée et refaire ce monde imparfait par la création littéraire. Tout comme Radegonde, n'a-t-elle pas une mission à accomplir : « Je traînais quelque chose dans mes gènes, une image de moi, de nous, le poids d'une langue sans règles ni lois, d'un pays à mettre au monde, d'une culture à sortir de sa gangue primitive[41] ». Par sa verve intarissable, par les histoires

---

[39] Antonine Maillet, *Le huitième jour*, Montréal, Leméac, 1986, p. 12.
[40] Antonine Maillet, *Le chemin Saint-Jacques*, Montréal, Leméac, 1996, p. 228.
[41] *Ibid.*, p. 324.

qu'elle raconte, Maillet repousse cette mort annoncée depuis si longtemps d'une Acadie qui ne cesse de surprendre, de se débattre et de s'amuser. Elle raconte des histoires qui finissent par devenir dans l'imaginaire populaire l'histoire de l'Acadie. Après tout, comme le rappelle l'auteure : « Les conteurs et les poètes sont les seuls capables de donner au rêve autant de pouvoir que la réalité[42] ».

---

[42] Antonine Maillet, *L'Acadie pour quasiment rien, op. cit.*, p. 133.

BIBLIOGRAPHIE

Bourque, Denis, «Le carnavalesque dans l'œuvre d'Antonine Maillet (de 1968 à 1986)», thèse de doctorat, Montréal, Université de Montréal, 1995, 362 p.

Bourque, Paul-André, «Entrevue avec Antonine Maillet», *Nord*, n°s 4-5, automne 1972 – hiver 1973, p. 111-128.

Dassylva, Martial, «Mariaagélas, Acadienne et... libérée», *La Presse*, 18 mai 1974, p. E7.

Desalvo, Jean-Luc, *Le topos du* mundus inversus *dans l'œuvre d'Antonine Maillet*, San Francisco, International Scholars Publications, 1999, 543 p.

Dionne, André, «Le théâtre qu'on joue. Printemps–été 76», *Lettres québécoises*, n° 3, septembre 1976, p. 14-16.

Drolet, Bruno, *Entre dune et aboiteaux... un peuple: étude critique des œuvres d'Antonine Maillet*, Montréal, Pleins Bords, 1975, 181 p.

LeBlanc-Rainville, Simone, «Entretien avec Antonine Maillet», *Revue de l'Université de Moncton*, vol. 7, n° 2, mai 1974, p. 13-24.

Lefort, Danielle, «L'influence de W. Faulkner sur Antonine Maillet», *Études canadiennes / Canadian Studies*, n° 37, 1994, p. 297-304.

L'Hérault, Pierre, «*Les crasseux* ou le mythe du retour aux origines», *Revue de l'Université de Moncton*, vol. 7, n° 2, mai 1974, p. 47-56.

Lonergan, David, «Y'a pas de mal à se faire du bien», *L'Acadie nouvelle*, 17 mars 2007, *Cahier des Arts*, p. 4.

Maillet, Antonine, *L'Acadie pour quasiment rien*, Montréal, Leméac, 1973, 135 p.

Maillet, Antonine, *Cent ans dans les bois*, Montréal, Leméac, 1981, 358 p.

Maillet, Antonine, *Le chemin Saint-Jacques*, Montréal, Leméac, 1996, 371 p.

Maillet, Antonine, *Christophe Cartier de la Noisette dit Nounours*, Paris / Montréal, Hachette / Leméac, 1981, 109 p.

Maillet, Antonine, *Les confessions de Jeanne de Valois*, Montréal, Leméac, 1992, 344 p.

Maillet, Antonine, *La contrebandière*, Montréal, Leméac, 1981, 171 p.

Maillet, Antonine, *Les Cordes-de-Bois*, Montréal, Leméac, 1977, 351 p.

Maillet, Antonine, *Crache à Pic*, Montréal, Leméac, 1984, 370 p.

Maillet, Antonine, *Les crasseux*, Montréal, Leméac, 1973 [1968], 97 p.

Maillet, Antonine, *Don l'Orignal*, Montréal, Leméac, 1977 [1972], 187 p.

Maillet, Antonine, *Emmanuel à Joseph à Dâvit*, Montréal, Leméac, 1975, 143 p.

Maillet, Antonine, *Évangéline Deusse*, Montréal, Leméac, 1975, 109 p.

Maillet, Antonine, *Gapi*, Montréal, Leméac, 1976, 101 p.

Maillet, Antonine, *Garrochés en paradis*, Montréal, Leméac, 1986, 109 p.
Maillet, Antonine, *Le huitième jour*, Montréal, Leméac, 1986, 290 p.
Maillet, Antonine, *L'Île-aux-Puces*, Montréal, Leméac, 1996, 224 p.
Maillet, Antonine, *Margot la folle*, Montréal, Leméac, 1987, 126 p.
Maillet, Antonine, *Mariaagélas*, Montréal, Bibliothèque québécoise, 2000 [1973], 263 p.
Maillet, Antonine, *Le mystérieux voyage de Rien*, Montréal, Leméac, 2008, 311 p.
Maillet, Antonine, *On a mangé la dune*, Montréal, Leméac, 1977 [1962], 182 p.
Maillet, Antonine, *L'oursiade*, Montréal, Leméac, 1990, 232 p.
Maillet, Antonine, *Par-derrière chez mon père*, Montréal, Bibliothèque québécoise, 2004 [1972], 135 p.
Maillet, Antonine, *Pélagie-la-Charrette*, Montréal, Bibliothèque québécoise, 1990 [1979], 334 p.
Maillet, Antonine, *Pointe-aux-Coques*, Montréal, Leméac, 1977 [1958], 223 p.
Maillet, Antonine, *Rabelais et les traditions populaires en Acadie*, Québec, Presses de l'Université Laval, 1971, 201 p.
Maillet, Antonine, *La Sagouine,* Montréal, Bibliothèque québécoise, 1990 [1971], 193 p.
Maillet, Antonine, *Le temps me dure*, Montréal, Leméac / Actes Sud, 2003, 263 p.
Mousseau, Sylvie, «Un triangle amoureux au Pays de la Sagouine», *L'Acadie nouvelle*, 10 février 2007, *Cahier des Arts*, p. 5.
Stratford, Philip, «Masterpiece. Antonine Maillet's Epic Novel is Acadia's Huckleberry Finn», *The Gazette*, 27 octobre 1979, p. 109.

LA PETITE HISTOIRE AU SERVICE DE LA GRANDE :
LA RÉÉCRITURE DE L'HISTOIRE ACADIENNE DANS DEUX ROMANS D'ANTONINE MAILLET

Denis Bourque
Université de Moncton

La plus grande partie de l'œuvre d'Antonine Maillet, comme sa thèse de doctorat d'ailleurs, se situe aux croisements de l'ethnologie et de la littérature. C'est avec raison que les ethnologues et les critiques littéraires ont dit d'elle qu'elle effectuait, en Acadie, le passage de la littérature orale à la littérature écrite — la délimitation entre les deux n'étant jamais, en fait, facile à repérer dans son œuvre. C'est aussi avec raison que les critiques ont dit d'elle qu'elle s'apparente bien plus au conteur d'histoires qu'au romancier. Tant sur le plan formel que sur celui du contenu, Maillet, en effet, emprunte abondamment à la tradition orale : au conte, à la légende et à la petite histoire du pays, au point que son œuvre constitue rien de moins qu'une vaste fresque de l'Acadie traditionnelle transcrite avec verve dans un langage et un style d'inspiration populaire. Or, sur le plan historique, l'ambition de cette auteure au verbe et au style démesurés — dans le sens rabelaisien du terme — ne s'est pas limitée à la transcription (et à la transfiguration littéraire) de la petite histoire de l'Acadie, bien que celle-ci ait inspiré la plus grande partie de son œuvre. Maillet s'est aussi intéressée à l'Acadie historique, à l'Histoire, si l'on veut, avec un grand *H*, qu'elle transfigure, elle aussi, au contact justement de la culture populaire et de la petite histoire.

Dans *Pélagie-la-Charrette*[1] et *Cent ans dans les bois*[2], Maillet reprend, les transformant, les trois grands récits fondateurs de l'Acadie, c'est-à-dire ceux sur les Origines, sur la Déportation et le retour et sur la Renaissance acadienne au XIXe siècle. Dans le discours social, ces périodes historiques avaient été fortement mythifiées, chargées d'une part d'un idéalisme, d'autre part d'un pathos et d'un triomphalisme devenus, à la suite des transformations sociétales survenues dans les années 1960, difficilement crédibles, voire supportables. D'où le besoin pour Maillet de réécrire l'Histoire, d'en fournir une version plus adéquate. Elle y arrive d'abord par la subversion carnavalesque des mythes et de l'Histoire officielle, qui, écartés, laissent place à la création à la fois d'histoires nouvelles et d'une Histoire nouvelle fondées sur le réalisme de la langue et de la culture populaires acadiennes.

Arrêtons-nous d'abord un instant sur les grands mythes qui fondent l'Histoire officielle de l'Acadie, celle qui a été mise de l'avant par la quasi-totalité des historiens et par l'élite clérico-bourgeoise acadienne jusqu'à la période contemporaine. Ces mythes remontent aux tout premiers écrits sur l'Acadie, notamment à l'*Histoire de la Nouvelle-France*[3] de Marc Lescarbot (1609), qui faisait de l'Acadie originelle un paradis terrestre et une Terre promise et des Acadiens un peuple d'élection à l'instar du peuple hébreux :

> [...] elle est semblable à la terre que Dieu promettoit à son peuple par la bouche de Moyse, disant : "Le Seigneur ton Dieu te va faire entrer en vn bon païs, païs de torrens d'eau, de fonteines et abymes, qui sourdent des campagnes, et ce païs où tu ne mangerais point le pain en disette, auquel rien ne te défaudra, païs duquel les pierres sont fer et des montagnes desquelles tu tailleras l'airain[4].

---

[1] Antonine Maillet, *Pélagie-la-Charrette*, Montréal, Leméac, 1979, 351 p.
[2] Antonine Maillet, *Cent ans dans les bois*, Montréal, Leméac, 1981, 358 p.
[3] Marc Lescarbot, *Histoire de la Nouvelle-France*, Paris, Tross, 1866 [1609], vol. I : 228 p., vol. II : p. 289-588 et vol. III : p. 589-851.
[4] *Ibid.*, p. 523.

Un siècle plus tard, le Sieur de Dièreville (1708), commerçant et poète qui avait déjà acquis en son temps une certaine notoriété en France[5], dans sa *Relation du voyage du Port Royal de l'Acadie, ou de la Nouvelle France*[6], dotait les Acadiens de qualités et de vertus innombrables. Il s'agit du premier tableau d'envergure qu'on ait dressé des premiers Acadiens et sont mis en valeur, de façon particulière, leur aisance relative, leur insouciance, leur bonheur et leur vertu :

> De ce séjour les Habitans
> Où chacun pour vivre travaille,
> Ne laissent d'être contents ;
> [...] Chacun sous un rustique toit
> Vide en repos sa Huche & sa Futaille,
> Et se chauffe bien en temps froid,
> Sans acheter le bois denier ny maille :
> Où trouve-t-on des biens si doux ?
> Ce pays pourroit être un pays de Cocagne
> [...] Sans ambition, sans envie,
> Ils attendent le fruit de leurs petits travaux,
> Et l'aveugle fortune en les rendant tous égaux
> Les exempte de Jalousie,
> [...] De la vertu c'est le séjour[7]

Toutefois, les mythes fondateurs de l'Acadie puisent, avant tout, leur origine dans le poème *Evangeline*[8] de Longfellow, devenu célèbre en Acadie presque dès sa parution (1847) et traduit en

---

[5] Melvin Gallant écrit à ce propos : « Dièreville n'était pas un nouveau venu à l'écriture. Il avait déjà publié quelque soixante-dix poèmes dans le *Mercure Gallant*, la grande revue littéraire du XVIIe siècle, plus quelques textes isolés. Sa réputation n'était plus à faire. » (Dièreville, *Voyage à l'Acadie 1699-1700*, Introduction et notes de Melvin Gallant, Éditions d'Acadie et La Société historique acadienne, *Les cahiers*, vol. 16, n°s 3-4, septembre-décembre 1985.)

[6] Dièreville, *Relation du voyage du Port Royal de l'Acadie, ou de la Nouvelle France*, Rouen, Chez Jean-Baptiste Besongne, 1708, 236 p. ; dans *Relation of the Voyage to Port Royal in Acadia or New France*, édition de l'original, par Clarence Webster, Toronto, The Champlain Society, 1933, p. 221-320.

[7] *Ibid.*, p. 256.

[8] Henry Wadsworth Longfellow, *Évangéline*, trad. de l'anglais par Pamphile Le May, Halifax, Nimbus Publishing Limited, 1978 [éd. angl. 1847], 129 p.

français par Pamphile Le May en 1865[9]. Longfellow trace de l'Acadie et des Acadiens une image de paix, de prospérité, de bonheur, de sainteté et de perfection idyllique :

> Dans un vallon riant où mouraient tous les bruits,
> Où les arbres ployaient sous le poids de leurs fruits,
> […] On voyait autrefois, près du Bassin des Mines,
> Un tranquille hameau fièrement encadré,
> C'était, sous un beau ciel, le hameau de Grand-Pré.
>
> Du côté du levant, les champs, vaste ceinture,
> Offraient à cent troupeaux une grasse pâture.
>
> […] Aussitôt, la fumée en colonnes bleuâtres,
> Bien au-dessus des toits, montait de tous [les] âtres
> Où l'on goûtait la paix, le plus divin des biens.
>
> Ainsi vivaient ces laboureurs chrétiens.
> Ils servaient le Seigneur, et leur vie était sainte[10].

Ce mythe édénique fait vite place à un autre mythe dans le poème : celui du paradis perdu ou de la Déportation qui se caractérise par ses aspects particulièrement brutaux, atroces et déchirants. L'accent est nettement placé sur les souffrances qu'engendrent la perte ou la séparation d'êtres chers, la dépossession de ses biens, la fin d'une existence sereine ou bienheureuse. Longfellow décrit aussi la Déportation comme une sorte de grande conflagration à connotation universelle qu'accompagnent des signes terribles dans le ciel, de sorte que le mythe du paradis perdu se transforme, à la fin de la première partie du poème, en mythe eschatologique.

---

[9] Il est sûr que Pamphile Le May a transformé ce poème pour satisfaire à certains impératifs idéologiques canadiens-français de l'époque. Notamment, il a voulu insister sur les souffrances atroces du peuple acadien aux mains d'une soldatesque britannique cruelle, barbare et impitoyable. Voir à cet effet : Denis Bourque et Denise Merkle, « De "Evangeline" à l'américaine à "Évangéline" à l'acadienne : une transformation idéologique ? », *Traduire depuis les marges / Translating from the Margins*, Québec, Nota Bene, coll. « Terre américaine », 2008, p. 121-145.

[10] Henry Wadsworth Longfellow, *op. cit.*, p. 41, 43.

Chez Longfellow, ces mythes s'inscrivent à l'intérieur d'une vision éminemment chrétienne du monde où l'acception docile et christique de la souffrance attribuée aux Acadiens doit nécessairement, de façon ultime, conduire à la rédemption. Ainsi se dessinent, parallèlement aux images eschatologiques du poème, des images sacrificielles, des images de martyre et d'holocauste dans les flammes[11].

On ne saurait sous-estimer l'impact, voire l'emprise, que ces images mythiques ont pu exercer sur l'imaginaire acadien et cela pendant plus d'un siècle. Elles alimentent et orientent le discours idéologique ainsi que la plupart des œuvres littéraires qui précèdent Antonine Maillet[12]. Elles serviront à l'établissement du récit commun qui fonde le nationalisme acadien naissant dans la deuxième moitié du XIXe siècle, nationalisme traditionnel dont on ressent le prolongement en Acadie jusqu'aux années 1960. Un troisième grand mythe, qui correspond à une troisième grande période de l'histoire de l'Acadie, viendra s'ajouter à celui des origines et à celui de la Déportation pour compléter le récit commun. Il s'agit du mythe de la Renaissance acadienne au XIXe siècle, selon lequel la Providence, après avoir éprouvé son peuple, l'aurait secouru et ressuscité en lui envoyant un clergé

---

[11] On trouve dans le discours social de fréquentes références aux Acadiens comme «peuple martyr», particulièrement dans le contexte de récits de la Déportation qui renvoient directement au texte d'*Evangeline* traduit par Le May: «Vainement on leur a prodigué les séductions, vainement on a multiplié les menaces. Méprisant ces séductions et bravant ces menaces, ces héros vont au *martyre*, de pieux cantiques sur les lèvres, au *martyre*, dis-je, car y a-t-il jamais eu de *martyre* plus cruel, plus douloureux que celui qu'ils eurent à subir. Oui, le chant sur les lèvres, ils se dirigent vers la grève où les attendent les vaisseaux qui doivent les mener en exil, loin de leur chère Acadie» (Discours du révérend père C. Gauthier prononcé à la Convention nationale de Caraquet, *Le Moniteur acadien*, 31 août 1905. L'italique est de nous.)

[12] Soulignons que ces œuvres regroupent tous les genres littéraires et sont suffisamment nombreuses pour que Marguerite Maillet ait pu leur consacrer la quasi-totalité de son *Histoire de la littérature acadienne. De rêve en rêve*, Moncton, Éditions d'Acadie, 1983, 262 p.

national et une élite entièrement consacrés à son relèvement[13]. Ce mythe est tout empreint d'un triomphalisme historique dont la poésie de Napoléon Landry demeure le meilleur exemple[14]. Il fait du peuple acadien un peuple héroïque qui triomphe des affres de l'histoire.

Le projet de réécriture de l'histoire acadienne d'Antonine Maillet dans les deux romans à l'étude constitue d'abord un projet de démythification de ces trois grandes époques historiques[15]. Premièrement, *Pélagie-la-Charrette* présente une version nouvelle du récit de la Déportation des Acadiens et de leur retour en Acadie transformé par le rire et la culture comique populaire. Dans le discours officiel sur la Déportation que nous ont fourni, jusqu'à l'époque moderne, idéologues, poètes, historiens et romanciers, l'accent était placé sur les afflictions et les tribulations du peuple acadien que ce discours sublimait de façon à leur accorder une valeur exemplaire, héroïque et rédemptrice. Or, dans *Pélagie-la-Charrette*, la Déportation est dépouillée de l'aspect épouvantable et terrible que lui ont conféré les écrits historiques et mythiques du passé et présentée, le plus souvent, sur un ton joyeux.

On se rappelle infailliblement, en lisant ce roman, ces paroles de la Sagouine qui raconte un fait tiré de la petite histoire du pays et met en relief la fallacieuse sublimation de l'histoire acadienne dans le discours officiel en lui opposant une version populaire (et carnavalisée) de cette histoire :

---

[13] Dans le discours social, les prêtres, particulièrement les fondateurs du premier collège classique acadien, sont perçus comme les sauveurs de l'Acadie: «L'heure marquée par la Providence pour la renaissance de notre race allait sonner. Ceux qui devaient être nos apôtres, nos sauveurs, allaient apparaître. […] Bientôt on vit surgir les murs de notre premier collège acadien, celui de Memramcook, monument magnifique destiné à rappeler aux générations futures la résurrection de notre race.» (Discours du révérend père C. Gauthier, *op. cit.*)

[14] Napoléon Landry a reçu le grand prix de la langue française de l'Académie française pour son recueil *Poèmes acadiens*, Montréal, Fides, 1955, 143 p.

[15] Pour une description détaillée des trois grands mythes qui fondent le discours social et historique en Acadie, voir: Jean-Paul Hautecœur, *L'Acadie du discours. Pour une sociologie de la culture acadienne*, Québec, Presses de l'Université Laval, 1975, 351 p.

> Ils t'appelont un peuple héroïque et martyr et ils te jouquont quasiment dans la niche de l'Ecce Homo. [...] des genses de l'Assomption et du Monument de la Recounaissance[16] [...] nous avont tout conté : l'Évangéline pis l'Ave Marie-Stella[17] [...] ben moi j'aimais encore mieux les contes de mon défunt pére.
>
> [...] L'histouère de Pierre à Pierre à Pierrot, gréyé en femme asteur, figurez-vous, et qui s'a sauvé dans les âbres en sautant d'une branche à l'autre coume un singe, pour pas être aparçu des Sauvages pis des Anglais qui le guettiont dans le bois[18].

Aux images glorieuses et sacrées qui forment la version officielle de l'histoire, la Sagouine oppose donc l'image d'un homme du peuple qui, plutôt que de se soumettre docilement et pieusement au martyre[19], a choisi une fuite tout à fait comique où se combinent, sur le mode grotesque, différents éléments à la fois antinomiques et complémentaires, le fuyard se transformant d'abord, par le biais du déguisement, en un être bisexué, en une espèce d'hermaphrodite ridicule et puis en singe anthropomorphe.

Semblablement, dans la pièce *Évangéline Deusse*[20], Évangéline, que le discours traditionnel avait érigée en héroïne nationale, est carrément rejetée comme symbole et incarnation du peuple

---

[16] Il s'agit là de deux puissants symboles de l'élite acadienne, représentant d'abord le pouvoir séculier (l'Assomption est une importante compagnie d'assurances qu'on pourrait considérer, en exagérant peut-être un peu, comme le grand site de la finance acadienne) et ensuite le pouvoir ecclésiastique (la Sagouine fait allusion à la cathédrale Notre-Dame-de-l'Assomption, qui a été consacrée Monument de la Reconnaissance acadienne à Dieu et à la Vierge Marie).

[17] Il s'agit d'une référence à la fois à l'hymne national des Acadiens et à la Vierge, leur patronne, symboles dont s'est dotée l'élite acadienne au XIXe siècle.

[18] Antonine Maillet, *La Sagouine, pièce pour une femme seule*, nouvelle édition revue et considérablement augmentée, Montréal, Leméac, coll. « Répertoire acadien », 1974, p. 194-195.

[19] Comme le font les habitants de Grand-Pré dans le poème de Longfellow : « Tous ces bons villageois, avec humilité / Levèrent sur le Christ des regards d'espérance ; / Ils s'écrièrent tous, oubliant leur souffrance, / À genoux et plaintifs dans leur profond malheur : / —Pitié, pitié, mon Dieu! mon Dieu, / pardonnez-leur! » (Henry Wadsworth Longfellow, *op. cit.*, p. 68).

[20] Antonine Maillet, *Évangéline Deusse*, Montréal, Leméac, 1975, 109 p.

acadien au profit de ceux qui sont revenus et ont reconstruit le pays, les véritables héros, dont seule la petite histoire a perpétué le souvenir :

> ÉVANGÉLINE — ... ils nous avont point forni les goèlettes à nous autres ; pis ils avont point fait de nous autres des héros pis des martyrs.
>
> Évangéline, la premiére, ils l'avont déportée dans le sû. Pis elle y est restée. Ben nous autres, je sons revenus... Je sons revenus par les bois, à pieds, durant dix ans. Et je nous avons rebâti. Et j'avons replanté. Et j'avons encore un coup jeté nos trappes à l'eau[21].

C'est ce retour et cette reconstruction de l'Acadie que Maillet choisira de nous raconter dans ses deux romans historiques *Pélagie-la-Charrette* et *Cent ans dans les bois*. Le premier présente une version comique et populaire de la Déportation et le récit est lui-même fondé sur un fait tiré de la petite histoire de l'Acadie : le retour d'Acadiens par groupes de caravanes, fait que nient les historiens contemporains. La Déportation, premièrement, y revêt la forme carnavalesque de la mort joyeuse. Car l'Acadie a bel et bien été mise à mort et, comme dans la version officielle, l'image centrale est celle du feu, de l'embrasement[22]. Mais il s'agit bien moins d'un feu sacrificiel que d'un feu de joie, un feu de carnaval qui donne la mort au milieu des réjouissances :

> Morte, la pauvre, enterrée avec une messe basse et rayée de la carte du monde. Vous pouvez danser, là-bas dans le nord, autour du brasier d'un pays qui a flambé dans le ciel un matin de septembre ; danser et chanter et réciter la complainte des morts entre les six chandelles et le crucifix[23].

---

[21] *Ibid.*, p. 48-49.
[22] « L'Acadie devint subitement une terre brûlée » (Jean-Paul Hautecœur, *op. cit.*, p. 78).
[23] Antonine Maillet, *Pélagie-la-Charrette*, *op. cit.*, p. 64. Désormais, la pagination des citations tirées de cet ouvrage sera indiquée directement dans le texte précédée de l'abréviation *PLC*.

Dans la suite de ce passage, la référence à la mort joyeuse est encore plus explicite, alors que nous est décrite l'allégresse des ennemis de l'Acadie fêtant son enterrement. Aux images de la mort joyeuse et de l'enfouissement sous terre est juxtaposée une autre image, cependant, celle d'une Acadie, en «lambeaux», certes, mais déjà engagée sur le chemin du retour, en voie vers une vie nouvelle :

> ... Mais pendant les joyeuses funérailles de cette Acadie du Nord, auxquelles trinquaient si joyeusement Laurence, Winslow, Monckton et le roi Georges dans toute sa joyeuse majesté, des lambeaux d'Acadie du Sud remontaient (*PLC*: 65).

En fait, dans *Pélagie*, la version normative ou établie de l'histoire acadienne est constamment livrée au rire, à la parodie et à la fête de façon à la transformer et à la renouveler. Ainsi, la caravane de Pélagie constitue-t-elle un assemblage assez insolite de figures comiques ou grotesques: «des boiteux, des vieillards, des geignards, des gueulards, des traqués et des abandonnés» (*PLC*: 73), des fêtards, des soûlards et des amateurs de contes et de légendes. On pourrait dire, à l'instar de Bakhtine, que le peuple de la charrette, dont le parcours, rempli de périls, incarne la lutte sempiternelle d'Éros contre Thanatos, forme un grand corps grotesque au seuil de la mort dans lequel une nouvelle vie a déjà commencé à germer. En effet, la lutte entre «la charrette de la Vie» et la «charrette de la Mort» (*PLC*: 14) qui suit dans ses ornières est constante dans le récit. Or, ce peuple est sans cesse lié à la culture populaire et à la fête comme instruments de renouveau, comme forces vitales permettant de surmonter la puissance de la mort.

La fête, comme d'autres éléments de la culture populaire qui finissent par envahir le texte tels le conte et la légende, est introduite dans le récit au moyen de personnages qui l'incarnent. Ce sont les Bastarache, des Basques d'origine, qui, en s'intégrant au convoi des charrettes, introduisent dans le récit les premiers éléments de la liesse populaire. Car les Bastarache ont reçu en legs un violon et, avides de réjouissances, ils ne tardent pas à divertir «la jeunesse fringante» (*PLC*: 68). L'expédition a aussi ses conteurs attitrés, qui, avec cette famille de musiciens, mettent constamment les déportés en transe ou en danse. Ces réjouissances, cette liesse populaire se manifestent tout au long du récit, qu'on peut lire comme une série de fêtes successives, comme un carnaval presque continu. Nous nous arrêterons ici sur trois fêtes en particulier, parmi les plus débridées, celle de Charleston, celle de Baltimore et celle entourant les noces de Madeleine et de Charles-Auguste, afin de mettre en relief leur profond aspect démythificateur par rapport à l'Histoire officielle de la Déportation et du retour, fortement marquée du signe de la souffrance et du martyre.

La première fête des exilés a lieu dans une geôle de Charleston où la charrette, après un départ difficile, va « s'accorder enfin sa première débauche » (*PLC* : 82). Cette « nuit de carnaval en prison » (*PLC* : 81) constitue le sommet d'une fête qui s'amorce plus tôt, en plein jour, sur la place publique de la ville alors que la charrette, partie à la recherche de Catoune disparue, la retrouve, juchée sur une estrade, prête à être vendue avec les esclaves nègres. Ahurie, la charrette s'avance, semant le désordre dans la foule, renversant les marchandises que les vendeurs avaient étalées sur la place du marché et enlevant brusquement la jeune femme égarée.

Saisis dans leur fuite, les exilés sont emprisonnés et leur premier geste est de répandre le rire à l'intérieur des murs au point d'en ébranler la prison, car on s'aperçoit tout à coup que, dans la mêlée, un esclave noir s'est joint à la troupe : « L'éclat de rire des Basques fut si contagieux, que bien vite toute la geôle en trembla » (*ibid.*). Il s'agit là d'un rire festif — ce sont les Basques, les représentants de la fête qui le provoquent — et il constitue un premier témoignage de la vitalité et de la puissance de la culture populaire, que les murs de la prison ne sauront longtemps contenir. Pour sortir de la prison, en effet, les déportés font appel à la sagesse de Célina, qui semble s'y connaître autant en sorcellerie qu'en médecine populaire car elle fabrique un élixir puissant, « comme seuls en font mention les livres de la Bibliothèque bleue » (*PLC* : 82), qui a pour effet de charmer les geôliers. Il faut souligner l'origine à connotation festive et sexuelle de cet élixir que la guérisseuse-sorcière concocte à partir de fioles que les Basques ont tirées de leurs braguettes. L'envoûtement que produit chez les geôliers la potion magique s'accentue au fur et à mesure qu'ils écoutent le violon des Basques et un conte de Bélonie qu'ils «avaient tout l'air de comprendre dans la langue» (*ibid.*) sous l'effet de l'enchantement. Il faut souligner la force et la vitalité de la culture populaire qui président à tout l'épisode et auxquelles les gardiens de prison ont dû vite céder en libérant leurs prisonniers, car «les geôliers, même armés d'arquebuses et de mousquets, n'étaient pas de taille à lutter contre le violon des Basques, l'élixir de Célina et le conte fantastique de Bélonie» (*PLC*: 83).

La seconde fête qui mérite notre attention est d'envergure encore plus grande. Elle a lieu à Baltimore et, comme à Charleston, prend forme sur la place publique, de tout temps le lieu privilégié des festivités populaires. L'instigateur des réjouissances publiques est Pierre à Pitre le Fou, lui-même quintessence du principe de la fête, un personnage de place publique par excellence. On le nomme «Fou du peuple» (*PLC*: 100) et il est sans conteste un amuseur public de grand talent. Il est d'abord un conteur génial, qui a le don, en outre, d'invertir le monde et de le recréer. C'est Bélonie, en quelque sorte le conteur attitré de l'expédition, qui le reconnaît en lui cédant sa place : «Qu'il conte, le Fou, qu'il conte et raconte, et invente, et transpose au besoin. Qu'il recrée le monde, et le refasse du commencement à la fin, et le retourne de l'envers à l'endroit» (*PLC*: 135). Pierre le Fou se distingue aussi par sa polyvalence et sa désinvolture ridicule : «Il pouvait aussi bien conter de jour que de nuit, à la brunante, à l'aube, debout, à jeun, mangeant, marchant, sautant, pétant...» (*PLC*: 136). À Baltimore, il se fait, en plus, crieur, acrobate, prestidigitateur... Aussi constitue-t-il, perçu comme une personnification du devenir et de la croissance, un symbole de ce que Bakhtine appelait l'inachèvement positif du monde : «Un être étrange, le mousse, incomplet, inachevé» (*PLC*: 181). Il incarne le changement et le principe vital.

Le but de la fête est la rénovation des vêtements des personnages et donc, sur le plan symbolique, leur renaissance et leur renouvellement, car le Fou a aperçu Pélagie contemplant «sa cotte et son cotillon agonisants sous le soleil » (*PLC* : 182), l'« étoffe râpée [...] sur les pierres des ruisseaux durant quatre ans ; puis rapiécetée, reprisée, raccommodée aux lierres des bois et jaunie » (*ibid.*). Il se met donc en tête de fournir aux dames de la charrette des vêtements tout neufs en se lançant « dans la plus audacieuse et la plus ingénieuse acrobatie de sa vie » (*PLC* : 183), c'est-à-dire en faisant appel à ses talents multiples de personnage de place publique :

> il se jucha sur un tonneau renversé et commença sa criée. [...] il procéda à cinq ou six tours de prestidigitation qui arrachèrent à ses spectateurs un aaah ! [...] Sous ses doigts, des poules poussaient des oreilles de lapin et sautaient à quatre pattes dans la foule ; des canards se mettaient à causer dans la langue avec les pies ; des veaux chantaient et des cochons faisaient la culbute ; un âne péta sur l'air de Comin' through the rye (*PLC* : 183-184).

Non seulement le Fou se révèle-t-il capable des plus miraculeuses et drolatiques transformations du bestiaire, mais il affirme et démontre sa capacité de changer même les plus belles étoffes en des tissus plus fins. Ainsi, il séduit la foule, les dames surtout, qui, en commençant par la femme du gouverneur, se dévêtissent et lui présentent leurs habits : « leurs collets, leurs bonnets, leurs tabliers, leurs cottes, leurs cotillons, leurs corsages, leurs sabots, leurs bottines lacées, leurs jarretières » (*PLC* : 184). Il faut souligner l'aspect nettement érotique de la scène, car il s'agit d'un « grand *strip-tease* public » (*ibid.*), les femmes révélant des « en-dessous auxquels même les maris de Baltimore n'avaient pas eu droit dans l'intimité des alcôves » (*ibid.*)[24]. À ces éléments très carnavalesques que sont la criée, la prestidigitation et l'érotisme liés à la place publique, s'ajoute celui de la mêlée bouffonne car, en peu de temps, les femmes « s'arrachaient les jupes et les cheveux les unes aux autres, criant et hurlant, et piétinant leurs vieilles

---

[24] On peut établir ici un lien avec la fête populaire telle que décrite par Bakhtine. Rappelons que le déshabillage public au Moyen Âge était un élément constitutif de cette fête. On le pratiquait, par exemple, à l'occasion de la fête des fous à l'intérieur même des églises.

hardes comme si jamais plus elles ne se vêtiraient dans la bure et le coton» (*PLC*: 184-185). Ce désordre donne lieu, plus tard, à une sorte d'inversion vestimentaire[25], car «chacune avait hérité du devanteau ou du corsage de sa voisine qui en était sortie elle-même coiffée de la capeline de l'autre. Quel charivari!» (*PLC*: 185). Il y a aussi inversion du haut et du bas hiérarchiques, car les «bourgeoises» (*PLC*: 186) ont été déshabillées et supplantées symboliquement par les femmes miséreuses de la charrette, qui héritent de leurs vêtements. Pierre le Fou, en effet, s'est emparé des plus fins habits, dont il fait don à Pélagie et à ses compagnes. Enfin, il faut souligner l'aspect très comique de cet épisode, qui donne lieu à un rire universel auquel même Bélonie, le vieillard emphatiquement sérieux, participe: «Bélonie lui-même cette fois en aurait ri. Point souri ni grinché, franchement ri. Et il finit par entraîner tout le monde dans la rigolade» (*PLC*: 182). Il va sans dire que ce récit du retour des Acadiens après la Déportation a peu à faire avec l'histoire officielle et que Maillet est en train de réécrire, sur le plan comique et populaire, «cette page sanglante de notre histoire» dont parlait au XIXe siècle l'éminent nationaliste acadien Pascal Poirier.

La plus longue fête du roman, autant sur le plan temporel que sur celui de la description, a lieu à Philadelphie, où on fête les noces de Madeleine, fille de Pélagie, et de Charles-Auguste.

L'accent sera placé, avant tout, sur la sexualité et sur la reproduction, qui est sentie comme un impératif pour le peuple acadien décimé s'il veut arriver à survivre. Aussi la sexualité revêt-elle un aspect des plus positifs, joyeux et universels. Les voyageurs de la charrette sentent naître en eux son élan impétueux et on se permet en public des attouchements fort osés.

---

[25] L'inversion vestimentaire était aussi pratiquée à l'occasion de la fête populaire au Moyen Âge et constituait une forme de déguisement. «L'enfilage des vêtements à l'envers, des chausses sur la tête» constituait une façon d'«*inverser le haut et le bas*» (Mikhaïl Bakhtine, *L'œuvre de François Rabelais et la culture populaire au Moyen Âge et sous la Renaissance*, Paris, Gallimard, coll. «Tel», 1970, p. 90).

On peut dire que cette noce est véritablement une fête de l'abondance matérielle et corporelle et du renouvellement de la vie. Ce renouveau se manifeste premièrement dans l'habillement, car les femmes revêtent des habits neufs, endossent pour la première fois « les soies, dentelles et cachemires subtilisés aux dames de Baltimore » (*PLC*: 244). Au moyen d'une assez longue énumération, l'auteure insiste sur l'opulence et l'abondance des objets vestimentaires dont se parent les femmes. Elle insiste encore davantage, par la suite, sur la grande variété et l'abondance de la nourriture au moyen d'énumérations qui ont un effet hyperbolique. On peut dénombrer 18 types d'aliments ou de vins consommés pendant la fête. Ivresse, musique, chant, danse, rire, fraternité et injures lancées au roi d'Angleterre viennent compléter le portrait de cette noce aux traits bien carnavalesques. L'accent, en plus, est placé sur la liberté extraordinaire que procure la fête. « Un jour comme aujourd'hui, tout est permis » (*PLC*: 248), affirme Pélagie avant de mettre en liberté les bœufs enguirlandés. Rapidement, spontanément, la fête tombe dans l'excès.

C'est une Acadie encore en fête qui reprend la route au lendemain des noces. Les charrettes sont alors toutes décorées d'ornements festifs et aussi de sous-vêtements féminins qu'on a mis à sécher. Elles repartent « enguirlandées de festons, de rubans, de restants de fête, et des en-dessous d'un peuple qui n'avait plus rien à cacher » (*PLC*: 260). Avec ce renvoi final à la nudité et à l'érotisme qu'évoquent les sous-vêtements, la fête demeure, jusqu'à son ultime conclusion, une célébration du corps et de la reproduction, donc du triomphe de la vie sur la mort.

Dans *Pélagie-la-Charrette*, sera carnavalisée, en même temps que l'Acadie de la Déportation et du retour, l'Acadie des origines, dont le récit mythique incorporait une répétition archétypale de la fuite d'Égypte vers la Terre promise, faisant, nous l'avons vu, des Acadiens un peuple d'élection à la manière des Hébreux et de l'Acadie un paradis terrestre. Or Pélagie, sans conteste, est une figure mosaïque chargée de ramener son peuple de l'exil et de le conduire au « paradis perdu » (*PLC*: 175), à la « terre promise » (*ibid.*). L'analogie est même clairement établie dans le texte, entre le peuple de la charrette et le peuple élu de la Bible, par l'héroïne, qui exhorte les siens à la foi et à l'espérance: «Les Hébreux ont bien, eux, traversé le désert» (*PLC*: 22). Aussi Pélagie expire-t-elle comme Moïse, au seuil même de la Terre promise, de l'Acadie nouvelle, que son peuple s'en ira reconstruire. Il va sans dire que le mythe des origines, comme presque tous les aspects du roman, est lui aussi contaminé par le rire et la fête débridée. Dans *Pélagie-la-Charrette*, la version normative ou établie de l'histoire acadienne est constamment livrée au rire et à la fête, de façon à la transformer et à la renouveler.

Cent ans dans les bois constitue une sorte de diptyque historique avec *Pélagie-la-Charrette*, puisqu'il raconte la réémergence en Acadie, vers 1880, des descendants de ces déportés de la charrette, qui maintenant forment un peuple après 100 ans de silence et d'isolement passés dans les bois. Ce roman présente une série d'événements festifs et joyeux qui atteignent leur apogée à l'occasion de la première Convention nationale acadienne, qui se transforme en gigantesque fête populaire. Le récit fait place non seulement à la fête, mais aussi au conte populaire, qui devient une des principales formes par lesquelles se transmet le contenu du roman. Réunis, le soir, autour de la « maçoune » (ou de l'âtre), tous les personnages, tour à tour, se font conteurs, se passent le récit commun de leur histoire comme un bien collectif. Bien sûr, le groupe possède ses conteurs attitrés: Bélonie-le-Gicleux, héritier du Bélonie de la charrette, et Jérôme, le conteur ambulant. Ce dernier, surtout, occupe une place de grande importance dans le roman : ses interventions ponctuent, structurent même le récit, car elles servent souvent à relancer l'intrigue.

C'est avec l'arrivée de Jérôme que le récit, dans un premier temps, s'amorce. «L'histoire commence avec lui[26]», écrit la narratrice, non seulement parce qu'il est le premier des personnages à nous être présentés, mais parce qu'il est à l'origine, à la source même du récit: « Le Jérôme du temps de mon arrière-grand-mère se surnommait le Menteux. Sans lui, ne me demandez pas comment l'histoire serait

---

[26] Antonine Maillet, *Cent ans dans les bois, op. cit.*, p. 14. Désormais, la pagination des citations tirées de cet ouvrage sera indiquée directement dans le texte, précédée de l'abréviation *CAB*.

sortie du bois, en 1880, et nous serait parvenue aussi fière et gaillarde » (*CAB* : 13).

Ainsi, le récit non seulement emprunte souvent la forme du conte, mais se réclame de lui sur le plan génétique. L'affirmation de cette filiation n'est évidemment pas fortuite : elle sert à opposer deux formes de discours — l'un populaire et toujours inachevé, l'autre érudit et consacré — deux vérités aussi, dites sur le monde ou plus précisément sur l'Acadie, qui en constitue un symbole. En donnant la parole à Jérôme-le-Menteux, la narratrice confronte deux versions de l'histoire acadienne, celle du conteur populaire qui renouvelle et réinvente sans cesse son récit, le seul aussi à avoir été témoin oculaire des événements, et la version, figée par l'écriture, que présentent « les historiens surtout. Aussi, les annalistes, les journalistes, les ethnographes, les mythographes, les historiographes, les sociologues, les archéologues et jusqu'aux philosophes » (*CAB* : 337). Comme si elle nous disait que cet excédent ne saurait déboucher que sur un trop-plein mensonger, la narratrice opte pour la voix populaire. Il s'agit de raconter dans une perspective nouvelle, celle du peuple (ou du « bas hiérarchique » bakhtinien), « une histoire que les plus savants des historiens n'ont jamais vue que d'en haut » (*CAB* : 10).

Le récit commence donc avec l'arrivée de Jérôme au Fond-de-la-Baie. Pensant pouvoir mettre immédiatement à profit ses multiples talents de conteur, il se retrouve plutôt interloqué, car d'emblée on lui a volé « son plus beau récit » (*CAB* : 20), que chacun, à tour de rôle — car tous savent se faire conteurs — raconte à sa façon. Ce conte prend lui-même la forme d'un récit des origines collectives, d'où l'importance accordée à la narration commune. Il retrace le voyage périlleux des ancêtres fondateurs, de Memramcook, lieu où les avait conduits la caravane de Pélagie, au Fond-de-la-Baie. Le premier aspect de ce conte sur lequel il convient de s'arrêter est l'universalité de la parodie qu'il engendre, car le conte et le conteur, autant que les faits historiques, sont tournés en dérision. Le conteur, d'abord, est détrôné, car l'appropriation du conte par la collectivité constitue « un dur coup pour Jérôme, quasiment ses Plaines d'Abraham » (*ibid.*).

D'autres racontent à sa place une histoire transformée, devenue « grotesque » puisque déformée par son ornementation excessive et son insistance sur le bestiaire : « Non seulement on lui chipait son plus beau récit, mais on le lui rendait biscornu et tarabiscoté, un vrai bâtard de conte d'animaux » (*ibid.*). On assiste, en effet, à une inversion du bestiaire et des hommes par laquelle les personnages du conte, comme plus tôt le conteur, sont destitués de leurs fonctions. Dans leur exode, afin d'assurer leur survie, les ancêtres ont transporté avec eux un cochon engraissé. Or, toute l'insistance est placée sur le cochon, qui non seulement détrône les personnages, mais est lui-même intronisé : « le cochon de cinq cents livres passait au premier plan, écartant d'un coup de fesse — poussez-vous ! — nulle autre que la vieille Sarah [...] Le cochon avait déclassé tout le monde et figurait seul au centre du récit, comme un trophée, un trésor » (*ibid.*). Il y a là, manifestement, une version parodique de ce qui, dans le roman, constitue le récit des origines des Acadiens issus de la charrette de Pélagie. Aux ancêtres héroïques qu'on détrône, aux instigateurs mêmes de la Renaissance acadienne, est substitué un cochon de carnaval.

Maillet intègre ensuite à son récit une légende acadienne très connue, celle des trésors cachés. C'est encore une fois l'occasion pour l'écrivaine de présenter du peuple acadien une image démythificatrice et comique au moment même de sa renaissance. Pour satisfaire aux impératifs dictés par la légende, il faut, aux habitants du Fond-de-la-Baie, trouver des hommes « bien portants » (*CAB* : 52), « douze chevaliers sans peur et sans reproche, dignes d'entreprendre la quête du trésor » (*CAB* : 53). Or, il s'agit d'une tâche impossible, tous étant plus ou moins éloignés de la beauté et de l'exemplarité canoniques requises. Dans la description qui est faite de tous les mâles des environs, l'accent est placé sur la marginalité d'âge ou de condition, les difformités, les excroissances corporelles, les faiblesses humaines aussi des aspirants « chevaliers » :

> Allez trouver douze hommes [...] mâles et en âge, sans infirmité, tous leurs membres, toute leur tête, dotés d'au moins un quartier de LeBlanc, et sans péché ! On avait passé les côtes au peigne fin. Jonas boitait, Albert le Basque avait laissé un œil dans les bois [...] Bec-de-

> Lièvre... bec de lièvre! et le Fou à la veuve était un innocent. D'autres avaient dépassé l'âge, comme le vieux Gabriel, Bélonie-le-Gicleux et l'oncle Marc. [...]
>
> Quant à la marmaille de Pitre, Charles Jeannot, Philippe, Aimé, Étienne et Tit-Louis, ils étaient encore trop proches du tablier de leurs mères (*CAB*: 52-53).

Sylvain à Charlitte a « la bouche édentée » (*CAB*: 53). Léon et Henri sont bossus. Tous présentent un écart par rapport à la norme et font partie d'un peuple qui, de toute évidence, est plus comique qu'héroïque.

Le roman comprend un récit carnavalisé de la première Convention nationale des Acadiens, qui a lieu à Memramcook en 1881 et que plusieurs historiens considèrent comme un des événements les plus importants de la Renaissance acadienne. La narratrice se détache d'abord de la version officielle de l'événement pour accorder la parole à la voix populaire ou, plus précisément, à Jérôme-le-Menteux, qui l'incarne. La dichotomie intrinsèque entre discours populaire et discours consacré est soulignée par le fait que celui-ci, en annonçant au pays ce rassemblement, refuse obstinément de lui reconnaître un caractère officiel. Dans l'univers imaginaire de Jérôme, il n'y a de place, en effet, que pour la liesse populaire et universelle, qui donne, en outre, libre cours aux pulsions sexuelles:

> Ça va ressoudre de tous les coins, violons en main et bombardes entre les babines. Et vous allez ouère ce que vous allez ouère! Du fricot, des poutines à trou, et du vin au pissenlit pour les becs fins. Pour les sages et pour les fous. Ça fait que repasse tes changes de dessous Dâvit, et le beau Louis-le-Drôle, couds les boutons de ta braguette, les plus belles créatures du pays allont grimper la Butte-à-Pétard au beau mitan de Memramcook (*CAB*: 327).

L'accent, comme il se doit, est placé sur la reproduction, qui doit assurer l'immortalité du peuple, et en particulier sur la fécondité abondante des Acadiens qui, depuis le retour de la charrette, n'ont cessé de se multiplier. Typiquement, cette insistance sur la reproduction donne lieu à une plaisanterie fort comique à connotation érotique qui donne le ton à la convention-fête qui va suivre :

> Des milliers de descendants aux seules charrettes de Pélagie ! [...]
> — Vingt-trois d'un seul mariage, au beau Xavier Doucet ; à votre place, j'i dresserais une estatue à c'ti'-là.
> — Pas besoin de rien'i dresser, m'est avis qu'il doit savoir tout dresser tout seul.
> — Ho, ho !
> — Hi, hi !
> Rendue là, la convention était bien lancée, à la mode du pays (*CAB* : 339).

Le récit se structure maintenant autour d'un certain nombre de citations que Maillet a tirées de discours authentiques prononcés à la Convention nationale par des dignitaires. Il s'agit, en réalité, de bribes d'un discours officiel qui sera constamment interrompu et carnavalisé par le peuple.

Le sermon du grand nationaliste Mgr Marcel-François Richard, premièrement, dont le ton sérieux, élevé et solennel évoque celui du Sermon sur la montagne — « Heureux sera le peuple qui reconnaîtra le Dominateur des nations comme son souverain maître et demeurera fidèle à sa loi... » (*CAB* : 340) — est rabaissé par l'agitation de Marguerite à Loth, « l'innocente », qui se méprend sur son sens et qui provoque la distraction dans la foule, à un point tel qu'on doit y faire un appel au silence. Dans l'auditoire, on continue d'échanger des paroles qui détournent l'attention des discours prononcés jusqu'à ce qu'arrivent, prêts pour la fête, les Acadiens de la Nouvelle-Écosse. Le discours officiel, alors, déjà sérieusement compromis et fragmenté, risque, sous l'impulsion de la fête, de s'effondrer dans le néant en même temps que le projet idéologique qui le sous-tend :

> Ces Acadiens de la Nouvelle-Écosse cachaient sous leurs vestes veuzes et accordéons qui [...] laissèrent échapper quelques notes. Le discours sur les grandes misères d'un peuple qui jamais n'avait perdu de vue le ciel et que la foi seule avait sauvé, faillit perdre en cet instant les dernières oreilles attentives d'un public qui commençait à sentir

frétiller ses pieds. Les bonzes d'Acadie avaient grand besoin de se hâter s'ils voulaient doter le pays, lors de cette première convention nationale, d'une patronne, d'un hymne et d'un drapeau (*CAB* : 342)[27].

Le rabaissement parodique, par la fête, de l'idéologie et du discours officiels se poursuit au moyen de références au boire et au manger : « Tout cela donne soif et les fils de Jaddus sortent souvent parler fraternité et avenir du pays avec les frères Robichaud du Barachois qui ont camouflé une jolie cruche à l'ombre de la statue du saint Joseph » (*CAB* : 344). On sent monter des cuisines une odeur de mets appétissants lorsqu'un dignitaire, en lisant la lettre adressée aux délégués par Rameau de Saint-Père, un des plus célèbres historiens de l'Acadie, prononce le mot *assiette* : « Le mot *assiette* a pour effet immédiat de rappeler à l'Acadie qu'elle a faim et que la Convention a assez duré » *(ibid.)*.

Ces rabaissements parodiques du discours officiel ont pour effet d'ouvrir la voie à l'expression de la parole populaire alors que Pierre Bernard, en langue du pays, s'adresse aux délégués et à la foule réunis. Son discours prend la forme d'un plaidoyer en faveur de la survivance des Acadiens de l'Île-du-Prince-Édouard, qui ont « grand-envie, ceux-là itou, de point laisser tarir la lignée... » (*CAB* : 350). Or, il s'agit en même temps d'un « long plaidoyer d'amour » (*CAB* : 349), l'orateur espérant, avec ses paroles, attendrir la mère de Babée, dont il est amoureux. Dans ses paroles, se confondent amour et patriotisme et se lient l'avenir du peuple et celui des deux amants : « Et son cri avait résonné par toute l'Acadie. [...] mais [...] il n'avait jamais su, même au plus chaud de son discours, qu'il défendait la

---

[27] Le projet idéologique de l'élite acadienne du temps consistait avant tout à refaire l'unité de la collectivité dans le but d'assurer sa survivance, en outre en dotant les Acadiens de puissants symboles nationaux. À cet effet, voir : Camille Richard, « L'idéologie de la première convention nationale acadienne », thèse, Sciences sociales, Université Laval, 1960, xvi-124-xi p. ; et Ferdinand-J. Robidoux (dir.), *Conventions nationales des Acadiens. Recueil des travaux et délibérations des six premières conventions*, vol. 1, *Memramcook, Miscouche, Pointe-de-l'Église, 1881, 1884, 1890*, Shédiac, Imprimerie du *Moniteur acadien*, 1907, xxix-281 p.

cause de son peuple. Il avait plaidé pour son amour, et avait gagné» (*CAB*: 351).

L'union de Pierre et de Babée devient, à la fin du roman, le symbole de la fécondité du peuple aussi bien que de la pérennité de la nation. Leur mariage a lieu le 15 août et coïncide avec la «première fête nationale du pays» (*CAB*: 352)[28]. La complainte qu'on leur dédie «ne chante que le bonheur... et des générations et générations de rejetons» (*CAB*: 353). Aussi évoque-t-elle le réveil du peuple après 100 ans dans les bois: «comme la Belle au bois dormant. Qui s'éveilla au bout d'cent ans...» (*ibid.*).

On peut donc conclure que les romans *Pélagie-la-Charrette* et *Cent ans dans les bois* constituent bel et bien une réécriture sur le plan comique et populaire de l'histoire acadienne, que les historiens, les idéologues et les écrivains avaient abondamment mythifiée. Les Origines, la Déportation et la Renaissance acadiennes y sont traitées sur un mode nouveau, sur le mode comique et parodique, et dans une perspective nouvelle, celle du peuple, dans l'intention de détrôner et de renouveler enfin «une histoire que les plus savants des historiens n'ont jamais vue que d'en haut» (*CAB*: 10).

---

[28] La fête de l'Assomption, célébrée le 15 août, est la fête nationale des Acadiens.

BIBLIOGRAPHIE

Bakhtine, Mikhaïl, *L'œuvre de François Rabelais et la culture populaire au Moyen Âge et sous la Renaissance*, Paris, Gallimard, coll. «Tel», 1970, 473 p.

Bourque, Denis et Denise Merkle, «De *Evangeline* à l'américaine à *Évangéline* à l'acadienne: une transformation idéologique?», dans *Traduire depuis les marges / Translating from the Margins*, Québec, Nota Bene, coll. «Terre américaine», 2008, p. 121-145.

Dièreville, *Relation du voyage du Port Royal de l'Acadie, ou de la Nouvelle France*, Rouen, Chez Jean-Baptiste Besongne, 1708, 236 p.; dans *Relation of the Voyage to Port Royal in Acadia or New France*, édition de l'original par Clarence Webster, Toronto, The Champlain Society, 1933, p. 221-320.

Gauthier, Révérend père C., «Discours prononcé à la Convention nationale de Caraquet», *Le Moniteur acadien*, 31 août 1905.

Hautecœur, Jean-Paul, *L'Acadie du discours. Pour une sociologie de la culture acadienne*, Québec, Presses de l'Université Laval, 1975, 351 p.

Landry, Napoléon, *Poèmes acadiens*, Montréal, Fides, 1955, 143 p.

Lescarbot, Marc, *Histoire de la Nouvelle-France*, Paris, Chez Jean Milot, 1609, 888 p.; nouvelle édition, Paris, Tross, 1866, t. I: xx-228 p., t. II: p. 289-588, t. III, p. 589-851.

Longfellow, Henry Wadsworth, *Évangéline*, trad. de l'anglais par Pamphile Le May, Halifax, Nimbus Publishing Limited, 1978 [éd. angl. 1847], 129 p.

Maillet, Antonine, *Cent ans dans les bois*, Montréal, Leméac, 1981, 358 p.

Maillet, Antonine, *Évangéline Deusse*, Montréal, Leméac, 1975, 109 p.

Maillet, Antonine, *Pélagie-la-Charrette*, Montréal, Leméac, 1979, 351 p.

Maillet, Antonine, *La Sagouine, pièce pour une femme seule*, nouvelle édition revue et considérablement augmentée, Montréal, Leméac, coll. «Répertoire acadien», 1974, 218 p.

Maillet, Marguerite, *Histoire de la littérature acadienne. De rêve en rêve*, Moncton, Éditions d'Acadie, 1983, 262 p.

Richard, Camille, *L'idéologie de la première convention nationale acadienne*, thèse, Sciences sociales, Université Laval, 1960, xvi-124-xi p.

Robidoux, Ferdinand-J. (dir.), *Conventions nationales des Acadiens. Recueil des travaux et délibérations des six premières conventions*, vol. 1, *Memramcook, Miscouche, Pointe-de-l'Église, 1881, 1884, 1890*, Shédiac, Imprimerie du *Moniteur acadien*, 1907, xxix-281 p.

L'ACADIE : POUR UNE ÉCRITURE OUVERTE SUR LE MONDE

JULIA MORRIS-VON LUCZENBACHER
UNIVERSITÉ D'OTTAWA

> *La culture aussi bien nationale que locale ou la culture d'entreprise a [...] un effet de structuration important sur les systèmes et les institutions qui forment les citoyens par la diffusion de valeurs, d'optiques, d'attitudes mettant en place des stéréotypes, des manières de s'inventer par rapport aux autres ainsi que d'envisager le changement et ses conséquences*[1].

Reconsidérations : la société et l'expansion de l'individu

Publié aux Éditions Perce-Neige en 1996, *Sacrée montagne de fou*, roman écrit par Ulysse Landry (1950-2008), a notamment remporté le prix France-Acadie en 1997. Outre ce roman, Landry a également publié *La danse sauvage* en 2000 chez le même éditeur, ainsi que trois recueils de poésie, dont *L'éclosion* en 2001[2]. Dans *Sacrée montagne de fou*, l'auteur raconte l'histoire de Robert,

---

[1] Patrick Imbert (dir.), « Société des savoirs et transformations culturelles », dans Patrick Imbert (dir.) *Le Canada et la société des savoirs*. *Le Canada et les Amériques*, Ottawa, Université d'Ottawa et Chaire de recherche de l'Université d'Ottawa, « Canada : enjeux sociaux et culturels dans une société du savoir », 2007, p. 26.

[2] Les Éditions Perce-Neige ; [en ligne] http://perceneige.recf.ca/perce_neige/home/index.cfm, consulté le 28 décembre 2008.

un personnage dont le système de pensée ne correspond pas à l'idéologie dominante et qui revendique son droit à la libre pensée mais se voit, en conséquence, marginalisé et obligé de fuir la ville pour la montagne afin d'échapper à l'arrestation par les autorités. À travers cette histoire, Ulysse Landry cherche à répondre à une question, à savoir : la société doit-elle propager une conception dualiste des rapports de pouvoir essentialistes et fondamentalement inégaux fondée sur le stéréotype ? Ou peut-elle encourager l'ouverture à la différence et à la nouveauté dans les domaines aussi bien économique et technologique que symbolique, et reconnaître la présence de multiples discours facilitant la création de dialogues et de rencontres de l'individu avec l'Autre ?

En problématisant le concept d'isolement socioculturel ainsi que les enjeux de la mondialisation, l'auteur tente de répondre à cette interrogation. Entre les espaces socioculturels homogènes maintenus par des politiques protectionnistes et ceux qui sont parfaitement éclatés, voire mondialisés, mais où l'individu ne trouve pas ses repères, le réalisme magique (*magical realism*) esquisse un nouvel espace géosymbolique : il sémantise l'espace entre la culture dominante — non pas française, mais américaine —, et la culture exiguë, acadienne en l'occurrence. Cet espace socioculturel serait, selon Patrick Imbert, celui de la « société des savoirs[3] », qui encourage l'individu à s'inscrire dans un réseau façonné à l'aide d'interactions et d'interdépendances. Le « relativisme relationnel[4] » de ce réseau permet à l'individu de s'ouvrir à l'Autre sans que

---

[3] Patrick Imbert, *op. cit.*, p. 13. Progressivement, notre société favorise la production de biens symboliques au profit du développement d'une « société des savoirs » où ceux-ci circulent librement et deviennent plus accessibles à un grand nombre de personnes de tous les âges et de toutes les classes sociales, ce qui leur donne les outils nécessaires pour réaliser d'importants projets et initiatives.

[4] Patrick Imbert, *op. cit.*, p. 4. Norbert Elias compare ce relativisme relationnel à l'image du filet où tous les fils sont interdépendants, constituant simultanément des unités distinguables et des parties intégrantes de l'ensemble : « Un filet est fait de multiples fils reliés entre eux. Toutefois, ni l'ensemble de ce réseau ni la forme qu'y prend chacun des différents fils ne s'expliquent à partir d'un seul de ces fils, ni de tous les différents fils en eux-mêmes ; ils s'expliquent uniquement par leur association, leur relation entre eux ». Voir Nathalie Heinich, *La sociologie de Norbert Elias*, Paris, La Découverte, 2002 [1997], p. 89.

cette disposition implique une perte de lui-même. Penser le développement de l'individu sous l'angle de l'interrelation incite en conséquence à une reconfiguration des rapports de pouvoir créés par des politiques extrémistes et fondamentalistes[5].

En effet, dans le roman à l'étude, le réalisme magique est mis dans un contexte de recyclage et de recontextualisation. Ainsi, il s'inscrit dans les perspectives du dialogisme bakhtinien et de l'esthétique postmoderne, tous deux caractérisés par un penchant pour la pluralité sémantique et pour l'effacement de frontières géosymboliques. Cet article illustrera comment, par son emploi du réalisme magique, Ulysse Landry favorise l'effacement des limites du « moi » au profit de l'épanouissement de l'individu et se positionne comme défenseur d'une société qui permet « à chaque individu de contrôler son environnement, qu'il soit naturel, culturel, socioéconomique, émotionnel ou autre[6] ». Cette « société des savoirs » laisse l'individu libre de se construire autant d'images de lui-même qu'il juge nécessaire et de diversifier et même d'enrichir son apprentissage pour profiter du contexte socioculturel dans lequel il se situe.

Roots (« racines ») / routes du réalisme magique

À cause de nombreux emprunts interculturels, la magie dans la littérature a subi, au cours des siècles, de multiples transformations sur le plan linguistique, ce qui a causé des répercussions sur le plan théorique. Pour cette raison, les termes *magic realism* et *magical realism* sont souvent confondus et assimilés l'un à l'autre. Leur embrouillement dérive de l'interprétation qui est faite du vocable *magique*. Un survol rapide du développement de ces concepts éclaircira quelques distinctions importantes à établir entre ces deux termes. Franz Roh, historien et critique d'art, a inventé le concept de *magic realism* en 1925 dans son ouvrage *Nach Expressionismus: Magischer Realismus: Probleme der neusten europäischen Malerei* pour décrire le mystère profond de la vie (tel qu'il est représenté dans l'art postexpressioniste),

---

[5] Patrick Imbert, *op. cit.*, p. 4.
[6] *Ibid.*, p. 46.

qui se cache derrière la réalité de surface. Selon Roh, la réalité est enchantée et les objets de tous les jours du monde naturel dissimulent un pouvoir magique, occulte. À l'opposé du *magic realism*, qui exprime le « *mystery [that] does not descend to the represented world, but rather hides and palpitates behind it*[7] », le *magical realism* (le « réalisme magique »), tel qu'imaginé par des écrivains latino-américains comme Carpentier, Flores et Borges, évoque un enchevêtrement inextricable du réel et du surnaturel causé par « *the commingling of the improbable and the mundane*[8] ». En d'autres termes, la « magie » du réalisme magique se réfère plutôt au surnaturel qui surgit dans le monde naturel.

Dans *Ordinary Enchantments. Magical Realism and the Remystification of Narrative*, Wendy Faris énumère cinq caractéristiques fondamentales propres aux textes appartenant au « mode[9] » narratif qu'est le réalisme magique. D'emblée, celui-ci présente une exposition phénoménale de l'univers fictif : la description de la nature telle que nous la connaissons constitue l'aspect réaliste du mode en question. Les descriptions de la nature abondent dans *Sacrée montagne de fou*. Il s'agit de descriptions du terrain, des changements climatiques et du feuillage. L'intérêt pour la nature se révèle particulièrement dans cette citation : « La végétation change et je m'aventure dans une forêt de plus en plus dense. Jusqu'ici, je n'ai parcouru que du terrain rocailleux avec quelques arbustes et un peu de mousse[10]. » Et encore dans celle-ci :

> Le terrain est tellement accidenté que je ne suis plus certain d'être encore en train de me diriger vers le sommet de la montagne. De plus, pour empirer la situation, la pluie tombe à verse depuis quelque temps[11].

---

[7] Franz Roh cité par Maggie Ann Bowers, *Magic(al)Realism*, New York, Routledge, 2004, p. 3.

[8] Salmon Rushdie cité par Maggie Ann Bowers, *ibid*.

[9] *Ibid.*, p. 22. Le terme *mode* est de Maggie Ann Bowers, qui explique que « [m]*agical realism [...] relies upon realism but only so that it can stretch what is acceptable as real to its limits. It is therefore related to realism but is a narrative mode distinct from it* ».

[10] Ulysse Landry, *Sacrée montagne de fou*, Moncton, Éditions Perce-Neige, 1996, p. 161.

[11] *Ibid.*, p. 183.

Ensuite, ce réalisme phénoménal peut inclure des éléments que le lecteur classifierait comme « magiques ». Dans l'exemple qui suit, la description naturaliste est rendue surnaturelle grâce à l'apparition d'un lutin :

> à [s]a grande surprise, [le protagoniste aperçoit], à quelques pas seulement de la corneille, cet étrange petit bonhomme avec des souliers pointus et un chapeau à grands bords sur une tête de cheveux roux qui lui traînent jusqu'aux épaules. [...] il a tout à fait l'air d'un lutin, comme dans les contes de fées[12].

Ce mélange incite le lecteur à hésiter entre deux possibilités, deux façons d'interpréter les événements narrés[13]. Dans son étude comparative du fantastique et du réalisme magique, Amaryll Chanady affirme que, dans le texte qui s'inscrit dans ce dernier mode, le lecteur est confronté à deux perspectives divergentes. L'hésitation du lecteur est amplifiée par celle du protagoniste. Confronté soudainement aux êtres et aux effets surnaturels, Robert s'exclame à plusieurs reprises qu'il distingue mal entre la réalité et le rêve : « Il est possible que je commence à délirer et à m'imaginer des choses[14] ». Cette ambiguïté est par ailleurs résolue par le lecteur et par le protagoniste, qui finissent par identifier et accepter un élément de magie « irréductible[15] », c'est-à-dire qui ne peut pas être expliqué par la science empirique. Ainsi, l'irréductibilité de la magie est assimilée et intégrée aux normes de la perception du narrateur, des personnages ou des deux[16]. Enfin, les textes magico-réalistes présentent plus souvent qu'autrement la fusion de deux univers. *Sacrée montagne de fou* est, de fait, un roman qui tend vers la création d'un monde fictif où le normatif et le marginal, le réel et le surnaturel peuvent exister harmonieusement. Moitié réel,

---

[12] *Ibid.*, p. 232.
[13] Wendy Faris, *Ordinary Enchantments. Magical Realism and the Remystification of Narrative*, Nashville, Vanderbilt University Press, 2004, p. 17.
[14] Ulysse Landry, *op. cit.*, p. 183.
[15] Wendy Faris, *op. cit.*, p. 7.
[16] Amaryll Chanady, *Magical Realism and the Fantastic: Resolved versus Unresolved Antinomy*, New York, Garland, 1985, p. 23.

moitié magique, cet espace se révèle au moment où le protagoniste décrit ses impressions sur l'univers de la montagne :

> L'air est humide et tout est recouvert d'une brume épaisse. À mesure que la clarté du jour se fait, j'ai l'impression de flotter dans un nuage. La lumière laiteuse et cette absence presque totale de paysage créent une atmosphère tellement étrange qu'il est difficile de croire que je me trouve encore sur la même planète qu'hier[17].

En conséquence de cet amalgame inusité, un espace socioculturel de « l'entre-deux[18] » est créé.

Le réalisme magique s'avère donc une forme de narration propice à la transgression de frontières géographiques, économiques et linguistiques : « *Magical realism often facilitates the fusion, or coexistence, of possible worlds, spaces, systems that would be irreconcilable in other modes of fiction*[19]. » Les écrivains qui pratiquent ce type d'écriture ont ceci en commun : ils se situent pour la plupart en dehors de structures dominantes du pouvoir. Le réalisme magique nord-américain représente, plus particulièrement, les perspectives de l'Autre issu de la culture occidentale[20]. Provenant d'une nation stable sur le plan politique, les écrivains canadiens se servent du réalisme magique pour critiquer, selon l'approche anti-impériale par exemple, la culture capitaliste et consumériste[21]. Le réalisme magique transgresse des barrières de toutes les sortes et, par là même, se présente comme un type de représentation littéraire qui dépasse les tendances monosémiques.

La polysémie de ce mode s'étend effectivement aux considérations identitaires. À ce sujet, Brenda Cooper note que le réalisme magique dépasse, voire annule, la fixité des frontières identitaires

---

[17] Ulysse Landry, *op. cit.*, p. 161.
[18] Wendy Faris, *op. cit.*, p. 21.
[19] Lois Parkinson Zamora et Wendy B. Faris (dir.), « Introduction », dans *Magical Realism: Theory, History, Community*, Durham, Duke University Press, 1995, p. 5.
[20] Shannin Schroeder, *Rediscovering Magical Realism in the Americas*, Westport, Præger, 2004, p. 66.
[21] *Ibid*. Jusqu'à présent, le réalisme magique a été très peu étudié dans le domaine de la littérature francophone des Amériques.

qui confinent l'éclosion de l'individu : « *[magical realism] opposes fundamentalism and purity; it is at odds with racism, ethnicity and the quest for tap roots, origins and homogeneity*[22] ». De façon similaire, Amaryll Chanady qualifie le réalisme magique de forme d'expression narrative plus tolérante à l'égard des perspectives qui divergent de la norme : « *the practitioner of magical realism shows his interest in, and tolerance of, a different perception of the world*[23] ». Il n'est alors pas surprenant qu'Ulysse Landry, auteur acadien issu d'un milieu exigu, pratique une écriture magico-réaliste : la représentation de deux univers fictifs diamétralement opposés à l'œuvre dans *Sacrée montagne de fou* problématise l'identité en termes qui vont au-delà des paradigmes binaires (p. ex. intérieur/extérieur, Nous/l'Autre, établi/marginal[24]) et qui non seulement créent une nouvelle vision de la culture axée sur l'expansion de l'individu, mais aussi produisent une reconceptualisation de l'identité de celui-ci comme image de soi radicalement multiple[25].

L'optique particulariste
Les paradigmes identitaires sont réellement problématisés dans le roman à l'étude. Certains personnages prônent une vision « particulariste », c'est-à-dire fondamentaliste, de l'identité acadienne ; d'autres

---

[22] Brenda Cooper cité par Maggie Ann Bowers, *op. cit.*, p. 4.
[23] Amaryll Chanady, *op. cit.*, p. 24.
[24] Pour une analyse de ces paradigmes, voir l'article d'Étienne-Marie Lassi intitulé « Le paradigme civilisation / barbarie : l'intrus du jardin ou la figure du barbare dans les romans des Amériques », dans Patrick Imbert (dir.), *Les jardins des Amériques : éden*, home *et maison : le Canada et les Amériques*, Ottawa, Université d'Ottawa et Chaire de recherche de l'Université d'Ottawa, « Canada : enjeux sociaux et culturels dans une société du savoir », 2007, p. 139-172.
[25] À ce propos, Claude Dubar constate que « toutes les identités sont des constructions sociales et langagières qui s'accompagnent, plus ou moins, de rationalisations et de réinterprétations ». Voir *La socialisation, Construction des identités sociales et professionnelles*, Paris, HER / Armand Colin, 2000 [1991], p. 12. Pour sa part, Émir Delic s'intéresse à la multiplicité de l'identité dans son étude du rhizome. Voir « "Être ou ne pas être ?" est-ce toujours la question ? L'arbre, le rhizome et la notion de l'identité », dans Patrick Imbert (dir.), *Les jardins des Amériques : éden*, home *et maison : le Canada et les Amériques*, Ottawa, Université d'Ottawa et Chaire de recherche de l'Université d'Ottawa, « Canada : enjeux sociaux et culturels dans une société du savoir », 2007, p. 93-139.

vantent les mérites de l'«universalisme», une perspective extrémiste de celle-ci. Le particularisme se manifeste dans «l'incapacité de l'artiste minoritaire de faire abstraction de [son] milieu[26]»; il est rétrospectif et vise à enraciner la culture sur un territoire et à préserver l'histoire d'une communauté pour qu'elle demeure distincte. Cette tendance est une réaction contre l'homogénéisation culturelle qu'entraîne la mondialisation. L'espace particulariste est celui du village: Cap-à-la-Lune, le village natal de Robert, est majoritairement francophone. Sa représentation accentue les caractéristiques déplaisantes d'une pensée enracinée dans la territorialité. Cap-à-la-Lune est symbolique de l'appauvrissement culturel, économique et personnel qui résulte de l'isolement. Les habitants de ce village ont tous peur de l'Autre anglophone et se préoccupent de la protection de leur religion et de leur langue, remparts de leur identité acadienne.

Le discours religieux, en l'occurrence catholique, exerce une influence déterminante sur le «destin» de l'individu, ce qui ne le laisse pas libre de se développer et de se réaliser à son gré. En outre, à cause de sa nature monosémique, le discours religieux encourage l'exclusion. Le protagoniste observe à ce sujet que «[l]'homme européen, dont [il est] descendant, a décidé, à un certain moment, qu'il était ce que Dieu avait créé de mieux. Avec une telle conception de soi-même, il est tout à fait naturel de considérer tous les autres comme des barbares et des sauvages[27].» Tandis que les visées de la «société des savoirs» sont celles de la coopération et de l'égalité, le discours religieux se révèle un mécanisme de ségrégation et d'inégalité qui encourage le recours à la violence pour «défendre les interprétations officielles[28]». À ce sujet, Robert remarque qu'on

> [...] s'arrangeait pour dresser un groupe contre l'autre: les noirs contre les blancs, les jaunes contre les rouges; les catholiques contre

---

[26] Lucie Hotte, «La littérature franco-ontarienne à la recherche d'une nouvelle voie: enjeux du particularisme et de l'universalisme», dans Lucie Hotte (dir.), *La littérature franco-ontarienne: voies nouvelles, nouvelles voix*, Ottawa, Le Nordir, 2002, p. 37.
[27] Ulysse Landry, *op. cit.*, p. 67.
[28] Patrick Imbert, *op. cit.*, p. 32.

les protestants, les musulmans contre les bouddhistes; les anglophones contre les francophones, les autochtones contre les allophones[29].

Basé sur une logique de hiérarchisation et d'exclusion, il est évident que, dans un contexte particulariste, le discours religieux va à l'encontre d'une éventuelle expansion de l'individu.

La magie est, dans le cadre particulariste, la manifestation d'une folie destructive qui découle de l'isolement et de l'absurdité de vivre dans un *vacuum*. Plus précisément, la folie est souvent associée aux apparitions magiques d'êtres diaboliques et démoniaques: «Notre vision de la maladie mentale est étroitement associée à l'idée de Satan qui s'infiltre dans notre être pour en prendre possession[30]», observe le protagoniste. L'effet de l'espace exigu se traduit chez l'individu comme une contraction, voire une réduction de l'espace mental. François Paré souligne à ce sujet que «la menace de la folie vraie, la folie démente et destructrice de l'identité, se situe au cœur même des cultures de l'exiguïté et de tous les discours marginaux[31]». La folie est due à une incapacité d'adaptation, une impossibilité de réconcilier ses mœurs personnelles avec les conventions sociales établies par la majorité. À propos de Lise, sa sœur, et d'autres, Robert dit que

> [c]ertains, désespérés quand ils se rendent à l'évidence, finissent simplement par se flanquer une balle dans la tête. D'autres s'abandonnent à la dépression et s'enferment dans un monde solitaire peuplé d'obsessions déchirantes d'où ils n'arriveront à s'évader[32].

Il poursuit en expliquant qu'il «n'est pas facile d'expliquer ce qu'est vraiment la folie. Il s'agit d'un concept assez fuyant qui se transforme d'une société à l'autre et qui n'est souvent qu'un critère d'intolérance[33]». En somme, la folie souligne l'exclusion «des révoltés,

---

[29] *Ibid.*, p. 61-62.
[30] Ulysse Landry, *op. cit.*, p. 220.
[31] François Paré, *Les littératures de l'exiguïté*, Ottawa, Le Nordir, 2001, p. 159.
[32] Ulysse Landry, *op. cit.*, p. 220.
[33] *Ibid.*

des *drop-outs*, des inadaptés[34] », des voix exprimant des perspectives divergeant de la norme.

L'optique universaliste

L'universalisme est l'autre optique selon laquelle il est possible de saisir la représentation identitaire à l'œuvre dans *Sacrée montagne de fou*. L'universalisme est prospectif et se manifeste dans la « volonté [saine] de dépasser l'ethnicité, un désir d'abandonner les motivations identitaires[35] ». Cette tendance, opposée au particularisme, est une conséquence de l'avènement de la mondialisation. Faisant le contraste entre le particularisme et l'universalisme, Lucie Hotte note que

> [s]i l'esthétique particulariste cherche à effacer les différences entre les membres d'un groupe afin de souligner l'expérience commune, afin de mettre en évidence la communauté de destin qui fonde la communauté, l'esthétique universaliste, pour sa part, masque les différences entre les groupes pour ne retenir que l'expérience humaine commune[36].

L'espace géographique universaliste est celui de la métropole dépersonnalisante : la ville anglophone et le centre de l'essor économique, Jonesville, dominé par des multinationales aux pratiques excessives, est une caricature des effets de la mondialisation. Force est de constater que la fonction possiblement destructrice de la mondialisation occupe une place de premier plan dans la narration de *Sacrée montagne de fou* : les questions d'économie et de technologie dominent toute discussion sur la mondialisation, qui risque d'effacer, sans réglementation, toutes les petites cultures. François Paré constate à ce propos que

> [c]et implacable rouleau compresseur [qu'est le phénomène de la mondialisation] impose une homogénéisation culturelle et une standardisation identitaire profondément menaçantes : une même langue, un même système économique, politique et social, un même mode de vie, une même échelle de valeurs, ceux des États-Unis[37].

---

[34] *Ibid.*
[35] Lucie Hotte, *op. cit.*, p. 41.
[36] *Ibid.*
[37] François Paré, *op. cit.*, p. 15.

Alors que la « société des savoirs » vise la participation productive de tous et chacun, la mondialisation effrénée, telle qu'elle se présente dans le roman de Landry, est la cause de souffrances et d'exclusions. En obéissant à la nouvelle religion qu'est l'argent, les personnages témoignent d'une dissolution progressive de leurs valeurs et de leurs croyances. La pauvreté, une réalité pour plusieurs personnages du roman, est causée par une répartition inégale de ressources, qui n'atteignent qu'une minorité privilégiée : « la manipulation et l'exploitation de la majorité de la population [ont pour] but d'enrichir une minorité privilégiée[38] », constate Robert. Pour que l'économie globale ait un effet positif et soit « *win-win*[39] », c'est-à-dire profitable à tout le monde et non uniquement à un segment élite de la population, il faut qu'il y ait un partage de ressources aussi bien physiques que symboliques et une création de situations où des richesses peuvent être accessibles à un grand nombre de personnes de tous les âges et classes sociales, d'où l'importance de la technologie, l'outil idéal pour assurer une diffusion massive et rapide d'informations auprès du plus grand nombre de personnes.

Mais, dans *Sacrée montagne de fou*, le progrès technologique contribue à la dépersonnalisation, voire à la numérisation de la personne. Il n'y a plus d'êtres humains, seulement « une agglomération de statistiques au cœur d'un immense projet de technocrates[40] ». L'individu est réduit à des chiffres de la carte de crédit, de la carte d'assurance sociale, du permis de conduire, etc. Par ailleurs, la technologie est un engin de répression qui répand la culture américaine. Robert remarque par exemple que la génération des jeunes est celle où « tout se passe sur un écran. Bugs Bunny et Batman, Tintin et les Ninja Turtles. Lire et écrire convenablement n'est pas si important que ça pour [les jeunes] : il y a des ordinateurs

---

[38] Ulysse Landry, *op. cit.*, p. 69.

[39] Pour plus d'information à propos des situations « *win-win* » et les jeux à somme non nulle, voir les publications de la Chaire de recherche de l'Université d'Ottawa, *Canada : enjeux sociaux et culturels dans une société du savoir* (directeur : Patrick Imbert).

[40] *Ibid.*, p. 74.

qui peuvent le faire encore mieux qu'eux[41]. » Les questions économiques et technologiques touchent ainsi aux questions d'éducation, d'apprentissage et de diffusion de savoir et de culture.

L'éducation secondaire et surtout postsecondaire, dans une « société des savoirs », bénéficie des nouveaux modes technologiques pour communiquer le savoir. Les lieux de formation personnelle sont mobiles : qu'il soit une école ou une université, le lieu d'apprentissage n'est enraciné ni dans un territoire ni dans un imaginaire spécifique[42]. Par contre, dans *Sacrée montagne de fou*, le système d'éducation est un échec, car il ne met pas les technologies au service de la pédagogie : l'apprentissage est conçu d'une manière très disciplinaire, départementale même, et non pas comme une expérience dynamique et interdisciplinaire. Robert devient donc désillusionné de son métier d'enseignant et se rend vite compte qu'il s'en était fait une idée utopique : « L'éducation institutionnalisée n'a pas nécessairement beaucoup en commun avec la connaissance. Il s'agit plutôt d'un outil social pour perpétuer certaines croyances[43] », dit-il. Réfléchissant sur sa propre formation dans le système scolaire, Robert explique : « Dans mes cours d'histoire à l'école, on ne m'a jamais appris dans quel pays je vivais vraiment. J'ai l'impression que la plupart de ce qu'on m'a appris n'était que fiction. On m'a fait l'éloge de grands hommes qui, au fond, n'étaient que des brigands et des oppresseurs[44] ». La mauvaise foi de Robert est personnifiée par l'apparition magique d'êtres démoniaques qui travaillent pour les autorités de la « Grosse Machine » qu'est la ville de Jonesville :

> Leurs oreilles étaient pointues et les yeux, incandescents comme des charbons rouges. J'avais devant moi trois démons. [....] Il y en avait

---

[41] Ulysse Landry, *op. cit.*, p. 175.
[42] Pour un examen de la transportabilité du chez-soi et d'autres lieux de développement et d'apprentissage, voir l'article de Geneviève Cousineau intitulé « La maison, le bungalow et le *home* : en route vers un nouveau jardin d'Éden », dans Patrick Imbert (dir.), *Les jardins des Amériques : éden,* home *et maison : le Canada et les Amériques*, Ottawa, Université d'Ottawa et Chaire de recherche de l'Université d'Ottawa, *Canada : enjeux sociaux et culturels dans une société du savoir*, 2007, p. 63-92.
[43] Ulysse Landry, *op. cit.*, p. 45.
[44] *Ibid.*, p. 72.

un qui [...] portait deux immenses cornes de bélier qui lui sortaient de chaque côté de la tête et lui retombaient sur le front. [....] Les deux autres se tenaient derrière lui avec chacun un trident dans la main gauche[45].

Se demandant s'il est en train de virer fou, Robert écoute les paroles du chef démon: «Croyais-tu que t'étais capable d'entretenir toutes ces mauvaises pensées contre le gouvernement et la Grosse Machine sans qu'nous en soyons informés[46]?» Comme pour les autres personnages, la magie est associée à la folie causée par l'exclusion et la marginalisation.

Vers une esthétique individualiste
Au-delà de ces deux visions de la société qui, à leurs façons respectives, limitent le développement de l'individu, s'esquisse la possibilité d'une culture qui instaure une collectivité où culture, économie et bien-être s'enchevêtrent harmonieusement tout en favorisant l'expansion de l'individu, ce qui nous amène à voir une troisième esthétique identitaire: l'«individualisme». Comme le constate Lucie Hotte,

> [i]l ne s'agit donc plus de crier sur les toits sa spécificité, d'afficher sa différence, il ne s'agit pas non plus de gommer nos particularités, ni de s'inscrire dans une prétendue universalité, mais bien d'assumer notre réalité dans ce qu'elle a de particulier bien sûr, afin de s'engager résolument dans la voie de l'avenir[47].

Le terme *individualiste* décrit donc une nouvelle tendance qui restitue un espace pour la légitimation de voix périphériques; il dénote un espace discursif situé entre l'universel et le particulier, le centre et les marges, la domination et la résistance[48]. Comme l'affirment Zamora et Faris,

---

[45] *Ibid.*, p. 226-227.
[46] *Ibid.*, p. 228.
[47] Lucie Hotte, *op. cit.*, p. 44.
[48] Raoul Boudreau soutient que l'usage de la magie est propice à la «revendication de destins individuels». Voir «L'actualité de la littérature acadienne», *Tangence*, vol. 58, 1998, p. 10-11.

> [t]he propensity of magical realist texts to admit a plurality of worlds means that they often situate themselves on liminal territory between or among those worlds — *in phenomenal and spiritual regions where transformations, metamorphosis, dissolution are common*[49].

La nouvelle esthétique individualiste opère une déterrorialisation du « moi » et de l'imaginaire culturel sans que celle-ci implique, chez l'individu, une perte complète de repères[50]. Dans cette perspective, l'identité est recontextualisée comme une image de soi multiple et en constante métamorphose.

Le protagoniste adopte cette troisième façon de concevoir la société et sa place dans celle-ci, car, dans un premier temps, il renie la vision réductionniste de l'Acadie, ancrée dans la territorialité : « C'est quoi l'Acadie, Jérôme ? Pour moi, ça reste juste un vieux rêve de vieille sœur ratatinée. On parle de pays, mais i'est où le pays[51] ? », s'exclame-t-il. Exprimant la nature obsolète du territoire, le protagoniste dit : « L'Acadie, comme tant d'autres projets avortés, est simplement devenue un rêve d'un passé qu'on voudrait tellement héroïque — trop souvent imaginaire[52] ». Robert affirme que l'Acadie doit cesser de revendiquer une identité nationale afin d'atteindre une position plus ouverte sur le monde : l'évolution de la société acadienne est nécessaire pour aller au-delà de la tradition orale, folklorique et artisanale. Dans un deuxième temps, la mondialisation est considérée par Robert comme un phénomène déplorable qui empêche le foisonnement des petites cultures.

---

[49] Lois Parkinson Zamora et Wendy Faris (dir.), *op. cit.*, p. 6. [C'est moi qui souligne.]

[50] Dans mon article sur le caméléon (2007), nouvel avatar postmoderne de la subjectivité, j'analyse, selon une approche comparatiste, plusieurs romans qui explorent l'espace géosymbolique individualiste. Voir « Déséquilibres dynamisants et voyages vertigineux. Le caméléon : entre le *home* et l'*Unheimlich* », dans Patrick Imbert (dir.), *Les jardins des Amériques : éden, home et maison : le Canada et les Amériques*, Ottawa, Université d'Ottawa et Chaire de recherche de l'Université d'Ottawa, Canada : enjeux sociaux et cultures dans une société de savoir, 2007, p. 173-204.

[51] Ulysse Landry, *op. cit.*, p. 179.

[52] *Ibid.*, p. 182.

Conscient de la précarité de l'ouverture culturelle, économique et linguistique de l'Acadie au monde, Robert soutient qu'elle doit lutter pour protéger sa spécificité contre l'assimilation à la culture américaine. Sur son sentiment de frustration et de déchirure produit d'une impasse idéologique, Robert dit :

> Je m'en voulais d'avoir cru qu'il était possible de travailler à l'intérieur du système. [....] Tout à coup, je me trouvais suspendu les pieds dans le vide [....] je n'arrivais pas à trouver une autre vision à laquelle m'accrocher pour remplacer celle qui s'effondrait[53].

Il est alors forcé de concevoir différemment son espace social et s'exile à la montagne. Sur cette expulsion, François Paré observe que

> l'exilé, lui, est un être de l'entre-deux, ni tout à fait inclus, ni tout à fait exclus, un pied dans sa culture d'origine, l'autre dans celle de la majorité satisfaite. Il est des confins, de la marge. Situation d'inconfort, mais qui dessille les yeux, rend conscient et engage à la réflexion[54].

Ce bannissement met Robert à distance de sa vie passée et lui donne une perspective critique sur l'état actuel de la société.

Cette réévaluation correspond à une ouverture qui suscite le mythe de la *frontier* américaine. Shannin Schroeder affirme que «*the frontier myth plays a part in the emergence of the North American strain of magical realism*[55]». Cette *frontier* n'est pas territoriale, mais symbolique de toutes les possibilités de réussite et de richesse inhérentes à une « société des savoirs ». Sur la montagne mystérieuse, où il se passe des phénomènes bizarres (p. ex. l'apparition de lutins et d'oiseaux parlants) qui ne peuvent pas être expliqués logiquement, une clarté d'esprit succède chez Robert au chaos de sa vie passée. L'espace géosymbolique de la montagne constitue «une donnée conceptuelle essentielle, productrice de sens et de langage, ferment de révolte et de changement social[56]». Cette prise de conscience est nécessaire pour parvenir, sur le plan

---

[53] *Ibid.*, p. 176.
[54] François Paré, *op. cit.*, p. 11.
[55] Shannin Schroeder, *op. cit.*, p. 61.
[56] *Ibid.*, p. 97.

culturel, à une vision plus lucide de la réalité acadienne et, sur le plan individuel, à une image de soi réconciliée avec la société en voie de mondialisation.

Ce rapprochement est réussi grâce au bilinguisme. Dédaigner les formes régionales du français telles que le *chiac*, un dialecte propre aux Acadiens, fait du français un « bastion contre l'assimilation[57] » et le rend ainsi une coquille vide. À la place, Robert embrasse le bilinguisme comme une plus-value, échappe à l'identité linguistique et capitalise sur des savoirs bilingues ou polyglottes. Connaître deux ou plusieurs langues se traduit par une aise à relativiser la notion de culture et par une facilité à se déplacer et à se déraciner[58]. De plus, parler plus d'une langue permet à Robert de se distancier de lui-même, c'est-à-dire de prendre de la « distance salutaire[59] » par rapport à ses divers rôles : « la langue étrangère […] empêche de se prendre trop au sérieux[60] », affirme Nancy Huston. Enfin, compte tenu de l'élément intraduisible de toute langue, le bilingue manque nécessairement de « *world view*[61] » singulier et figé : il doit renouveler sans cesse son image de lui-même et négocier sa place dans la société.

Le déplacement géosymbolique vers un espace en dehors des lieux aliénants s'ouvre ainsi sur un optimisme propice à un élargissement des perspectives. L'individualisme ne nécessite pas un délaissement complet du passé, un rejet total des savoirs déjà acquis, mais seulement le passage d'un paradigme désuet vers un nouveau qui tient compte de la configuration dynamique de la « société des savoirs » telle qu'on la connaît. En d'autres termes, « le nouveau de la société des savoirs n'est pas fondé sur la croyance que la vie est un jeu à somme nulle où un élément en éliminerait un autre, mais sur une capitalisation qui est complexification[62] ». Cet espace interstitiel individuel est propice à la création de nouvelles

---

[57] Ulysse Landry, *op. cit.*, p. 46.
[58] Pour une étude des bienfaits du bilinguisme en ce qui a trait à la relativisation de la culture et de l'identité, voir Nancy Huston, *Nord perdu* (suivi de *Douze France*), Québec, Leméac, 1999, 130 p.
[59] *Ibid.*, p. 38.
[60] *Ibid.*
[61] *Ibid.*, p. 51.
[62] Patrick Imbert, *op. cit.*, p. 34.

perspectives et de nouveaux discours qui informent et font évoluer l'image de soi qui se construit, s'altère et se reforme dans et par un mélange hétéroclite de discours provenant de tous les coins du monde. Comme je l'ai déjà constaté ailleurs, «[a]gissant dans un état conflictuel, voire antagonique, jamais tout à fait résolu, mais constamment reconfiguré, sa disposition aux interstices [...] permet [à l'individu] de questionner la stabilité des conventions sociales[63]». La reconfiguration de la subjectivité, dans cet espace de tensions dialectiques qui ouvrent une voie à la production de nouvelles significations, se fait dans un contexte postmoderne où la dissolution de la pensée dichotomique et la recontextualisation de référents culturels sont favorables aux déplacements, producteurs de nombreuses possibilités sémantiques.

Bien que dans les espaces particularistes et universalistes la folie soit la manifestation psychologique d'un isolement social ou d'une mauvaise conscience, dans l'espace individualiste, la folie est créatrice. À la différence de la plupart des personnages dans *Sacrée montagne de fou*, qui se satisfont de leur condition, de leur enfermement dans le conventionnalisme et qui souffrent d'une folie «motivée par la peur de transgresser les interdits[64]», Robert est motivé par un désir de changement et d'agentivité politique. Mais, puisqu'il est un des seuls à croire dans cette possibilité, la société le traite comme un fou. La folie de Robert est la preuve qu'il a désobéi au contrat social, qu'il est allé «au-delà du permissible[65]». Cette transgression est représentée à la fin de *Sacrée montagne de fou* lorsque Robert monte à bord d'un vaisseau appelé «la nef des fous[66]» qui vole à la recherche d'un pays neuf. La folie créatrice met le protagoniste «en contact direct avec

---

[63] Julia Morris, «Déséquilibres dynamisants et voyages vertigineux. Le caméléon : entre le *home* et l'*Unheimlich*», dans Patrick Imbert (dir.), *Les jardins des Amériques : éden, home et maison : le Canada et les Amériques*, Ottawa, Université d'Ottawa et Chaire de recherche de l'Université d'Ottawa, *Canada : enjeux sociaux et culturels dans une société du savoir*, 2007, p. 173.

[64] Robert Viau, *Les fous de papier*, préf. du Dr Yves Lamontagne, Montréal, Méridien, 1988, p. 99.

[65] *Ibid.*, p. 231.

[66] Ulysse Landry, *op. cit.*, p. 237.

les secrets du cosmos, avec la vie au-delà des apparences[67] ». La magie accompagnant cette folie créatrice est symbolique d'une conscience libérée des conventions sociales, qui entravent la liberté de pensée et d'action chez l'individu. Robert remarque une fois à bord que « [s]ur le bateau, il se trouve déjà beaucoup de monde; une bonne partie d'entre eux sont probablement des réfugiés comme [lui][68] ». La capitainesse du bateau, Maria Lapaloma, dit aux passagers, avec un brin d'ironie: «Ce n'est pas difficile de s'accorder avec moi. C'est le cas de dire qu'on est tous dans le même bateau[69].» Sur l'arrière-fond multiculturel qu'est le bateau, où le protagoniste est «une des rares personnes de race blanche[70] », Robert se sent bien dans sa peau: cette diversité enrichissante est exactement ce dont il a besoin pour s'ouvrir sur le monde qu'il s'apprête à découvrir.

Quoique *Sacrée montagne de fou* soit un discours de dépaysement identitaire, le roman réclame une certaine territorialité discursive: le pôle magique ouvre vers un nouvel espace où la perspective du sujet de l'exiguïté ne sera plus périphérique, où sa parole ne sera pas prise pour celle d'un fou mais légitimée et valable. En plus d'exprimer la voix des dissidents et des laissés-pour-compte qui veulent réclamer leur part de richesse et de bonheur et, à leur tour, prendre la parole pour dénoncer les injustices sociales, le réalisme magique incite à penser au-delà des stéréotypes et des catégories rigides. En outre, il représente une aventure à travers un paysage de l'imaginaire à la fois individuel et collectif, signifiant ainsi la fin du projet nationaliste de l'Acadie, mais aussi la recontextualisation des enjeux de la mondialisation. Bref, le réalisme magique établit une relation dialogique entre l'expérience de vie en Acadie et celle de toute l'humanité.

---

[67] Patrick Imbert, *Roman québécois contemporain et clichés*, Ottawa, Éditions de l'Université d'Ottawa, coll. «Cahiers du Centre de recherche en civilisation canadienne-française», n° 21, 1983, p. 159.
[68] Ulysse Landry, *op. cit.*, p. 237.
[69] *Ibid.*
[70] *Ibid.*

BIBLIOGRAPHIE

Boudreau, Raoul, « L'actualité de la littérature acadienne », *Tangence*, vol. 58, 1998, p. 8-18.

Bowers, Maggie Ann, *Magic(al) Realism*, New York, Routledge, 2004, 150 p.

Chanady, Amaryll, « Entre hybridité et interculture : de nouveaux paradigmes identitaires à la fin du deuxième millénaire », dans Daniel Castillo Durante et Patrick Imbert (dir.), *L'interculturel au cœur des Amériques*, Ottawa, Legas, 2003, p. 21-34.

Chanady, Amaryll, *Magical Realism and the Fantastic : Resolved versus Unresolved Antinomy*, New York, Garland, 1985, 183 p.

Cousineau, Geneviève, « La maison, le bungalow et le *home* : en route vers un nouveau jardin d'Éden », dans Patrick Imbert (dir.), *Les jardins des Amériques : éden,* home *et maison : le Canada et les Amériques*, Ottawa, Université d'Ottawa et Chaire de recherche de l'Université d'Ottawa, *Canada : enjeux sociaux et culturels dans une société du savoir*, 2007, p. 63-92.

Delic, Emir, « "Être ou ne pas être ?" est-ce toujours la question ? L'arbre, le rhizome et la notion de l'identité », dans Patrick Imbert (dir.), *Les jardins des Amériques : éden,* home *et maison : le Canada et les Amériques*, Ottawa, Université d'Ottawa et Chaire de recherche de l'Université d'Ottawa, *Canada : enjeux sociaux et culturels dans une société du savoir*, 2007, p. 93-139.

Dubar, Claude, *La socialisation. Construction des identités sociales et professionnelles*, Paris, HER / Armand Colin, 2000 [1991], 240 p.

Éditions Perce-Neige ; [en ligne] http://perceneige.recf.ca/perce_neige/home/index.cfm, consulté le 28 décembre 2008.

Faris, Wendy, *Ordinary Enchantments. Magical Realism and the Remystification of Narrative*, Nashville, Vanderbilt University Press, 2004, 323 p.

Heinich, Nathalie, *La sociologie de Norbert Elias*, Paris, La Découverte, 2002 [1997], 122 p.

Hotte, Lucie, « La littérature franco-ontarienne à la recherche d'une nouvelle voie : enjeux du particularisme et de l'universalisme », dans Lucie Hotte (dir.), *La littérature franco-ontarienne : voies nouvelles, nouvelles voix*, Ottawa, Le Nordir, 2002, p. 35-47.

Huston, Nancy, *Nord perdu* (suivi de *Douze France*), Québec, Leméac, 1999, 130 p.

Imbert, Patrick, *Roman québécois contemporain et clichés*, Ottawa, Éditions de l'Université d'Ottawa, coll. « Cahiers du Centre de recherche en civilisation canadienne-française », n° 21, 1983, 186 p.

Imbert, Patrick, « Société des savoirs et transformations culturelles », dans Patrick Imbert (dir.), *Le Canada et la société des savoirs. Le Canada et les Amériques*, Ottawa, Université d'Ottawa et Chaire de recherche de l'Université d'Ottawa, *Canada : enjeux sociaux et culturels dans une société du savoir*, 2007, p. 11-80.

Landry, Ulysse, *Sacrée montagne de fou*, Moncton, Éditions Perce-Neige, 1996, 238 p.

Lassi, Étienne-Marie, « Le paradigme civilisation / barbarie : l'intrus du jardin ou la figure du barbare dans les romans des Amériques », dans Patrick Imbert (dir.), *Les jardins des Amériques : éden,* home *et maison : le Canada et les Amériques*, Ottawa, Université d'Ottawa et Chaire de recherche de l'Université d'Ottawa, *Canada : enjeux sociaux et culturels dans une société du savoir*, 2007, p. 139-172.

Morris, Julia, « Déséquilibres dynamisants et voyages vertigineux. Le caméléon : entre le *home* et l'*Unheimlich* », dans Patrick Imbert (dir.), *Les jardins des Amériques : éden,* home *et maison : le Canada et les Amériques*, Ottawa, Université d'Ottawa et Chaire de recherche de l'Université d'Ottawa, *Canada : enjeux sociaux et culturels dans une société du savoir*, 2007, p. 173-204.

Paré, François, *Les littératures de l'exiguïté*, Ottawa, Le Nordir, 2001, 175 p.

Runte, Hans, *Writing Acadia : The Emergence of Acadian Literature 1970-1990*, Amsterdam, Rodopi, 1997, 243 p.

Schroeder, Shannin, *Rediscovering Magical Realism in the Americas*, Westport, Præger, 2004, 183 p.

Viau, Robert, *Les fous de papier,* préf. du Dr Yves Lamontagne, Montréal, Méridien, 1988, 373 p.

Zamora, Lois Parkinson et Wendy Faris, « Introduction », dans Lois Parkinson Zamora et Wendy Faris (dir.), *Magical Realism : Theory, History, Community*, Durham, Duke University Press, 1995, p. 1-14.

HISTOIRES DU *FAR*-OUEST

SUBVERSION FORMELLE
POUR UNE THÉMATIQUE ATTENDUE :
LA GROTTE DE JEAN-PIERRE DUBÉ

Paul Dubé
Université de l'Alberta

« Raconter est devenu proprement impossible », dit Alain Robbe-Grillet en 1963 ; il explique que depuis Flaubert, où « tout commence à vaciller », « ce n'est pas l'anecdote qui fait défaut, c'est seulement son caractère de certitude, sa tranquillité, son innocence[1] », rejoignant en quelque sorte par là les propos de Barthes exprimés quelques années plus tôt, à savoir qu' « aux temps bourgeois (c'est-à-dire classiques et romantiques), la forme ne pouvait être déchirée puisque la conscience ne l'était pas[2] ». Dans son essai *Les littératures de l'exiguïté*, François Paré reprend, par une variation sur un même thème, certaines idées énoncées ci-dessus en expliquant que « les œuvres, à tout moment de l'histoire, ont été appelées à soutenir la survie collective[3] ». Parfois, ajoute-t-il, « l'affirmation politique se fait sans ambages, compte tenu de l'urgence d'affirmer l'existence collective. De tels écrits, épousant

---

[1] Alain Robbe-Grillet, *Pour un nouveau roman*, Paris, Gallimard, coll. « Idées », 1963, p. 37-38.
[2] Roland Barthes, *Le degré zéro de l'écriture* suivi de *Nouveaux essais critiques*, Paris, Seuil, coll. « Points », 1972 [1953], p. 8.
[3] François Paré, *Les littératures de l'exiguïté*, Hearst, Le Nordir, 1992, p. 32.

la cause politique, sont fortement marginalisés dans l'histoire littéraire. Et pourtant, leur existence est cruciale pour toutes les *petites* littératures[4]. »

La littérature du Canada français de l'Ouest a effectivement produit au fil des ans un nombre important d'œuvres qui incarnent à différents égards les descriptifs de ces distingués commentateurs — romans, pièces de théâtre, poésies — dont fait état, quant à cette dernière catégorie que l'on peut considérer comme représentante des autres genres, la volumineuse *Anthologie de la poésie franco-manitobaine*[5] de J. R. Léveillé. Or, celle-ci documente déjà l'abîme qui existe entre la poésie de Pierre Falcon et Louis Riel – poètes du XIXe siècle — et celle, contemporaine, de Léveillé lui-même ou de Paul Savoie. Il se produit encore évidemment des textes se posant en doublure idéologique de l'espace discursif collectif, mais ceux qui méritent le nom de littérature s'inscrivent dans « la voie enfin frayée » que Paré souhaite pour cette littérature, qu'il définit sur le mode impératif dans son livre, où il faut, dit-il,

> créer un peu partout des zones de confusion. Interjeter les différences. Par ses langues, par ses espaces propres, par son oralité, par ses créoles, par sa violence verbale, par sa folie discursive, l'exiguïté se comporte comme un agent de déraison dans le tableau tranquille de la légitimité littéraire[6].

L'Ouest, surtout le Manitoba français, connaît déjà et depuis assez longtemps des auteurs qui s'inscrivent dans ce lieu d'écriture détaché de la transparence idéologique et langagière que Robbe-Grillet et Barthes ont défini pour une certaine époque. Depuis *Tombeau*[7], paru en 1968, Roger Léveillé a donné le ton et incarne, sans doute à son insu, ce parti pris postulant un espace littéraire dégagé des vieux poncifs qui configuraient traditionnellement l'exiguïté multiple au Canada français. D'abord, et assez exceptionnellement, il a donné dans tous les genres d'écriture — « C'est la

---

[4] *Ibid.*, p. 34.
[5] J. R. Léveillé, *Anthologie de la poésie franco-manitobaine*, Saint-Boniface, Éditions du Blé, 1990, 591 p.
[6] François Paré, *op. cit.*, p. 145.
[7] J. R. Léveillé, *Tombeau*, Winnipeg, Canadian Publishers, 1968, 101 p.

façon dont l'écriture m'apparaît à différents moments[8] », précise-t-il — où l'anecdote est circonstancielle ou même aléatoire. Son « voici un roman parce que ça ressemble à un roman[9] » pourrait servir à l'identité générique de *Plage*[10], par exemple, publié en 1984, que l'auteur qualifie lui-même de roman, mais qui est davantage un poème en prose ou une prose/poème, et qui incarne merveilleusement l'esthétique de Léveillé, par son ambiguïté générique, l'absence de toute référence à l'exiguïté, sa thématique iconoclaste, son refus de l'anecdote, son langage autoréflexif obsessionnel, ainsi que son ultime et constante interrogation sur l'art, soit toute la problématique de la représentation, notamment celle du désir dans sa complexité objectale, comme dans *Plage*. Simone Chaput s'inscrit elle aussi dans cette filiation, grâce surtout à son *Coulonneux*[11], genre de *bildungsroman* subverti qui passe par l'épistémologie postmoderne. Aussi, et puisqu'il est difficile de ne pas tremper dans la récupération quand il est question d'histoire littéraire, comment ne pas parler de Nancy Huston, calgaréenne d'origine qui, grâce à son merveilleux *Cantique des plaines*[12], a su brillamment déconstruire l'Histoire de l'Alberta pour la reconstruire véridiquement par le concours de la pluralité des voix de l'histoire. Œuvre magistrale en tant que modèle d'une réécriture de textes du passé qui, par son inventivité formelle, s'inscrit dans cette continuité des écrivains majeurs de l'Ouest. Le texte proposé ici comme objet d'étude se situe justement dans la logique de cette réécriture, qui emprunte au passé dans une reformulation signifiante...

Le roman *La grotte*[13] de Jean-Pierre Dubé, publié aux Éditions du Blé à Saint-Boniface en 1994, vient ajouter sa voix à ces textes qui se détachent des formes éculées de la production traditionnelle sans pour autant larguer la thématique qui a si longtemps et si bien

---

[8] J. R. Léveillé, *Logiques improvisées*, Saint-Boniface, Éditions du Blé, p. 15.
[9] *Ibid.*
[10] J. R. Léveillé, *Plage*, Saint-Boniface, Éditions du Blé, 1984, 88 p.
[11] Simone Chaput, *Le coulonneux*, Saint-Boniface, Éditions du Blé, 1998, 233 p.
[12] Nancy Huston, *Cantique des plaines*, Paris, Actes Sud, 1993, 271 p.
[13] Jean-Pierre Dubé, *La grotte*, Saint-Boniface, Éditions du Blé, 1994, 125 p.

incarné le milieu minoritaire du Canada français et sa représentation idéologique. Les thèmes de la famille, de la religion catholique et de la sexualité, accompagnés de leur corollaire thématique, sont repris, retravaillés, problématisés, non pour les inscrire dans une dynamique évolutive des milieux francophones selon une trajectoire téléologique, comme dans la tradition par exemple, ni non plus pour dénoncer, à partir de l'impérialisme religieux, les effets nocifs de celui-ci sur une société dont la minorisation est en partie le résultat de cette colonisation. En fait, comme dans toute littérature qui mérite cette appellation contrôlée, le texte ratisse large et profondément, le récit n'étant qu'une sorte de métaphore dont le déploiement dans et par sa forme renvoie à une violente critique, nietzschéenne, d'un aspect charnière de notre culture canadienne-française et de notre civilisation occidentale : la négation du corps et, par extension, celle du sujet lui-même.

Deux aspects de l'œuvre seront étudiés : en premier, par un détour narratologique éclectique, un exposé des formes qui président à la structuration du récit ; une deuxième partie, dont l'intitulé définit assez bien son sujet et le sens dégagé à l'analyse : « Sous le signe du silence et de la parole : réécriture du passé ; écriture contre le passé ».

La structuration du récit

L'histoire, puisqu'il y en a une quand on la recompose chronologiquement à partir des signes donnés, se déroule à peu près ainsi, les indicateurs spatiaux et temporels n'étant pas toujours clairs, loin s'en faut! Une jeune fille voulant consoler son père dévoré de chagrin à la mort de la mère est retenue dans le lit de celui-ci. Enceinte sans le savoir au début dans son innocence d'adolescente, elle est méchamment mise à la porte et poussée à se trouver un homme par le père qui veut cacher son crime. En même temps, ailleurs dans la ville, un prêtre, professeur dans un collège de garçons, tombe amoureux d'un pensionnaire qu'il arrive à séduire avant les grandes vacances d'été. En septembre, le jeune pensionnaire revient plus sûr de lui-même et de son identité sexuelle, qui exclut toute relation avec le prêtre. La jeune fille, qui doit se trouver un homme, sait où aller pour s'en trouver un ; d'où la rencontre avec le jeune homme.

Un soir, à la brûnante, où la séduction était sur le point d'être consommée dans les alentours de la grotte située dans l'arrière-cour du pensionnat, l'habitude et le hasard amènent sur les lieux le prêtre, bientôt attiré par les rires et les gloussements des amoureux, et qui, sous le coup de la jalousie et dans un moment de folie meurtrière, fracasse le crâne du jeune homme. Au matin, on trouve, traînant dans les lieux, une jeune fille léthargique et muette. Suit une période de traitement psychiatrique pour la jeune fille, ce qui lui permet de sortir de son mutisme, mais la fêlure psychologique reste profonde, indicible, ontologique. Un tel état se répercute dans un mariage qui échoue rapidement et qui provoque le retour du refoulé et une déprime qui nécessitera l'hospitalisation de la jeune femme.

En même temps, le prêtre, maintenant défroqué, rongé par la culpabilité et l'angoisse, choisit de se faire hospitaliser et droguer pour assommer son mal. Il se retrouve dans le même pavillon des dépressifs et des fous que la jeune femme, qui le reconnaît éventuellement comme le meurtrier; suivent alors la confession et la condamnation à 10 ans de prison: du temps pour faire le point et se réconcilier avec la vie?...

Cette histoire est située nulle part, c'est-à-dire partout où peut exister un ensemble de conditions objectives semblables telles qu'elles apparaissent dans le texte: un milieu fermé où le français est parlé en raison des nombreux éléments intertextuels qui le confirment et où domine la religion catholique. Or quelques modifications aux références intertextuelles et le personnage du prêtre transformé en pasteur ou ministre ne changeraient rien au sens, mais renvoient effectivement à un référent qui dépasse l'espace diégétique. Bien que l'histoire ne soit pas datée de façon absolue, elle n'est pas sans laisser des signes qui dénotent l'époque: le personnage du prêtre, qui pourrait avoir une cinquantaine d'années à la fin du récit, vient d'une famille nombreuse; l'existence d'un pensionnat, d'un collège administré par des prêtres qui forment également le corps enseignant; la référence à la prière, au rituel de la pratique religieuse; l'atmosphère ambiante, sans compter l'inceste, qui se produit plus facilement dans certaines conditions; tout cela crée une sorte d'*épistémè*, établit des repères avec une époque identifiable que l'on peut appeler la tradition. Or, parallèlement, il existe dans le texte toute une batterie d'éléments qui marque en quelque sorte la modernité : des personnages comme le psychiatre, un prêtre défroqué, un conseiller / travailleur social assigné à la prison, une famille réduite, des personnages ne se réclamant d'aucun lien familial, un divorce inconséquent, c'est-à-dire sans réprobation sociale ou religieuse, une relation homosexuelle détachée des interdits habituels : tous des aspects identifiant un appareil institutionnel dans un cadre moderne. Il est à noter que les termes *tradition* et *modernité*

> [...] fonctionnent, comme le note Frédérique Chevillot, à la manière de *shifters* ou (« d'embrayeurs ») définis selon Jespersen, comme « une classe de mots [...] dont le sens varie avec la situation » [...] à laquelle ils appartiennent : ils n'ont de sens que l'un par rapport à l'autre, leurs valeurs sémantiques étant mutuellement dépendantes[14].

De plus, il s'agit d'un milieu exigu (que le milieu carcéral reproduit symboliquement) produisant rencontres fortuites et coïncidences, et où agissent des personnages sans identité nominale, sans psychologie en dehors du vécu phénoménal et dont la plupart — autant dire tous — semblent souffrir d'un même mal.

Tout le récit est raconté à la première personne, mais par quatre personnages narrant un ou plusieurs aspects de l'histoire — certains y participant comme personnages accessoires, tels le psychiatre, qui disparaît à la fin du premier chapitre après les séances de thérapie — dont les péripéties ne suivent aucun ordre chronologique, ou logique, semble-t-il. L'incipit, par exemple, annonce l'histoire à venir, mais n'indique nullement où situer ce moment dans le temps de l'histoire. De plus, le lecteur est placé dans une double ambiguïté dès la première partie, ne sachant, en dehors d'une vérification assidue et soutenue, lequel des deux personnages parle dans ce demi-dialogue. La suite textuelle et chronologique dans l'ordre des événements, mais indéterminée dans le temps, met en scène

---

[14] Frédérique Chevillot, « Tradition et modernité : histoire, narration et récit dans *Les fous de Bassan* d'Anne Hébert », *Québec Studies*, vol. 9, automne 1989, p. 121-130.

un couple marié dysfonctionnel dont l'échec vite consommé est raconté par un inconnu dont l'identité se déchiffre lentement : il est le mari de la jeune femme toujours hantée par ses vieux démons. Ce personnage-narrateur nous apprend à la fin du chapitre qu'il était au collège le grand ami du jeune homme assassiné. Le troisième chapitre produit un quatrième narrateur, le prêtre, qui reconnaît être l'auteur du meurtre et dit vouloir « écrire (son) histoire[15] ».

En trois chapitres donc, quatre personnages-narrateurs employant une parole ne jouissant jamais tout à fait du même statut, tantôt donnant l'impression d'être un monologue intérieur, ou semblant dialoguer dans un autre cas avec une autre conscience réfléchissante semblable, tantôt s'adressant à un « tu » qui est à la fois personnage et narrataire implicite, tantôt une parole engagée de façon intermittente dans un dialogue réel, mais se poursuivant seule comme dans un monologue intérieur ou même un journal intime. En somme, une narration plurielle aux discours multiples, une parole hésitante, tâtonnante, à la fois image et mesure d'une quête...

Le narrataire implicite (et le lecteur implicitement) est interpellé dès l'*incipit* — « Au début, je ne disais rien » (*G* : 1) —, d'abord, par ce « je » qui en appelle un autre, le « tu », et par l'annonce de l'histoire à venir. De plus, un traumatisme y est signalé (dès l'*incipit*, comme on le comprend vite), ensuite développé, multiplié finalement par l'idée d'un mal qui semble traverser le corps social, mais dont l'origine, la source, est révélée à la toute fin, bien qu'il se construise, suintant de partout, tout au long de l'histoire. De sorte que ce récit, qui étale ses histoires en les commençant toutes par la fin — où chacune l'est dans une superposition de mises en abyme signifiantes en tant que structure itérative du parcours collectif —, donne les effets avant de remonter aux « causes », qui sont forcément construites par le discours, mais qui signale par la structure que le vécu les donne à vivre autrement, c'est-à-dire sur le mode dont parle Roquentin dans *La nausée* de Sartre, par la distinction qu'il

---

[15] Jean-Pierre Dubé, *op. cit.*, p. 35. (À partir d'ici, les chiffres précédés du sigle *G* qui apparaîtront après une citation dans le texte renvoient à ce roman.)

établit entre vivre et raconter : « Quand on vit, il n'arrive rien. Les décors changent, les gens entrent et sortent, voilà tout. Il n'y a jamais de commencements. Les jours s'ajoutent aux jours sans rime ni raison, c'est une addition interminable et monotone. [...] Il n'y a pas de fin non plus[16]. »

Il s'agit donc, par cette structuration du récit, d'une double aliénation du fait d'une sorte d'a-conscience naturelle dans le vécu à laquelle s'ajoute l'espace existentiel du déjà dit, de l'être toujours situé dans le discours.

Sous le signe du silence et de la parole : réécriture du (contre le) passé

La présence dans une même configuration sociale de la tradition et de la modernité sur le plan thématique se traduit dans le récit par une accusation de l'une comme facteur de déshumanisation et de refoulement aboutissant à la folie, au délire, au silence, au mutisme, ou à un malaise indicible restant innommable chez plusieurs ; d'autre part, par un appel à la libération par la parole d'abord — dont le texte liminaire a bien saisi l'enjeu : « Si tu dis un mot, / n'aie pas peur ; / si tu as peur d'un mot, / ne le dis pas[17] » —, qui dit enfin le mal, qui stigmatise la peur, qui cherche sa vérité. Dans la mesure où la tradition critiquée est fortement arrimée au christianisme, à son puritanisme et au jansénisme, le texte exprime, en empruntant au discours hébertien des *Fous de Bassan*, que « l'on (doit) vivre la chair et dire son désir. À la tradition du silence et de l'abstinence s'est attachée en parasite, la modernité de la parole et du désir[18]. » En poursuivant sur l'inspiration du magnifique roman d'Anne Hébert, disons que *La grotte* est la narration plurielle à la fois de la dénonciation de cette imposture chrétienne qu'est la négation de la parole et du corps, et l'appel à

---

[16] Jean-Paul Sartre, *La nausée*, Paris, Gallimard, coll. « Le livre de poche », 1966 [1938], p. 61.
[17] Citation d'Ahmed Fouad Negm, poète égyptien cité dans le fameux *Quatuor d'Alexandrie* de Lawrence Durrell (explication de l'auteur de *La grotte*).
[18] Frédérique Chevillot, *op. cit.*, p. 123.

l'usage de la parole pour dire le mal afin de recréer l'humain dans son corps — dans son corps-conscience —, cet humain fait d'un silence issu d'une parole déjà parlée, semblable en cela à celle du personnage du *Libraire*[19] de Bessette, Hervé Jodoin, à son arrivée à Saint-Joachin.

Comment cela se construit-il dans le texte?

Le texte liminaire, l'exergue — «Si tu dis un mot, / n'aie pas peur; / si tu as peur d'un mot, / ne le dis pas» —, annonce la dynamique structurante du récit, qu'il faut placer, comme on l'a dit, sous le signe du silence et de la parole, conjuguant à la fois tradition et modernité, négation et affirmation de l'être par le rappel du corps, culture contre nature, le mal d'être et le bien d'être. Les propositions formulées dans l'énoncé liminaire annoncent la structure parallèle inversée de la thématique qui situe l'usage de la parole — «Si tu dis un mot, / n'aie pas peur» — en première instance, c'est-à-dire avant de remonter dans le temps pour en signaler l'origine dans le silence — «Si tu as peur d'un mot, / ne le dis pas». En effet, le sujet déjà parlé, pétri de discours réifiés, prend ici la parole pour démasquer l'imposture qui l'a mené au silence, mais surtout pour s'affirmer dans sa vérité.

En raison de l'espace textuel qu'il occupe dans quatre des sept chapitres, mais aussi du fait qu'il incarne mieux que les autres les effets négateurs de l'être, situé comme il est (aussi de par son âge) dans les discours dominants et, de plus, comme il a la capacité de les articuler en vertu de sa fonction professionnelle et sociale — capacité de parole réelle déclenchée aussi par le crime, cet analogon de la chute adamique qui ouvre les portes de la connaissance —, le prêtre est le protagoniste, porte-parole principal de l'histoire alignée à l'Histoire ; il représente ainsi l'ensemble des problématiques existentielles des autres personnages. Ceux-ci, sans être uniquement des accessoires — mais dont la non-identité permet d'une façon cette interprétation —, sont comme des

---

[19] Gérard Bessette, *Le libraire*, Montréal, Éditions Pierre Tisseyre, 1993 [1960], 143 p.

figurants participant à un spectacle pour confirmer et amplifier les discours, jouer des rôles emblématiques et complémentaires dans cette dialectique du silence et de la parole.

Le crime, cette ultime transgression de l'ordre humain et divin par un homme de Dieu, est le déclencheur symbolique du désir de parole, de connaissance. Premier constat : la justice des hommes est supérieure à la justice du Dieu chrétien : « Dix ans, c'est si peu quand on pense que j'étais condamné à la folie, [...] aux enfers éternels » (*G* : 51), dit-il. Cela lui donne le temps d'expier et de se « pardonner », l'incitant aussi à faire un retour sur lui-même pour comprendre « comment il [est venu] au pays du silence[20] » et comment il en est sorti. Nous le suivons dans le sens métonymique de son histoire et de l'Histoire.

> Il y avait autrefois un père dans ma vie. Mon père. [...] J'étais petit. [...] Il était grand, fort, beau, tendre, musclé, il sentait fort la sueur du travail. Je m'enivrais, je disparaissais dans le flot de la sueur, de la tendresse (*G* : 72).

Mais bientôt, le père l'abandonne pour des plus petits que lui. Il l'attend — « qu'il me voit [*sic*], qu'il me touche, qu'il me crée par ses yeux et par ses mains, par sa voix, par son corps » (*G* : 73) —, mais le père reste lointain, occupé à regarder ailleurs. Lui, il disparaît dans l'attente, il cesse d'exister, « fondu dans l'absence » (*G* : 73). Il a une « peine d'amour avec [son] père » (*G* : 74), qui, lui, en avait peut-être une avec le sien. Quand il crie son mal, il entend « des échos venant de loin [...], de toute une lignée de fils », des lamentations du corps, de générations de corps

> qui demandent, exigent, insistent, supplient, prient d'être touchés. [...] Qui prient qu'on leur parle. [...] Des fils qui veulent se faire dire des choses. Qui veulent tout savoir sur leur père. Qui sont habités par leur père. Qui sont obsédés par la ressemblance à leur père. [...] Des fils qui ont besoin de voir le corps de leur père, la nudité de leur père. Qui ont besoin de voir que leur père a un corps, et pas seulement une tête, dans un cadre, sur un mur. Des fils affamés. Qui

---

[20] Voir Jacques Allard, « *Le libraire* de Gérard Bessette ou "comment la parole vient au pays du silence" », *Voix et Images du pays*, vol. 1, n° 1, 1970, p. 51-63.

> ont besoin de se faire montrer comment [...] on parle quand on a mal, comment on aime quand on est responsable. [...] Dis seulement une parole, père, et je serai guéri. (*G*: 75)

Prêtre, il connaît « le calme des passions » dans « le chemin tracé » (*G*: 84). Adieu femme, famille, enfants, richesse, pouvoir. Mais on lui en demande un peu plus : « J'ai renoncé aussi à l'amour de mon propre corps. J'ai choisi l'état supérieur. J'ai donné mon corps et mon sang à la science du salut » (*G*: 84). Renoncement et ascétisme conjurent le doute et inspirent le don de soi. Le rituel religieux — « messes, offices, chant, jeûne, confession » (*G*: 85) — répète l'engagement, aiguise les résistances. Parce qu'il en faut dans un monde où l'*épistémè* a changé...

Le ciel se tait à la demande d'aide devant la chute anticipée, inévitable. Malgré la hantise du péché, l'immense bonheur qui l'inonde au contact amoureux avec l'autre transforme son regard, lui permettant de reconnaître l'imposture des discours qui l'ont trop longtemps alimenté, lui et bien d'autres. Aujourd'hui, dit-il,

> les hommes de Dieu sont en enfer. [...] Et il y a de bonnes raisons à cela. Aujourd'hui, je connais une partie des raisons, je sais que ce qui avait été écrit était faux, que la parole était vide, que le sanctuaire était vacant, que le mentor était menteur, que nos pères nous avaient abandonnés, spirituellement, qu'ils étaient partis sans laisser les clefs, parce qu'ils ne les avaient plus, les clefs. (*G*: 69-70)

À ces pensées, font écho les réflexions que se fait son ami au cours d'une promenade près de la grotte, lieu symbolique de la dévotion qu'il trouve « à l'abri du vent, des bruits du monde, à l'abri des idées nouvelles, du temps qui passe. Un silence d'éternité », des réflexions qui l'amènent à comparer nature et culture, les parfums de la première comparés à « la senteur des cierges d'expiation [...], la fumée d'encensoirs antiques, des odeurs de missels. C'est la senteur du passé, du renoncement, de la mort, du salut éternel » (*G*: 28).

Dans les sorties qu'on lui accorde à la fin de son incarcération, loin des regards scrutateurs et indiscrets de la prison, il se laisse envahir par la tendresse jouissive des sens. Seul d'abord, « le plaisir pince le bout de mes seins. Mon corps vit. Il y a des sensations partout. Des frissons. [...] Des petites douleurs ici, du plaisir là. [...]. Parfois, une chaleur. Parfois un immense flot» (*G*: 65). «J'habite mon corps, et je l'aime» (*G*: 66). Mais bientôt, «On a touché à mon visage. C'était la première fois». «Mon dos a été touché». «Ma poitrine bondit sous le toucher. Il bat mon cœur, il alimente, il nourrit, le sang monte et gicle» (*G*: 66).

> C'est la première fois que je sens des mains sur mon corps. [...] C'est le vent de l'existence qui souffle à travers mon corps, à travers l'univers. Mon corps s'expose à ces mains tendres comme une pousse au soleil. C'est inscrit dans la mémoire du corps, dans la mémoire de l'animal, dans les muscles, les nerfs, dans les veines, dans la mémoire de la peau, surtout (*G*: 67).

«La peau a connu l'angoisse du toucher. Elle en connaît maintenant l'extase» (*G*: 68). Avec son nouvel ami/amant, c'est «le corps entier qui jouit, c'est le plaisir de l'être. Le plaisir d'être. La sensation d'exister. La plénitude» (*G*: 76). «Il m'a fallu toute une vie pour apprendre ça. [...] Pour savoir que je suis, que j'ai tout dans mon corps, dans ma peau, pour connaître la paix» (*G*: 77). Que malgré tout, il lui «reste l'essentiel: un corps qui sait, qui est comme une œuvre, qui joue comme un instrument, comme un instrument de ma nature. Un corps en paix, qui dort, qui s'élève, léger. Un corps qui s'expose à l'amour. Un corps qui sait. [...] Enfin» (*G*: 80). Il arrive à son jeune ami de prier, prière qui dit tout sur la trahison des clercs:

> Cher bon Dieu, tu aimes tellement ça que je sois bien, que mon corps vibre, que ma peau soit touchée, que je sois tout entier en extase. C'est toi qui as créé la sensualité, tu me fais sourire et rire. Tu as créé un univers si plein de beauté. Tu m'as créé capable d'apprécier toute cette beauté. Et je te dis merci, cher bon Dieu (*G*: 80).

Deux commentaires suffiront pour conclure, le premier portant sur le sens, et l'autre sur la question de la filiation dans l'écriture des récits littéraires insérés dans une perspective diachronique.

«Quelle est la corruption profonde que le christianisme ajoute au message de son maître?» demande Camus dans son analyse sur «Nietzsche et le nihilisme» parue dans *L'homme révolté*.

> L'idée du jugement, dit-il, étrangère à l'enseignement du Christ, et les notions corrélatives de châtiment et de récompense. Dès cet instant, la nature devient histoire, et histoire significative [...]. De la bonne nouvelle au Jugement dernier, l'humanité n'a pas d'autre tâche que de se conformer aux fins expressément morales d'un récit écrit à l'avance. [...] Alors que le seul jugement du Christ consiste à dire que le péché de nature est sans importance, le christianisme historique fera de toute la nature la source du péché[21].

Ainsi, c'est contre la prétendue dualité chrétienne de l'humain que se soulève *La grotte* de Jean-Pierre Dubé. Le corps s'y trouve réhabilité dans sa réalité humaine rééquilibrée, il est appelé à manifester sa présence, différenciée cela va de soi dans ses rapports au monde : corps-présence au monde et corps-conscience du monde, manifestant son désir d'existence et sa sensualité/sexualité dans les formes qu'il peut et veut prendre.

Dans son livre *Une société, un récit*, Micheline Cambron évoque l'exemplarité des études de Frank Kermode en tant qu'elles « s'attaquent directement à la façon dont nos "fictions", nos récits, articulent le sens que nous donnons à l'univers qui nous entoure et démontrent comment nous les remanions constamment de manière à conserver leur efficacité ». Car, pour Kermode, ajoute-t-elle, « avant que d'être des objets esthétiques, les récits sont des objets éthiques » ; ils sont « essentiellement historiques[22] », ils traduisent de façon symbolique, dans une sorte de *continuum*, les récits dominants d'une société. Elle conclut en précisant que les théories de Kermode

> se trouvent à toucher les deux lieux d'appréhension de la formation discursive que sont l'intertextualité et l'acceptabilité. L'intertextualité à cause de la continuité qui existe entre toutes les fictions d'un même univers culturel, les littéraires comme les sociétales — cette continuité est déduite de la présence des mêmes paradigmes dans la diversité des fictions ; l'acceptabilité parce que ces mêmes paradigmes sont constamment déplacés, modifiés par divers mécanismes (dénégation,

---

[21] Albert Camus, *L'homme révolté*, Paris, Gallimard, 1951, p. 92.
[22] Micheline Cambron, *Une société, un récit. Discours culturel au Québec (1967-1976)*, Montréal, L'Hexagone, 1989, p. 40-41.

discrédit, refus d'évidences trop patentes) issus des formations sociales singulières[23].

L'explication théorique de Kermode par rapport à l'espace littéraire, celui que développe J.-P. Dubé dans *La grotte*, nous paraît d'une grande pertinence dans la mesure où la thématique «attendue» en tant que récit s'inscrivant dans la continuité de l'univers culturel qui a marqué le Canada français dans son histoire se trouve aussi perturbée dans son sens, remaniée, dénoncée et stigmatisée par une «subversion formelle», déployant une esthétique à la fois produite par l'éthique et débouchant sur l'éthique...

---

[23] *Ibid.*, p. 43.

BIBLIOGRAPHIE

Allard, Jacques, «*Le libraire* de Gérard Bessette ou "comment la parole vient au pays du silence"», *Voix et Images du pays*, vol. 1, n° 1, 1970, p. 51-63.

Barthes, Roland, *Le degré zéro de l'écriture* suivi de *Nouveaux essais critiques*, Paris, Seuil, coll. «Points», 1972 [1953], 187 p.

Bessette, Gérard, *Le libraire*, Montréal, Éditions Pierre Tisseyre, 1993 [1959], 143 p.

Cambron, Micheline, *Une société, un récit. Discours culturel au Québec (1967-1976)*, Montréal, L'Hexagone, 1989, 201 p.

Camus, Albert, *L'homme révolté*, Paris, Gallimard, 1951, 382 p.

Chaput, Simone, *Le coulonneux*, Saint-Boniface, Éditions du Blé, 1998, 233 p.

Chevillot, Frédérique, «Tradition et modernité: histoire, narration et récit dans *Les fous de Bassan* d'Anne Hébert», *Québec Studies*, vol. 9, automne 1989, p. 121-130.

Dubé, Jean-Pierre, *La grotte*, Saint-Boniface, Éditions du Blé, 1994, 125 p.

Hébert, Anne, *Les fous de Bassan*, Paris, Seuil, 1982, 249 p.

Heidenreich, Rosmarin, *Paysages de désir. J. R. Léveillé: réflexions critiques*, Ottawa, Éditions L'Interligne, 2005, 135 p.

Huston, Nancy, *Cantique des plaines*, Paris, Actes Sud, 1993, 271 p.

Léveillé, J. R., *Anthologie de la poésie franco-manitobaine*, Saint-Boniface, Éditions du Blé, 1990, 591 p.

Léveillé, J. R., *Logiques improvisées*, Saint-Boniface, Éditions du Blé, 2005, p. 15.

Léveillé, J. R., *Plage*, Saint-Boniface, Éditions du Blé, 1984, 88 p.

Léveillé, J. R., *Tombeau*, Winnipeg, Canadian Publishers, 1968, 101 p.

Maingueneau, Dominique, *Éléments de linguistique pour le texte littéraire*, Paris, Bordas, 1986, 158 p.

Onfray, Michel, *Traité d'athéologie*, Paris, Éditions Grasset, 2005, 282 p.

Paré, François, *Les littératures de l'exiguïté*, Hearst, Le Nordir, 1992, 175 p.

Paré, François, «Pour rompre le discours fondateur», dans Lucie Hotte et François Ouellet (dir.), *La littérature franco-ontarienne: Enjeux esthétiques*, Hearst, Le Nordir, 1996, p. 11-26.

Paterson, Janet, *Anne Hébert. Architexture romanesque*, Ottawa, Éditions de l'Université d'Ottawa, 1985, 192 p.

Renée, Louise, «Le bruit de ce silence insoutenable: mutisme et marginalité de la femme dans *La grotte* de Jean-Pierre Dubé», dans Carol J. Harvey et Alan MacDonell (dir.), *La francophonie sur les marges*, Saint-Boniface, Presses universitaires de Saint-Boniface, 1997, p. 267-275.

Richardson, Brian, *Unnatural Voices. Extreme Narration in Modern and Contemporary Fiction*, Columbus, Ohio State University Press, 2006, 168 p.

Robbe-Grillet, Alain, *Pour un nouveau roman*, Paris, Galllimard, coll. «Idées» 1963, 183 p.

Sartre, Jean-Paul, *La nausée*, Paris, Gallimard, coll. «Le livre de poche», 1966 [1938], 320 p.

Valadier, Paul, *Nietzsche et la critique du christianisme*, Paris, Éditions du Cerf, 1974, 436 p.

DIRE C'EST AUSSI (SE) LÉGITIMER :
COMMENT SE CONSTRUIT L'HISTOIRE DES FRANCOPHONES DES PRAIRIES

Pierre-Yves Mocquais
Université de Calgary

Dans le contexte des récits de mémoire, raconter, c'est aussi et toujours se raconter, mais aussi, la plupart du temps, dissimuler et se dissimuler, manipuler, cacher ou embellir et, au bout du compte, souvent, construire par la parole ou par l'écriture une réalité nouvelle que l'on veut présenter à un auditoire, mais aussi se présenter à soi dans un effort de légitimation de soi et de l'histoire. Je me penche ici sur trois témoignages, les deux premiers écrits et canonisés en quelque sorte puisqu'ils firent l'objet d'une publication, le troisième sous forme d'une entrevue enregistrée dont la transcription est à ma disposition. Ces trois témoignages contribuent, en racontant des histoires, à construire une certaine Histoire des premiers colons de langue française de l'Ouest canadien.

Le premier des deux textes, *Réminiscences d'un pionnier* de Denys Bergot, fut publié en 1929 à l'occasion du vingt-cinquième anniversaire de la fondation, en 1904, de Saint-Brieux (Saskatchewan) par un groupe de Bretons. Le second, de Gaston Giscard, installé en Saskatchewan de 1910 à 1914, a pour titre *Dans la Prairie canadienne* et fut initialement publié à Lyon en

1952, puis fit l'objet d'une nouvelle édition, bilingue celle-là, en 1982, par le Canadian Plains Research Centre de l'Université de Régina. L'entrevue est celle effectuée au cours de l'été 1970 par l'ethnologue Carmen Roy, de ce qui était alors le Musée de l'Homme, auprès de François-Marie Rohel, Breton installé à Saint-Brieux en Saskatchewan au début du siècle dernier.

Ces trois récits de mémoire ont en commun de représenter un effort de la part des auteurs ou locuteurs de légitimer aux yeux des autres et également de se justifier à soi la décision prise de s'installer au Canada, qui ne fut pas toujours vécue comme heureuse, mais que les circonstances obligèrent de présenter et de se présenter comme judicieuse.

Denys Bergot, *Réminiscences d'un pionnier*[1]

Du texte de Denys Bergot publié en 1929 à l'occasion du Jubilé d'argent du village de Saint-Brieux, il ne reste à ma connaissance que deux copies, l'une conservée à la bibliothèque municipale de Régina[2] et l'autre aux Archives de la Saskatchewan[3]. Le texte dans son édition originelle est une édition bilingue d'environ 160 pages (80 dans chaque langue) dédiée « Aux jeunes de la colonie ». Cette dédicace donne le ton de ce que sera le texte entier de Denys Bergot : une justification aux yeux de la génération suivante de décisions prises par des parents qui en souffrirent et posèrent alors leur action de venir s'installer en Saskatchewan comme sacrifice pour les générations à venir. D'ailleurs, comme si la dédicace n'était pas en elle-même suffisamment éloquente, Denys Bergot insiste en la faisant suivre de trois paragraphes :

> En acceptant de composer ce petit recueil de Souvenirs j'ai pensé qu'en le dédiant aux jeunes d'aujourd'hui, hommes de demain, la lecture n'en aurait que plus d'attrait pour eux, et que l'intérêt qu'ils

---

[1] Denys Bergot, *Réminiscences d'un pionnier*, s. l., s. é., 1929.
[2] Cote 971.242 BERGO.
[3] Cote 3-9085-01322031-0 sous la rubrique 971.242 c.1 802646703 PHIST. Peut-être en existe-t-il une copie à Saint-Brieux même, mais je n'ai pas eu la possibilité de le vérifier.

y trouveraient, leur ferait mieux comprendre comment le travail, le courage et la persévérance, peuvent conduire à la bonne fin les entreprises les plus ardues et les plus pénibles, et en apparence, même impossibles.

Rappelez-vous chers enfants, que ce sont vos parents qui ont osé affronter toutes les difficultés, supporter toutes les misères de la fondation de cette colonie, et que c'est au prix de durs sacrifices qu'ils ont quitté leur chère France pour venir ici vous préparer un avenir plus sûr.

Gardez-leur toujours le respect et la reconnaissance qu'ils méritent. « Portez le flambeau toujours plus haut ! » et guidés par les sages conseils de notre zélé et sympathique curé, défendez toujours votre religion et votre langue. Que cette devise si chère à vos ancêtres *« plutôt mourir que forfaire »* soit toujours la vôtre[4] !

Avec une telle dédicace, l'on est en droit de se demander ce que peuvent bien être les « souvenirs » relatés par Denys Bergot et comment ils seront présentés. L'utilisation du terme *souvenirs* situe en effet son ouvrage dans le contexte intimiste d'un récit de mémoire raconté au coin du feu, mais les *Réminiscences d'un pionnier* tiennent davantage d'un catéchisme que d'un livre de souvenirs. Le mot *Souvenirs* est de surcroît affublé d'une majuscule, ce qui les revêt d'une chape d'autorité, dénote que leur source est infaillible et donc implicitement suggère que personne ne saurait les remettre en question, surtout pas ces jeunes à qui les souvenirs sont adressés.

Les souvenirs de Bergot, comme on peut s'y attendre après une telle entrée en matière, consistent en anecdotes obligées, comme l'érection de la première croix plantée « religieusement sur un petit tertre qui domine notre tente[5] », la construction de la première mission ou la rencontre inévitable avec un ours, « visiteur importun [qui] se plaît à mettre le museau à l'unique fenêtre de la petite maison et reste à contempler longuement, avec des yeux d'envie, Quiniou et les vivres placés sur la table[6] ». Ces anecdotes se veulent

---

[4] Denys Bergot, *op. cit.*, dédicace.
[5] *Ibid.*, p. 30.
[6] *Ibid.*, p. 34.

précises (dimensions des premières constructions, numérotation des sections de terre, aventures ou mésaventures racontées dans le détail), sont organisées chronologiquement et les protagonistes, toujours désignés par leur nom, y apparaissent invariablement courageux, travailleurs, déterminés et enjoués face à l'adversité, toujours prêts à s'entraider. L'évocation de la colonie naissante n'est pas sans rappeler l'émergence de la société utopiste de Rivardville décrite par Antoine Gérin-Lajoie dans *Jean Rivard le défricheur* et *Jean Rivard économiste*[7] quatre décennies plus tôt. Le narrateur admet que le premier hiver surprit les colons récemment arrivés et fut pénible :

> Nous avons souvent entendu parler de l'hiver canadien et de ses rigueurs, mais il nous semble que les magnifiques journées d'automne dont nous jouissons encore ne vont pas cesser ; bref nous ne soupçonnons guère que l'hiver avec ses froids rigoureux et ses tempêtes terribles est si proche. Il arrive traîtreusement et nous nous trouvons pris par surprise ; pour nous protéger du froid, nous n'avons que nos vêtements apportés de France, et certes ils ne nous garantissent guère […] Ainsi vous pouvez aisément vous imaginer nos souffrances et notre découragement pendant ce premier hiver qui d'ailleurs nous semble interminable[8].

Denys Bergot insiste qu'ils s'accommodent par contre des hivers suivants avec une aise qui confine à la désinvolture. De l'évocation des hivers suivants, en effet, les notions de « rigueur » et de « souffrances » ont été éliminées. Surtout, alors que le premier hiver a semblé « interminable », les suivants s'écoulent « rapidement » :

> De nouvelles familles viennent toujours augmenter notre nombre et naturellement la vie ordinaire n'en devient que plus agréable pour tous, car des rapports plus nombreux s'établissent entre nous […] L'hiver de 1909 particulièrement s'écoule rapidement … Monsieur et Madame Béléguic et leurs enfants viennent en effet d'arriver de Douarnenez, et en attendant de pouvoir construire leur maison au

---

[7] Antoine Gérin-Lajoie, *Jean Rivard le défricheur* suivi de *Jean Rivard économiste*, Montréal, Hurtubise HMH, coll. « Cahiers du Québec », 1977, 399 p.

[8] Denys Bergot, *op. cit.*, p. 38.

printemps sur leur « homestead » logent chez nous ; les longues soirées d'hiver passent vite[9].

Toujours fidèle à la vision d'une nouvelle société idéale qui n'est entachée ni par les rigueurs du climat ni par les privations, l'hiver devient une de ces cartes postales qui, lorsqu'on les ouvre, laissent échapper des flocons de neige artificielle sur fond musical :

> En descendant la colline par le chemin creux qui relie la maison à la Mission, nous effleurons des arches couvertes de givre et qui sous les rayons de la lune reflètent les plus riches et les plus belles couleurs ; nous chantons avec force et entrain le Noël de Botrel : Yiou- Yiou — Yiou / Sonnez les binious / Car Jésus va renaître / Yiou- Yiou — Yiou / Sonnez les binious / Car Jésus peut-être va revenir chez nous[10].

Il est tentant de voir dans un tel texte un exemple de mièvrerie tant y abondent les poncifs défraîchis et les clichés fatigués. Bien sûr, il faut compter avec le style scolaire de l'auteur, mais il y a plus. En dépit des déclarations de Denys Bergot au début de son opuscule, il s'agit moins d'un livre de souvenirs de l'auteur que de la mise en place d'un scénario, résultat d'une réorganisation du souvenir et qui représente désormais l'histoire officielle des 25 premières années de la colonie bretonne de Saint-Brieux. Ici, le récit mnésique est donc manipulé pour être mis au service d'une cause plus noble : justifier et se justifier la décision prise d'émigrer de Bretagne en Saskatchewan. La prospérité matérielle y est présentée comme la justification ultime de l'entreprise initiale de colonisation : l'opuscule de Denys Bergot se termine par plusieurs pages de publicité pour appareils ménagers, soulignant par là que si les parents durent subir au départ une vie dans des « *shacks* de tourbe, » leurs enfants peuvent maintenant avoir accès au confort moderne. Que vouloir de plus ?

---

[9] *Ibid.*, p. 48.
[10] *Ibid.*

Gaston Giscard, *Dans la Prairie canadienne*[11]

Écrite en 1952, soit près de 40 ans après qu'il eut quitté la Saskatchewan, l'histoire que raconte Gaston Giscard est clairement placée sous le signe d'une aventure de jeunesse au sein de laquelle il joue le beau rôle du héros avec tous les attributs que cela implique. *Dans la Prairie canadienne*, texte lui aussi d'environ 80 pages, fut rédigé à partir des lettres envoyées par Giscard à sa mère et à d'autres membres de sa famille, ainsi que le rappelle le père Durocher, o.m.i., dans sa préface à l'édition de 1982. Le voyage de Gaston Giscard de France au Canada ne se fait pas, contrairement à celui des Bretons de Saint-Brieux (Saskatchewan), dans les conditions primitives du *Malou* qui leur fit faire la traversée en 1904 en compagnie de 1 200 marins terre-neuvas, mais dans le confort d'une cabine de seconde classe d'un paquebot de ligne. Gaston Giscard présente une vision là aussi quasi utopique de la société de l'Ouest canadien, égalitaire, harmonieuse et prospère :

> Dans ce pays, liberté la plus absolue. On ne s'occupe ni de vos idées politiques, ni de vos croyances religieuses, et personne ne se soucie de ce que fait le voisin. Nul préjugé et nulle distinction dans les différentes classes sociales. Au bar, le manœuvre choque aimablement son verre avec le magistrat même s'il ne le connaît pas […] Le lendemain, dimanche, je fais connaissance de mon nouveau village et de la plupart des paroissiens. Cent personnes environ assistaient à l'office du dimanche, tous venus en voiture, parfois de très loin. La majorité ont [sic] leur buggy, attelé de deux chevaux, bien harnachés. Les moins fortunés, assez rares, arrivent avec la voiture de travail. Tous sont très fiers de leur attelage […] la modeste chapelle est loin d'être une basilique, mais elle est fort jolie dans sa simplicité, au milieu d'un tel décor[12].

Tout comme le texte de Bergot, celui de Giscard se compose essentiellement d'anecdotes très « couleur locale ». Giscard parsème son texte de mots anglais, comme lorsqu'il évoque son « *broncho*[13] »

---

[11] Gaston Giscard, *Dans la prairie canadienne*, Régina, Université de Régina, Canadian Plains Research Centre, 1982, 160 p.
[12] *Ibid.*, p. 10-12.
[13] *Ibid.*, p. 16 (en italique dans le texte).

qui est un cheval qui «*buck*[14]», le «*post office*» où il récupère son courrier de France auprès du «*postmaster*[15]», qui gère aussi le «*general store*[16]», le «*scraper*[17]» qui sert à égaliser le revêtement des chemins et bien d'autres[18]. La première récolte de Giscard est placée sous le sceau de l'abondance avec des «élévateurs pleins à craquer», ce qui lui permet d'aller passer les cinq mois de l'hiver 1911-1912 en France. Giscard se complaît à se présenter en aventurier héroïque défiant les obstacles qui parsèment sa vie journalière. Les phrases brèves et sèches qu'il emploie pour décrire de tels épisodes soulignent à la fois sa détermination haletante et les dangers de tous les instants :

> Je m'engage sur le lac et à Dieu vat ! Au début, sur les bords, cela marche assez bien, mais dès que j'ai fait quelques centaines de mètres, je sens tout à coup la glace fléchir sous la lourde charge : 6 000 kilos de blé plus le poids du traîneau et des chevaux. Ceux-ci commencent à avoir de l'eau jusqu'aux genoux, et la situation devient critique. Retourner est aussi risqué que continuer. Il ne faut plus y songer [...] Les risques sont grands et mes réflexions amères. J'en ai le frisson, mais le vin est tiré, il faut le boire[19].

Le texte dans son entier est à l'avenant, moins livre de souvenirs qu'évocation construite minutieusement, d'abord pour des lecteurs familiaux qui ont besoin d'être rassurés sur son sort, ensuite pour un public déjà captivé par les fantasmes de vastes espaces canadiens d'une aventure dont Gaston Giscard est le héros incontournable. La manipulation du lecteur est incontestable, plus subtile sans

---

[14] *Ibid.*, p. 16 (en italique dans le texte).
[15] *Ibid.*, p. 12 (en italique dans le texte).
[16] *Ibid.*, p. 12 (en italique dans le texte).
[17] *Ibid.*, p. 15 (en italique dans le texte).
[18] Comme par exemple (tous les mots anglais sont en italique dans le texte) «*shacks*» (cabanes construites de tourbe et de rondins) p. 12, «*buffalo*» (bison des Prairies) p. 12, «*sulky plow*» («charrue à siège à deux socs») p. 13, «*township*» (municipalité) p. 15, «*round-up*» (rassemblement des animaux) p. 16, «*yeast-cakes*» (petite galettes de levure), p. 21, «*whitefish*» (dorés ou perches) p. 29, «*lumber yard*» (scierie) p. 48, «*roofing*» (toiture) p. 50, etc.
[19] *Ibid.*, p. 71.

doute que dans le texte de Bergot, mais néanmoins tout aussi flagrante.

François-Marie Rohel, entrevue par Carmen Roy[20] (Musée de l'Homme[21])

François-Marie Rohel est né à Plouédern, dans le Pays de Landerneau, au nord de la Bretagne. Il a 18 ans à son arrivée à Melfort (Saskatchewan) le 24 mai 1906, soit 2 ans après la fondation de Saint-Brieux par l'abbé Le Floch. Avant de partir pour le Canada, François-Marie Rohel avait fait son apprentissage de boulanger chez son oncle maternel dans un village proche de Plouédern. François-Marie arrive au Canada avec ses parents, sa sœur Joséphine et ses deux frères, Stanis et Joseph. Pour 10 dollars, ils obtiennent une concession de 160 acres (un carreau, ou un quart de section), soit environ 80 hectares.

L'entrevue de François-Marie Rohel par Carmen Roy se déroule sur 11 jours, du 27 juillet au 6 août 1970, et sa transcription couvre environ 400 pages de format «légal[22]». Les questions que Carmen Roy pose à François-Marie Rohel témoignent de sa formation d'ethnologue et mettent avant tout l'accent sur ce que Jean Du Berger nomme les «situations de performance[23]». Elles portent sur les pratiques alimentaires (le far breton, par exemple), la survivance de pratiques vestimentaires (coiffes et sabots, en particulier), les comportements sociaux (avec une prédilection marquée pour les comportements déviants: inceste, pédérastie, adultère, etc.). Carmen Roy s'intéresse particulièrement aux rites

---

[20] Les réflexions que j'effectue ici sur l'entrevue de François-Marie Rohel s'inspirent en partie d'une recherche que j'ai menée pour une communication donnée dans le cadre d'un colloque sur la *Résistance des marges* tenu à l'Université Sainte-Anne en août 2007 et publiée en 2009: «François-Marie Rohel, "Breton" de Saint-Brieux (Saskatchewan) ou le refus d'une "bretonitude" institutionnelle», *Port Acadie-Revue interdisciplinaire en études acadiennes*, vol. 13-14-15, 2009, p. 103-114.

[21] Maintenant Musée des Civilisations à Gatineau (Québec).

[22] Feuillets de 21 cm de large sur 36 cm de long alors qu'une page ordinaire mesure 21 cm sur 28 cm.

[23] Jean Du Berger, *Grille des pratiques culturelles*, Québec, Septentrion, 1997, 406 p.

religieux, aux croyances et aux superstitions, aux traditions dont les origines sont en partie ou totalement oubliées mais qui demeurent des marques culturelles importantes. Elle insiste ainsi auprès de François-Marie Rohel pour qu'il témoigne de la survivance de pratiques telles que le bénédicité au début des repas, l'angélus, la criée des vieux, la bénédiction des grains, l'adoration des saints et les processions (qu'elle se garde toutefois d'appeler « pardons »), les veillées funèbres et les enterrements, les croyances telles que les korrigans, petites créatures lutines et étranges, tantôt malicieuses et tantôt menaçantes, qui habitent l'imagination bretonne populaire[24].

Dans la majorité des cas, les questions-affirmations de Carmen Roy demeurent sans réponse, ou les réponses de François-Marie Rohel ne la satisfont pas, ce qui finit par provoquer son agacement. Les réponses ou plutôt les esquives de Rohel s'organisent principalement autour de l'évocation de souvenirs. Pour Rohel, éviter de répondre aux questions de Carmen Roy revient à les traiter comme prétextes à des récits de mémoire qui peuvent se dérouler sans interruption sur plusieurs pages et vont de son apprentissage de boulanger en Bretagne aux frasques de l'abbé Le Floch à Saint-Brieux (Saskatchewan). Rohel, c'est évident, aime raconter, mais il ne raconte que ce qu'il veut raconter, pas ce que Carmen Roy voudrait qu'il raconte et surtout pas ce qu'elle voudrait lui faire dire. S'il semble très librement partager ses souvenirs avec Carmen Roy, s'il rit de ses propres histoires, s'il revit des événements du passé en les narrant à Carmen Roy, tous ses récits ne sont en fait que des écrans de fumée. Il dit pour ne pas avoir à dire. Il raconte pour ne pas avoir à répondre à certaines questions. Il entraîne son interlocutrice sur de fausses pistes, provoquant son irritation. Après tout, avoir un public si attentif et si patient est un luxe qu'il n'a sans doute pas fréquemment. Pourquoi se priverait-il de ce plaisir de raconter, du plaisir de dérouler la trame de sa mémoire plutôt que de répondre aux objurgations de l'ethnologue de lui fournir des listes de pratiques culturelles qu'il a peut-être oubliées, qui n'ont

---

[24] Voir Philippe Le Stum, *Fées, Korrigans et autres créatures fantastiques de Bretagne*, Nantes, Éditions Ouest France, 2001, 128 p.

sans doute même pas été conservées dans le nouveau contexte de la Saskatchewan, mais dont surtout il n'a cure ? Aussi, le discours mnésique de François-Marie Rohel, remarquable par la précision du souvenir, est-il aussi un discours de l'oubli.

Mémoire et oubli

Le récit de François-Marie Rohel est en effet le lieu « où la problématique de la mémoire crois[e] celle de l'identité au point de se confondre avec elle[25] ». Le récit est, pour reprendre la formule de Paul Ricœur, « le niveau de la mémoire manipulée[26] », car « tout ce qui fait la fragilité de l'identité s'avère ainsi occasion de manipulation de la mémoire[27] ». Or c'est bien d'identité qu'il s'agit ici, une identité que Rohel cherche à tout prix à protéger contre les assauts de l'ethnologue qui cherche à faire de lui ce qu'il ne veut pas être, ou, plutôt, ce qu'il ne veut plus être, un Breton figé en quelque sorte par et dans une identité folklorisée. Or, dans ce contexte, qui dit mémoire manipulée dit « abus de la mémoire » et les « abus de la mémoire sont […] d'emblée des abus de l'oubli[28] ». Pourquoi ?

> C'est en raison de la fonction médiatrice du récit que les abus de mémoire se font abus d'oubli. En effet, avant l'abus, il y a l'usage, à savoir le caractère inéluctablement sélectif du récit. Si on ne peut se souvenir de tout, on ne peut pas non plus tout raconter. L'idée de récit exhaustif est une idée performativement impossible. Le récit comporte par nécessité une dimension sélective. Nous touchons ici au rapport étroit entre mémoire déclarative, narrativité, témoignage, représentation figurée du passé historique […] l'idéologisation de la mémoire est rendue possible par les ressources de variation qu'offre le travail de configuration narrative. Les stratégies de l'oubli se greffent directement sur ce travail de configuration : on peut toujours raconter autrement[29].

---

[25] Paul Ricœur, *La mémoire, l'histoire, l'oubli*, Paris, Seuil, coll. « Points Essais », 2000, p. 579.
[26] *Ibid.*
[27] *Ibid.*
[28] *Ibid.*
[29] *Ibid.*

François-Marie Rohel, tout au plaisir de raconter, ignore-t-il tout simplement les questions de Carmen Roy ou manipule-t-il son interlocutrice ? Et, s'il manipule l'ethnologue, le fait-il sciemment ? S'agit-il d'une opération lucide ou, au contraire, est-ce une production de l'inconscient ? Il est en effet tentant de voir dans le récit de Rohel une vaste entreprise de manipulation au sein de laquelle l'oubli est « commandé[30] », non pas au sens historique, contexte dans lequel l'emploie Ricœur, mais au sens où le conteur se commande à lui-même d'oublier afin de ne pas remettre en question l'identité qu'il s'est forgée. Son récit serait donc sélectif non seulement parce que, ainsi que Ricœur le souligne, l'exhaustivité est une vue de l'esprit, mais surtout dans son cas parce qu'il opère une sélection de ce qu'il dit et surtout de ce qu'il ne dit pas. Autrement dit, non seulement Rohel effectuerait-il des choix, mais il oblitérerait, il « raconte[rait] autrement » pour reprendre les mots de Ricœur, il raconterait ce qu'il veut bien raconter, manipulant non seulement sa propre mémoire et le récit qui l'actualise, mais aussi son interlocutrice.

Une question quasi identique se pose d'ailleurs dans le cas des textes de Denys Bergot et de Gaston Giscard, véritable construction rhétorique destinée aux générations futures plutôt que témoignage dans le cas de Bergot, récit dont il se fait le héros sans peur et sans reproche ayant affronté des épreuves que ses bons lecteurs français, par ignorance, ne peuvent mettre en question dans le cas de Giscard. Quels furent les choix de Bergot et de Giscard ? Qu'ont-ils « oublié » dans leur entreprise idéologiquement chargée ? Que choisissent-ils de révéler ou, au contraire, de passer sous silence afin de mener leur entreprise à terme ?

Incontestablement, le témoignage de Rohel, par sa relative spontanéité, possède une qualité différente de celles des textes, mûrement construits et aux projets définis, de Denys Bergot et de Gaston Giscard. Ce qui ne veut pas dire que ce qui distingue les témoignages écrits des témoignages oraux soit la présence

---

[30] *Ibid.*, p. 585.

affichée d'un projet dans le cas des premiers, alors que celui-ci se trouverait absent des seconds. Chaque type de témoignage affiche en effet un projet, dans le cas des premiers échafaudé résolument par et dans l'écriture, dans le cas des seconds révélé dans la parole du témoin. C'est dans le cas des témoignages oraux que le repérage de la marque de l'oubli se trouve à être le plus performant parce que, ainsi que l'exprime Paul Ricœur dans *Parcours de la reconnaissance*[31], « le problème de l'oubli surgit comme à l'improviste[32] ». Et d'ajouter :

> Le déchiffrement des traces suppose qu'elles ont été, comme on dit, laissées. Ce simple mot évoque leur caractère fugitif, vulnérable, révocable. D'un mot, il appartient à l'idée de trace de pouvoir être effacée. Avec cette idée inquiétante de la menace d'effacement des traces, c'est la menace de l'oubli qui s'impose. Certes il est bien des formes d'oubli qui ne relèvent pas de l'effacement des traces, mais de la ruse et de la mauvaise conscience ; il est aussi des apparences d'effacement qui ne concourent qu'à dissimuler ce qu'il reste au contraire d'ineffaçable dans l'expérience mémorielle. Reste la menace d'un oubli irrémédiable et définitif qui donne au travail de mémoire son caractère dramatique. Oui l'oubli est bien l'ennemi de la mémoire et la mémoire une tentative parfois désespérée pour arracher quelques débris au grand naufrage de l'oubli[33].

Qu'est-ce que cela signifie ? Cette citation souligne une fois de plus une des préoccupations majeures de Paul Ricœur, c'est-à-dire les rapports entre mémoire et oubli, au sein desquels l'on distinguera entre autres la problématique de « l'effacement des traces[34] » d'un côté et celle du « refoulement[35] » de l'autre. Il y a ensuite ce que Ricœur nomme, dans « L'herméneutique du témoignage » (dans *Lectures 3*), « la sémantique du témoignage[36] ». Par exemple, si l'on

---

[31] Paul Ricœur, *Parcours de la reconnaissance*, Paris, Gallimard, coll. « Folio Essais », 2005, 431 p.
[32] *Ibid.*, p. 183.
[33] *Ibid.*
[34] Paul Ricœur, *Lectures 3*, Paris, Seuil, coll. « Points Essais », 1994, p. 187.
[35] *Ibid.*
[36] *Ibid.*, p. 108.

envisage le témoignage comme « l'action de témoigner, c'est-à-dire de rapporter ce qu'on a vu ou entendu[37] », il faut aussi compter avec l'oubli, le refoulement, ou au contraire le désir d'embellir ou de dissimuler, ou bien encore la volonté consciente ou non de mener son interlocuteur sur de fausses pistes, autrement dit de le manipuler. Le critère de « fiabilité », essentiel dans le cadre d'un témoignage au sens religieux, voire mystique, du terme ou dans un cadre juridique, n'a plus de sens ici puisque ce qui compte, c'est soit de donner une illusion au lecteur, soit de désarçonner le destinataire du message, de l'égarer sur de vraies fausses pistes. Les marques du refoulement ou de l'embellissement, de la feinte ou de la monstration devraient donc être en principe beaucoup plus évidentes dans le cadre d'un témoignage oral exécuté en réponse à des questions posées et qui, dans sa spontanéité, ne laisse en principe que peu de place à une complexe rhétorique de la dissimulation ou de l'exhibition, contrairement au témoignage écrit, qui, lui, peut faire l'objet d'une construction savante.

Lorsque donc Rohel se lance dans des récits de mémoire qui font espérer à Carmen Roy qu'il va évoquer des pratiques culturelles bretonnes qui s'appliquent aussi au Canada, elle est très vite déçue, car il devient évident que ces pratiques n'ont trait qu'à la jeunesse de François-Marie en Bretagne, en particulier sa période d'apprentissage à Saint-Thégonnec, ou aux souvenirs de ses séjours en France au fil des ans. Par contre, il ne révèle rien sur la survivance de pratiques culturelles bretonnes depuis son arrivée au Canada, si tant est qu'il y en ait qui aient survécu après tant d'années. S'agit-il d'un sujet tabou que le témoin évite tout au cours des 11 jours d'échanges ? S'agit-il d'un de ces « oublis » sur lesquels s'appesantit Ricœur, véritable refoulement de la part de Rohel ? Ou n'y a-t-il rien à dire parce que de telles pratiques bretonnes se sont éteintes ? Mais alors, serait-on tenté de dire, si des pratiques culturelles authentiquement bretonnes étaient effectivement tombées en désuétude du vivant de François-Marie Rohel, autrement dit depuis son arrivée au Canada, pourquoi ne

---

[37] *Ibid.*

l'indique-t-il pas tout simplement? Et pourquoi Carmen Roy poursuit-elle avec tant d'obstination ce questionnement alors que, par ailleurs, Rohel lui offre une véritable mine de souvenirs au sein de laquelle elle n'aurait qu'à plonger le regard, mais qu'elle ignore totalement?

Le dialogue même entre François-Marie Rohel et Carmen Roy offre un élément de réponse. Carmen Roy a beau préciser ses questions, suggérer des comportements, des habitudes, des traditions, des pratiques, Rohel n'en a cure. Il devient apparent qu'il se refuse à entrer dans le jeu de l'ethnologue, qu'il se défend de participer à son projet ethnographique. Sa réponse la plus fréquente aux sollicitations de Carmen Roy est une volée de dénégations («Non, non, non, qu'je vous dis[38]»). Ou bien, Rohel souligne que telle ou telle pratique, «Les Anglais le font aussi, vous savez[39]» (en l'occurrence au sujet des bénédicités), désarmant ce faisant l'argument de l'ethnologue sans cesse à la recherche de pratiques authentiques. Il va même jusqu'à répondre à côté de la question et se lance dans des histoires qui, au-delà de l'intérêt et de la valeur documentaire qu'elles possèdent, semblent constituer autant de stratégies d'évitement. Carmen Roy s'en rend fort bien compte, qui laisse alors éclater son agacement, s'impatientant des longs récits qui ne répondent en rien à ses questions («Monsieur Rohel, vous n'avez toujours pas répondu à ma question de tout à l'heure au sujet de[40] [...] ») ou se rendant compte que Rohel l'entraîne sur des pistes sans issue («Mais tout de même, Monsieur Rohel[41]... »). Carmen Roy n'est pas dupe du projet de Rohel, qui semble parfois aller totalement à l'encontre du sien, mais elle ne peut rien y faire.

Le lecteur des entrevues a souvent le sentiment que Carmen Roy et François-Marie Rohel évoluent sur deux trajets énonciatifs

---

[38] Liasse Roy-A-806, boîte 509f.2, feuillets 5, 26, 32 et 46; liasse Roy-A-809, boîte 509f.5, feuillets 3, 4; liasse Roy-A-810, boîte 509f.6, feuillets 4 et 8; et liasse Roy-A-811, boîte 509f.7, feuillet 7.

[39] Liasse Roy-A-810, boîte 509f.6, feuillet 3.

[40] Liasse Roy-A-809, boîte 509f.5, feuillet 1.

[41] Liasse Roy-A-807, boîte 509f.3, feuillet 24.

parallèles qui ne se retrouvent que compendieusement au fil des intersections entre les questions de l'une et le souvenir de l'autre, pour mieux s'écarter ensuite. Ainsi, la question que pose Carmen Roy au sujet du type de poêle utilisé par les Rohel lors de leur installation en Saskatchewan provoque une longue digression de son interlocuteur sur un incident au cours duquel un nourrisson est mort ébouillanté à la suite de la chute d'une marmite qui chauffait sur un poêle, comment le docteur appelé à la rescousse ne put rien y faire et comment l'enfant aurait pu être sauvé si le père du témoin, Yves Rohel, qui possédait semble-t-il des dons de guérisseur, avait été là au bon moment. C'est ainsi que l'on apprend que Yves Rohel était passé maître dans les accouchements difficiles, non seulement un sujet fascinant mais une pratique nouvelle que Carmen Roy pourrait exploiter mais ne relève pas, toute à son obsession d'identifier des pratiques bretonnes authentiques, préférant en revenir au type de poêle utilisé alors.

Il n'y aucun doute que François-Marie Rohel se complaît dans le partage de ses souvenirs, qu'il prend un plaisir immense à les raconter à un public en quelque sorte assuré puisque Carmen Roy est là pour l'interroger. Mais cela ne l'empêche pas d'être également déterminé à ne pas se laisser enfermer dans les catégories que les questions de l'ethnologue tendent à créer, que ses non-réponses participent d'une stratégie consciente ou qu'elles soient l'expression d'un inconscient déterminé à ne pas se laisser embarquer dans des évocations mnésiques dont il perdrait le contrôle. François-Marie Rohel ne renie aucunement ses origines bretonne, mais Breton il ne l'est plus. Autrement dit, être Breton ne correspond plus à son identité. S'affirmer Breton en Saskatchewan, ce serait admettre à son auditrice, à l'autre quel qu'il soit, et surtout s'admettre à lui-même qu'il est un Breton déraciné, qu'il n'a pas su protéger ce qui faisait de lui un véritable Breton, du port des sabots à certaines habitudes alimentaires en passant par des traditions et des chansons, et que donc son installation au Canada a pu représenter une erreur fatale car elle aurait entraîné non seulement une perte de l'identité originelle mais aussi l'impossibilité de s'en construire une nouvelle. Que les circonstances de sa nouvelle vie l'aient forcé à renoncer brutalement à des comportements, à des pratiques qui faisaient partie intégrante de son identité jusqu'à son départ pour le Canada ou que le changement ait été progressif mais là aussi lié aux circonstances, François-Marie Rohel ne veut pas l'évoquer. Ce qu'il rejette par-dessus tout avec fermeté, tout comme Gaston Giscard et Denys Bergot d'ailleurs, c'est le discours de la nostalgie ou du regret dans lequel Carmen Roy, intentionnellement ou non, tente de l'entraîner et dans lequel Bergot et Giscard, pour des raisons différentes, refusent de se laisser aller. Ainsi, en réponse aux questions de Carmen Roy de savoir s'il a conservé l'habitude de chanter des chansons bretonnes, sa réponse est sans ambages : les chansons, cela fait partie de sa jeunesse et il peut en chanter lorsqu'il retourne en Bretagne, mais au Canada, non! Au Canada, son identité est différente.

Occultation ou *compartimentalisation* de la mémoire, pour utiliser un néologisme qui souligne ce qu'est la facture des textes de Bergot et de Giscard et le comportement de François-Marie Rohel tout au long des 11 jours d'entrevues, le discours mnésique est une succession d'esquives et de vraies – fausses pistes. C'est particulièrement le cas pour Rohel, qui entraîne une Carmen Roy souvent déroutée sur des pistes qui ne sont pas celles sur lesquelles elle voudrait s'aventurer malgré tout l'intérêt que ces dernières pourraient par ailleurs présenter.

Si nos trois raconteurs, François-Marie Rohel en particulier, peuvent se permettre une telle manipulation, c'est parce que, fondamentalement et malgré les apparences, ce sont eux et toujours eux qui contrôlent le discours, même dans le cas de l'entrevue qu'effectue Carmen Roy auprès de François-Marie Rohel. De la même façon que Bergot et Giscard choisissent de faire figurer telle ou telle anecdote dans leur récit et d'en passer d'autres sous silence, Rohel choisit de répondre ou non aux questions qui lui sont posées, égarant l'ethnologue, demeurant fidèle à son propre projet de mémoire, qui possède comme corrélat essentiel qu'il ne peut pas se laisser entraîner sur un terrain qu'il ne peut contrôler car, en perdant le maîtrise de son récit, il perdrait le contrôle de sa vie. Dans les cas de Bergot et de Giscard, cet objectif est d'autant plus aisément atteint qu'ils commandent de bout en bout le projet narratif, alors que Rohel se trouve constamment face au risque de voir son récit dérailler sous les insistantes questions de Carmen Roy. Ce qui n'empêche pas Bergot de placer l'avertissement cité plus haut en exergue!

Le récit mnésique de François-Marie Rohel évolue, occulte, s'invente même peut-être pour pallier les défaillances de sa mémoire, au fur et à mesure des questions posées par Carmen Roy, qui fonctionnent comme autant de déclencheurs de son propre récit. Qui peut savoir, en effet, à quel point et selon quelles modalités l'imagination pallie les insuffisances de la mémoire? Si dans ce contexte l'expression de la mémoire consiste, pour reprendre les mots de Ricœur, en une « reconnaissance [qui] est de l'ordre de la certitude[42] », un « effort intellectuel plus ou moins intense (que les Grecs appelaient *anamnésis*, anamnèse, rappel, récollection)[43] », cette expression est aussi « auto-désignation de son propre sujet[44] ». Dans le lien de communication entre Roy et Rohel, par exemple, échange chargé d'émotions de toutes sortes, lien de confidence, donc de confiance tacite, mais aussi de méfiance implicite — je veux bien vous parler, vous raconter ma vie, mais ne me faites pas dire ce que je ne veux pas dire, ne faites pas de moi ce que je ne suis pas — dans ce lien de communication donc qui unit alors Carmen Roy et François-Marie Rohel, s'érige une sorte de pacte selon lequel Carmen Roy ne peut faire autrement que d'accepter le récit de mémoire prononcé par François-Marie Rohel, car ce récit est sa propriété, le produit de sa récollection.

Le lien entre le lecteur de Bergot ou de Giscard et les deux auteurs est essentiellement le même. Quand bien même le lecteur aurait des doutes sur le bien-fondé des souvenirs de Bergot ou de Giscard, quand bien même il remarquerait les procédés de rhétorique qui ne brillent pas toujours par leur subtilité, au fond, il n'y peut rien, sinon de poser le livre avec agacement. Il en va

---

[42] Paul Ricœur, « Entre la mémoire et l'histoire », *Tr@nsit on line — Europäische Revue*, n° 22, 2002, p. 2.
[43] *Ibid.*
[44] *Ibid.*

de même pour Carmen Roy face à Jean-Marie Rohel, interlocutrice fréquemment irritée par les digressions de son interlocuteur mais qui ne peut le contrôler malgré tous ses efforts. Ce sont Bergot, Giscard et Rohel qui énoncent le souvenir, qui sont donc maîtres de l'énonciation et qui par là affirment leur fidélité à leur « récollection » même s'ils ne sont pas respectueux de la vérité historique, dont par ailleurs le lecteur ou l'auditrice ne connaissent pas les composantes. En dépit de la frustration que peut éprouver le lecteur face aux hyperboles de Bergot ou de Giscard, en dépit de l'agacement de Carmen Roy confrontée aux évitements de François-Marie Rohel, aucun ne peut pour autant remettre la véracité du récit en question, car nous ne possédons rien qui puisse justifier nos doutes.

Dans le cas de l'entrevue de Rohel, le principe fondamental auquel obéit le narrateur et que Carmen Roy ne peut remettre en question est que l'acte de parole mnésique est avant tout un acte à la fois subjectif et conscient, un acte essentiellement volontaire. La subjectivité de ce discours est un nécessaire garant d'authenticité mais non de véracité, ce qui nous ramène à la distinction effectuée par Paul Ricœur entre « fidélité » et « véracité ». Autrement dit, ce qui importe dans l'échange entre Roy et Rohel, c'est le récit de Rohel et, au-delà du récit, ce que sa mémoire a choisi de privilégier. Il en va de même pour Bergot et Giscard. Leur mémoire est sélective, au sens où elle effectue des choix, les choix de ce qu'elle veut révéler et de ce qu'elle veut dissimuler. Ce sont justement ces choix oscillant entre idéalisation et occultation qui importent ici, car ce sont eux qui contribuent à la formation identitaire et à sa préservation, ce qui après tout est l'objectif ultime de la mémoire, un facteur que, dans le cas de Rohel, Carmen Roy ne semble aucunement en mesure de prendre en compte tant elle veut faire de François-Marie Rohel un Breton affublé d'une « bretonitude » d'appellation contrôlée au fin fond de la Prairie canadienne.

Pour Bergot et Rohel (moins pour Giscard), au contraire, le volontarisme de leur identité canadienne, qui s'exprime tout au long de leur discours mnésique, met l'accent sur l'affirmation du choix effectué, autrement dit l'affirmation à soi-même et aux autres que la décision prise de quitter la Bretagne et la France et de s'établir dans les Prairies fut la bonne. Être témoin, c'est donc affirmer un choix et assumer ce choix, le revendiquer et ne pas laisser d'autres, qu'ils soient ethnologues ou non, menacer ce choix, qui dans la plupart des cas a signifié abandonner des traditions, des habitudes, des pratiques, ou tout au moins de les relativiser plutôt que de les entretenir. L'affirmation de soi et du choix effectué est donc un acte de volontarisme, ce volontarisme étant sans doute ce qui caractérise avant tout la démarche mnésique des premiers pionniers et de leurs descendants et plus généralement l'attitude des pionniers face aux exigences de la transplantation de France dans la Prairie canadienne.

Dans quelle mesure cette stratégie, qui est celle de Bergot, de Rohel et dans une certaine mesure de Giscard, débouche sur un phénomène de « mythification », cela est le sujet d'une réflexion qui dépasse le cadre de ces remarques. Mais l'on peut se poser la question de savoir si la multiplication des récits transmis de génération en génération ne finit pas par former un discours collectif qui acquiert la dimension de mythe fondateur d'une communauté et d'une identité. Quelle serait alors cette identité, sinon le « métissage » au sens où l'entend Michel Serres dans *Le tiers instruit*[45], métissage non pas tant ethnique ou culturel que métissage de l'imaginaire identitaire ?

---

[45] Michel Serres, *Le tiers instruit*, Paris, Gallimard, coll. « Folio Essais », 1991, 249 p.

BIBLIOGRAPHIE

Bergot, Denys, *Réminiscences d'un pionnier*, s. l., s. é., 1929, 160 p. (l'opuscule ne comporte aucune indication de lieu de publication ou d'éditeur)

Du Berger, Jean, *Grille des pratiques culturelles*, Québec, Septentrion, 1997, 406 p.

Gérin-Lajoie, Antoine, *Jean Rivard le défricheur* suivi de *Jean Rivard économiste*, Montréal, Hurtubise HMH, coll. «Cahiers du Québec», 1977 [1862], 399 p.

Giscard, Gaston, *Dans la prairie canadienne*, Régina, Université de Régina, Canadian Plains Research Centre, 1982, 160 p.

Le Stum, Philippe, *Fées, korrigans et autres créatures fantastiques de Bretagne*, Nantes, Éditions Ouest France, 2001, 128 p.

Mocquais, Pierre-Yves, «François-Marie Rohel, "Breton" de Saint-Brieux (Saskatchewan) ou le refus d'une "bretonitude" institutionnelle», *Port Acadie-Revue interdisciplinaire en études acadiennes*, vol. 13-14-15, 2009, p. 103-114.

Ricœur, Paul, «Entre la mémoire et l'histoire», *Tr@nsit on line — Europäische Revue*, n° 22, 2002, www.iwm.at/index.php.

Ricœur, Paul, *Lectures 3*, Paris, Seuil, coll. «Points Essais», 1994, 370 p.

Ricœur, Paul, *La mémoire, l'histoire, l'oubli*, Paris, Seuil, coll. «Points Essais», 2000, 695 p.

Ricœur, Paul, *Parcours de la reconnaissance*, Paris, Gallimard, coll. «Folio Essais», 2005, 431 p.

Serres, Michel, *Le tiers instruit*, Paris, Gallimard, coll. «Folio Essais», 1991, 249 p.

PROLÉGOMÈNES À L'ÉTUDE DE LA (RÉ)ÉCRITURE DE CONTES
PAR LES ÉCRIVAINS FRANCOPHONES DU *FAR* OUEST

Pamela V. Sing
Université de l'Alberta, Campus Saint-Jean

Dans un ouvrage traitant du rôle de la littérature orale dans les cultures autochtones nord-américaines, *If This is Your Land, Where Are Your Stories? Finding Common Ground*, J. Edward Chamberlin souligne que les histoires qu'on se raconte confèrent signification et valeur aux lieux qu'on habite. Pour les membres de communautés déterritorialisées, ces histoires permettent de maintenir ou de toujours renouveler le sentiment d'appartenance aux terres qui, du point de vue des droits territoriaux, ne leur appartiennent plus. Les autochtones, peuples qui ont eu à se soumettre à des conditions ayant entraîné la perte d'importantes connaissances culturelles ancestrales et qui se trouvent par conséquent toujours en danger d'assimilation à la culture dominante, ont un rapport tout particulier aux histoires. Puisque celles-ci servent à rappeler d'où l'on vient, pourquoi on est là, comment vivre et, parfois, comment mourir, elles constituent une forme de résistance on ne peut plus précieuse aux conséquences d'attitudes coloniales. Muriel Miguel, du Spiderwoman Theatre, affirme à cet effet qu'écrire ou parler de soi, des siens ou de sa culture, et ce, en se servant de la langue du colonisateur, sans ou avec quelques références exprimées dans sa langue à soi ou en se servant de sa propre langue de colonisé, est une affirmation de soi et de ses capacités de survie. C'est un acte politique[1].

Dans cette perspective, il y a lieu de se demander ce qu'il en est des histoires dont se nourrissent les communautés minoritaires caractérisées par la volonté d'accommoder l'Autre au point d'adopter des manières de dire et de faire visant à la coexistence harmonieuse. La francophonie de l'Alberta de la première moitié du XXe siècle paraît constituer une telle communauté. L'élite, qui y détient le pouvoir de définir l'identité franco-albertaine, a consciemment et explicitement décidé que, dans l'espace public, la spécificité culturelle s'affirmerait dans des domaines non politiques tels ceux de la foi, de la langue, du foyer, des journaux et de l'éducation. Les journaux, organes officiels des chefs de la communauté et moyen principal par lequel ces derniers communiquaient avec les francophones, non seulement à l'échelle de la province entière mais aussi à l'étranger, devaient logiquement publier des textes servant à affirmer le fait français en Alberta et à appuyer le programme identitaire mis en place. Qu'en est-il des histoires proprement littéraires publiées dans les journaux? Soutenaient-elles le discours social commun? Réussissaient-elles à franciser l'espace albertain de sorte à créer chez les lecteurs un sentiment d'appartenance ou à l'investir d'un certain cachet propre à stimuler l'imaginaire des lecteurs? Tout fantastique que se voudrait un récit, il livre certaines informations sur le contexte socioculturel ou politico-économique dans lequel évolue son créateur, mais l'inverse est vrai aussi: tout mimétique que prétend être un texte, il peut difficilement éviter de produire un monde «autre» que le «réel» visé. Les francophones albertains se racontaient-ils des histoires propres à affirmer le fait français sans que l'écriture produise des images et du sens, bref, un discours en contradiction avec le discours socio-identitaire commun? Dans le but de cerner les contours de la construction narrative de la référence littéraire de la francophonie albertaine et de déterminer

---

[1] Cité dans Ann Haugo, «Native American Drama», dans David Krasner (dir.), *A Companion to Twentieth Century American Drama*, Malden (Massachusetts), Blackwell, 2005, p. 336.

les marques que les pratiques littéraires de l'époque ont laissées sur celles de la communauté actuelle, nous nous proposons d'analyser un corpus composé des histoires ou textes fictifs publiés par les écrivains francophones de l'Alberta au cours du XXe siècle, et ce, soit dans la presse, soit dans des publications proprement littéraires.

Dans un premier temps, le projet exige un travail de recherche dans les archives. Ce travail vise à dépister les histoires parues dans les rubriques journalistiques, soit littéraires, soit qui avaient tendance à inclure des textes de facture littéraire. Dans un deuxième temps, il s'agit de déterminer ce que la présentation / disposition journalistique des textes de fiction révèle sur l'importance attribuée à la chose littéraire d'une part et, d'autre part, ce que les textes eux-mêmes indiquent sur les rapports que la littérature franco-albertaine en émergence entretient avec le discours social dont elle participe. La mise en rapport de ces premiers textes et de leurs avatars contemporains, qui, eux, sont diffusés au moyen de publications littéraires à proprement parler, suivie de leur étude dans une perspective comparative, permettra ensuite de caractériser l'imaginaire franco-albertain actuel et peut-être de déceler quelques-uns des aspects par lesquels la francophonie du Far Ouest, qui semble être, de toutes les francophonies canadiennes, la plus intégrée à la culture anglo-dominante, n'en conserve pas moins une incontestable spécificité. Dans le présent article, il s'agira d'une étude préliminaire qui vise à donner un aperçu descriptif du projet que nous venons de présenter.

La prépondérance des récits courts

Lise Gauvin affirme que les textes courts « constituent une étape nécessaire à l'évolution des genres littéraires[2] ». Au Québec, leur prépondérance dans la littérature du XIXe siècle était imputable au fait que, les maisons d'édition s'avérant peu intéressées à la littérature, les écrivains devaient publier dans des journaux ou

---

[2] « Contes et nouvelles de langue française », *L'Encyclopédie canadienne*, texte consulté en ligne à l'adresse suivante : www.thecanadianencyclopedia.com/index. fdfm?PgNm=TCE&Params=flARTF000.

des périodiques. L'écriture de textes brefs, notamment de contes, en découle. Selon Gauvin, l'intérêt romantique pour le folklore contribuait à sa prépondérance, de même que la mauvaise réputation du roman, considéré alors comme « pernicieux, à cause des passions qui s'y étalent ». Au XXe siècle, l'importance relative des récits courts ayant diminué, la littérature québécoise en produit plus rarement. Le conte, toutefois, a laissé ses marques sur certains romans, tels ceux d'Yves Beauchemin ou de Jacques Poulin, et ce, aux plans tant des thèmes que de la technique narrative.

L'imaginaire franco-albertain, 1905-1915

Entre octobre 1905 et janvier 1916, trois journaux d'expression française sont publiés en Alberta : *Le Courrier de l'Ouest* (octobre 1905 – janvier 1916), *Le Progrès* (mars 1909 – décembre 1913) et *Le Progrès albertain* (janvier 1914 – juin 1915). Tous ont pour mission de souligner le fait français dans la province et d'en conscientiser leurs lecteurs. À ces fins, mais aussi pour distraire leurs lecteurs, ils publient un certain nombre de textes d'ordre littéraire, mais seul *Le Courrier de l'Ouest* (*LCO*), hebdomadaire comptant huit pages, accorde une place à des récits en prose. Avant de nous pencher sur ces récits, faisons ressortir le programme identitaire de la publication, puisque réside là le mobile principal du choix des textes littéraires.

Dans son numéro inaugural, le *LCO* informe ses lecteurs qu'en politique il se fera « un devoir de soutenir le Parti libéral et en particulier les idées de Sir Wilfrid Laurier » et, ensuite, affirme ceci :

> Il n'est plus permis à l'heure présente, quand les intérêts généraux du pays sont en cause, de faire une distinction entre les Canadiens-français [sic] et les Canadiens-anglais [sic]. Les uns et les autres sont des Canadiens. Ils ont les mêmes besoins, les mêmes aspirations, la même volonté de coopérer au bien-être commun, en renonçant à une rivalité déprimante qui n'appartient plus qu'au passé. Il n'y a guère qu'en matière religieuse qu'on puisse parler encore d'intérêts spéciaux aux Canadiens-français. Le [*LCO*] organe des Canadiens-français, sera aussi le porte-paroles [sic] des catholiques. Il défendra, le cas échéant, leurs droits confessionnels, en suivant les instructions que les chefs du clergé catholique voudront bien lui donner. (I, 1, 14 octobre 1905, p. 2)

Des 12 numéros du *Courrier de l'Ouest* publiés en 1905, 5 contiennent un conte de l'écrivain français François Coppée (1842-1908). Tous traitent de gens humbles qui, vivant dans une France morne, laïcisée, la plupart du temps à Paris, illuminent momentanément leur coin de l'Univers au moment de traduire leur foi en acte charitable ou pieux. Les lecteurs du journal pouvant aisément faire l'analogie entre les personnages et une certaine représentation du Franco-Canadien, ces textes servent à faire la promotion d'un ordre social axé sur une harmonie collective. Que leur aspect didactique ou idéologique l'emporte sur le désir de sensibiliser le public à la littérature en tant que forme esthétique conduit à un certain manque d'égard pour l'identité de l'auteur, dont le nom paraît seulement à partir du troisième conte, et par leur disposition indifférenciée sur des pages presque chaque fois différentes[3].

Le 7 décembre, le journal se met à publier un feuilleton, *Le bossu ou Le petit Parisien*, roman de cape et d'épée de Paul Féval qui fait ressortir la foi inébranlable de la protagoniste. Les extraits ne sont pas signés mais, en revanche, non seulement constituent-ils une rubrique clairement identifiée à l'aide d'une bande-annonce : « Feuilleton du *Courrier de l'Ouest* », mais, de plus, un espace particulier leur est réservé[4].

Ainsi, la première année de sa publication, l'hebdomadaire inclut assez régulièrement des contes, mais ne leur réserve un espace ni particulier ni constant — 3 des 12 numéros n'offrent aucun texte de fiction à proprement parler. Les épisodes du roman populaire français, en revanche, reçoivent une valorisation sans équivoque.

---

[3] « Les quarante sous du baron : Conte pour les jours de Fêtes », *LCO*, I, 2, 21 octobre 1905, p. 1, 8 ; « Un enterrement civil : Conte pour la Toussaint », *LCO*, I, 3, 28 octobre 1905, p. 2 ; « Le tableau d'Église », *LCO*, I, 4, 4 novembre 1905, p. 2 ; « Les deux communions », *LCO*, I, 6, p. 7 ; et « Le bon Dieu à bord », *LCO*, I, 7, p. 7.

[4] Les numéros des 7 et 14 décembre font paraître le texte au rez-de-chaussée des pages 2, 3, 6 et 7, et, ceux des 21 et 28 décembre, aux pages 2, 6 et 7.

Dès le 4 janvier 1906, le journal, qui, soit dit en passant, aura désormais des pages à sept colonnes, rassemble tous les textes de facture littéraire, hormis les feuilletons, sous une nouvelle rubrique, « Coin féminin » qui, paraissant généralement à la page 3, tantôt occupe la page entière, tantôt la partage avec le feuilleton. Le texte inaugural fait exception dans la mesure où il partage la page avec un article servant à identifier toutes les personnes nommées aux postes de direction de la ville, du district et de la province, ce qui établit une conjonction entre politique, femmes et, par le biais de ces dernières, littérature. La responsable de la rubrique, Magali, révèle que le programme du « Coin » vise à aider les lectrices du journal « dans l'art, bien féminin, de plaire à [leur] entourage ». Au moyen de la citation de deux vers, la journaliste affirme que le bonheur exige « la joie au foyer », qui, elle, est réalisable grâce aux « charmes » de la femme d'intérieur. Le Créateur, rappelle-t-elle aux lectrices, les a placées sur terre afin de jouer « le rôle des fleurs dans la nature ». Si Magali se propose de leur faire écouter « le poète [...] et après des causeries, très sérieuses — d'un sérieux attrayant », c'est donc dans le but de les aider à devenir « charmantes ». À force de paraître dans cette rubrique, la littérature est promise à un statut à la fois plus élevé et diminué : dès lors identifiée comme « une affaire des femmes », ces gardiennes de la foi, de la langue et des valeurs sociales, elle s'attribue une importance certaine, mais en tant que catégorie non pas autonome, mais asservie à l'idéologie.

« Coin féminin » prend souvent la forme d'une « chronique » à thèmes variables qui, en 1906, en plus de traiter de sujets tels que la mode féminine ou le rôle intellectuel de la femme et de présenter des recettes de cuisine et des conseils pratiques concernant des thèmes tels que « l'hygiène ménagère », accueille 31 poèmes et 4 récits en prose, dont 3 signés par Magali — « Les cinq ans de Susie (nouvelle)[5] », « Le papillon (nouvelle)[6] » et « Chrysanthème

---

[5] *LCO*, I, 20, jeudi 5 avril 1906, p. 3.
[6] *LCO*, I, 41, jeudi 19 juillet 1906, p. 3.

(nouvelle)⁷ » — et l'un, une « nouvelle canadienne » intitulée « Le secret du chalet clos⁸ », signé par Jean de Nobon.

Dans « Les cinq ans de Susie », le narrateur hétérodiégétique focalise son récit sur l'enfant éponyme pour raconter le saisissement qu'elle éprouve au moment de ne plus être un « bébé », mais une « petite fille ». Le souvenir du jour à partir duquel sa marraine, passée d'une petite fille à une jeune fille, devait porter une robe longue comme celle de sa mère s'accompagne de la prise de conscience confuse de ce que la vie comporte des « changements successifs » et cela provoque une crise de larmes: Susie voudrait demeurer le « bébé » pour qui la mère sera toujours un refuge.

« Le papillon », ensuite, fait parler un narrateur à la première personne, une mère qui, en voyant sa fillette poursuivre un papillon, voit en l'objet poursuivi une métaphore des chimères qui nous échappent. Les fantasmes de la mère révèlent son propre état d'âme. Elle imagine son enfant vieillie, « les yeux éteints par trop de déceptions », et pourtant toujours engouée de papillons, mais il s'agit clairement d'un autoportrait. Lorsque la fillette se blesse en attrapant la jolie chose, qui, les ailes froissées, devient un « vulgaire insecte », elle pleure. La mère veut lui enseigner « à ne plus, désormais, convoiter ce qui a des ailes [... en lui conseillant:] Prends ta part de bonheur à contempler de loin... Mais elle pleurait si fort qu'elle ne [l]'entendait point. » Force est de conclure à la représentation dysphorique de la condition féminine dans ces deux nouvelles.

La rubrique de Magali offre à ses lectrices des recettes pour bien jouer le rôle de la femme soumise tant valorisée par le discours social commun et l'inclusion de textes fictionnels en apparence anodins remet en question ce discours-là. Cette impression est renforcée par le fait que la troisième nouvelle, « Chrysanthème », vraisemblablement conçue dans le but d'appuyer l'idée que le rôle des femmes dans la société est identique à celui des

---

⁷ *LCO*, I, 53, jeudi 20 septembre 1906, p. 3.
⁸ Publiée dans deux livraisons: *LCO*, II, 8, jeudi 29 novembre 1905, p. 3 et *LCO*, II, 9, 9 décembre 1906, p. 7. Dans la première, le texte n'est pas signé, mais il l'est dans la seconde, qui, de plus, indique qu'il s'agit d'un texte inédit composé à « Legal, Alta., novembre 1906 ».

fleurs dans la nature, paraît inachevée. Le récit tourne autour d'un groupe d'amies en train de broder des fleurs sur un chemin de table. L'une d'elles révèle que le différend entre elle et sa mère concerne son futur époux. Le choix maternel ne coïncide pas avec son propre choix, mais ne semble pas avoir de raison d'être: la jeune femme suggère que, du point de vue de sa mère qui ne l'aime qu'à «sa façon à elle», comme elle a aimé son mari, l'essentiel ne devrait pas être qui elle épousera, mais plutôt qu'elle se marie pour ensuite quitter la maison parentale. Lorsque la compagne mélancolique aux cheveux blancs, Chrysanthème, prend la défense de la mère, les jeunes filles du groupe se mettent à s'amuser bruyamment et un peu sottement. Pour y mettre fin, une autre compagne demande à Chrysanthème de leur raconter une belle histoire d'amour. La suite du récit paraîtra dans un numéro futur du journal, est-il indiqué en bas du texte, mais il n'en est rien, du moins jusqu'à la fin de 1906, soit trois mois après la parution du premier épisode. Si abandon il y a eu, la raison est peut-être liée à l'aspect contre-discursif qui commençait à surgir dans le texte avec les bribes de paroles à l'égard d'une femme, mère et épouse peu aimante... Quoi qu'il en soit, la dernière histoire fictive publiée dans le journal en 1906 met en scène une femme peu réaliste.

«Le secret du chalet clos», une histoire fantastique qui a lieu à Banff, est raconté par un narrateur homodiégétique masculin qui s'exprime à la première personne au sujet du lien, bien sûr étrange et troublant, entre le bouquet de fleurs «apparemment délié» qui figure dans un portrait féminin peint par son ami artiste et le bouquet de fleurettes que cet ami l'envoie chercher au chalet clos éponyme. Lorsque, sa mission accomplie, le narrateur retourne à son hôtel, une lettre l'attend, signée par son ami, qui est parti pour Montréal: celui-ci ne pourra éclairer le mystère pour le narrateur, car «la Morte» a parlé...

De tels textes stimulent l'imaginaire en soulignant le côté inexplicablement étrange du monde réel. Banff est une destination renommée dans le monde entier, mais l'expérience qui y est vécue par deux francophones le transforme en lieu autre. Il s'agit peut-être de la transposition ou du transcodage du rapport entre le sujet francophone minoritaire et l'espace albertain ou bien de l'expression d'un désir de libération d'une communauté aimant à définir jusqu'aux moindres détails de son caractère collectif.

Pendant les neuf années suivantes, la rubrique accueille nombre de « nouvelles » et « contes » que nous avons encore à analyser, mais terminons ce survol des débuts littéraires entamés par *Le Courrier de l'Ouest* en faisant ressortir trois récits courts qui, à l'instar de celui que nous venons de décrire, s'investissent d'un certain merveilleux[9] apte à faire rêver ou, pour reprendre l'expression de Magali, à faire « oublier la vie, toute unie, toute plate et si lassante parfois[10] ! » Le 25 mars 1909, une nommée Danielle Aubry signe sa version d'un « délicieux petit conte anglais » dont la protagoniste, une poignée d'argile, subit un processus douloureux et humiliant au bout duquel elle finit par se complaire « dans la beauté sortie de toutes ses abjections à elle[11] ».

Jean de Nobon, quant à lui, signe deux « contes indiens ». « Princesse Fragile[12] », un récit dédié à Magali, connaît deux versions : la première, annoncée comme un « Conte pour Noël », paraît dans

---

[9] Magali signe un certain nombre de courtes fictions anecdotiques visiblement destinées aux enfants. Celles où il s'agit d'un petit garçon nommé Claudinet sont qualifiées de contes de Noël ou pour Pâques, mais ils inscrivent un « merveilleux » peu extraordinaire, car plutôt idéologiquement motivé. Le cadre du récit de Noël, « l'intérieur d'une maison construite en logs » en fournit un indice sans équivoque : c'est, précise le narrateur, « un de ces intérieurs qui révèlent par le détail, imprévu, l'originalité quelconque qu'ils sont la reconstitution d'une image du passé ou le pieux aboutissement d'un rêve ». Le seul texte qui commence par la formule magique « Il était une fois » s'intitule « Mon ami Pierre ». Toutefois, le protagoniste éponyme, « un petit garçon un peu plus haut qu'un coupe-papier », n'est pas un Petit Poucet franco-albertain, mais un enfant de trois ans à qui la narratrice demande à la fin du texte si la compagnie d'un petit chien a éclipsé tout souvenir d'elle. Or, on sait tout de même que les enfants franco-albertains d'alors connaissaient les contes de fées de Perrault : le 9 décembre 1915, une chronique intitulée « Les dessous d'un conte » annonce une soirée de récitation de contes par des enfants. Les Princesse Aurore et Prince Riquet, affirme Magali, apprendront forces leçons en plus de mettre en scène « le mystère de l'âme enfantine où s'élabore la vie morale future ».

[10] *LCO*, IV, 37, jeudi 17 juin 1909, p. 3.

[11] « Chronique : "En passant" », *LCO*, XIV, 25, jeudi 25 mars 1909, p. 3.

[12] *LCO*, III, 12, jeudi 26 décembre 1907, p. 2. Une version différente paraît dans *LCO*, VI, 41, jeudi 20 juillet 1911, p. 3.

le dernier numéro de 1907, et la seconde, en juillet 1911. Dans la première version, le narrateur souligne les traits qui, en distinguant l'héroïne des autres enfants de la tribu, la rendent semblable aux lecteurs canadiens-français visés. Non seulement a-t-elle une «complexion extraordinairement délicate», mais aussi, née le 25 décembre, elle a été baptisée, porte un nom chrétien — Noelle (écrit ainsi dans le texte) — et elle est imbue de la foi des Visages pâles. Un soir, vers la fin du mois de décembre, elle part en cachette accomplir un acte charitable. Sur le chemin de retour vers la tente de ses parents, trouvant qu'elle ne peut plus marcher mais envahie par une «sensation exquise», elle reçoit la visite d'une «Belle Dame» inconnue et finit par partir avec elle. Le lendemain, ses parents trouvent son corps mi-couvert d'un voile de neige. Dans la deuxième version, le personnage éponyme est une belle «Indienne menue, ravissante [... aux] grands yeux trop profonds que noyait une mélancolie indicible[13]». Malgré sa bonté envers les malheureux et les faibles, elle meurt en proie à un mal mystérieux qui la dévore petit à petit. À la fin du récit, le narrateur demande: «Quelle erreur étrange l'avait fait naître [...] sous le "ti-pi" de cuir enfumé, au hasard d'un cheminement sans but dans la grande prairie morne[14]?...». L'auteur revient ainsi au thème de l'étrangeté inscrite au cœur du «Secret du chalet clos», mais cette fois en mettant en question le manque de justice dans un Univers où les qualités d'un individu ne le destinent pas à une belle vie. La seconde nouvelle, «La parjure[15]», raconte l'histoire de Minehaha, qui, abandonnée par le mari blanc à cause de qui les siens l'ont rejetée, doit rester seule avec son jeune fils, mais aussi avec sa honte.

Les deux récits signés par De Nobon paraissent «merveilleux» principalement parce qu'ils traitent de femmes autochtones, qui, aux yeux des lecteurs canadiens-français, constituent une altérité «exotique». Sinon, ce sont des individus bons, vaillants et socialement

---

[13] *LCO*, VI, 41, 20 juillet 1911, p. 3.
[14] *Ibid.*
[15] *LCO*, III, 41, 23 juillet 1908, p. 3.

marginalisés que la vie n'a pas favorisés, bref, des gens auxquels les lecteurs francophones pouvaient aisément s'identifier.

L'hebdomadaire *L'Union*, publié entre le 15 novembre 1917[16] et le 15 avril 1929, succède au *Courrier de l'Ouest*. Son rédacteur en chef, Georges Bugnet, a enrichi le répertoire littéraire franco-albertain de plusieurs récits, dont, notamment, « Le conte du bouleau, du mélèze et du pic rouge ». Inspiré d'une légende amérindienne, le conte traite des rapports entre une princesse et deux princes : la jeune femme est censée épouser l'un, mais aime l'autre. En incitant le rival à assassiner le prétendant officiel, elle entraîne la punition non seulement du rival, mais aussi la sienne. Contrairement à De Nobon, Bugnet réussit à traduire le caractère à la fois aristocratique et humain[17] de ses personnages autochtones sans les « blanchir » ni inférioriser leur différence. De plus, son narrateur est sûr de lui, doté d'un sens de l'humour ironique et il aime s'adresser à ses narrataires pour exposer ses points de vue et justifier ses décisions narratologiques. L'écriture, finalement, poétise une partie de la faune et de la flore de l'Ouest canadien, et ce, toujours en engageant le narrateur aux plans affectif, imaginaire, moral et intellectuel. Soulignons toutefois que le conte est publié en anglais[18] en 1922 et en français[19] seulement une décennie plus tard d'une part et, d'autre part, que la poésie de l'espace est associée à l'autochtonie, non pas à la francophonie.

Les recherches dans les archives de *L'Union* sont encore à faire mais, étant donné le penchant littéraire de son rédacteur en chef, nous anticipons que le journal publiait, en plus du feuilleton de rigueur, des récits littéraires. En revanche, nous donnerons un

---

[16] Précisons que ce journal paraît deux fois par mois pendant la première année de son existence et ne devient un hebdomadaire qu'en novembre 1918.

[17] Lorsque le prince Parpartis, qu'elle doit épouser mais auquel elle préfère le prince Ouakinakan, cherche à parler contre son rival, la princesse Ouaskouaï lui dit « sèchement » : « Je vous prie, monsieur, de ne pas m'aborder sur ce sujet. Au reste, votre long nez a manqué de m'éborgner. » Lorsque, ensuite, le rival cherche à l'aborder dans la nuit afin de « raccourcir [s]es jours sans qu'il se fît d'éclat », il est aidé par le fait que le prince Parpartis « avait la déplorable habitude de ronfler, tant que la nuit était longue ».

[18] « The Tale of the Larch, the Birch and the Red-Headed Woodpecker », *Edmonton Bulletin*, 18 mai-19 juin, 1922.

[19] « Le conte du bouleau, du mélèze et du pic rouge », *Le Canada français*, XIX, 7, mars 1932, p. 526-538.

aperçu de la littérature offerte à la communauté en 1929 par le journal *La Survivance*, et ce, en raison de son programme censé appuyer la réorientation identitaire discursive adoptée par la francophonie albertaine.

Une « soumission intelligente »

L'élite de la communauté franco-albertaine a décidé, vers la fin des années 1920, que les marqueurs de la spécificité de la communauté, par ailleurs en croissance, ne seraient plus de nature politique, mais résideraient dans les domaines du foyer, des journaux et de l'éducation. En 1926, pour appuyer ces domaines identitaires, elle a créé l'Association canadienne-française de l'Alberta (ACFA), organisme sous la direction duquel le régionalisme albertain est devenu, pour reprendre l'expression d'Émile Marion, « exclusiviste sans être embarrassant[20] ». Dès lors, la communauté se comportait sur la scène publique d'une manière « réfléchie, tenace et discrète[21] ». Voyons de plus près les détails que Marion fait ressortir au sujet de l'*habitus* franco-albertain.

Dans « Le régionalisme d'une minorité », Émile Marion écrivait qu'à force de vivre dans un milieu majoritairement anglais le Canadien français aurait pu devenir quelqu'un qui, « resté sans doute au fond français, à la surface des choses, agi[ssait] à l'anglaise[22] ». Privé ainsi « de l'esprit et de la culture de la race », il serait devenu non seulement un hybride mais, de plus, une « minorité d'hybrides ». Normalement, précisait le journaliste, cette catégorie sociale « était vouée à la mort », mais il n'en était rien en l'occurrence, car le Canadien français est un

> drôle de type [...:] mettez-le dans une masse homogène, il devient inerte et moutonnier ; conduisez-le sur une « ligne de feu », changement radical. Il était bonasse, insouciant, il devient frondeur, tenace, voire batailleur[23].

---

[20] « Le régionalisme d'une minorité », *L'Action nationale*, novembre 1935, p. 199. Ce texte de 10 pages (191-201) est cité en grande partie dans « Régionalisme d'une minorité », *La Survivance,* le 18 décembre 1935, p. 3-4.
[21] *Ibid.*, p. 192.
[22] *Ibid.*, p. 194.
[23] *Ibid.*

Or, à chaque minorité combattive ses traits et pratiques particuliers. Pour Marion, l'originalité «mystique» de celle de l'Alberta, et qui la distinguait de celles de l'Ontario, du Manitoba et de la Saskatchewan, résidait dans une conjoncture sociopolitique unique: les forces passives du peuple, d'une «soumission intelligente», se conjuguaient avec les forces actives des chefs, permettant ainsi un «mouvement d'ensemble». À l'image de ses chefs, la collectivité franco-albertaine évoluait selon un «programme national», une «vision d'une destinée […ˍqui] énerve, fouette, secoue toute une âme et rend impétueuses les énergies endormies[24]».

Et Marion de décrire la stratégie audacieusement tranquille que l'ACFA a mise en place afin d'assurer l'avenir des siens, stratégie dont le succès découlait de la «sagesse du programme national et de la ténacité forte et douce des chefs et de la stratégie d'une action qui ne froiss[ait] pas, mais qui déjou[ait] avec doigté la psychologie de l'Anglais». Si, dans la vie sociale et politique, les Canadiens français «coudoyaient» leurs compatriotes anglais et qu'en affaires ils «échangeaient des capitaux et faisaient bloc dans le développement de la province», toujours, «sans bruit et poliment, ils rest[aient] eux-mêmes et c'[était] tout[25]».

Une communauté conçue selon un tel programme ontologique ne pouvait manquer de produire une littérature à son image. En novembre 1928, l'ACFA crée son propre journal, *La Survivance*. Dans ses premiers numéros, la publication faisait paraître quelques poèmes ou notes sur la chose littéraire, mais, dans l'espace de quelques mois, elle a créé une rubrique spécifiquement littéraire. Initialement intitulée «Choses à lire: Au coin du feu; Au coin des livres», elle devient, le 23 mai 1929, «Propos religieux, littéraires et féminins» et, à partir du 11 juillet, elle est variablement remplacée par ou accompagnée de la rubrique «Ce qu'il faut lire». Hormis des recensions, prix littéraires, reportages sur une conférence traitant d'un thème littéraire, annonces de concours d'écriture et publicités pour des librairies ainsi que des livres, le journal accueille 9 poèmes, un roman-feuilleton, *La sève immortelle* de Laure Conan, paru

---

[24] *Ibid.*, p. 196.
[25] *Ibid.*, p. 199.

en 23 extraits entre le 31 janvier 1929 et le 7 novembre 1929 et accompagné, le 7 février, de 2 articles de « critique », une fable qui, prise du *Figaro* par le biais du *Devoir*, traite, sur le mode de « La cigale et la fourmi », du monde spéculateur, et cinq contes : un conte de Noël intitulé « La chapelle blanche[26] » ; « L'épreuve[27] », conte signé par L'Étoile du Nord, au sujet d'un célibataire qui, ayant à choisir entre deux sœurs, leur fait subir une épreuve, après quoi il finit par rejeter les deux ; le 19 décembre 1929, les « Pages de nos enfants » du Supplément font paraître un « conte historique », « L'exilée de l'île aux Démons » par Eugène Achard, directeur de la revue québécoise *Ruche écolière*, et deux contes de Noël. « Noël d'orpheline[28] », dont l'auteur n'est pas indiqué, commence par « Il était une fois », mais son élément « merveilleux » est la bonté d'une communauté charitable. « L'âne et le bœuf », en revanche, est signé par Bergey, un contributeur du journal *La Liberté* de Winnipeg. En exprimant sa nostalgie pour la « simple sagesse » des personnages animaliers des contes de sa « vieille grand'mère », le « je » narrant de ce texte confie le conte éponyme à son aïeule à la « voix caressante et mystérieuse », mais se charge lui-même d'en expliciter la « leçon[29] »

---

[26] Une veille de Noël, un petit garçon part de la maison familiale, tout seul, à pied et à l'insu de ses parents et de sa sœur aînée, afin d'assister à la messe de minuit à l'église du village, qui se trouve à 500 toises (environ un kilomètre) de la ferme. Il y arrive, bien qu'en piètre état, car attiré par la « gloire de [la messe et de ses] cantiques ».

[27] 31 octobre 1929.

[28] Commençant par la formule « Il était une fois », ce texte raconte l'histoire de Loulou, « une petite fille bien pauvre » qui doit chanter dans les rues afin d'apporter tous les soirs 20 sous à ses parents adoptifs, sans quoi elle est battue et privée de souper. Une veille de Noël, un groupe de fillettes lui donnent des sous et des pommes et, en échange, elle leur chante trois chansons dont la dernière est une berceuse que sa mère lui avait apprise. Une fillette du groupe reconnaît la chanson et aussi la petite croix en or que Loulou leur montre : Loulou est la sœur qui, toute petite, avait été enlevée à sa famille par les méchants Jacques. On l'avait crue morte. La famille réunie, dès lors, on cherche chaque année une orpheline à qui donner de chauds vêtements d'hiver en souvenir de la bonté des fillettes qui ont sauvé Louise.

[29] « Quand les hommes, déçus dans leur orgueil, chercheront l'Enfant-Dieu, ils le trouveront, vivant et réchauffé, dans sa crèche, grâce au dévouement des petits et des humbles. »

chrétienne. En général, la surdétermination du message didactique qui motive les histoires étouffe leur poésie et, du coup, leur capacité de faire rêver. En outre, comme les histoires se déroulent dans un espace autre que l'Alberta, voire souvent dans un cadre aspatial, dans l'esprit des lecteurs, l'Alberta francophone n'existe guère. De plus, si les personnages agissent, c'est pour affirmer leurs valeurs spirituelles : ce sont des modèles à suivre en matière d'harmonie sociale et de sérénité intérieure, mais ils ne cherchent nullement à changer leur monde ou à modifier leurs conditions de vie.

L'année de la parution inaugurale de la rubrique littéraire de *La Survivance*, le premier écrivain francophone né en Alberta, Marguerite-A. Primeau, originaire de Saint-Paul-des-Métis dans le nord de la province, venait d'avoir 15 ans. Férue de littérature, elle lisait sans doute les histoires que la communauté franco-albertaine se racontait. Quelles traces cette littérature-là a-t-elle laissées sur le paysage littéraire franco-albertain contemporain, notamment sur l'œuvre de Primeau ?

Une littérature encore à ses débuts ?

Produite par tout au plus une poignée d'écrivains, et ce, à n'importe quel moment de son histoire, dotée de peu de lecteurs intéressés à promouvoir les quelques œuvres signées par les leurs et privée d'institutions littéraires, qu'il s'agisse de maisons d'édition ou d'un appareil critique constant, la « littérature » franco-albertaine est toujours à faire, et ce, depuis que la communauté francophone en Alberta a vu le jour. Il s'agit sans doute là de l'une des raisons pour lesquelles le conte a toujours marqué sa pratique. Mais il y a aussi, postulons-nous, qu'avec ses éléments à la fois permanents et malléables le conte permet à l'écrivain minoritaire d'innover tout en conservant un lien avec un fonds culturel traditionnel. Citons en outre le manque en Alberta de maîtres écrivains francophones dont la seule existence aurait une influence positive sur la production littéraire et sur les habitudes de lecture. Selon d'aucuns, l'*habitus* littéraire de l'Alberta francophone serait davantage influencé par le mode de vie albertain. En 1915, par exemple, le juge Louis-Arthur Prud'homme informait ses collègues de la Société royale du Canada de ce que « la vague des milliers de colons qui se déverse à tous les ans sur nos prairies a déterminé la fièvre d'une spéculation intense qui étouffe le libre essor de nos jeunes talents littéraires. [... La] chronique, pressée de noter au passage les événements du jour, tient le premier rang[30] ». Rappelons cependant que le secteur anglophone de la population albertaine, qui a évolué dans ce même contexte, a tout de même réussi à produire des écrivains notables, dont Aritha van Herk et Rudy Wiebe, ainsi qu'un public lecteur capable de soutenir plusieurs librairies. Quelles qu'en soient les « vraies » raisons, il demeure que la littérature n'a jamais joui d'un statut très élevé auprès des francophones albertains.

En 1929, le journaliste Rodolphe Laplante s'est penché sur la question dans un article intitulé « Notre population lit-elle[31] ? » Arrivé au terme du texte, le journaliste a dû répondre négativement à la question éponyme. En 1999, la librairie francophone à Edmonton, Le Carrefour — au moment où nous écrivons ce texte, l'entreprise vient d'être vendue au University of Alberta Bookstore —, nous a informée que, sa clientèle affectionnant avant tout les revues et les livres d'histoire, les ouvrages de fiction s'avèrent toujours peu rentables. Ceux qui ont envie de lire le dernier roman de Nancy Huston, de Ying Cheng ou de Jonathan Littell doivent commander leur exemplaire et le prépayer : quoi de plus naturel puisque la librairie doit assurer la vente de ses marchandises ?

Si telle est la réception que la communauté réserve aux ouvrages des écrivains renommés, peut-on seulement imaginer le sort des écrivains locaux ? Hormis un public restreint composé des écrivains eux-mêmes et de quelques universitaires qui se font un devoir de lever le voile sur une production presque invisible, personne n'a

---

[30] « La littérature française au Nord-Ouest », *Mémoires de la Société royale du Canada*, section I, série III, vol. IX, décembre 1915, p. 247. [Texte lu à la réunion de mai 1915.] Prud'homme enjoint ses collègues à « tenir par la main [leur] Benjamin de l'Ouest, afin de mieux favoriser les premiers battements de ses ailes [en lui permettant de leur] chanter, sur un modeste pipeau, les travaux, les luttes et les espérances de [leurs] frères de là-bas » (p. 248).

[31] Rodolphe Laplante, *La Survivance*, vol. 39, le 8 août 1929, p. 1.

réussi à mousser l'intérêt pour un secteur culturel qu'il faudrait quasiment inventer. Le cas de la Société littéraire francophone de l'Alberta (SLFA), fondée en 1982 à Calgary sous la direction de Christine Dumitriu van Saanen, mais dissoute au bout de trois ans, illustre ce que nous venons de dire.

L'année de sa fondation, la SLFA a créé *La Revue littéraire de l'Alberta* (*RLA*) dans le but d'encourager la création littéraire et d'intéresser la communauté à la chose littéraire. Dans l'éditorial du premier numéro de la revue, van Saanen enjoignait ses concitoyens francophones à écrire « [leurs] rêves et [leurs] histoires » mais, en reconnaissance de la nécessité de développer un domaine d'expression artistique encore à ses débuts, parlait uniquement de textes courts :

> N'hésitez pas à écrire des poèmes, des contes ou des nouvelles, mais n'oubliez pas qu'une œuvre de valeur est souvent tissée de 10 % de génie et de 90 % de labeur et de persévérance. En découvrant ce que la plume des maîtres de la littérature universelle a légué à la postérité, en apprenant à connaître les règles des différentes formes de création littéraire, on transforme un talent inné en une source de richesse et de beauté.

L'invitation à écrire a porté des fruits dans la mesure où la revue a reçu et publié des textes de réflexion, poétiques ou en prose signés par des francophones surtout de Calgary, dont, pour ne nommer que ceux qui finiraient par publier des ouvrages de création, Christine Dumitriu van Saanen, Nadine Mackenzie, Gisèle Villeneuve et Monique Renée Jeannotte. Hormis deux francophones d'Edmonton, Jean Pariseau et Guy Pariseau, les écrivains des autres communautés francophones de la province ne semblent pas avoir contribué à la revue. Marguerite-A. Primeau, originaire de Saint-Paul en Alberta mais citoyenne de Vancouver depuis 1954, de même que Jacqueline Dumas et Marie Moser, toutes les deux d'Edmonton, n'y paraissent pas, mais elles allaient publier chacune un roman avant la fin de la décennie. Seule Primeau l'a fait en français, cependant.

En 1983, Primeau fait paraître *Maurice Dufault, sous-directeur*, roman dont le protagoniste éponyme nous paraît incarner le programme identitaire franco-albertain décrit par Émile Marion en

1935. Le titre professionnel du personnage indique bien son statut dans un village qui n'en est plus un, mais plutôt une petite ville en voie de modernisation et d'embourgeoisement mesquin où anglophones et francophones se côtoient en essayant tant bien que mal de s'accommoder. Atteint d'une maladie terminale, Dufault vient au secours, puis devient l'ami, d'une famille d'immigrés polonais moqués par la communauté. Il va jusqu'à épouser la jeune fille de la famille, qui, tombée enceinte, a tenté de se suicider. Le sous-directeur ne vivra probablement pas assez longtemps pour jamais connaître l'enfant, mais le roman prend fin sur l'image d'un homme qui sait qu'il laissera derrière lui un fils, son fils, et que son épouse et son beau-frère pourront dès lors s'épanouir: «Maurice Dufault avait confiance. Et avec la confiance venaient le contentement et la paix[32]». Estelle Dansereau, qui en a fait la recension pour le troisième numéro de la *RLA*, a qualifié la publication d'«événement marquant» et son auteure de quelqu'un qui «est certainement parmi les meilleurs écrivains de l'Ouest canadien, peu nombreux soient-ils». La recension affirmait que, même si l'ouvrage avait quelques défauts, il méritait d'être lu. Du reste, soulignait Dansereau en citant l'écrivaine anglo-albertaine Myrna Kostash, «dans l'Ouest, nous avons une responsabilité envers nos écrivains[33]». Il s'agit là d'un devoir dont la communauté s'est acquittée peu ou prou, toutefois.

La *RLA* a cessé de paraître après la publication de son sixième numéro. Depuis, la littérature franco-albertaine fait l'objet de recensions ou d'études publiées dans des actes de colloques ou dans des revues scientifiques telles que les *Cahiers franco-canadiens de l'Ouest* ou *Francophonies d'Amérique,* qui visent les spécialistes plutôt que le grand public.

En tout, Primeau a signé cinq ouvrages: trois romans et deux recueils de nouvelles, tous, hormis le roman *Dans le muskeg* (1960), publiés entre 1983 et 1995. Son dernier ouvrage, le second recueil de nouvelles, est la seule de ses publications qui a été rééditée

---

[32] Marguerite-A. Primeau, *Maurice Dufault, sous-directeur,* Saint-Boniface, Éditions des Plaines, 1983, p. 200.

[33] Estelle Dansereau, «*Maurice Dufault, sous-directeur,* Marguerite-A. Primeau», *Revue littéraire de l'Alberta,* n° 2, 1984, p. 36.

moins d'une décennie après sa parution initiale[34]. Composé de récits d'expression française ayant pour cadre l'Alberta et la côte du Pacifique, *Ol' Man, Ol' Dog et l'enfant* a paru pour la première fois en 1995 et la deuxième fois en 2004, augmenté de deux textes brefs, chacun étant la version remaniée d'un extrait du manuscrit d'un roman inédit. Bien que le succès relatif[35] de l'ouvrage soit dû en grande partie à son inclusion dans le programme pédagogique d'écoles francophones situées avant tout en Colombie-Britannique, il n'en demeure pas moins que l'écriture de Primeau, ainsi que le Far Ouest francophone littéraire, sont connus avant tout à travers des récits brefs.

Les personnages d'*Ol' Man, Ol' Dog et l'enfant* sont presque tous des laissés-pour-compte, non seulement parce que démunis aux plans économique, psychologique ou intellectuel, mais aussi parce que francophone et juif, amérindien, vietnamien, de sexe féminin ou âgé. Certains d'entre eux, toutefois, s'affirment grâce à leurs talents de conteurs. Le personnage éponyme de « Granny » et le vieillard du texte éponyme du recueil, un ex-professeur de littérature licencié par « son » université mais encore imbu de culture grecque, sont de ce groupe-là. La première, la vieille pleureuse du village, habituée à jouer le premier rôle dans les veillées mortuaires, se voit obligée de s'affirmer lorsqu'un « farceur » capte l'attention des veilleurs en racontant un « conte à dormir debout[36] ». Ses « armes » seront la logique, grâce à laquelle elle déconstruit le « mystère » du récit usurpateur, le Verbe — contrairement au farceur au parler familier, la maîtrise linguistique de Granny la met sur un pied d'égalité avec le narrateur diégétique —, et un savoir venu d'ailleurs, puisque son récit traite d'un être inconnu des villageois, le lutin irlandais qu'elle rend encore plus étranger en l'appelant

---

[34] Précisons, à titre d'exemple, que *Dans le muskeg*, publié pour la première fois chez Fides à Montréal en 1960, a été réédité aux Éditions des Plaines à Saint-Boniface en 2005.

[35] Jusqu'au mois de juillet 2008, les Éditions du Blé ont vendu la moitié des 600 exemplaires de la deuxième édition, et ce, à des écoles, universités, librairies ou bibliothèques situés surtout en Alberta et en Colombie-Britannique.

[36] Marguerite-A. Primeau, *Ol' Man, Ol' Dog et l'enfant et autres nouvelles*, Saint-Boniface, Éditions du Blé, 1995, p. 53.

par le mot anglais *leprechaun,* et dont le mystère demeure sans explication rationnelle. « Ol' Man », quant à lui, est un solitaire physiquement et psychologiquement infirme[37] qui n'avait pour ami que son chien, mais il sort de son isolement au contact d'un garçon tout aussi solitaire qui, de plus, est atteint d'une maladie affectant son entendement, son parler et ses gestes. En montrant à l'enfant sa partie de l'île, le vieillard lui communique la majesté de la nature à l'aide de bribes de récits mythologiques et ce, tout en lui faisant comprendre qu'il a une place privilégiée dans ce monde mythologisé. Leurs noms bégayés par le garçon, les divinités descendent sur une île de la côte britanno-colombienne, qui, du coup, devient habitable, voire hospitalière.

Dans les deux nouvelles, des francophones habités par une culture autre, irlandaise populaire dans le cas de l'une, savante dans le cas de l'autre, puisent dans la différence une force qui leur permet de se renouveler au plan psycho-affectif. Il en découle que l'imaginaire et le pouvoir des mots servent à connoter non pas une illusoire réalité politique, mais plutôt un univers terre à terre où des personnages ordinaires affirment une force intérieure qui permet de forger des moments d'espoir et aussi, par conséquent, de résister aux ravages d'une aliénation sociale sans doute injuste, mais impossible à nier. Si contestation, fantaisie ou merveilleux il y a, ils entrent dans l'univers raconté à travers le récit, la citation ou la réinvention d'un conte.

Pour « conclure »...

Situé entre la création et la tradition, le conte, même contemporain, se réfère à un certain passé et même écrit et valorise l'oralité et le caractère communicatif, relationnel et communautaire associé à la tradition orale. De plus, il a le potentiel d'investir l'espace traité d'un certain merveilleux qui, en visant à transformer les conditions du réel au plan imaginaire, dénote une certaine protestation contre ces conditions du réel.

---

[37] « Quant à la jeunesse de l'île, elle l'avait surnommé Traîne-la-patte », *ibid.*, p. 15.

Dans «Labyrinthe[38]», par exemple, un texte écrit sous forme de vers, Santé Arcangelo Viselli confirme la possibilité de raconter le Manitoba à condition de le traiter en «décor de conte de fées». Faute d'espace correspondant aux histoires dont il se nourrissait jadis l'âme, le protagoniste cesse de convoiter un ailleurs pour plutôt réinventer ses mythes préférés en les adaptant à l'ici-maintenant. Aussi réussit-il à convertir «la prairie du Manitoba, labyrinthe de solitude, d'angoisse et d'attrait [...] sans couloirs, sans architecture, sans géographie[39]» en un paysage souriant aux «arbres arlequins», dont les couleurs s'avèrent «dignes de Rome, de Montpellier» et où l'absence d'êtres humains est «enchanteresse». Savoir pratiquer une écriture investie d'un imaginaire ayant un tel pouvoir transformateur n'est pas rien, mais cela contribue-t-il à ne pas même convoiter un pouvoir sociopolitique?

Le survol des premières histoires racontées aux francophones de l'Alberta révèle une prédilection pour de courts textes qui, plus intéressés à affirmer l'importance des valeurs de l'esprit qu'à faire rêver le lecteur, mettent rarement en scène des personnages ayant une prise réelle sur le monde. Dans les ouvrages de Primeau et de nombreux autres écrivains franco-albertains arrivés sur la scène depuis 1980, les nouvelles, contes ou autres récits courts, qu'ils soient cités ou réinventés dans un roman ou qu'ils comportent un texte autonome, permettent souvent à un personnage normalement privé de voix de s'affirmer, et ce, souvent en exprimant un point de vue allant à l'encontre de la *doxa*. La plupart de ces textes expriment une critique plutôt «douce» du monde, comme s'il s'agissait de représenter une communauté qui a bel et bien survécu à des décennies de minorisation, domination et colonisation, mais en agissant toujours en sage subalterne qui connaît et accepte sa place dans la société. Force est d'y voir des traces d'une mentalité formée à une autre époque. Seraient-ce des signes d'une particularité des francophonies de l'Ouest canadien, jusqu'ici aussi peu férues que peu nourries de littérature?

---

[38] Paru dans la *Revue Éloizes,* «Traces et territoires», n° 26, 1998, p. 34-39.
[39] *Ibid.*, p. 37.

Sans appui institutionnel infrastructurel[40], sans beaucoup de lecteurs fidèles, l'écrivain franco-albertain d'expression française a le sentiment de créer dans le vide, mais a envie tout de même d'écrire. Dans cette perspective, les récits courts favorisent ses chances d'être lu en plus de permettre de rentabiliser son temps. Il n'est pas exclu qu'en continuant de les écrire, publier et faire lire, les écrivains francophones de l'Alberta réussissent à modifier les habitudes littéraires de leurs concitoyens. Revoyons la chose dans une vingtaine d'années.

---

[40] L'Ouest canadien n'a pas eu de maison d'édition consacrée à la littérature d'expression française avant 1974. Cette année-là, les Éditions du Blé, organisme francophone communautaire à but non lucratif situé à Saint-Boniface, a vu le jour. C'est aussi à Saint-Boniface que se sont établies, en 1979, les Éditions des Plaines. En 1984, Régina a vu la fondation des Éditions Louis Riel, rebaptisées Éditions de la nouvelle plume en 1996, mais l'Alberta n'a toujours pas de presses francophones.

BIBLIOGRAPHIE

Chamberlin, J. Edward, *If This is Your Land, Where Are Your Stories? Finding Common Ground*, Toronto, Knopf, 2003, 271 p.

«Contes et nouvelles de langue française», *L'Encyclopédie canadienne*, texte consulté en ligne à l'adresse suivante: www.thecanadianencyclopedia.com/index.fdfm?PgNm=TCE&Params=flARTF000.

Dansereau, Estelle, «*Maurice Dufault, sous-directeur,* Marguerite-A. Primeau», *Revue littéraire de l'Alberta*, n° 2, 1984, p. 36.

Krasner, David (dir.), *A Companion to Twentieth Century American Drama*, Malden (Massachusetts), Blackwell, 2005, 576 p.

Primeau, Marguerite-A., *Dans le muskeg*, Montréal, Fides, 1960, 222 p.

Primeau, Marguerite-A., *Maurice-Dufault, sous-directeur,* Saint-Boniface, Éditions des Plaines, 1983, 200 p.

Primeau, Marguerite-A., *Ol' Man, Ol' Dog et l'enfant et autres nouvelles,* Saint-Boniface, Éditions du Blé, 1995, 84 p.

Primeau, Marguerite-A., *Sauvage-Sauvageon,* Saint-Boniface, Éditions des Plaines, 1984, 163 p.

Primeau, Marguerite-A., *Le totem,* Saint-Boniface, Éditions des Plaines, 1988, 154 p.

Prud'homme, Louis-Arthur, «La littérature française au Nord-Ouest», *Mémoires de la Société royale du Canada*, section I, série III, vol. IX, décembre 1915.

Viselli, Santé Arcangelo, paru dans la *Revue Éloizes*, «Traces et territoires», n° 26, 1998, p. 34-39.

LE RÉCIT COMME ESPACE DE RECONSTRUCTION :
LA QUÊTE DE L'IMAGINAIRE DANS *SAUVAGE-SAUVAGEON* DE MARGUERITE-A. PRIMEAU

JIMMY THIBEAULT
UNIVERSITÉ DE MONCTON

Monique Boucher, dans *L'enfance et l'errance pour un appel à l'autre*, signale que, dans la littérature québécoise, « le monde de l'enfance, malgré les attaques qui lui sont portées, est caractérisé par le jeu, la magie, la fantaisie[1] ». Si cette représentation n'a rien de surprenant en soi, il en est autrement de la volonté que cette auteure relève chez plusieurs romanciers « de décrire le caractère bénéfique de la fabulation considérée comme un rempart ou un refuge contre la cruauté du monde extérieur[2] ». Le monde de l'enfance, dans la construction d'un imaginaire souvent lié à la formation des identités collectives ou individuelles, serait valorisé au point de devenir le symbole d'un paradis perdu, d'un espace libérateur à retrouver, d'un retour possible au temps de l'origine. Une telle valorisation répondrait, sur le plan social, au désir des

---

[1] Monique Boucher, *L'enfance et l'errance pour un appel à l'autre. Lecture mythanalytique du roman québécois contemporain (1960-1990)*, Québec, Nota bene, coll. « Terre américaine », 2005, p. 91.
[2] *Ibid.*

modernes de fuir les vérités qui se sont imposées à eux et dont ils ne peuvent nier les impacts sur leur vie :

> Plus généralement, explique Gilbert Bosetti, c'est l'âme romantique qui s'est découverte aliénée par trop de savoir dans un monde désormais trop conscient de son histoire : l'individu, promu par les Lumières et voué à la religion de l'art comme salut, a valorisé par contrecoup [sic] à la fois l'enfance, la nature et le primitif, expression du besoin d'un retour aux sources[3].

Entre le monde du réel et celui de l'enfance, il se crée alors une frontière perméable que l'individu traversera pour fuir ses responsabilités d'adulte et entamer une réflexion sur la place du soi dans le monde. Or, s'il est possible pour l'enfant d'habiter en permanence ce terrain de jeu que représente l'imaginaire, cette fuite vers le merveilleux ne va pas nécessairement de soi pour l'adulte, qui doit trouver un équilibre entre son quotidien et ses escapades dans le monde de ses fabulations. Le monde réel dans lequel habite l'adulte, coupé de l'enfance, devient alors un lieu d'errance où l'individu se sent en exil, loin de ce paradis qu'il a perdu en même temps que son innocence.

Dans le roman *Sauvage-Sauvageon* de Marguerite-A. Primeau, la narratrice, Maxine Lefebvre, est initiée dès son jeune âge à ce rapport dichotomique au monde alors que son père, par ses fuites répétées vers le monde merveilleux que représente le champ de blé en bordure du village, divise en deux l'univers dans lequel elle vit. Si, d'un côté de la frontière, le père doit se soumettre au rôle que la société s'attend à ce qu'il joue en tant qu'avocat, de l'autre côté, il se réincarne en prince charmant, se métamorphose en enchanteur, en héros mythique, en gardien des rêves et de l'enfance :

> Prince de l'évasion, voilà ce qu'était mon père pour l'enfant que j'étais. Rien n'était plus évident que lorsque tous les deux, la main dans la main, nous fuyions le village et ce qu'il représentait d'embûches à notre liberté pour le champ de blé à deux kilomètres de ce que nous appelions « la frontière »[4].

---

[3] Gilbert Bosetti, cité dans Monique Boucher, *op. cit.*, p. 92.

[4] Marguerite-A. Primeau, *Sauvage-Sauvageon*, Saint-Boniface, Éditions des Plaines, 1984, p. 29. Désormais, les références à ce roman seront indiquées par le sigle *SS*, suivi du folio, et placées entre parenthèses dans le texte.

Sous l'égide du père, Maxine apprend à habiter un monde parallèle où le soi se dégage des responsabilités de la vie réelle. Cet apprentissage est cependant interrompu par ce que la narratrice décrit comme une série de trahisons alors que le père, dans un premier temps, affirme vouloir un garçon et que, dans un deuxième temps, malgré la promesse qu'il lui fait à la mort de la mère, il épouse une autre femme. L'univers de Maxine bascule et, dans une tentative que nous verrons infructueuse, rompt avec le père. Cette rupture n'est cependant jamais complète et l'imaginaire de la jeune fille la ramène toujours au père, comme si l'espace de la fuite n'était accessible qu'en sa compagnie. À défaut de pouvoir rompre avec la figure du père, Maxine rejette toute fugue vers le rêve et se pose elle-même comme le centre de son univers, sombrant dans la solitude de son individualisme, qui n'a pour but que la négation du monde auquel appartient le père: «À travers toutes mes révoltes, au milieu de mes années de vagabondage en Europe, c'était la présence de mon père que j'avais toujours fuie, le seul être que j'eusse réellement aimé» (*SS*: 127-128).

Vécue comme une mise en exil — concrètement représentée par son départ obligé vers le couvent pour, dit-elle, «apprendre à vivre» (*SS*: 78) —, la rupture entre l'imaginaire désormais inatteignable du père et la sombre réalité à laquelle la narratrice doit faire face pose cette dernière dans une logique de survivance. La fuite n'étant plus possible, Maxine s'inscrit dans un rapport avec le monde fondé sur le besoin qu'elle ressent de se protéger face à la médiocrité qu'elle y perçoit. Pour cela, elle refuse les interactions qui pourraient l'altérer dans son être et la ramener au niveau de ce père qu'elle a rejeté, à celui de l'homme, ce qui rend impossible tout engagement du soi dans une relation sérieuse avec autrui:

> Absence à la présence des autres, incapable de prononcer la parole attendue, d'esquisser le moindre geste qui les eût admis dans mon intimité. Qui m'eût enfin délivrée! Non! j'ai préféré vivre seule avec moi, vivre en moi, centre et pivot de mon univers. Les autres? Je les niais ou plutôt je vivais à côté d'eux, toujours à côté, jamais avec eux. (*SS*: 15)

Plus encore, Maxine s'affaire à détruire les rapports intimes qui impliquent une altération du soi, de son individualité, c'est-à-dire une recomposition du Moi dans un espace imaginaire que le soi ne contrôle pas complètement. Tout se joue, dans le roman, comme si la rupture brutale vécue dans l'enfance, entre le monde réel et celui de l'imaginaire, avait imposé à Maxine une existence sans magie, sans rêve possible, la rendant, du même coup, prisonnière de son individualité:

> Seule, tu l'as toujours été; tu l'as été depuis le jour où... L'amitié, l'entente fraternelle, l'amour partagé, de cela, tu n'as pas voulu. Il te fallait l'impossible. L'humain était trop peu pour toi. Quand une fois tu as reconnu la fragilité de ses illusions, tu t'en es détournée. Méprisante et haineuse, tu n'as eu dès lors qu'un seul désir, celui de te venger. Eh bien, reste avec ta vengeance, ton unique pécule, Sauvage-Sauvageon, le summun [sic] de ton existence. (*SS*: 36)

C'est dans la suspension, dans le non-dit de la première phrase de cette dernière citation que se joue, en fait, le drame de Maxine: c'est parce qu'elle est incapable de nommer avec exactitude l'origine de son malaise, jusque-là associé à la figure du père, qu'elle n'arrive pas à se défaire de cette douleur existentielle qui la suit depuis l'enfance.

Pour se libérer de ce rapport négatif au monde, Maxine doit donc s'affranchir de sa propre réalité et, pour cela, compléter la rupture avec le père, ou, plutôt, s'en approprier l'autorité. Ce rapport problématique qui s'installe entre Maxine et son père est d'ailleurs assez représentatif d'un certain discours moderne et postmoderne où se joue une quête d'émancipation des collectivités par rapport aux discours autoritaires du passé. En effet, François Ouellet, dans son essai *Passer au rang de père*[5], constate que la figure du père, dans les discours identitaires sociohistorique et littéraire qu'il analyse, intervient souvent comme «un concept clef de voûte qui est dépositaire du sens et du parcours d'une vie individuelle, qui éclaire les grands enjeux sociaux et culturels

---

[5] François Ouellet, *Passer au rang de père. Identité sociohistorique et littéraire au Québec*, Québec, Nota bene, coll. «Essais critiques», 2002, 154 p.

fondamentaux, qui permet de prendre la mesure de la civilisation et de son destin[6] ». Le fils (ici, la fille), qui représente en quelque sorte le discours identitaire au présent, doit, s'il veut affirmer sa propre existence et se projeter dans l'avenir, se dégager de l'autorité du père, c'est-à-dire des discours et des événements qui ont façonné, dans le passé, les repères identificatoires du présent. Ainsi, explique Ouellet,

> il serait possible d'écrire une histoire des formes narratives depuis les Lumières qui montrerait éloquemment combien les récits moderne et postmoderne se constituent et évoluent systématiquement en prenant la mesure de la figure paternelle [comme figure d'autorité], en la remettant en question, en la redéfinissant, en la dévaluant. Au fond, on revient à ce que disait Kristeva et les telqueliens, à savoir que la seule démarche pour l'écrivain d'entrer dans l'histoire, c'est sur le mode « de la négation comme affirmation »[7].

Pour que le fils passe au rang du père, il doit, dans une certaine mesure, tuer — du moins, symboliquement — son propre père en se réinventant dans un imaginaire qui lui est propre. Il aura donc fallu, dans *Sauvage-Sauvageon*, que le père meure pour que Maxine prenne enfin la parole pour s'inventer hors de celle du père, mais cette parole demeure fragile et le récit se pose davantage, au début du roman, sous le signe d'un procès à subir que d'un acte libérateur. La narratrice se sent effectivement coupable de la mort du père puisque, n'étant pas capable d'établir une rupture nette dans son rapport avec lui, elle s'en est géographiquement éloignée en s'isolant, en se repliant sur elle-même et en cherchant, par tous les moyens, à se venger de ses trahisons. Ce repli n'aura cependant pas fait souffrir que le père et le soi, mais touchera également les autres personnages qui tentent de tisser des liens d'amitié avec elle. Le récit qu'elle se raconte devient alors le théâtre d'un procès qu'elle dit perdu d'avance et dont l'unique dénouement possible, pour la « criminelle » qu'elle affirme être, se trouve dans sa propre mort.

---

[6] *Ibid.*, p. 10.
[7] *Ibid.*, p. 57.

Si la marée montante doit effacer les crimes de Maxine en l'emportant avec elle, on comprend rapidement que le véritable gouffre dans lequel la narratrice s'enfonce est celui de la mémoire et que les flots libérateurs sont ceux de la parole. Ce qui est d'autant plus vrai que si, comme l'affirme Hannah Arendt dans *Condition de l'homme moderne*, l'individu arrive difficilement à se pardonner lui-même parce qu'il « dépen[d] des autres, auxquels [il] appar[aît] dans une singularité qu'[il est] incapabl[e] de percevoir [lui-même][8] », la prise de parole de Maxine lui permet de se mettre à distance du soi et, pour prendre l'expression de Paul Ricœur, de se « délier[9] » de son propre passé, des actes et des crimes qu'elle a pu commettre. Ce n'est qu'à partir de ce regard extériorisé du soi que la narratrice pourra atteindre une certaine rédemption et, par le suicide symbolique qu'elle affirme vouloir commettre à la fin de son récit, se réinventer au présent. Dans *Sauvage-Sauvageon*, le récit rend possible l'émancipation de Maxine à l'égard du père, lui permet de se créer son propre imaginaire et de retrouver enfin le chemin des rêves. C'est ce parcours entre l'imaginaire du père, le réel et la reconstruction du soi que je propose de suivre dans la suite du présent article.

Rêve et trahison du père : la perte du paradis initial de l'enfance

Comme on l'a constaté plus tôt, l'imaginaire représente, pour le père, une fugue vers un ailleurs fantastique qui lui permet de vivre librement ses rêves d'enfance. En entraînant Maxine avec lui lorsqu'elle n'est encore qu'une enfant, il lui permet de découvrir l'existence de deux mondes parallèles séparés par une frontière perméable située à la limite du village. En fait, la mise en place de cet espace imaginaire lui sert à trouver lui-même un certain

---

[8] Hannah Arendt, *Condition de l'homme moderne*, Paris, Calmann-Lévy, 1983 [1961], p. 273.
[9] « Tout se joue finalement sur la possibilité de séparer l'agent de son action. Ce déliement marquerait l'inscription, dans le champ de la disparité horizontale entre la puissance et l'acte, de la disparité verticale entre le très haut du pardon et l'abîme de la culpabilité. Le coupable, rendu capable de recommencer, telle serait la figure de ce déliement qui commande tous les autres. » Paul Ricœur, *La mémoire, l'histoire, l'oubli*, Paris, Seuil, coll. « Points essais », 2000, p. 637-638.

équilibre dans sa vie d'adulte : alors qu'il refuse d'oublier les rêves qui l'avaient habité dans sa jeunesse, le père se donne le moyen de les réaliser en marge de sa vie d'avocat et, ainsi, d'atteindre une complétude relative du soi. En ce sens, il est intéressant de constater que le père correspond assez bien à la figure du fils dont parle Ouellet, c'est-à-dire à ce fils qui, pour passer au rang de père, arrive à se dégager, ne serait-ce que partiellement, du discours autoritaire qui a influencé son parcours d'adulte. C'est ainsi qu'il explique à Maxine qu'il se définit lui-même comme « une plante de jardin » qui aurait été cultivée dans un but précis, celui de devenir avocat alors qu'il rêvait d'être « une sorte de cultivateur-poète-de-la-nature » (*SS* : 25) : « Cultivé quand j'avais ton âge, cultivé à l'école, au collège, et jusqu'à ce que je devienne avocat. C'était le désir de mes parents » (*SS* : 23-24). Et s'il tente de se convaincre des bienfaits de ce chemin qu'on avait tracé pour lui[10], Maxine remarque chez lui « un regret soudain, une pensée importune » qui l'amène « à douter du sens de sa vie » (*SS* : 25). Aussi, lorsqu'il désire fuir « l'horizon limité de son bureau d'avocat », il quitte le village pour s'enfoncer dans le champ de blé, espace merveilleux où seul le rêve fait loi et où, en compagnie de sa fille, il retrouve « l'agitation fébrile du petit garçon d'autrefois » (*SS* : 30). Dans ce champ, explique la narratrice, « [c]'étaient des courses folles dans le sentier qui conduisaient à la ferme, des rires et des bribes de chanson qui n'avaient nulle raison d'être sauf que nous étions heureux et qu'il fallait donner libre cours à cette joie sans raison » (*SS* : 30).

Par ces fuites vers le monde de l'enfance, le père ne se limite pas à s'inventer une vie imaginaire, il s'affaire également à construire un espace libérateur qu'il désire léguer à sa fille pour qu'elle puisse compléter son émancipation et que, plutôt que de devenir une plante de jardin comme lui, elle ait un lieu où se retirer du monde pour faire le point sur son existence. C'est notamment dans cette

---

[10] « La profession d'avocat était tentante. Elle valait son pesant d'or au Québec à cette époque. Personnage bien en vue, il aurait la considération des gens avec, en plus, la bénédiction de ses parents. Cela n'était pas à dédaigner. N'est-ce pas aussi grâce à sa profession qu'il a rencontré celle qui partage sa vie ? Il en remercie la Providence. » (*SS* : 25)

optique qu'il donne à Maxine le surnom de Sauvageon. Pour le père, la référence au sauvageon représente effectivement «sa façon d'expliquer à un enfant, lui qui était resté enfant, ce que l'on pouvait attendre ou faire de la vie réelle» (*SS*: 26):

> Un sauvageon, c'est une jeune plante qui a poussé comme ça, sans qu'on se soit occupé d'elle. Contrairement aux fleurs de notre jardin que ta maman et moi, nous cultivons soigneusement, ce sauvageon pousse tout seul et survit tout seul, sans l'aide de personne. Tu es comme lui. Tu préfères vivre à ta façon sans rendre de comptes. Tu n'aimes pas qu'on te cultive [...]. (*SS*: 22-23)

Ce refus d'être cultivé, cette expression d'une liberté individuelle, précise le père, ne signifie cependant pas qu'il y ait un refus de l'autre, un repli volontaire sur soi, mais appelle plutôt une ouverture de soi au monde dans un rapport d'échanges et de complétude mutuels:

> — Pour obtenir de meilleurs fruits, pour produire de nouvelles variétés de fleurs, on peut insérer au moyen d'une entaille la pousse d'une autre plante sous l'écorce du sauvageon. Cela s'appelle faire une greffe. La greffe, nourrie par le sauvageon, grandit et produit de nouvelles fleurs, de nouveaux fruits qui mûrissent plus tôt [...]. (*SS*: 23)

Il importe ici de souligner cette ouverture à l'Autre que suggère le père puisqu'elle correspond en grande partie à cet individualisme de l'échange qu'ont décrit certains sociologues et philosophes de la modernité et de la postmodernité. Loin de briser les liens avec autrui, l'individu, comme le suggère Jean-François Lyotard, entre dans un mouvement d'échanges mutuels avec les autres individus qui l'entourent, il s'intègre à

> une texture de relations plus complexe et plus mobile que jamais. Il est toujours, jeune ou vieux, homme ou femme, riche ou pauvre, placé sur des "nœuds" de circuits de communication [...] placé à des postes par lesquels passent des messages de nature diverse[11].

---

[11] Jean-François Lyotard, *La condition postmoderne*, Paris, Éditions de Minuit, coll. «Critique», 1979, p. 31.

Les libertés individuelles deviennent alors le centre de référence du soi et seul le respect de ces libertés chez les autres se pose comme garant du lien social puisque, note François de Singly, les rapports établis avec les autres individus doivent être construits dans l'expression et le respect des « libertés individuelles » de chaque individu participant à l'espace social : « [...] il s'agit de vivre dans une société composée d'individus dont le rêve est de rester libres, de leurs mouvements, de leurs corps, de leurs amours, de leurs liens, et donc de ne pas être enfermés dans des rôles, des places, des attentes[12] ». Les liens sociaux, traditionnellement prédéterminés par l'appartenance (à la classe, à la race, à la langue ou à l'espace), subissent ainsi des modifications importantes alors que l'individu devient maître de sa destinée et des liens qu'il entretient ou non avec autrui.

Paradoxalement, cette liberté que tente de léguer le père à Maxine entraînera plutôt, du moins lorsqu'elle est encore enfant, l'exclusion de cette dernière du monde réel, son emprisonnement dans le seul univers de référence qui lui semble alors viable, c'est-à-dire celui du champ de blé, de la magie, de l'imaginaire. Le surnom de sauvageon aura ainsi un effet pervers sur Maxine, qui n'arrive pas à reproduire le schéma identificatoire du père puisqu'il bascule dans un double sens que le père n'énonce que très rapidement, c'est-à-dire le caractère purement « sauvage » de l'enfant : « Je t'appelle aussi "Sauvageon", parce que tu es mon enfant sauvage qui goûte bon quand je l'embrasse, comme la fraise des bois » (*SS* : 26). Maxine, plutôt que de s'ouvrir au monde, se referme sur elle-même, se réfugie dans le monde de l'imaginaire et pose la figure du père comme centre de cet univers, la « lanterne magique » qui en éclaire tous les mystères. Elle définira d'ailleurs la relation qu'elle entretient avec son père en s'excluant d'emblée du monde réel et en faisant de la figure paternelle l'emblème du Moi : « C'est comme Alice au pays des merveilles, hein, Papa ? Moi, je suis Alice, et toi, Papa, tu me découvres mon pays des merveilles » (*SS* : 33). Il se produit alors, chez Maxine, un déséquilibre important entre le monde du rêve et celui du réel, puisque ce dernier devient de plus

---

[12] François de Singly, *Les uns avec les autres. Quand l'individualisme crée du lien*, Paris, Armand Colin, coll. « Individu et société », 2003, p. 11.

en plus lointain pour la jeune fille, qui ne quitte que très rarement son univers imaginaire :

> Déjà, à cinq ans, quand je pouvais quitter un instant l'univers imaginaire qui était le mien propre, je me rendais compte, comme disait mon père sans que je le comprenne tout à fait, que tout n'était pas pour le mieux dans le meilleur des mondes. Mais je détournais vite les yeux de ce qui me paraissait injuste ou laid pour revenir à mes moments privilégiés. (*SS*: 30)

Son père, malgré lui, devient une figure d'autorité dont le discours se pose au centre du processus d'identification de la jeune fille. Il représente à lui seul la totalité de l'univers de l'enfance de Maxine-Sauvageon. On comprend alors l'importance de la perte qu'elle ressent le jour où il lui annonce qu'il désire avoir un autre enfant, qu'elle n'est pas sa seule raison d'exister et que la venue d'un fils viendrait compléter leur famille : « Mon père à moi, mon père de rêves et des légendes désirait un fils ! Je ne lui suffisais donc pas ? » (*SS*: 41). S'éveille alors en elle une colère dévastatrice qui ne s'effacera jamais complètement.

Avec le recul, la narratrice constate cependant qu'il s'agissait davantage d'un réflexe de protection par rapport à une brisure intérieure qu'elle avait ressentie que d'une haine véritable envers ses parents. D'ailleurs, bien que le père adulé perde de son charme, qu'il rejoigne le rang ordinaire des autres pères[13], Maxine ne rompt pas tout à fait avec l'image qu'elle s'était faite de lui. Aussi, Maxine-Sauvageon, qui comprend maintenant « que l'impossible n'était pas de ce monde, que le prosaïque l'emportait sur la poésie, que la lune n'était qu'un astre comme les autres, et qu'un champ de blé n'était… qu'un champ de blé » (*SS*: 44), fuit plus que jamais la laideur du réel et reconstruit dans les livres — nouvel espace de l'imaginaire — l'image du père héroïque, de ce père de fiction qu'elle ne trouve plus dans sa réalité :

---

[13] « Mon père était maintenant un homme comme les autres […]. Le charme était rompu ; je n'avais que faire d'un père qui n'était qu'un parmi tant d'autres, semblable à ceux de mes camarades, rapetissé à la mesure de l'humain. » (*SS*: 43)

> [...] car chaque héros portait les traits de mon père; tout acte de bravoure, je lui accordais. Si chaque jour, je m'éloignais de plus en plus de celui qui s'était rabaissé au niveau des autres hommes, je le retrouvais cependant dans mes livres d'enfant, grandi par l'art, auréolé de vertu que j'étais sans doute seule à voir. L'homme-Mercure, l'Agamemnon que j'avais créé, devenait selon mes lectures, un Vercingétorix martyr, un Richard Cœur de Lion, un saint Louis. Il se confondait avec quelque personnage plus récent: le Montcalm des Plaines d'Abraham, le Napoléon de la Grande Armée. Mais c'était toujours le même regard gris bleu, les mêmes cheveux châtains aux tempes grisonnantes. (*SS*: 45)

Du même souffle, Maxine avoue même avoir rompu avec ses amies, Jeanne et Alice, préférant jouer avec les garçons dans l'espoir de reprendre sa place auprès du père: «Pour confondre, dit-elle, mon père et son désir de fils!» (*SS*: 45)

Tout cela ne reste cependant que dans l'ordre du rêve, du fantasme, de l'imaginaire. Dans la réalité, Maxine doit faire face au discours cru de Jeanne et d'Alice au sujet de l'acte sexuel et de la grossesse de la mère. Les deux jeunes filles reproduisent une image vulgaire, repoussante, dégoûtante même, des rapports réels entre le père et la mère, des rapports dépouillés de tout imaginaire. L'acte sexuel, à travers les paroles de Jeanne et d'Alice, devient alors le symbole d'une réalité sans humanité, animale, voire monstrueuse:

> [Jeanne et Alice avaient fait une] description en détail de l'acte conjugal, les convulsions de ce que Jeanne avait appelé «la bête à deux têtes», en passant par les menstrues, cet écoulement de sang qui me dégoûtait et auquel je ne voulais pas croire, pas plus d'ailleurs qu'à la position grotesque de l'homme et de la femme unis dans une passion qui m'était incompréhensible. D'amour, il n'avait pas été question. (*SS*: 50)

Ce discours ne ferait qu'accentuer le déséquilibre entre le réel et l'imaginaire et conforter davantage Maxine dans son désir de fuite n'était l'intervention de la mère. Cette dernière se posera effectivement sous le signe du «passeur», alors qu'elle permet à Maxine de trouver un équilibre entre le monde de l'imaginaire et celui de la réalité en les faisant cohabiter[14]. L'acte sexuel, par la parole de la mère, devient alors non seulement le lieu d'une rencontre physique, mais également celui d'une rencontre où interviennent l'amour, le respect et la compassion des amants, d'un échange mutuel entre deux individus devant les conduire au bonheur ultime de donner la vie: «J'avais compris ce à quoi ma mère voulait en venir [...]. Peu m'importait l'acte par lequel la semence de l'homme était transmise. Il ne pouvait être laid ni ridicule s'il était accompli en signe de tendresse» (*SS*: 53). Dès lors, Maxine refait lentement surface dans la réalité et en vient même à pardonner à ce père qui resterait comme les autres mais qui finalement était le sien, et elle accepte l'éventuelle greffe du frère attendu: «C'est en sautillant que je l'ai quittée. Je n'en voulais plus à mon père et j'étais presque prête à accueillir ce petit frère dont l'arrivée m'avait paru si menaçante» (*SS*: 53).

Cette réconciliation entre le rêve et le réel, entre Maxine et son contexte familial, ne perdure cependant pas puisque la mère meurt, brisant l'équilibre que Maxine avait si difficilement trouvé. Cette mort de la mère aura pour effet d'accentuer la rupture que le père avait initiée, ce qui amène Maxine à s'isoler de plus en plus alors que le «sauvageon» devient plus sauvage qu'avant, ce qui l'amène à se refermer davantage sur elle-même:

> Timide et sauvage, orgueilleuse aussi parce que mes notes de classe étaient meilleures, et parce que je ne savais pas parler leur langage, habituée que j'étais à celui de mon père, je m'empressais de rentrer à la maison tandis que les autres bavardaient au coin des rues, entraient au café boire un Coca Cola. Tête haute, je marchais vite pour ne pas entendre leurs rires insouciants. (*SS*: 57)

Et s'il y a toujours une relation timide entre la fille et le père, cette relation est interrompue alors que Maxine est âgée de 12 ans:

---

[14] La mère explique d'ailleurs à sa fille: «J'aurais dû t'expliquer bien des choses, il y a longtemps. J'attendais le moment propice. Et il ne se présentait pas, ou je l'écartais à la pensée que tu étais encore si jeune. Qu'il ne fallait pas te placer d'un coup devant une réalité que je sentais que tu n'accepterais pas facilement.» (*SS*: 50)

le père, qui, à la mort de la mère, avait promis de ne jamais se remarier, brise sa promesse et épouse la « femme à hommes » du village. Encore une fois, l'annonce de cette trahison passe par Jeanne et Alice, qui décrivent la relation du père et de la femme dans ce qu'elle a de plus cruel pour Maxine. Il se produit alors une brisure irréparable entre le père et la fille et, avec l'arrivée de la belle-mère, Maxine est mise en exil au moment où le père l'envoie terminer ses études au couvent. Si elle n'arrive jamais à rompre complètement le lien avec son père, Maxine posera, à ce moment, une rupture complète avec le territoire de son origine, réel et imaginaire, pour n'habiter que l'espace du soi, en marge d'un réel qu'elle perçoit comme médiocre. Maxine ne croit plus au monde imaginaire du père. L'espace de l'enfance est littéralement nié, jeté aux oubliettes, comme cette carte du *Pays de Tendre* qu'elle achète à Paris et déchire dans un cruel acte de rupture avec son amant : « Le monde magique disparu, la mer tout en or, ou d'un bleu piqué de papillons blancs, a tourné au bleu sombre de la tempête » (*SS* : 34).

Le refus de l'Autre : l'impossible fuite de Maxine vers le bonheur

La référence à la carte du *Pays de Tendre* me semble particulièrement représentative de l'état d'esprit dans lequel se trouve Maxine après qu'elle a été obligée de quitter la maison familiale. En fait, cette scène se produit au moment où elle vit une relation tumultueuse avec Marcel, dont la famille est issue de l'aristocratie parisienne. Ici, on constate que Maxine s'inscrit désormais hors du pays des rêves, de l'imaginaire de son enfance, et qu'elle a accepté de se fondre dans la médiocrité du réel. Aussi, sa relation avec Marcel n'a rien d'amoureuse puisqu'elle se fonde plutôt sur un rapport purement sexuel, à la limite animal, où s'exprime une passion violente « qui n'est ni amour ni tendresse ni affection » (*SS* : 70), mais un moyen pour Maxine de tourner le dos à son enfance. Selon cette dernière, il s'agit donc d'une passion « sans importance puisque la sincérité en était absente » (*SS* : 72) et que seul le désir du soi importe réellement : « [...] de mon campagnon [*sic*], je n'avais d'autre souci que d'être transportée avec lui et par lui au plus profond de la vague. Ensuite, je dormais profondément, fière d'avoir encore une fois fait la nique à mon enfance» (*SS*: 72). En fait, note Paul Dubé au sujet de ce rapport physique qui, entre Maxine et Marcel, prend souvent l'apparence de viols consentis[15], les protagonistes «cherch[ent] presque perversement "l'anéantissement dans l'acte d'amour"[16]».

Or, c'est exactement ce qui se produit dans cette scène où Maxine détruit la carte du *Pays de Tendre*, c'est-à-dire une tentative, de la part de Maxine, d'anéantir la figure du père, de son enfance et de rompre avec le monde imaginaire d'où, comme elle le dit elle-même, elle avait été bannie. Si Maxine achète d'abord la carte par hasard et décide de l'afficher dans sa chambre pour voir la réaction de Marcel, le plaisir que ce dernier éprouve en la découvrant sur le mur de la chambre éveille en elle l'image du père et de son pays imaginaire dont elle a été exclue, et, dans un geste de colère, elle se moque de son amant avant de détruire la carte, où étaient tracés les chemins d'un amour qu'elle ne trouverait jamais. Le geste choque Marcel, qui se jette sur elle pour lui faire l'amour avec une violence que Maxine ne lui connaissait pas:

> J'ai cessé de me débattre. Il y avait quelque chose de si insolite dans ce revirement qu'une curiosité, que je ne puis qualifier que de malsaine, s'est emparée de moi. J'ai voulu voir jusqu'où irait le déchaînement de sa violence, jouer avec lui tout le registre de l'amour, pour détruire ce passé que je traînais partout avec moi. (*SS*: 80)

---

[15] «[...] l'acte d'amour qui n'a rien à voir avec l'amour, [...] s'il [Marcel] laissait courir son imagination, lui donnerait une impression de viol. Il la veut grisée, enivrée, éperdue, toute secouée de spasmes, brisée par lui et sous lui. Combat sans trêve et sans merci. Quitte à avoir honte demain, à se sentir amoindri, moins propre. À se dire une fois de plus qu'il n'est pour elle rien d'autre qu'un homme.» (*SS*: 71)

[16] Paul Dubé, «La métaphore théâtrale dans *Sauvage-Sauvageon* de Marguerite Primeau», *Héritage et avenir des francophones de l'Ouest* (actes du 5ᵉ colloque du Centre d'études franco-canadiennes de l'Ouest tenu au St. Thomas More College, Université de la Saskatchewan, les 18 et 19 octobre 1986), Saskatoon, Centre d'études franco-canadiennes de l'Ouest (CEFCO) / St. Thomas More College, 1985, p. 46.

À la suite de cette agression, Maxine quitte Marcel et apprend qu'elle est enceinte. L'enfant ne verra cependant jamais le jour, non qu'elle se fasse avorter — bien qu'elle en exprime le désir[17] —, mais plutôt parce que « [c]et enfant [qu'elle] commenç[ait] presque à désirer sinon à aimer a choisi de disparaître par lui-même » (*SS*: 83). Dès lors, on comprend que le sauvageon n'acceptera jamais la greffe d'un corps étranger[18], qu'il refuse l'amour tel que le lui avait décrit la mère et que, pour lui, les rapports intimes avec autrui n'aboutiront toujours qu'à l'expression de la médiocrité humaine qu'elle avait ressentie dans les paroles de Jeanne et Alice. Aussi, note Pamela V. Sing, « [s]e croyant mal aimée, Maxine n'a pas d'amour à donner. Au contraire, elle s'acharne à conserver intact son être sauvage[19] ». Et cela, toujours au détriment de l'autre.

La narratrice, après avoir fait le récit de son passage à Paris et de sa relation tumultueuse avec Marcel, comprend que son comportement égocentrique n'est pas sans avoir fait de victimes dans son entourage. Elle interrompt d'ailleurs le récit de son passage à Nice et réintègre son présent, justement pour ne pas faire face, note Pamela V. Sing, « au rôle qu'elle a joué dans la disparition d'une femme qui lui avait été une mère, une amie, mais aussi, une rivale[20] ». Alors qu'elle s'apprête à parler d'Angela, qui est la seule à s'occuper d'elle lors de son arrivée à Nice, qui l'a prise sous son aile et qui, plus qu'une amie, deviendrait une mère pour elle, Maxine s'exclame : « Je ne veux pas voir, je ne veux rien entendre. Je ne suis pas responsable de "l'accident". Je n'étais pas la gardienne

---

[17] Désir qu'elle annonce à son père : « Le mot que je lui ai adressé [...] se bornait à annoncer que j'étais enceinte, mais que pour rien au monde un enfant de moi ne verrait le jour » (*SS*: 81).

[18] « Il n'y a pas eu d'enfant ; il n'y a pas eu d'avortement. Au moins, n'ai-je pas cela sur la conscience. Cet enfant que je commençais presque à désirer sinon à aimer a choisi de disparaître par lui-même. » (*SS*: 83)

[19] Pamela V. Sing, « L'Ouest et ses sauvagesses : écriture et prairie », *Francophonies d'Amérique*, n° 11, 2001, p. 36.

[20] Pamela V. Sing, « La côte ouest du Pacifique imaginaire : Marguerite-A. Primeau », dans Guy Poirier, Jacqueline Viswanathan et Grazia Merler (dir.), *Littérature et culture francophones de Colombie-Britannique. Espaces culturels francophones I*, Ottawa, Éditions David, coll. « Voix savantes », 2004, p. 160.

de celle qui s'était constituée ma sœur (ma mère?) » (*SS*: 85). Toutefois, elle ne peut nier sa part de responsabilité dans ce qu'elle nomme « l'accident » et enchaîne avec le récit des événements qui ont conduit Angela au suicide. Maxine, désireuse de séduire Johnny, décide d'abandonner Angela, qui a pourtant besoin de sa présence ce soir-là puisqu'il s'agit du troisième anniversaire de la disparition de son fils. Cherchant un moyen pour se retrouver seule avec Johnny, Maxine se déculpabilise en se remémorant « avec complaisance [...] qu'à Florence, Angela a bien su se passer [d'elle]. Qu'elle [l']a abandonnée pour cueillir son plaisir avec *Signor* Pulcioni » (*SS*: 116).

Ainsi, comme le remarque Dubé, « [o]n peut se demander si la motivation première du geste de Maxine n'est pas, plus que l'envie de Johnny, le désir de se venger d'avoir été, un jour, abandonnée par Angela, comme elle avait été abandonnée par son père: dans les deux cas, "pour cueillir [leur] plaisir"[21] ». Un rapprochement qui est d'autant plus intéressant que, souligne Pamela V. Sing, Angela, dans le discours de Maxine, devient en quelque sorte « un avatar de son père[22] » alors que la côte d'Azur se superpose à la côte ouest du Pacifique: « Du fond de ce fauteuil où la vie m'a rejetée, toute la douceur et le bonheur que j'ai connus — oui, j'ai connu sur la côte d'Azur un bonheur qui, je le sais maintenant, s'apparentait à celui de mon enfance —, me reviennent à la mémoire » (*SS*: 96). Elle ajoute, plus loin: « Les paroles de mon père lors de nos promenades d'autrefois mêlaient leur chuchotis intime, inoubliable, à la passion bruyante d'Angela » (*SS*: 96). Encore une fois, le rapport qui s'installe entre Maxine et son entourage se fera à sens unique, car elle n'accepte l'amitié d'Angela que pour retrouver certaines émotions perdues depuis l'enfance. Au-delà de ce qu'elle peut trouver pour elle-même, Maxine refuse toute implication, tout engagement de soi, dans une relation où elle serait amenée à donner en retour de ce qu'elle reçoit. C'est ainsi

---

[21] Paul Dubé, *op. cit.*, p. 47.
[22] Pamela V. Sing, « La côte ouest du Pacifique imaginaire: Marguerite-A. Primeau », *op. cit.*, p. 161.

que, avec le recul, elle en arrive à s'expliquer son comportement face à la détresse d'Angela en ces mots : « En vérité, les autres, et Angela même, existent si peu pour moi. Juste le peu dont j'ai besoin » (*SS* : 117). Dès lors que l'image d'Angela s'éloigne de celle du père, que pouvait-elle lui apporter, sinon la déception ? Car ce que cherche Maxine dans la présence des autres, ce n'est jamais que celle du père.

Finalement, ce qui reste du passage de Maxine en Europe, c'est l'impression que sa fuite vers l'ailleurs géographique aura été vaine et que son rapport avec autrui n'aura toujours été motivé que par la quête du paradis perdu et de son prince déchu. Après la mort d'Angela, Maxine comprend que l'errance ne sert finalement à rien et qu'il est temps pour elle de revenir vers le seul endroit où elle pouvait se retrouver :

> Je peux bien en convenir maintenant et cesser de me mentir. Marcel, Angela, Johnny, et ceux qui sont venus après, tous des êtres de passage. Ma mère avait disparu trop tôt. L'image de mon père seule avait survécu ; elle surnageait, indestructible. Elle réapparaissait au moment où je m'y attendais le moins. Et avec elle, les souvenirs. Car malgré tout ce que je devais à la vieille Europe, même modernisée, même américanisée avec ses drug-stores et ses « self-service », l'Ouest canadien était resté mon pays, celui de mon père et le mien. (*SS* : 128)

Ainsi, c'est chargée de ses crimes que Maxine quitte l'Europe pour revenir dans son pays, non pas en Alberta, mais à Vancouver, où elle entamera un processus de réconciliation, d'abord avec le père et ensuite avec elle-même.

La voie de la réconciliation : passer au rang de « mer »

Le retour de Maxine dans l'Ouest canadien constitue en quelque sorte le premier rapprochement de la fille avec ce père qu'elle avait associé à la médiocrité des hommes. Ce rapprochement se concrétise davantage lorsque le père, qui s'était retiré à Edmonton, est malade et doit venir habiter avec elle à Vancouver. Après avoir cherché sans succès, dans l'errance et dans les autres, à atteindre une certaine image du père, c'est donc lui qui trouve le chemin qui les unira de nouveau. Si cette réunion est, dans un premier temps, exutoire pour Maxine, qui laisse enfin sortir toute la « rancœur [qu'elle] avai[t] brassée depuis ce qui [lui] paraissait des siècles » (*SS* : 143), elle passe rapidement à un autre niveau alors que les deux protagonistes reprendront respectivement leur rôle afin d'achever ce qui avait été commencé dans l'enfance, à savoir le passage devant mener l'enfant à l'affirmation de soi. Ce passage ne se fait évidemment pas sans une réconciliation entre le père et la fille, qui se produira à un moment où ni l'un ni l'autre ne s'y attend. C'est dans un *cottage* sur le bord de la mer, où ils étaient venus pour fuir quelque temps la ville, que, un soir de tempête et de panne d'électricité, le père et la fille sont amenés à s'ouvrir de nouveau l'un à l'autre : ne sachant pas quoi faire, Maxine décide de s'en remettre au père, qui s'occupe du repas. C'est dans cette intimité involontaire du *cottage* que le père prend la parole pour raconter comment, avec la mère de Maxine, ils avaient vécu les premières années en Alberta, territoire alors sauvage où l'homme, qui n'avait pas encore accès à l'électricité et au pétrole, vivait encore en harmonie avec la nature : « Depuis, le progrès, ou ce qu'on appelle le progrès, a mis fin à tout cela. Maintenant, il y a la caravane, bien équipée, et l'électricité. Et les terrains de camping. Ce n'est plus la même chose » (*SS* : 156). Née elle-même de ce progrès, Maxine comprend que son passé ne sera jamais à la mesure de celui de son père, de ce parcours héroïque qui l'avait conduit jusqu'en Alberta : « Et pourtant, un filet de sang pionnier ne coulait-il pas encore dans mes veines ? » (*SS* : 156). Entre les deux, le lien se resserre et Maxine, enfin, entrevoit la possibilité de s'approprier un monde qui lui était resté jusque-là inaccessible.

C'est donc à travers le récit du père qu'il devient possible pour Maxine de retrouver le chemin d'un pays dont elle avait été exclue et qu'elle avait cherché à réintégrer depuis l'enfance. La relation père-fille est alors rétablie et le père, par l'acte d'énonciation, lègue enfin à sa fille ce territoire qu'elle avait si longtemps cherché à réintégrer : « Ainsi, le rapprochement entre la narratrice et son père se produit à la fois dans le récit et par l'acte de produire le récit, comme pour suggérer que lorsqu'on raconte une histoire on finit par redevenir un enfant qui écoute ses propres paroles[23] ». Les rôles sont alors inversés et la narratrice devient celle qui prend soin de l'autre, qui le protège et le console pendant son sommeil :

> Le feu était presque éteint. Ses mains s'étaient agrippées aux couvertures qu'il tentait de remonter vers lui. Je l'ai bordé comme on borde un enfant. J'ai attendu que sa respiration soit redevenue normale. Et... eh oui ! j'avais oublié ce geste inconscient... J'ai posé un instant ma joue contre la sienne, comme je l'avais fait si souvent pendant mon enfance. Était-ce pour m'assurer que la fièvre n'avait pas apparu ? Ou était-ce un retour soudain et inattendu de la fillette d'autrefois ? (*SS*: 157-158)

En se réappropriant le pays du père, Maxine retrouve une certaine sérénité qui l'amènera à se réconcilier avec le monde qui l'entoure.

Il lui reste encore à se réconcilier avec elle-même, à se défaire de ses crimes passés et à s'investir d'une nouvelle autorité afin de reprendre les droits sur sa propre vie. Ceci ne sera cependant possible qu'une fois que le père aura disparu, qu'il se sera tu et que, par sa mort, il aura cédé toute la place de son univers à sa fille. Alors, Maxine, à l'instar du père, pourra prendre la parole pour se dégager de la médiocrité du monde réel, de ses propres trahisons, de ses déceptions et de ses sombres vérités et enfin retrouver le chemin du rêve. Lorsque le père meurt à la fin du roman, la narratrice n'a alors plus rien à dire puisque son récit l'aura conduit sur les traces de ce père qu'elle aurait tant aimé avoir pour elle seule. Aussi, Maxine, qui occupe désormais physiquement la place du père, peut passer au rang de « mère » et, dans sa chaise longue, se laisser sombrer dans un sommeil qui « s'est abattu sur elle comme un coup de massue, anéantissant la journée qu'elle vient de vivre, dispersant à tous les vents les souvenirs, les remords, les gestes qu'elle aurait pu faire, les paroles qu'elle n'a jamais su prononcer » (*SS*: 159). Le suicide annoncé a-t-il lieu ? D'une certaine manière oui, car, malgré l'échec qu'elle perçoit elle-même

---

[23] *Ibid.*, p. 165.

à la fin de son récit, le «je» se tait, disparaît, laissant la place à un nouveau soi, un «il» qui, «sous le souffle chaud qui monte de la terre» (*SS*: 159), accepte de s'abandonner aux rêves qui montent avec la marée, avec la «mer» qui vient la bercer: «Maxine Sauvage-Sauvageon dort. Et rêve!» (*SS*: 159)

BIBLIOGRAPHIE

Arendt, Hannah, *Condition de l'homme moderne*, Paris, Calmann-Lévy, 1983 [1961], 366 p.

Boucher, Monique, *L'enfance et l'errance pour un appel à l'autre. Lecture mythanalytique du roman québécois contemporain (1960-1990)*, Québec, Nota bene, coll. «Terre américaine», 2005, 320 p.

Dubé, Paul, «La métaphore théâtrale dans *Sauvage-Sauvageon* de Marguerite Primeau», *Héritage et avenir des francophones de l'Ouest* (actes du 5ᵉ colloque du Centre d'études franco-canadiennes de l'Ouest tenu au St. Thomas More College, Université de la Saskatchewan, les 18 et 19 octobre 1986), Saskatoon, Centre d'études franco-canadiennes de l'Ouest (CEFCO) / St. Thomas More College, 1985, p. 37-51.

Lyotard, Jean-François, *La condition postmoderne*, Paris, Éditions de Minuit, coll. «Critique», 1979, 109 p.

Ouellet, François, *Passer au rang de père. Identité sociohistorique et littéraire au Québec*, Québec, Nota bene, coll. «Essais critiques», 2002, 154 p.

Primeau, Marguerite-A, *Sauvage-Sauvageon*, Saint-Boniface, Éditions des Plaines, 1984, 163 p.

Ricœur, Paul, *La mémoire, l'histoire, l'oubli*, Paris, Seuil, coll. «Points essais», 2000, 675 p.

Sing, Pamela V., «La côte ouest du Pacifique imaginaire : Marguerite-A. Primeau», dans Guy Poirier, Jacqueline Viswanathan et Grazia Merler (dir.), *Littérature et culture francophones de Colombie-Britannique. Espaces culturels francophones I*, Ottawa, Éditions David, coll. «Voix savantes», 2004, p. 141-168.

Sing, Pamela V., «L'Ouest et ses sauvagesses : écriture et prairie», *Francophonies d'Amérique*, n° 11, 2001, p. 29-40.

Singly, François de, *Les uns avec les autres. Quand l'individualisme crée du lien*, Paris, Armand Colin, coll. «Individu et société», 2003, 267 p.

LES FEMMES RACONTENT ET SE RACONTENT

AU NOM DE LA MÈRE, DU PÈRE ET DE HILDEGARDE :
DES HISTOIRES DE *FILLES* ET DE FILIATION CHEZ ÉLISE TURCOTTE

Andrea Oberhuber
Université de Montréal

Récit individuel et histoire culturelle, mémoire et filiation sont imbriqués l'un dans l'autre dans les deux romans d'Élise Turcotte qui font l'objet de ma réflexion dans l'analyse qui suit. Si, dans *Le bruit des choses vivantes*[1], paru en 1991, la transmission de l'histoire familiale et des histoires sociales emprunte la voie individuelle, dans *La maison étrangère*[2], publié en 2002, outre l'histoire individuelle de la narratrice, sont convoqués des espaces-temps, des figures historiques et des personnes « réelles » afin de permettre à la protagoniste en déroute de se recentrer. Dans les deux cas, la fiction narrative d'Élise Turcotte, fortement inspirée

---

[1] Élise Turcotte, *Le bruit des choses vivantes*, Montréal, Leméac, 1991, 229 p.
[2] Élise Turcotte, *La maison étrangère*, Montréal, Leméac, 2002, 225 p.

par sa poésie³, rend palpable une tendance à l'introspection : les récits de retour, l'un sur les origines d'un malheur généralisé bien qu'indéfini, l'autre sur ses propres origines, font dialoguer histoire (individuelle) et Histoire (collective). La coexistence entre « petits récits » et « métarécits », pour emprunter la terminologie de Jean-François Lyotard⁴, et surtout la tension entre les deux, semblent suggérer l'idée que l'appropriation de la mémoire collective passe nécessairement par la transmission d'une mémoire subjective, véhiculée par le biais d'une mise en récit d'univers particulièrement intimistes, propices à l'autoréflexion, à mille lieues du spectaculaire. Cette mémoire, constituée d'une myriade d'histoires tissées dans la fiction turcotienne telle une toile d'araignée, filtre le réel et empêche l'Histoire d'envahir l'espace intérieur des personnages.

En même temps, à travers les protagonistes en état de crise, les deux romans proposent une réflexion sur la filiation. Une filiation qui, chez Turcotte, considère la place du sujet — le plus souvent féminin — dans la famille en s'intéressant aux rapports entre mère et fille ou entre père et fille⁵, certes, mais également entre âmes sœurs et entre individus appartenant à différentes générations ou

---

³ Écriture poétique et écriture romanesque se font souvent écho chez Turcotte. La proximité chronologique et thématique de certains recueils de poésie et de romans met en évidence la porosité des frontières génériques. Ainsi, on perçoit les traces de *La voix de Carla* (1987) et de *La terre est ici* (1989) dans *Le bruit des choses vivantes*, comme on entend les interrogations de *Sombre ménagerie* (2002) dans *La maison étrangère* et *vice versa*. C'est à l'imbrication du poétique et du romanesque que s'intéresse précisément Daniel Laforest dans son article « Du poème au romanesque. L'espace problématique de l'image dans l'œuvre d'Élise Turcotte », *Voix et Images*, vol. 31, n° 3, printemps 2006, p. 59-73. Voir également l'explication que propose l'écrivaine elle-même de sa poétique d'auteure à la croisée des genres : Denise Brassard, « Entretien avec Élise Turcotte », *Voix et Images*, vol. 31, n° 3, printemps 2006, p. 27-28.
⁴ Jean-François Lyotard, *La condition postmoderne*, Paris, Éditions de Minuit, 1979, 113 p.
⁵ Il s'agit là d'une problématique largement étudiée dans les domaines psychanalytique, sociologique et littéraire. Voir, à titre d'exemples, Nathalie Heinich et Caroline Éliacheff, *Mères-filles, une relation à trois*, Paris, Albin Michel, 2002, 413 p. ; Lori Saint-Martin, *Le nom de la mère : mères, filles et écriture dans la littérature québécoise au féminin*, Québec, Nota bene, 1999, 331 p.

différents modes de pensée[6], tout en évaluant leur position sur l'échiquier de l'Histoire. Il apparaît clairement que, chez Turcotte, « la grande Histoire marche en parallèle avec la petite » et que, par moments, « la petite et la grande Histoire entrent en collision[7] ». C'est grâce à la transmission mémorielle que s'opère l'inscription du sujet dans l'histoire globale. Selon cette logique, l'étude portera d'abord sur l'importance du lien filial, entre la mère et la fille, tel que minutieusement peint par l'auteure dans *Le bruit des choses vivantes*, de même que sur les moyens de construction d'une mémoire intergénérationnelle. Ensuite, à propos de *La maison étrangère*, l'intérêt sera déplacé vers les voix du passé et celle, d'outre-tombe, de la mystique médiévale Hildegarde de Bingen, incarnant toutes un savoir et un savoir-vivre valorisés par la narratrice-protagoniste au cours de sa quête de soi. Outre les voix, ce seront les lieux de transmission tels que la bibliothèque universitaire, la maison et le bureau qui permettront à Élisabeth de se repositionner dans son histoire, dans l'Histoire. Dans la foulée de cette étude, il s'agira enfin de réfléchir sur l'écart temporel et mémoriel problématique entre passé, présent et avenir, que les protagonistes tentent de réduire par les moyens de l'écriture et de l'image. L'épineuse question de l'appartenance du sujet à soi, à une société donnée et, plus universellement, à l'Histoire clora la pensée d'une filiation, généalogique ou littéraire, en étroit rapport avec la mémoire et l'oubli.

---

[6] Ce second type de filiation, d'ordre plutôt intellectuel, de plus en plus souvent mis en scène dans la littérature contemporaine, a donné lieu ces derniers temps à un certain nombre de publications fort intéressantes : Dominique Viart, « Filiations littéraires », dans Jan Baetens et Dominique Viart (dir.), *Écritures contemporaines 2. États du roman contemporain*, Paris – Caën, Minard, 1999, p. 115-139 ; Anne Élaine Cliche (dir.), « Filiations », numéro thématique de *Protée*, vol. XXXIII, n° 3, hiver 2005-2006, p. 5-107 ; Anne Caumartin et Martine-Emmanuelle Lapointe (dir.), « Filiations intellectuelles dans la littérature québécoise », numéro thématique d'*@nalyses*, 11 septembre 2007, www.revue-analyses.org/document.

[7] Élise Turcotte dans une entrevue avec Denise Brassard, *loc. cit.*, p. 30.

Des histoires de « filles » dans *Le bruit des choses vivantes*

L'événement clé du *Bruit des choses vivantes*, à savoir le départ du père de Maria — que l'on peut considérer comme un événement historique dans la mesure où il marque à jamais la vie de la protagoniste, Albanie, et celle de sa fille —, a lieu hors du temps de la narration. Il influe toutefois sur la tonalité nostalgique dont est empreint d'emblée le premier roman d'Élise Turcotte. Ce récit familial, voire littéralement filial, d'une mère monoparentale et de sa fille Maria, toutes deux à la recherche d'un bonheur perdu ou, pour le formuler autrement, en quête d'un nouvel enracinement personnel et social, échappe aux catégories romanesques dominantes depuis une vingtaine d'années[8]. Dans ce roman de l'espace psychique par où sont filtrés les événements et les images (médiatiques) du monde extérieur, d'un côté, et les aléas de la vie quotidienne d'Albanie et de Maria, de l'autre, la maison constitue la toile de fond devant laquelle le lecteur prend connaissance de la relation symbiotique entre mère et fille. C'est au sein même de ce huis clos, de ce lieu de refuge[9] qu'il apprend à partager avec les deux protagonistes les « choses vivantes » à travers leur bruissement quotidien. Que ce soit sur le lieu de travail d'Albanie, c'est-à-dire la bibliothèque, à la garderie de Maria, dans la maison voisine où habite le petit Félix, ou alors chez la mère et la fille qui rêvent d'un voyage dans le Grand Nord, les événements de la vie de tous les jours acquièrent une grande valeur en raison même de leur caractère anodin. La maison est ici un point d'ancrage et

---

[8] Selon Pierre Nepveu brossant le portrait du roman québécois des années 1980-1990, le roman de Turcotte se situe, dans une grande mesure, à l'opposé d'un « roman de migration réelle, de désastre [ou] de fête », d'un « roman qui montre un désir d'action et de puissance en même temps qu'une soif de sacré » : « *Les choses vivantes* d'Élise Turcotte », dans *Lectures des lieux*, Montréal, Boréal 2004, p. 216.

[9] L'univers de Turcotte est tissé de lieux-refuges, comme la cuisine ou la chambre, où le sujet peut se mettre à l'abri de la « menace extérieure et de la rupture du sens », comme le souligne François Paré à propos de la mise en scène d'espaces privilégiés dans la poésie turcottienne : « Pluralité et convergence dans la poésie d'Élise Turcotte », *Voix et Images*, vol. 31, n° 3, printemps 2006, p. 35.

d'enracinement pour la mère et la fille; elle est également lieu de réception du monde médiatique s'imposant de l'extérieur et menaçant l'équilibre frêle des personnages féminins[10].

Comme dans le recueil de poésie *La terre est ici* (1989), Turcotte développe dans *Le bruit des choses vivantes*, cette fois sous forme romanesque, le «motif de la séparation et de l'histoire ou de l'histoire *comme* séparation[11]». Associé à la séparation, le sentiment de perte est omniprésent: héritage négatif de l'enfance, il a laissé des traces dans la psyché d'Albanie, tout en agissant comme moteur narratif du récit, qui couvre une année dans la vie de deux «filles». De ce sentiment associé tantôt à la privation, tantôt à la séparation, tantôt au deuil, découle chez la narratrice une angoisse profonde la consignant dans une vision plutôt pessimiste du monde et dont le lecteur perçoit les réfractions tout au long de la narration. Plus encore, ce sentiment de la perte structure le récit au même titre qu'il structure l'organisation de la vie quotidienne d'Albanie, à son travail aussi bien qu'à la maison. Nouvellement déclenchée par l'histoire de la séparation du couple — cet événement hors récit —, la perte de l'autre renvoie Albanie à ses souvenirs d'enfance, à une enfance habitée par la peur d'être dépossédée d'un bien quelconque: «Images de la peur d'Albanie. Au commencement, il y a peut-être l'histoire des souliers dérobés. Première image de la perte: j'avais cinq ou six ans, je ne sais plus[12]». Les souvenirs d'autrefois et les expériences plus récentes contribuent à la conscience aiguë qu'a Albanie du caractère fugitif de la vie ponctuée de pertes et de disparitions. Le départ du père de Maria marque en effet la fin d'une vie familiale traditionnelle, obligeant Albanie à réorganiser leur quotidien, à s'inventer une nouvelle réalité domestique avec Maria, le tout dans le but d'envisager un avenir rassurant et de déjouer le caractère fortuit de l'existence humaine, prévu d'avance.

---

[10] Pour plus de détails sur l'importance de certains lieux et leur médiation scripturaire et visuelle, voir Andrea Oberhuber, «Le gynécée urbain d'Élise Turcotte», dans Doris G. Eibl et Caroline Rosenthal (dir.), *Space and Gender. Spaces of Difference in Canadian Women's Writing/Espace de différence dans l'écriture canadienne au féminin*, Innsbruck, Innsbruck University Press, 2009, p. 41-51.

[11] Daniel Laforest, *op. cit.*, p. 60.

[12] Élise Turcotte, *Le bruit des choses vivantes*, *op. cit.*, p. 20.

Au fond, *Le bruit des choses vivantes* est traversé par «l'unique question de comment vivre: comment être deux, trois ou quatre, comment dormir, aimer, ne plus dormir, regarder l'heure, les images, épingler des photos sur le mur?[13]». Ce comment être-au-monde, être dans le monde est décliné de façon fragmentaire, sous forme d'éternels questionnements de la part d'Albanie, notamment en ce qui concerne son histoire personnelle et l'Histoire, qui se déroule comme à l'extérieur de sa vie:

> Nous avons appris tout à l'heure qu'il y avait eu un autre tremblement de terre, cette fois en Algérie. Ils ont expliqué, à la télévision, comment les continents se déplacent, se rapprochent et que dans des milliards d'années il n'y aura plus de Méditerranée. C'est pour ça que la terre tremble.
>
> Pendant le reportage, et après, Maria n'a pas l'air tranquille une seconde: elle faisait des liens dans sa tête. Elle m'a parlé de son rêve où elle ne veut pas. J'ai dit, quoi Maria? Elle a dit, que la terre tremble, que la maison disparaisse. C'est à ce moment-là que j'ai décidé qu'il fallait faire quelque chose pour nos rêves, pas nos rêves de nuit mais nos rêves éveillés, ceux où il y a une place réservée pour nous dans un train, ceux où Maria veut tout, le froid et le chaud, le sucré et le salé, tout. J'ai pris un grand cahier avec une couverture rouge et nous avons dessiné une maison sur la première page[14].

C'est dans cette logique dichotomique — le dehors s'oppose au dedans, le lointain au proche, l'intime au social — que la narratrice opte pour une attitude protectrice exclusive à l'endroit de Maria et de l'univers de l'enfance: chaque moment passé avec sa fille devient pour Albanie un instant privilégié. C'est ainsi que, simultanément, elle est en proie à la crainte de ne pas profiter suffisamment du présent et de passer à côté d'un élément essentiel de la vie. Tiraillée entre bonheur et appréhension, entre états de grâce et crises d'angoisse, Albanie s'applique à jongler entre les deux pôles. Si les moments de bonheur correspondent sans conteste à l'enfance, les états d'inquiétude et d'étrangeté au monde

---

[13] *Ibid.*, p. 46.
[14] *Ibid.*, p. 54.

appartiennent à l'univers des adultes. La relation fusionnelle entre la mère et la fille évolue toutefois au fil de la narration[15]. Au fur et à mesure que la fille grandit et commence à devenir une entité plus autonome, les deux identités se dessinent clairement, tout comme diminue au même rythme la hantise de la perte chez la narratrice. Dès lors, l'horizon d'Albanie s'élargit; dès lors, l'espace de la narration intègre d'une autre manière les événements extérieurs et s'ouvre sur de nouvelles personnes dans l'entourage de la mère et de la fille: il s'agit d'abord du petit Félix délaissé par ses parents — par sa mère ayant quitté le foyer familial, puis par son père plongé dans une détresse profonde; ensuite il y a Agnès, vieille dame digne qui se rend régulièrement à la bibliothèque où travaille Albanie, sinon réfugiée dans une vie solitaire après la disparition de son frère; surgit finalement Pierre, le travailleur social, qui servira de pont entre l'extérieur et l'intérieur, entre l'amour maternel et l'amour «intime».

Si la situation d'Albanie entre moments d'émerveillement et instants de grande inquiétude évolue lentement, grâce aux personnes de son entourage, elle est dès le départ propice à la création-réception d'une multitude d'images. Ce sont les images, tant privées que publiques ou plutôt médiatiques, mais surtout l'usage qu'en fera Albanie, souvent avec le concours de Maria, qui seront tributaires d'une nouvelle emprise sur la vie et le monde[16]. Car l'histoire du monde, ou l'Histoire tout court, pénètre dans la maison-refuge, haut lieu de l'intimité et espace privilégié du

---

[15] J'ai jusqu'ici passé sous silence le couple mère-fils de Jeanne et de Gabriel, qui sert en quelque sort de correctif à celui plus fragile d'Albanie et de Maria. La vie semble plus facile pour cet autre couple mère-enfant, et c'est le plus souvent à l'initiative de Jeanne que les deux femmes s'offrent le plaisir d'une sortie le soir, que les quatre entreprennent ensemble une activité «familiale» ou qu'Albanie révise son point de vue sur la difficulté de vivre heureux. Il y aurait lieu, dans le cadre d'une autre étude, de se pencher sur les deux couples que forment les mères avec leur enfant respectif en s'interrogeant sur leur rapport de complémentarité et de différence.

[16] Divisé en cinq parties, tel un drame classique, le premier «acte» du *Bruit des choses vivantes* s'intitule simplement «Les images». Suivent les parties intermédiaires, soit «La géographie du rêve», «Être témoin» et «L'attraction universelle», avant que le livre ne se referme sur «Les mots».

couple mère-fille, par le biais d'images qui «d'un côté entravent et de l'autre libèrent les personnages[17]». Les deux h/Histoires comme les deux types d'images entrent systématiquement en concurrence : la «petite histoire» du gynécée féminin à l'intérieur duquel les deux personnages féminins tentent de réunir les fils de leur passé-présent-à-venir érige une digue contre «la marée envahissante du Tout historique[18]», de ce «grand récit» dont il paraît impossible, aux yeux de la protagoniste, de saisir le sens. L'Histoire du monde est ainsi radicalement séparée de l'être au monde d'Albanie, dans la mesure où les images médiatiques venues de l'extérieur, d'un ailleurs toujours lointain, se manifestent sous l'aspect terrorisant d'un «sens déjà institué[19]». Assaillant littéralement la narratrice, qui s'en trouve à chaque irruption encore plus déboussolée, ces images appartiennent à une «forme d'extériorité inquiétante[20]». Elles ont par conséquent un effet perturbateur sur la psyché d'Albanie, réceptacle de tous les malheurs du monde. Les mauvaises nouvelles véhiculées par les récits journalistiques et les images du petit écran sont une sorte d'écho déformé de ce que vit Albanie au quotidien, de ce qu'elle a déjà vécu dans le passé. Ces images télévisuelles participent à la peur de la perte puisqu'elles s'insinuent jusqu'au cœur du cocon familial. En effet, le chaos du monde (ouragan, tremblement de terre et autres catastrophes) rejoint chez la narratrice la confusion qui règne dans sa vie privée depuis la séparation, tout en favorisant chez elle l'identification au malheur d'autrui :

> Nous venons juste de voir les images de Hugo, l'ouragan. Encore une des choses de ce monde qui arrivent. Ici, plus de désordre que dans l'image du bébé iranien, mais moins de folie que dans les yeux d'une femme qui a tué son mari. Enfin, les images ne disent pas tout sur les choses qui arrivent. C'est pour cela que nous ajoutons toujours, Maria et moi, une suite privée à tout drame collectif[21].

---

[17] Corinne Larochelle, «Lire l'image : *Le bruit des choses vivantes* d'Élise Turcotte», *Voix et Images*, vol. 23, n° 3, printemps 1998, p. 544.
[18] Daniel Laforest, *loc. cit.*, p. 68.
[19] *Ibid.*, p. 64.
[20] *Ibid.*
[21] Élise Turcotte, *Le bruit des choses vivantes*, *op. cit.*, p. 19.

Cette prédisposition de la narratrice à l'instabilité due au désordre extérieur accentue l'antagonisme entre l'intimité apaisante et « l'extimité » d'un monde menaçant, monstrueux. Pour Albanie, le lien entre un drame collectif et le destin individuel semble s'imposer tout seul, ce qui explique l'attitude adoptée par la mère et la fille de vouloir ajouter une « suite privée à tout drame collectif », probablement pour rendre le tout plus supportable.

Cependant, tout n'est pas si dramatique ni véritablement catastrophique. Si certaines images alimentent la peur, d'autres, au contraire, aident Albanie et Maria à l'éloigner de leur vie. Les images positives — d'origine mémorielle ou fabriquées de toutes pièces par la mère et la fille —, fixent le présent et combattent l'oubli. Les souvenirs qu'Albanie grave dans sa mémoire, les photographies et les vidéos (tournées par Jeanne) qui figent un instant de leur existence sont autant de façons de lutter contre la perte des moments de bonheur. « Il faudrait que notre tête soit un immense album photographique[22] », se dit Albanie préoccupée par l'ancrage des souvenirs dans sa mémoire. Il s'agit pour elle de vaincre l'oubli, de pouvoir compter sur une mémoire infaillible que le passage du temps ne peut déformer ou transformer. La photographie devient, comme le souligne Corinne Larochelle, un témoin pouvant rendre compte des moments clés du nouveau mode de vie d'Albanie et de Maria : « Additionnées, les photos composent une sorte de portrait qui témoigne de la cohésion de la cellule mère-fille. [...], la photographie se présente comme un moyen efficace de renforcer leur statut incertain, fragile de famille monoparentale[23] ». Effet secondaire de cette mise en image(s) d'une vie à deux, le travail sur les images photographiques stimule chez la narratrice une réflexion sur les images mémorielles, susceptibles de produire un récit, de témoigner de l'histoire d'une vie, de garantir la transmission du savoir individuel d'Albanie, mais également du savoir et du vécu de toute une communauté de contemporains (les parents d'Albanie, Jeanne, l'éducatrice de Maria, Agnès,

---

[22] *Ibid.*, p. 48.
[23] Corinne Larochelle, *loc. cit.*, p. 549.

Pierre et même le père de Félix), à condition que l'imaginaire puisse aligner ces images, en fabriquer un récit et trouver les mots appropriés. Aussi Albanie arrive-t-elle à la conclusion suivante : « Si je récapitule bien, si je suis capable de faire qu'une image touche une autre image, cela pourrait finir par faire une fameuse histoire pour Maria. Elle en ferait toutes les illustrations et cela deviendrait le plus beau livre que nous ayons jamais lu[24] ». Mais le moyen ultime par lequel Albanie parvient à retenir les souvenirs, à retracer sa vie avec Maria, à s'inscrire en signes visibles dans le tracé de leur histoire commune est l'écriture. Albanie connaît le pouvoir des mots et elle cite de nombreux extraits tirés des romans qu'elle classe à la bibliothèque pour illustrer un instant important de sa vie avec sa fille. À un autre moment, elle place une phrase sur la porte du réfrigérateur[25], tout comme elle établit avec Maria des listes et rédige des cahiers où mère et fille se racontent leurs rêves, où elles planifient leur voyage au pôle Nord. À la stratégie visant à pallier les failles de la mémoire[26] en faisant appel à des supports visuels, s'ajoute la construction d'une mémoire scripturaire. Recopier des phrases, noter leurs rêves dans le « grand cahier avec une couverture rouge[27] » réservé à cette activité commune, se raconter des histoires, leur histoire, tous ces actes concrétisent, au

---

[24] Élise Turcotte, *Le bruit des choses vivantes, op. cit.*, p. 91.

[25] « J'ouvre le livre de Joyce Carol Oates et je lis la première phrase que je place le soir sur la porte du frigidaire à côté d'une recette de gâteau pour la Saint-Valentin. La phrase peut dire n'importe quoi, du moment qu'elle est comme un grand désert blanc offert devant moi. » (*Le bruit des choses vivantes, op. cit.*, p. 97) Et un peu plus loin, la narratrice nous fait part de la continuité de cette activité : « Nous avons placé une nouvelle phrase sur la porte du frigidaire. C'est à propos du Grand Nord [...] Nous aimons cette phrase et depuis qu'elle est là, dans notre cuisine, nous passons beaucoup de temps à en faire le tour. » (*Ibid.*, p. 114.)

[26] Albanie comble en effet les lacunes possibles de sa mémoire, nous l'avons vu, avec des images photographiques. Plus tard, comme si l'image statique n'était plus suffisante, Albanie a recours, avec l'aide de Jeanne, à la vidéo maison afin d'enregistrer le son et le mouvement de certains épisodes de leur vie mise en scène devant l'objectif de la caméra. Pour une analyse plus détaillée du rôle des images et des médias dans *Le bruit des choses vivantes*, voir l'article de Corinne Larochelle, *loc. cit.*, p. 544-557.

[27] Élise Turcotte, *Le bruit des choses vivantes, op. cit.*, p. 54.

bout du compte, la tentative initiale d'Albanie, au moment de la naissance de Maria, «de lui écrire une lettre pour plus tard. Une lettre très longue, qu'[elle]écrirai[t] pendant vingt ans[28] ». Voilà que, sous une autre forme, par ailleurs plus ludique, le projet d'écriture pourra se réaliser, assurant par la même occasion le legs de la mère à sa fille, importante préoccupation d'Albanie surgissant ici ou là dans le récit. À quelques jours près de leur voyage dans le Grand Nord, la narratrice se rend compte de l'importance de sa démarche d'écriture, autrement dit du pouvoir structurant des mots:

> Au début de cette année, il y a eu le cahier de rêves et à la fin, il y aura notre carnet de voyage. Au début, les mots, et à la fin, encore des mots. C'est ainsi que nous nous approchons de plus en plus de ce que nous sommes[29].

En somme, grâce à l'écriture et aux médias (audio)visuels, Albanie et Maria se réinventent une vie à deux, marquée par des moments de joie partagée de plus en plus nombreux. Les mots et les images, moyens d'expression par excellence face à l'impuissance ambiante de dire le monde ou de le faire cadrer facilement dans le réaménagement de leur vie, permettent surtout à Albanie de passer outre la terreur de la mère à l'idée de n'avoir plus rien à transmettre à sa fille. En écrivant, seule ou en compagnie de Maria, Albanie s'inscrit — et inscrit sa fille par le même geste — dans une nouvelle conception de la vie, en connexion avec le monde extérieur, avec leur passé, avec l'Histoire. Vers la fin du récit, le deuil lié à la perte semble accompli et la peur de la disparition, apaisée. La narratrice et sa fille réintègrent le monde des êtres vivants!

La maison étrangère ou comment faire corps avec l'h/Histoire

Il est vrai que, comme le note Pierre Nepveu dans *Lectures des lieux*, le roman québécois de la fin du millénaire réagit au chaos du monde contemporain par une forte propension à l'intimité peu bruyante et à la subjectivité souvent fragile et rêveuse, révélant,

---

[28] *Ibid.*, p. 102.
[29] *Ibid.*, p. 216.

sur le plan des thèmes aussi bien que sur le plan esthétique, une modestie qui cherche à « aménager le quotidien et à y créer des points de résistance, des rituels d'habitation ou d'évasion[30] » plutôt qu'à refaire le monde. Ainsi, la fin des « métarécits », coupant court à l'imagination romanesque, se répercute dans *La maison étrangère* sous la forme d'un univers symbolique[31] dont se nourrit, tout au long du roman, la vision d'Élisabeth, à la fois narratrice et protagoniste dans ce roman à la première personne du singulier. La narration est, comme dans le roman précédemment étudié, construite autour d'un personnage féminin en déroute; son regard sur le désordre, tant extérieur que personnel, guide le lecteur à travers un récit des plus intimistes, mettant face à face l'individu et son passé, le sujet féminin et l'Histoire culturelle occidentale.

Si la maison a déjà constitué un refuge pour Albanie et Maria, leur offrant l'occasion de se replier sur elles-mêmes durant l'indispensable travail de reconstruction identitaire, cette idée d'une maison-abri comme lieu de transit est à nouveau exemplifiée dans *La maison étrangère*. Le roman se compose de trois parties aux titres hautement symboliques — « La sirène de bois », « Dans la forêt des sens » et « Le parfum de la solitude » —, au cours desquelles Élise Turcotte relate la lente chute d'Élisabeth dans les abîmes de sa maison intime, c'est-à-dire son corps physique[32].

---

[30] Pierre Nepveu, *op. cit.*, p. 212.

[31] Influencée par ses lectures sur le Moyen Âge, Élisabeth voit des analogies et des correspondances partout: entre le microcosme et le macrocosme, entre les sujets et les objets, entre le corps et l'âme, entre les vivants et les fantômes. Michel Biron qualifie de « symbolisme *soft* » le rapport qu'entretient la narratrice avec le monde matériel et spirituel: « Le symbolisme *soft* », *Voix et Images*, vol. 28, n° 2, hiver 2003, p. 167-173.

[32] Sous une autre forme et dans un cadre analytique différent, *La maison étrangère* a récemment fait l'objet d'une étude plus approfondie, notamment en ce qui concerne la question d'une nouvelle subjectivité dans la littérature québécoise contemporaine et l'aspect d'une double étrangeté telle qu'éprouvée par la protagoniste. Voir Andrea Oberhuber, « *La maison étrangère* d'Élise Turcotte », dans Klaus Ertler et Gilles Dupuis (dir.), *À la carte : le roman québécois contemporain (2000-2005)*, Vienne-Francfort-Berne, Peter Lang, 2007, p. 427-451.

C'est le récit d'une difficile coïncidence à soi et à un présent insupportable (celui de la rupture, du vieillissement, de l'éphémère), bref d'une absence de soi à soi vécue de manière aiguë après le départ de Jim. Parce que sa vie s'écroule et que, tel un ange déchu, elle tombe dans le vide, parce qu'elle met constamment en relation son corps avec le monde qui l'entoure, Élisabeth se voit confirmée dans une perception apocalyptique du monde, héritage maternel dont il sera question plus loin. Le sentiment d'étrangeté de soi à soi, mais également de soi à son propre corps est propice à nourrir chez la narratrice-protagoniste un sentiment d'étrangeté au monde de plus en plus profondément ancré dans son esprit. Ce malaise s'exprime par l'impossibilité qu'éprouve Élisabeth d'accepter le présent et se reflète dans le motif du miroir, omniprésent dans le roman. Ainsi, l'intrigue plonge le lecteur dans un univers autoréflexif tissé de longs passages d'interrogations existentielles et de mémorisation, bref d'incessants retours en arrière. Outre le fait de renvoyer Élisabeth à son histoire personnelle, notamment à son enfance et à plusieurs éléments clés de son « roman familial[33] », le passé s'avère en lien direct avec l'histoire collective, plus précisément avec l'époque d'un Moyen Âge littéraire et la philosophie de l'amour courtois. Notons que les recherches doctorales d'Élisabeth, menées en parallèle de son travail de professeure de cégep, portent sur « la représentation du corps dans la littérature médiévale[34] », sujet à la fois vaste et spéculaire qui, par le biais de « songes, fictions, règles de vie destinées aux épouses[35] » et, surtout, à travers les écrits de Hildegarde de Bingen et certains livres d'heures, l'amène à s'interroger toujours plus profondément sur son passé. C'est que le passé d'Élisabeth empiète toujours sur le présent, se faisant de plus en plus menaçant pour son équilibre psychique, l'avenir restant éclipsé, dans cette logique, jusqu'aux tout derniers paragraphes du roman.

---

[33] Selon Dominique Viart, *op. cit.*, p. 115-124, le « roman familial », concept freudien, occupe l'avant-scène de la narration fictive contemporaine, traduisant, à l'époque des repères perdus, le besoin d'une filiation familiale ou littéraire.
[34] Élise Turcotte, *La maison étrangère, op. cit.*, p. 15.
[35] *Ibid.*

Dans sa quête du passé familial, par le truchement de son histoire d'amour avec Jim, Élisabeth apprend à mieux cerner les liens affectifs entre son père plutôt épicurien et sa mère vouée entièrement à la morale catholique. La reconstruction de la configuration familiale en parallèle avec le déploiement d'une nouvelle histoire amoureuse, avec Marc, sera pour Élisabeth le point de départ d'une réconciliation avec sa mère sur la tombe de celle-ci. Mais «l'événement» qui initiera le retour à la vie, mettant peu à peu fin à la scission entre corps et âme dont souffre Élisabeth, sera lié à un projet d'écriture, inspiré justement des recherches de la narratrice sur la philosophie médiévale du corps et de l'érotisme. Récit enchâssé, *Le livre d'heures d'Élisabeth* est propice au retour conscient sur le passé familial et amoureux, permettant finalement à Élisabeth de se réconcilier avec son moi profond, de se reconnaître à nouveau dans le miroir, qui masque en réalité la vraie Élisabeth après la rupture amoureuse, et de ne plus se voir comme un simple reflet de son corps. C'est sans doute pour pallier son isolement du monde «réel» et cet inconfort corporel que la protagoniste porte tant attention aux objets, tous symboles du temps qui passe, d'une conception de la vie redevable au motif de la *vanitas vanitatis*: «[…], j'entretenais une passion de collectionneur pour les montres, les horloges et les globes terrestres. Leur présence clignotait comme des feux de signalisation. Ils prenaient la mesure du monde. Les miroirs en faisaient partie, mais dans une catégorie à part[36].» Comme dans une immense salle de miroirs, objets, corps et états d'âme se répondent durant les séances de réflexion que s'accorde Élisabeth dans sa demeure. Dans ces moments de méditation, les objets ouvrent la porte du souvenir et de la mémoire, acquérant par là un statut de médiateurs. L'amour des objets se double chez la narratrice, de manière générale, d'un

---

[36] *Ibid.*, p. 13.

culte de l'image, des images[37]. Élisabeth se souvient que, déjà petite fille, elle voulait, dans les musées où l'emmenait sa mère, «plus-que-voir», c'est-à-dire «voir tellement que s'imprimeraient en [elle] non seulement les couleurs et la texture des tableaux mais surtout l'émotion éprouvée devant la beauté»; mieux encore, elle aurait voulu toucher le tableau, «goûter la matière» et «entrer dans l'image[38]».

Cette propension au tactile, au sensuel — constituant en quelque sorte l'héritage paternel —, Élisabeth semble le perdre au moment de la séparation avec Jim. Plus qu'une façon de voir et de saisir le monde, c'est pour elle une manière d'intégrer le monde à soi et de se souvenir de ce qui a été, grâce aux gestes et aux images imprégnées dans la mémoire affective. Or, avec le départ de Jim, l'irréel et l'imaginaire prennent de toute évidence le dessus dans la vie d'Élisabeth: elle veut habiter un monde qui n'existe plus, un monde d'avant la rupture, constitué de souvenirs du passé, aux dépens du présent. Cette projection permanente dans un ailleurs historique, si caractéristique de la protagoniste, paraît d'autant plus paradoxale que le passé n'existe qu'à travers la mémoire. Pourtant, la voix narrative ne nous fait-elle pas comprendre d'entrée de jeu que l'histoire d'Élisabeth est liée à l'oubli et que cet oubli «faisait partie de [s]on être, plus exactement de [s]on corps, depuis le commencement[39]?» Le sentiment d'étrangeté qu'éprouve Élisabeth s'explique donc, comme nous l'avons vu, par la division ontologique de l'âme et du corps, mais aussi par une remarquable

---

[37] En ce sens, Élisabeth est l'héritière d'Albanie. Toutes deux ont besoin d'images, de se faire des images d'autrui afin d'avoir une emprise — concrète, matérielle — sur le monde. Il existe pourtant une différence importante entre les deux figures féminines: alors qu'Albanie, pour construire une mémoire visuelle, notamment en ce qui a trait à l'enfance de Maria, commence à produire des images photographiques, Élisabeth se contente de recevoir les images de Jim, le photographe des animaux, et de les contempler — comme elle le fait par ailleurs face à son propre corps reflété puis disparu mystérieusement dans les miroirs de sa maison — puis de les rassembler dans un bestiaire qu'elle finit par confier aux eaux du fleuve.

[38] *Ibid.*, p. 20.

[39] *Ibid.*, p. 11.

défaillance de la mémoire[40]. Le personnage féminin prétend oublier son histoire avec Jim à l'instant même où l'autre quitte les lieux, emportant avec lui les meubles et leur passé : « À la minute où il a franchi pour la dernière fois le seuil de la porte, j'ai oublié le récit de notre vie [...] Je savais que l'oubli m'attendait ; il faisait partie de mon être, plus exactement de mon corps, depuis le commencement[41]. » Cette étrange amnésie est commentée par la narratrice, assise à sa table de travail, sur le même mode désinvolte et distant caractéristique de la narration dès l'incipit du roman : « Demain, on me demanderait ce qui s'était passé, et je ne pourrais pas répondre. Je ne pouvais rien expliquer. Soudain, cette idée m'a fait sourire. Si elle m'avait déjà semblé inconvenante, impossible même, elle était devenue aussi tranchante qu'une lame de rasoir[42] ». Le ressassement du thème de l'amnésie, dont Élisabeth vient de se rendre compte lors de la rupture, pose les bases du futur récit, focalisé sur un corps-tombeau où seraient venus s'enterrer des fragments de son histoire personnelle, de même que des souvenirs du passé familial. Cette mémoire engloutie prend la forme métaphorique de la petite sirène de bois qui, peu à peu, s'enfonce dans l'abîme « transportant avec elle des milliers de voix inconnues[43] ». Les nombreuses allusions à cet intertexte d'Andersen sont comme la prolepse du destin d'Élisabeth, plus particulièrement en ce qui concerne le parti pris de silence, puis l'endurance d'une douleur inouïe pour atteindre l'amour d'un homme et, finalement, le poids d'un corps étrange dissocié de son âme, symbole d'un être-au-monde transitoire. De fait, le corps-tombeau de la narratrice s'avérera le lieu incontournable par lequel devra passer l'oubli des êtres aimés, du passé évoqué sans cesse dans des cabrioles de remémoration.

---

[40] Dans *Principes de sagesse et de folie* (Paris, Minuit, 1991, p. 60-82), Clément Rosset explique que la séparation totale de l'âme et du corps, si elle ne mène pas à la folie, ne peut être que source de mal-être. Cette dichotomie âme / corps est la plupart du temps tributaire d'une forte propension à l'irréel, d'un véritable « goût de l'irréel », empêchant la coïncidence du sujet à lui-même et créant un malaise existentiel profond.
[41] Élise Turcotte, *La maison étrangère*, op. cit., p. 11.
[42] *Ibid.*, p. 17.
[43] *Ibid.*, p. 80.

À mille lieues de ses recherches sur les jeux de la séduction propres au culte de l'amour courtois, le rapport du sujet pensant (et écrivant) à un corps qui n'est plus sien semble *a priori* favoriser l'idéal d'ascèse inspiré d'un Moyen Âge mythique et mystique qui n'est pas sans rappeler le retrait du monde d'une Hildegarde de Bingen, figure de référence importante tout au long du récit. À l'image de cette mystique allemande et enrichie de ses lectures, Élisabeth aspire à la connaissance, seule source de bonheur sur terre, autrement dit à l'appropriation d'un savoir ancien. Dans ses moments de lucidité, et ils ne sont pas rares dans la deuxième et la troisième parties du roman, la narratrice est parfaitement consciente de sa quête désespérée d'une meilleure connaissance de soi par voix interposée :

> J'avais voulu être l'amoureuse des textes anciens. C'était une peau confortable. Je voulais être une de celles qui arrivent à s'infiltrer dans l'Histoire, une petite flèche s'incrustant dans le cœur des mots pour indiquer un chemin dans l'Histoire, aussi minime soit-il. La connaissance. La consolation absolue. L'illusion absolue[44].

Le travail de copiste qu'elle entreprend en rédigeant *Le livre d'heures d'Élisabeth* va dans le même sens, tout en bifurquant vers une expression plus subjective, autrement dit vers une inscription plus individuelle de son histoire dans l'Histoire. La mémoire de Jim et les mots qu'elle recopie sagement de certains textes anciens tissent une toile mémorielle dans laquelle viennent s'accrocher des éléments du passé d'Élisabeth et certains événements de l'Histoire. De plus, la forme dialogique (dialogue avec Jim et son passé irlandais essentiellement, mais aussi dialogue intertextuel avec Hildegarde de Bingen) qu'adopte Élisabeth comme copiste-diariste n'est pas sans rappeler l'objectif principal d'un genre prisé par les laïcs au Moyen Âge. Élisabeth détourne toutefois le genre médiéval de deux façons pour l'adapter à ses besoins. D'office, elle se place sous la parole mystique d'une femme illuminée et

---

[44] *Ibid.*, p. 85.

non de Dieu⁴⁵ — stratégie discursive typique des auteures de la première modernité, rappelons-le, afin d'affirmer par là un nouvel *èthos* scripturaire ; puis, dans ses notes et entrées personnelles, elle retrace grâce aux mots sa relation avec Jim. Ainsi, la double stratégie d'écriture et de réécriture de son/leur histoire devient le moyen par lequel l'auteure du *Livre d'heures d'Élisabeth* peut enfin rompre le silence si caractéristique du couple qu'elle formait avec Jim. À long terme, cela signifie également mettre fin à une sorte de non-présence à soi, au sentiment d'incapacité de s'insérer comme sujet dans l'Histoire. Le travail de réminiscence que constitue nécessairement toute forme d'écriture favorise chez Élisabeth, comme auparavant chez Albanie, la position de témoin au lieu de celle de simple spectatrice. Être « témoin », remarque Pierre Nepveu à juste titre, signifie « être présent, [...] participer au moment même où tout éclate ou s'effondre [...] entrer dans une relation qui concerne les mots, le "témoignage", justement. [...] Faire en sorte que le dehors, le lointain, l'étranger deviennent miens, non pas au sens d'une connaissance ou d'une action, mais au sens d'un témoignage, d'un "être-là"⁴⁶. »

Cette subjectivité d'un «je» singulier, ressuscité sur la base d'un processus de remémoration et d'apprivoisement d'une vision conflictuelle du monde, prend chez Turcotte ses racines dans un *Dasein* bien féminin. Élisabeth et Albanie trouvent toutes deux dans un enchantement apaisé non seulement leur manière personnelle d'habiter le monde, de réinvestir leur maison et leur corps, mais également d'intervenir sur la vie d'autrui et de se dérober, au bout

---

⁴⁵ Après une brève évocation de maître Eckart, la narratrice, face à ses états d'âme troubles causés par la séparation de Jim, se souvient des réflexions d'Hildegarde de Bingen sur la dichotomie corps-âme : « Le corps est un vêtement qui recouvre l'âme, écrivait Hildegarde de Bingen. Mais quand je la lisais attentivement, j'avais parfois l'impression que c'était plutôt l'âme qui avait pour tâche de recouvrir le corps d'un long manteau blanc. » (*La maison étrangère*, *op. cit.*, p. 50) La conception des complexes rapports entre corps et âme selon la philosophe médiévale ponctuent la quête d'Élisabeth tout au long du roman (p. 99, 120).

⁴⁶ Pierre Nepveu, *op. cit.*, p. 214-215.

du voyage d'introspection, à « la culpabilité face à l'oubli[47] ». Après l'épreuve de la séparation de leur *alter ego*, ces personnages féminins finissent par construire des rapports d'intersubjectivité basés sur la coïncidence à soi et l'ouverture à l'autre.

Traces de mémoire et récit(s) de filiation

Dans *Les femmes ou les silences de l'histoire*, Michelle Perrot note que le récit historique traditionnel leur a accordé peu de place, dans la mesure où celui-ci privilégie l'espace et la parole publics, tous deux synonymes de « parole masculine[48] ». Le récit historique ne retrace que peu souvent, poursuit Perrot, ce qui a trait aux femmes, une catégorie indistincte, vouée ainsi au silence[49]. Dans le domaine littéraire, la tradition féminine est, comme on le sait, discontinue, la transmission n'ayant pas été assurée de génération en génération, et — comble de la lacune — elle n'a pas souvent été effectuée par écrit[50]. Qui s'étonnera, dans cette perspective, de constater que, tant pour les femmes de lettres du passé que pour les auteures d'aujourd'hui, la reconstruction d'une mémoire au féminin prend son ancrage dans une pensée de la fil(l)iation? Qui sera surpris de voir que la carence d'une tradition d'écriture et, surtout, de figures féminines tutélaires ressurgit tel un *leitmotiv* dans l'histoire de l'écriture des femmes

---

[47] Dans une entrevue avec Denise Brassard, *loc. cit.*, p. 28-29, Élise Turcotte identifie comme l'un des thèmes principaux de *La maison étrangère* « la culpabilité face à l'oubli », tout en soulignant qu'il s'agit d'un « oubli de surface » parce qu'il existe « une mémoire profondément enracinée […] dont on ne se rend pas compte ».

[48] Voir Michelle Perrot, *Les femmes et les silences de l'histoire*, Paris, Flammarion, 1998, p. 11-13.

[49] *Ibid.*, p. 11.

[50] Quant à l'importance qu'accorde traditionnellement le récit historique littéraire aux auteures, voir l'excellente synthèse de Christine Planté, « La place des femmes dans l'histoire littéraire : annexe ou point de départ d'une relecture critique ? », *Revue d'histoire littéraire de la France*, vol. 103, n° 3, juillet-septembre 2003, p. 655-668, ainsi que l'article de Margarete Zimmermann, « Écrire l'histoire des dames de lettres — une entreprise inutile ? », dans Rotraud von Kulessa (dir.), *Études féminines / Gender Studies en littérature en France et en Allemagne*, Fribourg en B., Frankreich-Zentrum, 2004, p. 53-62.

depuis Christine de Pisan ? Et qui pourra ne pas constater que ce fait est explicitement thématisé sous la plume d'un grand nombre d'auteures dans leur tentative de laisser des traces dans l'histoire littéraire et culturelle ? Aujourd'hui, la filiation s'inscrivant au sein même du texte littéraire se révèle en effet l'un des constituants narratifs et sémantiques déterminants de l'écriture contemporaine des femmes[51].

Il semble que l'exemple d'Élise Turcotte, dans ses rapports avec l'h/Histoire et la mémoire tels que mis en scène magistralement dans les deux romans à l'étude et réactualisé tout récemment dans le recueil de récits *Pourquoi faire une maison avec ses morts*[52], soit représentatif de toute une génération d'écrivaines du tournant du millénaire[53]. Après la période obligée de deuil et de commémoration de certains fantômes du passé, les vivants bâtissent leur maison sur les décombres de l'histoire personnelle. Dans *Le bruit des choses vivantes* et dans *La maison étrangère*, Turcotte pense la mémoire individuelle en fonction de la mémoire collective, en passant par une réflexion sur la transmission familiale et culturelle. Par-delà l'interrogation de l'héritage des écritures au féminin, cette auteure place au centre de la narration le sujet dans son réseau familial en s'intéressant au rôle respectif de chacun-e dans l'«invention» de

---

[51] Pour Dominique Viart, *op. cit.*, la filiation, qu'elle soit familiale ou littéraire, fait office d'une préoccupation généralisée dans la fiction contemporaine. Les exemples qu'il donne de ce qu'il appelle «la fortune actuelle de la thématique de la filiation» (p. 119) vont de Claude Simon à Nathalie Sarraute en passant par Pierre Bergounioux, Pierre Michon et Sylvie Germain. Je postule toutefois (et la lecture proposée des deux romans d'Élise Turcotte va dans ce sens) que, au-delà d'une certaine universalité de l'être-au-monde postmoderne, caractérisé en effet d'un manque de repères, de références et de discours faisant l'unanimité, la quête des origines se pose différemment pour le sujet féminin — auteure ou personnage fictif voire autofictionnel —, entre autres parce que son inscription dans l'h/Histoire ne va pas de soi. Le débat est à poursuivre ailleurs.

[52] Élise Turcotte, *Pourquoi faire une maison avec ses morts*, Montréal, Leméac, 2007, 129 p.

[53] Il suffit d'évoquer les romans et les récits auto(bio)graphiques de Christine Angot, Nelly Arcan, Chloé Delaume, Annie Ernaux, Linda Lê, Marie Nimier ou Lydie Salvayre pour ne citer que ces exemples illustres de la scène littéraire contemporaine.

soi face à l'h/Histoire. C'est par le biais d'une filiation élargie que, chez la poète et romancière québécoise, le legs peut se faire à la verticale, sous forme d'une transmission intergénérationnelle (de la mère à la fille, des parents à la fille ou d'une figure tutélaire comme Hildegarde de Bingen à une professeure de lettres) et sur l'axe horizontal (entre amies, entre la chercheuse qu'est Élisabeth et la bibliothécaire Agnès). C'est à travers l'idée du legs que la fiction fait s'entrecroiser dans de nouveaux «récits de la légitimation du savoir[54]» les fils de la petite histoire et de la grande Histoire, tantôt dans la plus stricte intimité, tantôt dans une ouverture grandissante à l'Autre, ou alors à mi-chemin.

---

[54] On l'aura compris, je reprends ici l'intitulé d'un chapitre central de *La condition postmoderne*, *op. cit.*, p. 54-62.

BIBLIOGRAPHIE

Œuvres

Turcotte, Élise, *Le bruit des choses vivantes*, Montréal, Leméac, 1991, 229 p.
Turcotte, Élise, *La maison étrangère*, Montréal, Leméac, 2002, 225 p.
Turcotte, Élise, *Pourquoi faire une maison avec ses morts*, Montréal, Leméac, 2007, 129 p.
Turcotte, Élise, *Sombre ménagerie*, Montréal, Éditions du Noroît, 2002, 71 p.
Turcotte, Élise, *La terre est ici*, Montréal, Éditions du Noroît, 2003 [1989].
Turcotte, Élise, *La voix de Carla*, Montréal, Leméac, 1999 [1987], 93 p.

Ouvrages critiques

Biron, Michel, « Le symbolisme *soft* », *Voix et Images*, vol. 28, n° 2 (83), hiver 2003, p. 167-173.
Brassard, Denise, « Entretien avec Élise Turcotte », *Voix et Images*, vol. 31, n° 3 (93), printemps 2006, p. 15-30.
Caumartin, Anne et Martine-Emmanuelle Lapointe (dir.), « Filiations intellectuelles dans la littérature québécoise », numéro thématique d'*@nalyses*, 11 septembre 2007, www.revue-analyses.org/sommaire.php?id=763.
Cliche, Anne Élaine (dir.), « Filiations », numéro thématique de *Protée*, vol. XXXIII, n° 3, hiver 2005-2006, p. 5-107.
Heinich, Nathalie et Caroline Éliacheff, *Mères-filles, une relation à trois*, Paris, Albin Michel, 2002, 413 p.
Laforest, Daniel, « Du poème au romanesque. L'espace problématique de l'image dans l'œuvre d'Élise Turcotte », *Voix et Images*, vol. 31, n° 3 (93), printemps 2006, p. 59-73.
Larochelle, Corinne, « Lire l'image : *Le bruit des choses vivantes* d'Élise Turcotte », *Voix et Images*, vol. 23, n° 3 (69), printemps 1998, p. 544-557.
Lyotard, Jean-François, *La condition postmoderne*, Paris, Minuit, 1979, 113 p.
Nepveu, Pierre, « *Les choses vivantes* d'Élise Turcotte », dans *Lectures des lieux*, Montréal, Boréal, 2004, p. 209-217. 270 p.
Oberhuber, Andrea, « *La maison étrangère* d'Élise Turcotte », dans Klaus Ertler, et Gilles Dupuis (dir.), *À la carte : le roman québécois contemporain (2000-2005)*, Vienne-Francfort-Berne, Peter Lang, 2007, p. 427-451.
Oberhuber, Andrea, « Le gynécée urbain d'Élise Turcotte », dans Doris G. Eibl, et Caroline Rosenthal (dir.), *Space and Gender. Spaces of Difference in Canadian Women's Writing/Espace de différence dans l'écriture canadienne au féminin*, Innsbruck, Innsbruck University Press, 2009, p. 41-51.
Paré, François, « Pluralité et convergence dans la poésie d'Élise Turcotte », *Voix et Images*, vol. 31, n° 3 (93), printemps 2006, p. 35-45.

Perrot, Michelle, *Les femmes ou les silences de l'histoire*, Paris, Flammarion, 1998, 495 p.

Planté, Christine, «La place des femmes dans l'histoire littéraire : annexe ou point de départ d'une relecture critique?», *Revue d'histoire littéraire de la France*, vol. 103, n° 3, juillet-septembre 2003, p. 655-668.

Rosset, Clément, *Principes de sagesse et de folie*, Paris, Minuit, 1991, 127 p.

Saint-Martin, Lori, *Le nom de la mère : mères, filles et écriture dans la littérature québécoise au féminin*, Québec, Nota bene, 1999, 331 p.

Viart, Dominique, «Filiations littéraires», dans Jan Baetens et Dominique Viart (dir.), *Écritures contemporaines 2. États du roman contemporain*, Paris – Caën, Minard, 1999, p. 115-139.

Zimmermann, Margarete, «Écrire l'histoire des dames de lettres — une entreprise inutile?», dans Rotraud von Kulessa (dir.), *Études féminines / Gender Studies en littérature en France et en Allemagne*, Fribourg en B., Frankreich-Zentrum, 2004, p. 53-62.

ÉCRIRE LA VIEILLESSE :
PERSONNAGES ET NARRATEURS EN VIEILLES PERSONNES

ESTELLE DANSEREAU
UNIVERSITÉ DE CALGARY

Oui, la vieillesse, c'est un phénomène[1].

« Grandir, mûrir, vieillir, mourir : le passage du temps est une fatalité. Pour que la vieillesse ne soit pas une dérisoire parodie de notre existence antérieure, il n'y a qu'une solution, c'est de continuer à poursuivre des fins qui donnent un sens à notre vie », écrit Simone de Beauvoir dans sa conclusion à *La vieillesse*[2]. En dépit de son désir de changer la façon de voir la vieillesse, elle caractérise le processus de vieillissement comme inéluctable, étant le plus souvent associé à des « changements désavantageux » telles la perte et la décrépitude, car il « entraîne une réduction des activités de l'individu », une diminution des capacités mentales et

---

[1] Gisèle Villeneuve, « Une très vieille femme », *Châtelaine*, octobre 1981, p. 121-129 ; version manuscrite revue et corrigée, septembre 2007, s.p.
[2] Simone de Beauvoir, *La vieillesse, essai*, Paris, Gallimard, 1970, p. 567. Beauvoir prend comme point de départ critique la définition que le gérontologue américain Lansing propose de la vieillesse dans la transformation de l'individu : « un processus progressif de changement défavorable, ordinairement lié au passage du temps, devenant apparent après la maturité et aboutissant invariablement à la mort », p. 17.

un changement dans son rapport avec le monde[3]. Alors qu'il est défini comme différent, réduit, inessentiel, l'être vieux devient l'autre et son image de soi est inévitablement transformée par ses relations avec autrui de même que par la constatation de son corps diminué. Même les critiques, les gérontologues et les philosophes désireux de changer nos façons de voir la vieillesse admettent que les conséquences de l'emprise du temps sur l'être et l'identité mènent souvent à l'altérisation et à l'aliénation de l'individu. C'est précisément à cette notion d'une vieillesse construite que renvoie Marcelle Brisson :

> La vieillesse, c'est avant tout un état où l'on s'installe après avoir vécu un temps assez long [...] [elle] est déterminée par des institutions, des modèles et des stéréotypes que les hommes et les femmes subissent selon les civilisations et les époques. [...] [Elle] est proclamée par le regard de l'autre — individu ou institution —, elle cristallise l'irréversibilité du fait de vieillir[4].

La représentation de la vieillesse n'entre en littérature de façon notable qu'au XXe siècle, les exemples des époques antérieures étant relativement rares. Une des explications évidentes serait le grand nombre de personnes atteignant un âge très avancé aujourd'hui ; même devenir centenaire n'est plus si exceptionnel. Or, la croissance des histoires de vie qui en résultent se traduit par les nombreux récits de toutes sortes de ce stade de la vie : certains nous offrent des histoires stéréotypées de déclin et de perte de jeunesse, d'incapacité et d'abjection ; d'autres montrent la résistance à cette abjection et une façon différente de construire la vieillesse. Nous examinerons ces derniers, des récits qui tentent de briser les stéréotypes péjoratifs et de construire du sens, comme le dit Beauvoir, pour ce moment de la fin de la vie. Cette étude porte sur trois récits fictifs relativement contemporains produits par des écrivaines de l'exiguïté canadienne : il s'agit du roman de Gabrielle

---

[3] *Ibid.*, p. 565.
[4] Marcelle Brisson, *Le bruissement du temps : le dynamisme du vieillissement*, Montréal, Triptyque, 1992, p. 9.

Poulin, *La couronne d'oubli* (1990), et de deux nouvelles, «Une veille de Noël» (1996) de Marguerite Primeau et «Une très vieille femme» (2007) de Gisèle Villeneuve, ce dernier texte étant toujours inédit.

La vieillesse est pensée par les sociologues et les anthropologues comme un phénomène de construction sociale lié tant aux changements physiologiques inévitables exercés par le temps sur le corps et l'esprit qu'au regard externe projeté sur l'être vieux[5]. Le regard de l'autre ainsi que celui du moi fonctionnent pour construire l'individu en tant que sujet et objet de la connaissance. Lorsque nous examinons les personnages littéraires selon ce même schéma, nous constatons que les auteurs peuvent introduire dans leurs textes certaines pratiques discursives qui servent à subvertir les représentations dominantes de types — tels les vieux — afin de produire des valeurs textuelles différentes sinon nouvelles. Cette résistance aux systèmes de pouvoir incarnés dans les discours et les structures introduit la possibilité de réponses nouvelles aux attitudes ancrées dans le social. Selon la narratologue américaine Susan Sniader Lanser, cette résistance est introduite d'abord dans la voix narrative. Elle montre dans *Fictions of Authority* que la voix narrative est un élément constructeur puissant qui implique non seulement le rapport communicatif — entre narrateur et récepteur, auteur et lecteur — mais aussi des rapports sociaux présents dans le monde narré. Selon Lanser, les pratiques narratives non seulement sont le

---

[5] Le sociologue Vincent Caradec explique l'influence de ce regard externe sur le sens qu'aura l'être de soi-même dans le monde: «L'étude du vécu du vieillissement nous a déjà sensibilisés à l'importance des interactions avec autrui dans l'expérience du "devenir vieux" et de l'"être vieux". [...] Ces interactions parfois très brèves, ces remarques ponctuelles, ce sentiment d'être "tenu à l'œil" sont d'une grande importance car ils ont des répercussions, tant directes qu'indirectes, sur la définition de soi», Vincent Caradec, *Sociologie de la vieillesse et du vieillissement*, Paris, Armand Colin, 2001, p. 104. Voir aussi Noeleen O'Beirne, «Identity, Culture and Older Women», dans United Nations International Research Training Institute for the Advancement of Women (INSTRAW), *Aging in a Gendered World: Women's Issues and Identities*, Santo Domingo, République Dominicaine, INSTRAW, 1999, p. 292-295.

produit d'idéologies mais sont l'idéologie même[6]. Nous le verrons, un choix judicieux de la voix narrative peut servir d'instrument primordial de redéfinition dans l'invention textuelle de la vieillesse.

Récit à voix hétérodiégétique, la nouvelle « Une très vieille femme » de l'Albertaine Gisèle Villeneuve a d'abord paru dans le magazine *Châtelaine* en octobre 1981. Repris et remanié en septembre 2007, ce texte présente l'histoire édifiante de Maddie, enfant du jour de l'An 1900 arrivée sur le seuil de « boucler le siècle » et de devenir centenaire. Sujet d'un événement médiatique éreintant, elle lutte pour conserver son autonomie et son identité, toutes les deux menacées par l'imposition de stéréotypes péjoratifs sur une femme trop consciente de la façon dont la société construit les vieillards. Pour narrer ce récit, Gisèle Villeneuve opte pour une focalisation interne limitée aux réflexions et aux actions de sa protagoniste, donnant ainsi au lecteur accès au processus relationnel si révélateur dans les rapports avec autrui et si menaçant de l'identité de l'être vieux. Ce mode ouvre la voie à deux considérations fondamentales dans la transformation de l'identité, la transaction biographique et la transaction relationnelle, définies comme suit par Vincent Caradec :

> Lorsqu'ils s'intéressent à l'identité, les sociologues, s'inspirant alors des apports de l'interactionnisme, se montrent particulièrement attentifs à son caractère relationnel. Ils s'efforcent ainsi d'articuler les deux transactions par lesquelles se transforme l'identité : la transaction biographique ou négociation avec soi-même (*i.e.* l'attitude réflexive qui consiste à penser ce que l'on est par rapport à ce que l'on a été et à ce que l'on pense devenir) et la transaction

---

[6] Elle entend par idéologie les discours et les systèmes de signification à travers lesquels une culture fabrique ses croyances, structure les rapports d'individus au groupe, aux institutions sociales et aux systèmes de croyance et légitimise et perpétue ses valeurs et pratiques, Susan Sniader Lanser, *Fictions of Authority: Women Writers and Narrative Voice*, Ithaca et Londres, Cornell University Press, 1992, p. 5.

relationnelle (*i.e.* la réaction à l'image de soi renvoyée par autrui). Cette transaction relationnelle, et donc la nature relationnelle du vieillissement, peut être saisie d'une part en étudiant les interactions à travers lesquelles se construit le sentiment de vieillir, d'autre part en observant que la déprise prend des formes différentes selon le type de relations qui s'instaure avec les autres[7].

Refusant de reculer devant des définitions d'elle-même qu'elle ne reconnaît pas et adhérant tenacement à une image de soi durement acquise, la protagoniste du récit de Villeneuve traverse facilement la transaction biographique avec laquelle ouvre la nouvelle :

> Devant son miroir, elle étudie son visage franchement, sans peur et sans reproche. Elle tapote le vieux chamois diaphane de ses joues et rythme sur ce tambour à la singulière résonance un air inventé dont elle varie la tonalité en ouvrant et fermant les lèvres. Sonate pour femme seule qui n'en finit plus avec la vie. Elle retouche sa coiffure que l'oreiller avait aplatie, ses beaux cheveux argentés où se cachent encore dans la masse des bouleaux blancs quelques mèches d'un acajou riche et ancien. *La même femme, celle d'antan et celle d'aujourd'hui, qui se chauffe de bois différent!* Ses yeux presque noirs et oh! combien diminués! la défient derrière les lentilles épaisses de ses lunettes démodées. Elle salue son image d'un air moqueur, puis se dirige vers le salon[8].

Ce topos récurrent de la femme se regardant dans le miroir sert ici à confirmer l'identité que Maddie a d'elle-même et à contester les identités qui lui seront offertes par la troupe du personnel médiatique s'apprêtant à construire pour son public une image fort différente de la femme centenaire. Or, Maddie révèle son esprit contestataire par son « air moqueur » et ses pensées autoréflexives ultérieures (« vieille *pin-up* centenaire », « vieille peau », « niochonne »), qui montrent qu'elle est fort consciente du pouvoir de la *doxa*. Mais ce sont surtout les transactions relationnelles qui servent à effectuer une

---

[7] Vincent Caradec, *op. cit.*, p. 104.
[8] Gisèle Villeneuve, *op. cit.*, p. 121-129 ; version manuscrite revue et corrigée 2007, s.p. Désormais, les citations dans cette partie renvoient à ce texte sans pagination fixe.

critique de la normalisation et de l'homogénéisation de l'être vieux. Considérons seulement les nombreux exemples de la résistance de Maddie. Son regard ironique et moqueur, parfois tout simplement las devant les présupposés dirigeant les actions de l'équipe chargée de la réprésenter, sert d'antithèse pour le lecteur. Maddie, elle, va de l'avant, s'organise une vie pleine de stimulations — Internet, mentor auprès de jeunes universitaires, voyage en Chine —, se fait plaisir en se logeant de façon autonome dans une tour au lieu du « jardin gériatrique » où ont voulu l'installer ses quatre fils (tous morts depuis), range les images du passé (photos et albums) dans des meubles modernes afin de continuer à vivre. « C'est dans le vivre que la vieillesse prend tout son sens », réfléchit Maddie lorsqu'elle est exténuée par sa résistance tenace aux constructions de la vieillesse qui lui sont imposées. Désormais taquine, elle exprime un sens de l'humour qui a son côté mordant : « [I]l présumait que la vieille était sourde comme un pot. Cette conjecture n'eut lieu que d'écorcher l'oreille de Maddie. Certes, son ouïe n'était plus celui [sic] de ses cinquante ans, mais elle le pria, *s'il vous plaît*, de parler plus bas ». Les images distordues que Maddie reçoit d'elle-même l'exaspèrent, mais n'affaiblissent aucunement sa certitude d'avoir bien pensé et préparé son avenir. Jamais ouvertement contestataire, elle rejette les images qui lui sont renvoyées par autrui en faisant appel à « son masque de vieille femme » : « Peu lui importait que son image publique soit distordue » ; « Aux grandes lignes de sa vie, le contractuel avait accroché des fleurs de rhétorique fanées et des arabesques littéraires, des métaphores usées et des mots fatigués ». Elle pense à l'avenir, « un avenir incertain et inquiétant, mais à-venir », se sert de futur simple pour réciter ses projets et se réjouit devant l'inconnu : « Rien ne presse, puisque le temps est de son côté ».

La protagoniste de Villeneuve maîtrise sa déprise et fait des réaménagements dans sa vie, s'investit dans de nouvelles activités afin de ne pas abdiquer son autonomie. Lorsqu'elle se regarde dans le miroir, elle voit ce qu'est devenu son physique — ce qu'elle est pour l'autre — et s'en moque. Ce sont réellement les transactions relationnelles racontées de la perspective de la protagoniste, mais avec la distance accordée par une narration intra-hétérodiégétique, qui soulignent un écart entre le vécu de Maddie et la *doxa* ; les attitudes sociétales envers les vieillards surprennent même ceux-ci, car ils ne s'y reconnaissent pas. Ainsi Villeneuve offre-t-elle à sa protagoniste l'occasion d'afficher sa résistance, une résistance déjà préparée depuis longtemps par une vieille femme bien dégourdie et qui voit très clair, comme sa narratrice d'ailleurs.

Pendant sa propre vieillesse, Marguerite Primeau (née en 1914), écrivaine d'origine franco-albertaine ayant fait carrière professorale à l'Université de la Colombie-Britannique, crée des personnages fictifs qui représentent le côté positif de la vieillesse sans toutefois ignorer les transformations qui réduisent ou limitent les capacités physiques et mentales. Le personnage de Mme Taillefer dans sa nouvelle « Une veille de Noël » est victime de la maladie d'Alzheimer — ou du moins d'un affaiblissement de ses capacités mentales — qui passe ses dernières années dans un asile, dépendant d'« étrangers » qui s'occupent d'elle. Le temps a perdu toute signification pour elle et elle appréhende seule le désordre mémoriel des événements passés et présents. Désireuse non pas de raconter le traumatisme du vieillissement physique et cognitif vécu par sa protagoniste, mais plutôt la sororité possible entre êtres démunis, Primeau opte pour une voix autodiégétique enchâssée afin de raconter l'histoire de Mme Taillefer, amenant ainsi le lecteur à connaître intimement les pensées et l'esprit parfois lucides, parfois perturbés de la vieille dame de 80 ans. Par cette focalisation interne, Primeau élimine du récit l'expression de l'opinion publique externe, qu'elle invoque plutôt à travers les actions des personnages. Nous voyons que Mme Taillefer ne vit pas sa vieillesse comme un traumatisme ; elle est simplement une autre expérience qui succède à de nombreuses autres — heureuses et malheureuses. La focalisation intradiégétique révèle à la fois sa confusion et sa réalité biographique dans ce paragraphe d'ouverture : « J'ai quatre-vingts ans… quatre vingt-cinq ? Je ne sais pas... Miss Rose m'a dit... mais qu'est-ce qu'elle m'a dit au juste? Et qu'est-ce que je fais dans cette salle? Avec tous ces gens?[9] ». Le constat du clignotement de ses souvenirs est dénué de jugement, l'objectif de l'auteure étant de capter l'expérience même de la perte de soi. Ayant retenu quelques repères de la réalité, Mme Taillefer est consciente d'une norme qui lui échappe par périodes: « C'est vrai que je n'ai plus toute ma tête. Comme si ça s'était bloqué là-dedans. Parfois un trou de lumière perce le brouillard. Puis, tout s'effiloche[10] ». En faisant à son lecteur le don de son regard « dément », la narratrice rend plus humain le combat auquel elle se livre avec le temps et ses souvenirs. Le discours de Mme Taillefer est ponctué des signes de vieillesse autour d'elle: les cheveux gris (horribles seulement parce qu'ils marquent l'âge de Charlotte, son *enfant* bien-aimée), le fauteuil roulant, le coussin, la télévision sans spectateurs, mais ils ne sont pas marqués de préjugés négatifs dans l'énonciation. Or la maladie démentielle de la protagoniste lui a déjà enlevé toute possibilité d'engager une transaction biographique, signe d'un repère identitaire intégral.

Fidèle à la voix autodiégétique adoptée dans le récit enchâssé, Marguerite Primeau raconte les interactions des autres avec les vieillards afin de montrer la perte d'identité. Le lecteur observe, grâce à une focalisation conséquente, les multiples actes quotidiens du personnel dans le foyer qui compliquent l'aliénation vécue par Mme Taillefer: on l'appelle *Frenchie* au lieu de Mme Taillefer, on la croit québécoise quand elle vient « d'un petit village de l'Alberta », on lui impose le spectacle d'un Noël québécois à la télévision, pensant lui faire plaisir, mais augmentant sa confusion. Comme son compagnon, la transaction relationnelle sert à souligner la vieillesse de la narratrice et l'insensibilité des aides soignantes. Pourtant, c'est précisément l'incapacité de Mme Taillefer à clairement distinguer les événements et les personnes dans le temps qui la prédispose à

---

[9] Marguerite A. Primeau, « Une veille de Noël », dans *Ol' Man, Ol' Dog et l'enfant et autres nouvelles*, 2e édition revue et corrigée, Saint-Boniface, Éditions du Blé, 2004 [1996], p. 77.

[10] *Ibid.*, p. 76.

recevoir le récit de l'assistante vietnamienne qui, lors de l'exode de son pays d'origine, se fait enlever sa fille une veille de Noël. Dans cet extrait, la narratrice confond deux réalités se déroulant dans différents lieux et à différentes époques, avec l'heureux résultat que deux êtres démunis se retrouvent pour s'appuyer l'un l'autre dans leur détresse : « Mais elle pleure, elle aussi. [...] Ce que c'est triste des larmes sur un visage qui n'a pas de rides où les cacher. [...] La petite Vietnamienne s'approche. Elle pose sa tête sur mon épaule. Elle n'essuie pas ses larmes[11] ». La confusion mentale de Mme Taillefer lui permet de mieux accueillir l'ultime geste relationnel à la fin de la nouvelle lorsque les deux femmes, l'une âgée, l'autre entre deux âges, réussissent à se consoler. Liées par la perte tragique de leur moi, elles forgent une rencontre sororale qui ressort du besoin humain de rapports avec autrui.

Consciente peut-être des exigences de la nouvelle de faire vite et court, Marguerite Primeau introduit ses lecteurs directement dans la confusion mémorielle de Mme Taillefer. Ce faisant, elle réussit à la fois à donner voix à un état malheureux de la vieillesse — la perte de la mémoire et un des fondements de l'identité — mais aussi à humaniser sa vieillarde, qui, oubliée des autres et d'elle-même, sert encore, et ce, grâce à la fonction maternelle, qu'elle reconnaît et qu'elle embrasse. Primeau valorise non nécessairement l'âge avancé par le caractère pathétique de ce portrait, mais toute sensibilité prête à reconnaître et à aller à la rencontre de l'autre et à mettre de côté les préjugés fondés sur les différences.

Le roman de Gabrielle Poulin, *La couronne d'oubli* (1990), présente non seulement la plus jeune des femmes vieillissantes, mais aussi celle qui vit réellement une déprise — elle est vieillie par la maladie. Il s'agit de l'histoire de Florence Duchesne, 63 ans, mère de 7 enfants maintenant adultes, hospitalisée après avoir subi un accident cérébral. Dans le roman, elle fait le parcours

---

[11] *Ibid.*, p. 83.

d'un état inconscient initial vers un éveil rénovateur. Comme dans la nouvelle de Primeau, le choix de voix narrative est primordial pour faire passer l'amnésique de l'oubli à la pleine conscience et l'amener à se remémorer non seulement un passé perdu par la maladie mais aussi refoulé par l'interdit. En effet, l'éveil, plus métaphorique que référentiel, fait ressortir la femme cachée que sa fille Milène espère découvrir :

> Une mère autoritaire et dévouée ? Une épouse intelligente, à la soumission absolue ? Tout le monde a cru à votre personnage. Pas moi. J'ai toujours été sûre qu'il y avait, cachée en vous, une femme unique, une femme de sang et de feu[12].

C'est cette femme qui, grâce au vide de sa mémoire, se prépare à émerger.

Créer un récit autodiégétique représentant de façon vraisemblable une conscience qui s'agite pour retrouver (ou réécrire) ses référents personnels, son moi, son passé n'est pas une mince tâche. Le défi est grand et remarquablement exécuté par Gabrielle Poulin. Seule une focalisation interne peut traduire l'effet amnésique, les confusions, les discours d'autrui autour de la malade égarée. Les syntagmes brefs servent à dire les impressions saisies de façon décousue — déjà dès le début du récit — et le désir brûlant de retrouver son moi perdu :

> Du blanc partout autour de moi. Une fenêtre voilée. Un lieu insolite auquel je commençais à m'habituer. Moi ? Ces mains longues, presque translucides, d'où me venaient-elles ? Une légère déformation à la base de l'annulaire gauche. La chair décolorée. L'empreinte d'un anneau peut-être. Moi ? Ces veines luisantes...[13]

Renvoyant à une identité acquise, le nom de femme mariée par lequel on la désigne lui paraît d'abord étranger : « Madame Duchesne. Que c'est étrange de m'entendre appeler "Madame Duchesne" ![14] » Cependant, petit à petit, elle redécouvre son iden-

---

[12] Gabrielle Poulin, *La couronne d'oubli*, Sudbury, Prise de parole, 1990, p. 72.
[13] *Ibid.*, p. 13.
[14] *Ibid.*

tité individuelle lorsque son prénom lui est de nouveau attribué après un si long silence :

> Parler ne m'intéresse pas. Je cherche seulement à découvrir pourquoi certains mots, quelques mots, me font tellement plaisir. Florence! Venue de très loin, une rumeur m'enveloppe, me pénètre. [...] La rumeur grandit. Elle remplit ma tête comme une musique d'église. Florence, Florence, Florence...[15].

Progressivement, la femme muette se glisse dans les souvenirs de l'enfant Florence, qui ramène son aïeule à sa voix dans le cri[16]. Petit à petit, les souvenirs effacés par l'accident cérébral lui seront restitués par les visiteurs — perçus par elle comme des intrus — dans sa chambre de malade, signes d'une biographie qu'elle refuse. Une photo d'elle, sa réflexion dans un miroir, des récits faits par chacun de ses enfants pour lui refaire une histoire, elle les rejette tous, horrifiée par la femme qu'elle a été : « J'ai vu les yeux de la vieille femme. Je m'en suis aussitôt détournée[17] ». La transaction biographique qui a lieu ne montre pas la réfutation de la vieillesse mais plutôt celle de la femme autoritaire et peu aimante du passé. Son amnésie lui procure un merveilleux don – celui de se construire l'identité plus avenante d'une femme passionnée et aimée. Elle réussit à la fin, en faisant sortir de son brouillard mental les souvenirs non de l'époux mais de l'amant caché, refoulé dans les fins fonds de sa mémoire[18].

La transaction relationnelle sert la transaction biographique dans le roman de Gabrielle Poulin. Débarrassée de son identité et de son passé (à l'exception des sept enfants), la narratrice dépend des autres pour se faire une nouvelle identité. Dans le vide de sa conscience où les moindres gestes lui sont étrangers, ce sont les réactions de ses observateurs qui lui communiquent d'abord cette étrangeté, quand elle boit à même la cafetière, tire la langue à l'infirmière comme une garce, tamponne dans le drap le café

---

[15] *Ibid.*, p. 29.
[16] *Ibid.*, p. 35.
[17] *Ibid.*, p. 47.
[18] *Ibid.*, p. 104.

renversé. Cependant, comme Maddie dans la nouvelle de Villeneuve, Florence refuse l'image de vieille femme malade qui lui est renvoyée. L'absence d'un moi récupérable — le table rase de son identité — semble lui donner le courage de chercher à retrouver sa «couronne couleur de feu[19]», souvenir de jeunesse en l'occurrence, mais aussi symbole d'une femme passionnée et provocatrice qui perd le poids de l'âge et de la maladie grâce à une deuxième naissance. Ainsi Gabrielle Poulin construit-elle la vieillesse différemment en faisant de son récit non une histoire de pertes et d'incapacités mais l'histoire de l'appropriation déterminée et courageuse d'une identité rachetée.

L'être vieux se raconte, certes, et ce, dans une infinie variété d'histoires. Comme la race, l'ethnie, la classe sociale et le genre, la notion d'âge et son corrélat l'âgisme méritent d'être déconstruits et par la critique ou la pensée scientifique et par l'écriture. Le texte qui met en récit l'être vieux, celui qui représente les réalités socioculturelles de la vieillesse, est rendu plus signifiant et révélateur, pour ne pas dire subversif, lorsqu'il échappe à la représentation des stéréotypes et des signes fortement référentiels d'un stade de la vie dorénavant estimé peu représentable, lorsqu'il modifie, par l'intermédiaire de pratiques narratives et discursives, les représentations dominantes de types — tels les vieux en décrépitude — et propose des valeurs textuelles nouvelles et parfois édifiantes. Qu'il s'agisse de souligner le regard ingrat et blessant de la *doxa* envers l'être vieux comme le fait Gisèle Villeneuve ou de représenter le côté sensible et humain de l'être dans ses interactions avec l'autre — quelles que soient ses différences — comme le font Marguerite Primeau et Gabrielle Poulin, les vieux prennent leur place en littérature et parfois en assument même la parole.

---

[19] *Ibid.*, p. 20.

BIBLIOGRAPHIE

Beauvoir, Simone de, *La vieillesse, essai*, Paris, Gallimard, 1970, 604 p.

Brisson, Marcelle, *Le bruissement du temps: le dynamisme du vieillissement*, Montréal, Triptyque, 1992, 143 p.

Caradec, Vincent, *Sociologie de la vieillesse et du vieillissement*, Paris, Armand Colin, 2001, coll. «128», 127 p.

Courchesne, Sarah G., «Images d'eau et de feu dans *La couronne d'oubli* de Gabrielle Poulin», dans Sylvie Lafortune, Patrice Sawyer et Micheline Tremblay, *Actes de la 10ᵉ Journée Sciences et Savoirs*, Sudbury, Ontario, Acfas-Sudbury, p. 45-55.

Kristeva, Julia, «Le temps des femmes», dans *Les nouvelles maladies de l'âme*, Paris, Fayard, 1993, p. 243-270.

Lanser, Susan Sniader, *Fictions of Authority: Women Writers and Narrative Voice*, Ithaca et Londres, Cornell University Press, 1992, 287 p.

O'Beirne, Noeleen, «Identity, Culture and Older Women», dans United Nations International Research Training Institute for the Advancement of Women (INSTRAW), *Aging in a Gendered World: Women's Issues and Identities*, Santo Domingo, République Dominicaine, INSTRAW, 1999, p. 291-314.

Palmore, Erdman B., *Ageism: Negative and Positive*, New York, Springer, 1990, 219 p.

Poulin, Gabrielle, *La couronne d'oubli*, Sudbury, Prise de parole, 1990, 178 p.

Poulin, Gabrielle, *La vie l'écriture: mémoires littéraires*, Ottawa, Éditions du Vermillon, 2000, coll. «Essais et recherches», nᵒ 7, 372 p.

Primeau, Marguerite-A., «Une veille de Noël», dans *Ol' Man, Ol' Dog et l'enfant et autres nouvelles*, 2ᵉ éd. revue et corrigée, Saint-Boniface, Éditions du Blé, 2004 [1996], p. 75-85.

Saint-Martin, Lori, *La voyageuse et la prisonnière: Gabrielle Roy et la question des femmes*, Montréal, Boréal, 2002, 391 p.

Saint-Martin, Lori, «Portrait de l'artiste en vieille femme», dans André Fauchon (dir.), *Colloque international «Gabrielle Roy»*, Saint-Boniface, Presses universitaires de Saint-Boniface, 1996, p. 513-522.

Villeneuve, Gisèle, «Une très vieille femme», *Châtelaine*, octobre 1981, p. 121-129; version manuscrite revue et corrigée 2007, s.p.

MIMÉSIS ET SÉMIOSIS
DANS *ALEXANDRE CHENEVERT*
DE GABRIELLE ROY

Vincent Schonberger
Université Lakehead

Comme Alexandre Chenevert, Gabrielle Roy était éternellement préoccupée par les problèmes d'écriture et les questions de langage. Ce grand souci esthétique transparaît et dans ses œuvres romanesques et dans ses récits autobiographiques. La romancière elle-même nous a raconté dans son autobiographie, *La détresse et l'enchantement*, la joie que lui procurait, au début de sa carrière littéraire, une phrase qui « semblait avoir presque atteint cette vie mystérieuse que des mots pourtant pareils à ceux que tous les jours parviennent parfois à capter à cause de leur assemblage tout neuf[1] ». Comme elle l'explique bien par l'intermédiaire de son *alter ego*, Christine, dans « La voix des étangs », c'était sa mère qui lui « avait enseigné le pouvoir des images, la merveille d'une chose révélée par un mot juste et tout l'amour que peut contenir une simple et belle phrase[2] ». En effet, la magie de l'écriture de

---
[1] Gabrielle Roy, *La détresse et l'enchantement*, Montréal, Boréal, coll. « Boréal compact », 1966, p. 137.
[2] Gabrielle Roy, *Rue Deschambault*, Montréal, Boréal, coll. « Boréal compact », 1993, p. 219.

Gabrielle Roy consiste à voir « les choses et les êtres [...] à travers les mots[3] », à les fouiller, à les travailler et à s'« en servir comme de ponts fragiles pour l'exploration. [...] et il est vrai, parfois aussi, pour la communication » (*RA* : 144). L'objectif de Gabrielle Roy est de produire de belles phrases où les mots prennent une nouvelle vie. Afin d'investir les mots d'une signification nouvelle, implicite mais non formulée, la romancière se sert d'un certain nombre de stratégies d'encodage et de techniques littéraires par lesquelles le texte est travaillé et le sens produit, tels la mise en scène du langage, le repliement intertextuel et le mimétisme verbal et référentiel, qui, au niveau diégétique, créent dans ses œuvres un effet perturbateur.

Dans les récits « réalistes » de la première période romanesque de Gabrielle Roy, la technique la plus utilisée est la narration impersonnelle hétérodiégétique à la troisième personne. Le narrateur anonyme externe est absent ou invisible. La distance narrative tend vers le maximum. L'auteure, considérant son énoncé à distance comme partie d'un monde distinct d'elle-même, décide de ne pas s'identifier avec le sujet de l'énonciation. Elle parle d'elle-même sous le couvert d'un autre. L'instance de l'écriture, subjectivement transposée, n'est pas assumée directement ni par un sujet ni par un personnage identifié.

Dans les récits hétérodiégétiques à focalisation externe de *Bonheur d'occasion*, *Alexandre Chenevert*, *La montagne secrète*, *La rivière sans repos* et *La Petite Poule d'Eau*, le narrateur ne figure pas dans l'histoire en tant qu'acteur. Le lecteur est orienté par le guidage d'un narrateur externe, l'organisateur (*auctor*) du récit, qui jouit d'une fonction à la fois textuelle et paratextuelle. Occupant une position supérieure, métadiégétique, par rapport au récit, le narrateur omniscient de ces œuvres à la troisième personne maintient constante la distance qui sépare son point de vue de celui des personnages. Cela veut dire que le point de vue adopté dans

---

[3] Gabrielle Roy, *La route d'Altamont*, Montréal, Boréal, coll. « Boréal compact », 1993, p. 144. Désormais, les références à cet ouvrage seront indiquées par le sigle *RA*, suivi du folio, et placées entre parenthèses dans le texte.

la narration de ces œuvres « réalistes » extradiégétiques n'est jamais celui d'un personnage. Le narrateur omniscient n'adopte jamais directement la manière de penser ou de juger de ses personnages. S'il les inclut dans la narration, c'est sous la forme d'un énoncé rapporté à l'égard duquel il conserve ses distances. Cette attitude mentale panoramique du narrateur par rapport à son énoncé et à la parole des personnages produit de fréquents et rapides changements de focalisation dans le récit. Adoptant l'optique *sub specie æternitatis* du narrateur, le lecteur est obligé d'envisager les personnages tantôt de l'extérieur tantôt de l'intérieur, tout en suivant le flottement d'optique du narrateur. Cette oscillation de la perspective narrative par de nombreuses prospections et rétrospections compromet la vraisemblance des événements, voire la fictivité du récit. Une telle variation d'optique oblige le lecteur à regarder au-dessous du récit, à recourir constamment à son intelligence.

On remarque la même hybridation du récit, le même effacement des frontières entre le discours du narrateur et celui du personnage dans la réflexion intradiégétique de l'échec d'écriture d'Alexandre :

> Une grande désolation lui vint.
>
> Comment faisaient-ils donc les autres qui pouvaient parler avec justesse de sentiments vrais pour eux et pour tous ? Comment s'y prenaient-ils ces auteurs de livres dans lesquels il s'était reconnu mieux qu'en lui-même ?
>
> Il ouvrit un livre pour calmer le vif chagrin de l'échec...[4].

---

[4] Gabrielle Roy, *Alexandre Chenevert*, Montréal, Boréal, coll. « Boréal compact », 1993, p. 255. Désormais, les références à cet ouvrage seront indiquées par le sigle *AC*, suivi du folio, et placées entre parenthèses dans le texte. *Alexandre Chenevert* fait partie du cycle socioréaliste des œuvres protestataires de Gabrielle Roy. C'est le drame tragique d'un petit employé à la Banque d'Économie de la Cité de l'Île de Montréal qui, coupé de lui-même et de ses semblables, est éternellement tourmenté par les problèmes du monde. Durant un séjour au lac Vert, il reprend contact avec lui-même et redécouvre le monde. Afin de partager la découverte de son bonheur avec ses semblables, il résout de retourner à Montréal, où il meurt d'un cancer incurable.

De nombreuses réflexions complétives monologiques dans *Alexandre Chenevert* fonctionnent comme opérateurs d'échange de deux perspectives : celle du personnage et celle du narrateur, qui, tout en adhérant le plus étroitement possible aux pensées d'Alexandre, ne lui cède pas la parole. Le narrateur se place dans la perspective du personnage et leur relation prend l'apparence d'une collaboration interprétative. Apparemment, c'est Alexandre qui médite sur la difficulté d'écrire, mais, en réalité, c'est le narrateur omniscient qui se substitue au personnage pour communiquer au lecteur sa conception esthétique ou pour discourir sur la problématique d'écriture. La focalisation (la voix du personnage) est ainsi subordonnée au «mode», c'est-à-dire à la «vision» du narrateur. Gabrielle Roy intervient au nom de son actant verbal, qui lui sert de couverture. En vérité, le «grand projet» d'écriture d'Alexandre au lac Vert, «qui dépasserait de beaucoup sa lettre autrefois publiée dans le *Sol*» (*AC*:225), ne représente pas simplement le tout de l'œuvre concentrée. Il n'est autre chose qu'une écriture à l'intérieur d'une autre écriture, un aveu déguisé du combat de Gabrielle Roy avec son œuvre. Le roman se constitue en évidence, racontant métaphoriquement ses propres lois de structuration et de symbolisation.

Contrairement au langage illusionniste, normatif et relativisé de *Bonheur d'occasion*, Gabrielle Roy se sert dans *Alexandre Chenevert* d'une nouvelle économie discursive : celle d'une écriture synthétique composée de discours sclérosés autonomes, tels les discours publicitaires, politiques, religieux, économiques, esthétiques. Son objectif est d'intégrer ces divers discours stéréotypés dans une nouvelle unité architecturale tendant vers une multiplicité des voix à consciences équipollentes. Pour effectuer cette synthèse condensatoire, elle mobilise un vaste ensemble de procédés discursivo-narratifs. Entre autres, l'art du raccourci, du sous-entendu, du citationnel, de l'ironie polémique aussi bien que panégyrique, de l'aposiopèse, de l'antimétathèse, en un mot, l'art de l'ellipse synthétique.

Une première préoccupation problématisée par Gabrielle Roy dans *Alexandre Chenevert* est le problème des formules toutes faites, c'est-à-dire le rapport qui est censé relier les mots, les idées et les choses, occultant ainsi le fossé infranchissable et le manque d'identité entre les signes et le monde raconté. Essayant de mettre en langage sa découverte du bonheur au lac Vert, Alexandre devient conscient de cette inadéquation du langage référentiel à capturer la beauté de ses sentiments. Découvrant l'incapacité des mots de représenter ses pensées, il cesse de « les consigner dans son calepin à couverture noire » (*AC*: 28). Sa lettre, une véritable métaphore de la problématique de l'écriture, est un échec parce qu'elle prend la forme des phrases stéréotypées publicitaires répandues dans les tramways. Alexandre se rend compte qu'« écrire dans le ton des messages publicitaires » (*AC*: 252), comme par exemple : « Le silence répare les nerfs... Nos tracas disparaissent d'eux-mêmes face à notre mère, la nature... Allez au fond des bois si vous voulez guérir... » (*AC*: 253), « ne touche personne » (*AC*: 252). Françoise Van Rossum-Guyon a bien démontré dans *Nouveau roman : hier, aujourd'hui* que

> l'insertion des textes, littéraires ou paralittéraires, la réflexion sur la problématique de l'écriture ou la multiplication des mises en abyme ont pour objet de décentrer l'intérêt de l'histoire racontée et de l'orienter vers le fonctionnement du texte. Ils ont pour but d'obscurcir la forme, d'augmenter le temps et la difficulté de la réception du message et de forcer le lecteur à la réflexion[5].

C'est le but de la lettre d'affaires toute faite d'Alexandre en style « objectif » et télégraphique « dont il n'avait pas le goût » (*AC*: 255) et dont il avait honte :

> Nous avons le plaisir de vous remettre inclus extrait de votre compte courant arrêté au 1er novembre et présentant en votre faveur un solde de $ 100.25 (cent dollars et vingt-cinq cents) dont nous vous créditons à nouveau. Nous vous prions de l'examiner et de nous dire... de nous dire... de nous dire... (*AC*: 254).

---

[5] Françoise van Rossum-Guyon, « Conclusions et perspectives », dans *Nouveau roman : Hier, aujourd'hui*, tome 1, Paris, Union générale d'éditions, 1972, p. 403.

Contrairement au texte littéraire du roman, qui cherche à agir sur le lecteur à la fois par le sens et par la forme, à suggérer autant qu'à informer, le message neutre et objectif véhiculé par le langage transparent et utilitaire de cette lettre d'affaires ne vise à agir sur le destinataire que par son contenu. Le langage utilitaire et strictement informatif de ce «texte d'idées» a pour objectif prioritaire de communiquer un message clair, transparent, le solde créditeur du bilan d'un de ses clients. Donc, le mimétisme référentiel du langage servirait à mettre en scène et à souligner la pauvreté du langage univoque du commerce, qui se contente de nommer, d'étiqueter le monde. Gabrielle Roy se sert de cette même technique de structuration narrative dans l'autoreprésentation horizontale du rapport médical du Dr Hudon. Par l'inclusion de cette enclave enchâssée qui résume brièvement «l'histoire» d'Alexandre, elle perturbe la linéarité du récit romanesque. Cette mise en abyme fictionnelle, qui tend vers la précision, vers l'objectivité et la simplicité, montre le personnage sous la forme de son double. Comme dans une glace, le médecin tend au personnage son propre reflet condensé en profondeur. C'est lui qui prend des notes et rédige «l'histoire» d'Alexandre en style télégraphique quasi scientifique à la troisième personne du singulier, tout en respectant l'optique omnisciente du narrateur externe, anonyme :

> Petit homme maigre, d'aspect maladif, paraît plus âgé qu'il n'est... Avoue avoir déjà, dans le temps, consulté un autre docteur qui ne lui aurait rien trouvé... se contredit fréquemment. Jongle. Souffre actuellement de l'estomac. Pas de douleur vive à l'épigastre. Céphalée en casque. Souffe de la gorge... de l'indélicatesse et du manque de savoir-vivre de notre époque... Souffre des voisins, de leur radio, de la propagande qui règne dans tous les domaines. On ne sait plus, prétend-il, où on va de nos jours... (*AC* : 157).

Par sa pratique d'autoréférence concentrante de l'ensemble de l'«histoire» d'Alexandre, la romancière réactualise les événements antérieurs de l'histoire. Elle exhibe ainsi la loi sous-jacente des modes fondamentaux d'arrangement et de structuration de son roman, consistant à projeter sur l'axe syntagmatique un équivalent paradigmatique quasi mimétique. Ce dédoublement textuel subvertit la cohérence diégétique du roman et, par conséquent, il devient impossible de distinguer l'«histoire» du médecin de celle du narrateur. À force de ce brouillage textuel, le personnage finit par perdre toute identité personnelle. Il devient conscient de son étrangeté, de son aliénation troublante. Ce processus réflexif par dédoublement textuel conteste le modèle fictif. Il rappelle au lecteur qu'il est en train de lire une fiction. Ainsi, la romancière cache-t-elle la création fictive sous une apparence de reproduction véritable, sous l'impersonnalité et l'impartialité de l'illusion du discours médical mimétique. En mettant sur scène la matérialité de son roman, Gabrielle Roy fixe sa trace. Elle met en cause l'illusion référentielle de son roman et laisse au lecteur découvrir le principe directeur de son travail d'écrivain.

Le problème de la mimésis n'est pas uniquement thématisé sur le plan de la diégèse. Il est également textualisé sur celui de l'écriture par des procédés autoréférentiels. L'auteure, afin de remédier à l'opacité fondamentale du signe, reprend sa propre écriture pour réfléchir «sur cette broussaille infinie que présentent les convictions des hommes» (*AC*: 23):

> Et où était la vérité dans toute cette masse d'écrits? Alexandre vivait à l'âge de la propagande.
>
> Prenez un comprimé d'aspirine. Aspirine s'épelle: A-S-P-I-R-I-N-E. Je répète: A-S-P-I-R-I-N-E. Achetez un pain de savon Lux. Il faut détruire l'Allemagne. Il faut remettre l'Allemagne sur pied.
>
> Il mousse (*AC*: 23).

Dans cette séquence mimétique en majuscules, la signification du discours socioculturel répété déborde son contexte diégétique. Son déchiffrement n'est plus du côté du signifié, comprimé d'«aspirine», mais du côté du signifiant. La mise en espace du signifiant fait sortir le signe de la norme du langage dénotatif. Elle le rend visible et étrange. Le signifié devient à son tour signifiant de la souffrance existentialiste et de la confusion mentale du personnage. Gabrielle Roy se sert de cette même stratégie d'hybridation, de ce même effacement des frontières entre le discours du narrateur et celui du personnage, de cette même équivocité d'accents, dans la démythification du discours socioculturel cité. Sa technique de dédoublement du discours citationnel consiste soit à agglutiner le discours du narrateur à la parole des personnages, soit à substituer son discours à celui d'un sujet anonyme indéterminé, «on», soit à supprimer le discours de l'autre par l'emploi des points de suspension. Se servant des valeurs poético-narratives des points suspensifs, l'auteure recule devant la formulation de la fin d'un message. Elle invite ainsi le lecteur à poursuivre une réflexion, à examiner ses propres conceptions du monde. Ces stratégies référentielles, qui supposent et de la part du narrateur et de la part du lecteur une attitude d'ouverture et de détachement, jouent un rôle important dans l'exploration, le déchiffrement et la réception des messages du roman. L'emploi de cette approche subreptice d'objectivation permet à la romancière de masquer son ironie, d'objectiver sa parole, de faire semblant de la donner à un autre. Un exemple serait la volubilité des panneaux publicitaires où Alexandre remarque, à son retour de lac Vert, que c'étaient les objets qui souhaitaient «JOYEUX NOËL» (*AC*: 303) aux êtres humains:

> Santa Claus se mêlait de l'affaire. C'était à présent un personnage du commerce. Jusqu'à une banque qui annonçait, par la bouche d'un Santa Claus malin:
>
> JE SUIS PRÊT POUR NOËL. L'ÊTES-VOUS?
> AVEZ-VOUS OUVERT UN COMPTE EN BANQUE?
>
> Les souhaits tombaient pour ainsi dire du ciel, étalés sur toute la longueur des panneaux-réclames.
>
> SHELL VOUS SOUHAITE
> SANTÉ, PROSPÉRITÉ, JOIE.
>
> Paix au ciel et sur terre aux hommes de bonne volonté, rappelait une boulangerie métropolitaine. Les lettres étaient énormes, le pain aussi.
>
> Les pneus, la gazoline, les lubrifiants souhaitaient également le bonheur aux hommes (*AC*: 304).

Gabrielle Roy insère dans son grand roman un bon nombre de minitextes cités et de discours directs prononcés. Elle désigne l'insertion de ces microtextes de façon typographique par leur mise en pages, afin d'attirer l'attention du lecteur sur leur fonctionnement mimétique. Pour signaler au lecteur que le texte en représente un autre, l'auteure emploie des guillemets, des italiques, des majuscules. La représentation typographique du texte publicitaire cité rompt l'homogénéité spatiale du texte romanesque, créant un effet d'étrangeté et de choc, et cela par sa mise en scène et par son découpage optique. Conservant un statut d'objet étranger par rapport au discours narratif, les textes cités possèdent à la fois l'effet d'un énoncé et celui d'une énonciation, car ils appartiennent néanmoins à la totalité du texte écrit. À la fois métatextes et suppléments au texte, ils se situent sur les bords ambigus de la fiction, agissant à la fois «en dehors» comme «mode d'emploi» de la fiction et «en dedans» comme extension de ce même discours. C'est le cas de toute une série de discours exhortativo-narratifs:

> BUVEZ PEPSI-COLA.
>
> Il ramena le regard dans la rue. Une camionnette filait, couverte à l'arrière d'une affiche saisissante:
>
> LISEZ L'AVENIR DU PAYS. IL DIT LA VÉRITÉ.
>
> Devant un temple baptiste, on annonçait un sermon selon saint Mathieu... et on disait: Venez à l'église... La prière est toute-puissante... (*AC*: 270).

Afin de démasquer le caractère poncif et clandestin de ces affiches à caractère publicitaire, Gabrielle Roy recourt à l'usage de la technique du collage textuel, modèle pictural de l'écriture qui dissocie les stéréotypes socioculturels par la différenciation formelle, par la visualisation d'un autre langage, d'une autre écriture, celle des annonces publicitaires. Et par leur forme graphique et par leur mise en pages, ces annonces à persuasion clandestine attirent l'attention du lecteur sur leur propre existence. Leur message étant formulé à l'impératif, ces signes/textes ont pour but d'influencer le récepteur par la fonction conative du langage[6]. Mis à part spatialement,

---

[6] Roman Jakobson, «Linguistique et poétique», dans *Essais de linguistique générale*, Paris, Minuit, 1963, p. 217.

typographiquement et, souvent, chronologiquement, ces discours publicitaires renvoient à des situations en dehors de l'univers fictif du discours du roman. Indépendantes de l'instance de l'énonciation fictionnelle du narrateur, ces ellipses textuelles créent des clivages dans le texte. Elles renvoient le lecteur au-delà du cadre spatiotemporel de la diégèse tout en rendant le cadre du récit plus vaste et moins certain. Une fois cités, ces mêmes discours socioéconomiques ne sont plus les mêmes. Ils sont, pour employer la terminologie de Derrida, «décentrés[7]» et ne coïncident plus avec eux-mêmes. Recommandés à l'attention spéciale du lecteur par l'isolement scripturaire des lettres capitales, ces énoncés de mimétisme graphique s'affichent comme reproductions d'un déjà-dit, comme signes à déchiffrer, plutôt que comme mots. Par l'emploi de ce procédé de distanciation et de transgression narrative, la romancière joint les deux instances de l'émission et de la réception dans une troisième instance, celle de l'inférence romanesque. C'est le cas des inscriptions appellatives en majuscules à la Banque d'Économie de la Cité et de l'Île de Montréal, où, selon «une bonne conscience presbytérienne» (*AC*: 38), religion et prospérité sont placées «sur le même plan honorable» (*AC*: 39):

> DONNONS AU TRAVAIL
> TOUTE L'ÉNERGIE DE NOS BRAS.
> APPLIQUONS NOTRE VOLONTÉ
> À SUIVRE LE CHEMIN
> QUE NOUS MONTRE LA RELIGION.
> PUISONS NOTRE FORCE
> DANS L'ESPRIT DE SACRIFICE
> ET D'ÉCONOMIE.
> LA PROSPÉRITÉ ET LE BONHEUR
> RÉCOMPENSERONT NOS EFFORTS (*AC*: 39).

Par la représentation littérale des graphèmes l'auteure/narratrice signale le passage d'un mode à l'autre. Elle dégage ces discours familiers et rebattus de leur contexte socioéconomique normatif

---

[7] Jacques Derrida, *L'écriture et la différence*, Paris, Seuil, coll. «Tel quel», 1967, p. 112.

afin de les investir d'une signification nouvelle, implicite, mais non formulée. Par l'insertion d'autres textes, la romancière rompt l'homogénéité typographique de son roman. Elle produit un certain «effet de réel[8]», semblable à l'effet d'une affiche. En rompant avec le reste du texte, le mimétisme graphique produit dans le texte un effet d'étrangeté. Les mots étant littéralement mis en relief par l'emploi des majuscules, le texte cité, tout en restant dans la consécution syntagmatique du texte narratif, se dévoile devant les yeux du lecteur/spectateur. On a donc affaire à une véritable réification du langage publicitaire, à la textualisation de la mimésis qui se résorbe dans la production du mot à mot du texte. La réification du langage par l'emploi des majuscules, tout en donnant aux affiches et aux manchettes représentées une forme durable, obsurcit leur sens relatif. Fragmenté et mis en pièces, le texte ne véhicule plus une seule signification, mais devient un objet à partir duquel on peut inventer de nouveaux sens. C'est le cas de la démythification des «principes fondamentaux» (*AC*: 96) de Emery Fontaine, directeur de la Banque d'Économie de la Cité et de l'Île de Montréal. D'abord, le narrateur simule parfaitement le discours du personnage, Emery Fontaine, pour y superposer ensuite son propre discours par une adjonction affirmativo-négative:

> *Play hard... work hard* était l'un de ses slogans. Il en avait plusieurs: Ne perdez pas une minute de temps, et le temps vous appartiendra; maintenez-vous en bonne santé, et la vie vous paraîtra digne d'être vécue. *Comment réussir dans la vie et se faire des amis* était son livre de chevet. [...] Il était difficile en effet de découvrir quels principes fondamentaux M. Chenevert avait pu négliger: Économisez et vous prospérerez; faites de l'exercice et vous serez en bonne santé... Quant au travail, certainement le pauvre bougre en faisait trop (*AC*: 90-96).

La répétition d'une unité de discours à l'intérieur du discours du roman constitue la forme la plus simple d'une relation inter-discursive. La citation est un énoncé répété et une énonciation répétant. Elle fait de l'énoncé un signe motivé qui entretient

---

[8] Roland Barthes, *Mythologies*, Paris, Seuil, coll. «Points», 1970, p. 223.

avec la langue une relation dialectique du singulier et du pluriel. Bakhtine appelait ces phénomènes de recours aux mots d'autrui à double orientation «bivocaux» ou «dialogiques[9]». Il ne s'agit pas, dans ces hybrides intertextuels, d'un simple mélange de deux types de discours, de celui de l'opinion publique des slogans, adopté par M. Fontaine comme principe fondamental de vie, et de celui d'un narrateur omniscient, mais de la superposition en contraste de deux manières de voir le monde, de deux consciences : la conscience du personnage, M. Fontaine, qui est à représenter, et la conscience linguistique du styliste, à la lumière de laquelle le discours syllogistique et logocentrique du directeur est mis en question. Comme le souligne Antoine Compagnon, le discours citationnel «suppose que quelqu'un s'empare du mot, l'applique à autre chose, parce qu'il veut dire quelque chose de différent[10]». Par l'emploi de ce procédé de singularisation et de distanciation esthétique, Gabrielle Roy dégage ces discours familiers de leur contexte normatif par un processus de désémiotisation afin de les investir d'une signification nouvelle, implicite, mais non formulée. Par conséquent, le discours représenté n'est plus un simple signifié ; il devient lui-même signifiant de l'intention structurante et contestatrice de l'auteure. Cette réactivation rétroactive du sens, à la lumière de laquelle le message familier est rendu étrange et problématique, s'effectue grâce à un procédé de dépragmatisation, celui de l'aposiopèse, type d'intervention sous forme de notation inopinément accrochée à la phrase au moment même où celle-ci semble être terminée :

> Tout ici témoignait de l'efficacité de la formule, tout démontrait en effet que l'énergie appelle le succès, sauf peut-être les quelques visages pâles vus à travers les cloisons de verre, sauf surtout le petit homme de la cage n° 2 (*AC* : 39).

---

[9] Michaïl Bakhtine, *Problèmes de la poétique de Dostoïevski*, trad. fr., Paris, Seuil, 1970, p. 243.
[10] Antoine Compagnon, *La seconde main : le travail de la citation*, Paris, Seuil, 1979, p. 38.

Par le procédé de l'adjonction, Gabrielle Roy réactualise rétroactivement l'ambiguïté contradictoire des discours stéréotypés et figés. Sa technique consiste à modaliser un énoncé «A» par sa transformation négative, c'est-à-dire par sa négation, «A + sa dénégation[11]». À l'intérieur de cette économie discursive particulière, le discours représenté demeure identique, fixe. Sa fonction consiste uniquement à servir de point cardinal d'ancrage autour duquel le sens tourne comme une girouette. Ce mode d'énonciation à double instance narrative devient un foyer invisible dans lequel se rejoignent l'énoncé référentiel de la narration, le discours cité et l'énoncé inférentiel de l'auteure. Gabrielle Roy n'admet l'existence du discours d'autrui que dans la mesure où elle le fait sien, que dans le but d'y ajouter un sens nouveau. La fonction de ce mode inférentiel de double énonciation romanesque consiste donc à joindre la parole de la romancière à celle des autres. Le discours biaccentué du roman devient un mode de refus et de réfutation de l'ordre établi, une exploration et une élucidation de son caractère faux, mutilé et déformé. La contradiction entre l'idéologie proposée et la réalité vécue apparaît dans la confrontation de deux consciences, dans un acte de négation de ce qui est «normalement» perçu. Par conséquent, le discours initial cité perd sa fonction interprétative et acquiert une fonction cognitive. Il devient un mode d'autoréflexion et de conscientisation; un langage de la connaissance. Pour que le lecteur puisse reconnaître la nouvelle dimension suggérée de la réalité, ce mode de contestation et de conscientisation subversive exige de lui une certaine dissociation distanciatrice, une certaine aliénation esthétique. Un exemple de ce procédé de réflexivité antithétique qui fait reconnaître au lecteur les incongruités de l'esprit des personnages serait les propos religieux de l'abbé Marchand essayant de rassurer Alexandre à l'hôpital sur la «justice» et la «miséricorde sans limites» (*AC*: 351) de Dieu:

---

[11] Sigmund Freud, «La dénégation», *Revue française de psychanalyse*, vol. 7, n° 2, 1934, p. 174.

> — J'ai peur de ne pas l'aimer... sincèrement...
>
> L'aumônier l'arrêta.
>
> — Il faut aimer Dieu; c'est le premier des commandements. Allons, cessez de vous tracasser. Il suffit de penser, de dire: «Mon Dieu, je vous aime...» [...]
>
> Suffisait-il de dire la chose ou ne devait-elle pas jaillir du cœur? (*AC*: 327-328).

Un tel sémantisme paradoxal crée dans le texte une situation d'aporie interprétative. En plongeant le lecteur dans l'incertitude du sens, il l'invite à dépasser la linéarité du texte, à se lancer à la poursuite d'une interprétation toujours en suspens. L'intention de Gabrielle Roy n'est plus de présenter au lecteur un «modèle» de la réalité, mais de lui offrir une série d'opérations par lesquelles le «réel» peut être mis en question et ensuite appréhendé en une suite indéfinie de parcours successifs. Son objectif est de transgresser la linéarité univoque du texte, de faire entrer le lecteur dans l'espace ludique et multidimensionnel de son ironie fictionnelle et de le conduire à une déception du sens, à une reconquête du sens, à la redécouverte de la vérité. Comme tout acte locutoire, l'énonciation ironique de Gabrielle Roy fonctionne à deux niveaux. Premièrement dans l'énoncé par ses variables argumentatives et deuxièmement dans l'énonciation même. D'abord, l'énoncé commente le mode représentationnel. L'énonciation se présente comme un argument en faveur du récit, mais sa véritable fonction est d'actualiser le contenu. Elle devient un argument en faveur du non-récit. L'auteure joue sur ce lien de concurrence des messages de l'énoncé et de l'énonciation; elle établit une discordance de valeurs, une dissymétrie entre axiologies positives et négatives. Ainsi, le discours polémique d'*Alexandre Chenevert* acquiert un caractère pluricodique. Il devient un phénomène de polysémie argumentative, une structuration sémantique paradoxale.

Gabrielle Roy essaie de déréaliser le discours pseudo-rationnel, illogique et incohérent du langage officiel, faux et trompeur. Par la mise en scène de la réification du langage officiel, la romancière met l'accent sur la visualisation des signes du texte. En rendant le langage de l'autre non seulement lisible mais visible par son mimétisme graphique, la romancière illustre la précarité de tout projet naïf de reproduction et d'adéquation linguistiques. Sa pratique du mimétisme graphique a pour objectif de rendre le langage d'autrui visible par un effet d'étrangeté et de singularité. Le but ultime de cette autoréflexion qu'est la mise en abyme est de saboter et subvertir la référentialité certaine. Donc, le mimétisme référentiel devient chez Gabrielle Roy une sorte de supplément au texte. Le texte se donne pour ce qu'il est, un travail transformateur du langage officiel, sa véritable matière première. L'activité principale de la grande romancière consiste à travailler les textes, à les démasquer en les incorporant dans la diégèse, en les motivant, en les interrogeant, en les parodiant. Angoissée par la tentation de la mimésis adéquate, l'auteure essaie de se libérer de la tâche utilitaire et communicative du langage. Elle greffe son message sur un texte «déjà dit», sur un sens antérieur déjà établi. Comme Alexandre, au lieu de «se contenter de nos habitudes officielles» (*AC*: 328), elle cherche plutôt «un amour gratuit, totalement libre» (*AC*: 329), une «absolue et totale franchise» (*AC*: 328). Les discours traditionnels deviennent l'objet d'une contestation par le double processus de textualisation et d'interrogation antithétique:

> — L'amour, Dieu veut l'amour, dit l'aumônier. [...]
>
> — Il nous a créés libres, dit l'abbé, de l'aimer... ou ne pas l'aimer... c'est vrai, fut-il amené à concéder. Mais si nous ne l'aimons pas, nous nous exposons à être privés de lui.
>
> Alexandre considéra le non-sens de cette effroyable situation: aimer Dieu ou le perdre; ou plutôt l'aimer parce qu'il était à craindre. [...] Est-ce que Dieu, avec son ciel, pensait donc acheter l'affection des hommes? (*AC*: 328-329).

Si le thème de la contestation restait, dans *Bonheur d'occasion*, extérieure à l'écriture, il se trouve intériorisé par un processus de dédoublement textuel dans *Alexandre Chenevert*. Le texte affiche plus ouvertement sa connotation autoréflexive. En se libérant du souci de la reproduction d'un sens antérieur, la romancière réussit à produire un texte où la mimésis se montre plus efficace, plus productrice, plus plurivoque que dans le récit conventionnel de *Bonheur d'occasion*. Ce qui distingue le *magnum opus* de Gabrielle Roy de son premier roman «montréalais», c'est la différence entre une simple contestation thématique et la transformation de celle-ci en une thématique illustrée, représentée par le processus de la textualisation et de la visualisation. Les divers textes incorporés dans «l'histoire» d'Alexandre — citations, affiches, annonces, discours divers — finissent par faire partie intégrante du roman. Tout en s'imbriquant dans la fiction, ils contribuent à la productivité du texte. Ces textes, une fois cités, sont recontextualisés. Ils acquièrent des sens nouveaux. Ce qui importe, c'est moins la reproduction de leur message officiel et statique que la production de sens nouveaux générés par leur imbrication dans le corps du récit.

Ce n'est certainement pas par hasard que Gabrielle Roy emploie ces divers procédés de la mise en images, grâce auxquels les textes que l'on croyait «réels», univoques et fermés se transforment en représentations figurées. En textualisant le langage d'autrui, la romancière permet au texte de se désigner comme un objet à la fois matériel et esthétique. C'est le référent qui change de statut, qui est capturé et doté d'un maximum d'ambiguïté. Par conséquent, même si le lecteur croit être en présence de la représentation des microtextes quand il lit ces affiches publicitaires et ces discours socioculturels, le mimétisme graphique n'est pas exact. Le référent n'est ici qu'imaginaire, puisqu'on a affaire à un texte de fiction. Gérard Genette a démontré que «la seule imitation, c'est l'imparfaite[12]». Loin d'être en présence d'une vraie affiche, de vrais slogans, de vrais discours, le lecteur se trouve en présence d'un texte qui met en scène différents éléments *ready-made*, en forme de collages, dans un univers fictif qui n'existe que dans et par le langage. Comme le souligne Paul Ricœur dans *La métaphore vive*:

> Si la *mimêsis* comporte une référence initiale au réel, cette référence ne désigne pas autre chose que le règne même de la nature sur toute

---

[12] Gérard Genette, *Figures II*, Paris, Seuil, 1969, p. 56.

production. Mais ce mouvement de référence est inséparable de la dimension créatrice. La *mimêsis* est *poiêsis* et réciproquement[13].

Chez Gabrielle Roy, la répétition interdiscursive n'est qu'une solution partielle au problème éternel de l'inadéquation du langage comme outil de communication. La mimésis est une opération à la fois de contraction et d'expansion. L'utilisation du mode mimétique va de pair avec la créativité et la productivité artistique. C'est donc par le statut dédoublé du signe-texte et par la fonction métaphorique du citationnel que la romancière réussit à ouvrir dans le discours narratif de son œuvre contestataire un espace où le monde raconté peut se réfléchir sans cesse comme dans un prisme où le discours initial modalisé peut renvoyer ses réverbérations polyphoniques à l'infini. À l'encontre de *Bonheur d'occasion*, où les discours standardisés et doxiques monosémiques sont utilisés comme moyens de méditation symbolique, ils acquièrent dans *Alexandre Chenevert*, à partir d'une pratique de désémiotisation et de resémiotisation, une dimension nouvelle, polysémique. Gabrielle Roy n'appréhende plus le monde sous un angle exclusivement cognitif, figé, statique. Ce qui compte vraiment, ce n'est plus le contenu cognitif, logique vrai-faux des mythèmes et des idéologèmes contestés, mais plutôt leur flou sémantique qui permet à la romancière de les utiliser comme opérateurs d'échange et d'expansion, d'arriver à un niveau de généralité et d'universalité plus vastes, ce qui permet au lecteur d'interpréter ses constructions figées à sa manière, tout en respectant la marge de créativité de l'auteure. La technique d'organisation dynamique et contestataire d'*Alexandre Chenevert*, une véritable alchimie poétique interne, permet au lecteur de se souvenir non seulement d'une version condensée de la vie tragique de ce petit caissier maladif, mais d'un peu plus, de se servir de sa mémoire créative pour réfléchir sur sa propre situation, de découvrir sa condition humaine, dont il n'était

---

[13] Paul Ricœur, *La métaphore vive*, Paris, Seuil, coll. « L'ordre philosophique », 1975, p. 56.

plus conscient. Comme le dit Pierre Cadorai, l'artiste-peintre, en parlant d'arbres dans *La montagne secrète*, « Il y a quantité de gens qui, en les ayant sans cesse sous les yeux, ne les voient plus[14] ». Selon Alexandre, « [i]l devait y avoir un grand nombre d'hommes perplexes, tristes comme il l'avait été lui-même » (*AC* : 251). « À ceux-là » (*AC* : 251), Gabrielle Roy veut montrer « le chemin ». Comme Alexandre, elle veut « faire du bien » (*AC* : 251), « s'acquitter envers les autres ; leur donner ce qu'[elle] avait de mieux à donner. Or, qu'est-ce que cela pouvait être, sinon la voix de son expérience » (*AC* : 250). Comme le souligne la grande romancière dans « Jeux du romancier et des lecteurs » : « Il n'y a rien de plus utile, de plus magnifique à accomplir en ce monde que de nous éveiller ainsi à tout ce que l'habitude nous cache[15]. »

---

[14] Gabrielle Roy, *La montagne secrète*, Montréal, Boréal, coll. « Boréal compact », 1994 [1961], p. 128.
[15] Gabrielle Roy, « Jeux du romancier et des lecteurs », dans Marc Gagné, *Visages de Gabrielle Roy, l'œuvre et l'écrivain*, Montréal, Beauchemin, 1973, p. 269.

BIBLIOGRAPHIE

Œuvres de Gabrielle Roy

Roy, Gabrielle, *Alexandre Chenevert*, Montréal, Boréal, coll. « Boréal compact », 1995 [1954], 297 p.

Roy, Gabrielle, *Bonheur d'occasion*, Montréal, Boréal, coll. « Boréal compact », 1992 [1950], 268 p.

Roy, Gabrielle, *La détresse et l'enchantement*, Montréal, Boréal, coll. « Boréal compact », 1996 [1984], 505 p.

Roy, Gabrielle, « Jeux du romancier et des lecteurs », dans Marc Gagné, *Visages de Gabrielle Roy*, Montréal, Beauchemin, 1973, p. 263-272.

Roy, Gabrielle, *La montagne secrète*, Montréal, Boréal, coll. « Boréal compact », 1994 [1961], 186 p.

Roy, Gabrielle, *La Petite Poule d'Eau*, Montréal, Boréal, coll. « Boréal compact », 1992 [1950] [1945], 268 p.

Roy, Gabrielle, *La rivière sans repos*, Montréal, Boréal, coll. « Boréal compact », 1995 [1970], 248 p.

Roy, Gabrielle, *La route d'Altamont*, Montréal, Boréal, coll. « Boréal compact », 1993 [1966], 255 p.

Roy, Gabrielle, *Rue Deschambault*, Montréal, Boréal, coll. « Boréal compact », 1993 [1955], 265 p.

Ouvrages consultés

Babby, Ellen Reisman, *The Play of Language and Spectacle. A Structural Reading of Selected Texts by Gabrielle Roy*, Toronto, ECW Press, 1985, 122 p.

Fauchon, André (dir.), *Colloque international « Gabrielle Roy »*, Actes du colloque soulignant le cinquantième anniversaire de *Bonheur d'occasion* (du 27 au 30 septembre 1995), Winnipeg, Presses universitaires de Saint-Boniface, 1996, 756 p.

Gagné, Marc, *Visages de Gabrielle Roy : l'œuvre et l'écrivain*, Montréal, Beauchemin, 1973, 327 p.

Harvey, Carol J., *Le cycle manitobain de Gabrielle Roy*, Saint-Boniface, Éditions des Plaines, 1993, 273 p.

Lewis, Paula Gilbert, *The Literary Vision of Gabrielle Roy : An Analysis of Her Works*, Birmingham, Summa, 1984, 319 p.

Morency, Jean, *Un roman du regard :* La montagne secrète *de Gabrielle Roy*, Québec, Centre de recherche en littérature québécoise, Université Laval, 1985, 97 p.

Ricard, François, *Gabrielle Roy*, Montréal, Fides, coll. « Écrivains canadiens d'aujourd'hui », 1975, 191 p.

Romney, Claude et Estelle Dansereau (dir.), *Portes de communications. Études discursives et stylistiques de l'œuvre de Gabrielle Roy*, Québec, Presses de l'Université Laval, 1995, 213 p.

Roy, Alain, *Gabrielle Roy: L'idylle et le désir fantôme*, Montréal, Boréal, coll. «Cahiers Gabrielle Roy», 2004, 273 p.

Saint-Martin, Lori, *Lectures contemporaines de Gabrielle Roy. Bibliographie analytique des études critiques (1978-1997)*, Montréal, Boréal, 1998, 190 p.

Socken, Paul (dir.), *Gabrielle Roy aujourd'hui, today*, Winnipeg, Éditions des Plaines, 2003, 208 p.

Vanasse, André, *Gabrielle Roy. Écrire une vocation*, Montréal, XYZ éditeur, coll. «Les grandes figures», 2004, 164 p.

Œuvres théoriques et critiques

Bakhtine, Michaïl, *Problèmes de la poétique de Dostoïevski*, Paris, Seuil, 1970, 243 p.

Barthes, Roland, *Mythologies*, Paris, Seuil, coll. «Points», 1970, 223 p.

Compagnon, Antoine, *La seconde main: ou le travail de la citation*, Paris, Seuil, 1979, 414 p.

Derrida, Jacques, *L'écriture et la différence*, Paris, Seuil, coll. «Tel quel», 1967, 436 p.

Freud, Sigmund, «La dénégation», *Revue française de psychanalyse*, vol. 7, n° 2, 1934, p. 174-177.

Genette, Gérard, *Figures II*, Paris, Seuil, 1969, 294 p.

Jakobson, Roman, «Linguistique et poétique», dans *Essais de linguistique générale*, Paris, Minuit, 1963, 260 p.

Ricœur, Paul, *La métaphore vive*, Paris, Seuil, coll. «L'ordre philosophique», 1975, 413 p.

van Rossum-Guyon, Françoise, «Conclusion et perspectives», dans Jean Ricardou et Françoise van Rossum-Guyon (dir.), *Nouveau roman: hier, aujourd'hui*, tome 1, Paris, Union générale d'éditions, 1972, p. 399.

MÉDÉE DANS L'HISTOIRE :
LE LIVRE D'EMMA DE MARIE-CÉLIE AGNANT

Marie Carrière
Université de l'Alberta

L'infanticide Médée figure parmi les héroïnes les plus redoutables de la mythologie grecque. Migrante et étrangère, cette Colchidienne parmi les Corinthiens réagit, de façon certes extrême, au mépris et à l'exclusion que manifeste à son égard sa culture d'accueil, telle que la dépeint le dramaturge Euripide au Ve siècle athénien — ni le premier ni le dernier à adapter l'ancienne légende. Abandonnée et forcée par la trahison de Jason à un exil funeste, Médée assure elle-même la tâche de donner la mort à leurs enfants déjà damnés[1]. Mauvaise mère par excellence, barbare d'origine, sorcière et guérisseuse furieusement et violemment dissidente, Médée fera bonne et surtout mauvaise figure au cours des siècles qui suivront, mettant en évidence la violence menant au sacrifice des innocents (de sa part ou encore de celle des autres) dans le sillage de l'oppression.

---

[1] « Puisqu'à tout prix il faut qu'ils meurent / c'est moi qui vais les tuer, moi qui leur ai donné la vie »; Euripide, « *Médée* », dans Marie Delcourt-Curvers (dir.), *Tragédies complètes I*, trad. du grec par Marie Delcourt-Curvers, Paris, Gallimard, 1962, p. 125-198, v. 1062-1063. Le danger guette les enfants de Médée autant si elle les traîne en exil avec elle que si elle les lègue aux Corinthiens outragés par son agression sur la maison royale.

Dans la littérature féminine récente, c'est précisément à l'instar de la version euripidienne que les questions de maternité, de couple et d'infanticide rejoignent celles de l'exil et des rapports de force reliés à la race, au sexe et au rang social qui déterminent l'intrigue des œuvres, leurs procédés d'écriture et de réécriture, et les modalités d'une Médée foncièrement protéiforme dans ses divers contextes culturels et contemporains. Depuis les trois dernières décennies, l'ancien mythe grec de l'infanticide Médée s'avère un intertexte, soit ouvertement avoué, soit évoqué en filigrane, dans des œuvres d'auteures provenant de divers horizons géographiques. Propres aux représentations courantes et contradictoires de la femme foisonnant dans les médias et la vie publique actuelle, ces nouvelles perspectives littéraires sur Médée demeurent fidèles à sa nature traditionnellement antinomique, étant donné et l'envie et la frayeur qu'elle suscite[2].

Dans cette analyse, nous explorons la manière dont *Le livre d'Emma* de Marie-Célie Agnant, née à Port-au-Prince et habitant Montréal, donne à lire une historiographie postcoloniale au féminin dans laquelle la rencontre avec le mythe de Médée sert à inscrire l'inédit de l'histoire esclavagiste vécue par les femmes d'Haïti. D'abord, notre étude nous ramène à « une acception assez large et non restrictive » du mythe[3] pour pouvoir relever, au dire de Lévi-Strauss, les « mythèmes[4] » du texte littéraire et sonder les irradiations sous-textuelles[5], plutôt que l'imitation ou l'émergence explicite, du mythe médéen. Vient s'ajouter à notre approche,

---

[2] L'émergence contemporaine et transculturelle de la figure médéenne (pas forcément infanticide selon certains cas) dans ses divers états — révisionnel, féministe, postcolonial, polygame, futuriste, lesbien, dépressif, toxicomane, esclave — caractérise, par exemple, l'œuvre respective des écrivains suivants : Christa Wolf, Marie Cardinal, Franca Rame, Deborah Porter, Monique Bosco, Marie Ndiaye, Bessora, Mariama Bâ, Myriam Warner-Vieyra, Cherríe Moraga, Kate Braverman, Toni Morrison et Marie-Célie Agnant.

[3] Duarte Mimoso-Ruiz, *Médée, antique et moderne : aspects rituels et sociopolitiques d'un mythe*, Paris, Ophrys, 1982, p. 10.

[4] Pierre Brunel, *Mythocritique, théorie et parcours*, Paris, Presses universitaires de France, 1992, p. 31.

[5] *Ibid.*

soi-disant mythocritique, une méthodologie postcoloniale, telle que l'étayent notamment les travaux de Jean-Marc Moura par rapport aux littératures francophones. C'est en tant que poétique à particularités formelles et contextuelles que nous nous intéressons au postcolonialisme, entendu au-delà de sa relation binaire avec le colonialisme. Comme plusieurs tenants de cette critique l'ont démontré, la littérature postcoloniale n'est pas nécessairement postérieure à la colonisation, mais le plus souvent « à entendre dans une valeur adversative et critique et non pas chronologique[6] » ; elle se réfère à « des modes d'écriture » désignés par « le déplacement, la transgression, le jeu, la déconstruction des codes européens tels qu'ils se sont affirmés dans la culture concernée[7] ». Enfin, l'histoire esclavagiste, telle que vécue par des femmes, dont l'« inscription légitimante[8] » passe par la prise de parole d'Emma et la traduction de son interlocutrice et compatriote Flore, rejoint les particularités toujours contextuelles et sociales, soit « scénographiques » comme les désigne Dominique Maingueneau, d'une écriture postcoloniale[9].

---

[6] Jean-Marc Moura, « Sur quelques apports et apories de la théorie postcoloniale pour le domaine francophone », dans Jean Bessière et Jean-Marc Moura (dir.), *Littératures postcoloniales et francophonie*, conférences du Séminaire de littérature comparée de l'Université de la Sorbonne Nouvelle, Paris, Honoré Champion, 2001, p. 150.

[7] *Ibid.*, p. 151. Comme le précise ailleurs Moura, une littérature peut aussi se vouloir postérieure à la colonisation, sans être pour autant postcoloniale, mais plutôt une littérature « d'imitation », dont il donne pour exemple la littérature haïtienne du début XIXe siècle ; voir *Littératures francophones et théorie postcoloniale*, Paris, Quadrige / Presses universitaires de France, 2007 [1999], p. 64. Quant aux dangers et inexactitudes d'une acception chronologique du postcolonialisme, voir aussi Anne McClintock, « The Angel of Progress : Pitfalls of the Term "Post-Colonialism" », dans Patrick William et Laura Christman (dir.), *Colonial Discourse and Post-Colonial Theory : A Reader*, New York, Columbia University Press, 1994, p. 291-304. Enfin, on peut donner, en exemple d'une littérature postcoloniale produite dans un cadre considéré comme étant toujours colonisant, l'écriture des Premières Nations des Amériques.

[8] Jean-Marc Moura, « Sur quelques apports », *op. cit.*, p. 164.

[9] Dominique Maingueneau, *Nouvelles tendances en analyse du discours*, Paris, Hachette, 1988, 143 p.

Le code affirmé dont il est question dans l'œuvre d'Agnant est le discours historique dominant, «les grands livres[10]» ou encore «les livres rédigés à l'envers par les petits Blancs» (*Livre*: 29) ayant voilé ou supprimé l'histoire intime et collective des femmes haïtiennes, une histoire dont, par ailleurs, «le recours au mythe n'est plus un jeu esthétique individuel, mais instrument d'exploration d'une situation vécue collectivement[11]». Quant au mythe médéen dans *Le livre d'Emma*, il s'agit d'une notion, ou encore d'une appropriation, postcoloniale d'un mythe occidental issu de l'Antiquité grecque, alors que le lien serré entre mythes et métarécits (les «grands récits», selon Lyotard) que conteste la pensée postcoloniale pourrait paraître ici problématique ou encore contradictoire. Or, comme le fait remarquer Marie Vautier, «le postcolonialisme n'a jamais cru au pouvoir totalisant du mythe universel[12]»; plutôt, et pour revenir à l'idée d'irradiations mythiques tirée de Brunel, «les mythes sont souples et provisoires; ils révèlent fragmentations et multiplicités[13]», à l'instar, nous verrons, du récit mytho-historique d'Emma.

Les première et deuxième parties de cette étude cerneront le roman d'Agnant dans l'optique d'une historiographie postcoloniale au féminin et, en plus de cela, dans ce qu'il partage formellement avec le récit mythique, donc dans son caractère mytho-historique. La dernière section révélera les intertextes souterrains avec le mythe de Médée, afin de mieux saisir, dans toute son ampleur et toute sa complexité historique et intime de même que dans tout son tragique quotidien, l'infanticide commis par Emma.

---

[10] Marie-Célie Agnant, *Le livre d'Emma*, Montréal, Éditions du Remue-ménage, 2002, p. 23. Désormais, toute référence à ce roman sera désignée par l'abréviation *Livre* suivie du numéro de page, entre parenthèses dans le texte.

[11] Jean-Marc Moura, «Sur quelques apports», *op. cit.*, p. 160.

[12] Marie Vautier, «Les métarécits, le postmodernisme et le mythe postcolonial au Québec: un point de vue de la "marge"», *Études littéraires*, vol. 27, n° 1, été 1994, p. 51.

[13] *Ibid.*, p. 52.

De l'oralité à la transcription

Plusieurs auront constaté que l'Histoire «apparaît comme une référence continue[14]» dans la littérature postcoloniale. *Le livre d'Emma* raconte à nouveau l'Histoire et Emma se raconte toujours par rapport à elle. Comme le propose pertinemment Michel Foucault dans son *Histoire de la sexualité*, «penser sa propre histoire peut affranchir la pensée de ce qu'elle pense silencieusement et lui permettre de penser autrement[15]», *Le livre d'Emma* mettant en évidence ce silence rompu. Or, l'Histoire serait-elle l'ennemie des femmes, pour citer Marie Cardinal, «ou, plus exactement, la façon dont l'Histoire est interprétée, la manière de raconter[16]»? Étant donné «ces livres, où l'histoire est tronquée, lobotomisée, excisée, mâchée, triturée puis recrachée en jet informe [...] pour qu'on ne sache pas que déjà sur les bateaux [négriers] ils nous volaient et notre corps et notre âme» (*Livre*: 22-23), l'Histoire se voudrait l'ennemie des femmes noires, selon Emma, migrante haïtienne internée dans un hôpital psychiatrique et fortement soupçonnée d'avoir tué sa fille. Toutefois, de la part d'Emma, il s'agira d'une véritable prise en charge de l'histoire coloniale, d'une délégitimation des discours dominants, bien qu'elle ait échoué à deux reprises, dans cet ancien port d'esclaves qu'est la ville française de Bordeaux, à une soutenance de thèse doctorale sur l'esclavage de son pays natal et, notamment, le vécu des femmes. Par ailleurs, c'est à la suite de la seconde soutenance ratée qu'Emma commet son crime infanticide, à teneur historique et mythique, auquel nous reviendrons. La question que se pose une travailleuse sociale au sujet d'Emma s'avère d'emblée des plus pertinentes: «Comment établir une relation de

---

[14] Jean Bessière et Jean-Marc Moura, «Introduction», dans Jean Bessière et Jean-Marc Moura (dir.), *Littératures postcoloniales et francophonie*, conférences du Séminaire de littérature comparée de l'Université de la Sorbonne Nouvelle, Paris, Honoré Champion, 2001, p. 7.

[15] Cité dans Marie Cardinal, *La Médée d'Euripide*, Montréal, VLB éditeur, 1986, p. 37.

[16] Marie Cardinal, *op. cit.*, p. 36.

cause à effet entre sa thèse et le meurtre de son enfant?» (*Livre*: 15); ou encore, le psychiatre d'Emma demande à Flore: «Peut-on utiliser ce rejet pour expliquer son acte?» (*Livre*: 165), et cela, «sans se rendre compte qu'il touche là à l'essence même du drame vécu par Emma» (*Livre*: 65).

La présence narrative d'une protagoniste conteuse-historienne effectue un brouillage de genres ainsi qu'une mise en abyme du rôle assuré d'écrivaine-historienne de Marie-Célie Agnant. La prise de parole historiographique d'Emma s'associe d'emblée, comme l'explique ailleurs l'auteure, aux «techniques de marronnage [littéraire]: le même désir de transgresser l'ordre établi, la même dynamique de résistance qui anime une héroïne telle que Tituba (*Moi, Tituba sorcière... Noire de Salem*)[17]». Accablée par le deuil, la mélancolie et possiblement la folie, Emma réussit à assurer, avec sa propre voix et dans sa langue maternelle, le récit de l'histoire esclavagiste de son peuple et de sa lignée généalogique féminine, non sous forme de «déroulement chronologiste simpliste[18]» — elle conteste d'ailleurs le temps chronologique des historiens, «ce temps que l'on croit passé et que l'on nomme temps jadis» (*Livre*: 25) —, mais plutôt sous forme d'«interrogation d'une mémoire en quête d'elle-même qui déroule ses contradictions[19]», geste par excellence d'une poétique postcoloniale. L'Histoire (euro et andro-centrique) officiellement entérinée sera remplacée par le «grand livre des femmes venues du pays de Guinée» (*Livre*: 125) et issu des paroles de Mattie, grande-cousine analphabète d'Emma, «un livre qu'elle construisait chaque jour, page après page» (*Livre*: 109). La chronologie historique se verra déplacée par les récits à rebours de Mattie, qui remontent de plus en plus

---

[17] Maryse Condé, *Moi, Tituba sorcière... Noire de Salem*, Paris, Mercure de France, 1986; Marie-Célie Agnant, «Écrire en marge de la marge», dans Marc Maufort et Franca Bellarsi (dir.), *Reconfigurations: Canadian Literatures and Postcolonial Identities / Littératures canadiennes et identités postcoloniales*, Bruxelles, Peter Lang, 2002, p. 19. Agnant associe également à ce marronnage littéraire le récit esclavagiste *Beloved* de Toni Morrison et l'œuvre d'autres écrivaines noires, notamment caribéennes, telles Simone Schwarz-Bart et Gisèle Pineau.

[18] Jean-Marc Moura, *Littératures francophones, op. cit.*, p. 145.

[19] *Ibid.*

dans le temps, jusqu'à l'arrivée de la première aïeule, la marronne Kilima, dans les Caraïbes.

Dans une langue non reconnue officiellement ou, du moins, non dotée d'autorité aux yeux de la culture dominante et surtout de la société d'accueil, et à travers la voie d'une folie diagnostiquée mais lucide aux yeux de son interprète, Emma s'engage à raconter autrement l'histoire de Grand-Lagon ainsi que son histoire personnelle. Emma dit ce passé esclavagiste, l'histoire, « d'une île, lambeau de l'époque coloniale, vestige de sa cruauté, de son inhumanité » (*Livre*: 16-17). Elle les transmet à Flore, certes, mais oralement et strictement dans son créole natal, assurant en quelque sorte un rôle de *quimboiseur* antillais au féminin. Oratrice, dépositaire d'une tradition narrative féminine, Emma perpétue une tradition proche du corps, entre femmes, héritée de Mattie :

> Dans la pénombre, je vois Mattie passer sa langue sur ses lèvres desséchées. J'ai treize ans, mais je suis si petite que Mattie m'assoit encore sur ses genoux pour me natter les cheveux. [...] Parfois, elle suit le même tracé, parfois elle dessine un autre parcours. Tout en s'humectant les lèvres, tout en remuant les doigts, Mattie parle. (*Livre*: 130)

Quant au créole — produit de la diglossie et de la pluralité interne d'une langue —, il se veut d'abord le refus du monolinguisme du contexte culturel, soit celui du Québec contemporain dans lequel s'est exilée Emma. Ensuite, le créole s'avère être le refus indéniablement contestataire de la domination du français standard. Au fait, tout l'acte historiographique d'Emma est de nature adversative, y compris l'emploi du créole, que le psychiatre suppose être « une des clés du mystère » (*Livre*: 9) de sa patiente énigmatique accusée d'un acte incompréhensible.

Toutefois, la langue d'Emma sera d'emblée confrontée à « la traduction, art de l'effleurement [...] pratique de la trace[20] », selon Édouard Glissant, et la parole à l'écriture, par le biais de l'interprétation et de la transcription. La transcription se veut notre

---

[20] Édouard Glissant, *Introduction à une poétique du divers*, Paris, Gallimard, 1996, p. 46.

seul accès, à nous les lecteurs, à l'histoire d'Emma. Tout le récit d'Emma, qu'elle refuse de raconter en français, est ainsi traduit par sa traductrice/interprète, Flore, la narratrice homodiégétique du roman. Véritable prise (et reprise) de parole, le récit oral d'Emma se livre, pour ainsi dire, au dialogisme de sa transcription au féminin, effectuée par sa destinataire qui effectuera une seconde créolisation : la traduction[21]. En fait, Flore réalise très vite que ce n'est guère une simple traduction qu'elle entreprend, mais un véritable et très intime projet historiographique : « Avec Emma, je traduis non pas des mots, mais des vies, des histoires. La sienne, d'abord » (*Livre* : 16). De plus, l'entreprise de Flore entrave toute « "bonne distance" » (*Livre* : 34), soit « la sacro-sainte neutralité à laquelle est tenue l'interprète » (*Livre* : 35). C'est aussi rapidement que Flore signale avoir « choisi mon camp » (*Livre* : 35) et accepté Emma comme « une partie de moi-même » (*Livre* : 34). En vue des deux voix et des deux subjectivités — celles de Flore et d'Emma —, insérées au cœur du texte historiographique, sans compter celle de Mattie, de qui provient toute l'histoire d'Emma, c'est une mémoire plurielle, dissoute de tout principe hégémonique traditionnellement associé à l'Histoire, qui est à l'œuvre dans le texte : « Avec Emma, j'ai appris à utiliser d'autres codes, j'ai découvert d'autres repères » (*Livre* : 65). Ainsi se chevauchent intimité et collectivité, s'entrecroisent plusieurs subjectivités. Issue de Mattie, « la voix d'Emma s'est incrustée en » (*Livre* : 35) Flore ; l'autre s'est imprégnée dans le même, le passé dans le présent et, comme nous verrons, le mythique dans l'histoire.

De l'histoire au mythe

En parlant des cultures dites ataviques (à l'instar des cultures amérindiennes du Canada ou du Mexique), Glissant constate : « L'Histoire est donc réellement fille du mythe fondateur[22] ». Quant aux cultures dites « composites nées de la créolisation », la notion de mythe fondateur est fort problématique, car « toute

---

[21] *Ibid.*, p. 45.
[22] *Ibid.*, p. 62.

idée d'une Genèse ne peut qu'être ou avoir été importée, adoptée ou imposée : la véritable Genèse des peuples de la Caraïbe, c'est le ventre du bateau négrier et c'est l'antre de la Plantation[23] ». Ce que démontre l'histoire selon Emma, c'est que le mythe fondateur, celui de la colonisation européenne des Caraïbes, repose sur la mort : « Oui, fait Emma qui secoue la tête, écrivez, docteur MacLeod, notez dans votre calepin : Emma nous est venue d'une colonie de morts-vivants » (*Livre*: 27). En plus de cela, la colonisation s'érige à partir de l'infanticide, dès les premières migrations forcées des Africains aux colonies caribéennes, meurtre commis par les mères désespérées refusant de condamner leurs enfants à l'esclavage ou de donner naissance à des enfants issus du viol. Par contre, le récit d'Emma ne fait pas que répéter le funeste récit d'esclavagisme, mais il tente aussi une mise au monde, la Genèse de Flore, son interprète et aussi son réceptacle intersubjectif, qui deviendra véritable fille du mythe créolisé. À la fin du roman, dans les bras de Nickolas Zankoffi, amant endeuillé d'Emma et figure transculturelle de rémission (« homme de tous les continents dont le monde a besoin pour guérir du chaos dans lequel la haine l'a fait basculer » [*Livre*: 42]), Flore signale : « Oui, me disais-je, Emma me met au monde, elle réinvente ma naissance » (*Livre*: 167). Comme l'écriture se substitue à l'oralité, Flore prendra la place d'Emma. Or, « Emma-Flore-Emma » (*Livre*: 167) telle que la surnommera Nickolas est bien plus disposée à déjouer, par sa traduction, le destin qui a accablé la misérable lignée féminine d'Emma, dont le dernier membre est sa fille défunte Lola[24].

Qu'en est-il des convergences formelles de l'historiographie et du mythe ? Étant donné l'oralité d'Emma en constante dialectique avec la traduction et l'éventuelle transcription homodiégétique de Flore, la définition que donne André Jolles du mythe s'avère des plus pertinentes : « une "forme simple" antérieure au langage écrit, mais

---

[23] *Ibid.*, p. 35.
[24] Sur les dimensions éthiques de la traduction de Flore, voir l'article de Winfried Siemerling, « Ethics as Re/Cognition in the Novels of Marie-Célie Agnant : Oral Knowledge, Cognitive Change, and Social Justice », *University of Toronto Quarterly*, vol. 76, n° 3, été 2007, p. 838-860.

"actualisée" par lui et par le texte littéraire[25] ». Plus précisément, si le mythe possède un statut d'antériorité étant donné son rapport originel à la tradition orale, soit au « langage préexistant au texte », depuis le classicisme grec, il est « diffus dans le texte, [il] est l'un de ces textes qui fonctionnent en lui[26] ». L'on pourrait aller jusqu'à citer Philippe Daros sur le mythe, qui, selon lui, « se meurt au contact de l'écriture », s'avérant une « approximation[27] ». Le gain se décèle ainsi dans la perte, le même dans l'autre, la vie dans la mort, à l'instar de la naissance métaphorique de Flore à la mort d'Emma. Alors que, dans *Le livre d'Emma*, la parole, voire l'histoire orale, se veut aussitôt traduction et livre, ou encore historiographie, de son côté, le mythe est toujours déjà « animé par un dynamisme, qui est celui du récit[28] ». Dérivé de *muthos*, qui signifie « parole, récit transmis », selon Régis Boyer[29], le mythe, comme l'histoire d'ailleurs, « nous parvient tout enrobé de littérature[30] », selon la belle expression de Pierre Brunel.

Si le mythique se concilie d'abord au littéraire, il se concilie aussi à l'histoire dans le roman d'Agnant. Dans l'histoire reconfigurée par Emma, tout comme dans le récit mythique, soit l'intertexte médéen qui surligne le texte, il y a réitération et réécriture. La littérature du mythe s'associe à une certaine redondance, ou encore à « une esthétique de la récupération et du recyclage[31] ». L'histoire racontée par Emma, comme le récit mythique, « réitère fortement certaines formules, certaines séquences [du passé colonial, esclavagiste et intime, par exemple], certains rapports,

---

[25] Cité dans Pierre Brunel, *op. cit.*, p. 13.
[26] Pierre Brunel, *op. cit.*, p. 61.
[27] Phillipe Daros, « Le mythe tel quel ? », dans Ariane Eissen et Jean-Paul Engélibert (dir.), *La dimension mythique de la littérature contemporaine*, Poitiers, La licorne, 2000, p. 14.
[28] Pierre Brunel, « Préface », dans Pierre Brunel (dir.), *Dictionnaire des mythes littéraires*, Monaco, Éditions du Rocher, 1988, p. 8.
[29] Cité dans Pierre Brunel, « Préface », *op. cit.*, p. 11.
[30] Pierre Brunel, « Préface », *op. cit.*, p. 11.
[31] Christine Jérusalem, citée dans Ariane Eissen et Jean-Paul Engélibert (dir.), *op. cit.*, p. 9.

mais encore il a le pouvoir de produire d'autres récits[32] ». Cela est particulièrement vrai de la traduction, de l'interprétation et de la transcription de Flore, de qui nous provient la version que nous avons sous la main. Notamment, le récit d'Emma s'allie au mythique et plus précisément au biblique, comme le suggère le titre du roman, ainsi que la lignée généalogique d'Emma, transmise par Mattie sous forme d'une genèse féminine :

> la vie de Kilima, mon aïeule bantoue, celle de Cécile, qui ne faisait pas partie du même clan mais avait servi de mère à Kilima lorsque, encore enfant, celle-ci arriva sur la plantation Comte, sur l'île Saint-Domingue. Kilima donna naissance à Emma, dont je porte le nom, puis vint Rosa, puis encore Emma, puis encore Rosa, ma grand-mère […] (*Livre* : 127)

et qu'elle se répète comme une prière tirée d'une bible personnelle :

> Je répète sans relâche : la première s'appelait Kilima, elle avait été arrachée à sa mère Malayika, puis vendue aux négriers. Sur l'île, elle donna naissance à Emma, puis Emma à Rosa ; puis vint Fifie et encore Emma. (*Livre* : 131)

Le récit historique d'Emma est d'abord le produit d'une transmission orale, ensuite d'une « transmission intergénérationnelle[33] » et enfin d'une transcription elle-même vouée à la perpétuité et à la supplémentarité par le fait même de l'herméneutique qui s'ensuivra, voire sa lecture. Par ailleurs, si l'histoire se prête au caractère réitérant du récit mythique, le personnage d'Emma s'avère lui-même, comme nous le verrons ci-après, un rayonnement souterrain de la figure mythologique de Médée.

---

[32] Pierre Brunel, *Mythocritique, op. cit.*, p. 31.
[33] Colette Boucher, « Québec-Haïti. Littérature transculturelle et souffle d'oralité. Une entrevue avec Marie-Célie Agnant », *Ethnologies*, vol. 27, n° 1, 2005, p. 201.

D'Emma à Médée

Le mythe de Médée se reflète pour ainsi dire « dans le miroir tour à tour déformant[34] » du *Livre d'Emma*; il se veut « tout enrobé » de l'historiographique postcoloniale de Marie-Célie Agnant, voire de fiction et d'histoire, deux genres certes « poreux », selon Linda Hutcheon[35]. L'une ancienne et l'autre bien moderne, Médée et Emma sont entourées de diverses « "malsonnante[s] rumeur[s]"[36] », issues de préjugés racistes et xénophobes, prévalentes dans leurs sociétés d'accueil. Après son arrestation pour le meurtre de sa fille à Montréal, Emma se trouve au centre de clichés médiatiques et raciaux acharnés sur le cas d'« Une Noire [qui] sacrifie son enfant… Une affaire de vaudou ? » (*Livre*: 16). L'acte criminel est interprété comme étant la « preuve de la nature brute et sauvage à la limite du primitivisme du Noir[37] ». En outre associée, même avant le meurtre de ses deux fils, à une certaine monstruosité ainsi qu'à un instinct criminel innés, Médée souffre à son tour des préjugés que suscite sa barbarie colchidienne, alors qu'elle porte avec elle, il faut le dire, une histoire assez nébuleuse et compliquée de fratricide et d'autres actes atroces commis au nom de Jason. Médée l'étrangère est dénigrée et refusée comme être humain à part entière par la société corinthienne, état de fait que Jason lui-même vient confirmer lorsqu'il prend connaissance du plus horrible de tous les crimes qu'elle ait pu commettre. Selon lui, le meurtre des enfants s'explique avant tout par le fait même de la barbarie, voire de l'étrangeté de Médée, car « [j]amais il en se fût trouvé de Grecque / pour oser[38] » un tel geste. Médée se révèle ainsi

---

[34] Duarte Mimoso-Ruiz, *op. cit.*, p. 10.
[35] Linda Hutcheon, *A Poetics of Postmodernism: History, Theory, Fiction*, New York, Routledge, 1992, p. 106.
[36] Duarte Mimoso-Ruiz, « Médée », dans Pierre Brunel (dir.), *Dictionnaire des mythes littéraires*, Monaco, Éditions du Rocher, 1988, p. 979.
[37] Sélom Gbanou, « Langue française et identités conflictuelles. *Le livre d'Emma*, de Marie-Célie Agnant, ou comment rester soi dans la langue de l'autre », dans Justin Bisanswa et Michel Tétu (dir.), *Francophonie en Amérique. Quatre siècles d'échanges, Europe-Afrique-Amérique*, Québec, CIDEF-AFI, 2005, p. 145-153, p. 150.
[38] Euripide, *op. cit.*, v. 1339.

être une véritable bête et pire qu'un monstre, « une lionne et non une femme, / plus sauvage que la Scylla du détroit tyrrhénien[39] ».

Engendrée, selon la tante Grazie, par une sorte de démon énigmatique, soit d'un père aux allures « à la fois serpent et chacal » (*Livre*: 70), et donc dotée d'une descendance de nature mythologique, Emma, unique survivante de quintuplées, est elle aussi perçue comme un monstre, notamment comme cette bête qui aurait anéanti dans le ventre de sa mère ses sœurs mortes-nées. Bref, la petite Emma se trouve à être le bouc émissaire des cruautés de sa communauté de Grand-Lagon et, comme à Médée, ses pairs lui accolent une réputation de magicienne redoutable et maléfique, « bien capable de s'infiltrer dans votre âme! » (*Livre*: 74):

> C'est elle qui, dans le ventre de sa mère, a sucé l'âme de ses sœurs. Regardez ses lèvres, des ventouses. Elle peut d'un seul coup aspirer tout le sang d'une personne, boire toute la sève d'un arbre, vider un homme de toute son eau. Il ne faut pas lui parler! (*Livre*: 68)

Emma est ce monstre toujours déjà coupable si ce n'est que d'être née avec la peau très noire, contrairement aux jumelles, Grazie et Fifie la mère d'Emma. Comme Médée, barbare colchidienne, noire parmi les Grecs, Emma subit le cruel mépris de son entourage à cause de sa peau « si noire [...] presque bleue [...] c'est à cause de cela surtout qu'ils me détestent » (*Livre*: 76), finit-elle par conclure. Mais Emma souffre surtout des violents rejet et mépris que lui réserve sa mère mulâtre, si fièrement blonde, et, en réalité, le rejeton lointain d'un viol d'une aïeule esclave qui aurait été « saillie par quelque démon blanc en chaleur » (*Livre*: 121). Afin de se débarrasser de sa fille préadolescente « le plus vite possible en [la] casant avec le premier venu » (*Livre*: 92), Fifie la livrera aux tourments d'Azwélia, dont la tâche sera de rendre Emma désirable aux yeux des hommes par le biais de ses diverses sorcelleries. Azwélia se présente comme figure mythologique et notamment circéenne, la sorcière Circé étant parente avec Médée, pour rendre la Colchidienne d'autant plus redoutable.

---

[39] *Ibid.*, v. 1342-1343.

Les efforts d'appartenance de Médée et d'Emma dans un monde qui les ostracise de façon systématique résultent en persécution sociale, produisant ces « identités meurtrières[40] » dont parle Amin Maalouf En effet, selon Glauco Corloni et Daniela Nobili, l'infanticide maternel « trouve sa motivation la plus authentique dans [...] une dangereuse confirmation des idées de persécution[41] ». Enfin, Emma, étudiante doctorale savante, tout comme Médée, guérisseuse un peu sorcière experte en *pharmakon* ou en drogues funestes, incarne une intelligence qui la rend d'autant plus suspecte à Grand-Lagon. Plus tard, elle incarnera un savoir historique à la fois dissident et menaçant, cette fois sur le passé esclavagiste d'Haïti. Selon Agnant, cette période de l'histoire « est tout à fait absente, sinon refoulée. C'est une période tabou » dans les romans haïtiens (au contraire des Antilles françaises)[42]. Dans *Le livre d'Emma*, il s'agit d'un passé certes non reconnu par l'institution universitaire française, guère encline à reconnaître son propre passé esclavagiste et qui se prononce manifestement là-dessus en refusant la thèse d'Emma.

L'infanticide se veut le schème principal parmi les affleurements mythiques du roman, révélateur du rapport d'Emma à l'histoire coloniale, de sa condition de femme noire et migrante et, bien entendu, de son rôle de mère. Car l'infanticide, à la fois omniprésent et peu commenté dans le roman, se relie intrinsèquement au passé esclavagiste tel que narré par Emma et vécu par les femmes de sa lignée généalogique. À l'instar de la *Médée* d'Euripide, qui fait référence aux maints infanticides de la mythologie grecque et donc de la lignée filiale de Médée et Jason[43],

---

[40] Amin Maalouf, *Les identités meurtrières*, Paris, Grasset, 2001 [1998], p. 11.

[41] Glauco Corloni et Daniela Nobili, *La mauvaise mère : phénoménologie et anthropologie de l'infanticide*, trad. du français par Robert Maggiori, Paris, Payot, 1977, p. 11.

[42] Florence Ramond Jurney, « Entretien avec Marie-Célie Agnant », *The French Review*, vol. 79, n° 2, décembre 2005, p. 388.

[43] Euripide souligne la récurrence mythologique de l'infanticide dans *Médée* en rappelant les mythes de Sisyphe, d'Érechthée et d'Ino (v. 405, 824-825 ; 1284), dont les intrigues, impliquant le filicide (meurtre de son propre enfant), auraient été d'emblée connues par le spectateur ancien.

l'acte d'Emma est anticipé dans tout le récit. Par ailleurs, il est tragiquement attribué à un phénomène cyclique par la découverte que fait la petite Emma dans l'une des caves de son île, où repose le cadavre d'un enfant probablement «non désiré» (*Livre*: 82), mais, en premier lieu, l'infanticide remonte à la négligence et à la froideur inébranlables de Fifie, qui ont tant fait souffrir sa fille: «Je comprends finalement qu'à mon approche Fifie tremble du désespoir de voir le soir me ramener vivante et que, de tout son cœur, elle espère qu'un jour je finirai par me retrouver au bas des falaises» (*Livre*: 87). Par ailleurs, les infanticides commis par les descendantes d'Emma, «les gestes des femmes du clan» (*Livre*: 136) qui tuaient leurs nouveau-nés pour leur éviter l'esclavage ou encore par simple et tragique désespoir, donnent à lire un *leitmotiv* du «ventre hostile[44]» selon Françoise Naudillon. Ce «ventre-tombeau[45]», à l'instar des bateaux négriers de l'ère coloniale, portait des morts-vivants perpétués par beaucoup de négresses et rappelant la venue au monde d'Emma: «Elles ne suscitent aucun intérêt, les négresses. [...] Elles naissent déjà mortes. Elles naissent comme des têtards crevés» (*Livre*: 25-26). L'histoire de la lignée d'esclaves féminines, «cette malédiction venue des cales des négriers» (*Livre*: 162) qui a damné le ventre maternel se lie donc intrinsèquement à la mort de la petite Lola, que Mattie prévoit vaguement et malgré elle:

> Comme dans un songe très ancien, tu répéteras les gestes des femmes du clan. Ces gestes qu'elles faisaient pour mettre leurs enfants à l'abri des garrots qui les étouffaient dans les cales des négriers et dans les champs de canne [...] La dernière goutte de sang du clan de Kilima, déportée vers le Nouveau Monde, s'éteindra avec toi, comme un œil qui ferme. (*Livre*: 136-137)

Or, le crime d'Emma rappelle aussi l'homicide soi-disant altruiste de la mère mélancolique incapable de distinguer son enfant d'elle-

---

[44] Françoise Naudillon, «Le continent noir des corps: représentation du corps féminin chez Marie-Célie Agnant et Gisèle Pineau», *Études françaises*, vol. 41, n° 2, 2005, p. 80.
[45] *Ibid.*

même. Au sujet de sa propre maternité, Emma explique que « la chair de ta propre chair se transforme en bête à crocs et, de l'intérieur, déjà te mange. Pour cela Lola devait mourir. Quelle importance, maintenant ou après, quelle importance ? Comme moi, Lola était condamnée » (*Livre* : 162). Mal aimée, par-dessus tout par sa propre mère, la protagoniste porte une blessure incommensurable héritée de Fifie, ce qui la rend incapable de vivre, voire de laisser vivre sa propre relation mère-fille avec son enfant. « Ainsi, nous abandonnons les nôtres, nous faisons mourir nos enfants, nous fuyons jusqu'à notre ombre » (*Livre* : 108), explique Mattie. Le drame intime chevauche encore ici le drame collectif, puisqu'une telle haine de soi perpétue l'impossible maternité des ancêtres, y compris celle de cette si cruelle Fifie, comme essaie de le faire comprendre Mattie à la jeune Emma. Le « mal » se veut pour ainsi dire mythique, puisqu'il « vient de loin. Il coule dans nos veines, nous l'ingurgitons dès la première gorgée du lait maternel » (*Livre* : 108).

Plusieurs études sur l'œuvre d'Agnant ainsi que des entretiens avec elle abordent *Le livre d'Emma* sans réellement mettre au point l'image de la mère infanticide qu'incarne la protagoniste. On a fait remarquer le courage et la dextérité de l'auteure dans le traitement de sujets jugés tabous, tels la représentation du corps de la femme noire, la folie, le passé esclavagiste d'Haïti, le vécu des femmes de cette période — objets d'échange colonial et machines à reproduction —, et de ce qu'elles ont pu léguer (à tort ou à raison) aux générations suivantes. Or, le dernier tabou ne serait-il pas celui de la mère infanticide (ou filicide), demeurée occultée dans la réception critique du roman tout comme dans nos discours sociaux sur la maternité et la filiation en général ? Revenons un instant au mot *filicide*, plus spécifique et pertinent au *Livre d'Emma* que les termes *parricide* (mort donnée à un ascendant ou descendant) et même *infanticide* (mort du nourrisson provoquée par le père ou la mère, ou simplement meurtre générique des enfants). Le filicide signifie donc le meurtre par les parents de leur fils ou de leur fille après l'âge néonatal[46]. Le fait que le

---

[46] Glauco Corloni et Daniela Nobili, *op. cit.*, p. 25.

terme *filicide* demeure encore aujourd'hui insolite sinon inconnu témoigne de son occultation générale de notre culture, de « la censure qui est déjà à l'œuvre dans l'occultation linguistique » du mot[47], une censure, encore selon Corloni et Nobili, « qui opère en chacun de nous et qui exprime le besoin impérieux d'être rassuré sur la solidité de l'instinct maternel[48] ». Ainsi toujours absent des grands dictionnaires, le filicide demeure un phénomène relégué « à un processus psychotique de nature inexplicable[49] ».

Ce dernier constat nous amène à réfléchir à la folie d'Emma dès les premières pages du roman, lors de la première rencontre entre Flore et la patiente. Tout comme la vision de la femme victime ou persécutée avancée par le cas d'Emma et celui de Médée (certes par Euripide lui-même, à travers son image de la femme abandonnée), la folie ne viendrait-elle pas diminuer, en quelque sorte, « le caractère insoutenable de la mère infanticide ou filicide[50] » ? Toujours à l'instar de l'héroïne d'Euripide accablée d'une profonde mélancolie mais sans toutefois perdre cette lucidité qui la rend assez effroyable, il n'est pas si sûr qu'Emma ait véritablement sombré dans la folie. En effet, Flore constate une « résignation glaciale [qu'elle] découvre à chaque fois dans le regard d'Emma, en dépit de tout ce bavardage qui pourrait donner à penser le contraire » (*Livre* : 25), de cette « Emma, à la fois folle et trop lucide » (*Livre* : 33). Qui plus est, à travers cette supposée folie, Emma se raconte de manière assez limpide, même élégante et, en fin de compte, ordonnée. Quant au meurtre de la petite Lola, Marie-Célie Agnant ne nous tire pas aussitôt d'embarras. Osons suggérer que cette lucidité, sans doute teintée d'une mélancolie ravageuse, nous oblige à tenir compte de l'humanité de la mère filicide. Une lucidité pareille porte « atteinte au plus profond des préjugés[51] » : celui de l'amour maternel ne faisant « défaut que dans des cas exceptionnels, des cas pathologiques

---

[47] *Ibid.*, p. 12.
[48] *Ibid.*, p. 60.
[49] *Ibid.*, p. 10.
[50] Duarte Mimoso-Ruiz, *Médée, op. cit.*, p. 208.
[51] Glauco Corloni et Daniela Nobili, *op. cit.*, p. 10.

d'absolue irresponsabilité[52] ». Non seulement *Le livre d'Emma* remonte-t-il aux sources historiques et mythiques de l'infanticide au cœur du récit, mais il le divulgue dans toute l'étendue de son tragique quotidien.

N'empêche que le principe théorique de la violence et du sacré de René Girard, qui aborde le cas de Médée, vient éclairer davantage ce qui noue historiographie et mythe dans le texte d'Agnant. Ce qui fait de la victime un être sacré, selon Girard, c'est précisément le fait qu'elle sera tuée, tout comme il est criminel de la tuer puisqu'elle est sacrée. Or en plus de cela, ce qui en fait une victime sacrée est son rôle de substitut, substitut toujours vulnérable et immédiat, contre lequel se lance une violence inapaisée comme celle de la Médée d'Euripide[53]. Lola, descendante de cette lignée féminine maudite, du « fiel » (*Livre* : 119) de la mémoire générationnelle, esclavagiste et inapaisée, de sa mère et de ses grands-mères, n'est-elle pas la victime de substitution par excellence ? L'infanticide ne rappelle-t-il pas l'acte sacrificiel de violence ultime ? La fin du roman évoque d'autant plus l'élément sacral et ritualiste de la Médée d'Euripide, qui, malgré l'étonnant réalisme psychologique de sa tragédie, attribue à son héroïne un exode flamboyant dans le chariot de serpents ailés légué par son père Hélios, personnification du soleil[54]. Pour Emma, l'issue est le fleuve à sa portée, dans lequel elle se jette, bien que personne ne sache comment cela a pu se produire.

> Comment cela avait-il pu se produire ? Personne ne le savait. Toutes les portes étaient verrouillées, mais elle était quand même sortie. Elle avait longé la berge, vêtue de sa robe blanche. Elle avait son turban mauve qui lui donnait cet air de madone. On avait retrouvé la robe, elle flottait sur l'eau, et la jupe gonflait comme une méduse.
>
> « Elle disait toujours, elle disait sans cesse qu'elle reprendrait un jour la route des grands bateaux. » C'est ce que je répondis au policier […]. (*Livre* : 163)

---

[52] *Ibid.*
[53] René Girard, *La violence et le sacré*, Paris, Grasset, 1972, 451 p.
[54] Euripide, *op. cit.*, v. 1317-1415.

Le suicide d'Emma se veut médéen, issu de l'inexplicable même, doté de caractères mythiques évoqués par «l'air de madone» et la «robe blanche» retrouvée. Retour aux sources bien funeste, à l'aïeule Kilima, qui elle aussi «avait repris le chemin des grands bateaux» (*Livre*: 156). Il y aurait donc rappel de l'histoire d'Emma — rappel de l'histoire que sa mort réussit à rattacher au mythique.

Dans ce roman, la mort s'incruste en plein cœur de tout mythe fondateur, la mort des innocents s'imposant parmi les assises les plus profondes de nos civilisations, nos cités possiblement fondées sur un forfait, comme le constate à son tour la Médée révisionnelle de la romancière allemande Christa Wolf[55]. N'est-ce pas la thèse essentielle issue du supposé «délire obsessionnel» (*Livre*: 160) du récit mytho-historique d'Emma? Les mythèmes médéens dans *Le livre d'Emma* pointent vers une condition féminine peut-être d'autant plus mythique qu'elle est la conséquence de la violence intergénérationnelle ainsi perpétuée par des actes répétés de dissidence extrême. Enfin, s'il est vrai, comme le suggère Marie Cardinal, que Médée «comme tous les personnages mythologiques [...] se situe au confluent de la Culture et de l'Histoire[56]», Emma, elle, se veut au confluent de l'histoire et du mythe. Or, une Emma postcoloniale et une Médée ancienne se rapprochent non dans ce qu'elles ont d'exceptionnel ou d'isolé, mais de commun et de quotidien, puisqu'elles font toutes les deux partie inhérente d'une histoire intime et collective.

---

[55] «La citée est fondée sur un forfait»; Christa Wolf, *Médée: voix*, trad. de l'allemand par Alain Lance et Renate Lance-Otterbein, Paris, Stock, 2004 [1997], p. 29.

[56] Marie Cardinal, *op. cit.*, p. 42.

BIBLIOGRAPHIE

Agnant, Marie-Célie, « Écrire en marge de la marge », dans Marc Maufort et Franca Bellarsi (dir.), *Reconfigurations: Canadian Literatures and Postcolonial Identities / Littératures canadiennes et identités postcoloniales*, Bruxelles, Peter Lang, 2002, p. 15-20.

Agnant, Marie-Célie, *Le livre d'Emma*, Montréal, Éditions du Remue-ménage, 2002, 167 p.

Bessière, Jean et Jean-Marc Moura, « Introduction », dans Jean Bessière et Jean-Marc Moura (dir.), *Littératures postcoloniales et francophonie*, conférences du Séminaire de littérature comparée de l'Université de la Sorbonne Nouvelle, Paris, Honoré Champion, 2001, p. 7-10.

Boucher, Colette, « Québec-Haïti. Littérature transculturelle et souffle d'oralité. Une entrevue avec Marie-Célie Agnant », *Ethnologies*, vol. 27, n° 1, 2005, p. 195-221.

Brunel, Pierre, *Mythocritique, théorie et parcours*, Paris, Presses universitaires de France, 1992, 294 p.

Brunel, Pierre, « Préface », dans Pierre Brunel (dir.), *Dictionnaire des mythes littéraires*, Monaco, Éditions du Rocher, 1988, p. 7-15.

Cardinal, Marie, *La Médée d'Euripide*, Montréal, VLB éditeur, 1986, 130 p.

Condé, Maryse, *Moi, Tituba sorcière... Noire de Salem*, Paris, Mercure de France, 1986, 231 p.

Corloni, Glauco et Daniela Nobili, *La mauvaise mère: phénoménologie et anthropologie de l'infanticide*, trad. du français par Robert Maggiori, Paris, Payot, 1977, 265 p.

Daros, Phillipe, « Le mythe tel quel ? », dans Ariane Eissen et Jean-Paul Engélibert (dir.), *La dimension mythique de la littérature contemporaine*, Poitiers, La licorne, 2000, p. 13-27.

Eissen, Ariane et Jean-Paul Engélibert (dir.), *La dimension mythique de la littérature contemporaine*, Poitiers, La licorne, 2000, 308 p.

Euripide, « Médée », dans Marie Delcourt-Curvers (dir.), *Tragédies complètes I*, trad. du grec par Marie Delcourt-Curvers, Paris, Gallimard, 1962, p. 125-198.

Gbanou, Sélom, « Langue française et identités conflictuelles. *Le livre d'Emma*, de Marie-Célie Agnant, ou comment rester soi dans la langue de l'autre », dans Justin Bisanswa et Michel Tétu (dir.), *Francophonie en Amérique. Quatre siècles d'échanges, Europe-Afrique-Amérique*, Québec, CIDEF-AFI, 2005, p. 145-153.

Girard, René, *La violence et le sacré*, Paris, Grasset, 1972, 451 p.

Glissant, Édouard, *Introduction à une poétique du divers*, Paris, Gallimard, 1996, 150 p.

Hutcheon, Linda, *A Poetics of Postmodernism: History, Theory, Fiction*, New York, Routledge, 1992, 268 p.

Jurney, Florence Ramond, «Entretien avec Marie-Célie Agnant», *The French Review*, vol. 79, n° 2, décembre 2005, p. 384-394.

Maalouf, Amin, *Les identités meurtrières*, Paris, Grasset, 2001 [1998], 189 p.

Maingueneau, Dominique, *Nouvelles tendances en analyse du discours*, Paris, Hachette, 1988, 143 p.

McClintock, Anne, «The Angel of Progress: Pitfalls of the Term "Post-Colonialism"», dans Patrick William et Laura Christman (dir.), *Colonial Discourse and Post-Colonial Theory: A Reader*, New York, Columbia University Press, 1994, p. 291-304.

Mimoso-Ruiz, Duarte, *Médée, antique et moderne: aspects rituels et socio-politiques d'un mythe*, Paris, Ophrys, 1982, 247 p.

Mimoso-Ruiz, Duarte, «Médée», dans Pierre Brunel (dir.), *Dictionnaire des mythes littéraires*, Monaco, Éditions du Rocher, 1988, p. 978-988.

Moura, Jean-Marc, *Littératures francophones et théorie postcoloniale*, Paris, Quadrige / Presses universitaires de France, 2007 [1999], 185 p.

Moura, Jean-Marc, «Sur quelques apports et apories de la théorie postcoloniale pour le domaine francophone», dans Jean Bessière et Jean-Marc Moura (dir.), *Littératures postcoloniales et francophonie*, conférences du Séminaire de littérature comparée de l'Université de la Sorbonne Nouvelle, Paris, Honoré Champion, 2001, p. 149-167.

Naudillon, Françoise, «Le continent noir des corps: représentation du corps féminin chez Marie-Célie Agnant et Gisèle Pineau», *Études françaises*, vol. 41, n° 2, 2005, p. 73-85.

Siermerling, Winfried, «Ethics as Re/Cognition in the Novels of Marie-Célie Agnant: Oral Knowledge, Cognitive Change, and Social Justice», *University of Toronto Quarterly*, vol. 76, n° 3, été 2007, p. 838-860.

Vautier, Marie, «Les métarécits, le postmodernisme et le mythe postcolonial au Québec: un point de vue de la "marge"», *Études littéraires*, vol. 27, n° 1, été 1994, p. 43-61.

Wolf, Christa, *Médée: voix*, trad. de l'allemand par Alain Lance et Renate Lance-Otterbein, Paris, Fayard, 2004 [1997], 297 p.

(SE) RACONTER POUR L'AUTRE (SOI)

ÉILEEN LOHKA

Cet article se propose d'examiner comment des expériences personnelles deviennent constructions narratives dans le cadre de l'exil. Une fois écrites, elles peuvent se transformer en histoire(s) collective(s), propre(s) à préserver la mémoire d'un lieu natal tout en ouvrant celui-ci à l'autre, concitoyen de la terre d'accueil. En explorant le quoi, le pourquoi et le comment de cette écriture mémorielle, nous tenterons de faire ressortir sa genèse et sa signification.

Dans *Nord perdu*, Nancy Huston parle de l'exil comme « mutilation », « censure ». D'un côté, elle pleure la désorientation « *Ici*, vous taisez ce que vous fûtes. [...] *Là*, vous taisez ce que vous faites[1] », et de l'autre, elle célèbre la richesse des exilés, « [r]iches de leurs identités accumulées et contradictoires[2] ».

L'immigrant, ce caméléon de l'entre-deux, oscille constamment entre le palimpseste mémoriel de son héritage et l'inscription plus récente de son nouvel espace. Nous parlerons du recueil (largement)

---

[1] Nancy Huston, *Nord perdu*, Arles / Montréal, Actes Sud / Leméac, 1999, p. 20-21.
[2] *Ibid.*, p. 18.

autobiographique *Miettes et morceaux*³ pour démontrer comment la narration fragmentée, la pluralité stylistique et linguistique et le monologue intérieur offrent au conteur un espace de création qui lui permet de réconcilier les diverses facettes de son identité, les « miettes et morceaux » de son vécu. L'écriture se révèle alors essentiellement féminine, comme nous le verrons, tant dans sa pluralité que dans son souci de préserver des bribes de mémoire et dans son utilisation d'un *je* constant mais décidément pluriel au fil des années.

Quand j'étais jeune à l'île Maurice — où j'ai grandi — j'avais un *tiban* que je transportais partout, siège portable pour toutes les occasions. Je le posais sous le banian pour écouter les *nénènes* raconter des histoires tarabiscotées, rencontrer les *daïnes*, loup garous et autres animaux mythiques des légendes mauriciennes. Tranquille sur mon banc, je vivais les batailles navales épiques entre Napoléon et les Anglais, je pleurais quand sombrait le *Saint-Géran* avec Virginie à son bord⁴. Je voyais les pirates enterrer leurs trésors sur la côte sauvage du sud, dans une cave dont la bouche était découverte uniquement à marée basse, quand la pointe du gros cocotier s'alignait avec la formation basaltique en forme de pleureuse. J'assimilais le courage des femmes-esclaves qui s'enfuyaient la nuit, bébé au sein pour les empêcher de pleurer : elles vivaient de cœurs de palmistes et de bananes sauvages et, du morne, s'élançaient dans le vide pour éviter d'être capturées. Mon cœur battait de concert lorsque *Comper liev*, aussi emblématique chez nous que dans les Antilles, se battait contre *Tig*, symbole du puissant homme blanc du *letan margoz* — l'esclavage. J'écoutais des poèmes de Lamartine et de Keats, de Robbie Burns ou de Robert-Édouard Hart. Mon enfance vibre de récits, de chansons, de légendes en trois langues, une enfance où l'oralité se superposait aux couleurs éclatantes des tropiques. À jamais liés dans mon

---

³ Eileen Lohka, *Miettes et morceaux*, Quatre-Bornes, île Maurice, Bartholdi, 2005. Dorénavant indiqué entre parenthèses dans le texte par les lettres *MM* suivies du folio.

⁴ Référence ici au roman de Bernardin de Saint-Pierre *Paul et Virginie*, inspiré par son séjour à l'île Maurice.

cerveau éclairs de couleur, la musicalité de mots spécifiques, la force d'une langue par opposition à l'autre : des mondes qui s'ouvrent au son d'une voix... et d'une imagination.

En découle ce que j'appellerai *la culture du tiban* : elle a formé la manière dont je pense et celle dont j'écris. En dépit d'une éducation des plus cartésiennes, je ne suis qu'*un conteur*. Et c'est pour cette raison que la citation de Nancy Huston, selon laquelle l'immigrant « tait ce qu'il fut », me dérange. À presque 17 000 kilomètres de mon île natale, au cœur de l'hiver canadien, j'accepte plutôt son affirmation, du même essai : « En quoi suis-je encore l'enfant de mon pays ? En tout : pour la simple raison que j'y ai passé mon enfance[5]. » L'exil, dit-elle, veut dire que l'enfance est loin et qu'entre elle et l'âge adulte il y a « rupture ». L'écriture, ou l'acte de raconter (ou re-conter) sur papier, devient alors un acte de jongleur par lequel les espaces, les langues et les expériences vécues se métissent pour créer une nouvelle réalité, éphémère autant que durable. Elle devient une quête pour se raconter à soi-même, un moyen de mettre son identité clivée — ou plurielle — en mots. Une tentative en même temps de s'expliquer à l'autre pour tenter de resserrer cet espace de différence qui souligne l'altérité — pour s'inscrire dans l'espace d'ici, dans la conscience d'ici. Écrire permet l'expression de cet entre-deux typique du vécu de l'immigrant, dans l'interlangue qui lui est propre, une langue métissée où le lecteur — par opposition à l'auditoire — ne peut plus discerner de trace d'accent.

L'écriture de ce genre peut choisir consciemment d'exclure le « moi haïssable » dont parle Le Clézio[6] pour exprimer fictionnellement la recherche symbolique du soi, soulignant la distance entre l'écrivain, ses émotions et son œuvre. Le récit peut être déconstruit, le protagoniste devient antihéros afin que l'accent soit mis sur le texte lui-même — pour rejoindre en chacun le germe commun d'une humanité vécue. Comme l'écrivaine belge Colette Nys-Mazure le disait à un congrès (CIÉF, Sinaïa, 2006), « Ça ne

---

[5] Nancy Huston, *op. cit.*, p. 16.
[6] Marina Salles, *Le Clézio, notre contemporain*, Rennes, Presses universitaires de Rennes, 2006, p. 9.

m'intéresse pas de raconter ma vie mais de rejoindre en chacun la part blessée[7] ». Elle parlait d'un poème qui fait revivre, dans trois fragments visiblement inégaux, la mort de ses parents alors qu'elle n'était qu'une enfant. Le lecteur se rend compte immédiatement que les blancs de la page contiennent le message du texte : ils expriment la douleur de l'absence puis le lieu de renaissance, de la vie qui reprend le dessus. On ne trouve de *je* nulle part ; la douleur cruelle est captée dans ce qu'elle a de plus humain, universel.

Cependant, le conteur, lui, se prévaudra d'éléments autobiographiques, d'événements réels fictionnalisés, de bribes de journaux, longtemps associés dérogatoirement à l'écriture féminine, pour interroger son *puzzle* identitaire. Le *je*, dans ce cas, parle directement au lecteur, comme le conteur à son auditeur, et la focalisation interne transmet directement le subjectif. Après tout, les histoires sont une manière de rassembler des événements qui semblent hétéroclites en un tout significatif qui nous permet de donner un sens à notre vie. Au lecteur ensuite de décider si le conteur a su transcender le simple personnel — ou local — pour laisser percer dans son récit le germe de vérité qu'on pourrait qualifier d'universel.

L'exil : (se) perdre et (se) retrouver ou pourquoi raconter

Même s'il est volontaire, l'exil entraîne nécessairement une rupture, un départ, une distanciation, un déracinement brutal de sa géographie, son histoire, sa langue, sa communauté et son système de valeurs — éthiques, sociales et esthétiques. L'identité de l'immigrant, développée ailleurs, là-bas, est composée de strates de vie superposées qui s'assurent qu'il reste un nomade éternel, prisonnier entre l'ici et l'ailleurs, en dépit de l'enrichissement culturel évident de la pluralité de son expérience. Comme l'exprime Nancy Huston, « Les exilés, eux sont riches. Riches de leurs identités accumulées et contradictoires[8]. » La question qui se pose alors est de réconcilier déracinement et enrichissement : comment vivre une identité errante, instable à jamais ?

---

[7] *Verbatim*, mes notes du congrès.
[8] Nancy Huston, *op. cit.*, p. 18.

Les mots *métissage, convergence, transculturation, espace interstitiel, identité-rhizome* viennent à l'esprit. Édouard Glissant parle de l'*étant*, la forme progressive du verbe soulignant sa théorie d'un remodelage constant de l'identité, alors qu'Éric Landowski traduit la même idée à travers le lexique *le devenir*. En filigrane, appropriation de cultures, langues et codes sociaux multiples, une réévaluation constante de ses valeurs historiques, linguistiques, esthétiques, éthiques même. Le processus souligne l'aptitude de l'immigrant à s'adapter, tel un caméléon, à son nouvel espace, son habileté à devenir pluriel. On ne peut ignorer toutefois l'ambivalence qui en découle quand apparaissent de timides racines dans le sol d'accueil tandis que la mémoire retient des traces du terreau d'origine. Comme le soulignent Laplantine et Nouss, nous parlons de «[la] tension interne qui empêche toute stabilisation parmi les composantes[9]». J'ai joué ailleurs sur le mot *appartenir* pour décrire cette tension entre le désir d'appartenir à ma communauté d'adoption, tout en la rejetant — à part se tenir, en exclus — car c'est souvent la seule façon qu'a l'immigrant de préserver les composantes d'une identité construite ailleurs. J'ai même dit, dans un poème, «l'autre, c'est le soi d'un nouvel espace[10]», si transparente est la démarcation entre identité et altérité pour l'immigrant, glissant vers et à travers l'autre, un transfert d'espace qui résulte en transculturalité. Cela ne veut pas dire pour autant que l'immigrant passe sa vie dans un nuage de nostalgie. À tout moment, il est vrai, on a l'impression de vivre ailleurs — on vit probablement *toujours* ailleurs —, toujours semblable, toujours différent, toujours pluriel, multiple ou schizophrène. La richesse de l'errance apporte aussi la douleur ; on devient le symbole de ce que j'appellerai l'*antisouchitude* — *rootlessness* ou manque de racines viables... mais pas tout à fait. J'aurais aimé qu'il y ait un mot français pour dire *rootfullness*, ce trop-plein de racines en quelque

---

[9] François Laplantine et Alexis Nouss, *Métissages : de Arcimboldo à Zombi*, Paris, Pauvert, 2001, p. 292.
[10] Eileen Lohka, «Albertitude» dans Estelle Dansereau *et al.* (dir.), *Alberta, village sans mur(s)*, Saint-Boniface, Presses universitaires de Saint-Boniface, p. 3.

sorte, que Nancy Huston résume en ces mots : « nos confusions et profusions[11] ».

D'où le désir de dire, en images et en mots, dans l'imaginaire de l'île, de l'océan qui l'entoure. De parler de l'espace interstitiel où l'on vit et de son pendant, la batture — ni terre ni mer, quelquefois terre, quelquefois mer, au gré des marées. Le *tiban* devient plateforme d'expression, symbole de l'oralité dont s'imprègnent les textes. Dans une rêverie allégorique, le sable devient peau, ou une page blanche sur laquelle la mer inscrit son message, laisse son empreinte et ses trésors, pour les effacer aussitôt avant de tout recommencer[12]. Ou encore, dans l'allégorie/réécriture du mythe de Faust[13], par exemple, l'instabilité linguistique règne, comme l'inversion géographique. Dans l'extrait suivant, la protagoniste infère que ses parents ne pourront supporter l'hiver canadien : « Leurs hivers sont plus chauds que nos étés. [...] il vaut mieux qu'ils restent à la maison », dit-elle (*MM* : 119-120). Le possessif « nos » fait de l'immigrante une Canadienne, loin de « leurs » hivers là-bas. Cette certitude laisse aussitôt percer l'ambivalence, car l'expression « à la maison » se réfère clairement au pays d'origine.

De même, l'immigrante trouve la neige *exotique* ou compare le paysage de pinèdes enneigées à une carte de Noël — plutôt que l'inverse — puisque la carte reste la balise de son vécu. L'interpénétration d'espace géographique et de sens d'appartenance, le repositionnement constant sont au centre de l'écriture « qui raconte ». Pour paraphraser Émile Ollivier, l'immigrant est « une multiplicité[14] ». Sa géographie est dispersée, ses expériences tissent des liens transversaux, au-delà du temps et de l'espace, son mode d'expression reste singulier, hors norme. Il m'est très important, par exemple, de pouvoir parler/écrire dans ma propre langue, un franglais mauricien épicé de créole. Je ne veux pas être restreinte par un code linguistique, préférant utiliser les mots *clambake* en anglais ou *alouda* en créole parce que toute la culture qui les

---

[11] Dédicace dans ma copie de *Nord perdu*.
[12] Réflexion intitulée « Une plage blanche », *MM*, p. 139-144.
[13] Intitulée « Méphisto au pays des glaces », *MM*, p. 111-122.
[14] Émile Ollivier, *Repérages*, Montréal, Leméac, 2001, p. 26.

entoure se perdrait à essayer de traduire uniquement le signifiant. Je soumets qu'il n'est pas important que l'auditeur — ou le lecteur — comprenne chaque mot que je dis. Comme Glissant, je revendique l'opacité des cultures créoles, le labyrinthe impassable de notre mangrove linguistique et culturelle. Mettre en mots, dans ses mots, ce qu'il voit en esprit, c'est l'art du conteur. Là où on pourrait parler de contamination linguistique, d'interférence, je préfère voir le trésor d'une langue plurielle, d'une multiplicité d'expériences qui permet de conjurer les danses, feux de joie et pétoncles d'un été en Nouvelle-Angleterre aussi bien que la boisson sirupeuse aux couleurs criardes vendue en chopines transpirant de froid dans la chaleur mauricienne. Comme le dit Dominique Viard, «je est un hôte[15]», l'hôte d'une multitude de *je* qui parlent différentes langues et expriment différentes réalités à différents moments, tout en les tricotant ensemble à travers le processus narratif.

Reconstruire la mémoire : que raconter?

Il découle de mes réflexions précédentes que l'identité est étroitement liée au sens de l'espace et à la manière dont on colonise ce dernier. Étiré entre l'ici et l'ailleurs, l'immigrant reconstruit sans cesse l'autre espace, celui dont il vient. Dans mon cas, je dois remembrer[16] le vaste océan, les lagons turquoise ourlés de récifs, l'immensité des plages blanches parsemées de blocs basaltiques, les plateaux brumeux boisés d'arbres aux noms évocateurs d'où percent l'ombrelle des *fanjans*, les champs de canne à sucre aux plumets mauves, l'éclat des flamboyants, le pourpre des jacarandas, le safran des acacias, les saris multicolores, le bruit du bazar, la chaleur, l'ondée soudaine, les cyclones, les fruits juteux, les vieilles voitures côtoyant chars-à-bras et volaille sur les routes,

---

[15] Dominique Viart, «Je est un hôte», dans *Écritures comtemporaines 4. L'un et l'autre, figures du poème*, Paris / Caen, Lettres modernes Minard, 2001, p. 3-8.

[16] Dans le sens que donne Homi Bhabha au verbe anglais *to remember* : «*a painful re-membering, a putting together of the dismembered past to make sense of the trauma of the present*» (*The Location of Culture*, Londres et New York, Routledge, 1994, p. 63).

les meubles d'ébène sur l'acajou poli du plancher. Inscrits dans ma mémoire. Je ferme les yeux et je vois. Je sens le soleil sur ma peau. Je revis quand ma peau prend la teinte de biscuit que je considère « mienne[17] ». Élément physique qui reconstruit le soi, remembre l'espace qui lui correspond.

Selon la tradition orale propre au *tiban*, je dois planter l'atmosphère avec soin puis la reprendre régulièrement, procédé mnémotechnique contribuant à l'aspect didactique des contes créoles. L'environnement physique, familial ou culturel crée le développement narratif, le questionnement et l'exposition de points de vue. En tant que fille du soleil et de la mer, j'utilise les métaphores de l'eau et du sable pour exprimer ma réalité abstraite. Même si les Rocheuses me fascinent, si les prairies infinies sous l'immensité du ciel m'épatent, je n'ai pas les mots qu'il faut — sauf peut-être, ironiquement, en anglais — pour parler de cet environnement dont j'essaie de déchiffrer le langage au fur et à mesure. Par exemple, ayant grandi dans les tropiques, où toutes les maisons sont toujours ouvertes, où les familles nombreuses se rassemblent sans aucun prétexte et où le sens communautaire s'établit au fil des générations, je me demande, dans un texte récent :

> *How does one meet people, make friends, when all houses are locked tight against the claws of winter for so many months, not to mention the fact that some summers never materialize either and the cool dampness keeps fellow citizens in malls or far away from here, somewhere warm? How welcoming are houses that offer their large, foreboding, ever-closed double- or triple-car-garage doors as façades to passers-by? Can one ever find one's way in neighbourhoods with similar names: Scenic Acres Boulevard, Scenic Acres Drive, Scenic Acres Close, ... Hill, ... Crescent, ... Gate, ... Mews, ... Glen, ... Way, ... View, ... Landing[18] ?*

---

[17] Quand j'ai passé mon congé sabbatique à l'île Maurice, ma *nénène* de toujours s'est exclamée un jour : « *Merci bondié mamzel Eileen, ou finn repran ou couler normal* ». Pour elle, blancheur = apparence maladive ; c'est donc officiel, le Canada me rend « malade » ! Je ne suis pas « moi » dans votre climat froid où le soleil luit mais ne dore pas...

[18] Eileen Lohka, « One small cog », dans Knowlton Cockett *et al.* (dir.), *Fifty Golden Years: Women Creating Community*, Calgary, Detselig, 2009, p. 58.

Il n'empêche que j'ai passé 21 ans sans retourner dans mon île. Pour la dire, pour l'écrire, je me suis fiée aux souvenirs, qui, comme nous le savons, sont instables et subjectifs. Je me réfère à un lieu qui n'existe plus, je reconstruis un espace au double prisme de la nostalgie et de l'enfance. Pour contourner le piège de l'impossible retour que souligne Ananda Devi dans la préface de *Miettes et morceaux*, l'humour et l'ironie évitent le mélodramatique et assurent une distanciation qui me permet de (re)mettre mon environnement d'origine en question, de recentrer mon identité en deçà et au-delà de la filiation d'origine — redéfinition du moi rendue nécessaire par la migration. Ainsi, un essai déclenché par la découverte de papiers notariés concernant la dot de mon aïeule, en date de 1836, et faisant la nomenclature de 156 esclaves (nom, âge, origine). Avant tout cependant, un nom : *pioche*, désignant leur statut de coupeur de canne. Cette réification graphique d'êtres humains, ajoutée au fait que je ne savais pas que mes ancêtres paternels étaient de riches propriétaires terriens, a créé une compulsion à écrire pour comprendre — essayer de comprendre, au moins... La distance géographique, cet endroit privilégié, en dedans et au-delà, a permis à l'exilée que je suis, dépositaire quand même de la conscience collective de son origine, d'aborder un sujet encore plus ou moins tabou dans l'île.

Un autre texte, fictif, est inspiré d'un procès intenté à trois esclaves accusées d'avoir empoisonné leur maîtresse et présidé par Mahé de Labourdonnais, gouverneur de l'Île de France en 1736. Parlant à travers des interprètes, les femmes exposent la méchanceté de la dame Dacqueville et révèlent leur complot. Elles sont condamnées à mort après avoir été torturées. Dans la fictionalisation de cet événement historique, intitulée « Le bouillon de brettes[19] », une jeune fille blanche trouve, enfoui sur la propriété familiale, un flacon contenant des clous de girofle et un nom. Pour ceux qui connaissent le vaudou, c'est un moyen typique d'emprisonner

---

[19] Une des nouvelles parues dans Eileen Lohka, *C'était écrit*, Ottawa, Éditions L'Interligne, 2009, p. 57-72 ; colauréat du prix Jean-Fanchette (2006) sous la présidence de Jean-Marie Le Clézio, île Maurice.

l'âme ennemie. Dans un dialogue avec sa grand-mère et à travers un journal retranscrit (comme j'explorais l'identité féminine, cette forme littéraire m'intéressait), la jeune fille se rend compte que son ancêtre est non seulement noire mais esclave et meurtrière. Dans une île encore marquée par le stigmate de la couleur, où on parlait de blanc foncé, café au lait, thé clair, etc., pour décrire la couleur de la peau, une telle révélation peut être cataclysmique. Un mariage d'oralité — la tradition du *tiban* — soutenu par un appareil théorique subtil permet de s'assurer qu'une nation se souvient et accepte de remettre le passé en question. Faulkner dans *Absalom* ou encore William Styron dans *Les confessions de Nat Turner* ont ainsi exploré un passé intouchable, passé sous silence. Dans ce sens, raconter des histoires s'inscrit dans le contexte social contemporain, verbalisant, comme le dit Michèle Baussant, « un espoir d'action réparatrice qui viendrait non seulement restaurer le passé, mais aussi l'espace existant entre le passé et le présent[20] ». Ma formation, à écouter les griots de mon enfance sous l'équivalent de l'arbre à palabres mauricien, transparaît dans ces écrits où l'essence du texte réside parfois dans les digressions, nouvelles au renversement traditionnel, avec un élément didactique sous-entendu, dans la même veine que les récits folkloriques de mon île. La cadence orale rythme l'écriture. Ainsi, je me raconte et je raconte... pour l'autre, pour moi.

Écriture féminine : comment raconter...

Non seulement suis-je préoccupée par la confluence femme, temps et espace, mais je m'intéresse aussi aux petits détails de la vie quotidienne des femmes : paroles d'une chanson, recettes, simples miettes d'une époque révolue, permettent à l'écrivain de tresser ensemble des expériences partagées. En tant que femme mauricienne, je construis ma communauté en faisant revivre la conscience collective d'un style de vie propre à un certain lieu, à une certaine époque. Comme le dit Jean-Marie Le Clézio, « écrire,

---

[20] Michèle Baussant (dir.), *Du vrai au juste : la mémoire, l'histoire et l'oubli*, Québec, Presses de l'Université Laval, 2006, p. 11.

si ça sert à quelque chose, ce doit être à ça ; à témoigner[21] ». Un abécédaire, parfois en créole, expliqué en partie, ou évoqué en passant, pour le plaisir d'un son, d'une image, fait des complices de mes compatriotes exilés. Les compatriotes de l'île, de leur côté, s'étonnent d'y revoir des choses disparues sans qu'ils ne s'en soient rendu compte. En même temps, un lecteur d'une autre dimension spatio-temporelle accepte l'opacité partielle de la différence tout en rencontrant, à travers la parole partagée, l'autre dont il découvre la culture.

Ailleurs, une accumulation de détails sensoriels, une mitraillette de sons, de noms, d'adjectifs et de phrases elliptiques représentent les éclats mémoriels d'une jeune Allemande. C'est elle, qui n'a pas eu droit à la parole à cause des atrocités perpétrées par ses compatriotes pendant la Deuxième Guerre mondiale, elle dont les mots ont été tus par la défaite nazie, qui se rapproprie son histoire, celle des petites souffrances, dans un texte intitulé « Éclats de guerre » (*MM* : 87-100). Une deuxième voix narrative, un deuxième *je,* lui sert de faire-valoir pour souligner la sobriété des anecdotes alors que la violence de la guerre se profile dans ses yeux. Les voix des deux *je* s'entrecroisent tout en restant distinctes dans un récit de trauma où nulle n'a de réponse mais où les deux voix ont valeur égale. Contrairement à un narrateur omniscient qui réduirait la jeune Allemande à un *elle* passif, je tenais à préserver cette structure afin de ne pas coloniser la voix de celle qui ne peut parler de peur de banaliser la plus grande horreur des camps. Deux monologues brisés, des mots simples, torturés par le débit lapidaire d'une voix par ailleurs rêveuse, des mots rouges et sombres brisent le silence :

> Mon frère est artilleur dans la Panzerdivision. Il se bat dans les Ardennes à ce que je sache. [...] Jamais su vraiment. Ma mère non plus. Il a neuf ans de plus que moi. Le capitaine qui commandait son char d'assaut a été retrouvé. Le tank calciné. *Ein deutscher soldat.* Ci-gît un soldat inconnu. *Known only to God.* [...] Un jour peut-être un enfant trouvera sa plaque d'identification dans la boue. *Dog tags.* Abattu comme un chien. Trop jeune pour mourir [...]

---

[21] Marina Salles, *op. cit.,* p. 13.

> Vide, vide, vide. Un simple D. D pour *Death*, la différence entre la vie et le vide (*MM*: 88-89).

Les femmes, effacées jusque dans la tombe par l'appellation *Madame Édouard X*, femmes qui s'expriment enfin dans leurs propres mots, des mots d'autrefois, femmes changées en pierre par le traumatisme de la guerre civile, menant une double vie pour s'échapper, femmes traitées comme des animaux et victimes de la violence masculine, vieilles femmes aigries et rétrécies — de corps et d'âme — découvrant une gentillesse bourrue là où elles s'y attendent le moins... Leur étroitesse d'esprit et leur grandeur d'âme, leur douceur et leur résistance me fascinent. Les raconter, inventer leurs personnalités, me rencontrer en elles, me raconter par elles recentrent l'H/histoire, rendent universelle une anecdote personnelle sans jamais en laisser oublier la spécificité. Là justement réside la différence entre l'écriture masculine et celle féminine, selon Lucie Hotte et Linda Cardinal: le discours féminin naît toujours d'une expérience spécifique[22].

Forme et esthétique

Je suis assise sur un *tiban*, littéralement et figurativement, depuis un demi-siècle. J'écoute des histoires, je me perds dans les narrations, autobiographies, polars, lettres, poèmes. Je raconte des histoires — oralement et sur papier — depuis aussi longtemps. Le processus de l'écriture, la poussée inexorable de vomir mots, images, sons sur la page, dans l'atmosphère, sont comme l'air que je respire, que les récits soient destinés à amuser des gamins sur un long trajet ou à ne jamais être publiés, peu importe.

Par ailleurs, le processus créateur, pour moi, nécessite que thématique et forme se marient; qu'il y ait cohérence entre voix et mots, entre thème, émotion et genre. Les humains sont des créatures de quotient émotionnel (QE) autant que de quotient intellectuel (QI): le poétique et le lyrique sont intrinsèques

---

[22] Lucie Hotte et Linda Cardinal (dir.), *La parole mémorielle des femmes*, Montréal, Éditions du Remue-ménage, 2002, p. 12.

à notre approche de la vie — l'écriture à son tour reflète la dichotomie émotif-rationnel. Pour cette raison, il m'est important de résister aux contraintes de la *doxa*, selon laquelle, par exemple, il est souhaitable qu'un recueil soit homogène sur le plan du genre (récit de voyage, poésie, roman, etc.). Les textes se présentent souvent instinctivement, dans le format qui leur convient. Ainsi, «Albertitude», mon tout premier poème dans le collectif *Alberta, village sans mur(s)*, qui célèbre le centenaire de l'Alberta. La musicalité du vers libre chante la majesté des montagnes et de la vaste prairie, le rythme des énumérations scande le passage du temps, les contrastes et antonymes soulignent le dualisme de l'Alberta et l'espace liminaire qu'y occupe l'immigrant.

Miettes et morceaux, quant à lui, est une collection de miettes et morceaux, comme le titre l'indique, et je voulais exactement cela: «les éclats épars d'être-mosaïque», comme l'a écrit l'écrivaine mauricienne Shenaz Patel[23]. Essais, nouvelles, poème, conte, abécédaire, le recueil multigenre, quoique autobiographique, n'est pas une autobiographie puisqu'il ne suit pas le déroulement de ma vie de façon chronologique. En effet, le recueil surtout est une occasion de réfléchir à un parcours identitaire, à partir de moments précis ou d'expériences manquantes. Puisque je refusais catégoriquement d'en uniformiser le format, le recueil est classifié sous l'appellation «récits/mémoires» pour satisfaire à des exigences éditoriales, superflues me semble-t-il. L'approche plurielle transcende thèmes, genres et langues: les miettes, tout comme les nouvelles dans *C'était écrit*, expriment la convergence de cultures et d'expériences, la confusion de souvenirs, passé et présent, et d'émotions, superposées comme des palimpsestes, et qui forment une vie — ma vie, toute vie. À travers l'exploration de la forme, l'élément unificateur reste le *je* narratif, un *je* qui remet en question — tout, sans cesse, à haute voix.

Une anecdote soulignera l'aspect multidimensionnel du recueil, même dans son élément unificateur. Un lecteur, se référant à «Méphisto au pays des glaces», a remarqué dans un courrier électronique qu'il avait eu peur que je n'aie épousé «l'horrifique Leblanc, si

---

[23] Shenaz Patel, «Éclats épars d'être-mosaïque», *Week-end*, 19 juin 2005, p. 39.

étroit d'esprit[24] ». La puissance du *je*! Il a été soulagé en se rendant compte que le *je* de cette nouvelle n'est pas autobiographique; celui-ci réapparaît en effet dans le commentaire, tel que l'aurait écrit un professeur au bas d'une dissertation. Son commentaire final: « Tu m'as bien eu! » En effet, nous pourrions interpréter cet aveu comme une preuve que le *je* relie les textes entre eux et que le pacte autobiographique proposé par Philippe Lejeune[25] a une place prépondérante dans ce recueil. Puisque, dans grand nombre de « miettes » mémorielles, le *je*-narrateur établit un lien direct avec le *je*-auteur, le lecteur octroie désormais l'aspect tridimensionnel du pronom personnel (*je*-personnage, *je*-narrateur et *je*-auteur) à la même personne. Esprit de contradiction ou refus de simplification, il est tout aussi possible toutefois de subvertir le narrateur homo-intradiégétique pour adopter une écriture qui déstabilise un tant soit peu l'attente du lecteur. Indice que cette écriture, comme la vie, n'est pas aussi évidente qu'elle ne paraît.

Dans un autre courrier du 2 mai 2006, l'idée d'une écriture normative est encore prônée. Parlant de *C'était écrit*, mon correspondant explique: « Vous avez un problème avec la gestion des points de vue: essayez de mettre la main sur ce que contiennent sur la question les *Préfaces* de Henry James. » Il est fort possible que la gestion des points de vue puisse être révisée dans cette collection de cinq textes sur l'identité féminine. Pourtant, il me semble justement avoir réussi ce que je tentais de faire. Une intrigue entièrement linéaire me paraît aride dans le sens que, lorsqu'on y pense dans l'abstrait, un récit se développe sur plusieurs plans à la fois. Je ne vois donc aucune raison de ne pas alterner entre points de vue, entre focalisation interne et/ou externe, ou même zéro. L'alternance des voix permet justement d'éviter la colonisation d'un texte par le narrateur ou par un personnage spécifique.

---

[24] Ma paraphrase.
[25] Le pacte autobiographique, tel que proposé par Lejeune, présume un pacte entre l'auteur et le lecteur selon lequel l'auteur se montre tel qu'il est dans un récit introspectif de sa propre vie, que le lecteur juge(rait) de façon objective. Les lecteurs semblent agréer avec ma suggestion que ce recueil, sans être une autobiographie, est pourtant autobiographique.

J'avancerais que la structure de la nouvelle a beaucoup évolué vers la fin du XXe siècle et que Jean-Marie Le Clézio ou Monique Proulx, entre autres, ont ouvert la voie à une écriture plus éclatée, hantée dans sa modernité. Par exemple, la nouvelle, comme la vie, peut se construire sur des renversements de situation même si le lecteur n'en a pas été averti au préalable à l'aide de prolepses. Une fois la cohésion du récit assurée, l'écrivain peut exploiter thème(s) et structure(s) à sa manière et toute déviation de la norme devient alors locus de résistance à la *doxa* littéraire et, parallèlement, potentiellement, au pouvoir établi, quel qu'il soit. En fait, ces ruptures sont des stratégies d'écriture dans le cas d'exploration de l'identité féminine, comme dans le cas de *C'était écrit*.

Avant de terminer, j'aimerais offrir quelques réflexions sur les détails de présentation, tout aussi importants selon moi, si l'on accepte que le visuel se marie à la forme et au son — la musique des mots — pour construire le sens. Ainsi, les photos choisies pour la couverture de *Miettes et morceaux*, vignettes du présent, de l'ici et du maintenant, (dé)coupées pour symboliser le caractère éphémère du temps et de l'espace, sont complétées par des dessins enfantins monochromes. Le bleu dominant tisse ensemble l'océan de mon enfance, marqueur identitaire, et les cieux immenses, d'un azur à faire mal, qui envoûtent mon présent. Ce métissage de vécu(s) doit être enraciné dans ma psyché puisque, lorsque j'ai collaboré à *Alberta, village sans mur(s)*, j'ai trouvé tout à fait naturel d'accepter le même format polyphonique et multidisciplinaire pour l'anthologie. La couverture reflète la riche variété qui fait la force de l'Alberta francophone : visages jeunes et vieux, d'origines ethniques diverses, paysages ruraux et urbains, la montagne et la prairie sur le fond doré du centenaire et du blé mûr, avec des lettres au bleu profond du ciel. Pour soumettre *C'était écrit*, j'ai choisi une photo : racines de banian, comme une chevelure de femme, étalées sur les murs de la prison abandonnée de Port-Louis, à l'île Maurice. L'impact visuel et symbolique en dit autant que les mots des récits.

Au-delà des structures narratives, les aspects sensuel et esthétique font partie intégrante de l'écriture. Le visuel et l'oral dominent. Car c'est bien cela, la littérature du *tiban* : elle est dite, à haute voix, même lorsqu'elle est écrite. Phrases en suspens, apartés, interruptions, questions abondent. Le langage dans sa superbe richesse, tantôt lyrique, tantôt cru ou piqué d'humour, le son de la voix attirent le lecteur. La mémoire de la tradition orale s'entend jusque dans le rythme de l'écriture. Le conteur cajole, charme, entraîne le spectateur dans son monde, généreux dans son ouverture, (se) racontant pour comprendre, pour faire comprendre, pour établir une complicité, une rencontre de sensibilités par-delà les différences, dans le style typique de la tradition orale créole. Simple conversation de l'un à l'autre, espace de rencontre — de soi, de l'autre —, y a-t-il mieux ?

BIBLIOGRAPHIE

Baussant, Michèle (dir.), *Du vrai au juste : la mémoire, l'histoire et l'oubli*, Québec, Presses de l'Université Laval, 2006, 199 p.

Bhabha, Homi, *The Location of Culture*, Londres et New York, Routledge, 1994, 295 p.

Dansereau, Estelle *et al.* (dir.), *Alberta, village sans mur(s)*, Saint-Boniface, Presses universitaires de Saint-Boniface, 2005, 216 p.

Hotte, Lucie et Linda Cardinal (dir.), *La parole mémorielle des femmes*, Montréal, Éditions du Remue-ménage, 2002, 200 p.

Huston, Nancy, *Nord perdu*, Arles / Montréal, Actes Sud / Leméac, 1999, 130 p.

Laplantine, François et Alexis Nouss, *Métissages : de Arcimboldo à Zombi*, Paris, Pauvert, 2001, 633 p.

Lejeune, Philippe, *Le pacte autobiographique*, Paris, Seuil, 1975, 357 p.

Lohka, Eileen, « Albertitude », dans Estelle Dansereau *et al.* (dir.), *Alberta, village sans mur(s)*, Saint-Boniface, Presses universitaires de Saint-Boniface, 216 p.

Lohka, Eileen, *C'était écrit*, Ottawa, Éditions L'Interligne, 2009, 104 p. ; colauréat du prix Jean-Fanchette (2006) sous la présidence de Jean-Marie Le Clézio, île Maurice.

Lohka, Eileen, *Miettes et morceaux*, Quatre-Bornes, île Maurice, Bartholdi, 2005, 145 p.

Lohka, Eileen, "One small cog", dans Knowlton Cockett *et al.* (dir.), *Fifty Golden Years : Women Creating Community*, Calgary, Detselig, 2009, 293 p.

Ollivier, Émile, *Repérages*, Montréal, Leméac, 2001, 131 p.

Patel, Shenaz, « Éclats épars d'être-mosaïque », *Week-end*, 19 juin 2005, p. 39.

Salles, Marina, *Le Clézio, notre contemporain*, Rennes, Presses universitaires de Rennes, 2006, 329 p.

Viart, Dominique, « Je est un hôte », dans *Écritures contemporaines 4. L'un et l'autre, figures du poème*, Paris/Caen, Lettres modernes Minard, 2001, p. 3-8.

HISTOIRES DE L'HISTOIRE

HISTOIRES D'ARGENT.
DES MOTIFS DE *DÉTERRITORIALISATION*, DE *DÉGÉNÉRATION* ET DE *RÉGÉNÉRATION* DANS L'IMAGINAIRE COLLECTIF CANADIEN-FRANÇAIS

Jean-Jacques Defert
Université de l'Alberta

Une « pragmatique des particules langagières »

La critique littéraire se rapportant aux romans canadiens-français de la première moitié du XIXe siècle a maintes fois souligné les « défauts » structurels et les incohérences de trames narratives où se mêlent apories, silences, euphémisations, prétéritions. Autant de signes par lesquels étaient « révélés » des états psychologiques, des formes de résistance ou de subversion idéologique et, dans un cadre plus général, une intentionnalité.

Des tenants d'une poétique de l'« Histoire » chez Hayden White aux « histoires » des *savoirs* de Michel Foucault ou de la *doxa* dans l'œuvre de Marc Angenot ; de l'unité du texte aux éléments de « matières diversement formées, de dates et de vitesses très différentes[1] » qui composent ces mêmes textes, et qui émanent diversement des savoirs théoriques ou scientifiques, du vécu

---

[1] Gilles Deleuze et Félix Guattari, *Rhizome. Introduction*, Paris, Minuit, 1976, p. 9.

individuel (savoirs pratiques de l'expérience) ou de lieux communs des imaginaires collectifs, l'approche que je propose s'inscrit dans le changement paradigmatique « d'une anthropologie newtonienne (comme le structuralisme ou la théorie des systèmes) » à « une *pragmatique des particules langagières*[2] ».

Ce n'est pas l'« Histoire » du Canada français qui m'intéresse ici, mais les « histoires », populaires, politiques et scientifiques, du *discours social*, qui, formulées autour de l'objet doxique *argent* vers le milieu du XIXe siècle — ce « siècle d'*agio*[3] » —, s'inscrivent dans la dynamique énonciative d'un projet collectif sur la base d'un passé, d'un « étant » et d'un devenir de la nationalité canadienne-française.

Désorganisation / réorganisation : impulsion vers la régénération du milieu social

Le rapport Durham (1839), qui préconise par l'Acte d'Union l'assimilation de la communauté canadienne-française, est informé par une logique rhétorique du mouvement progressif, physique et moral, des civilisations par laquelle sont clairement opposées deux forces, deux caractères : d'un côté, une force « stationnaire[4] », « apathique et rétrograde[5] », « inactive[6] », « vieille » du sang usé d'une civilisation dépassée, « résidu d'une colonisation ancienne[7] », moribonde et sans âme, « dépourvue de tout ce qui peut vivifier et élever [...] sans histoire et sans littérature[8] » ; de l'autre, une force policée « aux habitudes régulières et dynamiques[9] », à « l'énergie

---

[2] Jean-François Lyotard, *La condition postmoderne. Rapport sur le savoir*, Paris, Minuit, 1979, p. 8.
[3] Louis De Bonald, *Essai analytique sur les lois naturelles de l'ordre social, ou Du pouvoir, du ministre et du sujet dans la société, Œuvres complètes*, tome 1, Paris, Librairie d'Adrien Le Clère, 1840 [1800], p. 61.
[4] John George Lambton Durham, *Le rapport Durham : Document*, Montréal, L'Hexagone, coll. « Typo », 1990 [1839], p. 65.
[5] *Ibid.*, p. 66.
[6] *Ibid.*, p. 73.
[7] *Ibid.*, p. 233.
[8] *Ibid.*, p. 235.
[9] *Ibid.*, p. 70.

supérieure par leur adresse et par leurs capitaux[10] », une « race qui se sentait supérieure[11] » par ses connaissances et par ses richesses[12], destinée à dominer le continent et à fertiliser de sa puissance civilisatrice les paysages sauvages du Nouveau Monde.

Les histoires que je veux exposer ici se rapportent à l'émergence dans le discours social d'un profond sentiment de déstabilisation qui cristallise dans une logique discursive de déterritorialisation[13] attachée à l'objet doxique *argent*, conférant à cet objet un statut ambigu : celui d'une potentialité énergétique créatrice vers les félicités du bien-être matériel et de la liberté constitutives de la destinée humaine ; celui d'une potentialité antagoniste de déstructuration du tissu social.

> [A]ujourd'hui Montréal et Québec ont toute l'apparence de villes commerciales anglaises. Le commerce et l'industrie, voilà quels sont les éléments de progrès de ces deux villes. Ce sont eux qui démolissent nos édifices et nos mœurs ; ils accaparent tout sans jamais s'arrêter, et jusqu'à ces dernières années, ils étaient entre les mains de nos compatriotes d'origine anglaise et autres presqu'exclusivement. Voyez ce qu'il y a de pénible dans notre position ; nous sommes presqu'obligés de regarder avec regret les progrès de la civilisation dans notre pays, parce que dans les grands centres, dans les villes, ils nous enlèvent tout ce qui nous distingue comme un peuple et une nation à part. Et comment résister à ce pouvoir qui en agrandissant nos villes, ouvrant toutes les branches d'industrie, améliorant chaque jour la condition matérielle et morale du peuple, répandant partout

---

[10] *Ibid.*, p. 72.

[11] *Ibid.*, p. 81.

[12] « Quiconque a observé le progrès de la colonisation anglo-saxonne en Amérique reconnaîtra que tôt ou tard la race anglaise devait nécessairement prédominer, dans le Bas-Canada, même numériquement, comme elle le fait déjà par ses connaissances supérieures, sa volonté, son esprit d'entreprise et ses richesses supérieures. » *Ibid.*, p. 101.

[13] Étienne Parent parle de « l'influence et l'action dénationalisatrice des chefs d'industrie de la nation rivale », force qui agit sur le corps social de l'intérieur comme de l'extérieur. Étienne Parent, « L'industrie comme moyen de conserver la nationalité canadienne-française », conférence prononcée à l'Institut canadien de Montréal le 22 janvier 1846, Étienne Parent, *Discours*, édition critique par Claude Couture et Yvan Lamonde, Montréal, Presses de l'Université de Montréal, « Bibliothèque du Nouveau Monde », 2000, p. 116.

> l'abondance et l'activité, emporte dans sa marche et efface petit à petit les traits distinctifs de notre nationalité[14]?

Ces histoires se rapportent ainsi à la « nationalité », soit qu'elles s'inscrivent dans la naturalité d'un « caractère » canadien-français et d'un modèle d'organisation sociale, naturalité qui, ancrée dans le sol, fonde dans la langue, les lois, les mœurs et la religion les fondements spirituels de son organisation ; soit qu'elles se rapportent à des forces universelles du développement historique,

> parce qu'au 19ème siècle l'humanité ne peut pas reculer longtemps dans le chemin du progrès, toujours elle avance, toujours elle gravite, toujours elle marche en avant. Car les nations périssent, les peuples qui s'arrêtent se corrompent et se démoralisent, les empires qui se nourrissent de progrès et de lumières vivent grands et prospères. Car le mouvement, l'activité et l'avancement, c'est la loi de Dieu ; la stabilité, la langue, l'inertie, la stagnation, c'est la mort[15].

Ces histoires reflètent l'émergence, à côté d'une ligne politique de *conservation* nationale nourrie par la métaphore cosmologique de la reproduction cyclique d'un *ordre harmonique* des lois universelles d'un *être* et d'un *agir* « primordial », d'un mouvement « positif » alliant conservateurs modérés et libéraux dans une lutte économique[16] et culturelle de *survivance*, — de résistance et d'émancipation[17] —, dont les modèles conceptuels sont fondés sur

---

[14] Louis Octave Letourneux, « La société canadienne », dans James Huston, *Le répertoire national*, tome 3, édité par Robert Melançon, VLB éditeur, 1982 [1845], p. 293-294.

[15] Hector Fabre, « Sur l'avenir de la France », essai lu devant les membres de l'Institut canadien le 4 mars 1852, *Le Pays*, 11 mars 1852.

[16] Pour Étienne Parent, les luttes constitutionnelles célébrées dans l'*Histoire du Canada* de François-Xavier Garneau se sont déplacées sur le terrain de l'économie et du développement industriel : « Des hautes théories gouvernementales, elle est descendue aux questions d'intérêt matériel. » Étienne Parent, « Importance de l'étude de l'économie politique », conférence prononcée devant les membres l'Institut canadien de Montréal le 19 novembre 1846, dans Étienne Parent, *op. cit.*, p. 127.

[17] « Il faudrait toute une population de gens hardis jusqu'à la témérité, actifs jusqu'à la frénésie [...] L'énergie de toute une population bien employée et constamment employée finirait par user à la longue la chaîne du despotisme colonial. » Pierre-Joseph-Olivier Chauveau, *Charles Guérin. Roman de mœurs canadiennes*, Montréal, Fides, 1978 [1853], p. 71.

les paradigmes métaphoriques de l'organisme (attachement au sol et direction morale du développement par les institutions sociales), et du mécanisme (mécanique physique des passions et des rapports interpersonnels) d'un développement indéfini.

Nombreux sont les conférences publiques, articles de presse et autres essais qui portent à cette époque sur l'organisation sociale et les principes de l'association pouvant assurer la pérennité de la communauté canadienne-française. Conférences sur le commerce, le travail, la production, les institutions sociales, et l'hygiénisme du corps social participent toutes de ce même impératif :

> Nous paraissons avoir des intérêts divers, individuels, sectionnaires à conserver, point d'intérêts généraux et de nationalité. Encore une fois, nous n'avons aucun moyen de communication, aucun point de ralliement. *Notre société est désorganisée* et par le temps et par le flot de l'émigration ; *si elle n'est pas reconstituée, elle sera complètement effacée*[18].

L'électrochoc provoqué par le rapport Durham engage, au sein de la communauté canadienne-française, une dynamique de réévaluation en profondeur des structures et des principes directeurs de l'organisation sociale dans le but de contrecarrer les objectifs d'une politique coloniale visant à l'assimilation de la communauté canadienne-française[19]. À l'instar du mouvement positiviste qui se développe en France, la création des Instituts canadiens et du plus célèbre de tous, l'Institut canadien de Montréal, est motivée par la volonté de créer une « œuvre patriotique », caractérisée par une double dynamique d'association et de croissance, par l'intégration des énergies individuelles dans un effort collectif de production des règles et des principes qui encadreront, accompagneront et « nourriront » le progrès et la marche ascensionnelle d'une société à

---

[18] Louis-Octave Letourneux, *op. cit.*, p. 296. (Je souligne.)

[19] « Entourés d'une nation puissante, industrieuse et active, menacés d'êtres engloutis par l'émigration continuelle que nous envoie sans notre consentement notre mère-patrie, les Canadiens-Français [*sic*] ont reconnu la nécessité de rivaliser avec eux. » L.E.D., « Le commerce », essai lu devant les membres de l'Institut canadien le 17 février 1848, *L'Avenir* du 12 et 15 avril 1848.

construire[20], une logique qui informe fondamentalement l'esprit social de cette époque et que rend magnifiquement le passage suivant du *Rebelle* (1842) de Régis de Trobiand :

> Le peuple, en effet, toujours impatient du joug, obéit en rongeant son frein à l'empire des lois établies, mais aussitôt qu'une commotion quelconque en vient ébranler la puissance, sa haine du pouvoir éclate en actes violents et en réactions terribles. Comme toutes les forces matérielles qui demeurent inertes alors que leur manque un principe moteur ou un concours de circonstances favorables à leur développement, la force brutale des masses ne se fait sentir que mue par un principe intellectuel. Toutes les sociétés humaines ont tourné sur ce pivot, et les révolutions même les plus sanglantes ont toujours été le résultat d'un grand mouvement moral. Que l'esprit humain marche dans une perfectibilité désirable ou qu'il tourne sans fin dans un cercle vicieux, toujours est-il qu'il subit continuellement de nouvelles transformations et se reproduit sous diverses formes ; aussi, lorsque l'état politique ou social n'est plus en rapport avec ce mouvement continu, devient-il nécessaire de le changer. Voilà l'ordre providentiel que ne peuvent arrêter ni la tyrannie des armées, ni les digues croulantes des traditions d'un autre âge[21].

---

[20] Cette dynamique de « théorisation du mouvement civilisateur » caractérise, selon Peter Sloterdijk, fondamentalement la modernité : « Le projet de la modernité repose donc — on ne l'a jamais dit clairement — sur une *utopie cinétique* : la totalité du mouvement du monde doit devenir l'exécution du projet que nous avons pour lui [...] Au plus profond d'elle-même, elle veut faire non seulement *histoire*, mais également *nature*. » Ce rapport à « l'utopie cinétique » fait écho à la philosophie de l'histoire de Benjamin, pour qui le discours de la modernité s'organise autour de constellations d'objets culturels investis d'une valeur monadologique de par leur intégration narrative dans une logique de la représentation axée autour des notions de progrès et de civilisation. Voir Peter Sloterdijk, *La mobilisation infinie. Vers une critique de la cinétique politique,* trad. de l'allemand par Hans Hildenbrand, Paris, Christian Bourgois, 2000 [1989], p. 14-23.

[21] Régis de Trobiand, *Le rebelle. Histoire canadienne*, La Bibliothèque électronique du Québec, coll. « Littérature québécoise », vol. 13, version 1.0, p. 10-11.

Les premières conférences publiques de l'Institut canadien de Montréal montrent clairement la mise en place d'une rhétorique d'opposition entre forces de stagnation et forces de mouvement, dénonçant le «coupable assoupissement[22]» d'une communauté «pressé[e] par le besoin de progrès au-dedans[23]». «*Altius tendimus!*», tel est l'esprit de l'Institut que sont chargés de promouvoir et de diffuser ses jeunes membres, ces «hommes habiles destinés à *diriger* le talent naissant et à *nourrir l'ardeur*[24]». Joseph Doutre justifiera ainsi rétrospectivement la création de l'Institut par le fait que

> [l]a génération qui a précédé les fondateurs de l'Institut-Canadien [*sic*] [...] se composait de jeunes gens diversement doués sous le rapport intellectuel ; mais les uns et les autres se perdaient dans une foule, et tout était incohérent, sans agrégation de parties, sans corps, sans forme[25].

La pensée libérale incarne cette impulsion réformiste par une «réaction» de dépassement de cet état d'inertie vers la *régénération sociale* suivant un «but unique et général vers lequel tendent toutes les actions de la masse des hommes, les actions de la Société». Le but poursuivi, c'est une tension vers l'idéal du «bonheur [...] la perfection de l'âme, la raison humaine, c'est la *vie*, les mœurs publiques, la religion et le Gouvernement[26]».

---

[22] Charles Laberge, «Discours sur l'esprit d'association», prononcé devant les membres de l'Institut canadien de Montréal le 13 janvier 1845, *La Revue canadienne*, 5 avril 1845.

[23] «Économie politique. Analyse ou abrégé du *Traité d'économie politique* de Jean-Baptiste Say», article lu devant les membres de la Société des amis le 28 janvier 1845 à Montréal, *La Revue canadienne* des 29 mars et 19 avril 1845.

[24] Antoine Gérin-Lajoie, «Revue du progrès», *La Revue canadienne* du 25 janvier 1845. (Je souligne.)

[25] Joseph Doutre, «Célébration du 6ème anniversaire de la fondation de l'Institut canadien», lecture publique faite devant les membres de l'Institut canadien le 17 décembre 1850, *Institut canadien en 1852*, Montréal, s. é., 1852, p. 68.

[26] Antoine Gérin-Lajoie, *op. cit.* (Je souligne.)

Voilà la littérature indigène, telle que nous la rêvons et telle que tôt ou tard elle devra paraître! Ce seront là les caractères dont nous devrons la revêtir! Sa régénération précédera peut-être ou suivra de près *une autre régénération plus sublime*[27].

Le *bien public*, mesure unique de l'estime générale [...] l'âme qui est pénétrée de cette *sublime passion*, qui est persuadée qu'elle ne peut la satisfaire que par ses travaux pour la patrie, ne la cherchera que dans les actions, que dans les discours qui tendent à ce but. Semblable à ces astres bienfaisants qui répandent la lumière et la vie dans la sphère de leur activité, d'où elles tirent à leur tour leur éternel aliment, son exemple, ses sacrifices, ses triomphes rendront plus énergiques et plus actifs dans les autres l'amour de la patrie, par le spectacle majestueux qu'il offre à leurs égards[28].

Cinétique des passions : une ontologie de la polarité des forces

Dans le contexte colonial du Canada, la question nationale — en tant que la nation représente le caractère national d'un peuple — constitue pour la communauté canadienne-française un enjeu de toute première importance. La maxime populaire de «*L'union : mot de force*», nous dit Gérin-Lajoie[29], est tout entière contenue dans l'amour du pays, «ce sentiment [...] qui deviendra la règle de notre conduite à venir [...] *un principe de force*, un *germe de puissance* qui se développera *énergiquement* et mettra pour toujours nos libertés et nos droits à l'abri de tout danger[30]». Un article du journal français *Le Conciliateur. Journal des propriétaires, des capitalistes, des industriels, et des sociétés de toutes natures*, nous révèle la logique de puissance sous-jacente à l'esprit d'association :

---

[27] Joseph Lenoir, «La civilisation», essai lu devant les membres de l'Institut canadien le 6 février 1852, *Le Pays* du 23 février 1852.

[28] Alex-Édouard Kierzkowski, «La richesse publique chez les Anciens et chez les Modernes, et les conséquences qui en découlent», lecture publique faite devant les membres de l'Institut canadien le 9 février 1856, *Le Pays* du 12 février 1856.

[29] Antoine Gérin-Lajoie, «Revue du progrès», *op. cit.*

[30] *Ibid.*

> Des forces qui y déclare-t-on, *isolées*, ne peuvent presque rien, et sont comme perdues pour la société, prennent sous [l']influence [de l'esprit d'association] un tout autre caractère [...] *par elle*, les terres incultes sont défrichées, les mines sont exploitées, les canaux s'ouvrent, les plus grands établissements s'élèvent, les produits de tout genre augmentent, les moyens de transport se multiplient, des communications faciles et peu dispendieuses s'établissent sur tous les points, [...] *avec elle* nous ne voyons plus de limites à l'accroissement de notre prospérité. L'association vient encore à notre secours, lorsque nous avons à lutter contre une armée supérieure à la nôtre. C'est l'arme du plus faible ; elle lui fournit les moyens de résister à ceux qui abusent de leur supériorité, l'oppriment et froissent ses intérêts[31].

« [O]pérer la métamorphose de l'ordre civilisé en état nomade[32] », voilà donc en condensé l'objectif et l'enjeu de cette restructuration du modèle social que la pensée positiviste encadre par une démarche constructiviste de conceptualisation des principes de l'ordre social et du mouvement civilisateur, démarche qui mobilise des savoirs ayant trait d'une part à la théorisation des principes de l'association, de cohésion des « réunions corpusculaires » — agrégats de la matière inerte ou organismes vivants — et d'autre part à la théorisation des principes de l'action et du mouvement.

Quand l'économie individuelle reposait traditionnellement dans la pensée religieuse sur une « Table des lois » — principes moraux universels qui visent à contenir les passions et à réprimer les désirs —, la pensée politique moderne tend au contraire à les diriger et à en optimiser la puissance matérielle ou intellectuelle. Tout mouvement social étant fonction du mouvement des parties, la philosophie politique moderne a pris un soin particulier à définir les principes de l'action individuelle et les forces qui en dirigent le mouvement :

---

[31] « Des progrès de l'esprit d'association, et des diverses espèces de Sociétés », paru en juillet 1827 dans Corinne Pelta, *Le romantisme libéral en France 1815-1830*, Paris, L'Harmattan, 2001, p. 65.

[32] Charles Fourier, *Égarement de la raison démontré par les ridicules des sciences incertaines*, publié dans *La Phalange* de mars à mai 1847, p. 77 ; http://classiques.uqac.ca/classiques/fourier_charles/ordre_subversif/texte_1_egarement/egarement.html, consulté le 5 mai 2007.

besoins vitaux, désirs, bien-être, plaisir, intérêt, luxe sont autant de concepts qui rendent compte des causes du mouvement animal; volonté, passions, monomanie, instinct, habitude, normalité et déviances comportementales sont autant de concepts qui, eux, se rattachent les uns à la direction — trajectoire — et les autres à l'intensité du mouvement.

On peut appréhender plus distinctement la logique de conceptualisation des modes de représentation dans ce mouvement positif du collectif par la transposition des valeurs du bien ou du mal, de la vérité ou de l'erreur, qui s'appliquent à la volonté dans le cadre de la pensée religieuse, à une morale de la production — un nouvel « évangile social » selon l'expression de Saint-Simon — selon une logique algébrique et physique de valeurs polarisées, positives et négatives, « dans la poursuite de cet infini[33] » de la Création.

> [C]hacun sent qu'il a en lui deux forces, deux impulsions parfaitement distinctes; agissant tantôt de concert, et produisant une action harmonique; tantôt se neutralisant et produisant l'inaction; souvent enfin l'une prenant l'ascendant sur l'autre, et produisant une action inharmonique, c'est-à-dire en désaccord avec les fins de l'homme, ou autrement une action mauvaise, contraire aux lois de la création[34].

Cette logique de représentation de la bipolarité avait acquis depuis Newton une autorité hégémonique dans le domaine des sciences astronomique et physique selon le principe d'action à distance des forces de l'attraction et de la répulsion, force uniforme et éthérée, « matière subtile » qui enveloppe tous les corps de l'Univers. Ce principe fondamental s'est étendu d'abord aux

---

[33] « Mais l'homme à qui Dieu a révélé l'existence de l'infini ne s'arrête, ne pourra s'arrêter jamais dans la poursuite de cet infini; il faut qu'il marche, marche, marche toujours vers ce but, qu'il ne pourra jamais atteindre, mais dont il approchera cependant. » Étienne Parent, « Considérations sur le sort des classes ouvrières », dans Étienne Parent, *op. cit.*, p. 384-385.

[34] Étienne Parent, « Du prêtre et du spiritualisme dans leurs rapports à la société », conférence prononcée devant les membres de l'Institut canadien de Montréal le 17 décembre 1848, dans Étienne Parent, *op. cit.*, p. 233.

modèles scientifiques dans les domaines de la physiologie[35] (action/
réaction dans le vitalisme; magnétisme animal), de la chimie
(affinités; sympathie/antipathie), de la thermodynamique (chaud/
froid) jusqu'à informer en profondeur les représentations historiques
du mouvement social (lutte constitutionnelle, lutte des classes) ou
des relations interpersonnelles (amour/haine; fraternité/intérêt
personnel) et du discours religieux. Cette logique s'impose pour
ainsi dire naturellement pour une classe politique qui voit dans le
contexte historique de la colonisation l'opposition de deux nations,
deux caractères antagonistes:

> [C]e sol n'est pas habité par une seule nation, mais par plusieurs et
> chacune a sa gloire, ses espérances particulières. Intérêts, religion,
> préjugés, mœurs, langage, sentiments, habitudes, tout diffère chez
> elles. Pensez-vous maintenant que l'on parvienne jamais à allier des
> choses si contraires, à les fondre ensemble et n'en former plus qu'un
> seul et unique corps? [...] Ce serait vouloir allier des corps qui
> n'auraient aucune affinité les uns pour les autres[36].

---

[35] «Le corps humain jouit, en vertu du principe universel, de propriétés analogues à celles de l'aimant; il a deux pôles. Il a donc une vertu magnétique, et cette vertu, quoique commune à tous les êtres, peut, en tant qu'on la considère dans les corps animés, être appelée magnétisme animal. Cet agent magnétique est le principe de tous les actes vitaux; et comme il est susceptible d'être poussé, concentré, soutiré, accéléré, augmenté ou diminué par des moyens artificiels, il acquiert, entre les mains du médecin, une puissante influence médicatrice. Il peut guérir immédiatement ou médiatement toutes les maladies.

«L'homme peut agir matériellement à distance, et sans l'intermédiaire d'aucun moyen physique ou mécanique, sur les autres êtres de son espèce, et en général sur tous les corps, par la seule force de sa volonté ou de certains gestes. La réalité de cette faculté est un fait d'expérience.

«Cette action s'exerce au moyen d'un fluide invisible, impalpable, d'une subtilité extrême. Ce fluide ne paraît être ni l'électricité, ni le calorique, ni aucun des impondérables connus. On peut le considérer soit comme une modification du fluide universel qui pénètre tous les corps, soit comme un fluide particulier propre à l'organisation animale, et dans ce dernier cas, qui est le plus probable, il n'est autre chose que le fluide nerveux. On l'appela magnétique parce que plusieurs de ses effets ont de l'analogie avec ceux de l'aimant.» Louis Peisse, «Des sciences occultes au 19ème siècle – Magnétisme animal», *Revue des deux mondes*, tome 29, janvier-mars 1842.

[36] Charles Laberge, *op. cit.*

On assiste à la compétition de deux modèles cinétiques de conceptualisation du collectif: un modèle mécaniste d'inspiration smithienne basé sur l'intérêt personnel et l'accumulation des richesses, la puissance collective émanant de la somme des intérêts particuliers (agrégation); un modèle organique ou le particulier est subordonné au collectif (intussusception). Dans le discours social se dessine une rhétorique hygiéniste de corruption physique et de *dégénération* fondée sur l'argument que ce principe d'association basé sur l'accumulation des richesses est contraire aux lois naturelles de la conservation du vivant.

> Partout on voit l'exténuation de la misère à côté de la satiété de l'opulence, le travail forcé des uns compenser l'oisiveté des autres, des masures et des colonnades, les haillons de l'indigène mêlés aux enseignes du luxe; en un mot les plus inutiles profusions au milieu des besoins les plus urgents[37].

«À cet esprit de rivalité et de combat, d'envahissement et d'usurpation, de domination et de destruction[38]» qui caractérise une société fondée sur le pouvoir de l'argent, est opposée une pensée de l'organique caractérisée par une unité harmonique fondée sur «les lois régulatrices de la société», dont les principes essentiels de l'égalitarisme[39] et de l'hygiénisme social sont incarnés dans le modèle de société agriculturiste: «Des hommes mieux logés», conclut le Dr Jean-Lukin Leprohon,

---

[37] Anonyme, «Économie politique. Analyse ou abrégé du *Traité d'économie politique* de Jean-Baptiste Say», *op. cit.*

[38] Louis-Octave Letourneux, *op. cit.*, p. 289.

[39] «Des maladies particulières correspondent à chacune de ces époques et indiquent bien clairement le défaut d'ensemble dans une organisation tyrannisée tour à tour par quelques parties dont l'activité n'est point en rapport avec l'inertie des autres […] lorsque chacun des organes a acquis tout le développement dont il est susceptible; lorsque aucune partie ne prédomine sur les autres; lorsque l'égalité d'action de chacune d'elles amène l'harmonie et l'unité dans toute l'économie […] pourquoi conserverions-nous des habitudes hygiéniques contradictoires avec notre état physiologique?» Claude-Henri Saint-Simon, *De la physiologie sociale, La physiologie sociale. Œuvres choisies*, Paris, Presses universitaires de France, 1965 [1813], p. 61-63.

plus sainement nourris, usant de sobriété en toutes choses, rejetant le luxe des terres mieux cultivées, offrant par leur subdivision une immense quantité de petites fortunes, lesquelles occupent un plus grand nombre de familles; tout concourt à l'amélioration physique et morale de l'espèce humaine[40].

Dans cette logique, la langue[41], la religion ou les mœurs constituent autant de déterminations typiques et de principes directeurs favorisant au sein du collectif «une *synergie formatrice*[42]» en agissant comme «force vitale et agissante [qui] tient lieu de sympathie ou de consensus organique[43]».

Des tenants d'une rhétorique de la déterritorialisation dans le roman canadien-français

Dès les premiers mots de la préface du roman *Le chercheur de trésors*, le ton est donné. «Le siècle des unités est passé[44]», affirme Gaspé fils, limitant dans le cadre de la préface cette maxime à des questions d'ordre purement esthétique mais que le roman nous donne à interpréter dans le sens plus large d'une réalité physique en transformation. «C'est un curieux amalgame que notre société[45]», notera ainsi Saint-Céran, lui que l'on accompagne sur

---

[40] Jean-Lukin Leprohon, «L'hygiène», lecture publique faite devant les membres de l'Institut canadien de Montréal le samedi 26 février 1848, *L'Avenir* du 18 mars 1848.

[41] Dans un article intitulé «Bien parler» de *La Revue canadienne* du 25 janvier 1845, on y décrit la langue «vêtement qui touche l'âme par tous les points» comme un facteur fondamental de cohésion et d'harmonie sociales: «Dans un cercle où par ignorance de sa propre langue, on ne sait pas bien au juste ce que l'on dit et ce que les autres ont senti, *les amours propres se choquent entre eux*, comme feraient des hommes ivres enfermés dans une même enceinte.» (Je souligne.)

[42] Antoine Augustin Cournot, *Traité de l'enchaînement des idées fondamentales dans les sciences et dans l'histoire. Œuvres complètes*, Tome III, Paris, Librairie philosophique Vrin, 1982 [1861], p. 279.

[43] *Ibid.*, p. 329.

[44] Philippe Aubert de Gaspé fils, *Le chercheur de trésors ou l'influence d'un livre*, La Bibliothèque électronique du Québec, vol. 5, version 1.2, mars 2002, p. 5.

[45] *Ibid.*, p. 97.

les chemins du Bas-Canada. Même constat pour Charles Guérin, qui porte un regard critique sur l'«espèce de compromis bizarre[46]» et l'«association d'idées étranges[47]» qui caractérisent son époque et qui voit dans les réceptions données dans les cercles de la bonne société de province «un tout passablement hétérogène[48]». Jusqu'à la cacophonie ambiante des scènes de la vie urbaine où

> une foule bruyante, bigarrée de costumes étrangers, parlant et entremêlant deux idiomes différents, appliqu[e] à mille occupations diverses cet empressement brutal qui forme un si grand contraste avec les travaux lents et paisibles de la campagne [...] Tout ce peuple parlait, criait, bruissait, bourdonnait, allait et venait[49].

Ce motif de l'hétérogène est affirmé dès les premières pages du roman, où le narrateur, balayant du regard l'horizon, décrit les manifestations matérielles comme la maison des Guérin, «construction moderne [...] avec un toit à la japonaise [...] des peupliers de Lombardie [...] un orme séculaire», ou les éléments naturels des paysages et du fleuve à la «teinte brune», dont les reflets s'apparentent à «une large plaque d'argent incrustée d'or[50]».

Le déracinement de l'arbre séculaire de la famille Guérin par un soir de tempête annonce allégoriquement, plus que le départ du fils aîné[51], la transition nécessaire quoique indécise d'un ordre social figé et hiérarchisé fondé sur la tenure seigneuriale (symbolique de l'Ancien Régime) vers un ordre nouveau encore à

---

[46] Pierre-Joseph-Olivier Chauveau, *op. cit.*, p. 42.
[47] *Ibid.*, p. 77.
[48] *Ibid.*, p. 186.
[49] *Ibid.*, p. 280-281.
[50] *Ibid.*, p. 39.
[51] «La corruption [...] était donc le résultat de la même maladie sociale qui avait chassé Pierre Guérin loin du toit maternel [...] l'émigration forcée, l'oisiveté forcée, la démoralisation forcée, voilà tout ce que l'on offre à notre brillante jeunesse.» *Ibid.*, p. 109.

définir[52]. Ce symbolisme analogique de la métaphore arborescente est enrichi dans *La terre paternelle* d'un rapport particulier non seulement au territoire mais encore à l'organisation sociale, rapport de production de l'individu par le social, de reproduction du caractère national dans les nouvelles générations par le mouvement nourricier régulier et toujours égal des forces de la Nature que la nouvelle réalité politique coloniale vient bouleverser. « L'étranger [...] insolemment assis au foyer paternel[53]! » révèle le sentiment de menace qui pèse sur la communauté canadienne-française, dont la maîtrise du sol — la propriété foncière — constitue non seulement le gage d'une légitimité territoriale en tant que nation et le fondement d'une organisation sociale, mais encore une garantie d'indépendance dans une économie en mutation où le rapport du patron à l'ouvrier est assimilé à celui de maître à esclave.

Aux habitudes du « travail, de l'économie et de l'industrie[54] », de la vie réglée et policée du rythme des saisons qui procure à l'agriculteur « la paix, l'union et l'abondance », à cet idéal d'ordre et d'harmonie d'une organisation sociale basée sur une économie de la terre donc, sont opposés le chaos et la dysharmonie des « vices grossiers » des coureurs des bois, des comportements parasites des usuriers, du « contraste insultant[55] » de la concentration des richesses dans un nombre limité de mains, de la tragédie de l'exode des populations vers les centres urbains, etc. Le modèle agriculturiste

---

[52] L'événement, rappelé dans le cours de la narration, nous laisse dans une position d'expectative. L'état d'inertie qui s'offre à la vue est une invitation implicite au changement pour le lecteur qui renforce le caractère prescriptif de l'épilogue: « À part de ces quelques changements de décor, tout, dans le tableau que nous avons fait une première fois, était resté dans le même état; pas une maison de plus, pas une clôture, pas un arbre de plus; ce qui nous fait souvenir, cependant, qu'il y avait un arbre de moins, le vieil orme abattu par la tempête. Ce lieu et ce moment étaient donc bien propres à rappeler en foule, à la pensée du jeune homme, tout ce qui lui était arrivé depuis la dernière fois qu'il avait contemplé avec son frère les beautés de leur endroit natal. » *Ibid.*, p. 170.

[53] *Ibid.*, p. 109.

[54] *Ibid.*, p. 42-43.

[55] « ... le glas d'un riche qui, par un contraste insultant pour la misère de Chauvin, s'est laissé mourir d'un excès d'embonpoint. » *Ibid.*, p. 91.

nous est présenté comme naturel et le plus approprié à la conservation de la communauté canadienne-française : tout d'abord, ainsi que nous venons de l'exposer, comme un modèle d'équilibre, d'harmonie — du « bon ordre » — et de constance mécanique par sa « scrupuleuse exactitude », dont les « profits toujours certains » contrastent avec les « chances incertaines du commerce[56] » ; ensuite parce qu'il est posé comme principe directeur d'une évolution naturelle héréditaire — « cette succession non interrompue de ses ancêtres[57] » — et qu'il est constitutif par conséquent de son caractère ou de sa nature dans la lignée déterministe de la pensée physiologiste culturaliste (théorie des climats) et de la pensée providentialiste. Le mouvement pendulaire de la narration, qui, à un état de félicité primordial, fait succéder un climat de crise avant le retour à ce même état primordial, participe d'une vision cyclique du temps — « ce grand maître qui, à la longue, calme les plus grandes afflictions[58] » — et d'une théorie de l'action de l'homme soumis aux mécanismes naturels, « pay[ant] le tribut à la nature[59] », « supportant avec résignation et patience les plus grandes adversités[60] », informée fondamentalement par une pensée fixiste.

La représentation de l'argent dans *La terre paternelle* est élaborée autour d'une conjonction de plusieurs dynamiques de déstructuration du tissu social. Germe de discorde, il intervient directement dans la *dé*-nucléarisation de la famille[61] (il agit comme un principe de destruction des rapports de confiance entre le père et l'aîné et

---

[56] *Ibid.*, p. 80.
[57] *Ibid.*, p. 41.
[58] *Ibid.*, p. 57.
[59] *Ibid.*, p. 117.
[60] *Ibid.*, p. 118.
[61] « Mais on ne fut pas longtemps sans s'apercevoir de grands changements dans cette famille, naguère si étroitement unie. Ce n'était plus ces rapports familiers et intimes entre le père et le fils, mais une certaine réserve, de la froideur, de la défiance même, que l'on surprenait entre eux ; c'était alors le créancier et le débiteur qui s'observaient mutuellement. » Patrice Lacombe, *La terre paternelle*, Montréal, Hurtubise HMH, coll. « Cahiers du Québec », 1972, p. 74.

annihile l'influence de l'autorité paternelle sur le plus jeune des deux fils, parti courir l'aventure dans le commerce des pelleteries). Il concourt à la *dé*-moralisation de la société par la corruption des mœurs et de la valeur travail[62]. Il participe au *dé*-litage des rapports sociaux, dans lesquels l'esprit fraternel et philanthropique laisse place au trafic de chair humaine, à la lutte des intérêts particuliers, à l'injustice et à l'inégalité de traitement jusque dans les offices de l'Église. Cet engrenage infernal qui illustre la *déliquescence* des structures sociales, de la famille, de la religion, de la langue (scène du notaire) atteint son paroxysme dans la *dé*-possession de la famille de ses biens fonciers, famille aux racines pluriséculaires qui, sans le retour providentiel du second fils, était vouée à disparaître.

Une esthétique des trajectoires individuelles

« La grande image du présent » que dépeint Balzac dans *La comédie humaine* est fondée sur des mécanismes de l'écriture qui, à des principes générateurs de l'être et du mouvement — des causes —, fait correspondre des effets sociaux[63], lui permettant de dévoiler le « sens caché dans cet immense assemblage de figures, de passions et d'événements »[64] que constitue la Société. « Penser la courbe », tel est dans le récit à caractère autobiographique de *Louis Lambert* l'objectif que s'est fixé Balzac, pour qui « la PENSÉE [...] comme une puissance toute physique, accompagnée de ses

---

[62] « Le fils, pendant qu'il avait eu le maniement des affaires, avait laissé dépérir le bien, et contracté des habitudes d'insouciance et de paresse. Le courage et l'énergie du père s'étaient émoussés au contact du repos et de l'inaction. » *Ibid.*, p. 79.

[63] « ... le mécanisme du monde ; il a fallu le voir, se cogner à tous les rouages, heurter les pivots, me graisser aux huiles, entendre le cliquetis des chaînes et des volants. Comme moi, vous allez savoir que, sous toutes les belles choses rêvées, s'agitent des hommes, des passions et des nécessités. » Honoré de Balzac, *Illusions perdues*, Paris, Press Pocket, 1991 [1843], p. 273.

[64] Honoré de Balzac, *L'avant-propos de la Comédie humaine*, La Bibliothèque électronique du Québec, coll. « À tous les vents », vol. 606, version 1.0, p. 12.

incommensurables manifestations⁶⁵ » procède ainsi que la Matière par un jeu de forces d'attraction et de répulsion⁶⁶.

> La longue et patiente étude que je viens de faire de cette Société, donne des conclusions tristes où le doute domine. *Ici, le point de départ de tout est l'argent.* Il faut de l'argent, même pour se passer d'argent [...] Ici, tout décourage le vol en ligne droite d'un esprit qui tend à l'avenir [...] *ici l'homme éprouve une foule de besoins qui le rapetissent* [...] Les organes, incessamment fatigués par des riens, ne se reposent jamais [...] Ici, tout doit avoir un résultat immédiat, réel...⁶⁷

On trouve dans les romans d'aventure canadien-français une continuité de cette logique psychologiste de la représentation. Dans *Les fiancés de 1812*, de Joseph Doutre, l'esthétique est informée par le contraste entre inertie/inaction et mouvement/action, où domine une logique narrative de l'action basée sur les passions directrices⁶⁸ — les monomanies — et sur la polarité sympathie/antipathie dans les rapports interpersonnels. L'histoire de ce couple de jeunes gens unis par l'amour, mais que la volonté «opiniâtre» — la haine — d'un père sépare, structure tout le roman et donne lieu à une réflexion sur l'évolution sociale de la

---

⁶⁵ Honoré de Balzac, *Louis Lambert*, édition critique par Marcel Bouteron et Jean Pommier avec la collaboration de Mᵐᵉ Robert Siohan, Paris, Librairie José Corti, 1954 [1832], p. 99.

⁶⁶ « Ces principes établis, il voulait classer les phénomènes de la vie humaine en deux séries d'effets distincts [...] deux mouvements séparés, il les pressentait, les admettait même pour notre nature, et nommait cet antagonisme vital : L'ACTION ET LA RÉACTION. Un désir, disait-il, est un fait entièrement accompli dans notre Volonté avant de l'être extérieurement. Ainsi, l'ensemble de nos Volitions et de nos Idées constituait l'Action, et l'ensemble de nos actes extérieurs, la Réaction [...] les principes constituant de la Matière et de la Pensée, qui procèdent de la même source [...] quelque sympathie ou à quelque antipathie. » *Ibid.*, p. 91-94.

⁶⁷ *Ibid.*, p. 125-127. (Je souligne.)

⁶⁸ « Depuis le moment où l'âge m'a placé dans la société, je [Gonzalve] n'ai connu d'autre maître que l'amour. Dans toutes les circonstances où m'a mené depuis, le cours de la vie, il a été le moteur de toutes mes actions. Et si je dois juger la généralité des hommes par moi-même, je ne craindrai pas de dire que l'homme est créé pour aimer. » Joseph Doutre, *Les fiancés de 1812 ou essai de littérature canadienne*, Québec, Réédition-Québec, 1969 [1844], p. 89.

société canadienne-française et notamment sur la question du mariage arrangé.

Une de perdue, deux de trouvées, de Georges Boucher de Boucherville, présente similairement une représentation des passions extrêmes. De la soif d'action de la jeunesse libérale incarnée par le jeune Pierre « en chemise rouge[69] », qui « trouvait une sorte de jouissance dans l'excitation fiévreuse que procurent l'orgie et les rixes[70] », à l'âme noire, cupide et perverse du Dr Rivard, le vocabulaire emphatique de l'horreur, de la fureur, de la haine et de la vengeance participe d'une logique dialectique de la représentation suivant l'alternance de forces antagonistes. « Étrange combinaison des facultés humaines », conclut le narrateur : « Tout à l'heure des pleurs, maintenant des rires ! Tant il est vrai que souvent les extrêmes se touchent. Le sublime et la mort à un bout, le ridicule et la folie à l'autre[71]. »

« Ces petits chiffons [les billets de banque], dont la puissance magnétique exerce une si grande influence sur les destinées humaines[72] », tous les acteurs et groupes sociaux de la société canadienne-française n'en ont pas pour autant une vision négative. Ainsi, l'insistance de libéraux tels Charles Mondelet et Louis-Antoine Dessaulles sur la nécessité de favoriser l'expression des libertés individuelles — du libre-arbitre —, « une question qui est d'un intérêt vital[73] », qui, par la promotion du « principe vivifiant de la démocratie[74] », constitue la meilleure garantie de la conservation des individus et de la société, s'accorde-t-elle avec la représentation positive d'une effervescence sociale au sein de laquelle l'argent joue

---

[69] Georges Boucher de Boucherville, *Une de perdue, deux de trouvées*, Montréal, Beauchemin, 1953 [1849], p. 16.

[70] *Ibid.*, p. 17.

[71] *Ibid.*, p. 42.

[72] *Ibid.*, p. 150.

[73] Charles Mondelet, « L'indépendance du caractère », lecture publique faite devant les membres de l'Institut canadien le 21 décembre 1848, *L'Avenir* des 20 et 24 janvier 1849.

[74] Charles Mondelet, « La circonstance du jour – la culture de l'intellect, et l'utilité des lectures publiques pour toutes les classes de la société », lecture d'introduction faite devant les membres de l'Institut canadien de Montréal le 17 décembre 1849, *L'Avenir* du 9 février 1850.

un rôle clé dans les interactions sociales. Mentionnée à plusieurs reprises dans *Une de perdue, deux de trouvées*, « la Bourse dont la façade, brillamment illuminée, présent[e] un spectacle enchanteur[75] » constitue dans le roman, avec le palais de justice, un des lieux clés de la Nouvelle-Orléans. La représentation de la ville s'inscrit sans ambigüité dans une logique de mouvement et d'activité, une vie axée sur les plaisirs, les loisirs et les affaires :

> Toute la ville [Matance] semblait se réveiller de sa longue sieste, pour venir respirer la vie avec le parfum des fleurs. Les vives et folâtres jeunes filles de l'île de Cuba, aux yeux noirs, aux longs cheveux soyeux, au teint chaud, au tempérament ardent, venaient boire à longs traits, à la coupe des plaisirs dans cette délicieuse atmosphère de la reine des Antilles. Les volantes, ces nonchalantes voitures de Cuba, aux somptueux attelages argentés, traînées par des mules sur lesquelles étaient montés des caléseros, avec leurs fantastiques chaussures ; les chevaux pur sang, avec leurs cavaliers aux larges sombreros ; les piétons avec leurs badines et leurs cigarettes ; tout se trouvait à la promenade, car c'est une fête de tous les jours aux Antilles que l'heure où le soleil se couche ; c'est le rendez-vous de toute la ville : des gens d'affaires pour leurs transactions, des amants pour leurs amours[76].

Dans les textes *Le chercheur de trésors ou L'influence d'un livre*, *Charles Guérin* et *La terre paternelle*, l'objet *argent* joue, dans le cadre du mouvement des sociétés vers « l'âge industriel », le rôle de principe actif de l'action[77]. Dans *Le chercheur de trésors*, Mareuil et Amand, personnages d'exception[78] par le caractère extrême des

---

[75] Georges Boucher de Boucherville, *op. cit.*, p. 132.
[76] *Ibid.*, p. 54.
[77] La dimension historique des romans *Le chercheur de trésors* et *Charles Guérin* tient précisément dans leur capacité de dépasser le chaos apparent des phénomènes en les organisant autour des principes, à ordonner les effets par les causes.
[78] « Il a donc fallu me contenter de peindre des hommes tels qu'ils se rencontrent dans la vie usuelle. Lepage et Armand font seuls des exceptions : le premier par sa soif de sang humain ; le second par sa folie innocente. » Philippe Aubert de Gaspé fils, *op. cit.*, p. 6.

passions qui les animent, complètent l'élaboration d'une peinture de mœurs où, comme le suggère le titre, l'acquisition des richesses est l'objet de tous les intérêts et de toutes les convoitises, le but ultime et le moteur de l'action. Le criminel Mareuil, véritable cas d'école pour les sciences nouvelles de la physiologie psychologiste (phrénologie), monstre vampire qui «s'abreuv[e] du sang de son semblable pour un peu d'or[79]», et Amand, «alchimiste moderne» qui cherche dans le secret de la fabrication de l'or bien-être et reconnaissance sociale, se rejoignent, au-delà des apparences de la rencontre fortuite dans une salle de tribunal, par cette passion commune. L'anathème contre les femmes — «ces composés de passions» — et contre les mariages arrangés, une thématique dans l'air du temps[80], assure la transition du caractère d'exception des «monstres» Mareuil et Amand à un phénomène social généralisé qui concourt à la désolidarisation du tissu social. Au-delà, c'est un modèle associatif basé sur les intérêts particuliers, la spéculation, l'affairisme et la soif d'accumulation, qui est mis en cause notamment à travers le personnage de Saint-Céran, antihéros[81] de la société moderne, tout entière pensée et organisée autour de «l'intérêt personnel, ce grand mobile des actions humaines[82]», qui fustige «cette malédiction de l'espèce humaine: — l'énergie[83]!»

---

[79] *Ibid.*, p. 20-21.
[80] Voir entre autres au théâtre *Valentine ou La Nina canadienne* (1836), de Hyacinthe Leblanc de Marconnay, ou encore *Les fiancés de 1812* (1844), de Joseph Doutre.
[81] Saint-Céran est opposé à Amand par son érudition, sa clairvoyance. Il porte sur la société le regard en retrait du philosophe tandis que, consumé par le désir de posséder de l'or, Amand nous est présenté, à l'instar de Mareuil, comme une victime. Pourtant, l'organisation générale du roman et la rencontre (au chapitre 13) entre Saint-Céran et Amand établissent clairement Amand comme le héros (malgré lui...).
[82] Philippe Aubert de Gaspé fils, *op. cit.*, p. 100.
[83] Voici la citation complète: «... je possédais cette malédiction de l'espèce humaine : – l'énergie! C'est une maladie qui tue: il fallait la détruire. Je n'étais pas né pour exister, j'étais né pour vivre...» *Ibid.*, p. 47-48.

Cette image d'« un monde où vous ne trouvez que des *intérêts plus vils les uns que les autres, et qui s'entrechoquent sans cesse*[84] », de « l'amour-propre, la vanité, le désir de plaire, de se croire admiré de tous[85] », domine aussi le roman *Charles Guérin* à travers l'image de « l'homme qui fait son chemin » :

> Il n'y a rien, en effet, de si peu méticuleux qu'un homme qui, une fois pour toutes, a déclaré qu'il veut faire son chemin. L'ardente et rapide locomotive qui vole d'une montagne à l'autre, qui passe comme la foudre au-dessus des précipices, écrasant tout ce qu'elle rencontre, n'est pas plus impitoyable dans sa course que l'homme qui veut faire son chemin. L'honneur, l'amour, le devoir, la dignité humaine, la piété divine, le culte de la patrie, les liens de l'amitié, les nœuds de l'hymen, et jusqu'aux chaînes du vice, tout est renversé, culbuté, foulé, broyé par *l'homme qui fait son chemin*[86].

Le bourgeois agriculteur : une figure du compromis

En opposition au personnage de Wagnaër, l'Anglais qui, avec ses formidables mâchoires équipées de « deux superbes rangées de dents[...] aurait pu exploiter toute la création[87] », se dessine dans les romans agriculturistes *Charles Guérin* et *Jean Rivard* un type sociologique du compromis — le bourgeois agriculteur — qui, tel Jean Rivard, dans sa quête de bonheur, cultive et négocie « l'espoir de [se] rendre utile à [lui]-même, à [s]es jeunes frères, et peut-être à [s]on pays[88] ». Cette classe de personnages qui fuient les concentrations urbaines, ne constitue pourtant pas un contre-modèle, mais un modèle moralisé de l'acteur moderne informé

---

[84] *Ibid.*, p. 122. (Je souligne.)
[85] Philippe Aubert de Gaspé fils, *op. cit.*, p. 47.
[86] Pierre-Joseph-Olivier Chauveau, *op. cit.*, p. 107. (Je souligne.)
[87] *Ibid.*, p. 53.
[88] Antoine Gérin-Lajoie, *Jean Rivard le défricheur,* suivi de *Jean Rivard économiste,* Québec, Bibliothèque Québécoise, 1993 [1874, 1876], p. 34.

par le principe de « l'intérêt bien entendu[89] », intégré dans une dynamique collective obéissant au double impératif de sa marche historique vers le progrès indéfini et celui associatif du maintien de la cohésion sociale. Ainsi, Charles Guérin reprendra-t-il :

> Mon état à moi, ce n'est pas de sécher sur des livres, de végéter au milieu d'un tas de paperasses; c'est une vie active, créatrice, une vie qui ne fasse pas vivre qu'un seul homme, une vie qui fasse vivre beaucoup de monde par l'industrie et les talents d'un seul. C'est à peu près l'inverse de la vie *officielle*, où l'industrie et les travaux de beaucoup de gens font vivre un seul homme à ne rien faire. Je voudrais du commerce et de l'industrie; non pas du commerce et de l'industrie, par exemple à la façon de notre voisin, M. Wagnaër. Dévorer comme un vampire toutes les ressources d'une population; déboiser des forêts avec rage et sans aucune espèce de prévoyance pour l'avenir; donner à des bras que l'on enlève de l'agriculture, en échange des plus durs travaux, de mauvaises passions et de mauvaises habitudes; ne pas voler ouvertement, mais voler par réticence, et en détail, en surfaisant à des gens qui dépendent uniquement de vous, ce qu'ils pourraient avoir à meilleure composition partout ailleurs; reprendre sous toutes les formes imaginables aux ouvriers que l'on emploie le salaire qu'on leur donne; engager les habitants à s'endetter envers vous, les y forcer même de plus en plus une fois qu'on les

---

[89] « Au milieu de cette innombrable variété de théories qui peuvent se présenter à l'esprit du penseur, je défie d'en trouver une qui soit plus applicable aux mœurs, plus usuelle, plus conforme à l'esprit, aux penchants, aux inclinations et aux actes ordinaires des humains, celle de l'intérêt bien entendu [...] En deux mots, voici en quoi consiste cette doctrine : il est de l'avantage individuel de chaque citoyen de travailler au bonheur de tous; l'homme en servant ses semblables se sert soi-même; l'homme en servant la société sert sa famille [...] On voit que chacun des membres de la famille, tout en songeant à ses intérêts individuels, en construisant son propre avenir, veille perpétuellement à la direction de la famille [...] ce sentiment d'affection qui découle de la consanguinité n'est pas le seul qui dicte cet esprit de fraternité dans les familles. On le retrouvera invariablement mêlé à un autre sentiment, à un autre instinct [...] qui est aussi naturel à l'homme que les affections de consanguinité : je veux dire l'intérêt individuel ». Joseph Doutre, « Du meilleur emploi qu'un citoyen peut faire de son existence, tant pour la société que pour sa famille », *Institut canadien de 1852*, Montréal, s. é., 1852, p. 162-169.

tient dans ses filets, jusqu'à ce qu'on puisse les exproprier [...] Je voudrais être dans ma localité le chef du progrès[90].

---

[90] Pierre-Joseph-Olivier Chauveau, *op. cit.*, p. 69.

BIBLIOGRAPHIE

Anonyme, «Bien parler», *La Revue canadienne* du 25 janvier 1845.

Anonyme, «Économie politique. Analyse ou abrégé du traité d'économie politique de Jean-Baptiste Say», Montréal, 28 janvier 1845, *La Revue canadienne* du 29 mars et du 19 avril 1845.

Aubert de Gaspé fils, Philippe, *Le chercheur de trésors ou L'influence d'un livre*, La Bibliothèque électronique du Québec, vol. 5, version 1.2, mars 2002, 113 p.

Balzac, Honoré de, *L'avant-propos de la Comédie humaine*, La Bibliothèque électronique du Québec, coll. «À tous les vents», vol. 606, version 1.0, 29 p.

Balzac, Honoré de, *Illusions perdues*, Paris, Press Pocket, 1991 [1843], 788 p.

Balzac, Honoré de, *Louis Lambert*, édition critique par Marcel Bouteron et Jean Pommier avec la collaboration de Mme Robert Siohan, Paris, Librairie José Corti, 1954 [1832], 253 p.

Boucher de Boucherville, Georges, *Une de perdue, deux de trouvées*, Montréal, Beauchemin, 1953 [1849], p. 16.

Chauveau, Pierre-Joseph-Olivier, *Charles Guérin. Roman de mœurs canadiennes*, Montréal, Fides, 1978 [1853], 392 p.

Cournot, Antoine Augustin, *Traité de l'enchaînement des idées fondamentales dans les sciences et dans l'histoire. Œuvres complètes*, tome III, édité par Nelly Bruyère, Paris, Librairie philosophique Vrin, 1982 [1861], 637 p.

De Bonald, Louis, *Essai analytique sur les lois naturelles de l'ordre social, ou Du pouvoir, du ministre et du sujet dans la société. Œuvres complètes*, tome 1, Paris, Librairie d'Adrien Le Clère, 1840 [1800], 316 p.

Deleuze, Gilles et Félix Guattari, *Rhizome*, Paris, Minuit, 1976, 74 p.

De Trobiand, Régis, *Le rebelle. Histoire canadienne*, La Bibliothèque électronique du Québec, coll. «Littérature québécoise», vol. 13, version 1.0, 87 p.

Doutre, Joseph, «Célébration du 6ème anniversaire de la fondation de l'Institut canadien», *Institut canadien en 1852*, Montréal, 1852, p. 64-102.

Doutre, Joseph, «Du meilleur emploi qu'un citoyen peut faire de son existence, tant pour la société que pour sa famille», *Institut canadien en 1852*, Montréal, s. é., 1852, p. 145-192.

Doutre, Joseph, *Les fiancés de 1812 ou essai de littérature canadienne*, Québec, Réédition-Québec, 1969 [1844], 170 p.

Durham, John George Lambton, *Le rapport Durham : Document*, Montréal, L'Hexagone, coll. «Typo», 1990 [1839], 317 p.

Fabre, Hector « Sur l'avenir de la France », essai lu devant les membres de l'Institut canadien le 4 mars 1852, *Le Pays,* 11 mars 1852.

Fourier, Charles, *Égarement de la raison démontré par les ridicules des sciences incertaines*, La Phalange de mars à mai 1847, 86 p. [en ligne] http:// classiques.uqac.ca/classiques/fourier_charles/ordre_subversif/texte_1_ egarement/egarement.html, consulté le 15 septembre 2007.

Frère, Abbé, *Examen du magnétisme animal*, Paris, Gaume, 1837, 182 p.

Gérin-Lajoie, Antoine, *Jean Rivard le défricheur*, suivi de *Jean Rivard économiste*, Montréal, Bibliothèque québécoise, 1993, 461 p.

Gérin-Lajoie, Antoine, « Revue du progrès », *La Revue canadienne* du 25 janvier 1845.

Huston, James, *Le répertoire national*, tome 3, édité par Robert Melançon, Montréal, VLB éditeur, 1982, 384 p.

Institut canadien en 1852, Montréal, Imprimerie du journal *Le Pays*, 1852, 245 p.

Kierzkowski, Alex-Édouard, « La richesse publique chez les Anciens et chez les Modernes, et des conséquences qui en découlent », *Le Pays* du 12 février 1856.

Laberge, Charles, « Discours sur l'esprit d'association », discours prononcé à l'Institut canadien de Montréal le 13 janvier 1845, *La Revue canadienne* du 5 avril 1845.

Lacombe, Patrice, *La terre paternelle*, Montréal, Hurtubise HMH, coll. « Cahiers du Québec », 1972, 119 p.

Leblanc de Marconnay, Hyacinthe, *Valentine ou La Nina canadienne*, Montréal, s.m., (1836).

L.E.D., « Le commerce », essai lu devant les membres de l'Institut canadien le 17 février 1848, *L'Avenir* du 12 et 15 avril 1848.

Lenoir, Joseph, « La civilisation », essai lu devant les membres de l'Institut canadien de Montréal le 6 février 1852, *Le Pays* du 23 février 1852.

Leprohon, Jean-Lukin, « L'hygiène », lecture publique faite devant les membres de l'Institut canadien de Montréal le samedi 26 février 1848, *L'Avenir* du 18 mars 1848.

Letourneux, Louis, Octave, « La société canadienne », dans Huston, James (dir.), *Le répertoire national*, tome 3, édité par Robert Melançon, Montréal, VLB éditeur, 1982 [1845], p. 276-298.

Lyotard, Jean-François, *La condition postmoderne. Rapport sur le savoir*, Paris, Minuit, 1979, 109 p.

Mondelet, Charles, « La circonstance du jour – la culture de l'intellect, et l'utilité des lectures publiques pour toutes les classes de la société », lecture d'introduction faite devant les membres de l'Institut canadien de Montréal le 17 décembre 1849, *L'Avenir* du 9 février 1850.

Mondelet, Charles, «L'indépendance du caractère», lecture publique devant les membres de l'Institut canadien de Montréal le 21 décembre 1848, *L'Avenir* des 20 et 24 janvier 1849.

Parent, Étienne, *Discours,* édition critique par Claude Couture et Yvan Lamonde, Montréal, Presses de l'Université de Montréal, «Bibliothèque du Nouveau Monde», 2000, p. 116.

Peisse, Louis, «Des sciences occultes au 19e siècle. Magnétisme animal», *Revue des deux mondes,* tome 29, janvier-mars 1842.

Pelta, Corinne, *Le romantisme libéral en France 1815-1830,* Paris, L'Harmattan, 2001, 302 p.

Saint-Simon, Claude-Henri, *La physiologie sociale. Œuvres choisies,* introduction et notes de Georges Gurvitch, Paris, Presses universitaires de France, 1965 [1813], 160 p.

Sloterdijk, Peter, *La mobilisation infinie. Vers une critique de la cinétique politique,* traduit de l'allemand par Hans Hildenbrand, Paris, Christian Bourgeois, 2000 [1989], 332 p.

HISTOIRE ET HISTOIRES
DANS LES ROMANS DE PAMPHILE LE MAY

Rémi Ferland
Université Laval

Le texte qui suit envisagera l'Histoire et les histoires dans les romans de Pamphile Le May, soit la présence dans cette œuvre, d'une part, de faits historiques, qui servent d'origine, de contexte ou de cautionnement à la fiction, et, d'autre part, de microrécits (ou métarécits), souvent enchâssés par mise en abyme et assumés par des personnages devenus narrateurs.

Le corpus étudié est constitué de quatre romans, *Le pèlerin de Sainte-Anne*, *Picounoc le Maudit*, *L'affaire Sougraine* et *Bataille d'âmes*, parus respectivement en 1877[1], 1878[2], 1884[3] et 1899[4], ainsi

---

[1] Pamphile Le May, *Le pèlerin de Sainte-Anne*, Québec, Typographie de C. Darveau. L'édition à laquelle je me référerai est celle parue par mes soins aux Éditions de la Huit, à Sainte-Foy, en 1998.

[2] Pamphile Le May, *Picounoc le Maudit*, Québec, Typographie de C. Darveau. L'édition à laquelle je me référerai est celle parue aux Éditions Hurtubise HMH, coll. «Cahiers du Québec», Montréal, en 1974 (Anne Gagnon, éd.).

[3] Pamphile Le May, *L'affaire Sougraine*, Québec, Typographie de C. Darveau. L'édition à laquelle je me référerai est celle parue par mes soins aux Éditions de la Huit, à Sainte-Foy, en 1998.

[4] Pamphile Le May, *Bataille d'âmes*, Montréal, en feuilleton dans le journal *La Patrie*. L'édition à laquelle je me référerai est celle parue par mes soins aux Éditions de la Huit, à Sainte-Foy, en 1996.

qu'un protoroman, si l'on peut employer ce terme, *Les vengeances*, paru en 1875[5], un poème narratif ou plutôt même un roman versifié de plus de 8 000 vers qui met à contribution déjà les thèmes et les procédés qui seront développés et exploités ensuite dans la production romanesque de l'auteur.

Avant de parler de ces œuvres, rappelons que Pamphile Le May, né en 1837 et décédé en 1918, a aussi publié plusieurs recueils de poèmes, des recueils de fables, des pièces de théâtre, même des opérettes, mais est surtout connu aujourd'hui pour ses contes, qui ont reçu en 1993 l'honneur d'une édition critique dans la collection de la Bibliothèque du Nouveau Monde des Presses de l'Université de Montréal[6]. Ces contes s'intitulent, comme on sait, *Contes vrais*, une antinomie qu'il convient de relever puisque révélatrice d'une imprégnation de la réalité à la fiction qui est caractéristique de l'ensemble de l'œuvre narrative de Le May.

Examinons brièvement cette osmose entre réalité et fiction. D'abord, les contes comme les romans de Le May sont situés dans des lieux géographiques réels, en particulier sa région natale de Lotbinière, mais aussi sa ville d'adoption Québec et, plus tardivement, Montréal, tous décrits de façon relativement détaillée et exacte, avec leurs particularités physiques, leurs rues, leurs commerces, leurs monuments. Sans doute, d'autres romans québécois du XIXe siècle, par exemple *La fille du brigand* (1844) d'Eugène L'Écuyer et *Sabre et scalpel* (1872) de Napoléon Legendre, pour n'en citer que deux, ont aussi pour cadre un espace explicitement identifié, en l'occurrence Québec et ses environs, mais celui-ci s'y trouve, en comparaison, souvent simplement esquissé, tel un décor accessoire à l'action et que l'on ne reconnaîtrait pas si le nom ne nous était donné. En outre, Le May mêle à la fiction des faits et des personnages soit historiques, soit contemporains, à titre de

---

[5] Pamphile Le May, *Les vengeances*, Québec, Typographie de C. Darveau. Deux autres éditions parurent ensuite, l'une en 1888 et l'autre en 1930, mais c'est à cette première édition que je me référerai par la suite.

[6] Pamphile Le May, *Contes vrais*, Montréal, Presses de l'Université de Montréal, coll. «Bibliothèque du Nouveau Monde», 1993. C'est à cette édition que je me référerai ici.

figurants ou même d'actants principaux, ainsi que nous le verrons. Enfin, comme d'autres écrivains de l'École patriotique de Québec, dans un souci d'assigner à la littérature une fonction utilitaire, celle de servir la cause nationale et de valoriser l'identité collective, il s'attache à décrire ou plutôt à chanter les coutumes rurales alors déjà en voie de disparition, les fêtes et corvées qui ponctuaient la vie d'autrefois à la campagne. Si, comme poète, Le May se distingue par un lyrisme empreint de religiosité, à la manière de son modèle français Lamartine, ce romantisme délicat faisait de lui un observateur attentif à son milieu de vie, aux petites gens, voire aux marginaux, et donc paradoxalement se conciliait avec une approche romanesque réaliste, soucieuse d'intégrité comme d'intégralité.

L'origine de ce parti pris littéraire, celui d'un enracinement dans la réalité immédiate, semble rapportée par Le May lui-même dans un conte intitulé *En marchant*[7]. L'auteur-narrateur y remémore comment, encore imbu de l'enseignement classique reçu au séminaire, il avait voulu impressionner les anciens de son village par le récit d'un haut fait de l'Histoire antique, mais ceux-ci, tout en témoignant leur admiration, lui avaient opposé que notre passé était tout aussi fascinant, sinon davantage. Par-delà la pose de l'écrivain attitré qui marque ainsi son adhésion au *credo* national, il convient sans doute de voir également dans cet épisode, de façon plus personnelle et plus intime, une prise de conscience par le jeune Le May à l'effet que le matériau à partir duquel il devait façonner son œuvre littéraire se trouvait non pas dans une inspiration livresque lointaine et décantée, mais autour de soi, comme un fruit à cueillir à portée de la main. Quoi qu'il en soit de l'impact de cette révélation (elle-même hypothétique dans la mesure où ce « conte vrai » est vrai), l'œuvre narrative de Le May atteste de façon constante la coexistence de deux linéaments proches, mais l'un métalinguistique, l'autre référentiel, soit la véridiction et la véridicité. Dans le premier cas, l'auteur affirme qu'il dit vrai ; dans l'autre, il dit vrai sans l'affirmer. Pour ne donner qu'un exemple, au début du *Pèlerin de Sainte-Anne*, après

---

[7] *Ibid.*, p. 231-239.

avoir rapporté en discours direct les conversations des paroissiens à la porte de l'église de Lotbinière au deuxième et au troisième dimanche d'octobre (l'exactitude dans la chronologie, à l'opposé du flou atemporel de l'affabulation, se portant implicitement garante du fait), le narrateur se dépouille avec innocence de ses prérogatives de créateur pour se faire humble truchement de la matière événementielle ; c'est la véridiction :

> [...] remontons un peu le cours des années. On vit dans le passé par le souvenir ; souvenons-nous donc, et racontons ce qui fait le sujet de la conversation de ces groupes animés. Mon récit sera simple. Je n'ose vous promettre ces merveilleuses intrigues que seuls quelques rares talents savent bien nouer ; et nulle fée bienfaisante ne touchera mon livre de sa baguette magique, pour le transformer en un écrin radieux[8].

À peine deux pages plus loin, une citation de la *Gazette de Québec* du 23 mai 1837, le compte rendu d'un naufrage, sera le point de départ de la spirale narrative et, en même temps, par voie de conséquence, authentifiera celle-ci ; c'est la véridicité :

> Un accident qui a plongé plusieurs familles dans l'affliction, a eu lieu hier dans ce port. Un bateau de Lotbinière appartenant à Jean-Baptiste Daigle, et contenant treize personnes, savoir neuf hommes, parmi lesquels se trouvaient MM. Moraud, notaire, et le docteur Grenier, de Lotbinière, et quatre femmes, venant à passer sur le câble d'un bâtiment à l'ancre dans le port, a chaviré, et sept des personnes qu'il contenait se sont noyées. Voici leurs noms [...][9].

Or, selon ce même article, la septième victime est inconnue et cet hiatus, cette faille à la jonction même de la véridiction et de la véridicité, va permettre à la fiction de se donner libre cours et de se développer.

À l'échelle de l'ensemble de l'œuvre romanesque de Le May, c'est à la faveur d'un tel va-et-vient entre ces deux occurrences répétées que son lecteur contemporain, mystifié, superposant et

---

[8] Pamphile Le May, *Le pèlerin de Sainte-Anne*, op. cit., p. 4.
[9] *Ibid.*, p. 6.

confondant les deux procédés, en venait à conclure à la «vérité romanesque», pour reprendre l'expression du philosophe René Girard. Louis Fréchette l'avait bien vu, lorsqu'il recommandait en ces termes à la direction du journal *La Patrie* de confier à Le May la rédaction d'un roman-feuilleton: «Tout le monde va croire que c'est arrivé...[10]» Comme exemple de cet effet conatif irrésistible, un contemporain de Le May, Adélard Lambert, dans son *Journal d'un bibliophile*[11], raconte avoir rencontré aux États-Unis vers 1878, soit l'année de la parution de *Picounoc le Maudit*, une vieille femme qui assurait être parente avec le personnage éponyme de ce roman[12]. Et Le May lui-même se plaisait à entretenir cette confusion entre réalité et fiction lorsqu'il fait dire à un de ses personnages, à la lecture d'un roman: «[...] ceux qui sont assez savants pour écrire des choses qui nous font rire et pleurer, doivent être assez honnêtes pour ne pas mentir[13]».

Sans qu'il soit nécessaire cependant de départager à fond la part de vérité historique dans ce corpus, on peut par contre reconnaître d'emblée que l'Histoire y occupe une place non négligeable.

D'abord, comme mentionné, un certain nombre de contemporains de Le May se voient décerner un petit rôle dans l'un ou l'autre de ses romans: c'est le cas par exemple de plusieurs coparoissiens de Lotbinière comme les Jean-Louis[14], qui chantaient au chœur à l'église, ou le vieux Tace[15], qui prédit la pluie, et de notables de Québec comme le chef d'orchestre Joseph Vézina[16] ou le bijoutier Cyrille Duquet[17]. L'impact de ces courtes apparitions (ou camées, comme on dirait en termes cinématographiques) sur la trame narrative est cependant minime. Par contre, d'autres personnages historiques obtiennent un rôle plus important. Ainsi,

---

[10] [Anonyme], «Grand roman sensationnel. *Bataille d'âmes* par M. Pamphile Le May. (Spécialement écrit pour *La Patrie*.)», *La Patrie*, 7 octobre 1899, p. 9.
[11] Drummondville, Imprimerie la Parole, 1927.
[12] *Ibid.*, p. 17-20.
[13] Pamphile Le May, *Bataille d'âmes*, *op. cit.*, p. 63.
[14] Pamphile Le May, *Le pèlerin de Sainte-Anne*, *op. cit.*, p. 9.
[15] Pamphile Le May, *Bataille d'âmes*, *op. cit.*, p. 47.
[16] Pamphile Le May, *L'affaire Sougraine*, *op. cit.*, p. 29.
[17] Pamphile Le May, *Picounoc le Maudit*, *op. cit.*, p. 285.

dès *Les vengeances*, l'assassinat en 1835 de Louis Sivrac, gardien de phare de l'îlot Richelieu devant Lotbinière, fait l'objet d'un chapitre complet[18] et ce drame influe sur l'action et les sentiments des autres personnages. Dans la même œuvre encore, le navigateur Léon se trouve mêlé aux événements de 1837, à la bataille de Saint-Charles longuement décrite[19], et prend ses ordres de Nelson et de Chénier contre le colonel Gore. Cette incidence historique, qui n'est pas gratuite du point de vue diégétique puisque le sort du personnage principal s'y décide, devient aussi l'occasion d'un chant de louange que le narrateur doit se faire violence pour interrompre par un embrayeur autoritaire :

> Ô ma muse, volons loin des champs de bataille !
> Oublions maintenant le bruit de la mitraille,
> Les sanglots des vaincus et les chants des vainqueurs.
> Nous avons salué ces hommes aux grands cœurs
> Qui coururent donner et leur sang et leur vie
> Pour affirmer leurs droits et sauver leur Patrie.
> Nous redirons plus tard la gloire de Chénier,
> Le plus vaillant de tous, qui tomba le dernier.
> Mais reprends ton essor, ô muse, ma compagne,
> Et volons de nouveau vers la belle campagne
> Où se sont écoulés mes jours les plus joyeux,
> Volons vers Lotbinière où dorment mes aïeux[20] !

Né l'année même de la Rébellion, comme il se plaisait à le rappeler, Le May évoquera encore dans son dernier roman la fascination qu'exerçait sur lui cette période tumultueuse, lorsqu'il fait dire à un de ses personnages :

> [...] je me souviens d'avoir entendu parler de Papineau et des patriotes. Papineau, je pensais que c'était un homme plus grand et plus gros que les autres, très fort, comme un géant ; les patriotes, il me semblait que c'était des hommes décidés à mourir pour délivrer

---

[18] Dans la première partie, le chapitre XIII, intitulé « Le viatique ». Pamphile Le May, *Les Vengeances*, op. cit., p. 53-56.
[19] Dans la deuxième partie, le chapitre VII, intitulé « Saint-Denys », *Ibid.*, p. 200-212.
[20] *Ibid.*, p. 213.

d'autres hommes enfermés dans une immense cage de fer, gardée par un lion. Une drôle d'idée qui s'était fixée dans mon petit cerveau d'enfant. Papineau devait les conduire et briser le premier barreau[21].

C'est cependant dans *L'affaire Sougraine* que l'Histoire, en ce cas l'Histoire récente ou même la contemporanéité, se fait le plus envahissante et se mêle le plus étroitement à la fiction. Paru en 1884 comme on l'a dit, ce roman s'inspire d'une affaire de mœurs qui défrayait la chronique judiciaire québécoise depuis deux ans et continua de l'alimenter même après sa publication. Rappelons brièvement les faits. Un soir de l'automne de 1882, à Notre-Dame-de-Montauban dans le comté de Portneuf, une jeune fille de 16 ans quitte en secret la maison familiale. Elle s'enfuit avec un Abénaquis âgé d'une cinquantaine d'années, marié et père de famille. Ils marchent nuit et jour, campent dans les bois ou demandent l'hospitalité, et vivent d'expédients. Au printemps, les parents de l'adolescente se décident à donner l'alerte et les noms d'Elmire Audet et de Louis Sougraine sont publiés dans les journaux, accompagnés d'une description des fugitifs. La justice cependant a alors une autre raison de retracer le couple. Un cadavre a été découvert à Beaumont, celui de la femme de Louis Sougraine. Une chasse s'engage. Seule d'abord est retrouvée la jeune Elmire Audet, en juin. Soupçonnée de complicité, elle ne sera pas inquiétée, mais on la conduit chez les pénitentes du Bon-Pasteur, à Québec. Pendant quelques mois, Louis Sougraine, quant à lui, parvient à semer ses limiers, mais il est capturé à son tour, en septembre, et incarcéré. Accusé de meurtre, il subit deux procès et est finalement acquitté, au printemps de 1884.

Avant même ce dénouement, soit dès janvier de la même année, une publicité, dans plusieurs journaux de Québec et de l'extérieur, annonce un roman de Pamphile Le May au sujet de cette affaire. En février, a lieu une lecture publique de quelques extraits et, en avril, deux semaines avant la libération de Louis Sougraine, l'ouvrage paraît, avec une promptitude d'autant plus surprenante

---

[21] Pamphile Le May, *Bataille d'âmes, op. cit.*, p. 77.

que la fiction y devance la réalité et augure le verdict de l'élargissement.

Car le romancier, tout en s'inspirant en droite ligne de la chronique judiciaire, a aussi pris, par rapport à elle, une liberté certaine, celle de l'anticipation. La fabulation, en effet, ajoute 23 ans entre les événements et leur conclusion, soit entre le prologue, alors que les amants amorcent leur escapade, et les derniers chapitres du roman, alors qu'ils sont traduits en justice, et c'est dans cet intervalle, surtout, que l'invention romanesque se développe. L'auteur ainsi imagine Elmire Audet devenue, au seuil de ses 40 ans, une bourgeoise respectable de Québec; elle a gravi les échelons de la société, ayant réussi à occulter, aux yeux de tous, son aventureuse jeunesse. Tel un spectre cependant, ressurgit Louis Sougraine, qui la menace d'un scandale, celui de divulguer leur liaison ancienne. Mais il se prend à son propre piège, car, par la même occasion, l'attention publique se tourne vers le criminel présumé qu'il a été et continue d'être devant la justice. Le passé ainsi peu à peu perce la surface moirée du présent ou, plutôt, si l'on prend pour repère la chronologie référentielle, du passé récent on revient au présent, après cette envolée dans le futur romanesque, parenthèse imaginaire de plus de deux décennies. Outre les deux amants, tous les principaux témoins convoqués aux procès et jusqu'aux avocats mêmes de Sougraine sont présents sous leurs noms dans le roman.

Mais ce n'est pas tout. Un autre événement historique, sans rapport avec cette affaire judiciaire, mais que Le May y rattache de près tout fictivement, intervient à l'origine de la narration, dans le prologue[22], soit le massacre aux États-Unis en 1851, par une troupe amérindienne, de quatre chercheurs d'or canadiens qui rentraient de Californie. Ce drame connut un fort retentissement au Québec et Le May, comme ses concitoyens, y fut d'autant plus sensible qu'une des victimes, Casimir Pérusse, était originaire de

---

[22] *Ibid.*, p. 4-7.

Lotbinière. S'il évoque ce malheur ailleurs dans son œuvre[23], c'est cependant dans *L'affaire Sougraine* seulement qu'il le met en scène diégétiquement et le réactualise par hypotypose.

Enfin, ce roman a encore un lien avec son époque même par sa cinglante critique des nouveaux riches qui s'installaient alors sur la Grande-Allée, à proximité du parlement. Bibliothécaire de l'Assemblée législative, dans l'orbe du pouvoir, Le May constatait un changement de mentalité dans l'élite québécoise qui ne pouvait manquer de l'indigner dans la mesure où l'ambition et la dissimulation, l'arrivisme, en somme, prenait une place toujours croissante dans les rapports sociaux. La charge qu'il donne à lire contre la bourgeoisie, ou plutôt contre les «mauvais riches», leur portrait physique et moral, la description de leurs maisons de prestige sur la Grande-Allée, de leurs réceptions mondaines, bref de leur mode de vie, constituent à ce titre un reflet de cette période.

Après l'Histoire dans les romans de Le May, terminons par une courte évocation des histoires, microrécits ou métarécits qu'on relève comme hors-d'œuvre ou garniture dans ce même corpus envisagé comme mets principal.

Plusieurs d'entre elles sont une remémoration faite par un personnage, un retour dans son passé plus ou moins lointain qui explique le présent narratif. À cette catégorie appartient par exemple, dans *Le pèlerin de Sainte-Anne*, la confession du vieux Saint-Pierre, un «impur vaurien[24]», qui raconte avec plaisir,

---

[23] L'année précédant la publication de *L'affaire Sougraine*, l'auteur avait aussi déploré «la mort cruelle de Casimir Pérusse, l'un de [ses] jeunes voisins, au temps jadis, qui fut massacré par les Indiens, dans les forêts de la Californie» («Quelques poètes illettrés de Lotbinière», *Les nouvelles soirées canadiennes*, Québec, Typographie de L.-J. Demers & frère, 1883, p. 139). Il rappellera à nouveau le souvenir de Casimir Pérusse dans un conte intitulé «Fantôme», publié dans *Contes vrais* en 1899. Mathias Padrol, parti pour la Californie avec un autre jeune homme de Lotbinière, revient dans sa paroisse natale après trois ans. Il est riche : «Bien des jeunes gens lui portaient envie et regrettaient de ne l'avoir pas suivi au pays de l'or. Ils ne songeaient pas aux autres qui n'étaient point revenus : à Casimir Pérusse, à Robert Dulac, à Jean-Paul Duvallon, le frère de Joséphine, la sage petite écolière d'antan» (*Contes vrais*, p. 339). Seul il a échappé à une attaque des Indiens ; une ombre plane sur lui et sa faute se révélera à tous.

[24] Pamphile Le May, *Le pèlerin de Sainte-Anne, op. cit.*, p. 256.

additionnant force souvenirs à l'appui, comment tout jeune déjà il s'abandonnait à la sensualité et à la débauche[25].

D'autres microrécits affectent une fonction allégorique : les rêves coupables de certains personnages traduisent ainsi le sentiment de leur faute par le procédé de la personnification, en même temps qu'ils illustrent de manière fantasmatique la conjoncture morale dans laquelle ils se trouvent plongés. Dans *Le pèlerin de Sainte-Anne*, Geneviève Bergeron, une « pauvre fille » qui « s'oublia[26] » selon un euphémisme qui en dit long, rêve de son séducteur qui d'une voix suave l'appelle au désert, sur les bords d'un abîme, mais bientôt son aspect change :

> « [...] Descends ! descends ! » dit la voix de l'amant. Mais ce n'est plus l'accent de l'amour, c'est l'accent de l'orgueil triomphant. L'homme est devenu monstre, et ses yeux brillent comme deux tisons ardents dans sa tête noire et velue, et ses doigts sont armés de griffes acérées qui déchirent le sable pour le faire tomber plus vite[27].

Dans *Bataille d'âmes* encore, le brigand Bancalou, toujours pourchassé par la justice et jamais en repos, rêve

> que des hommes élevaient une charpente avec des ossements. [...]
> « Que faites-vous donc ? demanda-t-il.
> — Un échafaud.
> — Un échafaud !
> — Oui, un échafaud. Voulez-vous avoir un prêtre ?
> — Moi ? pourquoi ?
> — Mais pour vous confesser... Vous allez mourir[28]. »

Bataille d'âmes ayant paru d'abord en feuilleton dans le journal *La Patrie*, on remarque un certain nombre de ces microrécits dont la fonction semble toute phatique, c'est-à-dire qui visent à amuser le lecteur en parallèle du récit principal à teneur dramatique : ces histoires divertissantes n'ont en effet souvent aucun rapport avec

---

[25] *Ibid.*, p. 74-76.
[26] *Ibid.*, p. 9.
[27] *Ibid.*, p. 84.
[28] Pamphile Le May, *Bataille d'âmes, op. cit.*, p. 50-51.

l'intrigue, tel le récit de Bancalou de son voyage présumé dans un pays exotique où un faux prêtre séduit une jolie femme à la vue de tous[29].

Conteur avant d'être romancier, Le May reprend volontiers ce mode énonciatif dans ses romans. Les histoires peuvent même servir de points d'émergence et d'ancrage à l'Histoire, comme témoignages issus d'une trame chronologique connue du lecteur contemporain, en sorte que l'Histoire et les histoires alors se rejoignent.

---

[29] *Ibid.*, p. 198-199.

BIBLIOGRAPHIE

[Anonyme], « Grand roman sensationnel. *Bataille d'âmes* par M. Pamphile Le May. (Spécialement écrit pour La Patrie.) », *La Patrie*, 7 octobre 1899, p. 9.

Girard, René, *Mensonge romantique et vérité romanesque*, Paris, Bernard Grasset, 2001, 75 p.

Lambert, Adélard, *Journal d'un bibliophile*, Drummondville, Imprimerie la Parole, 1927, 142 p.

L'Écuyer, Eugène, *La fille du brigand*, Sainte-Foy, Éditions de la Huit, 2001, 553 p.

Legendre, Napoléon, *Sabre et scalpel*, Sainte-Foy, Éditions de la Huit, 1998, 253 p.

Le May, Pamphile, *L'affaire Sougraine*, Sainte-Foy, Éditions de la Huit, 1998, 387 p.

Le May, Pamphile, *Bataille d'âmes*, Sainte-Foy, Éditions de la Huit, 1996, 361 p.

Le May, Pamphile, *Contes vrais*, Montréal, Presses de l'Université de Montréal, 1993, 489 p.

Le May, Pamphile, *Le pèlerin de Sainte-Anne*, Sainte-Foy, Éditions de la Huit, 1998, 449 p.

Le May, Pamphile, *Picounoc le Maudit*, Québec, Typographie de C. Darveau, 1878, 288 p.

Le May, Pamphile, « Quelques poètes illettrés de Lotbinière », *Les Nouvelles Soirées canadiennes*, Québec, Typographie de L.-J. Demers & frère, 1883, p. 139-144.

Le May, Pamphile, *Les vengeances*, Québec, Typographie de C. Darveau, 1875, 323 p.

ARCHITECTURE TEMPORELLE EN HÉRITAGE
L'HISTORICITÉ CRÉPUSCULAIRE
DU *TRIPTYQUE DES TEMPS PERDUS* DE JEAN MARCEL

STÉPHANE INKEL
UNIVERSITÉ QUEEN'S

Si les rapports entre littérature et histoire ont fait l'objet de nombreux travaux[1], surtout depuis la somme de Paul Ricœur, il m'a toujours semblé que la littérature québécoise était un champ d'expérimentation particulièrement approprié pour définir ces rapports. L'histoire, comme pour toute *littérature mineure* — on se souvient du mot de Kafka[2] —, y tient bien entendu une place prééminente dans la mesure où sa représentation joue souvent le rôle d'un véritable «récit de fondation» appelé à ancrer le

---

[1] Cet article fait partie d'une réflexion plus large intitulée «Du messianisme canadien-français à l'historicité québécoise», subventionnée par les fonds ARC de la Queen's University. Il va de soi que la spécificité qui est ici prêtée à la littérature québécoise pourrait être relevée, souvent de manière encore plus accentuée, dans les autres littératures canadiennes d'expression française, selon des modalités qui restent à être précisées.

[2] Franz Kafka, *Journal*, Paris, Le livre de poche, 1994, p. 182 (25 décembre 1911): «Ce qui, au sein des grandes littératures, se joue en bas et constitue une cave non indispensable de l'édifice, se passe ici en pleine lumière; ce qui, là-bas, provoque un attroupement passager, n'entraîne rien de moins ici qu'un arrêt de vie ou de mort.»

sujet et sa communauté dans l'Histoire[3], selon la démonstration lumineuse de Jacques Cardinal dans sa relecture récente des *Anciens Canadiens*. Rappelant le pouvoir organisateur de la mort pour la communauté, l'auteur souligne comment l'absence de Tombeau collectivement reconnu en tant que lieu de mémoire appelle la mise en place d'un récit propre à servir de «rite d'enterrement», selon la définition de Michel de Certeau, c'est-à-dire cadre narratif cernant les morts du passé afin de «fixer une place aux vivants[4]». Cette historicité québécoise étant qui plus est toujours en question, elle oblige encore aujourd'hui tout roman, pour s'en tenir à cet objet de préoccupation, à constamment réinventer la *forme* la plus appropriée à son objet fuyant. En d'autres mots, l'indécision rattachée au passé de la collectivité influe directement sur ce que François Hartog appelle le «régime d'historicité» propre au Québec, c'est-à-dire ce mode d'inscription collectif dans la temporalité qui préside à la représentation de l'histoire. Puisque le facteur différentiel de chaque régime singulier tient au poids relatif de chacun des modes temporels — passé, présent, futur — et à leur articulation, les cas de figure sont potentiellement infinis et peuvent surtout grandement varier pour une seule collectivité donnée — la Révolution tranquille étant le meilleur exemple d'un tel rééquilibrage. Pour qui s'intéresse à ces fluctuations dans une historicité donnée, le problème est donc avant tout d'ordre méthodologique. À partir de quelles

---

[3] Jacques Cardinal, *La paix des Braves. Une lecture politique des* Anciens Canadiens *de Philippe Aubert de Gaspé*, Montréal, XYZ éditeur, coll.«Documents», 2005, p. 14.

[4] Michel de Certeau, *L'écriture de l'histoire*, Paris, Gallimard, coll. «Bibliothèque des histoires», 1975, p. 118, cité par Jacques Cardinal, *op. cit.*, note 29, p. 152-154.

données étudier ces « moments de crise du temps[5] » ? S'agit-il d'étudier les différentes « philosophies de l'histoire » qui se sont succédées dans l'histoire québécoise des idées ? Quelle place accordée à la « lecture providentielle » de l'histoire ayant présidé au « messianisme canadien-français[6] », qui s'étend sur près d'un siècle ? Que reste-t-il de cette historicité particulière dans le discours qui lui est postérieur[7] ? Il me semble que c'est à l'intersection de ces diverses interrogations intéressant l'histoire culturelle que la littérature, en particulier le roman, c'est du moins l'hypothèse qui fonde cette investigation, peut offrir un corpus privilégié pour accéder à ce régime d'historicité particulier. À condition, bien sûr, d'utiliser les outils heuristiques appropriés. Ce n'est pas tant l'art avec lequel le récit déploie sa trame temporelle qui m'intéresse ici, mais le jeu constant qui prévaut entre le présent d'énonciation et son matériau à la fois mémoriel et historique, jeu qui qualifie à tout coup une forme particulière de présent et son ouverture à ce qui vient.

---

[5] François Hartog, *Régimes d'historicité. Présentisme et expériences du temps*, Paris, Seuil, coll. « Librairie du XXIe siècle », 2003, p. 27 : « Formulée à partir de notre contemporain, l'hypothèse du régime d'historicité devrait permettre le déploiement d'un questionnement historien sur nos rapports au temps. Historien, en ce sens qu'il joue sur plusieurs temps, en instaurant un va-et-vient entre le présent et le passé ou, mieux, des passés, éventuellement très éloignés, tant dans le temps que dans l'espace. Ce mouvement est sa seule spécificité. Partant de diverses expériences du temps, le régime d'historicité se voudrait un outil heuristique, aidant à mieux appréhender, non le temps, tous les temps ou le tout du temps, mais principalement des moments de crise du temps, ici et là, quand viennent, justement, à perdre de leur évidence les articulations du passé, du présent et du futur. »
[6] Voir Réjean Beaudoin, *Naissance d'une littérature. Essai sur le messianisme et les débuts de la littérature canadienne-française (1850-1890)*, Montréal, Boréal, 1989, 209 p.
[7] Sur cette question des traces du messianisme dans la littérature québécoise de la Révolution tranquille, je me permets de renvoyer à un précédent article : « "Une patrie neuve dans un monde vieilli". L'historicité paradoxale de l'abbé Casgrain à Victor-Lévy Beaulieu », dans Marie-Christine Weidmann Koop (dir.), *Le Québec à l'aube du nouveau millénaire. Entre tradition et modernité*, Montréal, Presses universitaires du Québec, 2008, p. 290-299.

Le triptyque des temps perdus de l'écrivain Jean Marcel, pseudonyme, on le sait, de l'universitaire Jean-Marcel Paquette, médiéviste et spécialiste de Jacques Ferron, par la façon tout à fait neuve qu'il envisage son arrimage au passé et la réflexion particulière sur la transmission qu'on y trouve, s'est pour ainsi dire imposé dans le cadre de cette réflexion sur le legs et l'historicité. C'est que les trois romans qui le composent — *Hypatie ou la fin des dieux*, *Jérôme ou de la traduction* et *Sidoine ou la dernière fête*[8] — mettent en scène l'une des périodes les plus chargées de l'histoire occidentale — la chute de l'Empire de Rome et la «relève» (*Aufhebung*) de son héritage culturel par le christianisme — tout en parlant de tout à fait autre chose. Jamais l'histoire, pourrait-on dire, n'aura été aussi accessoire dans des «romans historiques[9]». Car, sous l'érudition excessive du *triptyque*, à la finalité beaucoup plus esthétique qu'historique — on pense ici à *La tentation de saint Antoine* —, revient constamment la même question, qui porte davantage sur l'acte même de la transmission au sein de l'histoire que sur son objet. Qu'on en juge : *Hypatie...* raconte au terme d'une enquête érudite la supercherie entourant la création de la légende de sainte Catherine d'Alexandrie, sous laquelle se cacherait en fait la philosophe que la quatrième de couverture qualifie d'«ultime représentante» de la foi païenne ; *Jérôme...* raconte la vie monastique du célèbre traducteur de la *Vulgate* et réfléchit sur tout ce qui est transmis, voire charroyé, par la traduction ; alors que *Sidoine...* revient sur le *topos* du premier volet, soit la fin du monde antique et la conjuration secrète et mystérieuse pour le sauver à travers l'Église. Trois romans qui à leur façon réfléchissent sur une période de transition entre deux mondes, aux énoncés volontiers aporétiques, et qui par le fait même posent la question de la fin de l'histoire et de sa solution de continuité.

---

[8] Jean Marcel, *Hypatie ou La fin des dieux*, Montréal, Leméac, 1989 ; *Jérôme ou de la traduction*, Montréal, Leméac, 1990 ; et *Sidoine ou la dernière fête*, Montréal, Leméac, 1993. Dorénavant, les références à ces romans seront signalées directement dans le corps du texte sous les sigles *H*, *J* ou *S*, suivis du folio.

[9] Qui ne le sont d'ailleurs qu'à moitié. Sur cette question du genre de ces trois romans, voir Robert Dion, Catherine Dalpé et Mahigan Lepage, «Le *Triptyque des temps perdus* de Jean Marcel. Modernité du roman biographique historique», *Voix et Images*, vol. 30, n° 2 (89), hiver 2005, p. 35-50.

Quel est le sens de cette interrogation soutenue sur la transmission à propos d'une période de « crise dans l'ordre du temps » ? Faut-il faire le lien, ne serait-ce que thématique, avec le retrait accéléré des représentations héritées du catholicisme du discours social qui affecte la société québécoise au moment de la rédaction du *Triptyque*... ? Est-on si sûr que c'est le *contenu* de l'histoire qui est transmis lorsqu'on le met en récit, c'est-à-dire ses événements, et non la forme de son historicité ? Autant de questions que je voudrais chercher à préciser au moyen de cette lecture, forcément trop rapide, du *Triptyque des temps perdus*.

L'historicité est-elle un héritage ?

Le dernier tome du *Triptyque*..., *Sidoine ou la dernière fête*, se présente sous la forme d'une *Vie* fragmentée et elliptique de Sidoine Apollinaire, pour sa part qualifié par la quatrième de couverture de « dernier poète latin des Gaules avant la chute de l'Empire[10] ». On assiste ainsi à son goût pour la gloire qui lui fait multiplier les allégeances, aux vains jeux rhétoriques de la noblesse gallo-romaine se distrayant à l'abri de ses villas à l'heure des invasions, cette période où « la fin de tout venait de commencer » (*S*: 53), aux lendemains de la chute de Rome où malgré tout, contre toute attente, « le monde sans empereur avait continué d'exister » (*S*: 232). C'est dans ce climat eschatologique propice à la réception du message messianique véhiculé par le christianisme primitif (« Notre Sauveur nous a sauvés en nous laissant l'espérance de son retour et d'un règne qui ne connaîtra point de fin [...] Mais en attendant ce grand retournement de l'univers en un autre monde, notre Sauveur ne nous a laissé rien d'autre, si ce n'est les signes de cette espérance », *S*: 16) que prend place le « secret concile de Chalon », conjuration des lettrés de l'Empire qui a pour objectif de s'accaparer les différents évêchés laissés vacants afin de préserver un peu de la sagesse et du savoir-faire de l'Ancien Monde : « Notre savoir n'est

---

[10] Pour une analyse exhaustive du paratexte abondant qui encadre *Hypatie*..., et en particulier de ces « notices biographiques » qui brouillent la frontière entre factualité historique et fiction, voir Susan M. Murphy, « *Hypatie* ou la fin de l'histoire », *Voix et Images*, vol. 32, n° 2 (95), hiver 2007, p. 96-97.

point secret. Pour le sauver tout à fait, il faudra faire comme s'il l'était. Ces trésors inépuisables de nos lettres et de notre mémoire, il faut des lieux sacrés pour les entreposer en attendant des jours meilleurs» (*S*: 70). On le voit, Marcel joue ici d'un lieu commun qu'il parvient à renouveler aussi bien par le jeu de l'érudition que par un choix de mise en scène. Par la même occasion, ce qui est pour nous de l'ordre de l'évidence (l'Église comme «passeur» du savoir de l'Antiquité) acquiert un visage proprement cryptique, puisque l'opération de sauvetage culturel qui est ici représentée est en même temps tributaire de sa discrétion et du jeu de masques qu'elle se doit d'emprunter. On le voit, sous ce récit apparemment transparent se cachent en fait des questions redoutables sur la nature et la fonction de la mémoire. Qu'est-ce qui est sauvé? Comment ce savoir se transmet-il? Peut-on encore parler de contenu mémoriel si sa transmission implique d'en modifier la composante, de le moduler aux discours qui l'entourent afin de le rendre imperceptible? L'entreprise de sauvetage racontée par le roman prend ainsi de plus en plus les traits d'une jouissance mortifère où ce qui est préservé de l'oubli ne l'est que pour mieux disparaître sous le voile de ce qui le menace[11]. Si l'on pose la question de ce qui reste d'une telle opération de transmission, on est forcé de répondre qu'il ne reste qu'une forme, ou plus succinctement le *souci d'une forme* (ici rhétorique). Nous sommes donc autorisés à voir dans la finalité de cette conjuration qui forme l'essentiel de la diégèse une mise en abyme de l'opération conduite par le roman, c'est-à-dire cette historicité en acte qu'il met en œuvre plus qu'il représente, qui cherche à épouser les traits de l'historicité québécoise qu'il tente de traduire. C'est une autre modalité de l'expérience historique qui est donc visée par

---

[11] Il en va de même dans *Hypatie ou La fin des dieux*, qui présente deux récits parallèles qui finiront par se rejoindre : l'un met en scène les derniers mois de la vie d'Hypatie, de même que le récit de son martyre et de ses effets sur son disciple Palladas ; l'autre est plutôt une enquête érudite sur la vie légendaire de sainte Catherine d'Alexandrie. On apprendra en cours de route comment la légende de cette dernière est en fait une invention de Palladas pour sauvegarder, de manière cryptique, la mémoire d'Hypatie.

le *Triptyque*, non plus la conscience historique proprement dite ou la factualité de l'événement mais la gangue même de cette expérience, soit la forme temporelle telle qu'elle peut être vécue, c'est-à-dire ressentie, à telle période de l'histoire.

À la fin du troisième tome de *Temps et récit*, alors qu'il cherche à rendre compte de la double structure de l'histoire qui fait de tout sujet à la fois un *agent* de l'histoire mais surtout quelqu'un qui la *subit*, Ricœur, soucieux de la distinguer du modèle herméneutique de la tradition, fait intervenir la notion ontologique d'*être-affecté-par-le-passé*[12]. Il s'agirait, afin de préciser la question qui m'intéresse, d'interroger le mode de cet *être-affecté-par-le-passé* produit par la fiction, dans le cas qui m'occupe le roman. Non pas simplement l'effet du roman sur le lecteur, mais le rapport particulier au passé transmis par le roman. L'historicité du roman, que j'appellerai, pour bien la distinguer du « régime d'historicité » que partage le locuteur avec sa communauté, *historicité scripturaire*. Cela suppose de prendre en considération la manière dont le roman renferme cet *être-affecté* : qu'est-ce qu'il reçoit exactement de l'histoire, comment il le reçoit, et sous quelle forme particulière il parvient à en effectuer la *transmission*. Les romans du *Triptyque*... sont ainsi exemplaires non seulement parce qu'ils jouent sur ces questions de la transmission et de l'histoire — dans le thème comme dans leur forme, qui fait intervenir aussi bien le collage postmoderne de documents d'archives vrais ou inventés que la forme policière de l'enquête érudite —, de la transmission *malgré* les ruptures de l'histoire, mais aussi parce qu'ils montrent bien comment cette question de l'historicité est avant tout une affaire de *mémoire* (et non d'histoire, comme la fausse structure de roman historique pourrait le laisser croire). Il est toujours difficile de distinguer la part de l'histoire de celle de la mémoire, puisqu'il en va du mode de transmission plus que de la nature de l'événement en tant que

---

[12] Paul Ricœur, *Temps et récit*, tome III, *Le temps raconté*, Paris, Seuil, coll. « Points », 1991, p. 391-414.

tel[13]. Mais, au-delà de la difficulté inhérente à cette distinction, sur laquelle il existe tout de même une tradition solidement établie[14], le problème vient en grande partie de l'utilisation prédicative que l'on effectue généralement lorsqu'on évoque le terme d'historicité. Faisant l'archéologie de son usage (plus précisément de son équivalent allemand, *Geschichtlichkeit*) par la tradition philosophique, de Hegel à Heidegger, Ricœur commence par en distinguer le sens usuel issu de l'herméneutique traditionnelle, qui atteste la véracité de telle ou telle figure biblique, de l'extension subjective que va lui faire subir Heidegger, pour qui l'historicité décrit le mouvement intratemporel de la structure la plus propre du *Dasein*, le «souci». La difficulté réside toutefois dans le passage de cette historicité avant tout subjective à l'histoire en tant que récit collectif. Il est peut-être possible d'atténuer cette difficulté en relevant un certain nombre de similitudes dans les structures relevées par Ricœur pour l'une et l'autre dimensions. Suivant Heidegger, il existerait quatre types d'affects liés au passé: «le passé comme indisponible; le passé comme encore agissant; l'histoire comme somme des choses transmises; l'autorité de la tradition[15]». Quittant le terrain de l'histoire pour interroger la mémoire selon Bergson, il insiste ensuite sur la dimension de la *trace*: l'archive, «l'organisation biologique» du cerveau et ce qu'il appelle la «persistance des impressions premières en tant que passivités» à la suite d'un événement[16]. Appelons cette dernière catégorie le *trauma*. Je me permets d'exclure pour les fins de cette analyse à la fois les dimensions de l'archive et celles de la tradition. Car la question essentielle réside dans la différence entre un «passé agissant» et un «passé indisponible». De la même façon,

---

[13] La mémoire étant surtout une affaire de gestes et de postures, comme le remarque Yosef Hayim Yerushalmi dans son remarquable essai sur la fonction de la mémoire dans le judaïsme, «la mémoire collective [étant] plus activement transmise par les rites que par la chronique». *Zakhor. Histoire juive et mémoire juive*, Paris, Gallimard, coll. «Tel», 1991, p. 31.

[14] La meilleure synthèse des différents voisinages entre ces deux modes d'appropriation du passé étant bien entendu celle de Paul Ricœur, *La mémoire, l'histoire, l'oubli*, Paris, Seuil, 2000.

[15] *Ibid.*, p. 491.

[16] *Ibid.*, p. 554.

ne faudrait-il pas ajouter un quatrième type de trace lié lui aussi au trauma ? Le trauma, pour le dire avec Lacan, ce serait cet « événement spectral [qui] "ne cesse pas de ne pas s'écrire"[17] ». C'est à ce titre que le trauma est avant tout un legs, une faille qui, ne parvenant jamais à accéder à la représentation, sinon par son absence, est transmise en tant que *tâche* toujours à reprendre[18]. Il me semble que c'est bien cette structure du trauma qui est à l'œuvre dans l'historicité scripturaire mise en œuvre par le *Triptyque des temps perdus*, en particulier dans le premier tome, *Hypatie ou La fin des dieux*, où la mort violente du personnage éponyme est précisément ce qui est effacée des mémoires pour se voir remplacée par celle, tout aussi violente mais à tout le moins *exemplaire*, du martyre inventé de toutes pièces de sainte Catherine, afin de pourvoir la mélancolie d'un objet de substitution.

Le spectre de l'histoire québécoise selon Jean Marcel

Si le premier roman de la trilogie, *Hypatie…*, est l'objet de quelques relectures critiques récentes[19], après un silence de quelques années, il est curieux de constater qu'aucune de ces lectures n'a fait le rapprochement entre les romans et les travaux de Marcel sur la littérature québécoise, rassemblés à peu près au même moment dans le recueil *Pensées, passions et proses*, publié en 1992. On y trouve pourtant un chapitre intitulé « Écriture et histoire » qui s'attache à montrer comment la littérature québécoise, depuis les débuts de l'historiographie chez Charlevoix puis Garneau, jusqu'au roman contemporain, est « engendrée par [une] historicité

---

[17] Jacques Lacan, *Le séminaire*, livre XX, *Encore*, cité par Slavoj Žižek, *Fragile absolu ou Pourquoi l'héritage chrétien vaut-il d'être défendu ?*, Paris, Flammarion, 2008, p. 95.

[18] Je m'appuie ici directement sur l'usage politique du trauma dégagé par Žižek chez Lacan. Voir, *ibid.* : « On ne devient pas pleinement membre d'une communauté en s'identifiant uniquement à sa tradition symbolique explicite. Il faut également en assumer la dimension spectrale : les morts-vivants, l'histoire secrète des fantasmes traumatiques transmise "entre les lignes", à travers ses manques et ses distorsions. »

[19] Outre les deux articles précédemment cités, voir Rachel Bouvet, « Femmes d'Orient, entre paganisme et christianisme : *Hypatie* selon Jean Marcel », *Voix et Images*, vol. 31, n° 1 (91), automne 2005, p. 33-45.

problématique » culminant dans le « vertige irrémédiable de l'anéantissement[20] » du dérèglement temporel qui conclut *L'hiver de force*, « sorte de crépuscule des gueux de l'histoire[21] ».

De ce texte critique, je retiens deux choses : l'affirmation selon laquelle cette « historicité problématique » est depuis toujours l'enjeu central de la littérature québécoise, affirmation avec laquelle on peut ou non être d'accord mais qui nous indique l'une des préoccupations principales de l'écrivain Marcel ; et deuxième chose, bien entendu liée au premier enjeu, la hantise de la fin, que l'écrivain transposera jusque dans le titre de son *Triptyque des temps perdus* et qui vient témoigner avec précision de la configuration de l'historicité pour Marcel. En effet, tout se passe comme si l'absence de fondation symboliquement reconnue, comme on l'a vu précédemment, ne qualifiait pas tant le passé que l'*avenir*, non seulement incertain mais proprement *crépusculaire*. Or il est intéressant de remarquer que l'on trouve à peu près inchangés les mêmes énoncés sur l'histoire au sein des romans. Lire Jean Marcel critique nous permettrait donc de saisir l'enjeu de Marcel écrivain et de proposer l'hypothèse suivante : ce serait bien de cette « historicité problématique » propre au Québec qu'il parle à travers l'angoisse eschatologique qui imprègne en particulier *Hypatie...* et *Sidoine...*, transposition métaphorique de ce qu'il appelle, à propos de Saint-Denys Garneau, l'« anti-chambre perpétuelle de l'historicité[22] ».

Voilà qui nous invite à poser trois types de questions : 1. Que nous disent ces énoncés sur l'historicité québécoise ? Sont-ils historiquement marqués ou traduisent-ils une dimension identitaire qui traverserait, à quelques variables près, les différentes époques ? 2. Quelle est la différence entre ces énoncés eux-mêmes ? En d'autres mots, y a-t-il ou non bénéfice à les faire apparaître dans un cadre romanesque ? Si l'on ne prétend plus depuis longtemps reproduire une quelconque réalité à travers le roman, y

---

[20] Jean Marcel, « Écriture et histoire », *Pensées, passions et proses*, Montréal, L'Hexagone, coll. « Essais littéraires », 1992, p. 154.
[21] *Ibid.*
[22] *Ibid.*, p. 152.

a-t-il une forme de *mimesis* romanesque spécifique à l'historicité ?
3. Qu'est-ce que cela révèle du point de vue de la transmission ?
L'hypothèse que je tire de cette dernière question me servira
d'indicateur pour ce qui suit et peut se formuler de la façon suivante : c'est précisément le *mode* de cet *être-affecté-par-le-passé* qui
est ici transmis, c'est-à-dire avant tout une *position* dans l'histoire.
Position qui détermine à la fois le sens du regard, rétroactif ou
projectif, et le nouage particulier de cette traduction qu'est
toujours le passage des trois modalités temporelles, de la mémoire
à l'attente en passant par l'énigme du présent. C'est ce nouage
particulier qui est parfaitement saisi par le critique dans sa synthèse
du corpus québécois :

> De 1760 jusqu'à nos jours, en fait, le corpus littéraire du Québec se
> présente d'un seul bloc dont l'axe central est l'historicité : plus encore
> qu'un thème, l'histoire est un spectre qui hante la conscience
> collective et demande vengeance[23].

Parfaitement saisi quant à son propre projet, s'entend, comme
si le fait de réfléchir sur une littérature à laquelle il appartient
plutôt que sur celle dont il est spécialiste (à la notable exception
de l'œuvre de Jacques Ferron, dont il est l'un des premiers
commentateurs et encore aujourd'hui l'un des plus précieux) lui
donnait accès à l'architecture temporelle de son propre projet
romanesque. Mais qui dit architecture temporelle ne dit pas
chronologie, ce qui exclut de la chercher dans l'appareil narratif.
Car l'historicité, à plus forte raison scripturaire, est avant tout
un attribut du sujet (d'énonciation), on l'a vu avec Ricœur. À cet
égard, il est significatif que Marcel calque la figure de l'histoire
sur celle du père, ce spectre qui réclame vengeance. L'historicité
qui incombe au sujet prend ainsi les traits d'une *dette* qu'il lui
appartient de payer. Le sujet de cette « historicité problématique »
se trouve donc dans la position paradoxale d'avoir à gérer un passé
incertain qui pèse sur lui de tout son poids, au point de réduire
ce qui est à venir à une attente de type eschatologique, qui plus

---

[23] *Ibid.*, p. 146-147.

est sans objet. Quel est ce spectre? Est-il seulement représentable? Surtout, est-on autorisé à en trouver la figure spectrale au sein du *Triptyque des temps perdus*? C'est du moins l'hypothèse qui me sert de guide dans l'appréhension de l'historicité crépusculaire qu'il met en œuvre et du spectre du passé qu'on y trouve de manière plus ou moins cryptique.

Amorçant enfin l'analyse proprement dite, la première chose qu'il faut dire, à tout le moins à propos du premier roman, c'est que ce texte aura fait de ce jeu cryptique la matière même de son récit. *Hypatie...*, composé d'un prologue daté de 1967, de cinq lettres et du manuscrit de Palladas, disciple d'Hypatie, raconte les dernières semaines de cette philosophe et mathématicienne du Ve siècle assassinée par une horde de moines du désert dans la ville d'Alexandrie, fort probablement en raison de son statut de conseillère auprès d'Oreste, préfet de l'Empire, qui s'opposait au patriarche Cyrille. Emportant son corps jusqu'au mont Sinaï avant de se cacher au sein des nombreux moines cénobites du désert, Palladas, dernier adepte des «anciens dieux», entreprend de se venger des chrétiens en leur faisant adopter pour sainte celle-là même qu'ils ont assassinée. Il créera ainsi de toute pièce une légende visant à épouser le plus exactement possible à la fois la vie et le martyre d'Hypatie tout en camouflant le sens de sa mort sous le nom qu'il lui attribue: *Ecaterinè*, qui signifie, selon une étymologie qu'Émilien Lamirande juge inédite[24], «la fin des dieux» (*H*: 214). Jouant sur une hypothèse toujours discutée par les hagiologues, le roman de Marcel prétend donc dévoiler la véritable identité qui se cache sous le culte de sainte Catherine d'Alexandrie. Si, du point de vue de la construction de son roman, le jeu de palimpseste qui affecte les deux figures s'avère être une stratégie efficace, le geste de Palladas jugé pour lui-même entraîne pour sa part un certain nombre de questions. Car on se demande bien de quelle vengeance particulière il pourra jouir en ayant de cette manière trahi le sens précis de la mort de sa maîtresse. Certes, il en

---

[24] Émilien Lamirande, «Hypatie, Synésios et La fin des dieux. L'histoire et la fiction», *Studies in Religion / Sciences religieuses*, vol. 18, n° 4, 1989, p. 487, note 138.

protège une certaine mémoire sous le nom. Mais que protège-t-il exactement ? Et pour qui ? Faisant de Catherine d'Alexandrie une martyre de la foi chrétienne, alors même qu'elle est la victime de cette foi, Palladas se fait plutôt le détenteur unique du souvenir d'Hypatie, puisque le télescopage qu'il effectue entre la philosophe historique et la sainte fictive devient le moyen le plus sûr d'*accélérer l'oubli*. De fait, on y reviendra, ce geste de Palladas devient l'illustration parfaite du geste souverain du mélancolique, qui préfère rendre l'objet de son désir inaccessible plutôt que d'en subir la perte.

Sidoine..., troisième tome de la série, reprend à peu de choses près la même structure, puisque si le roman se plaît à relater avec minutie les derniers jours de l'Empire de Rome jusqu'à la déposition de Romulus Ausgustule par Odoacre, il s'attarde surtout sur le destin des « conjurés de Chalon », dont fait partie Sidoine Apollinaire, cette fine fleur de la gent patricienne et lettrée de la Gaule qui fait le vœu secret d'accaparer progressivement l'ensemble des « cathèdres » de Gaule et de se faire évêque afin de sauver l'héritage rhétorique de l'Empire au sein de l'Église. Il s'agit donc encore une fois de faire en sorte « que l'avenir ait encore quelque chance d'avoir lieu » (*S*: 71). Mais de quel avenir parle-t-on ici ? Il s'agit encore une fois de faire passer à l'avenir une partie de la mémoire, mais une mémoire qui aura été au préalable tronquée, rendue méconnaissable pour survivre dans l'anonymat. Car un monde sans l'Empire est-il toujours un monde ? se demandera Sidoine. « Certes, l'Empire n'était plus l'Empire, se dira Sidoine, mais il fallait se rendre à l'idée que les jours n'avaient toujours pas cessé d'être toujours les jours. » (*S*: 232)

Aussi ce qui m'intéresse, dans ce triptyque des temps *néanmoins* perdus, c'est la mélancolie qui imprègne l'ensemble de son rapport à l'histoire. Une mélancolie qui a d'autant plus de force qu'elle ne procède pas d'un objet perdu mais qui *s'annonce* perdu. Car c'est bien l'*imminence* de la fin, et l'angoisse qu'elle provoque, qui apporte ainsi au triptyque sa tonalité mélancolique. « On pourra dire que j'y aurai vu mourir un monde » (*H*: 56), s'exclame Hypatie à son disciple Synésios. « Nul autre jour que le nôtre n'est sans doute aussi proche du Jour Dernier» (*S*: 69), lui fait écho Patiens, lors du «secret Concile de Chalon». Autant de symptômes qui trahissent une mélancolie vécue de manière projective, dont la fin qui en est l'objet est perçue comme étant à la fois imminente et absolument indéterminée: «*Mundus senescit!* — le monde, en effet, se faisait de plus en plus vieux, la parousie pouvait à tout moment survenir», peut-on lire enfin sur la quatrième de couverture du deuxième volet du triptyque, *Jérôme ou de la traduction*, dans une paraphrase du célèbre passage de l'*Épître aux Corinthiens*. Si je parle de mélancolie plutôt que d'angoisse, c'est que ce n'est pas le sujet qui est directement en cause — nulle projection vers sa propre mort, par exemple — mais son rapport à l'autre, qui peut aussi bien être le temps lui-même que la détermination de l'histoire. Le mot propre qui désigne ce rapport à l'objet en tant qu'*absent* sans qu'il n'ait été au préalable perdu est celui d'*acédie*, cet ancêtre du spleen sur lequel s'attardent nombre de Pères de l'Église, précisément convoqué par *Hypatie...*, qui décrit ce «dégoût de tout» qui affecte le moine et qu'il ne peut «retourner contre nul autre que lui-même» (*H*: 25). Or, il est intéressant de remarquer que cette figure de l'acédie est également présente dans l'un des plus grands textes sur l'histoire du XXe siècle, les thèses «Sur le concept d'histoire» de Walter Benjamin, dans lequel elle lui permet de qualifier le rapport de l'historien à son objet. Parce que le témoignage de la culture repose sur une histoire des vainqueurs, écrit Benjamin, il est indissociablement lié à celui de la barbarie. C'est donc en mélancolique que l'historien matérialiste «se donne pour tâche de brosser l'histoire à rebrousse-poil[25]». Dans une enquête généalogique des plus intéressantes sur ce concept d'acédie et le «démon du midi» qui se cache derrière, Agamben a montré comment il consiste à l'origine en un retrait «vertigineux» devant l'obligation du moine de se tenir devant Dieu. Face au caractère insaisissable de son suprême objet, l'*acidiosus* le convoque comme toujours déjà perdu. Suivant cette

---

[25] Walter Benjamin, «Sur le concept d'histoire», *Œuvres III*, Paris, Gallimard, coll. «Folio», 2000, p. 433.

logique, l'acédie ne signifie donc nullement une absence du désir mais tout au contraire son *exacerbation*:

> Si, en termes théologiques, ce qui lui fait défaut n'est pas le salut mais la voie qui y conduit, en termes psychologiques le recessus [c'est-à-dire le retrait,] traduit moins une éclipse du désir que la mise hors d'atteinte de son objet: il s'agit d'une perversion de la volonté [...] qui tout à la fois désire et barre la route à son propre désir[26].

Mais est-ce bien de cela qu'il s'agit dans le *Triptyque*? Dans un cas, la mélancolie, l'objet est littéralement perdu et c'est le sujet qui, s'identifiant à cet objet, se perd à son tour dans un effacement mortifère du moi. Dans l'autre, l'acédie, l'objet est mis hors d'atteinte *avant même* que ne s'établisse la relation. C'est l'impossibilité *d'atteindre l'objet* du manque qui exacerbe le désir. Le cas qui nous occupe présente une variante inusitée où c'est l'anticipation de la perte, inéluctable, qui provoque la mélancolie, comme le montre bien le passage suivant: «[Sidoine] s'inquiétait à présent davantage de l'avenir que du passé, celui-ci lui apparaissant désormais sans avenir» (*S*: 232). Aussi cette inquiétude nous ramène-t-elle à la question de la transmission.

Attente sans objet

Qu'est-ce qu'il y aura à transmettre? Voire, y aura-t-il un temps pour recevoir cette transmission? On le voit, loin de la rendre «impuissante devant l'avenir», selon l'expression de Fernand Dumont dans *L'avenir de la mémoire*, cette logique de l'histoire fait de l'avenir, contre toute attente, sa seule préoccupation. Aussi l'imminence ressentie de la fin entraîne-t-elle le sujet sur les sentiers entrecroisés de *l'attente* et du désir. Attente d'une fin qui effraie, mais qui ne peut que laisser place à autre chose, à «ce grand retournement de l'univers en un autre monde» (*S*: 16),

---

[26] Giorgio Agamben, *Stanze. Parole et fantasme dans la culture occidentale*, Paris, Payot / Rivages, coll. «Petite Bibliothèque», 1998, p. 26. Il convient de préciser que ce texte sur l'*acedia* prend place dans une vaste redéfinition de la mélancolie dans un dialogue constant avec «Deuil et mélancolie» de Freud (*Métapsychologie*).

comme peut le dire le moine Abraham à Sidoine, alors prisonnier d'Odoacre. C'est ce retournement d'une angoisse de la fin en une attente *désirée* qu'il nous faut à notre tour traduire et mettre en rapport avec le « spectre de l'historicité » québécoise qui « réclame vengeance ».

Au moment où elle « langui[t] [et] pleure de voir un monde aussi fleuri et si près de sa fin », Hypatie évoque un souvenir d'enfance, celui d'autres pleurs sur la flétrissure des plantes et des fruits à l'approche de l'hiver. Avec les années, ajoute-t-elle, est venu le savoir que ce dernier « est aussi tout hérissé d'attentes et d'appels. Et je me suis mise à aimer l'hiver pour ce qu'il est: la saison la plus ardente du désir » (*H*: 134-135). Quel peut-être l'objet d'un tel désir face à l'imminence de la fin? Peut-être quelque chose comme une absence d'objet, c'est-à-dire quelque chose d'absolument indéterminé. Un désir d'être, sans doute, mais qui ne concerne plus le sujet lui-même.

Je reprends mes questions de départ. Quel type d'historicité trouve-t-on dans le roman, c'est-à-dire quelle forme correspond à la temporalité vécue qu'on y trouve? Quel est son rapport au contexte d'écriture du *Triptyque des temps perdus*? Et qu'est-ce qui est transmis de cette historicité? 1. La première chose qu'il faut dire, c'est comment l'imminence de la fin qui forme la matière même du récit produit une forme toute particulière d'*historicité crépusculaire*. Si on tente de la définir, on relèvera la tension qui existe entre l'angoisse et le désir qui produit une mélancolie à mon sens inédite, mais qu'il est possible de rattacher à l'objet de l'attente messianique que rappelle Benjamin à la toute fin de ses thèses « Sur le concept d'histoire » : si la commémoration, écrit-il, interdisait aux Juifs de sonder l'avenir, celui-ci « ne devenait pas pour autant [...] un temps homogène et vide. Car en lui, chaque seconde était la porte étroite par laquelle le Messie pouvait entrer[27]. » Dans le tryptique, ce n'est pas le Messie qui fait l'objet de l'attente, mais le temps transfiguré (et la Loi) qui l'accompagne. À ce titre, l'imminence de la fin entraîne le désir d'une transfiguration de la temporalité, c'est-à-dire, au fond, le

---

[27] Walter Benjamin, *op. cit.*, p. 443.

réaménagement du poids relatif dont est pourvue chacune de ses modalités. 2. Quel est le sens de cette historicité crépusculaire et messianique si on la met en rapport avec la « problématique de l'histoire » repérée par le critique dans le corpus québécois ? Elle traduit évidemment une même hantise de l'histoire, même si elle est ici sans objet. Robert Dion *et al.* ont bien montré comment le triptyque, par l'articulation d'une forme des plus complexes et d'un questionnement sur l'histoire, rejoint la « manifestation contemporaine [d'une certaine] angoisse de l'historicité[28] ». Mais peut-être est-il possible de préciser le motif de cette mélancolie diffuse en rappelant le contexte épistémologique qui prévaut au moment de l'élaboration du triptyque. Car que signifie réfléchir sur la transition fondatrice pour l'Occident d'un monde enté sur la sagesse vers la chrétienté au moment précis où cette expérience chrétienne du monde est en train de se perdre, en particulier dans le Québec postérieur à la Révolution tranquille ? Par-delà la suggestion métaphorique d'une continuité souterraine de cette expérience, ce que François Hartog appelle le « régime chrétien d'historicité » ayant toutes les chances, si l'on suit Marcel, de survivre de manière cryptique à sa disparition, je voudrais brièvement revenir à son texte intitulé « Écriture et histoire » pour en souligner la dernière phrase : « Il reste encore bien peu d'années pour savoir si l'Histoire aura lieu ou pas[29]. » Il serait bien sûr tentant de faire intervenir la question nationale, qui semble avoir présidé à cette dernière proposition. Mais ce serait déjà adhérer tacitement à l'idéologie de l'énoncé, c'est-à-dire à cette conception de l'histoire comme Histoire universelle, cette « scène d'un vaste drame métaphysique où chaque peuple vient à son tour jouer son rôle et disparaître[30] ». L'erreur serait ici de faire de l'historicité un produit de l'idéologie, alors qu'il en va précisément du contraire, comme le rappelle Hartog : c'est le nouage particulier entre la mémoire et l'attente au sein du présent qui préside à l'invention des diverses « philosophies » de l'histoire.

---

[28] Robert Dion, Catherine Dalpé et Mahigan Lepage, *op. cit.*, p. 47.
[29] Jean Marcel, « Écriture et histoire », *op. cit.*, p. 154 et 156.
[30] Stéphane Mosès, *L'ange de l'histoire. Rosenzweig, Benjamin, Scholem*, Paris, Seuil, coll. « La couleur des idées », 1992, p. 66.

L'histoire des idées aurait donc avantage à se pencher sur ce nouage particulier afin de rendre compte des figures du « retard » et du « rattrapage » propres à la Révolution tranquille et de l'idéologie du progrès qui se cache derrière. Si l'on revient à l'énoncé de Marcel, il convient surtout de retenir l'incertitude qu'il récupère du passé pour le projeter sur l'avenir, selon une « pliure dialectique[31] » qui apporte le bénéfice d'une ouverture face à ce qui vient. La trame romanesque du *Triptyque*, je l'ai déjà rappelé, est celle d'un médiéviste, c'est-à-dire d'un écrivain qui a transposé une manière révolue d'être devant l'événement à l'intérieur de notre contemporanéité. Si pour Hypatie ou pour Sidoine la fin des dieux et celle de l'Empire sont autant de signes d'une fin du monde qui s'approche, reliés entre eux de manière analogique, il n'est pas sûr que cette anticipation de la fin fonctionne de la même manière pour une conscience moderne. Et là où la fin se devait d'ouvrir des galeries souterraines où le monde puisse continuer de se donner en héritage en attendant la parousie, ici elle annonce plutôt une perte mélancolique qui ne cède à aucune *attente* déterminée. À moins de voir dans l'objet de l'attente l'attente elle-même, c'est-à-dire une ouverture *malgré tout* face à un avenir rendu incertain en raison de l'effritement de la mémoire qui jadis le garantissait.

---

[31] Le terme est de Georges Didi-Huberman au moment où il commente la notion d'« image dialectique » de Benjamin dans *Paris, capitale du XIXe siècle* et le « savoir-non-encore-conscient de l'Autrefois » (*Noch-nicht-bewußtes-Wissen vom Gewesenen*) qu'elle contient. *Devant le temps. Histoire de l'art et anachronisme des images*, Paris, Minuit, 2000, p. 113.

BIBLIOGRAPHIE

Agamben, Giorgio, *Stanze. Parole et fantasme dans la culture occidentale*, Paris, Payot / Rivages, coll. «Petite Bibliothèque», 1998, 279 p.

Beaudoin, Réjean, *Naissance d'une littérature. Essai sur le messianisme et les débuts de la littérature canadienne-française (1850-1890)*, Montréal, Boréal, 1989, 209 p.

Benjamin, Walter, «Sur le concept d'histoire», *Œuvres III*, Paris, Gallimard, coll. «Folio», 2000, p. 427-443.

Bouvet, Rachel, «Femmes d'Orient, entre paganisme et christianisme: *Hypatie* selon Jean Marcel», *Voix et Images*, vol. 31, n° 1 (91), automne 2005, p. 33-45.

Cardinal, Jacques, *La paix des Braves. Une lecture politique des* Anciens Canadiens *de Philippe Aubert de Gaspé*, Montréal, XYZ éditeur, coll. «Documents», 2005, 207 p.

De Certeau, Michel, *L'écriture de l'histoire*, Paris, Gallimard, coll. «Bibliothèque des histoires», 1975, 358 p.

Didi-Huberman, Georges, *Devant le temps. Histoire de l'art et anachronisme des images*, Paris, Minuit, coll. «Critique», 2000, 286 p.

Dion, Robert, Catherine Dalpé et Mahigan Lepage, «Le *Triptyque des temps perdus* de Jean Marcel. Modernité du roman biographique historique», *Voix et Images*, vol. 30, n° 2 (89), hiver 2005, p. 35-50.

Hartog, François, *Régimes d'historicité. Présentisme et expériences du temps*, Paris, Seuil, coll. «Librairie du XXIe siècle», 2003, 257 p.

Kafka, Franz, *Journal*, Paris, Le livre de poche, 1994, 674 p.

Lamirande, Émilien, «Hypatie, Synésios et la fin des dieux. L'histoire et la fiction», *Studies in Religion / Sciences religieuses*, vol. 18, n° 4, 1989, p. 467-489.

Marcel, Jean, *Hypatie ou la fin des dieux*, Montréal, Leméac, 1989, 226 p.

Marcel, Jean, *Jérôme ou de la traduction*, Montréal, Leméac, 1990, 241 p.

Marcel, Jean, *Pensées, passions et proses*, Montréal, L'Hexagone, coll. «Essais littéraires», 1992, 339 p.

Marcel, Jean, *Sidoine ou la dernière fête*, Montréal, Leméac, 1993, 24 p.

Marcel, Jean et Dominique Garand, «Entretien», *Mœbius*, n° 52, printemps 1992, p. 129-153.

Mosès, Stéphane, *L'ange de l'histoire. Rosenzweig, Benjamin, Scholem*, Paris, Seuil, coll. «La couleur des idées», 1992, 258 p.

Murphy, Susan M., «*Hypatie* ou la fin de l'histoire», *Voix et Images*, vol. 32, n° 2 (95), hiver 2007, p. 93-108.

Ricœur, Paul, *La mémoire, l'histoire, l'oubli*, Paris, Seuil, coll. «L'ordre philosophique», 2000, 675 p.

Ricœur, Paul, *Temps et récit*, tome III, *Le temps raconté*, Paris, Seuil, coll. «Points», 1991, 427 p.

Yerushalmi, Yosef Hayim, *Zakhor. Histoire juive et mémoire juive*, Paris, Gallimard, coll. «Tel», 1991, 165 p.

Žižek, Slavoj, *Fragile absolu ou Pourquoi l'héritage chrétien vaut-il d'être défendu?*, Paris, Flammarion, 2008, 238 p.

OCTOBRE 1970 : UNE HISTOIRE À RACONTER.
UN ÉVÉNEMENT À S'APPROPRIER ?

ELSA OLLIER
UNIVERSITÉ MICHEL DE MONTAIGNE BORDEAUX III

Octobre 1970. Une cellule du Front de libération du Québec (FLQ) enlève l'attaché commercial anglais à Montréal, James Richard Cross. Cet acte sera suivi de l'enlèvement et de l'assassinat de Pierre Laporte, ministre du Travail et de l'Immigration dans le gouvernement de Robert Bourassa. Dans *L'histoire du Québec*, dirigée par Jean Hamelin, cet épisode tient en six lignes. Deux romanciers se sont emparés de cet événement et, 20 ans plus tard, en 1990, paraissent deux œuvres : *Le coup de poing*[1] de Louis Caron et *Un dernier blues pour Octobre*[2] de Pierre Turgeon, dont les protagonistes sont les acteurs de l'H(h)istoire[3]. Ces romans présentent deux lectures de cet épisode marquant de l'Histoire du Québec.

---

[1] Louis Caron, *Le coup de poing*, Montréal, Boréal, coll. « Boréal compact », 1998 [1990], 368 p. Cette œuvre sera dorénavant désignée par l'abréviation *CP*.

[2] Pierre Turgeon, *Un dernier blues pour Octobre*, Montréal, Libre Expression, 1990, 328 p. Cette œuvre sera dorénavant désignée par l'abréviation *DBO*.

[3] Nous entendons dorénavant par Histoire le discours historique, et par histoire la diégèse.

Selon Jacques Pelletier,

> étudier la ou les relations entre les événements d'Octobre 1970 et les productions littéraires, c'est, à l'occasion d'un événement précis, poser la question plus générale des rapports entre l'Histoire comme processus historique réel, l'Histoire comme lecture/récit de ce processus et les histoires particulières que sont les textes de fiction[4].

Nous commencerons donc par observer les rapports entre discours historique et fictionnel en analysant la manière dont les romanciers se sont approprié cet épisode marquant de l'Histoire du Québec. Dans quelle mesure ont-ils réécrit ce passé?

Louis Caron signale, dès l'avant-propos du *Coup de poing*, avoir «tenté, une fois de plus, de repousser la frontière entre l'imaginaire et l'imaginé, [avoir] jeté pêle-mêle des personnages imaginaires et l'ombre d'individus ayant réellement existé» (*CP*: 9). Après avoir mesuré les écarts entre discours historique et diégèse, nous interrogerons les stratégies narratologiques mises en œuvre par les auteurs: comment la représentation des personnages et le traitement de la dimension temporelle au sein des deux romans traduisent-ils la lecture que les deux auteurs proposent de cet événement?

Enfin, nous nous interrogerons sur les enjeux d'une telle réécriture. Que se passe-t-il quand l'Histoire, appartenant à une collectivité, relevant d'un imaginaire collectif, est mise en scène par l'histoire? Dans quel(s) but(s) cette Histoire devient-elle histoire? Nous verrons, notamment, ce que la mise en fiction du matériau historique révèle de la société contemporaine et de son rapport à l'Histoire.

Le rapport entre diégèse et discours historique

Rappel des faits

La crise qui a été appelée «Octobre 70» se déroule sur plusieurs mois et s'inscrit dans un contexte politique tendu au Québec. Selon Jacques Cossette-Trudel dans *L'histoire séquestrée*, «la crise

---

[4] Jacques Pelletier, *Le poids de l'histoire*, Québec, Nuit Blanche éditeur, coll. «Essais critiques», 1995, p. 141.

d'Octobre ne fut que l'aboutissement de nombreux jeux de dupes superposés entre intervenants politiques[5]».

En août 1970 a lieu au sein du FLQ une scission qui entraîne la formation de deux cellules, l'une dirigée par Jacques Lanctôt, l'autre dirigée par Paul Rose. La crise elle-même débute le 5 octobre 1970. Vers 8 h 30 du matin, la cellule Libération enlève James Richard Cross, attaché commercial du haut-commissariat de la Grande-Bretagne à Montréal. Cette action était préparée de longue date par les membres de la cellule. En début d'après-midi, selon Pierre Vallières, «le ministre québécois de la Justice [...] affirme que la vie de James Cross est en danger car il souffre d'hypertension. Le suspense commence[6]».

Le 8 octobre, à 22 h 30, Radio-Canada diffuse le manifeste du FLQ, qui est plutôt bien reçu par une grande partie de la population. Le FLQ précise, en effet, que l'un des objectifs est d'obtenir la libération de prisonniers politiques tout en réalisant une opération de propagande afin de sensibiliser l'opinion internationale à la situation des Québécois. Comme le souligne Pierre Vallières dans *Les héritiers de Papineau*, «on ne parle pas encore dans les médias — ni dans la rue — de Crise d'octobre, d'insurrection appréhendée ou de Mesures de guerre[7]».

Le samedi 10 octobre, un nouvel événement va bouleverser le cours de cette crise. En effet, à 17 h 40, le ministre québécois de la Justice, Jérôme Choquette, fait part de la décision des autorités : elles refusent de libérer les prisonniers politiques mais offrent un sauf-conduit vers un pays étranger aux ravisseurs de James Cross. Quelques minutes plus tard, vers 18 h 18, Pierre Laporte, ministre québécois du Travail et de l'Immigration, numéro deux du gouvernement Bourassa, est enlevé en face de son domicile. La crise atteint alors son paroxysme. Les membres

---

[5] Jacques Cossette-Trudel, «L'Histoire séquestrée», *Liberté*, n° 191, 1990, p. 34-43.

[6] Pierre Vallières, *L'exécution de Pierre Laporte, Les dessous de l'opération*, essai, Montréal, Québec Amérique, 1977, p. 50.

[7] Pierre Vallières, *Les héritiers de Papineau*, Montréal, Québec Amérique, 1986, p. 200.

de la cellule Libération sont eux-mêmes surpris. La population, elle, commence à soupçonner le FLQ d'une organisation sans faille dans les actions menées. La réalité est autre. Le lendemain, le dimanche 11 octobre, la station CKAC diffuse le contenu d'une lettre de Pierre Laporte à Robert Bourassa dans laquelle le ministre insiste sur l'urgence de la situation et demande à Bourassa de décider de sa vie ou de sa mort.

Le 15 octobre, à 4 h du matin, la *Loi sur les mesures de guerre* est rendue opérante. Aussitôt, des centaines de Québécois sont arrêtés et incarcérés. Le 17 octobre, la crise connaît un nouveau tournant et amorce sa résolution. En effet, un communiqué signé Dieppe (Royal 22e) annonce que le ministre Pierre Laporte a été exécuté. Son cadavre sera trouvé peu avant minuit dans le coffre d'une voiture sur la base militaire de Saint-Hubert, en territoire fédéral. Paul Rose et Marc Charbonneau seront recherchés dès le lendemain, 18 octobre.

Il faudra ensuite attendre le 1er décembre pour que le diplomate James Cross soit libéré et ses ravisseurs exilés à Cuba. Dans la nuit du 27 au 28 décembre, presque un mois après la libération de James Cross et plus d'un mois après le décès de Pierre Laporte, Paul Rose, Jacques Rose et Francis Simard sont arrêtés.

L'armée se retire du Québec le 4 janvier. Le lundi 5 janvier, les ravisseurs de Laporte sont mis en accusation de sa mort. Le procès de Paul Rose débuta le 25 janvier 1971, suivi de celui des autres accusés, mais aucune information sur les circonstances de la mort du ministre ne sera apportée.

Les données historiques au sein des deux romans

Le coup de poing, Louis Caron

Certains éléments de l'Histoire sont présents dans le roman. *Le coup de poing* est le troisième et dernier volume de la trilogie intitulée par Louis Caron *Les fils de la liberté*. Cet ouvrage est paru en 1990, 20 ans après les événements d'Octobre 1970. Les faits sont essentiellement évoqués dans le début du roman. Le premier indice temporel est celui du « 17 octobre 1970, peu après minuit ». Cependant, à cette date n'est pas immédiatement associée la mort de Pierre Laporte. Celle-ci n'apparaît que quelques pages plus loin, dans la bouche d'un personnage secondaire, Ti-Bé :

> T'as entendu ça ? Le Front de Libération du Québec a tué le ministre, enchaîna Ti-Bé comme s'il comptait apprendre la nouvelle à son hôte. Moi, ça ne me dérange pas, mais eux autres, le gouvernement, ils laisseront pas faire ça. Les FLQ, ils font mieux de tenir leurs tuques. (*CP* : 24)

Le nom même du ministre n'est pas prononcé.

Le début de la crise est narré dans une longue analepse menée par un narrateur omniscient. Ainsi, le lecteur partage avec deux des personnages principaux, Jean-Michel Bellerose et Lucie Courchesne, l'annonce de l'enlèvement mené par la cellule Libération : « La radio annonçait que le Front de libération du Québec revendiquait l'enlèvement de James Richard Cross, l'attaché commercial britannique à Montréal. » (*CP* : 63)

Les autres étapes importantes de la crise sont évoquées : le refus du ministre de la Justice, Jérôme Choquette, le 10 octobre, et l'événement qui en découla, l'enlèvement de Pierre Laporte :

> Le 10 octobre, en fin d'après-midi, le ministre de la Justice du Québec, Jérôme Choquette, répondit par la négative à la dernière exigence des ravisseurs du Britannique [la remise en liberté des prisonniers politiques]. En échange de leur prisonnier, il leur proposait toutefois l'octroi de sauf-conduits vers un pays étranger. La cellule Libération allait s'y résigner quand, moins d'une heure plus tard, vers 18 h 18, le ministre du Travail du Québec, Pierre Laporte, fut kidnappé devant sa demeure à Saint-Lambert, en banlieue Sud de Montréal. (*CP* : 66)

La fin de l'analepse permet au narrateur omniscient d'évoquer rapidement les événements qui ont suivi : la lettre adressée par Laporte à Bourassa, les négociateurs nommés, à savoir Me Robert Lemieux pour le FLQ et Me Robert Demers pour le Québec ; la mise en application de la *Loi des mesures de guerre* et enfin la tentative de fuite de Pierre Laporte :

> À la même heure, ce même jour du 16 octobre, en fin d'après-midi, dans la maison de Saint-Hubert où la cellule Chénier le retenait

> prisonnier, le ministre Pierre Laporte tentait lui aussi de s'échapper en fracassant une vitre de la chambre où ses ravisseurs le retenaient enchaîné. (*CP*: 74)

À la fin de cette longue analepse, les indices temporels se feront plus discrets et le temps se distendra, comme nous le verrons dans une deuxième partie. Pour le lecteur néophyte, ignorant des conditions dans lesquelles s'est déroulée la crise d'Octobre, les jalons sont donc posés et, à la limite, peu importe qu'ils soient conformes ou non à une réalité passée.

Cependant, analyser les marges créatrices de l'auteur permet aussi de mettre en lumière les éléments constitutifs du roman et qui ne font pas référence à l'Histoire. En effet, Louis Caron souligne, dès la préface, sa volonté d'imaginer d'autres éléments qui vont permettre à l'histoire de se dérouler sous l'égide d'une Histoire première, source de création. L'auteur précise ainsi ses objectifs dans l'avant-propos:

> En fondant ce roman sur des événements récents de l'histoire du Québec, je n'ai pas dévié de la méthode qui présidait à l'écriture de mes œuvres enracinées dans un passé plus lointain. J'ai d'abord rassemblé un faisceau de faits connus, de façon à dessiner une toile de fond si précise que personne ne puisse douter de son authenticité puis, dans ce décor, j'ai jeté pêle-mêle des personnages imaginaires et l'ombre d'individus ayant réellement existé. Deux cellules étaient à l'œuvre au Québec en octobre 1970. J'en ai créé une troisième. En agissant ainsi, je persistais dans ma démarche qui consiste à nous placer, auteur, lecteurs et lectrices en situation de nous demander comment nous aurions agi si nous avions été protagonistes de ces péripéties. […] En ma qualité de romancier, j'ai simplement tenté, une fois de plus, de repousser la frontière entre l'imaginaire et l'imaginé. (*CP*: 9)

C'est donc dans cette troisième cellule que la distance entre événements historiques et diégèse s'installe, permettant le récit. Cette troisième cellule est intitulée par l'auteur «cellule Papineau». Elle est, à l'image des autres événements, évoquée dès le début du roman dans la longue analepse institutive du récit:

> Trois cellules du Front de Libération du Québec étaient à l'œuvre. La première, Libération, élaborait la doctrine du mouvement. La seconde, Chénier, pourvoyait à son financement en organisant des hold-up. Marc Bouvier, un rédacteur de nouvelles à la Société Radio-Canada, dirigeait la troisième. Elle était connue sous le nom de Papineau. Jean-Michel Bellerose, le gros Pierre, Jacquot et Fernand en faisaient partie. (*CP*: 39)

Il est intéressant d'analyser la présentation de ces trois cellules. Les deux premières sont réduites à leur rôle, leur fonction. La dernière est immédiatement incarnée, par différents noms: celui de Papineau tout d'abord, par son dirigeant, ensuite, un personnage nommé Marc Bouvier. Enfin, incarnée par un de ses membres: Jean-Michel Bellerose. On remarquera qu'il est le seul des membres à être désigné par ses nom et prénom; le lecteur averti reconnaît ici le patronyme des autres personnages créés dans la trilogie de Louis Caron.

Dans le roman, les cellules Libération et Chénier sont très peu évoquées. L'attention est portée sur la cellule Papineau, qui serait à l'origine des événements d'Octobre. Dans *Le coup de poing*, l'Histoire ne débute pas le 5 octobre, avec l'enlèvement de James Cross, mais le 4 octobre 1970.

> Huit heures, le 4 octobre 1970. Bouvier rajusta sa mèche et sonna, tandis que chacun enfonçait sa cagoule sur sa tête. Trop tard pour tergiverser.
>
> On est chez Denis Leclerc, annonça Marc Bouvier.
>
> Tous ceux qui réprouvaient la politique du Parti Libéral honnissaient cet homme invisible qui menait le premier ministre et le Québec à sa guise, à titre de conseiller spécial de Bourassa. (*CP*: 56)

Cette tentative se soldera par un échec: le personnage de Denis Leclerc est absent de son domicile, le ministre l'ayant appelé en pleine nuit. Imaginer cette tentative avortée et la faire chronologiquement précéder les autres enlèvements prennent sens à deux niveaux: du point de vue de la diégèse, c'est cet événement qui aurait déclenché les autres. C'est d'ailleurs ce qui est suggéré par un discours indirect libre attribué au personnage de Jean-Michel Bellerose :

> Après l'échec de sa tentative, Bouvier avait-il suggéré à la cellule Libération d'entrer immédiatement en action, pour montrer l'ampleur et la cohésion de l'organisation ? Jean-Michel se mit à hurler comme quand les Canadiens marquent un but au Forum de Montréal. Il se rembrunit en pensant que sa propre équipe avait été éliminée en quart de finale. (*CP*: 63)

Une autre interprétation peut être formulée à la lecture de cette construction narrative : ici, l'imaginaire précède le réel.

Un dernier blues pour Octobre, Pierre Turgeon

Le traitement des événements est différent dans *Un dernier blues pour Octobre*. Les premières divergences s'installent sur le plan de l'onomastique. Turgeon a, en effet, modifié tous les noms des protagonistes, qu'il s'agisse de ceux des otages ou de ceux des membres du FLQ. Ainsi, les membres de la cellule Chénier, Paul Rose, Jacques Rose, Bernard Lortie et Francis Simard sont évoqués par les figures de Paul et Michel Doré, Roger et Raymond.

Les membres de la cellule Libération sont également désignés par d'autres noms : Jacques Lanctôt devient Jacques Lemieux, sa sœur Louise devient Sophie Lemieux et l'époux de cette dernière est désigné par le prénom Claude. Les autres membres de la cellule Libération dans le roman sont Turcotte, Yvon et Steve, identités narratives sous lesquelles on peut deviner les personnes de Marc Charbonneau, Yves Langlois et Nigel Berry Hammer. Les noms des otages sont eux aussi modifiés : le diplomate James Cross est évoqué par l'expression « le consul » tandis que le personnage de Christian Grenier rappelle le ministre Laporte. Enfin, le nom d'un des négociateurs est également modifié : Me Lemieux pour le FLQ devient Me Dupré tandis que Me Demers est désigné sous sa propre identité.

Des distorsions apparaissent également dans la chronologie des événements. La *Loi des mesures de guerre* a été promulguée le 14 octobre, soit trois jours avant le décès de Pierre Laporte. Or, dans le roman, cette loi est mise en application après le décès de l'otage retenu par la cellule Chénier, à savoir le 18 octobre, ce qui modifie le cours des événements, notamment en ce qui concerne les arrestations possibles et donc les informations recueillies ou non. Ainsi, dans *Un dernier blues pour Octobre*, le policier se rend à l'hôtel Reine-Élizabeth où s'est replié le gouvernement et présente le compte-rendu de l'autopsie au ministre. Il apprend alors la mise en œuvre de la *Loi sur les mesures de guerre* :

> Le téléphone sonna. Le ministre devait prendre cet appel, car il répondit immédiatement en demandant :
>
> Alors, ça y est ?
>
> Il raccrocha et, l'air soudain fébrile, repoussa son fauteuil.
>
> Le gouvernement fédéral vient de proclamer la *Loi sur les mesures de guerre*. Je ne vous retiens pas. Vous avez vu les listes : je crois que vous avez du pain sur la planche. (*DBO* : 303)

D'autres éléments, en revanche, sont tout à fait fidèles à la réalité : le ministre du Travail était bien dehors, devant sa maison, lorsqu'il a été enlevé ; il devait également aller dîner à l'extérieur. De même, Paul Rose et Jacques Lanctôt se sont bien rencontrés lors de la violente manifestation de la Saint-Jean en 1968, épisode évoqué à différentes reprises dans le roman.

> Bien sûr qu'il se rappelait. Deux ans plus tôt. La manif de la Saint-Jean. Pour eux, tout avait commencé là, quand ils s'étaient retrouvés, tous deux matraqués, dans le même panier à salade. Souvent Paul se demandait ce qu'ils seraient devenus s'ils avaient pu s'enfuir, ce soir-là, comme tant d'autres manifestants, au lieu de subir une nuit de bastonnade au poste quatre. (*DBO* : 210)

Jacques Lanctôt a été recherché pour un projet d'enlèvement du consul d'Israël, élément également évoqué dans le roman. La scission du FLQ en deux cellules distinctes ne poursuivant pas les mêmes objectifs est également narrée :

> Paul se sentit étreint par la tristesse. Comment son ami pouvait-il se tromper à ce point et ne pas voir qu'il allait mettre en marche une machine qui échapperait complètement à sa volonté ?

> Non, dit-il. Je ne m'embarque pas avec vous. Parce que je ne peux rien faire sans y croire vraiment. Mais je respecte ce que veut la majorité. Vous aurez toutes nos armes, tout notre argent. [...] Je vais continuer à financer le mouvement. Je ne sais pas encore comment mais je trouverai bien. (*DBO* : 220)

Au-delà d'une onomastique différente et d'un certain bouleversement de la chronologie, les jalons de l'Histoire sont mentionnés afin de contribuer à la construction des personnages et de leurs oppositions. Le choix de noms différents est donc bien symbolique d'une volonté de réécriture de l'Histoire qui transparaît dans la narration elle-même.

Nicolas Piqué, dans *L'Histoire*, rappelle que :

> l'histoire possède ses propres règles de justification. [...] Le recours aux documents, qu'ils soient scripturaires ou non, leur présentation à la communauté historienne sont autant de signes de scientificité, [...] spécifiques à l'histoire. Cette dernière se distingue par conséquent de la littérature dont le rapport au réel est tout autre[8].

Au-delà des rapports entre le discours historique et les discours fictionnels, il est nécessaire de s'interroger sur les modalités de l'écriture de l'Histoire : comment les auteurs ont-ils créé cet autre rapport au réel ?

Comment raconter la crise d'Octobre 70 ?

Comment réécrire la crise d'Octobre 70 ? Les auteurs ont choisi des voies diverses mais qui toutes deux traduisent la volonté de créer, entre le discours historique et la fiction, un espace de création qui ferait sens.

Les œuvres : un espace à créer, un espace de création

Mettre en scène la crise d'Octobre 70 nécessite de s'autoriser, au-delà du discours historique, un discours fictionnel. Pour ce faire, les auteurs ont introduit des distorsions précédemment mises à jour. Que signifient-elles ?

---

[8] Nicolas Piqué, *L'histoire*, Paris, Flammarion, coll. «Corpus», 1998, p. 195.

Dans *Un dernier blues pour Octobre*, le travail sur l'onomastique permet d'affirmer l'espace entre personne et personnage, espace dans lequel peut être inscrite la fiction. L'écrivain rejoint par ce travail la conception du personnage telle qu'elle était définie par Mauriac dans *Le romancier et ses personnages* : « Les héros de romans naissent du mariage que le romancier contracte avec la réalité[9]. » De plus, Turgeon invente un personnage de policier, Luc Gauvin. Cette figure permet au lecteur de découvrir une autre facette de cette crise, facette qui se déroule du côté de la police. Le personnage est d'autant plus intéressant qu'il est tiraillé entre sa fonction et sa propre perception de l'histoire, tiraillé entre sa fonction et sa femme « séparatiste [ce qui] ne pouvait guère l'aider dans sa carrière » (*DBO* : 35). Que ce soit au niveau des personnages ou à celui des textes, apparaissent des espaces intermédiaires mis en relief par les auteurs et dans lesquels l'histoire peut prendre sens.

De la même façon, Caron invente des personnages qui composeront la cellule imaginaire : la cellule Papineau. La référence aux Patriotes permet d'inscrire le discours fictionnel en relation avec le discours historique. L'identité des personnages ne trouve pas, pour sa part, son origine dans le discours historique mais dans la fiction, celle écrite par Caron dans les deux premiers tomes des *Fils de la liberté*. Bruno Bellerose était déjà présent dans *Le canard de bois*[10] et *La corne de brume*[11]. Son neveu Jean-Michel Bellerose et l'amie de celui-ci, Lucie Courchesne, apparaissent dans *Le coup de poing*. Les personnages ne s'inscrivent pas en référence à l'Histoire mais en référence à un système, celui de l'œuvre. Les décalages, par rapport au discours historique, générés par ces éléments issus de l'imaginaire, permettent d'inscrire la narration au sein d'un espace intermédiaire à habiter.

---

[9] François Mauriac, *Le romancier et ses personnages*, cité dans Jean-Pierre Goldenstein, *Pour lire le roman*, Paris, De Bœck Duculot, 1989, p. 43.

[10] Louis Caron, *Le canard de bois*, Montréal, Boréal, coll. « Boréal compact », 1989 [1981].

[11] Louis Caron, *La corne de brume*, Montréal, Boréal, coll. « Boréal compact », 1998 [1990].

Habiter l'espace fictionnel

Pour habiter cet espace fictionnel, les auteurs ont choisi des voies différentes, notamment dans le traitement du temps. Ce sont deux lectures de la chronologie des événements qui s'affirment dans la narration. La comparaison des deux incipit en est révélatrice.

> Une lueur orangée. Bruno Bellerose regardait la flamme se tordre derrière le hublot de son poêle à mazout. C'était le 17 octobre 1970, peu après minuit. L'homme ne dormait pratiquement plus depuis cinq ans. Il vivait sur son lit sans se dévêtir ni s'enfouir sous les couvertures. Il somnolait parfois au milieu de ses livres, de ses cigarettes et de son cendrier. Le jour comme la nuit. Il refaisait toujours surface au moment où sa conscience allait s'éteindre. (*CP* : 15)

> Juin 1968.

> Installée sur une chaise de jardin, Claire Doré prenait le frais dans sa cour en attendant ses invités pour l'épluchette de blé d'Inde. Elle portait des bermudas et sentait la brise du soir caresser ses jambes nues, presque aussi minces, malgré ses cinquante ans, que celles de ses filles, pensait-elle souvent avec fierté. [...] Entre les blocs de béton disjoints du patio, des pissenlits s'entrecroisaient en touffes épaisses qu'elle défendait qu'on extirpât : elle aimait l'herbe folle, pas du tout mauvaise mais libre. (*DBO* : 13)

Bien que ces incipit puissent se rejoindre par la présentation de deux portraits *in medias res*, ils révèlent les choix faits par les auteurs. Dans *Le coup de poing*, la donnée initiale est le mois d'octobre 1970. À une action se déroulant dans un présent réduit à quelques journées, s'opposent de nombreux « segments temporels[12] » relevant d'un passé plus ou moins proche : des peintures du Québec des années 1950 alternent avec le récit de la révolte des Patriotes, à l'occasion de laquelle se sont illustrés des ancêtres de la famille Bellerose. Dans *Un dernier blues pour Octobre*, le premier niveau de narration se caractérise par une certaine linéarité : neuf parties se succèdent avec pour titres des dates qui encadrent le récit de juin 1968 à l'hiver 1970. Seules quelques analepses narrent, en

---

[12] Gérard Genette, *Figures III*, Paris, Seuil, coll. « Poétique », 1972, p. 81.

respectant les données connues de l'enfance de Jacques Lanctôt, celle du personnage Jacques Lemieux.

La présence des dates en début des parties dans *Un dernier blues pour Octobre* traduit la volonté chez Turgeon de réinvestir des temps historiques, de baliser le récit de ces jalons sans toutefois les intégrer dans le corps de la narration. Dans la fiction n'apparaissent ensuite que très peu d'indices temporels. Nous avons vu plus haut que les éléments repris à l'Histoire sont moins de l'ordre spatio-temporel que de l'ordre de la construction des identités des personnages. Ainsi, comme le souligne Pierre Hébert, Turgeon «tisse une toile de fiction dans laquelle se prennent tant les éléments fictifs que non fictifs[13]».

De plus, l'omniprésence des focalisations internes en début de chapitre participe de la construction d'une histoire qui montre «le visage humain, c'est-à-dire parfois hésitant, de toute cette histoire[14]». Cette focalisation est essentiellement distribuée entre les personnages de Paul, Jacques, Luc, le policier, ou Christian Grenier, l'otage. Ces figures deviennent rapidement fondamentales dans le roman par leurs actions au sein de la narration mais aussi du fait de cette focalisation interne. Par ce biais, Turgeon permet au lecteur d'accéder à des lectures différentes, personnelles, des événements.

> Il ne se passait rien et Luc s'en inquiétait. (*DBO*: 223)

> Dès qu'il leur ouvrit la porte, Paul comprit que ses deux camarades en avaient terminé avec Grenier. Et qu'il devait intervenir immédiatement pour éviter que leur acte ne les détruisît moralement. (*DBO*: 294)

Au travers de ces extraits, on comprend pourquoi Hébert évoque l'humain. C'est bien cette notion qui transparaît à la lecture du roman. Plus que de dates ou d'une chronologie, le lecteur se souvient, après avoir refermé l'œuvre, de ces figures, de ces histoires d'humains en proie à une Histoire qui leur échappe parfois.

---

[13] Pierre Hébert, «Histoires d'enlèvements», *Voix et Images*, vol. 16, n° 3 (48), printemps 1991, p. 542.
[14] *Ibid.*, p. 543.

Dans *Le coup de poing*, c'est souvent au narrateur que revient le rôle de préciser les éléments historiques. Les analepses permettent également d'évoquer d'autres événements, la Révolte des Patriotes par exemple. La mise en parallèle de ces différents événements de l'Histoire du Québec traduit la volonté de Caron d'inscrire la crise d'Octobre 70 dans la fresque québécoise. La crise, en étant introduite dans la trilogie, se retrouve sur le même plan que l'Histoire des Patriotes ; elle acquiert de ce fait le statut d'événement majeur dans la construction de l'Histoire du peuple québécois.

Le contexte historique permet les retrouvailles, dans le roman, d'un oncle et d'un neveu. L'Histoire se mêle donc à l'histoire familiale. À la transmission de l'oncle au neveu de l'histoire familiale plutôt tragique, est associée la transmission de toute l'Histoire. En faisant œuvre littéraire, Caron n'endosserait-il pas le rôle dévolu au sein de la narration à l'oncle ? N'est-il pas lui aussi le passeur d'une Histoire à destination du lecteur ? Car, pour rejoindre les théories d'Umberto Eco, une prise de conscience du public est attendue. L'œuvre ouverte sollicite le lecteur, qui est une part essentielle dans la création des significations. De l'auteur qui s'empare de données historiques au lecteur s'établit une chaîne qui tente d'écrire à sa manière l'Histoire d'Octobre 70.

Des événements à s'approprier

Un discours romanesque qui précéderait un discours historique ?

Nous avons vu que les écrivains réécrivaient la crise d'Octobre 70 au sein d'un espace fictionnel dont ils devaient imaginer les bornes. Cependant, il serait peut-être plus juste de dire qu'ils écrivent (et non réécrivent) cette crise d'Octobre. En effet, des faits, des événements sont relatés et analysés par les Historiens. Après en avoir pris connaissance, le romancier s'en empare. Cette démarche est décrite par Lukacs dans *Le roman historique* :

> Plus est profonde et historiquement authentique la connaissance d'un écrivain à propos d'une époque, plus il sera libre de se mouvoir au sein de son sujet et moins il se sentira lié à des faits historiques particuliers[15].

---

[15] Georg Lukacs, *Le roman historique*, Paris, Payot, 1965, p. 188.

La situation ne semble par être tout à fait la même pour Octobre 70. Les deux romans paraissent lors du vingtième anniversaire de cette crise, anniversaire qui donne lieu à une production de différents discours, journalistiques notamment. Or, pour Pierre Hébert, il semble que :

> ce rituel de commémoration s'avère d'autant plus nécessaire que l'unanimité n'a jamais été faite — et ne le sera sans doute jamais — autour de la signification d'Octobre 70. La parole sur Octobre n'est-elle donc pas réclamée par ce manque d'unanimité, par cette signification ouverte[16] ?

Contrairement à d'autres événements, il semble donc que l'Histoire n'ait pas, sur ce sujet, produit le discours attendu : un discours objectif et prouvé. Que ce soit Fustel de Coulanges dans ses *Recherches sur quelques problèmes d'histoire*, qui précise que l'on ne doit croire qu'à ce qui est démontré, ou Simiand, qui affirme que les historiens doivent «substituer progressivement à la pratique traditionnelle une étude positive, objective du phénomène humain[17]», la dimension scientifique du discours historique est, depuis le XVIIIe siècle, voulue et affirmée par les historiens. Devant l'impossibilité de connaître une vérité, une seule et unique Histoire, la littérature s'empare du sujet afin de proposer, non une vérité, non une version, mais au moins un discours sur ces événements appartenant à l'imaginaire collectif.

Le discours romanesque producteur d'un discours H(h)istorique

Un dernier blues pour Octobre : l'histoire réécrite

Il est d'ailleurs significatif de constater que cette question elle-même est mise en abyme dans la fiction. Ainsi, dans *Un dernier blues pour Octobre*, quatre versions du décès de l'otage Christian Grenier sont proposées. On découvre tout d'abord le récit de l'action :

---

[16] Pierre Hébert, *op. cit.*, p. 540.
[17] Simiand, «Méthode historique et science sociale», *Revue de synthèse historique*, 1903, cité dans Nicolas Piqué, *L'histoire, op. cit.*, p. 191.

> [Michel] se leva et s'approcha de Grenier, qui lui tournait légèrement le dos.
>
> S'il vous plaît, il ne faut pas pleurer comme ça...
>
> En lui mettant la main sur l'épaule, ses doigts rencontrèrent la chaînette que le ministre portait au cou. Sans qu'il s'en rendît compte, son index et son majeur se glissèrent sous les fines mailles métalliques et, brusquement, d'un geste puissant où il mit toute sa force de débardeur, il tira le collier vers l'arrière en le tordant. [...] Il crut d'abord que quelques secondes seulement s'étaient écoulées durant cette torsion, mais il se rendit compte qu'elle avait sûrement duré plus longtemps quand la voix de Roger lui parvint. [...] Il lâcha prise. Le torse de Grenier bascula vers l'avant, retenu par la corde de chanvre qui le ligotait au dossier de la chaise. (*DBO*: 292)

Puis, le lecteur découvre le récit proposé par Roger à Paul :

> Roger lui raconta, dans les grandes lignes, les événements des dernières heures. Michel, quant à lui, semblait encore moins capable que d'habitude d'articuler le moindre mot. Paul remarqua que l'autre, dans son récit, sautait par-dessus l'épisode central. [...] C'était son frère, bien sûr, qui avait tordu la chaîne. Mais dans quelles circonstances précises, il ne le saurait jamais, et il éprouva de la reconnaissance pour Roger qui, en refusant de préciser les gestes de chacun, avait décidé de partager la responsabilité de l'acte avec son camarade. (*DBO*: 294)

Le lecteur découvre plus loin la première réécriture de l'Histoire élaborée par Paul grâce aux éléments qui lui ont été relatés par Roger :

> — Écoutez-moi bien. C'était pas un accident. D'abord pour la loi, on aura beau dire le contraire, ça va toujours rester un meurtre. Puis, politiquement, il faut que ce soit une exécution. [...]
>
> — C'est facile pour toi de dire ça. T'étais pas là. [...]
>
> — Tu comprends pas bonhomme. Là-bas, sur la rue Viger, on était trois. Il y avait toi ... puis Michel... puis moi. [...]
>
> Il se barbouilla le pouce gauche avec l'encre de son stylo et imprima soigneusement son empreinte digitale au bas du texte. Les deux

autres l'imitèrent sans un mot, indiquant par là même qu'ils renonçaient à la version de l'accident. (*DBO*: 295)

Enfin, est proposée la version affirmée devant la police et la réception de cette histoire par le policier qui, au sein d'un discours indirect libre, contribue lui aussi à écrire l'Histoire :

> Dans la petite pièce où il menait l'interrogatoire de Paul, Luc se heurtait à un problème inédit : comment faire avouer à quelqu'un qu'il n'avait pas commis un crime. [...] Rien ne semblait pouvoir venir à bout de l'acharnement de Paul à répéter une version des faits qui lui attirerait une condamnation pour meurtre. [...] Au fond, qu'est-ce que cela pouvait lui faire à lui ? Le ministère de la Justice aurait un coupable de plus pour cet accident que tout le monde s'entendait à déguiser en meurtre commis de sang-froid. Ainsi Paul pourrait donner le sens qu'il voulait à un geste pour lequel il serait, de toute façon, condamné à l'emprisonnement à perpétuité. [...] Au fond, pensait Luc, l'histoire des peuples s'écrivait peut-être toujours ainsi, par des compromis entre le mensonge et la vérité. (*DBO*: 326)

La narration affirme, par ces quatre versions, sa compétence à réécrire l'histoire et à modifier le cours des événements. S'emparer du sujet. Créer et donc faire sens afin de permettre ensuite au lecteur, quelles que soient son identité et sa connaissance des événements, de s'approprier cette crise dans un « rapport ouvert vis-à-vis de l'Histoire[18] ». Loin d'être seulement une mise en fiction des événements d'Octobre 70, l'œuvre devient « par la représentation de l'histoire passée [...] une arme engagée dans le présent[19] ».

Le coup de poing: quand l'imaginaire précède le réel

Louis Caron « affirme qu'[il] se méfie de l'histoire parce qu'elle ne retient que les éléments dont elle peut faire la preuve. L'histoire n'a plus rien à voir avec la vraie vie [...]. L'histoire est une science

---

[18] Pierre Hébert, *op. cit.*, p. 544.
[19] Isabelle Durand-Le Guern, *Le roman historique*, Paris, Armand Colin, 2008, p. 119.

inexacte[20]. » De ce fait, rien d'étonnant à ce qu'il s'empare du sujet et le soumette à l'écriture fictionnelle. Non seulement il s'empare des événements, mais il les soumet à la chronologie de la fiction. En effet, dans le roman, les actions de la cellule Papineau précèdent celles des autres cellules. Ce serait donc le discours littéraire qui aurait engendré le discours historique.

De plus, en inscrivant cet épisode dans une saga — définie par Gérard Gengembre comme « l'histoire d'une famille racontée sur une longue période, pouvant aller jusqu'à plusieurs générations[21] » —, Caron inscrit ces événements dans la lignée de ceux évoqués dans *Le canard de bois* ou *La corne de brume*. À l'image de ce que Jacques Pelletier souligne à propos de *L'enfirouapé* de Beauchemin, la crise est, dans *Le coup de poing*, « située dans une tradition historique[22] ». Il est significatif de constater que la fiction participe à cette inscription dans l'Histoire. Les auteurs éprouvent le besoin de s'interroger sur l'Histoire de leur territoire, d'en dérouler à nouveau le fil au gré de leurs productions. Ceci afin de mieux la comprendre, de mieux la saisir, de la relier à un présent — celui de la fin des années 1990 — dans lequel la question de la souveraineté est toujours d'actualité.

Selon Jacques Pelletier, les textes littéraires sont « une production sociale, trouvant dans une large mesure leur signification dans le cadre global d'énonciation dans lequel ils surgissent[23] ». Le cadre de parution des œuvres est donc significatif. Vingt ans après les faits, bien que ces derniers fassent partie de l'Histoire du Québec, des auteurs éprouvent le besoin de les inscrire dans la fiction, renforçant ainsi leur place dans un imaginaire collectif. Pelletier précise également que les textes, « une fois produits, [sont] des facteurs dynamiques d'une culture vivante dont ils sont devenus une partie constitutive ; ils sont donc tout à la fois des expressions

---

[20] Louis Caron, « Témoignage », *Liberté*, n° 147, juin 1983, p. 157.
[21] Gérard Gengembre, *Le roman historique*, Paris, Klincksieck, 2006, p. 107.
[22] Jacques Pelletier, *op. cit*, p. 158.
[23] *Ibid.*, p. 11.

et des maillons forts du discours social dans lequel ils sont pris et qu'ils travaillent de l'intérieur[24] ». Les enjeux d'une réécriture de la crise d'Octobre 70 dépassent donc la simple question des écarts liés à la mise en fiction d'événements historiques. En mettant en scène ces événements 20 ans plus tard, que nous disent Caron et Turgeon de la société dans laquelle ils vivent ? Ces productions semblent faire sens dans la perspective d'une réappropriation de l'Histoire. Le discours historique, quand il existe, ne peut suffire. L'appropriation du passé passe aussi par la mise en fiction. Son rôle est loin d'être seulement didactique comme il a pu l'être pour des romans historiques au XVIIIe siècle ou au XIXe en France. L'enjeu idéologique semble se situer dans une distance qui s'établit avec des faits. Ceux-ci sont assez lointains pour être retravaillés mais encore assez récents pour pouvoir être interrogés et pour interroger le lecteur. Les inscrire dans la sphère fictionnelle, c'est précisément en conforter la place dans un imaginaire collectif, les installer dans la lignée des récits de la Conquête, de la Rébellion des Patriotes. Isabelle Durand-Le Guern précise que « le roman historique est aussi un miroir du présent[25] ». Les deux œuvres traduisent donc un questionnement toujours à l'œuvre, chez les auteurs comme chez les lecteurs, sur l'Histoire du Québec et sur le « poids » de cette Histoire.

---

[24] *Ibid.*
[25] Isabelle Durand-Le Guern, *op. cit*, p. 121.

BIBLIOGRAPHIE

Caron, Louis, *Le canard de bois*, Montréal, Boréal, coll. «Boréal compact», 1989 [1981], 328 p.

Caron, Louis, *La corne de brume*, Montréal, Boréal, coll. «Boréal compact», 1989 [1982], 272 p.

Caron, Louis, *Le coup de poing*, Montréal, Boréal, coll. «Boréal compact», 1998 [1990], 368 p.

Caron, Louis, «Témoignage», *Liberté*, n° 147, juin 1983, p. 157-158.

Cossette-Trudel, Jacques, «L'Histoire séquestrée», *Liberté*, n° 191, 1990, p. 34-43.

Durand-Le Guern, Isabelle, *Le roman historique*, Paris, Armand Colin, 2008, 127 p.

Genette, Gérard, *Figures III*, Paris, Seuil, coll. «Poétique», 1972, 285 p.

Gengembre, Gérard, *Le roman historique*, Paris, Klincksieck, 2006, 159 p.

Goldenstein, Jean-Pierre, *Pour lire le roman*, Paris, DeBoeck-Duculot, 1989, p. 43.

Hébert, Pierre, «Histoires d'enlèvements», *Voix et Images*, vol. 16, n° 3, printemps 1991, p. 539-545.

Lacoursière, Jacques, «Octobre 70: L'occasion rêvée!», *Cap-aux-Diamants*, n° 41, printemps 1995, p. 58-60.

Lukacs, Georg, *Le roman historique*, Paris, Payot, 1965, 407 p.

Pelletier, Jacques (dir.), *Littérature et société*, Montréal, VLB Éditeur, coll. «Essais critiques», 1994, 446 p.

Pelletier, Jacques, *Le poids de l'histoire*, Québec, Nuit Blanche éditeur, coll. «Essais critiques», 1995, 346 p.

Piqué, Nicolas, *L'histoire*, Paris, Flammarion, coll. «Corpus», 1998, 253 p.

Turgeon, Pierre, *Un dernier blues pour Octobre*, Montréal, Libre Expression, 1990, 328 p.

Vallières, Pierre, *L'exécution de Pierre Laporte, Les dessous de l'opération*, essai, Montréal, Québec Amérique, 1977, 223 p.

Vallières, Pierre, *Les héritiers de Papineau*, Montréal, Québec Amérique, 1986, 281 p.

HISTOIRES DE L'ESPACE

IL ÉTAIT UNE FOIS DANS L'OUEST :
LES *ROAD NOVELS* QUÉBÉCOIS

LISE GAUVIN
UNIVERSITÉ DE MONTRÉAL

Le récit de voyage est un genre caméléon, un genre « sans loi[1] », partagé entre le souci descriptif, voire didactique, et le plaisir du texte. Dans les relations de voyageurs vers l'ouest que j'ai eu l'occasion d'examiner récemment, ceux d'Adolphe Basile-Routier et d'Olivier Maurault[2], les lieux et les événements sont nettement décrits en fonction de l'objectif du déplacement. Alors qu'Adolphe-Basile Routhier s'intéresse tout autant, sinon davantage, aux discours entendus et au prestige des visiteurs qu'à la beauté des paysages et aux particularités des personnes qui les habitent, Olivier Maurault se complaît dans la description des sites traversés et celle des hôtels qui l'hébergent. Le premier n'hésite pas à accumuler les digressions et les rappels de l'histoire

---

[1] Roland Le Huenen, « Le récit de voyage : l'entrée en littérature », *Études littéraires*, printemps-été 1987, p. 46.

[2] Adolphe-Basile Routhier, *De Québec à Victoria*, Québec, Imprimerie de L.-J. Demers & Frère, 1893, 392 p. et Olivier Maurault, *A mari jusque ad mare. Voyage de l'Université de Montréal à travers le Canada sous la conduite du Pacifique canadien*, s.n., 1925, 55 p. Voir Lise Gauvin, « Récits de voyageurs : l'ethnologue et le géographe », dans Guy Poirier (dir.), *Culture et littérature francophones de la Colombie-Britannique : du rêve à la réalité*, « Espaces culturels francophones 11 », Ottawa, Éditions David, 2007, p. 101-130.

pour compléter un ouvrage à vocation d'abord didactique, dont l'ambition est de donner de façon aussi complète que possible un panorama, statistiques à l'appui, de l'état de la colonisation de l'Ouest : le rapport nature / culture y est nettement polarisé, à l'abri de toute remise en cause philosophique. Le second est d'abord un touriste à qui l'on a offert un voyage de luxe en agréable compagnie et qui a choisi de faire l'impasse sur tout ce qui n'est pas directement lié au programme de la visite. Dans l'un et l'autre cas, toutefois, le premier protagoniste reste le Chemin de fer canadien, instrument de cohésion et de fierté nationales. Dans l'un et l'autre cas, les récits portent la marque explicite de l'idéologie de leurs auteurs, devenus ainsi chroniqueurs de leur époque et porte-parole de leur milieu.

Or le roman, on le sait, n'a d'autre but que de capter l'attention du lecteur par les moyens ou stratégies dont dispose l'écrivain. Comme toute œuvre littéraire, il est d'abord voyage imaginaire, chasse-galerie de mots, déplacement virtuel et inscription d'une subjectivité dans un espace-temps qui n'a d'autre réalité que celle que lui donne le pacte narratif préalablement établi. Dans ce contexte, le roman du voyage ou le *road novel* peut être considéré comme la métaphore de tout récit dans la mesure où il vient doubler, par son sujet même, le parcours narratif sur lequel se fonde le genre romanesque.

D'autre part, le *road novel* illustre de façon exemplaire cette affirmation de Michel Butor à savoir que « voyager c'est écrire et écrire c'est voyager » :

> J'ai beaucoup voyagé, paraît-il, certes, pas assez pour mon goût ; [...] Or j'écris, et j'ai toujours éprouvé l'intense communication qu'il y a entre mes voyages et mon écriture : je voyage pour écrire, et ceci non seulement pour trouver des sujets, matières ou matériaux, comme ceux qui vont au Pérou ou en Chine pour en rapporter conférences et articles de journaux (je le fais aussi...), mais parce que pour moi voyager, au moins voyager d'une certaine façon, c'est écrire (et d'abord parce que c'est lire), et qu'écrire c'est voyager[3].

---

[3] Michel Butor, « Le voyage et l'écriture », *Répertoire IV*, Paris, Minuit, coll. « Critique », 1974, p. 9-10. Cité par Philippe Dubois « Le voyage et le livre », dans Christian Jacob et Frank Lestringant, *Arts et légendes d'espaces. Figures du voyage et rhétoriques du monde*, Paris, Presses de l'École normale supérieure, 1981, p. 151.

Pour Butor, appétit d'espace et désir d'écriture sont intiment liés. C'est ce que je tenterai de vérifier à travers quelques romans du voyage. Après avoir rappelé l'exemple de *Volkswagen blues* de Jacques Poulin, roman par excellence de la route inspiré du modèle *On The Road* de Kerouac, je m'arrêterai à *Un train pour Vancouver* de Nicole Lavigne et au *Joueur de flûte* de Louis Hamelin, deux romans qui proposent une traversée du Canada d'est en ouest.

Les modèles : Poulin et Kerouac

Volkswagen blues raconte les aventures de Jack Waterman et de sa compagne, Pitsémine, dans leur voyage à travers l'Amérique. Le roman, construit tout entier sous le signe de l'ambivalence, est une interaction entre un lieu et ce qui a eu lieu, soit entre une antériorité et l'actualisation possible de cette antériorité par un parcours qui prend l'aspect manifeste d'une quête. Le récit s'oriente donc autour d'un double prétexte : celui de retrouver la trace du frère Théo et, en même temps, de suivre la piste des explorateurs français qui, tels Louis Jolliet, le père Marquette et Cavelier de La Salle, ont sillonné l'Amérique. À cela s'ajoute le projet de Pitsémine, qui est de retrouver la trace de ses ancêtres amérindiens.

Voyage mythique que celui-là, dont l'enjeu est rien moins que la redécouverte de l'Amérique. Voyage doublé d'un récit policier : la recherche physique et concrète de Théo. Les personnages accomplissent un voyage ordinaire aussi, puisqu'ils transportent avec eux, dans un minibus Volkswagen qui a beaucoup bourlingué, leur monde du quotidien. Le roman propose enfin un voyage initiatique dont la clé est donnée par un *graffito* inscrit à l'intérieur du minibus : « *Die Sprache ist das Haus des Seins*[4] ». Cette phrase de Heidegger tirée de *Brief über den Humanismus* dit que « La langue — ou le langage — est la maison de l'être ». C'est donc aussi par l'écriture que le voyage a lieu, aura lieu. Ainsi ce livre est moins le roman de l'impossible redécouverte que celui de l'écrivain qui pose

---

[4] Jacques Poulin, *Volkswagen blues*, Montréal, Leméac, 1998 [1984], p. 92. Désormais indiqué par *Volkswagen*, suivi du numéro de la page.

l'écriture comme errance, non-savoir absolu, métissage entre des textes déjà connus et une quotidienneté imprévisible. Empruntant la route 101 [sic], Jack Waterman retourne chez lui pour écrire le roman que le lecteur vient de parcourir. Ainsi la boucle se ferme, renvoyant dans l'imaginaire et dans la fiction le récit des événements narrés.

Cette odyssée prend appui sur un modèle explicite, *On the Road*, de Jack Kerouac. Roman du voyage et de l'écriture, celui de Kerouac est cité à quelques reprises : dans la description des affaires du frère Théo, sur la fiche de police, à Toronto. Mais il est surtout présent à travers le pseudonyme du protagoniste : Jack. Dans l'un et l'autre cas, il s'agit d'une traversée du continent qui prend l'aspect d'une quête : la recherche du frère dans un cas, la recherche de l'ami dans l'autre. La quête de ses origines françaises a aussi animé une partie de la vie de Kerouac : il l'exprime dans *On the Road*, par des références à des livres tel *Le grand Meaulnes* d'Alain-Fournier, un livre volé, ou même Proust (exemplaire appartenant à Dean), ou encore par la recherche de Rémi Boncœur, ami de l'école primaire. On sait aussi que le compagnon, le double qui a servi de modèle à Jack Kerouac est un nommé Neal Cassidy, que Kerouac considérait comme un grand frère et qu'il admirait à cause de son instinct de liberté. Or, Théo était, selon Jack, « comme les pionniers », « convaincu qu'il était capable de faire tout ce qu'il voulait » (*Volkswagen blues* : 149). Cassidy, comme Théo, fut un repris de justice. À la suite d'une dispute avec cet ami qu'il est venu retrouver à San Francisco, Kerouac a écrit un recueil de poésie composé de 24 chorus et intitulé *San Francisco Blues*[5]. La référence ne saurait être plus claire. Elle revient encore dans la dernière partie du roman de Poulin, par la mention à Ferlinghetti, l'un des maîtres de la *Beat Generation*. Dans l'un et l'autre cas enfin, la

---

[5] Référence donnée par Christelle Rodget, « Métissage et postcolonialisme dans le roman de Jacques Poulin *Volkswagen blues* », mémoire de maîtrise 1, Grenoble 3, Université Stendhal, septembre 2005.

« Le chorus est synonyme d'improvisation en musique. » Larousse.

Voir aussi : Lise Gauvin, « Le palimpseste poulinien : réécritures, emprunts, autotextualités », *Romanica silesiana*, « La réécriture dans la littérature québécoise », n° 2, 2007, p. 190-203.

quête est déceptive puisque, aussi bien Dean que Théo, au moment des retrouvailles, sont privés de parole : « Comme dans un rêve, je le vis arriver dans le vestibule sur la pointe des pieds et en chaussettes. Il ne pouvait plus parler[6] ». La dernière image est celle d'un vieux Dean « déguenillé dans son manteau mité » qui s'en va « tout seul à pied[7] ».

On peut également trouver une série d'analogies ponctuelles entre les deux livres. À Chicago, Sal prend une chambre au Y. Il s'intéresse beaucoup à ce qu'il mange : son menu préféré, la tarte aux pommes avec une glace, est donné à quelques reprises. Il arrive un moment où il ne sait plus très bien où il en est et pense s'arrêter, comme Jack Waterman. On fait également allusion dans le roman de Kerouac aux chariots des premiers immigrants[8], aux chansons entendues, aux cartes postales écrites, aux livres lus et, notamment, aux œuvres d'Hemingway, ainsi qu'à des lieux comme St. Louis, Missouri. L'une des personnes rencontrées par Sal Paradise, le narrateur de Kerouac, est un cheminot du nom d'Ernest Burke. Lorsqu'ils sont à la recherche de renseignements sur les méfaits du frère Théo, accusé d'avoir volé une carte, Jack et Pitsémine rencontrent un journaliste du nom d'Ernest Burke, dont on précise que le nom est une déformation de Bourque (*Volkswagen blues* : 151). Le vagabond qui se prend pour Hemingway dans *Volkswagen blues* dit avoir déjà croisé Jack Kerouac. Dans *On the Road*, certains mots sont donnés en français, alors que dans *Volkswagen blues* on note une utilisation assez importante de l'anglais. Cependant, les deux personnages d'écrivains n'ont pas la même relation à l'écriture. Jack Waterman écrit avec méthode, sinon avec difficulté, alors que Kerouac, si l'on en croit les biographes, aurait composé *On the Road* à la manière de l'écrivain idéal dont le portrait est donné dans *Volkswagen blues*. Et surtout, c'est dans ce dernier roman que la thématisation de l'écriture se déploie avec le plus d'ampleur. À tel point que le livre pourrait s'intituler « Le roman mode d'emploi ».

---

[6] Jack Kerouac, *Sur la route,* Gallimard, « Folio plus », 2004 [1957], p. 475.
[7] *Ibid.*, p. 478.
[8] *Ibid.*, p. 33.

L'intertexte américain de *Volkswagen blues* est donc présent, affiché, attesté. Il s'agit d'une véritable transposition, au sens le plus fort du mot, dans la mesure où le texte de base est transformé par le contexte général dans lequel l'œuvre se situe. Et cela se vérifie tout particulièrement dans le rôle dévolu aux personnages féminins. À l'image des femmes plus ou moins interchangeables du roman de Kerouac, Poulin substitue la figure hautement symbolique de la Grande Sauterelle, à la fois mécanicienne experte et inspiratrice du voyage.

Un train pour Vancouver

Qu'en est-il de ce modèle dans les récits de Nicole Lavigne et de Louis Hamelin? Le voyage vers l'Ouest, cette fois, consiste en une traversée du Canada dont le point de départ est Montréal et le lieu d'arrivée Vancouver. Le narrateur d'*Un train pour Vancouver*, de Nicole Lavigne, quitte une compagne aimée pour accomplir un périple qui l'aidera à comprendre son propre «drame familial», à savoir le mystérieux silence qui entoure la disparition de sa mère, alors qu'il était jeune enfant et qu'il venait tout juste de faire un long voyage en train avec elle. «Je veux comprendre ce qui s'est passé, précise-t-il à son amie. C'est mon droit. Je tiens beaucoup à ce voyage. Je te l'ai déjà expliqué. J'ai besoin de réfléchir, de remonter à la source[9].» Le récit s'articule autour de deux temporalités: celle du premier départ de l'enfant avec sa mère vers la Nouvelle-Écosse et celle du deuxième voyage en train que relate le récit. Ainsi se superposent les impressions passées et présentes.

Le parcours, les haltes

Au moment de partir, la Gare Centrale de Montréal apparaît au narrateur comme «un *crematorium* avec ses colonnes en granit et son immense hall au plancher trop ciré» (*Un train*: 11). À la différence des gares d'Europe, celle-ci lui semble un lieu dénudé et sans chaleur. Deux jeunes filles blondes, accompagnées de leurs

---

[9] Nicole Lavigne, *Un train pour Vancouver*, Montréal, Boréal, 1994, p. 25. Désormais indiqué par *Un train*, suivi du numéro de page.

bicyclettes, attirent tout de même son attention. Il remarque encore l'intense activité qui règne au moment des repas et l'excitation des enfants dans les couloirs. Il partage son wagon avec une fillette de quatre ans répondant au nom d'Iphigénie, mais dont la mère, manifestement, ne connaît rien de la tragédie d'Euripide. À un certain moment, il revoit passer les jeunes filles et engage la conversation avec elles. Celles-ci, de nationalité néerlandaise, le convainquent de s'arrêter à Banff, le temps d'une visite. Cette brève halte sera la seule étape «imprévue» de ce voyage et la seule distraction de ce narrateur entièrement concentré sur le motif de son déplacement, dont les indices sont dévoilés peu à peu au lecteur.

Le narrateur précise que l'idée de traverser le pays en train lui est apparue comme une nécessité. Car il y a selon lui quelque chose d'apaisant «dans le fait de s'en remettre au paysage pour assouvir le regard, emmagasiner de nouvelles images» (*Un train* : 16). Dès les premières heures, la monotonie du paysage le rassure :

> Ici, pas d'herbe tendre ni de collines pour rafraîchir l'œil. Les champs se succèdent, formant un damier d'un jaune sans écrit. Près de la ligne d'horizon, de trop rares fermes indiquent au voyageur que tout n'est pas perdu, au-delà du regard, dans les terres profondes, le sol deviendra fertile si l'on sait comment s'y prendre. Au loin, une grange et un silo phosphorescent semblent plantés dans un décor en carton. Quelques arbres barbouillent le ciel, bouquets de persil greffés sur le paysage. Un troupeau de vaches passe, un tracteur surgit puis disparaît le train est le lieu privilégié du contemplateur épris de visions éphémères. (*Un train* : 55)

Devant les Rocheuses, il sera, comme tout visiteur, ébloui : «La majesté du paysage saisit dès le premier coup d'œil une gigantesque guirlande taillée à même le roc, recouverte du velours des forêts, parsemée de lacs lumineux comme des saphirs» (*Un train* : 156). C'est là qu'en compagnie des deux Néerlandaises il découvre ce pays, le sien, dont il ignore à peu près tout. En réalité, il se laisse guider par celles qu'il appelle ses «anges» «comme un touriste qui veut tout savoir des us et coutumes du pays où il vient de débarquer », et ce « jeu [l']amuse ». « D'ailleurs, ajoute-t-il, n'est-ce pas ce que je suis, un étranger dans mon propre pays ? » (*Un train :* 178)

Quand il reprend le train, après avoir renoncé à une aventure avec l'une des jeunes filles, il retrouve une sensation de liberté totale : « On dirait que je suis né pour devenir voyageur, un voyageur qui n'aspire à rien d'autre qu'à se laisser porter par les vagues de la traversée » (*Un train :* 222). Arrivé à destination en pleine nuit, le narrateur dit de Vancouver qu'elle n'est pas une ville « mais un mythe », « un rêve qui vibre encore aux accords de guitare de Grateful Dead, de Joni Mitchell, de Crosby, Still, Nash and Young » (*Un train :* 225). Sa gare « ressemble à un décor de théâtre ou à un plateau de cinéma : on dirait qu'elle attend l'arrivée des acteurs pour commencer la répétition » (*Un train :* 225). C'est dans ce lieu mythique et théâtral que se dénouera l'intrigue.

Les observations concernant le voyage lui-même — les paysages et les gens rencontrés — sont toutefois peu nombreuses dans l'économie générale du roman. Car la majeure partie du récit se passe à l'intérieur du wagon de chemin de fer, présenté comme un lieu protégé des regards, suspendu dans un temps à durée indéfinie qui permet la concentration nécessaire au retour sur soi et l'accès aux souvenirs. Aussi ce déplacement est-il d'abord un voyage immobile et un rappel de scènes enfouies dans la mémoire.

Le voyage immobile

À peine a-t-il mis les pieds dans le train que surgissent, dans l'esprit du narrateur, des images de son enfance. Visions du départ avec sa mère, d'abord, alors qu'il avait tout juste cinq ans. Le train lui avait paru « énorme, monstrueux presque » (*Un train :* 41). Le voyage lui-même lui avait paru irréel et fabuleux :

> À moins de l'avoir vécu, on n'a pas idée de ce que représente un premier voyage en train pour un enfant. Le ronron sécurisant du moteur, le bruissement du système de climatisation, le va-et-vient et la promiscuité, et, à l'extérieur, les mille et un détails que l'œil intercepte ; une volée d'oies sauvages, un troupeau de vaches qui paît dans un pré, un lac, une cabane abandonnée à l'orée d'une forêt.

> Tout cela défile si vite que nous nous demandons si nous avançons vraiment ou si nous ne sommes pas plutôt immobiles à regarder une projection de film en accéléré. (*Un train*: 61)

Fuite ou fugue? se demande-t-il un moment, pour comprendre ensuite que ce départ avait été prémédité. Il s'agissait pour la mère de retrouver à Springhill en Nouvelle-Écosse un prisonnier du nom de James Russell avec lequel elle avait entretenu une longue correspondance. Ayant lu dans le journal que cet homme avait pris la direction d'un groupe de détenus revendiquant un meilleur traitement, la mère lui avait envoyé un mot pour lui exprimer son soutien. De nombreuses lettres ont suivi, de plus en plus tendres, jusqu'à ce que la jeune femme décide d'aller rejoindre cet homme et de vivre avec lui. Accompagnée de son fils de cinq ans, elle avait quitté la maison familiale et un mari qu'elle appréciait peu pour s'installer dans une maison de campagne tout près de la prison, qu'elle visitait trois fois par semaine. L'installation à Springhill avait été facilitée grâce à une dame à la Volkswagen blanche. Allusion à Poulin? L'enfant fut vite ramené chez lui par sa famille et la mère, de son côté, ne revint à Montréal que le temps de préparer un nouveau départ, cette fois définitif, alors que le narrateur n'avait que six ans.

Quelque 20 ans plus tard, ayant appris par un entrefilet de journal que le nommé James Russell avait été tué par un policier à l'occasion d'un vol de banque à Vancouver, le narrateur croit pouvoir, en suivant sa trace, retrouver celle de sa mère. D'où le projet de ce voyage dont l'essentiel consiste dans les scènes d'enfance remémorées et dans les questions sans réponse que se pose encore l'adulte. Qui était cette femme, sa mère, pour pouvoir abandonner ainsi tout un passé et partir à l'aventure avec un repris de justice? Et qui est cet homme, son père, à la mine renfrognée et sévère? « Il m'a fallu du temps, avoue-t-il, pour comprendre que ma mère était la seule personne capable de mettre fin à mon cauchemar. À ma surenchère de questions. » (*Un train*: 206) Mais ce même narrateur sait aussi que l'essentiel est moins dans ce qu'il trouvera au terme de sa recherche que dans la démarche elle-même : « Je recompose le passé, au passé composé.[...] Qu'importe la ressemblance, qu'importe si le tableau diffère du modèle. Moi qui, il n'y a pas si longtemps, disais rechercher la vérité. Au fond, est-ce si important, la vérité », se demande-t-il à mi-parcours. (*Un train* : 124) En déchiffrant les lettres adressées par le prisonnier à sa mère, le narrateur découvre dans celui qu'il avait passé sa vie à détester un être profondément humain et attachant. On s'étonne toutefois que ces lettres soient données à lire en français, sans aucune mention de leur langue d'origine, alors que leur auteur, on le sait par les dialogues à la prison, s'exprimait quasi uniquement en anglais. Les passages en anglais, dans ce bouquin, se limitent à quelques échanges verbaux au moment du séjour à Springhill.

Voyage initiatique donc encore que celui-là, qui consiste à reconstruire le passé pour pouvoir vivre le présent. Long monologue intérieur transcrit par un narrateur dont l'activité d'écriture, si elle n'est pas explicitement détaillée, apparaît en filigrane, lorsque, par exemple, il s'empresse de noter en pleine nuit un rêve étrange qu'il vient d'avoir. Le périple se termine par l'image d'une rencontre imminente entre la mère et le fils, sur une plage de Vancouver, alors qu'on entend le sifflement d'un train.

Le joueur de flûte

Le joueur de flûte, de Louis Hamelin, raconte l'aventure d'un jeune fonctionnaire répondant au nom de Ti-Luc Blouin qui décide de quitter son emploi à Montréal pour tenter de retrouver son géniteur, un écrivain américain de l'époque hippie qui aurait rencontré sa mère dans une commune de l'île Mere, près de Vancouver, et l'aurait engrossée en mettant en pratique sa technique du *fuck writing* : faire l'amour avec une femme installée à califourchon sur une machine à écrire. Depuis ce temps, aucune nouvelle de celui qui se faisait appeler Forward Fuse. Revenue enceinte de Vancouver, la mère en question avait trouvé un père de remplacement dans la personne de Jesse Blouin, un ami de cœur rencontré à la Maison du Pêcheur à Percé, apprenti terroriste décédé au moment où il déposait une bombe dans une boîte aux lettres de Westmount. Après une enfance passée en Gaspésie, le narrateur se retrouve à Montréal, «seul au monde[10]», sa dernière blonde venant de le quitter parce qu'il manquait de caractère et était plutôt mal défini: «De fait, j'ai très peu d'identité, constate-t-il. De plus, j'ai un problème de colonne vertébrale» (*Joueur*: 18). À un ami fondateur et président à vie de la Brigade de lutte antitoxique (BLAT), il confie son désir d'aller «en pèlerinage» vers Mere Island, en passant par Virago, sur l'île de Vancouver, dont sa mère disait que «c'était tout au bout de la route: après, il y a l'océan, l'île, et ensuite c'est la Sibérie et le Japon» (*Joueur*: 35). Et le militant écologiste de lui conseiller de se dépêcher car une compagnie forestière du nom de Westop-Pacific était sur le point de raser toute l'île. Pessimiste, l'ami énumère les «Trois Grandes Dérives contemporaines — Droits des animaux, intégrisme de la santé et *New Age* — qui en arrivent à protéger les légitimes aspirations du rat de laboratoire au bonheur et à la liberté» (*Joueur*: 37). Notons ici, en passant, que la référence aux rats revient de plusieurs manières tout au long du roman. Convaincu qu'il doit partir sans tarder, le narrateur quitte son emploi pour se rendre dans l'Ouest, destination utopique par excellence. Non sans avoir au préalable pris congé de son ex-copine, Marie, à qui il promet d'envoyer des cartes postales.

Un monde à la dérive
La traversée du continent est relatée fort brièvement. Deux pages suffisent au narrateur pour transporter son lecteur de Montréal à Vancouver. Parti en stop, il emboutit une voiture dans un arbre, près de Petawawa, puis fait un bout de chemin en train, un autre en bus, et le reste dans un véhicule poids lourd qui finit par le déposer dans un centre commercial de Richmond, au milieu de la nuit, après avoir dragué une touriste belge à Banff et rencontré une fille de Laval à Jasper. Il jette un coup d'œil à Vancouver, le temps d'observer, le matin, les «hommes d'affaires, mendiants, hédonistes de tous poils, prophètes de bonheur et de malheur

---

[10] Louis Hamelin, *Le joueur de flûte*, Montréal, Boréal, 2002, p. 17. Désormais indiqué par *Joueur*, suivi du numéro de page.

et rouliplanchistes» et de lire dans un journal qu'un attentat terroriste avait visé une librairie gaie de Kitsilano. Il prend ensuite le traversier qui le mène jusqu'à Virago, sur l'île de Vancouver, où, dans un café granola, il apprend les péripéties de «La bataille de l'île Mere», sans trop y prêter attention, à cause de la fatigue. Ce n'est que le lendemain, après avoir dormi sur un banc, qu'il accoste à Edge Bay, dans l'île, et s'installe dans le campement occupé par les protestataires dévoués à la sauvegarde de l'endroit, après avoir aperçu «un type en slip orange figé dans une extase taï chi» (*Joueur*: 57).

C'est là qu'il est accueilli par Maxence Moutou, un francophone originaire de Kapuskasing en Ontario, ex-rédacteur en chef du *Provigain Express*, ex-rédacteur également du bulletin mensuel de la Ligue des associations anarcho-libidinales d'Amérique (la LAALA, d'obédience lacanienne) (*Joueur*: 59). Ligue dont l'article un se lit comme suit: «Le patrimoine sexuel sera classé bien collectif et réquisitionné au profit de l'ensemble de la communauté». Car, selon Moutou, «la révolution sexuelle a laissé trop d'orphelins sur le carreau. Comme toutes les révolutions, elle aura profité surtout à la bourgeoisie» (*Joueur*: 59).

Ti-Luc Blouin fait la connaissance encore de Muse, une jeune fille qui se promène toujours avec un rat blanc sur l'épaule, qu'elle a nommé Raymond, Ray pour les intimes. Muse se décrit comme une «multidysfonctionnelle». Elle a débarqué à Edge Bay en compagnie d'Arno Valanti, le célèbre peintre du Plateau Mont-Royal rencontré lors d'un événement Peinture en direct aux Foufounes électriques alors qu'elle-même faisait de la strip-poésie. Ce qui a permis au peintre de pratiquer sur elle le *body painting*. Arno avait débarqué à Vancouver dans un Buswolks qui faisait penser à une cache à canards sur roues et sur lequel il avait écrit: «Ô POLITICIENS, ARRÊTEZ DE NOUS VOLER, ET VOUS, SUPPÔTS DE LA RÉACTION, SUSPENDEZ VOTRE DISCOURS!» (*Joueur*: 64)

Un des leaders du campement, du nom de Watchcock,

> avait fait partie du noyau initial de Greenpeace, à l'époque où le mouvement se réduisait à une joyeuse bande de cinglés jouant du saxophone et de la flûte traversière sur un vieux rafiot dans l'espoir d'entrer en communication avec les baleines (*Joueur*: 65).

Il avait

> mis au point un concept d'action violente dite limitée (exemple : arracher son gourdin à un chasseur de phoques, lui en donner un grand coup dans les cannes et ensuite se mettre à courir vers l'horizon (*Joueur*: 67).

Et pour compléter le tableau se trouvait au campement un correspondant du journal français *Libération*, Pierreau Marchal-Dubond-Dupont, « un ancien de Beyrouth et de Sarajevo à qui il arrivait de se prendre pour Hemingway » (*Joueur*: 67). Également une jeune femme, Flora, adepte des techniques de *rebirth*, ainsi qu'une Allemande bien en chair et habile à la planche à voile, Gretschen Goffman, responsable des relations avec la presse. Sans compter le chef du parti vert de la Colombie-Britannique, Patrick Westmoreland, enfermé dans un chalet, ancien membre de la commune Love Mountain, ayant déjà fréquenté Forward Fuse et aussi celle qu'il appelle « la petite Québécoise », Janine Blouin.

On aura compris que tout ce monde, associé aux Amérindiens Onani's pour la défense de leur territoire, est présenté de manière ironique et caricaturale. Chacun joue son rôle sous l'œil complice des caméras de télévision, sachant bien qu'au bout du compte, malgré les protestations et les refus d'obtempérer, la Westop-Pacific aura le dernier mot. La question est de savoir à quel moment cela se produira. Ce qui, on le devine, arrivera à la fin du roman, au terme de multiples péripéties. La dérision, ici, touche moins l'objet du conflit lui-même que la manière qu'ont les uns et les autres de se l'approprier, et cela jusqu'aux agences touristiques qui font de l'île et du campement des protestataires un but d'excursion. Mais comme dans le roman de Nicole Lavigne, le récit comporte une autre dimension, celle de la quête identitaire du narrateur.

La quête identitaire

À plusieurs moments, les souvenirs d'enfance affluent dans la mémoire du narrateur. Parmi ceux-ci, les démêlés avec une colonie de rats qui habitaient une maison voisine de la leur, en Gaspésie, et qu'il canardait à toute vitesse avec un fusil à plomb, « comme un personnage de Hemingway », alors que sa mère « arpentait la plage en quête d'agates et lisait du André Breton » (*Joueur* : 23). L'un d'eux, surnommé Gros-Père, semblait attendre chaque jour sa tartine de poison. « J'apprivoisais Gros-Père et je le tuais. Ou bien était-ce lui qui m'apprivoisait ? » se demande l'adulte (*Joueur* : 56). Une rate qui venait d'accoucher est aussi l'objet des sévices de l'enfant. À ces souvenirs surgis spontanément s'ajoutent les séances particulières que le narrateur s'offre en se réfugiant dans un arbre, une pruche au centre creux qui lui sert d'abri : « Je suis resté là toute une journée, à attendre, dans le noir, à ne penser à rien. Jusqu'à ce que la lumière circulaire, au sommet, commence à décliner » (*Joueur* : 104). Ce lieu constitue alors la retraite idéale, le lieu par excellence de la méditation :

> Vers la fin de l'après-midi, j'étais de retour dans mon arbre creux. Le long tunnel vertical, et le rond de ciel bleu, tout en haut. Le silence bourdonnant du sang venait battre à mes tempes. Ma mémoire me jouait des tours bizarres, dans cet arbre. Les mots et les images semblaient y naître spontanément, et comme tout naturellement pour venir tournoyer dans ma conscience. [...] Des épisodes cachés de ta vie refont surface. Durée idéale de la séance ; une demi-heure. (*Joueur* : 122-123)

Et le narrateur d'associer ces séances à celles du *rebirth* pratiqué par Flora. Dans ces haltes, on trouve ce qui, dans *Volkswagen blues*, se désigne sous le nom du complexe du scaphandrier et consiste en une plongée en soi et en un arrêt provisoire de la quête.

Celle-ci se poursuit, toujours dans le but de retrouver le géniteur, musicien et grand séducteur que l'on surnommait le Joueur de flûte, rappelant par là la légende allemande voulant qu'un musicien soit passé dans un village et ait exterminé tous les rats en emmenant les enfants à sa suite. L'un de ses anciens camarades le décrit comme « un cul-terreux de l'Oregon qui venait de lire *On the Road* et qui avait tout pour lui » (*Joueur* : 91-93). Le narrateur le découvre finalement, recyclé en chef amérindien et surnommé Mister Big, joueur de saxophone devenu rédacteur de communiqués pour le compte d'un groupe terroriste amérindien et travaillant à une biographie de Howard Hugues. Sa maison est un lieu étrange où deux écrans déroulent en permanence, l'un un film porno, l'autre les actualités du jour. Lorsque enfin le narrateur décide de se faire reconnaître de ce père qui lui fait pitié, « ex-héros du LSD accro à la codéine », il est partagé entre « le goût d'éclater en sanglots et celui de l'étrangler » (*Joueur* : 186).

Les retrouvailles seront de courte durée puisque, après avoir laissé à son fils une carabine en héritage, Big décide de se faire sauter la cervelle. Le narrateur n'a plus alors qu'à retourner au campement, grâce au concours d'un Amérindien passeur de joints, et à retrouver la « sécurité de [sa] grande pruche au cœur foudroyé » (*Joueur* : 199).

Le dernier chapitre comporte en épigraphe une citation de Volker Schlöndorff : « Il faut parfois accepter d'aller dans la forêt pour retrouver l'endroit où on s'était perdu » (*Joueur* : 197). Réfugié une fois de plus dans son arbre, le narrateur résiste à une attaque des bûcherons en décidant d'escalader la pruche par l'intérieur et de se lancer ensuite en plein ciel. Après quelques jours en forêt, ou plus exactement d'arbre en arbre, il sauvera un chimpanzé et sera rescapé par un grand chef amérindien qui le ramènera vers la terre ferme. Le chef l'accueille par ces mots : « Comment tu t'appelles, fils ? ». Et le narrateur de répondre : « Luc... Luc Blouin » (*Joueur* : 221), laissant tomber le Ti aux relents d'enfance. Ainsi se termine ce périple qui prend l'aspect d'une renaissance ou d'une initiation à l'âge adulte.

La dimension écriture apparaît tout au long du récit par les cartes postales écrites pour Marie relatant l'arrivée à Edge Bay et le fait que, chaque jour, des bûcherons, accompagnés de policiers, demandent aux protestataires de dégager le terrain. Le chef amérindien répond que les arbres leur appartiennent et qu'ils sont chez eux. Tout cela devant les caméras, qui repassent les images à la télévision. Le narrateur confie encore à Marie ses questions sur la vraie personnalité de son père : « Un mystique sauvage ? Un débauché métaphysique ? Un ami de William Burroughs ? Un pionnier des espaces psychiques ou une simple rumeur ? » (*Joueur* : 11) Mais les cartes postales ne seront jamais envoyées, ce qui amène le narrateur à cette réflexion : « Peut-être qu'imaginer est un besoin qui ne sert à rien, après tout ? » (*Joueur* : 208) Comme un chœur théâtral, les cartes postales, dans ce roman, ont pour fonction de faire le point et d'accompagner la méditation du narrateur. La thématisation de l'écriture est présente également par de nombreuses allusions à des auteurs américains, dont les classiques Kerouac et Jim Harrison, mais surtout par le personnage du père, romancier pornographe qui n'est pas sans rappeler le Blasey Blasey de Ducharme et qui soutient que toute image est pornographie, car « la porno n'est rien d'autre que l'image essentielle, l'image à l'état pur » (*Joueur* : 165).

Dans ce monde à la dérive, on perçoit chez le narrateur une certaine tendresse, mêlée de respect, pour les identités affirmées, celle de Muse et sa camaraderie avec Raymond, celle d'Irene, la compagne de Mister Big, et son travail auprès des alcooliques, celle de Mister Big lui-même et son admiration pour Howard Hugues, s'exprimant par le projet de construction d'un canot volant. Celle enfin du chef Watt, dont le regard, en fin de parcours, est fixé vers l'avant. À chacun son rêve, semble dire le roman, pourvu que ce rêve ne perturbe pas l'ordre naturel des choses. Pour Ti-Luc Blouin devenu Luc Blouin, l'Ouest aura servi de catalyseur, de révélateur d'identité.

Il y a toujours une quête à l'origine du déplacement, quête familiale et collective dans le cas de *Volkswagen blues*, quête individuelle dans le cas du narrateur d'*Un train pour Vancouver*, quête personnelle encore doublée d'une critique sociale pour le narrateur du *Joueur de flûte*. Le mouvement est à la fois extérieur et intérieur, chaque déplacement s'accompagnant d'une nouvelle étape dans l'évolution du protagoniste principal.

Construits à la manière de récits policiers laissant le lecteur en suspens jusqu'à la fin, *Volkswagen blues* et *Un train pour Vancouver* inversent leurs fins, car la quête, déceptive dans un cas, se termine par des retrouvailles dans l'autre, mais sans préciser en aucune façon la nature de ces retrouvailles. Dans *Le joueur de flûte*, le résultat de la recherche est positif, puisque le père retrouvé, malgré son comportement étrange, permet la renaissance du fils, une sorte de *rebirth* qui, comme dans les contes, n'est possible qu'après que le héros a affronté une série d'épreuves, au risque même de se perdre en forêt, et qu'il en est sorti victorieux. Quant au retour, rendu possible grâce à un long détour vers l'origine et le noyau identitaire, il est explicite chez Poulin, implicite chez Lavigne par la relation avec l'amie montréalaise, qui s'intensifie malgré la distance, et de nouveau explicite chez Hamelin. Ces Ulysses modernes ont besoin de revenir à la case départ pour raconter leur odyssée.

Dans chacun de ces récits, l'écriture tient une large place. Elle apparaît sous forme de commentaires dans le roman de Poulin, de lettres lues avec émotion dans le roman de Nicole Lavigne, ou encore sous forme de rêve transcrit : l'ensemble du récit, dans ce roman, prend l'aspect d'un monologue intérieur rédigé par un narrateur attentif à la mobilité de ses émotions. L'interrogation sur l'écriture traverse le récit de Louis Hamelin par les cartes postales écrites à Marie, mais également par le statut d'écrivain affiché par le père.

Concluons de ce parcours que le roman de voyage est moins l'histoire de déplacements que celui de divers recentrements. « Dans les romans des voyages, écrit Isabelle Daunais, c'est la périphérie qui est directement rejointe et donc annulée, selon un principe de centre constamment transporté et devenu abstrait dans son concept[11]. » Centre abstrait, par conséquent, si l'on se place d'un point de vue territorial, mais centre omniprésent si l'on se place du point de vue des subjectivités et des problématiques dévoilées par les récits. S'interrogeant sur le sort des langues et la trace du français en Amérique, le protagoniste de Poulin définit l'écriture comme errance, métissage entre les langues et les cultures, alors que le narrateur de Lavigne n'accomplit son périple que pour mieux se débarrasser d'une certaine culpabilité passée et de la

---

[11] Isabelle Daunais, « Le roman des marges », *Études françaises*, vol. 30, n° 1, printemps 1994, p. 145.

haine envers l'amant de sa mère. Dans le roman de Hamelin, qui tient également du conte merveilleux et du conte philosophique par sa critique sociale, la recherche du père, associée à la protection de l'environnement, permet au narrateur de se reconnaître comme sujet. Si, selon Butor, écrire c'est voyager et voyager c'est écrire, c'est aussi d'abord et avant tout, dans les *road novels*, s'écrire, c'est-à-dire accomplir une traversée de l'espace qui permet la (re-)découverte de soi et de son monde intérieur.

BIBLIOGRAPHIE

Butor, Michel, «Le voyage et l'écriture», *Répertoire IV*, Paris, Minuit, coll. «Critique», 1974, p. 9-29.

Daunais, Isabelle, «Le roman des marges», *Études françaises*, vol. 30, n° 1, printemps 1994, p. 136-147.

Dubois, Philippe, «Le voyage et le livre», dans Christian Jacob et Frank Lestringant, *Arts et légendes d'espaces, Figures du voyage et rhétoriques du monde*, Paris, Presses de l'École normale supérieure, 1981, p. 151-199,

Gauvin, Lise, «Récits de voyageurs: l'ethnologue et le géographe», dans Guy Poirier (dir.), *Culture et littérature francophones de la Colombie-Britannique: du rêve à la réalité*, Ottawa, Éditions David, coll. «Espaces culturels francophones 11», 2007, p. 101-130.

Hamelin, Louis, *Le joueur de flûte*, Montréal, Boréal, 2002, 225 p.

Kerouac, Jack, *Sur la route*, Gallimard, «Folio plus», 2004 [1957], 475 p.

Lavigne, Nicole, *Un train pour Vancouver*, Montréal, Boréal, 1994, 235 p.

Le Huenen, Roland, «Le récit de voyage: l'entrée en littérature», *Études littéraires*, printemps-été 1987, p. 45-61.

Maurault, Olivier, *A mari jusque ad mare. Voyage de l'Université de Montréal à travers le Canada sous la conduite du Pacifique canadien*, s.n., 1925, 55 p.

Voir Lise Gauvin, «Récits de voyageurs: l'ethnologue et le géographe», dans Guy Poirier (dir.), Culture et littérature francophones de la Colombie-Britannique: du rêve à la réalité, «Espaces culturels francophones 11», Ottawa, Éditions David, 2007, p. 101-130. Poulin, Jacques, *Volkswagen blues*, Montréal, Leméac, 1998 [1984], 295 p.

Rodget, Christelle, «Métissage et postcolonialisme dans le roman de Jacques Poulin *Volkswagen blues*», mémoire de maîtrise 1, Université Stendhal, Grenoble 3, septembre 2005.

Routhier, Adolphe-Basile, *De Québec à Victoria*, Québec, Imprimerie de L.-J. Demers & Frère, 1893, 392 p.

VOLKSWAGEN BLUES DE JACQUES POULIN :
DES HISTOIRES POUR ÉCRIRE L'HISTOIRE, OU DES HISTOIRES POUR FORMER LES PERSONNAGES ?

John Kristian Sanaker
Université de Bergen

On connaît bien la très grande discrétion de Jacques Poulin romancier, sa volonté de vivre en retrait et de ne pas exploiter sa propre célébrité en vue de se positionner en tant que personnalité littéraire. Il déteste, dit-il,

> tout ce qui fait partie de la vie littéraire, excepté l'écriture elle-même. Je déteste les explications de texte, les discussions littéraires, les salons du livre, les émissions de radio et de télé, les séances de signature, les lectures publiques[1].

En plus, malgré la ressemblance évidente entre le protagoniste récurrent de son œuvre, Jack homme de lettres et de livres, et lui-même, il tient à éviter l'introduction dans ses romans d'éléments identifiables de sa propre jeunesse : « Parler directement de ma famille et de mon enfance me semblerait une chose tout à fait indécente[2] ». Cependant, dans le même entretien très riche

---

[1] Réginald Martel, « Entretien avec Jacques Poulin », *La Presse*, 6 décembre 1994, p. B1.
[2] Jean-Pierre Lapointe et Yves Thomas, « Entretien avec Jacques Poulin », *Voix et Images*, vol. 15, n° 1 (43), automne 1989, p. 8.

accordé à Jean-Pierre Lapointe et Yves Thomas en 1989, il nous livre une des rares allusions à son enfance dans l'ensemble des entretiens qu'il a donnés, et notamment à un phénomène qui a pu l'influencer en tant qu'écrivain : il évoque une enfance baignée dans des « histoires » :

> Lapointe et Thomas : — Nous connaissons vos origines beauceronnes. On sait que la Beauce a longtemps conservé une riche tradition orale. Pourrait-on supposer qu'il y a un rapport entre cette tradition orale et le fait que vos livres ont souvent la forme de contes, de récits oraux ?
>
> — C'est possible. Chez nous, il y avait une servante qui s'appelait Marie-Ange. Quand nous étions petits, elle nous racontait des histoires que j'ai retrouvées plus tard chez Rabelais. Et puis, au magasin général de mes parents, je me souviens de longues soirées où les gens étaient rassemblés autour d'un grand sac de pinottes en écales et racontaient des histoires de contrebande [...]. Des histoires, j'en ai entendu beaucoup dans mon enfance, et j'en ai lu aussi un grand nombre dans *l'Encyclopédie de la jeunesse*[3].

J'ai fait ce petit détour vers les histoires racontées par les protagonistes de *Volkswagen blues* pour rappeler que Poulin est un écrivain assez âgé (né en 1937) pour avoir grandi à une époque (la Seconde Guerre mondiale et après) où une partie importante de la vie sociale consistait à raconter des histoires, à écouter des conteurs transmettant une partie importante de l'imaginaire collectif d'une communauté donnée.

À la relecture de *Volkswagen blues*, j'ai pu constater que les histoires racontées y occupent une encore plus grande place que je ne pensais — et qu'elles jouent un rôle important dans la structure même du roman dans la mesure où elles contribuent largement à la constitution même des protagonistes, véritables pondeurs d'histoires, à leur gestation en tant que personnages.

Le lecteur trouvera en annexe deux documents qui pourront lui être utiles pour l'étude de la fonction des histoires racontées dans notre roman. Le premier (le tableau analytique) identifie le

---

[3] *Ibid.*, p. 12.

contenu de chaque histoire et, lorsqu'il y a lieu de le faire, suggère la réaction de l'auditeur. Le second texte (le cadre énonciatif des histoires) nous fournira des exemples servant à appuyer une réflexion sur la fonction des histoires racontées dans *Volkswagen blues* en tant que roman d'amour (ou d'amitié — nous y reviendrons) et roman psychologique. En effet, si roman d'amour il y a, un des actes d'amour principaux de *Volkswagen blues* consiste à raconter à l'autre de belles histoires, d'en faire don à l'être aimé. Et si roman psychologique il y a, la gestation du caractère des protagonistes se fait largement par leur rôle d'investigateurs et de conteurs. Les deux protagonistes du roman sont des entités psychologiquement vides qui sont remplies par leur plongée dans l'Histoire, qu'ils sont amenés par leur voyage à examiner, entre autres par leurs lectures — Histoire qui est largement un produit des histoires dont ils sont porteurs.

Les deux protagonistes font rarement un mystère de la provenance des histoires racontées. Elles viennent pour la plupart directement des livres qu'ils viennent de lire ou qu'ils sont en train de lire. Ainsi, une bonne partie des histoires est tout simplement de la lecture partagée, ou même de la lecture à haute voix. Surtout, Pitsémine est une grande lectrice : « Elle ne parlait pas beaucoup. Elle lisait[4] » ; « J'ai lu pas mal de choses sur les Indiens » (*VB* : 44) ; « Elle dit qu'elle avait appris l'histoire dans un livre qui s'appelait *Le langage secret des animaux* » (*VB* : 64).

Dans ce qui suit, nous ne tiendrons compte que des histoires racontées par les deux protagonistes qui sont assez longues et substantielles pour avoir un « contenu », pour pouvoir nous donner une « leçon », ce qui ne constitue en rien la totalité des histoires contenues dans le roman. Car tout l'univers de *Volkswagen blues* regorge d'instances conteuses. D'une part, les deux protagonistes consacrent une bonne partie de leur périple à se raconter des histoires dont nous ne savons rien (« Entre

---

[4] Jacques Poulin, *Volkswagen blues*, Arles / Montréal, Actes Sud / Leméac, coll. « Babel », 1988, p. 41. Dorénavant, les références à cet ouvrage seront entre parenthèses, suivies du sigle *VB*.

l'homme et la fille, il y avait une convention tacite : celui des deux qui ne conduisait pas devait raconter des choses à l'autre pour éviter qu'il ne s'endorme au volant » [*VB* : 105]). D'autre part, sont introduits bon nombre d'autres personnages conteurs : Théo enfant « racontait l'histoire d'Étienne Brûlé » (il était « savant parce qu'il lisait toutes sortes de livres » [*VB* : 70]) ; le capitaine du bateau de Saint Louis « expliqua » et « décrivit » (par les haut-parleurs) Saint Louis (*VB* : 144), il « savait une foule de choses sur la Piste de l'Oregon » et « ils l'écoutèrent avec beaucoup d'intérêt » (*VB* : 145) ; le journaliste de Kansas City « avait beaucoup de choses à raconter » sur Kansas City au temps des aventuriers (*VB* : 153) ; une chanson western « racontait l'histoire de Bill, un vagabond solitaire et malade » (*VB* : 193) ; à San Francisco, dans un parc, « [une] vieille femme qui nourrissait les pigeons leur raconta » des choses sur Robert Louis Stevenson qui était venu s'assoir sur leur banc même (*VB* : 295) ; la vieille femme à la guitare « leur racontait comment les choses se passaient autrefois »…

Le contenu

Pour ce qui est du contenu des histoires, l'ensemble du matériau raconté se répartit sur trois domaines principaux. Un certain nombre d'histoires sont sans rapport direct au voyage de notre couple et à leur recherche ; leur fonction peut relever de l'ordre du métaphorique ou du symbolique, ou bien il peut s'agir d'un divertissement ou d'un geste d'amitié de la part du conteur comme c'est le cas pour les histoires de l'Eldorado, des manchots couvreurs et du complexe du scaphandrier (voir l'annexe). Trois histoires racontent spécifiquement l'enfance ou la jeunesse de Jack avec Théo, leurs aventures communes, les dimensions héroïques du grand frère. Mais la grande majorité des histoires concernent le voyage dans la mesure où elles sont soit des reconstitutions des exploits des voyageurs canadiens et — plus tard — des épreuves des pionniers le long de la Piste de l'Oregon, soit des présentations de diverses rencontres entre Blancs et Amérindiens. Des sources importantes sont *La pénétration du continent américain par les Canadiens français* de Benoît Brouillette (1939) et *The Oregon*

Trail Revisited de Gregory M. Franzwa (1972) («leur livre préféré», *VB*: 193); mais il arrive aussi qu'ils racontent des choses qu'ils connaissent déjà, dont ils sont porteurs par des expériences préalables, comme lorsque Pitsémine raconte l'histoire des Illinois et du *Rocher de la Famine* («La Grande Sauterelle connaissait [...], elle connaissait, [...] elle s'intéressait [à]...», *VB*: 123), ou bien quand elle se lance dans un véritable cours sur Buffalo Bill et les bisons avec des connaissances qui dépassent largement les informations qu'ils ont pu avoir trouvées au musée Buffalo Bill qu'ils viennent de visiter (*VB*: 186-192); nous savons aussi que la mère de Pitsémine lui a transmis des connaissances sur la vie traditionnelle des Amérindiens («des choses qu'elle me racontait autrefois pour m'endormir»).

L'énonciation

Les 21 histoires repérées sont, à des degrés divers, plus ou moins marquées spécifiquement comme des histoires racontées, se détachant du corps textuel comme des morceaux de texte indépendants. Lorsque Jack évoque pour la première fois des souvenirs de Théo, «[ils] marchèrent sur la grève. Ils se mirent à parler de Théo et l'homme raconta quelques souvenirs, etc.» (*VB*: 27); et lorsque Pitsémine raconte sa vision des grands canots d'écorce, l'histoire se présente sous la forme du style indirect libre: «Dans son rêve, il n'y avait pas seulement les canots des Indiens, etc.» (*VB*: 58). Dans les deux cas, les histoires racontées ne constituent donc pas de rupture avec la continuité narrative assurée par le narrateur de *Volkswagen blues*.

Nous nous intéresserons désormais à une dizaine de cas où les histoires sont clairement marquées comme telles soit au début et à la fin, soit à la fin seulement. Les formules d'introduction peuvent avoir la forme d'une déclaration annonçant une véritable séance de conteur: «Alors l'homme annonça: — Je vais vous raconter une histoire» (*VB*: 29); «Mais je vais vous raconter une histoire spéciale» (*VB*: 63); «et puis la Grande Sauterelle annonça qu'elle allait raconter l'histoire du Rocher de la Famine» (*VB*: 124). Pour que la séance soit davantage marquée comme telle, il peut même y avoir une véritable mise en scène de l'événement : « Il toussota deux ou trois fois, et il commença » (*VB* : 29) ; « elle se recueillit un moment » (*VB* : 64) ; « La fille s'assit par terre et appuya son dos contre une grosse roche » (*VB* : 124).

Parfois, le conteur insiste sur la fonction de l'histoire dans sa communication avec son interlocuteur : « Jack voulut savoir si la fille partageait ce sentiment et il lui lut le texte qui suit » (*VB* : 46) ; « Mais je vais vous raconter une histoire spéciale pour vous remercier de tout ce que vous avez fait aujourd'hui, dit-elle. Et en même temps c'est une histoire pour vous réchauffer » (*VB* : 63). Mais l'interlocuteur peut aussi être l'instigateur de l'histoire par sa curiosité, son désir de savoir, ou même sa prévenance lorsque l'autre le laisse deviner son besoin de raconter quelque chose : « À quoi pensez-vous ? demanda-t-il finalement à la fille » (*VB* : 57) ; « Avez-vous rêvé à quelque chose ? [...] Racontez un peu pour voir... proposa-t-il » (*VB* : 94) ; « Elle ferma la radio et demanda à Jack comment les choses se passaient dans son livre » (*VB* : 194) ; « Refermant son livre, il dit à la fille qu'elle pouvait y aller si elle avait encore quelque chose à raconter » (*VB* : 228).

La formule de clôture est généralement brève, une formule standard qui sert à marquer le retour au corps textuel principal : « Voilà, c'est tout » (*VB* : 29, 65, 127, 160, 227, 229), « Voilà ce qui est arrivé à Sand Creek » (*VB* : 226), « Voilà, c'est à peu près tout ce que j'avais à dire » (*VB* : 149). Mais le texte de clôture, marquant le passage de l'histoire au texte principal, comporte le plus souvent aussi un commentaire, une évaluation soit par le locuteur, soit par l'interlocuteur (ou bien par le narrateur) — évaluation qui porte sur les implications de l'histoire, sur la morale à en tirer, sur la réussite de l'acte conteur. « C'est une belle histoire, dit la fille. — Merci, dit-il » (*VB* : 29) ; « Merci beaucoup, dit Jack. C'est exactement le texte que je cherchais » (*VB* : 45) ; « La Grande Sauterelle dit qu'elle aimait beaucoup les *voyageurs* [...]. Elle trouvait aussi que leur conduite avec les Indiens était acceptable [...]. L'homme ne put s'empêcher de sourire » (*VB* : 47) ; « Je suis déjà tout réchauffé, dit Jack. C'est une très belle histoire et vous la racontez bien. — Merci » (*VB* : 65) ; « Alors vous ne pouvez pas dire qu'il ne s'est rien passé du tout, dit l'homme. Vous voyez bien... — C'est vrai, dit-elle» (*VB*: 95); «Voilà, c'est tout, dit la fille d'une voix lasse. C'était l'histoire d'une tribu disparue, les Illinois du Rocher. — Elle se leva péniblement, appela son chat et redescendit l'escalier de pierre en tenant la main de Jack» (*VB*: 127); «J'aurais dû faire mon travail [de copilote] au lieu de raconter toutes sortes d'histoires. — Mais non, c'était très intéressant» (*VB*: 99); «La Grande Sauterelle fit un effort pour retrouver son calme. [...] L'orage était passé et Jack respira» (*VB*: 226); «Voilà, c'est tout [...] — Jack profita de l'accalmie pour faire du café» (*VB*: 227); «Voilà, c'est tout [...]. — Jack attendit plusieurs minutes; il voulait être sûr qu'elle avait bien terminé et que l'orage était passé. Ensuite il alluma une lampe et prépara une tasse de café qu'il plaça sur la table, devant la fille, avec le pot de sucre et le demi-litre de lait. — Merci, dit-elle» (*VB*: 229).

Des histoires pour communiquer

Une analyse systématique des histoires racontées, de leur contenu aussi bien que de leur cadre énonciatif, révèle leur forte fonction interactionnelle; elles sont racontées à l'autre pour obtenir tel effet, ou bien elles sont racontées comme un acte de thérapie pour le conteur (Pitsémine et les histoires de massacre) et l'autre y participe activement par son feed-back.

Bien entendu, les histoires sont aussi là pour l'Histoire; *Volkswagen blues* en tant que roman historique a l'ambition de contribuer à nous faire regarder l'Histoire du continent nord-américain d'un autre œil. Mais nous ne pensons pas que Poulin romancier ait voulu écrire un roman historique. Il a plutôt utilisé un matériau historique pour construire des personnages qui ne cessent de nous fasciner — entre autres par leur traitement des histoires, par la façon dont ils se laissent former par les histoires qu'ils racontent.

Un aspect important de cette fonction psychologique des histoires est la grande réciprocité qu'elle implique. Bien des lecteurs de notre roman hésitent certainement à le qualifier de roman d'amour mais, si on remplace le terme *amour* par celui d'*amitié*, on peut sans doute tomber d'accord sur ce qui est notre idée principale : les histoires racontées constituent, par leur contenu factuel et affectif, une matière qui contribue à constituer le couple Jack et Pitsémine. Ceux-ci construisent leur intimité, leur amitié, leur vie de couple entre autres par les dons que constituent les histoires et par la réception de ces dons, de véritables cadeaux à l'être aimé (l'exemple le plus évident étant certainement l'histoire sur les manchots pour « réchauffer » Jack, *VB* : 63).

Regardons un peu comment Poulin fait pour nous donner cette impression. Dans le premier exemple, l'histoire de l'Eldorado, nous n'avons, dans un premier temps, étudié que le cadre énonciatif le plus proche. Élargissons maintenant le cadre textuel, et nous verrons que l'histoire est déclenchée par le comportement de Pitsémine. Elle fait un bref aperçu sur l'histoire du continent nord-américain montrant que les Indiens et les Blancs sont venus de deux directions opposées et qu'ils n'ont rien en commun :

> Tout à coup elle se mit à rire. — Excusez-moi, dit-elle. J'étais en train de me prendre au sérieux !... D'ailleurs, je ne suis pas une vraie Indienne. Mon père est un Blanc. Je suis une Métisse.
>
> La fille riait encore mais son rire commençait à sonner faux. Alors l'homme annonça : — Je vais vous raconter une histoire. (*VB* : 29)

L'histoire de l'Eldorado est donc une histoire pour faire oublier, pour consoler, comme celles qu'on raconte à un enfant qui s'est blessé et qui pleure. Et Pitsémine exprime sa reconnaissance par un compliment au conteur : « C'est une belle histoire, dit la fille », contribution interactionnelle qui est suivie par le « Merci » de clôture de Jack.

Cet exemple est propre à illustrer une qualité psychologique caractérisant bien des personnages pouliniens, à savoir leur grande attention pour l'autre, une prévenance révélant une extrême sensibilité pour ce qui est des signaux muets émis par le partenaire. C'est ce qui est si bien illustré par la dernière séance de conteur du livre. Étudions maintenant le cadre énonciatif du texte qui précède celui qu'on a déjà cité sur le massacre de Wounded Knee :

> Au retour de sa promenade, la fille s'assit à la table en face de lui et il regarda son visage : les cheveux noirs comme du charbon, les yeux de la même couleur et légèrement bridés, les pommettes saillantes qui accentuaient la maigreur des joues. Sur ce visage maigre, émouvant et beau, il vit passer une ombre fugitive. — Refermant son livre, il dit à la fille qu'elle pouvait y aller si elle avait encore quelque chose à raconter. (*VB*: 228)

Les histoires et la psychologie

Un homme qui observe attentivement une femme, la femme qui est habitée par quelque chose, un problème, une tension quelconque — ce qui donne, dans *Volkswagen blues*, encore une histoire! Et, en effet, la plupart des histoires racontées surgissent dans des moments de tension psychologique où les personnages sont confrontés à des situations qui façonnent leur caractère. Pitsémine prend forme comme individu en se racontant en tant que métisse, en plongeant dans l'histoire des Amérindiens pour en transmettre à son compagnon des épisodes importants, en réalisant des séances de lecture ; Jack ne serait guère un personnage intéressant s'il n'y avait pas les histoires sur Théo, les séances de lecture de leur « livre préféré » et son autoanalyse résultant de la métaphore du scaphandrier.

Aussi les histoires racontées sont-elles entourées textuellement par des notations sur l'état psychologique des personnages. Lorsque Jack évoque rapidement les « exploits des découvreurs et des explorateurs de la Nouvelle-France », le visage de la fille « se ferma [brusquement] » (*VB*: 27) ; lorsque la Grande Sauterelle conclut la lecture de Jack en disant que les Canadiens s'étaient mieux comportés avec les Indiens que les Américains, « [l]'homme ne put s'empêcher de sourire » (*VB*: 47) ; et le dialogue suivant atteste clairement du penchant de Pitsémine pour les histoires sur les Amérindiens et les Blancs comme une nourriture importante pour sa propre vie intérieure. Ils s'approchent du Rocher de la Famine :

> — Les Français les ont appelés les Illinois du Rocher, dit-elle.
>
> — Et ensuite ils les ont exterminés, je suppose? demanda Jack. Vous avez dit: « Une tribu disparue »...
>
> — Mais non. Ils ont été exterminés... par d'autres Indiens!
>
> — Ah!... fit-il.
>
> La fille sembla deviner ses pensées.
>
> — Vous avez eu peur que je fasse une de mes célèbres sorties contre les Blancs?
>
> — Oui, avoua-t-il.
>
> — Eh bien! Vos héros peuvent dormir tranquilles... du moins pour l'instant! (*VB*: 123)

Ce penchant de Pitsémine pour s'investir émotionnellement dans les histoires racontées est amplement illustré par les histoires de massacres. Regardons de plus près le cadre textuel de l'histoire sur le massacre de Sand Creek (*VB*: 225-226), où des Cheyennes venus pour faire la paix avec les Blancs sont sauvagement massacrés par des soldats qui se sont « abreuvés de whisky »:

> Au cours de l'après-midi, toutefois, il y eut un orage soudain. Elle raconta ce qui s'était passé à Sand creek.
>
> [...]
>
> — Voilà ce qui est arrivé à Sand Creek.
>
> La Grande Sauterelle fit un effort pour retrouver son calme.
>
> Elle avait parlé avec une sorte de violence contenue. Elle avait une excellente mémoire et elle se rappelait les chiffres et les dates.
>
> L'orage était passé et Jack respira.

Pitsémine évolue donc comme entité psychologique notamment par son investissement émotionnel dans les histoires racontées. La psychologie du personnage est moins révélée par des événements survenus que par des histoires-événements dont les personnages sont eux-mêmes porteurs, ou bien dont ils deviennent les transmetteurs grâce à leurs lectures. Un aspect important de ce jeu d'histoires racontées est la réciprocité des relations. Les histoires signifient pour le conteur aussi bien que pour son auditeur.

Les histoires racontées dans *Volkswagen blues* constituent une matière importante qui contribue à en faire un document évoquant une partie fascinante et mal connue de l'Histoire du continent nord-américain. Mais le roman n'est pas d'abord un roman historique. Dans cet article, je me suis proposé de montrer dans quelle mesure les histoires fonctionnent aussi comme des entités textuelles qui servent à construire les protagonistes en tant que personnages. Les histoires partagées contribuent à la formation affective et psychologique de Jack et Pitsémine, qui deviennent un couple de plus en plus soudé, et une des vraies réussites de Poulin romancier dans *Volkswagen blues* est notamment de nous donner à lire toutes ces histoires tellement fascinantes sans qu'elles soient perçues comme une matière extérieure à la trame romanesque. Les histoires constituent un élément narratif qui contribue à donner au roman sa structure, elles sont une partie intégrante du roman psychologique, du roman d'amour/amitié qu'est *Volkswagen blues*.

ANNEXE 1 :

Volkswagen blues, les histoires : tableau analytique

p. 27 : Jack — sur son enfance et Théo, ensuite sur les découvreurs (résumé par le narrateur) → Pitsémine — réaction négative.

p. 29-30 : J — l'histoire de l'Eldorado → P — « C'est une belle histoire ».

p. 34-36 : J — sur Théo, des souvenirs d'enfance, la rivière → P — « elle s'était endormie ».

p. 45-46 : lecture à haute voix de *La pénétration du continent américain par les Canadiens français*, d'abord par P, ensuite par J, sur les trappeurs, les voyageurs canadiens → réaction positive de P.

p. 58-59 : P — qui « rêve » aux voyageurs et à leurs canots → J — fasciné par « les mots ».

p. 63-65 : P — sur les manchots couveurs → J — « Je suis tout réchauffé ».

p. 94-95 : P — raconte à J ce que lui avait raconté sa mère sur la vie traditionnelle des Indiens.

p. 122-127 : P — sur les Illinois et le Rocher de la Famine → J — lui tient la main.

p. 139-140 : P — sur Saint Louis et les premiers colons (raconté par le journaliste) → J — « Hum ! » (il attend la suite sur Théo).

p. 149 : J — des commentaires sur les histoires sur Théo → P — rien sur sa réaction.

p. 159-160 : J — sur le complexe du scaphandrier → P — « comprend », mais se moque de lui.

p. 181-185 : P — lit et résume de *The Oregon Trail Revisited* → J — pose des questions.

p. 186-188 : P — attaque Buffalo Bill (une « tempête ») → J — essaie de nuancer.

p. 188-192 : P — sur les bisons → J — écoute, muet.

p. 194-199 : J — lit et résume *The Oregon Trail Revisited* sur les détails du voyage → P — pose des questions, « c'était très intéressant ».

p. 203-204 : J + P — lecture du livre sur tous ceux qui sont morts.

p. 225-226 : P — sur le massacre de Sand Creek → J — respire quand l'orage est passé.

p. 227 : P — sur le massacre de Washita → J — « profita de l'accalmie... ».

p. 228-229 : P — sur le massacre de Wounded Knee → J — attend que l'orage soit passé.

p. 231-232 : P — lit et résume le livre sur le passage des Rocheuses, les tombes.

p. 238-240 : J — sur Théo, des histoires fantastiques (cow-boys, Grand Nord, Formule 1).

ANNEXE 2 :

Volkswagen blues, les histoires : cadre énonciatif

p. 29 :
>Tout à coup elle se mit à rire.
>— Excusez-moi, dit-elle. J'étais en train de me prendre au sérieux !...
>D'ailleurs, je ne suis pas une vraie Indienne. Mon père est un Blanc. Je suis une Métisse.
>La fille riait encore, mais son rire commençait à sonner faux. Alors l'homme annonça :
>— Je vais vous raconter une histoire. [...]
>Il toussota deux ou trois fois, et il commença : — Sur les hauts plateaux....

❖

>Voilà, c'est tout. C'est ainsi qu'est née la légende de l'Eldorado.
>— C'est une belle histoire, dit la fille.
>— Merci, dit-il.

p. 43-45 :
>Il maugréa contre le désordre qui l'empêchait de trouver le livre qu'il cherchait.
>[...]
>— Il est ici, dit la fille. [...] Elle consulta la table des matières et, après avoir tourné quelques pages, elle lut à haute voix : — Partout où...

❖

>— Merci beaucoup, dit Jack. C'est exactement le texte que je cherchais.

p. 46-47 :
>Jack voulut savoir si la fille partageait ce sentiment et il lui lut le texte qui suit :

❖

>La Grande Sauterelle dit qu'elle aimait beaucoup les voyageurs [...]. Elle trouvait aussi que leur conduite avec les Indiens était acceptable [...].
>[...]
>L'homme ne put s'empêcher de sourire.

p. 57-59 :

— A quoi pensez-vous ? demanda-t-il finalement à la fille.
— Je ne pense pas, dit-elle doucement. Je rêve. [...]
Je rêvais aux grands canots d'écorce.
Dans son rêve, etc. [...] ... qui devaient être livrés à des postes comme Detroit et Michillimakinac.
— Detroit ou quoi ? demanda Jack.
— Michillimakinac, dit-elle.
— Michilli... quoi ?
[...]
— Michillimakinac ! répéta-t-elle.
Elle le prononçait en faisant sonner toutes les voyelles et en faisant claquer la dernière syllabe comme un coup d'aviron à plat dans l'eau. L'homme avait une passion démesurée pour les mots, et il n'était pas loin de croire que cette fille, en prononçant un mot magique, était capable de faire apparaître devant leurs yeux un convoi de grands canots.

p. 63-65 :

P — Mais je vais vous raconter une histoire spéciale pour vous remercier de tout ce que vous avez fait aujourd'hui, dit-elle. Et en même temps c'est une histoire pour vous réchauffer.
Elle dit qu'elle avait appris l'histoire dans un livre qui s'appelait *Le langage secret des animaux*, et elle se recueillit un moment.
Ensuite elle commença :

❖

Voilà, c'est tout. C'est la fin de mon histoire.
— Je suis déjà tout réchauffé, dit Jack. C'est une très belle histoire et vous la racontez bien.
— Merci.

p. 94-95 :

(Pitsémine prétend que « rien » ne s'est passé pendant sa nuit au cimetière.)
J — Avez-vous rêvé à quelque chose ?
— Oui, j'ai rêvé à ma mère.
[...]
— Racontez un peu pour voir... proposa-t-il.
— J'ai rêvé à des choses qu'elle me racontait autrefois pour m'endormir. Elle me racontait comment, etc.

❖

— Alors vous ne pouvez pas dire qu'il ne s'est rien passé du tout, dit l'homme. Vous voyez bien...
— C'est vrai, dit-elle.

p. 124-127 :
et puis la Grande Sauterelle annonça qu'elle allait raconter l'histoire du Rocher de la Famine.
[...]
La fille s'assit par terre et appuya son dos contre une grosse roche.

⁂

— Voilà, c'est tout, dit la fille d'une voix lasse. C'était l'histoire d'une tribu disparue, les Illinois du Rocher.
Elle se leva péniblement, appela son chat et redescendit l'escalier de pierre en tenant la main de Jack.

p. 187-188 :
Elle avait encore une fois le visage dur et les yeux brillants, et Jack vit tout de suite que Buffalo Bill, comme les autres héros de son frère et comme son frère lui-même, allaient essuyer une tempête.

⁂

La tactique de l'homme apaisa la colère de la Grande Sauterelle et incita même la fille à dire que Buffalo Bill n'avait pas commis que des erreurs dans sa vie.

⁂

— Peut-être même que s'il y a encore des bisons en Amérique, c'est grâce à lui, dit Jack.
— Faudrait quand même pas exagérer, dit la fille.

p. 194-199 :
Elle ferma la radio et demanda à Jack comment les choses se passaient dans son livre.

⁂

(De nombreuses questions de la part de P.)

⁂

Jack s'interrompit un moment. Il n'était pas habitué à tant parler.

— J'aurais dû faire mon travail [de copilote] au lieu de raconter toutes sortes d'histoires.
— Mais non, c'était très intéressant.

p. 225-226 :
Au cours de l'après-midi, toutefois, il y eut un orage soudain. Ella raconta ce qui s'était passé à Sand Creek.
— En novembre 1864, dit-elle...

⁜

— Voilà ce qui est arrivé à Sand Creek.
La Grande Sauterelle fit un effort pour retrouver son calme.
Elle avait parlé avec une sorte de violence contenue. Elle avait une excellente mémoire et elle se rappelait les chiffres et les dates.
L'orage était passé et Jack respira.

p. 227 :
Ils s'arrêtèrent pour manger vers six heures. Après le repas, il y eut un autre orage — plus bref celui-là. La fille parla de Wishita :
— Avec 700 hommes, dit-elle....

⁜

Voilà, c'est tout. [...] Jack profita de l'accalmie pour faire du café.

p. 228-229 :
Au retour de sa promenade, la fille s'assit à la table en face de lui et il regarda son visage : les cheveux noirs comme du charbon, les yeux de la même couleur et légèrement bridés, les pommettes saillantes qui accentuaient la maigreur des joues. Sur ce visage maigre, émouvant et beau, il vit passer une ombre fugitive.
Refermant son livre, il dit à la fille qu'elle pouvait y aller si elle avait encore quelque chose à raconter. Elle se mit à parler de Wounded Knee.
— En décembre 1890, dit-elle...

⁜

— Voilà, c'est tout.
[...] Jack attendit plusieurs minutes ; il voulait être sûr qu'elle avait bien terminé et que l'orage était passé. Ensuite il alluma une lampe et prépara une tasse de café qu'il plaça sur la table, devant la fille, avec le pot de sucre et le demi-litre de lait.
— Merci, dit-elle.

BIBLIOGRAPHIE

Lapointe, Jean-Pierre et Yves Thomas, « Entretien avec Jacques Poulin », *Voix et Images*, vol. 15, n° 1 (43), automne 1989, p. 8-14.

Martel, Réginald, « Entretien avec Jacques Poulin », *La Presse*, 6 décembre 1994, p. B1.

Poulin, Jacques, *Volkswagen blues*, Arles / Montréal, Actes Sud / Leméac, coll. « Babel », 1988, 231 p.

MONTRÉAL MULTICULTUREL :
UN NOUVEAU MYTHE LITTÉRAIRE ?

Christina Horvath
Université Oxford Brookes

En 1992, le 350ᵉ anniversaire de Montréal inspirait une série d'événements culturels, suscitant également une réflexion critique soutenue sur la place de la métropole québécoise dans l'imaginaire collectif. Né de cet intérêt spécifique, le groupe « Montréal Imaginaire » était fondé dans le but d'étudier les particularités de l'écriture urbaine de Montréal et les liens que la ville réelle entretient avec ses représentations. La question de l'existence d'un mythe littéraire montréalais comparable à ceux de Paris, de Londres ou de New York fut largement débattue par les membres du groupe, dont les travaux portaient autant sur la géographie imaginaire et symbolique du Montréal littéraire que sur la réalité sociale, économique, ethnique et linguistique de la ville. Alors que certains chercheurs soulignaient l'ambiguïté ontologique de Montréal en démontrant l'écart qui se creusait entre la ville et son image, d'autres considéraient le Montréal imaginaire plutôt comme le lieu d'un « double exil », l'aménagement d'une topographie définie par le franchissement de frontières symboliques ou une « interrogation sur l'identité sociale[1] ».

---

[1] Voir les articles de Pierre Nepveu, Louise Dupré, Ginette Michaux et Simon Harel dans Gilles Marcotte (éd.), *Lire Montréal*, actes du colloque tenu le 21 octobre 1988 à l'Université de Montréal, Département d'études françaises, Université de Montréal, 1989.

Quinze ans après le premier colloque organisé par «Montréal Imaginaire», il est temps aujourd'hui d'ouvrir une nouvelle piste de réflexion sur le Montréal littéraire, fondée sur une perception de la métropole moins en tant qu'ensemble topographique et architectural mais plutôt comme la somme des histoires, expériences et parcours individuels de ses habitants. Pour donner plus d'assise à une telle réflexion, je m'appuierai ici sur la lecture de deux textes, *Les aurores montréales* de Monique Proulx et *Côte-des-Nègres* de Mauricio Segura, publiés tous les deux aux Éditions Boréal en 1996 et en 1998[2]. Le roman de Segura et le recueil de nouvelles de Proulx ont en commun de considérer l'Histoire contemporaine comme une multitude de destins individuels convergeant vers l'unique métropole du Québec. Le genre de la nouvelle paraît particulièrement adapté à ce projet d'écriture qui cherche à saisir la ville à travers le foisonnement des vies n'ayant apparemment rien à voir les unes avec les autres, mis à part bien sûr leur ancrage dans le même espace urbain. La ville devient ainsi le point focal et le principe structurant du volume qui laisse la métropole se dessiner en filigrane, à travers de multiples récits, ceci étant peut-être le seul moyen de la saisir dans sa totalité, sa complexité et ses contradictions. Les nouvelles de Proulx content Montréal des points de vue variés des personnages, Montréalais de fraîche date pour la plupart, qui arrivent de l'étranger (d'Amérique latine, d'Haïti, de Chine, d'Italie, de Grèce ou de France), des réserves amérindiennes, de l'ouest anglophone et du Québec rural. Si certaines de ces histoires ont une valeur universelle et pourraient aisément se passer du décor montréalais (c'est le cas notamment de «Jouer avec un chat», «Allô» ou «L'enfance de l'art»), la plupart des nouvelles focalisent sur la société québécoise et décrivent les amertumes, les inégalités et les méfiances bien spécifiques suscitées par la métropole. Ce qui place les histoires d'immigrés au cœur du recueil est la mise en relief de six textes

---

[2] Monique Proulx, *Les aurores montréales*, Montréal, Boréal, 1996, 238 p. et Mauricio Segura, *Côte-des-Nègres*, Montréal, Boréal, 1998, 295 p. Les références à ces deux romans seront désormais désignées par les sigles *AM* et *CN* suivis du folio, et placés entre parenthèses.

distingués des autres nouvelles par leur titre en italique faisant référence aux « couleurs ethniques » de Montréal : « *Gris et blanc* », « *Jaune et blanc* », « *Rose et blanc* », « *Noir et blanc* », « *Rouge et blanc* », « *Blanc* ». Ces nouvelles, dont certaines sont explicitement dédicacées à des écrivains « migrants » tels que Ying Chen, Marco Micone ou Dany Laferrière, décrivent un Montréal bigarré servant de terre d'accueil à des immigrés de tous horizons et établissent un lien important entre l'identité montréalaise et la littérature des communautés culturelles. Dans son analyse lucide des discours de la pluralité au Québec, Simon Harel[3] montre le lien étroit entre le succès de deux notions, celle des communautés culturelles et celle, plus récente, de la littérature migrante, et le remaniement profond et structurant de l'imaginaire social québécois, survenu à la suite d'une rupture avec le projet national depuis les années 1980. Interrogeant le discours idéologique de la diversité selon lequel la création d'une histoire pluraliste serait le gage de la tolérance et de l'ouverture à autrui, Harel dénonce la dissolution d'un imaginaire fondateur ayant cédé la place à la célébration contemporaine de l'hybridité :

> Dans le discours actuel sur les hybridités et les métissages du Québec contemporain (aussi bien dire de Montréal), l'euphorie n'a-t-elle pas pour intention de compenser la désillusion relative aux défaites référendaires des vingt dernières années ? […] Montréal se positionne sur les marchés de la nouvelle économie à titre de ville festive et « créative ». À défaut du Québec souverain et solidaire des proclamations politiques, Montréal incarne une écotopie où les intersections entre hybridités culturelles et espaces d'appartenance ne relèvent pas du faux-semblant[4].

Conformément à la vision de Harel qui considère le territoire québécois comme une plaque tournante d'imaginaires dispersés convergeant et cohabitant dans un même espace, le Montréal de Proulx est un lieu où les cultures s'entrechoquent certes dans un

---

[3] Simon Harel, *Les passages obligés de l'écriture migrante*, Montréal, XYZ éditeur, 2005, 250 p.

[4] *Ibid.*, p. 231.

tohu-bohu mais où la résistance à l'étranger peut être surmontée petit à petit. La célébration de la métropole multiculturelle est portée à son apogée dans la nouvelle «Les aurores montréales» qui donne son titre au recueil et conte la réconciliation progressive d'un héros adolescent avec «le royaume de Babel». Armé de son cahier rouge, Laurel arpente la ville pour cumuler les commentaires sur «le vrai visage désolant du nouveau Montréal» (*AM*: 157). Pour cet écrivain en herbe, traquer les indices incriminants d'une invasion étrangère qui menace la ville est un acte de résistance. Dans ce texte, le territoire montréalais est l'objet d'une bipartition à la fois linguistique et familiale: le père du protagoniste, «francophone de souche, l'un de ces opiniâtres termites que les marées anglophone et allophone n'ont pas réussi à évincer» (*AM*: 158), réside rue Rachel dans le Plateau Mont-Royal, alors que sa mère loge dans le quartier grec, situé près de l'avenue du Parc, et tient une boutique d'aliments naturels fréquentée presque exclusivement par des anglophones avenue Decelles. Les territoires des deux parents sont à la fois séparés et reliés par le mont Royal, fief exclusif de Laurel et lieu de ses escapades et rêveries solitaires. «Consolation de verdure et d'harmonie» (*AM*: 163), la montagne est également une interface entre le promeneur mélancolique et la ville, qui, de cette distance, «ne fait pas mal» (*AM*: 163): abolies par la distance, les tensions ethniques, politiques, culturelles et linguistiques s'effacent derrière la gracieuse modernité de la métropole qui s'affiche une vue de carte postale. Ce n'est pas un hasard si c'est ici, en observant de haut la ville apaisée, que Laurel commence à se transformer de «fébrile guérillero» (*AM*: 159), défenseur passionné du «Montréal français contre les Envahisseurs» (*AM*: 160), en «prince mélancolique» (*AM*: 163) qui laisse l'étranger s'infiltrer dans son esprit et se met à l'aimer. Si ce changement est déclenché par une série d'itinéraires (Laurel qui vient de quitter le toit paternel pour vivre avec sa mère va et vient entre l'avenue du Parc, le mont Royal et Côte-des-Neiges), on trouve les germes de sa fascination naissante pour l'étranger dans son amour de longue date pour les *baklavas* du pâtissier syrien et des *sushis* qu'il considère comme ce qu'il y a de meilleur à Montréal, une oasis qui rend «cette inhospitalière Babel à peu près supportable» (*AM*: 166).

L'omniprésente allégorie de la guerre s'articule par la richesse du champ lexical mobilisé afin de mettre en évidence l'enjeu territorial de la lutte de Laurel. Montés sur leurs patins, les jeunes Grecs habitant le quartier de l'avenue du Parc « occupent le territoire » (*AM* : 159), ils s'ébranlent « en hordes » (*AM* : 159) vers leur église, en se dispersant ils « libèrent la voie » (*AM* : 159) enfin. Ils sont décrits tantôt comme des « marées » (*AM* : 159), tantôt comme le « véritable ennemi » (*AM* : 159) ou « l'adversaire » (*AM* : 159) qu'il veut mieux observer pour « fourbir ses armes en secret » (*AM* : 159) en se préparant à « l'affrontement » (*AM* : 159). D'ailleurs, l'avenue du Parc n'est autre qu'un « champ de bataille linguistique » (*AM* : 159) où les défenseurs de la pureté de la langue française occupent un côté de la barricade, les auteurs d'anglicismes et de fautes d'orthographe se trouvant de l'autre côté. Dans la lutte âpre contre l'envahisseur, Laurel s'arme de livres « québécois-de-langue-française » (*AM* : 160) qu'il lit à l'exclusivité et griffonne dans son cahier rouge des « phrases vengeresses » (*AM* : 160) qu'il utilisera pour produire un texte littéraire inspiré par les auteurs québécois Michel Tremblay, Francine Noël, Sylvain Trudel, Gaétan Soucy, Esther Rochon et Louis Hamelin. Acte de résistance suprême, l'écriture sert également à souligner les « périls innombrables » (*AM* : 160) qui guettent la ville, de même que la mère du protagoniste, associée étroitement au territoire à défendre. « Pauvre agnelle aveugle courant à l'extermination » (*AM* : 160), celle-ci « ne voit pas les ennemis et vendrait son âme pour communiquer » (*AM* : 160) :

> Sa mère pourrait être n'importe quoi, à voir la façon dont elle pactise avec l'étranger, dont elle plonge ses racines malléables dans toutes sortes de terreaux suspects. Sa mère habite le quartier grec limitrophe du quartier hassidim, tient un magasin d'aliments naturels chez les Anglais, fait ses emplettes chez les Italiens et couche avec un Chilien. Dans le livre de Laurel, elle s'appellera Iouniverselle et disparaîtra précocement, victime d'assassinat ou d'assimilation (*AM* : 158).

Comme Pauline, séduite par les yeux doux et noirs de Pedro dont le français reste coloré d'un accent latino-américain et des expressions en espagnol, Montréal tombe également sous le charme des étrangers qui, selon Laurel, «viennent ici, [...] prennent tout et [...] s'en vont» (*AM*: 168). Laurel lui-même se laisse séduire par les Japonais rieurs et vigilants du restaurant Mikado, dont il aime observer le visage énigmatique et impénétrable, par les vieux Portugais aux dents pourries qui prennent leur collation près de lui au mont Royal et même par l'amant chilien de sa mère qui a une façon particulière d'allumer ces cigarettes, «une façon aristo ou macho on ne sait pas mais quand un jour Laurel fumera, c'est comme ça qu'il veut fumer». En découvrant la fausseté de certains clichés, le héros adolescent de la nouvelle apprend à interroger ses préjugés et s'ouvre progressivement au cosmopolitisme. Le texte s'achève par un acte solennel de réconciliation avec la métropole multiculturelle lorsque Laurel, après avoir serré la main amicale de son ennemi imaginaire, le Grec Soufflaki, jette dans la poubelle le cahier rouge contenant ses notes car celles-ci lui paraissent soudainement dépassées.

On trouve le même foisonnement babélien et l'enchevêtrement des histoires individuelles dans *Côte-des-Nègres,* dont l'intrigue se déroule dans un autre quartier multiethnique de Montréal. Enfants d'immigrés chiliens, haïtiens, japonais, italiens, grecs, québécois et canadiens anglophones, les protagonistes du récit se lient d'amitié à l'école primaire Saint-Pascal-Baylon, mais deviennent ennemis lorsque, arrivés à l'adolescence, ils entrent à la polyvalente Saint-Luc, où ils intègrent des bandes rivales. Si le quartier Côte-des-Neiges servant de cadre à l'intrigue abrite des communautés issues des vagues successives de l'immigration, celles-ci restent closes et se côtoient sans presque jamais se mélanger. Segura fait alterner deux fils narratifs: le premier retrace la guerre entre les Bad Boys et les Latino Power et l'engrenage de la violence qui conduit irrémédiablement à la mort du jeune Haïtien Cléo Bastide. Le second fil, constitué des *flash-backs* successifs de Marcelo, chef de la bande sud-américaine, remonte dans le passé jusqu'à l'arrivée de Cléo à l'école Saint-Pascal-Baylon et conte l'amitié des deux garçons, qui sera fatalement compromise par la montée de la tension entre les deux communautés, entrées dans la spirale de la violence.

Le Montréal imaginaire semble contenu en deux images opposées : celle de la Babel moderne où tout immigré peut se creuser une niche et celle de la ville divisée où chacun mène un combat âpre pour conquérir et protéger son territoire. Toutefois, les deux textes donnent à voir Montréal sous les traits de la métropole multiethnique, laboratoire d'éclosion de nouvelles catégories d'identité[5]. Selon Sherry Simon, il s'agit là d'une perception de Montréal qui, depuis les années 1990, s'impose petit à petit dans l'imaginaire collectif, détrônant le cliché né dans les années 1940 de l'espace fragmenté, marqué d'hostilités et divisé par les frontières de la méfiance. Le mythe littéraire de Montréal, explique Simon, s'appuie traditionnellement sur le schéma narratif du voyage à travers la ville divisée. Cependant, depuis les années 1980, les communautés ne cessent de se diversifier et se laissent de moins en moins définir selon des critères purement ethniques ou linguistiques. Ainsi, la perception binaire opposant les deux communautés historiques ne correspond plus tout à fait à la complexité socioéconomique de la ville. Cependant, à l'instar du cliché très répandu du Québec rural qui a longtemps survécu à l'urbanisation de la société québécoise, le mythe littéraire d'un Montréal divisé entre francophones et anglophones résiste également à la dissolution progressive des différences culturelles traditionnelles[6]. La perception de Montréal comme une ville multilingue et cosmopolite régira-t-elle le mythe littéraire du XXIe siècle, ou est-ce simplement une nouvelle utopie toujours en décalage avec les données socioéconomiques de la ville réelle ?

Les statistiques récentes confirment que Montréal compte aujourd'hui parmi les trois plus grandes villes canadiennes de plus d'un million d'habitants. Selon une analyse fondée sur des données

---

[5] Sherry Simon, *Translating Montreal: Episodes in the Life of a Divided City*, Montréal, McGill University Press, 2006, p. IX-XVI.

[6] *Ibid.*, p. 176. « *This consciousness was dramatized in 1992, during the commemoration of the 350th anniversary of the founding of the city. Innovative celebrations brought many new groups onto the scene — the varied populations of the industrial southwest, native people, immigrants — groups whose existence had been obscured by the hoary battles of the national epic. All of a sudden the variety of communities sharing Montreal burst into visibility.* »

de 2001, la ville occupe la troisième position parmi les métropoles canadiennes quant au pourcentage des immigrés et des minorités visibles. En 2001, presque 62 000 personnes nées à l'étranger vivaient à Montréal, soit 18,4 %, contre 16 % en 1991 et 35 % d'entre elles étaient arrivées pendant les années 1990[7]. Ce chiffre correspond à la moyenne nationale (18,4 %), même si Montréal est largement dépassée par Toronto (44 %) ou Vancouver (37,5 %). Comme la plupart des villes canadiennes, Montréal accueille une proportion moindre d'Européens et une part croissante d'immigration issue du Moyen-Orient et d'Asie occidentale. Près du cinquième des immigrés arrivés dans les années 1990 sont d'origine africaine. Les principaux pays d'origine des immigrés incluent aujourd'hui Haïti, la Chine, l'Algérie, la France et le Liban et, en Europe, l'Italie, la France et la Grèce, réalité dont on trouve le reflet dans les deux textes.

Montréal est donc incontestablement une ville multiculturelle, mais ceci n'empêche pas qu'elle soit en même temps une ville divisée. Chez Proulx comme chez Segura, la métropole semble traversée non pas d'une ligne de démarcation mais de multiples frontières géographiques, sociales et linguistiques. *Les aurores montréales* définissent Montréal en lui opposant d'autres espaces géographiques et culturels: le Paris quitté par l'éditeur Nicolas Tocqueville qui se lance à la conquête des milieux littéraires québécois, la banlieue résidentielle Saint-Lambert où une ménagère attend désespérément la visite du célèbre chroniqueur littéraire qui n'a que du mépris pour elle, Toronto où la Québécoise Éliane connaîtra l'ardeur « horizontale » et la froideur « verticale » de l'Anglo-Canadien Nick Rosenfeld au moment précis où le Québec passe au Référendum et la plage caribéenne où Jeanne se laisse mener par le bout du nez par un couple de mystérieux inconnus qui tournent au ridicule le goût de l'exotisme de leur compatriote. À Montréal s'opposent également les pays d'origine des nouveaux immigrés: les rochers de Puerto Quepos, Port-au-Prince, Val-Bélair, Shanghai et

---

[7] Martha Justus, « Les immigrants dans les villes canadiennes », Caroline Andrew (dir.) *Nos diverses cités*, n° 1, printemps 2004, p. 42.

les bords du Huangpu, la réserve de Kanawake. Montréal, qui se dessine par contraste avec ces lieux étrangers, est une ville à facettes multiples : c'est à la fois le Plateau Mont-Royal, l'avenue du Parc, la rue de Lorimier, les stations de métro Côte-Vertu, Berri-UQAM ou Honoré-Beaugrand, la rue Saint-Urbain, le Vieux-Montréal, la rue Berri, les boutiques chics de la rue Laurier, le lac des Castors, le Stade olympique, le Biodôme, le boulevard Saint-Laurent, le *smoked meat* de chez Schwartz, Westmount, le Canadian Tire, la rue Saint-Denis, le complexe Desjardins, les clubs X de la rue Sainte-Catherine, le parc Lafontaine, le magasin La Baie et Archambault musique. L'espace approprié par les jeunes protagonistes de *Côte-des-Nègres* est beaucoup plus restreint : il est délimité par la rue Linton et l'avenue Victoria et inclut l'avenue Appleton, le parc Vézina, le Poulet Frit Kentucky et le parc Kent, territoire disputé entre les bandes haïtienne et sud-américaine. Alors que certaines zones constituent le fief exclusif de l'un ou l'autre de ces groupes, d'autres appartiennent à toutes les communautés, telles que l'école ou le terrain de hockey :

> Les fins de semaines, [...] vous organisiez de longs tournois de hockey et vous ne rentriez chez vous que le soir. [...] à vous s'ajoutaient Alberto l'Italien, *check* mon tir du poignet, *man*, Glenn le Canadien anglais, *look at my goalie pads, my father bought them in Boston,* Danny l'Haïtien [...] et bien d'autres encore, qui fréquentaient tout autant des écoles francophones qu'anglophones. (*CN*: 64)

Les frontières qui divisent l'espace montréalais ne sont pas uniquement ethniques : elles expriment également des différences générationnelles et sociales. Lorsque l'équipe de relais de l'école Saint-Luc rencontre l'équipe d'Outremont, les différences à l'intérieur de l'équipe de Côte-des-Neiges comptant un Polonais, un Chilien, un Haïtien et un Japonais s'effacent devant la distance socioéconomique qui les sépare des résidents des beaux quartiers. La rencontre sportive, qui prend rapidement une allure de lutte des classes, se termine par l'humiliation des intrus rappelés à l'ordre par deux policiers racistes qui protègent la quiétude des bourgeois outremontais. Les mêmes tensions sociales trouvent également leur expression dans *Les aurores montréales,* où elles constituent le sujet de 5 nouvelles sur 27. L'une des plus emblématiques, « La classe laborieuse », emploie le même procédé que *Côte-des-Nègres,* la création de contraste entre classes sociales, en opposant une femme de ménage haïtienne à son employeur québécois :

> Vous comprenez soudain que [...] cela fait trop de temps que vous allez à la mer et qu'elle n'y est jamais retournée, que vous bâfrez du homard pendant qu'elle se nourrit de riz, que ses enfants grelottent dans des tricots bon marché tandis que les vôtres dédaignent leurs Lacoste usagés. (*AM* : 154)

Cependant, le clivage le plus lourd de conséquences pour la constitution d'une identité montréalaise plutôt que québécoise est celui des langues. Les textes rendent compte de la diversification de la population dans la mesure où ils décrivent non pas une seule mais toute une série de frontières linguistiques. Si la rencontre d'une jeune fille francophone avec un Anglo-Montréalais moribond dans la nouvelle «*Blanc*» s'inscrit dans l'opposition binaire traditionnelle, « Les aurores montréales » évoque la musique anglo-saxonne qui échappe du baladeur d'un adolescent arrogant, les voix stridentes des mères grecques appelant leurs enfants, les « *hola* » de Pedro « qui ne sait pas dire "*hello*" même après des années de Québec français » (*AM* : 160) et décrit avec maints détails la « bataille linguistique » se déroulant sur l'avenue du Parc, où les vitrines proposent « toutes sortes de *hardwares compatibeuls* » et des « *merveilleux carpettes de Turkish* » (*AM* : 159). Les bandes ethniques de *Côte-des-Nègres* s'autodéfinissent par l'usage abondant de termes provenant de leurs langues d'origine respectives : le créole haïtien (« mon *chè* », « *pas gen ide* », « *Bagay la sa sale* ») et l'espagnol (« *compadre* », « *bueno ya* », «*putamadre*»). Mais ces expressions sont intégrées à un sociolecte québécois bien précis : le langage des jeunes, qui contient non seulement des québécismes (« niaiser », « crisse », « hostie », « smatt », « chum ») mais également un nombre élevé d'anglicismes («*food fight*», «*running*», «*heavy*» «*tough*», «*cute*», «*fun*», «*chick*»). La question des langues est omniprésente dans la vie de ce quartier montréalais où l'on choisit dans chaque situation l'idiome qui convient le mieux, permettant, selon le désir des interlocuteurs, d'exclure l'autre ou, au contraire, de l'accueillir (par exemple à l'anniversaire de Cléo, où les invités haïtiens changent de langue pour que Marcelo puisse suivre leur conversation et la mère de Cléo s'adresse au jeune Latino en espagnol). Remarquons également que la langue ne fait pas qu'opposer les deux bandes rivales : elle les unit aussi en tant que francophones contre les bandes asiatique et indienne, qui les insultent en anglais. Le langage métissé et composite des élèves de l'école secondaire montréalaise que Mauricio Segura recrée avec brio reflète sur un mode subtil tant les similitudes des protagonistes que leurs différences. Si le malentendu entre les groupes est parfois généré par l'incompréhension linguistique (« — [...] Tu dit qu'on les a battus comme des quoi? / — Des *goons!* [...] / — Crisse, tout le monde sait ce que ça veut dire ! [...] / — Vous me niaisez, *right?* [...] / — C'est une insulte, c'est ça ? » *CN*: 95), ce langage sépare moins les membres des groupes ethniques que les générations (« Jacké? a fait sa mère. Qu'est-ce que tu veux dire? Qu'est-ce que c'est que cette expression? » *CN*: 187). Les parents immigrés qui assistent impuissants à l'assimilation de leurs enfants constatent avec amertume que ceux-ci s'éloignent de plus en plus de leurs communautés d'origine, même si leur identité de groupe repose paradoxalement sur la revendication véhémente de leurs origines. Les reproches du père de Cléo témoignent du clivage générationnel qui se creuse entre les parents et leurs enfants adolescents et démontrent que les liens entre congénères l'emportent sur les différences ethniques qu'ils s'efforcent pourtant de mettre en avant :

> Aussi tu veux que je te dise, a fait le père de CB, tout ce qui te reste d'haïtien, c'est l'aspect physique. Tu deviens de plus en plus québécois. [...] Regarde un peu ce que tu portes [...] Tu t'habilles comme un rapper, tu cours au McDonald chaque fois que je te donne de l'argent. Tu parles de moins en moins le créole. Et surtout, qu'est-ce que tu connais d'Haïti? Pas grand-chose. (*CN*: 124)

Il est important de noter que, dans *Côte-des-Nègres* comme dans la nouvelle « Les aurores montréales », l'âge des protagonistes est propice à l'investigation de la question identitaire. L'adolescence est non seulement une période de la vie où la quête des origines et la redéfinition des rapports entre soi et le monde environnant (la famille, le groupe, la société) prennent une importance cardinale, mais aussi une étape transitoire qui mène de l'enfance vers la maturité. Dans la nouvelle de Proulx, la mère de Laurel établit un lien direct entre l'âge de son fils et le radicalisme de sa vision politique :

> Il pointe le doigt sur les irréfutables accrocs et sur les périls innombrables qui guettent leur ville, elle écoute Laurel en souriant. Comme s'il n'était pas un adversaire digne d'elle, elle n'élève jamais la voix, elle lui caresse la joue pendant qu'il voudrait mordre. « Tu es un intelligent petit con, mais tu changeras », dit-elle en souriant. (*AM* : 160)

C'est dans le bois du mont Royal, lieu emblématique qui lui sert de refuge depuis son enfance, que Laurel reconsidère son refus initial du multiculturalisme montréalais. La gestation d'une nouvelle identité fondée sur la tolérance constitue une étape aussi importante dans l'apprentissage de ce jeune être que l'observation des animaux rares, l'accident au contact de l'herbe à puce, l'expérience de la drogue ou la découverte de la sexualité. Comment ne pas voir un parallèle entre cette vision suggérant que la sortie de l'enfance mène naturellement à l'acceptation de la différence et l'abandon du projet national dans le discours social québécois en faveur d'une pensée cosmopolite ? Allégorie du Québec postréférendaire qui renonce au projet indépendantiste pour s'ouvrir au cosmopolitisme, la quête identitaire des personnages adolescents évoque également les promesses de l'écriture migrante, qui, selon Simon Harel, « affirme l'abandon de l'amour de l'appartenance pour faire valoir une hybridité culturelle inédite[8] ». Si *Côtes-des-Nègres* s'inscrit, autant par sa thématique que par l'origine chilienne de son auteur, dans cette catégorie spécifique, Proulx s'empresse également de la célébrer en rendant

---

[8] Simon Harel, *op. cit.*, p. 57.

explicitement hommage à Chen, Micone et Laferrière, auteurs indissociables des communautés culturelles montréalaises. Rompant avec la conception passéiste de la littérature dite nationale, les deux œuvres abandonnent l'obsession du collectif pour se tourner vers les histoires individuelles d'une communauté hybride et multiculturelle. Toutefois, si les deux textes montrent l'épuisement d'une identité fondée sur une ethnicité canadienne-française majoritaire, il serait erroné de les interpréter comme les manifestations utopiques de la réconciliation des cultures. Alors que dans *Les aurores montréales* les préjugés ethniques sont finalement surmontés, le roman de Segura s'achève par un violent affrontement entre les deux bandes ethniques qui conduit à la mort d'un des jeunes protagonistes. Mais malgré l'attention qu'ils consacrent à la résistance physique et culturelle qui se manifeste à l'égard de l'étranger, Proulx et Segura décrivent Montréal comme un espace hybride, symbole d'une ouverture cosmopolite, où le devenir de toute la communauté québécoise est en chantier.

BIBLIOGRAPHIE

Frédéric, Madeleine (dir.), *Montréal, mégapole littéraire*, actes du séminaire de Bruxelles (septembre-décembre 1991), Bruxelles, Centre d'études canadiennes, Université libre de Bruxelles, 1992.

Harel, Simon, *Les passages obligés de l'écriture migrante*, Montréal, XYZ éditeur, 2005, 250 p.

Justus, Martha, « Les immigrants dans les villes canadiennes », Caroline Andrew, (dir.), *Nos diverses cités*, n° 1, printemps 2004, p. 39-46.

Marcotte, Gilles (dir.), *Lire Montréal*, actes du colloque tenu le 21 octobre 1988 à l'Université de Montréal, Département d'études françaises, Université de Montréal, 1989.

Médam, Alain, *Montréal interdite*, Montréal, Liber, 2004, 256 p.

Melançon, Benoît et Pierre Popovic (dir.), *Montréal 1642-1992 : le grand passage*, Montréal, XYZ éditeur, coll. « Théorie et littérature », 1994, 229 p.

Proulx, Monique, *Les aurores montréales*, Montréal, Boréal, 1996, 238 p.

Segura, Mauricio, *Côte-des-Nègres*, Montréal, Boréal, 1998, 295 p.

Simon, Sherry, *Translating Montreal : Episodes in the Life of a Divided City*, Montréal, McGill University Press, 2006, xvi-280 p.

LE MAGICIEN DE SERGIO KOKIS :
H/hISTOIRE/S DE FRONTIÈRES, VIOLENCES ET EXCLUSIONS

Maria Fernanda Arentsen
Collège universitaire de Saint-Boniface

> *Escribir no significa convertir lo real en palabras sino hacer que la palabra sea real. Lo irreal sólo está en el mal uso de la palabra, en el mal uso de la escritura.*
> Augusto Roa Bastos[1]

Depuis la « fondation du monde », les frontières territoriales et idéologiques ont déclenché des violences qui vont de l'exclusion (marginalisation, discrimination, exil) aux guerres et aux génocides produisant des millions de victimes. Citons l'exemple récent des massacres qui ont eu lieu en Amérique latine, notamment entre les années 1960 et 1980, période pendant laquelle ce continent a connu des dictatures qui l'ont submergé dans un bain de sang ainsi que dans un état déplorable de prostration économique et

---

[1] Augusto Roa Bastos, *Yo el supremo*, México, Siglo XXI S.A., 1984 [1974], p. 67. Ma traduction : « Écrire ce n'est pas transformer le réel en mots mais faire en sorte que le mot soit réel. L'irréel réside dans la mauvaise utilisation des mots, dans la mauvaise utilisation de l'écriture. » Le roman de Roa Bastos se base sur la dictature du Paraguayen José Gaspar Rodriguez de Francia (1766-1840), connu comme « le docteur Francia ». Il a été dictateur temporaire à partir de 1814 et définitif à partir de 1816 jusqu'à sa mort. Il a été le premier dictateur du Paraguay, suivi d'une longue liste de tyrans.

culturelle. Or, on peut supposer que, pour le grand public des pays industrialisés comme ceux de l'Europe ou de l'Amérique du Nord, ce genre de tragédie fait partie d'un passé révolu.

On pourrait affirmer que les différents pays vivent dans des temps différents. Le temps des sociétés de l'ère du savoir est celui de la polyphonie des voix, celui des rencontres et des différences. À l'ère de la mondialisation et depuis l'avènement de la condition postmoderne, la fissuration des grands récits, la mise en question des certitudes et la diffusion instantanée de l'information laissent supposer qu'il est possible de construire de nouvelles formes de culture, des cultures de la relation, des cultures en devenir.

Dans ces nouvelles formes de culture, qui se développent sous le signe de la mobilisation, la voix de l'Autre trouve sa place et se fait entendre. Ce nouveau lieu de parole se situe dans les pays qui accueillent des immigrants qui y cherchent un refuge, une possibilité d'expression ou, tout simplement, de vie. C'est en raison de cette grande mobilité, caractéristique de la mondialisation, que nous assistons au phénomène de l'inscription de la voix des Autres[2] dans les littératures des pays d'accueil. Ainsi, au Québec, plusieurs écrivains racontent des Histoires/histoires «d'ailleurs». C'est bien le cas de Sergio Kokis, qui y raconte des histoires de pauvreté, de discrimination, de marginalisation, de persécution et de mort dont le lieu de l'action se situe souvent en Amérique latine. Dans ce travail, je souhaite analyser son roman *Le magicien*[3], publié en 2002, qui clôt la trilogie composée de *Saltimbanques* (2000) et de *Kaléidoscope brisé* (2001).

L'histoire du magicien a été publiée au Québec, dans une société où la fissuration du discours hégémonique et l'expérience de la migration engendrent de nouvelles formes d'identité culturelle,

---

[2] Nous faisons référence ici à cet Autre qu'est le migrant. Il est bien connu que la multiplication des voix autres en tant que minorités (femmes, différents groupes ethniques, groupes gais et lesbiens) au sein des discours hégémoniques est un trait caractéristique de la postmodernité.

[3] Sergio Kokis, *Le magicien*, Montréal, XYZ éditeur, coll. «Romanichels», 2002, 284 p. Désormais, les références à cet ouvrage seront indiquées par le sigle *Le magicien*, suivi du folio, et placées entre parenthèses dans le texte.

ouvertes, en mouvement. Ainsi, un des intérêts de ce roman réside-t-il dans le fait qu'il dévoile l'histoire secrète d'une dictature à partir de l'univers intime de ses personnages, visant un public qui est d'une certaine manière «étranger» à ce type d'événement. Nous réfléchirons donc sur l'Histoire et l'histoire du *Magicien*, les discours des forgeurs de l'Histoire en temps de dictature et les récits de la mémoire des «temps autres» afin de comprendre l'importance de l'insertion de cette H/histoire racontée par Sergio Kokis, une voix venue d'ailleurs, au sein du dialogue culturel de la société québécoise évoluant dans le contexte de la mondialisation.

L'Histoire et l'histoire du magicien

Le magicien propose une révision de l'Histoire de la dictature du général Alfredo Stroessner au Paraguay. Tout comme l'historien, l'écrivain qui fictionnalise l'Histoire doit faire un choix concernant les faits, le point de vue, les matériaux, etc. Sergio Kokis est très conscient du fait que tout récit est le résultat des procédés déployés par le narrateur, qui guide son lecteur vers un but dans le monde clos du roman. Le roman, comme tout autre discours, est fait de ces ajustements, de ces liens, de ces raisonnements et de ces ellipses qui obéissent à un besoin de cohérence narrative.

Sergio Kokis apporte cette réflexion sur la tendance à la narrativité imposée par la langue:

> Cette inclination pour le récit qui nous vient du langage et de la pensée discursive est irrésistible. [...] Des interrogatoires de police suivent parfois cette tendance, en inversant la direction du discours et en partant plutôt d'une confession postulée pour remonter a posteriori vers les éléments de preuve. C'est aussi de la création de fiction, tout comme le discours des politiciens qui, après tout, sont aussi humains que nous[4].

Par ailleurs, comme l'affirme le personnage de son roman *Errances*[5], la «vérité» de l'histoire est le résultat des choix du

---

[4] Sergio Kokis, *Les langages de la création*, Québec, Nota bene, 2006, p. 30.
[5] Sergio Kokis, *Errances*, Montréal, XYZ éditeur, coll. «Romanichels», 1996, 486 p.

narrateur. L'Histoire est aussi racontée par un être humain, donc susceptible de subjectivité. En tant qu'artiste, Sergio Kokis ne se soucie pas de communiquer une «vérité» qui pourrait être mise en question. Il cherche plutôt à recréer le réel, car l'artiste est celui qui est capable de «fréquenter et nous traduire le réel sous des aspects inhabituels[6] étant donné qu'il a «le pouvoir de l'envisager autrement que ce qu'il paraît être[7]». Dans *Le magicien*, l'époque historique de la dictature de Stroessner est recréée esthétiquement de sorte qu'elle puisse être donnée en spectacle. Il s'agit d'un spectacle qui n'est pas beau à contempler. Kokis entreprend la tâche de recréer une histoire de violences qui a laissé des traces sinistres dans l'Histoire de l'humanité.

Dans *Le magicien*, les blessures provoquées par le fondamentalisme nationaliste du général Alfredo Stroessner et ses complices sont mises à nu à travers l'histoire de la vie du protagoniste, Don Dragón. L'histoire du roman commence à un temps et dans un espace précis: «Asunción, Paraguay, début février 1989.» (*Le magicien*: 13), alors qu'un groupe de militaires prend le pouvoir et détient le général Stroessner. Don Dragón est renvoyé chez lui par le général avec l'ordre de brûler tous les documents concernant son gouvernement. C'est pendant cette nuit que Don Dragón se remémore les 30 années de dictature. Il s'agit de la mise en récit d'une mémoire confuse et douloureuse. Les souvenirs sont souvent déclenchés par des objets qui permettent à Don Dragón de reconstruire l'histoire. Par exemple, une photo du général lui rappelle sa première tentative de coup d'État «quand il avait dû chercher asile à l'ambassade du Brésil, caché dans le coffre d'une automobile» (*Le magicien*: 72). Le narrateur, extradiégétique, raconte la petite histoire personnelle de Don Dragón, ses souvenirs, ses pensées. Ayant été intimement lié à Stroessner au long de toute sa dictature, il est un témoin privilégié de cette période de l'Histoire, raison pour laquelle le foyer de focalisation coïncide avec la perception de quelqu'un qui serait proche de Stroessner et qui est souvent Don Dragón lui-même:

---

[6] Sergio Kokis, *Les langages de la création*, op. cit., p. 23.
[7] *Ibid.*

> Don Dragón tente de préciser ses souvenirs de cette ère révolue, alors que son ami n'était pas encore devenu le caudillo redouté et cruel, vénéré partout comme une sorte d'ange exterminateur. Mais tant d'années se sont écoulées que Dragón n'est plus certain de rien. [...] Don Dragón a vécu si intimement lié au pouvoir qu'il n'arrive pas à distinguer ce qui vient de lui-même, de ses désirs, et ce qui appartient à la réalité du président. (*Le magicien*: 72)

Ainsi, par l'entremise de cette histoire individuelle, la trame du roman expose l'histoire secrète de la dictature, une histoire de corruption et d'alliances internationales ignominieuses. Les États-Unis et ses partenaires d'Occident, cherchant à freiner la propagation du communisme en Amérique latine, ont accordé d'énormes sommes monétaires à l'un des dictateurs les plus féroces qu'ait connus l'histoire contemporaine. Alfredo Stroessner, se présentant comme le paladin de la lutte anticommuniste, a parcouru l'Occident, sollicitant des différents gouvernements (au nom de la patrie, de la liberté et de la justice) de maintenir leur soutien économique de son régime. En fait, son intention était de continuer à financer ses projets et ses intérêts personnels ainsi que ceux de son puissant entourage. Certains groupes au pouvoir ont développé des projets de «progrès» (construction de routes, de ponts, d'écoles, d'hôpitaux et d'autres «biens sociaux» pour «le peuple») par le biais des prêts internationaux que le dictateur obtenait grâce à sa position anticommuniste. Cette manœuvre permettait à ses complices de dilapider des fortunes exorbitantes en surfacturant tout ce qui était fait, y compris ce qui ne l'était pas. Ces «œuvres du gouvernement» ont endetté le pays sans qu'il y ait jamais eu d'enquête sur ce gaspillage incontrôlé. Tout ceci a plongé le pays dans la prostration, le retard et la destruction morale et culturelle de la société.

Dans le roman, le magicien Draco Spivak, Don Dragón, après avoir vendu sa femme à une maison close, trahit ses amis en les exposant à la mort pour devenir finalement le confident du dictateur. Malgré le fait que le roman s'occupe du cas précis de Stroessner et se situe au Paraguay, l'histoire racontée rappelle l'aspect universel des procédés d'exclusion et de violence. En effet, n'importe quelle dictature de l'Amérique latine ou d'ailleurs pourrait être associée à celle du roman. On pourrait affirmer ainsi que le personnage Stroessner fonctionne comme une figure type et non pas comme un être humain particulier, ce qui est annoncé par l'auteur dans la dédicace du livre : « En pensant aux myriades de victimes de la bestialité des hommes en uniforme, quel que soit cet uniforme. »

Les faveurs que Don Dragón obtient grâce à son amitié avec le dictateur illustrent bien la corruption économique et morale du régime : le dictateur lui a permis de changer de nom et d'acquérir des diplômes universitaires de toutes sortes, ainsi qu'un passé et une famille notoires. En outre, l'amitié entre les deux hommes entraîne des confidences de la part du général qui mettent en évidence la corruption du régime et les alliances économiques et politiques des favoris du général, comme l'illustre ce passage :

> — Dans le mille, Dragón ! s'écria le général un matin d'avril 1964, après la prise du pouvoir par les généraux putschistes au Brésil. Sans aucune résistance, exactement comme tu l'avais prédit, Dragoncito. L'opération Brother Sam[8] a fonctionné parfaitement, et selon le calendrier et la stratégie décidés ici même, sous mes auspices. Lyndon Johnson doit se frotter les mains devant un coup d'État si bien mené. Ces gouvernements civils tombent comme des mouches aussitôt que les généraux se mettent à péter. Le reste de la partie est dans la poche. Avec les Brésiliens, nous préparerons la même recette pour l'Uruguay, l'Argentine, la Bolivie et le Chili. Peut-être aussi pour le Pérou si tout marche comme la CIA l'a promis. Ça va prendre du temps, mais nous exterminerons toute velléité subversive au sud du canal du Panama. Et c'est Stroessner le chef d'orchestre de cette musique démocratique. Lyndon Johnson n'a plus le choix : il faut qu'il ouvre davantage ses coffres à Don Alfredito, pour que nous puissions moderniser de fond en comble nos forces armées et notre police. Nous sommes devenus la capitale de l'anticommunisme sur le continent. (*Le magicien*, p. 173-174.)

---

[8] Complot de la CIA et du Département d'État à Washington, organisé depuis Asunción, qui a culminé dans le putsch militaire de 1964 contre le président brésilien élu João Goulart et institué une dictature pour les 20 années suivantes. Note de bas du page du roman *Le magicien*, p. 173.

À la lumière de ces conversations intimes, il devient évident que le patriotisme et la défense des valeurs traditionnelles ne sont qu'une excuse qui dissimule mal l'ambition démesurée du général, sa soif de pouvoir et de richesse.

Les artisans de l'Histoire

> *Yo no escribo la historia. La hago. Yo soy el árbitro. Puedo decidir la cosa. Fraguar los hechos. Inventar los acontecimientos. Podría evitar guerras, invasiones, pillajes, devastaciones.*
>
> Augusto Roa Bastos[9]

À travers les monologues du roman, se dessine une caricature grotesque de Stroessner. Cette stratégie utilisée par Sergio Kokis met en évidence un des traits caractéristiques de la violence : dans la violence, il n'y a pas de place pour le dialogue. Le monologue suppose l'impossibilité de toute ouverture, car l'interlocuteur étant passif, il n'y a pas d'occasion d'échange. Le général confirme formellement le rôle passif de Don Dragon : « Il me faut quelqu'un qui n'existe pas, une sorte d'ombre de moi-même pour pouvoir réfléchir à haute voix » (*Le magicien* : 55). Les monologues du général Stroessner illustrent la manière de penser et de procéder des classes dirigeantes des sociétés fascistes. Ils démontrent que le tyran a le pouvoir de déterminer ce qui est bon, décent, bienséant, honnête, exact, juste. Comme l'illustre ce passage, c'est lui le façonneur du discours hégémonique et de l'Histoire :

> Ce n'est pas gratuitement que nous méprisons les lettrés au Paraguay ; ils ont toujours tenté de nous contrôler. Mais tout a changé avec

---

[9] Augusto Roa Bastos, *op. cit.*, p. 210 et 213. Ma traduction : « Je n'écris pas l'histoire. Je la fais. » « Je suis l'arbitre. Je peux décider la chose. Forger les faits. Inventer les événements. Je pourrais éviter des guerres, des invasions, des pillages, des dévastations. » Plusieurs écrivains latino-américains ont retracé la figure fascinante du dictateur. Nous pensons par exemple à *El recurso del método*, d'Alejo Carpentier ; *El señor Presidente*, de Miguel Angel Asturias ; *Oficio de difuntos*, d'Arturo Uslar Pietri ; *El dictador suicida*, d'Augusto Céspedes ; *La fiesta del Chivo*, de Mario Vargas Llosa ; *La tempestad y la sombra*, de Néstor Taboada Terán ; et *El otoño del Patriarca*, de Gabriel García Márquez.

moi. Je donne la grandeur qui manquait à notre peuple. Je suis le gardien de la race, de notre langue et de notre souveraineté. Le Paraguayen commence à savoir ce qu'il est et ce qu'il vaut depuis que mes hommes nettoient le pays des mauvaises influences. Et il commence à m'imiter. Regarde autour de toi et tu verras le progrès accompli (*Le magicien*: 122).

Dans les monologues de Stroessner, on trouve la description des individus voués aux persécutions, ceux qui sont hors norme. Le général énumère ce qui est bien et en même temps il fait l'inventaire de ce qui ne l'est pas. À ses propos, on constate que son processus mental est complètement irrationnel. Son discours remplace par des stéréotypes des êtres humains qui seront transformés en victimes par son pouvoir. Il n'y a rien de rationnel dans cette production d'ennemis de la Patrie. Or, comme l'affirme René Girard[10], l'irrationalité est une caractéristique des persécuteurs. Prenons par exemple un passage où le général Stroessner se lamente de la décadence dans laquelle l'Amérique latine est en train d'échouer :

> Le continent prend un tournant qui ne me plaît pas. Le dévergondage, surtout! La fameuse libération des femmes, par exemple, ce truc gringo, n'est que du dévergondage de lesbiennes et de femmes frigides. Ce sont les pires pour se dévergonder et pour jouer aux putes, ces femmes frigides et machonas. Et puis, la jeunesse, quelle misère! Ils écoutent du rock à casser les tympans des honnêtes gens et oublient les guaranies, les boléros, qui sont notre fierté musicale. Aucun patriotisme. [...] Des curés communistes, des curés qui défroquent, des curés maricons... Même des travestis, ici à Asunción! Qu'on m'arrête tous ces maricons! Tous! À la torture! À la caserne pour un redressage en règle de la morale (*Le magicien*: 243).

Le grotesque de cette énumération réside dans le regroupement absurde de gens différents. On se rend compte que n'importe qui pourrait devenir un « ennemi de la Patrie ». Cependant, les victimes du régime partagent un point en commun : ils s'écartent

---

[10] James Williams, *The Girard Reader*, New York, A Crossroad Herder Book, 1996, p. 107.

de la norme, de ce que le tyran prescrit pour le bien commun. Mais ce qui est prescrit à un moment donné pourrait changer à un autre. Ainsi, ceux qui appartiennent au cercle d'amis peuvent devenir l'ennemi plus tard, selon les caprices des gens au pouvoir.

Par rapport à ce mécanisme, il est opportun de faire une comparaison avec l'essai *Un país de novela*[11] de Marcos Aguinis, écrivain argentin qui a beaucoup réfléchi à propos de la dernière dictature et sur le mécanisme de fabrication des ennemis. Selon le discours officiel de l'État argentin (constitué par des militaires), les Argentins de l'époque de la dictature, «droits et humains[12]», ne pouvaient pas s'identifier à des gens monstrueusement différents, les communistes, des aliénés empoisonnés par un discours étranger. La dichotomie était claire: il y avait ceux qui étaient *pour* et ceux qui étaient *contre* la Patrie.

Les deux écrivains montrent que ces «apatrides» qu'il faut exterminer au nom du bien commun sont le produit de l'imagination fébrile des militaires névrosés qui avaient pris le pouvoir avec l'appui international. Dans *Le magicien*, les monologues de Stroessner mettent en relief l'irrationnel de la situation: étant donné qu'après plusieurs années de persécutions et de massacres le nombre des «ennemis de la Patrie» a commencé à diminuer, le dictateur se voit dans l'obligation d'en inventer d'autres. À certaines occasions, cette manœuvre lui permet de se défaire des individus qui l'encombrent et, en même temps, de redorer son image.

En effet, après 25 ans de dictature, il n'y a «pas un brin d'opposition» (*Le magicien*: 244). Or, alors qu'il s'apprêtait à célébrer la stabilité de son régime, «[u]n fâcheux événement vint malgré tout ternir cette année de commémoration du quart de siècle de la

---

[11] Marcos Aguinis, *Un país de novela. Viaje hacia la mentalidad de los argentinos*, Buenos Aires, Planeta, 2003 [2001], 253 p.

[12] L'expression «les Argentins sont droits et humains» est une réponse cynique aux critiques de la communauté internationale par rapport à la violation des droits humains pendant la dernière dictature argentine. En effet, la communauté internationale ayant exprimé sa préoccupation à l'égard des violations des droits humains en Argentine, les militaires au pouvoir ont répondu: «Les Argentins sont droits et humains.»

démocratie au Paraguay et attrister Stroessner» (*Le magicien*: 245). Il s'agit de l'écroulement de la dictature de son ami Anastasio Somoza au Nicaragua, qui cherche refuge au Paraguay. Bouleversé par cette nouvelle, le général déclare qu'«il faut se méfier autant des *gringos* que des communistes. Nous serons en sécurité seulement entre patriotes paraguayens» (*Le magicien*: 246).

Cependant, le général confie à Don Dragón qu'Anastasio Somoza (qui a hérité la présidence après le décès de son frère Luis, qui, à son tour, était arrivé au pouvoir après la mort de son père) représente un problème pour lui en raison de ses relations avec la mafia. Pendant quelques mois, l'argent de Somoza circula allègrement à Asunción où «tout le monde paraissait très satisfait de cet acquis de taille pour la société paraguayenne» (*Le magicien*: 248). Un jour, Stroessner révèle à Don Dragón que Somoza, loin de respecter sa parole, semble masquer un jeu qu'il interprète comme une trahison. Quelques jours plus tard, alors que la police qui devait le protéger était en retard, «sa Mercedes-Benz blindée fut atteinte par un obus antichar tiré à bout portant, d'une direction qui n'a jamais été déterminée» (*Le magicien*: 249).

> Cet incident insolite, inexplicable dans un pays contrôlé par une police et une armée omniprésentes, déclencha naturellement la plus grande vague de répression de l'histoire de la ville d'Asunción. Pendant que la télévision d'État filmait et transmettait dans le monde entier les moindres détails de la scène du crime, avec cadavres et sang à profusion, les frontières et les aéroports de la nation furent tous fermés pour faciliter l'état de siège, car celui-ci était permanent, mais on mobilisa toute la population pour mener la chasse aux coupables. Un nombre incalculable de dénonciations arrivèrent éloignées de la capitale, ce qui permit aux forces de l'ordre d'effectuer un nombre record d'arrestations durant les mois qui suivirent le lâche attentat (*Le magicien*: 249).

La presse informa alors d'une «infiltration communiste, trotskiste, maoïste et castriste au Paraguay» (*Le magicien*: 249), ce qui permit à Stroessner de préserver son régime en fabriquant de nouveaux ennemis qui prouvaient, aux yeux de la communauté internationale, le besoin de continuer à financer la lutte antiterroriste. Quelques jours après l'attentant, le général se confie encore une fois à Don Dragón en lui avouant sa manœuvre. Par le récit de cet incident de l'Histoire du Paraguay, Sergio Kokis montre que la stéréotypie de la violence joue sur un mécanisme d'absence de contenu. Il n'y a pas de signifiés, rien que des signifiants vides que l'on peut remplir avec n'importe quel concept avantageux selon les circonstances.

Au-delà des certitudes, les récits de la mémoire des « temps autres »

> *Doscientos años más tarde, los testigos de aquellas historias no viven.*
> *Doscientos años más jóvenes, los lectores no saben si se trata de fábulas, de historias verdaderas, de fingidas verdades.*
> *Igual nos pasará a nosotros, que pasamos a ser seres irreales-reales.*
> *Entonces ya no pasaremos. ¡Menos mal, Excelencia!*
> Augusto Roa Bastos[13]

Marcos Aguinis souligne le fait qu'en Argentine, à la fin de la dictature, des milliers de journalistes de tous les pays de la planète se sont réunis à Buenos Aires pour annoncer au monde l'avènement de la démocratie. Cette mise en scène planétaire de ce qui se passait à l'intérieur de la société argentine marque le commencement d'une nouvelle conception des relations humaines. Pour les Argentins, il est clair qu'ils ne sont plus seuls ni isolés dans leur pays. À l'intérieur des frontières argentines, on ne peut plus faire tout ce que l'on veut sans craindre des conséquences. Ce nouvel ordre de choses indique que dorénavant certains groupes, qui abusent du pouvoir, risquent de devoir faire face à l'opinion publique internationale.

Parallèlement, *Le magicien* de Sergio Kokis révèle au sein de la société québécoise ce qui se passe dans les dictatures latino-américaines. En tant qu'artiste, il met en récit une réalité esthétisée de manière à éveiller chez le public récepteur des émotions que les informations de la presse ne peuvent transmettre. Sergio Kokis explique que les œuvres d'art représentent :

---

[13] Augusto Roa Bastos, *op. cit.*, p. 74-75. Ma traduction : « Deux cents ans plus tard, les témoins de ces histoires-là ne vivent plus. Deux cent ans plus jeunes, les lecteurs ne savent pas s'il s'agit de fables, d'histoires vraies, de faits fictifs. Nous vivrons la même expérience, nous serons des êtres réels-irréels. Alors, nous ne passerons plus. Tant mieux, Excellence ! »

des réalités absentes avec suffisamment de force évocatrice pour déclencher chez l'observateur la même émotion qu'il éprouverait en présence de l'objet évoqué. Curieusement, d'ailleurs, et par un effet d'expectative, de mise en disponibilité émotionnelle du spectateur lorsqu'il se place en situation esthétique, les œuvres d'art arriveront parfois à provoquer davantage de réaction émotionnelle que le réel lui-même[14].

La vie de cet absurde personnage, Don Dragón, sa petite personnalité mesquine et son âme remplie de peur lui cisèlent une dimension inhumaine qui efface toute distance entre le lecteur et l'homme d'État (conseiller du président). De la même manière, à travers la perception de Don Dragón, le lecteur a accès à la quotidienneté du tyran, à ses secrets les plus intimes. Le récit de sa vie privée conduira le lecteur dans un monde banal, un monde dépourvu des ornements du pouvoir.

De plus, l'Histoire et l'histoire racontées dans ce roman ne se passent pas dans l'ailleurs lointain, mais près du lecteur. L'irruption de ce «temps autre» de la dictature au centre même de la société québécoise correspond à ce que Homi Bhabha appelle le «*time-lag*» de la culture. Homi Bhabha développe le concept du «temps autre», c'est-à-dire d'un temps qui n'appartient pas à la linéarité historique du progrès, tel que représenté par la modernité occidentale[15]. En Occident, après l'Holocauste, la création des tribunaux internationaux et des Nations Unies a permis de penser

---

[14] Sergio Kokis, *Les langages de la création*, op. cit., p. 21.

[15] La linéarité du temps occidental se trouve «trouée» par des temps autres qui coexistent, ce qu'il explique de la manière suivante: « *When the dialectic of modernity is brought to a standstill, then the temporal action of modernity — its progressive, future drive — is staged, revealing "everything that is involved in the act of staging per se". This slowing down, or lagging, impels the "past", projects it, gives its "dead" symbols the circulatory life of the "sign" of the present, of passage, the quickening of the quotidian. Where these temporalities touch contingently, their spatial boundaries metonymically overlapping, at that moment their margins are lagged, sutured, by the indeterminate articulation of the "disjunctive" present. Time-lag keeps alive the making of the past. As it negotiates the levels and liminalities of that spatial time* [...].» Homi Bhabha, *The Location of Culture*, Londres et New York, Routledge, 1994, p. 254.

que «plus jamais» les droits humains ne seraient outragés. Or, avant et pendant la Guerre froide, des nouvelles des atrocités des dictatures en Amérique latine parviennent à l'hémisphère Nord et quelques journalistes risquent leur vie en essayant de pénétrer cette incompréhensible violence. Le roman de Sergio Kokis, bien documenté et basé sur des faits réels, met en évidence les détails de ces horreurs, les mécanismes de pouvoir (locaux et internationaux) qui les ont légitimées et les dispositifs d'effacement de traces qui caractérisent la fin des périodes de persécution. Ainsi, le narrateur explique qu'une fois que «tout était fini» les soldats ont reçu l'ordre de brûler tout document compromettant:

> Les feux allumés par les officiers encore fidèles consomment allègrement des piles de dossiers qui renferment des milliers de cris, de gémissements d'horreur, de viols, de cicatrices de torture et d'exécutions sommaires. Les flammes mettent ainsi un terme définitif aux dernières traces d'existences que la terre paraguayenne ou les fleuves de la nation ont englouties durant les trente-cinq ans de son règne. La souffrance de générations d'étudiants, d'ouvriers et d'intellectuels disparaît ainsi en cendres, silencieusement. Pour alléger la mémoire du pays et préparer les plus invraisemblables pardons (*Le magicien*: 35).

L'H/histoire du magicien prouve que l'espoir qui a suivi la fin de la Grande Guerre s'est avéré être une chimère. L'Histoire n'est pas linéaire, bien au contraire, les répétitions des atrocités sembleraient indiquer une sorte de circularité. Ces «temps autres», ou décalages du temps, mis en scène dans le roman de Sergio Kokis montrent que les frontières qui séparent les êtres humains sont porteuses d'une double dimension: spatiale et temporelle. La tragédie des dictatures latino-américaines, leur présent d'horreur et de misère, renvoie à un passé toujours vivant.

Dans le dialogue culturel du présent de la société québécoise, une société riche et démocratique, Sergio Kokis introduit un «temps autre» qui est aussi un temps d'ailleurs. Il s'agit d'un passé que l'on voudrait dépasser et qui rappelle douloureusement tant d'autres histoires. Ainsi, la mémoire et la conscience de l'exclusion sont maintenues vivantes au sein de la société d'accueil, tout en ébranlant son indifférence. Le lecteur québécois a l'habitude des histoires racontées par des citoyens d'ailleurs (des Haïtiens, des Italiens, des Latino-Américains…). L'intérêt de ces récits réside dans la valorisation de la mémoire, comme l'illustrent les paroles du dictateur de Roa Bastos citées en exergue.

En ce sens, Jonathan Rutherford souligne que les changements culturels que nous vivons, la restructuration des vieux processus sociaux et le déclin des vieilles identités coïncident avec la prolifération et la dispersion d'autres antagonismes politiques et sociaux. Nous vivons un processus de déplacement individuel et politique. De nos jours, les discours d'opposition aux politiques dominantes s'écrivent à partir du centre, à l'intérieur de ces structures idéologiques, discursives et matérielles qui forment les sources centrées du pouvoir et des savoirs. Le féminisme, la libération gaie et les minorités en général ont lutté pour transformer les espaces marginaux, des espaces d'oppression et de discrimination, en espaces de résistance. De cette manière, en affirmant la nature apparentée des identités, ils ont perturbé le sens de l'individu, soulignant les absences, les démentis et les dédoublements sur lesquels l'identité du Même était basée[16].

De la même manière, cette histoire du magicien, qui est celle d'un « temps autre » qui a lieu au cœur du XXe siècle, provoque l'empathie des lecteurs et prévient contre le risque de penser que les violations des droits humains appartiennent à un passé révolu. Cette ouverture offerte par des écrivains comme Sergio Kokis qui, venus d'ailleurs racontent des histoires autres, implique la nécessité de vivre avec de nouveaux cadres moraux et démocratiques. Ceci ouvre vers une culture et une sensibilité individuelle différentes.

Conclusion

La mondialisation ouvre à un rapprochement constant et complexe. Des histoires comme celle du *Magicien* installent dans l'imaginaire

---

[16] Voir Jonathan Rutherford, «A Place Called Home: Identity and the Cultural Politics of Difference», dans Jonathan Rutherford (dir.), *Identity, Community, Culture, Difference*, Londres, Lawrence & Wishart, 1998, p. 26.

du public des pays industrialisés les images des tragédies des pays pauvres. D'ailleurs, comme le montre l'essai de Marcos Aguinis, grâce à la présence de la presse internationale, les populations ne sont plus isolées à l'intérieur des frontières de leur pays à la merci des groupes au pouvoir.

Ce voyage vers d'autres temps à l'intérieur de nos cultures permet une construction identitaire fragmentée, complexe, multiple. Comme l'explique Patrick Imbert,

> la fiction ouvre à l'expansion de soi dans des images multiples qui doivent se contextualiser efficacement afin de rencontrer l'autre. [...] L'expansion de soi dans l'exploration de la mémoire plutôt que dans la croyance au canon historique permet d'envisager un avenir transformateur échappant au dualisme soi/les autres et inscrivant l'autre en soi[17].

Le contact avec des « temps autres » rapproche les factions séparées par les frontières en créant un espace dans lequel le temps n'est plus linéaire ni transparent, mais composé, « opaque », dans le sens évoqué par Édouard Glissant[18], pour qui l'« opacité » est ce qui protège le divers. En ce sens, Homi Bhabha affirme que :

> *The problem of progress is not simply an unveiling of human perfectibility, not simply the hermeneutic of progress. In the performance of human doing, through the veil, emerges a figure of a cultural time where perfectibility is not ineluctably tied to the myth of progressivism. The rhythm of the Sorrow Songs may at times be swift — like the projective — like the time-lag. What is crucial to such a vision of the future is the belief that we must not merely change the narratives of our histories, but transform our sense of what it means to live, to be, in other times and different spaces, both human and historical*[19].

---

[17] Patrick Imbert, *Trajectoires culturelles transaméricaines. Médias, publicité, littérature et mondialisation*, Ottawa, Presses de l'Université d'Ottawa, coll. «Transferts culturels», 2004, p. 240.
[18] Édouard Glissant, *Poétique de la relation, Poétique III*, Paris, Gallimard, 1990, p. 75.
[19] Homi Bhabha, *op. cit.*, p. 256.

Ainsi, les certitudes de la modernité, soit la linéarité du temps et le progrès de l'Histoire, se fissurent, faisant place au complexe. Cette ouverture déclenche de nouvelles réflexions sur le sens de la vie et de l'être dans d'autres temps et d'autres espaces.

La réécriture de l'Histoire de la dictature de Stroessner, recréée à partir du récit de la vie d'un magicien de cirque devenu le conseiller du tyran, installe chez le lecteur l'inquiétude que seules les évocations perturbantes de la littérature peuvent transmettre. On pourrait se demander si ce type de récits publiés au Québec, chargés de « mémoires autres », viennent enrichir la mémoire collective du lecteur québécois, ou si, dans l'esprit du lecteur, ces histoires demeurent l'Histoire des autres.

BIBLIOGRAPHIE

Aguinis, Marcos, *Un país de novela. Viaje hacia la mentalidad de los argentinos*, Buenos Aires, Planeta, 2003 [2001], 253 p.
Bhabha, Homi, *The Location of Culture*, Londres et New York, Routledge, 1994, 304 p.
Glissant, Édouard, *Poétique de la relation. Poétique III*, Paris, Gallimard, 1990, 241 p.
Imbert, Patrick, *Trajectoires culturelles transaméricaines. Médias, publicité, littérature et mondialisation*, Ottawa, Presses de l'Université d'Ottawa, coll. «Transferts culturels», 2004, 341 p.
Kokis, Sergio, *Errances*, Montréal, XYZ éditeur, coll. «Romanichels», 1996, 486 p.
Kokis, Sergio, *Kaléidoscope brisé*, Montréal, XYZ éditeur, coll. «Romanichels», 2001, 340 p.
Kokis, Sergio, *Les langages de la création*, Québec, Nota bene, 2006 [1996], 75 p.
Kokis, Sergio, *Le magicien*, Montréal, XYZ éditeur, coll. «Romanichels», 2002, 284 p.
Kokis, Sergio, *Saltimbanques*, Montréal, XYZ éditeur, coll. «Romanichels», 2000, 378 p.
Roa Bastos, Augusto, *Yo el supremo*, México, Siglo XXI S.A., 1984 [1974].
Rutherford, Jonathan, «A Place Called Home: Identity and the Cultural Politics of Difference», dans Jonathan Rutherford (dir.), *Identity, Community, Culture, Difference*, Londres, Lawrence & Wishart, 1998, p. 9-26.
Williams, James G. (ed.), *The Girard Reader*, New York, A Crossroad Herder Book, 1996, xii-310 p.

MARCEL ET SES H/HISTOIRES :
LA MAUVAISE FOI ET *LA CLEF DE SOL* DE GÉRALD TOUGAS

Renald Bérubé
Université du Québec à Rimouski

Mais ne proposant cet écrit que comme une histoire, ou, si vous l'aimez mieux, que comme une fable, en laquelle, parmi quelques exemples qu'on peut imiter, on en trouvera peut-être plusieurs autres qu'on aura raison de ne pas suivre, j'espère qu'il sera utile à quelques-uns, sans être nuisible à personne, et que tous me sauront gré de ma franchise.
René Descartes, *Discours de la méthode*[1]

La philosophie n'aime guère le récit. Elle s'en méfie. Elle se construit en bonne partie contre lui, quand elle ne cherche pas à se le subordonner. Sans grand succès. [...] Le désir de raconter, le plaisir du conte, le besoin d'histoire sont plus forts que toute censure.
Thierry Hentsch, *Raconter et mourir*[2]

---

[1] Divisé en six parties, le *Discours de la méthode* (1637) a aussi un sous-titre : *Pour bien conduire sa raison et chercher la vérité dans les sciences*. L'extrait que nous citons se trouve au début (5ᵉ paragraphe) de la première partie du *Discours*, intitulée « Considérations touchant les sciences ».

[2] Thierry Hentsch, *Raconter et mourir. Aux sources narratives de l'imaginaire occidental*, Montréal, Presses de l'Université de Montréal, 2002, p. 17.

> *Une fois vaincue la tentation de laisser les faits entre les mains des scientifiques et des historiens, comment voir la différence entre une page écrite par un historien et une autre, rédigée par un conteur?*
>
> Amos Oz, *Les deux morts de ma grand-mère*[3]

Trois histoires, pour commencer

Commençons par un incipit en trois histoires, la première renvoyant à des faits d'histoire littéraire : Gérald Tougas a jusqu'ici publié deux ouvrages, un roman, *La mauvaise foi* (Québec Amérique, 1990), qui lui valut en 1991 le prix du Gouverneur général et le prix Alfred-DesRochers puisque Tougas habite depuis un long moment en Estrie; et un recueil, *La clef de sol et autres récits* (XYZ éditeur, 1996). Soulignons que, s'il a changé de maison d'édition du roman aux récits, Tougas, en dépit de ce que peuvent laisser croire les apparences, est resté fidèle à son éditeur : André Vanasse fut directeur littéraire chez Québec Amérique avant de l'être aux éditions XYZ. Il ne faut jamais trop se fier aux apparences, surtout quand elles se donnent des airs d'évidence; la fiction, depuis toujours ou presque, n'a de cesse de nous le répéter. Or il est de prime évidence que la fiction, si elle sait raconter des histoires, ne ment jamais.

Deuxième histoire, celle que raconte la quatrième de couverture de *La clef de sol* — texte de provenance auctoriale plutôt qu'éditoriale, selon toute vraisemblance :

> L'auteur est né au milieu des plaines du Manitoba dans un petit village habité par d'irréductibles Canadiens français. Y a sucé la potion magique aux deux mamelles de la langue et de la foi. A connu l'Arctique et l'Afrique. A beaucoup enseigné. A choisi depuis longtemps le Québec comme la meilleure terre d'exil possible. Se considère parfois comme un cas terminal de fatigue culturelle. Espère et désespère. Comme tout le monde[4].

---

[3] Amos Oz, *Les deux morts de ma grand-mère et autres essais*, Paris, Gallimard, coll. « Folio », n° 4031, 2004 [1995], p. 75.

[4] Gérald Tougas, *La clef de sol et autres récits*, Montréal, XYZ éditeur, 1996, quatrième de couverture. Dorénavant, les références à cet ouvrage apparaîtront entre parenthèses dans le texte, précédées du sigle *CS*.

La quatrième de couverture de *La mauvaise foi*[5] racontait à peu près les mêmes choses dans les mêmes termes, sauf pour cette phrase : « Il a choisi de vivre au Québec pour la liberté du beau verbe sans complément de sa devise » (*MF* : quatrième de couverture). Osons dire que ces lignes, faits biographiques vérifiables, intertextualité (d'Astérix à Aquin), le « discours » sur l'exil, l'attention portée à la construction de la phrase (sans complément), ironie amusée ou angoissée avec pirouette en guise de chute (« ... cas terminal de fatigue culturelle. Espère et désespère. Comme tout le monde. »), que tout cela pourrait aisément servir d'épigraphe aux histoires de Tougas.

Bémol de nature historique qu'il faut ajouter comme en dépit de soi : quand Eugène-Étienne Taché (1836-1912), architecte, fils d'Étienne-Pascal (1795-1865) qui fut premier ministre du Canada en 1864 et qui présida cette même année la Conférence de Québec, prélude à la Confédération de 1867 — quand l'architecte Taché, donc, ajoute en 1883 une devise aux armoiries du Québec, cette devise se lit ainsi : « Je me souviens que né sous le lys, je crois sous la rose » ; ce qui fait non seulement un mais bien deux compléments à «*Je me souviens*», même si notre Histoire a choisi de ne retenir que ces trois premiers mots-là. N'en reste pas moins qu'en langage floral les deux compléments soulignent qu'un « je » peut avoir, en Histoire justement, une naissance puis une croissance selon deux appartenances différentes, sorte de « je » déjà « nous » à lui seul. D'être né selon le lys mais d'avoir à grandir selon la rose, cela peut-il expliquer « un cas terminal de fatigue culturelle » ?

Troisième histoire, de nature auto- et biographique : Je connais Gérald Tougas depuis 1964 ; c'était ma première année d'enseignement, lui en cumulait déjà quelques-unes, il « a beaucoup enseigné ». Il m'a été une sorte de maître malgré lui, un exemple de professeur passionné et compétent — et il était grand amateur (lecteur) de hockey, ce qui n'était pas pour me déplaire. Cette troisième histoire permet une lecture pleine de passerelles entre des

---

[5] Gérald Tougas, *La mauvaise foi*, Montréal, Québec Amérique, 1990, 266 p. Dorénavant, les références à cet ouvrage apparaîtront entre parenthèses dans le texte, précédées du sigle *MF*.

faits vérifiables dans le parcours auctorial d'une part, le paratexte et le texte (ses histoires) chez Tougas, d'autre part. Par exemple, la dédicace de *La mauvaise foi* se lit ainsi : « Pour Laure Bouvier » ; or on peut lire dans le récit « Fête du Canada *Day* », alors que le narrateur et son épouse se dirigent, depuis Montréal, vers leur Manitoba natal tout en discutant de leur « fatigue culturelle » (*MF* : 55) : « Laure est une parfaite copilote » (*MF* : 58) ; « Grâce à Laure, j'écoute un documentaire au volant. [...] Laure est toute heureuse du renseignement, les Indiens c'est sa marotte, elle prend toujours leur défense, elle affirme souvent, toute fière, qu'elle a du sang métis. Elle écoute Kashtin à cœur de jour » (*MF* : 64-65).

Or, existe bel et bien un roman de Laure Bouvier intitulé *Une histoire de Métisses* publié chez Leméac en 1995 ; on peut lire sur sa quatrième de couverture : « Une Métisse entreprend à l'été 1992 la traversée d'une partie du Canada, de Montréal au lac Winnipeg (Manitoba). Voyage pèlerinage pour se refaire une histoire [...][6]. » Et à la lecture dans « Claudia Cardinale », récit, le plus long du recueil, placé au centre de *La clef de sol* et qui se déroule en Afrique, où Marcel enseigne en tant que coopérant, comme « néocolonialiste » (*CS* : 88) selon son langage — à la lecture de ce bref passage, donc : « Laure, femme de Marcel, publicitaire » (*CS* : 105), je sais bien qu'il s'agit de l'« adjointe à la revue *Châtelaine* » ainsi qu'est présentée, en quatrième de couverture, l'auteure d'*Une histoire de Métisses*. La littérature, décidément, ne raconte pas que les histoires des romans ou des récits qui officiellement la constituent. Et les meilleures sont les histoires tordues qui, mélangeant le fictif et ce qui ne l'est pas, nous laissent comme en déséquilibre, en état d'instabilité chercheuse.

Histoire et fiction

Le vrac ayant certain charme ou atout, ajoutons encore ceci pour être bien à niveau eu égard au fait qu'il importe de (se) raconter des H/histoires. Dans *Le Roi-Soleil se lève aussi* — salutations requises

---

[6] Laure Bouvier, *Une histoire de Métisses*, Montréal, Leméac, 1995, quatrième de couverture.

à une histoire d'Ernest Hemingway —, Philippe Beaussant, grand expert du Baroque et de ses pratiques ludiques et illusionnistes, écrit ce qui suit :

> Et quand bien même nous le saurions, l'image que nous savons inexacte reste parfois plus forte que la vérité que nous n'ignorons pas. «L'État, c'est moi», il ne l'a pas dit. «Après moi, le déluge», Louis XV non plus. «La Garde meurt mais ne se rend pas», même pas Cambronne. Mais c'est plus fort que si c'était vrai ; donc, c'est vrai. L'Histoire est toujours à la ressemblance de ce que nous voulons qu'elle soit[7].

Le titre du plus récent livre de Nancy Huston, *L'espèce fabulatrice*[8], est déjà assez clair ; les titres de deux entrevues parues dans *La Presse* («Nous sommes fiction») et *Le Devoir* («Fabulation chronique») n'allaient certes pas se priver de suivre la voie[9]; et qui donc oserait n'être pas d'accord avec le point de vue mis de l'avant quand on se souvient que Shakespeare écrivait déjà, dans *La tempête*, que «Nous sommes de l'étoffe dont les rêves sont faits[10]» (acte IV, scène 1) ? Quiconque a essayé de convaincre son voisin que le loup n'est pas nécessairement un animal dangereux sait pertinemment l'emprise du Grand Méchant Loup — nous sommes fiction, l'Histoire n'est pas innocente de nos histoires.

Marcel raconte (avec d'autres)

Divisé en trois parties de très inégales longueurs, *La mauvaise foi* se déroule le temps d'un voyage en train entre Montréal et Winnipeg. Marcel Démontigny a entrepris ce voyage vers le «pays natal» (*MF*: 14), ce «voyage initiatique dans le passé» (*MF*: 24) dans un but bien précis : élucider le mystère de la mort «dans des circonstances étranges» (*MF*: 17) — «un accident, un meurtre ou

---

[7] Philippe Beaussant, *Le Roi-Soleil se lève aussi*, Paris, Gallimard, coll. «Folio», n° 3635, 2005 [2000], p. 68.

[8] Nancy Huston, *L'espèce fabulatrice*, Arles, Actes Sud, 2008, 183 p.

[9] Chantal Guy, «Entrevue / Nancy Huston. Nous sommes fiction», *La Presse*, 11 mai 2008, p. 4 (Lectures) ; Caroline Montpetit, «Fabulation chronique. Nancy Huston», *Le Devoir*, 10-11 mai 2008, p. F1.

[10] William Shakespeare, *La tempête*, Paris, Mercure de France, 1963, 127 p.

un suicide » (*MF*, 25) — « d'une sœur tendrement aimée, oh! oh! morte à vingt ans » (*MF*: 17). Et Marcel d'ajouter aussitôt, lui qui narre cette première partie : « ... et j'ai l'impression qu'en racontant son histoire, c'est la mienne que je raconte, que je résume, *shrink*, je le sais car ça m'énerve, ça m'énerve [...] » (*MF*: 17). Irène, la « grande sœur », était « l'honneur de vivre » (*MF*: 31) et Marcel affirme sans sourciller lui avoir « voué un culte » (*MF*: 32). Or le souvenir de la grande sœur est encore accentué au cours de ce voyage par la rencontre de Christine, « madone romanesque des *sleepings* » (*MF*: 15), la « chère bilingue » (*MF*: 33 et 85), la « bifide perfide » (*MF*: 41), dont la « belle tête [...] me fait irrésistiblement penser à celle de ma sœur Irène dans son cercueil » (*MF*: 25), Christine avec laquelle il passera une nuit amoureuse, nous l'apprendrons à la fin du roman (*MF*: 262-264).

Insistons : dans la première partie de *La mauvaise foi*, Marcel Démontigny définit et défend son entreprise, qui est de raconter la vie et la mort d'Irène, sa sœur aînée ; mais, ce faisant, veut veut pas, il se raconte aussi, même s'il se juge bien en deçà de ce que fut Irène (*MF*: 32), le « culte » évoqué pouvant certes jouer en cette occurrence un rôle déterminant. Enquête, biographie, autobiographie, même histoire ; pour sa part, Marcel, lui, utilise à divers moments de cette partie I, en son nom ou par narrateur enchâssé interposé, des mots et expressions comme « ce petit documentaire » (*MF*: 16), sa « quête » (*MF*: 26), « cette espèce de journal » (*MF*: 39), de « chronique familiale » (*MF*: 48), d'« exégèse » (*MF*: 52) pour décrire l'ouvrage ; sans oublier sa relation des rumeurs et des racontars qui ont entouré les aventures amoureuses de sa sœur. Car il faut encore ajouter ce qui suit : si Marcel est le narrateur de cette partie I du roman, il laisse large place à d'autres « je », en particulier à l'oncle Philippe, oncle maternel, « le héraut de la saga familiale, son griot, son commentateur attitré, son porte-parole le plus autorisé » (*MF*: 49), celui dont « la vulgate » (*MF*: 41) sera soumise à la lecture critique entreprise par Marcel.

Car, narrateur racontant une histoire qui en contient bien d'autres, Marcel est aussi lecteur impénitent de toutes ces histoires, c'est-à-dire interprète. Ainsi, enchâssé dans son récit, celui de l'oncle Philippe, que Marcel analyse tel un tenant de la meilleure pratique lectorale textuelle qui connaîtrait sans le dire son Barthes, son Genette, etc. (*MF*: 53, *sq*.); et enchâssé dans le récit de l'oncle Philippe, l'entrefilet paru dans *Le Clairon* de Saint-Rémi et qui annonçait la mort d'Irène (*MF*: 51), entrefilet qu'analyse l'oncle, son analyse étant bien sûr sujette à celle de Marcel. Si bien que l'histoire racontée par ce dernier est largement une lecture de celle des autres, de «la vulgate» de cet oncle autodidacte «venu de l'est» et «brandissant et citant à l'occasion un journal au titre austère» (*MF*: 118), de cet oncle qui avait grandi «avec le goût des garçons à l'ombre du clocher de Sainte-Luce» (*MF*: 50), comme d'autres peuvent grandir à l'ombre des jeunes filles en fleurs et pratiquer dans leurs histoires des amours hétérosexuelles.

En I de *La mauvaise foi*, le narrateur Marcel, en superbes et impeccables phrases (proustiennes) longues et plus longues, raconte l'entier de la vie et de la mort d'Irène. Prenant sa relève en II et III, un «il» à vocation de neutralité — qui dit surtout «elle» en II — reprend le récit de Marcel et des récits enchâssés, y ajoute force détails qui relèvent du réel vérifiable de l'Histoire de l'histoire plutôt que d'une attitude provenant du «culte» voué à Irène, du point de vue objectif plutôt que subjectif. Sans que, pour autant, les phrases ne raccourcissent. Irène nous est alors racontée depuis la maladie menaçante qui semble le point central de sa plus tendre enfance, depuis, pourrait-on dire, tous les stades menant, selon la psy, de la naissance à l'âge dit adulte: il y a la mère, puis la nature, puis le père, puis Dieu, puis la rébellion qui se manifeste entre autres par son identification à l'héroïne de *The Return of the Native* du romancier Thomas Hardy, Eustacia Vye, à qui elle veut «ressembler en tout» (*MF*: 108).

Et la lecture (écrite, forcément) de ce roman par le narrateur, autre histoire, instaure le roman de Hardy comme mise en abyme de *La mauvaise foi*. À la fin de la IIe partie, le narrateur peut conclure: Irène s'est suicidée, s'est noyée dans le ruisseau Rouge en crue, le «courant de sa [...] vie était aussi sorti de ses gonds» (*MF*: 219) ainsi que le temps hamlétien (*MF*: 201; acte I, scène 5) qui avait mené à la mort d'Ophélie. Et à la fin de la IIIe partie (*MF*: 236 *sq*.), quand le narrateur reprend à peu près exactement des passages de la 1re (*MF*: 33 *sq.*) ainsi que racontés alors par Marcel, on se doute bien que ce « il » qui narre n'est pas sans parenté avec un Marcel qui reraconte sous un autre angle l'histoire déjà racontée par lui en son nom propre, comme s'il disait que raconter son histoire, écrire son autobiographie à l'occasion d'un récit biographique, « ça m'énerve, ça m'énerve » trop.

On avait pu se douter bien avant de cette plurivocité du même : l'épigraphe du roman citait Robert Frost, le poète étudié par Irène pour ses cours et qui sera à la naissance de ses amours avec Eric Driscoll (*MF*: 124 *sq.*). Revoyant sa mère — eh oui, le père est mort depuis longtemps, un an avant Irène — tout à la fin du roman, Marcel écrit : « Je m'étonne de ne pas arriver à la détester, à la voir méchante reine de ruche, comme autrefois. Au contraire, elle m'émeut. Je l'aime. Je ne sais même plus ce que je lui pardonne » (*MF*: 265).

La mère des histoires

Aidons, puisque lecteurs et lectrices nous avons tous les droits (*CS*: 101) et sommes partie prenante de l'histoire qu'*on* nous raconte mais que *nous* lisons, aidons Marcel, alors, à se rafraîchir la mémoire. À partir d'ailleurs de ses propres récits postérieurs à *La mauvaise foi*, à partir entre autres de « La clef de sol », récit premier du recueil éponyme, et de « Omer mourant », beau titre polyphonique ou polysémique, extrait du même recueil. Dans « La clef » d'incipit, un narrateur raconte un Marcel qui écoute les paroles du sermon d'un prédicateur (*CS*: 9), ainsi que *La mauvaise foi* commençait par cette phrase : « Nous discutons religion, c'est dire notre âge » (*MF*: 11). Nous est narrée ensuite la maladie de Marcel, sa difficulté à respirer, qui convoque à Sainte-Luce le médecin de Saint-Rémi : on se croirait au début, au masculin, Marcel ayant remplacé Irène, de la IIe partie de *La mauvaise foi*. Et si le roman, en trois parties ou versions plutôt qu'une, racontait l'histoire d'Irène et les mutations du récit de cette histoire (qui était aussi celle, ne pas l'oublier, du Marcel narrateur), le recueil raconte Marcel selon les mêmes stades plus tôt évoqués dans le cas d'Irène et selon bien des modes de narration : Marcel est tantôt raconté, tantôt racontant, et des récits dont il est absent reprennent des expressions de son langage ou des thèmes (obsessions) à lui bien chers. Il n'est certes pas insignifiant d'ailleurs que le Marcel de *La mauvaise foi* mime à un moment donné le récit du s'analysant (!) chez un psychanalyste (*MF*: 17 *sq.*) et que l'ensemble du récit intitulé « Tout paysager » rapporte, par psy interposé, les paroles d'un s'analysant qui utilise à quelques reprises cette narquoise formule : « Je sens que le Freud en vous frétille » (*MF*: 148). Car, après tout, force est d'admettre que le récit de cas, inventé par le Pr F., constitue bel et bien un genre d'écriture, une histoire dont le récit permet à la fois de théoriser et d'étayer la théorie ainsi mise de l'avant.

Le récit intitulé « La clef de sol » est une histoire aussi linéaire, simple et complexe qu'on peut en imaginer une. Une simple (?) histoire d'amour surtout, entre la religieuse enseignante et le jeune garçon de Sainte-Luce, qu'elle aime appeler son « petit prêtre » (*CS*: 34, 36), comme pour autocautionner son comportement vis-à-vis de l'enfant. Vers la fin de l'année scolaire, sœur Cécile prendra ses distances, mais pas avant d'avoir remis à l'enfant une photo d'elle en jeune fille avant son entrée en religion, photo qui a toutes les complaisances du garçon, qu'il va voir en catimini, l'ayant cachée « dans le grenier, entre les pages du livre qui s'appelle *Laure Conan. À l'œuvre et à l'épreuve* » (*CS*: 37). La mère découvrira « le pot aux roses » [...] Quelle belle photo ! Comme elle est belle, ta sœur Cécile ! » (*CS*: 39), pour ajouter, après l'« interminable » prière du soir familiale : « Tu es laid » (*CS*: 40).

Dans « Omer mourant », ledit Omer, « fils aîné indigne » d'une « mère abusive » (*CS*: 128), se meurt de tous ses excès et de toutes ses folleries, lui qui a « fait l'Arctique à l'époque de la DEW » (*CS*: 130) comme Marcel dans la dernière nouvelle du recueil, lui qui est devenu « immense comme Marlon Brando dans *Apocalypse Now* » (*CS*: 131). Il s'agit donc des derniers moments de la lutte amour-haine à finir menée entre la mère et le fils depuis toujours ou presque, Omer qui a nommé sa mère « Jules César » ou « Napoléon » — noms si féminins — depuis le même toujours, lui disant tout juste avant de mourir : « Napoléon, *you're okay, you're great*. [...] Je t'aime, maman » (*CS* : 133). On pourrait dire qu'il ne sait plus bien ce qu'il lui pardonne.

Entre Duras et Yourcenar

Revenons au récit d'ouverture (placé sous le signe de sœur Cécile, vive la musique), de *La clef de sol* ; le segment 4 de ce récit (*CS* : 15-19) justifie à lui seul l'adjectif *complexe* plus tôt utilisé pour le qualifier. Deux événements sont là narrés par différentes voix, quitte à être lus de même par différentes instances, l'un des événements (et sa lecture) étant une pièce de théâtre montée à l'école que fréquente Marcel et dans laquelle joue le jeune garçon. Le récit qui nous en est fait prend place au moment de la maladie de l'enfant. Une merveille d'écriture, d'histoire racontée et de lecture par le héros — lisons donc le passage suivant :

> ... on parle de lui comme d'un personnage dans un livre. On lui prête des sentiments, des réactions, des pensées même qu'il ne reconnaît pas toujours. La consistance qu'il y gagne, pour fausse, illusoire ou fantaisiste qu'elle soit n'est pas pour lui déplaire, à moins qu'on n'exagère vraiment en survolant. En l'oubliant. Après tout, c'est son histoire qu'on raconte et nul, sauf Dieu, ne la connaît mieux que lui. Aussi se prévaut-il de son droit de regard sur elle, en ajoute, en enlève, retisse la trame du récit pour y prendre la place qui lui revient, le centre, mais cela sans effort, sans y penser, sans le vouloir, sans le savoir vraiment... (*CS* : 17).

Marcel (autobiographe qui a vieilli, présumons-le sans trop craindre) en tant que lecteur critique de sa propre histoire d'enfant ainsi que racontée en son enfance par les autres. Et il faudrait ajouter d'autres nuances encore, touchant la temporalité, entre autres et surtout. Insistons ici sur un seul donné, « le centre » qui apparaît à l'enfant (malade) comme étant « la place qui lui revient », ainsi que tel était déjà le cas d'Irène souffrant d'une maladie identique, la difficulté à respirer (*MF* : 90-91). Puisque nous avons toutes et tous le goût (inné ?) de « Tout paysager », puisque le désir d'être au centre du monde n'est pas étranger ni à vous ni à moi, il nous faut bien, s'agissant du racontage d'histoires, à dormir debout ou à lire couché(e), rappeler l'essai de Marthe Robert, *Roman des origines et origines du roman*[11], lui-même inspiré du bref texte de celui qui en nous frétille assez souvent, M. Freud, intitulé « Le roman familial des névrosés » (1909). Résumons la théorie Freud-Robert : né omnipuissant après neuf mois vécus selon tous mes désirs, je ne saurais me satisfaire d'une vie nouvelle qui ne répond pas à la moindre de mes attentes ni au moment exact où celles-ci se manifestent. Mes parents n'étant donc pas à la hauteur, *i.e.* à la hauteur de mes désirs, force m'est de conclure qu'ils ne sont pas mes vrais parents, et que ceux-ci, prince et princesse, se manifesteront tôt ou tard ; alors sera reconnue ma prééminence, qui me donnera alors droit à la place qui me revient, le centre du monde.

Dans le récit central de *La clef de sol*, « Claudia Cardinale », Marcel Démontigny, « notre griot, notre gourou » (*CS*: 96), est donc raconté ; mais ce raconté raconte, son « je » enchâssé prend à peu près toute la place ; lecteur impénitent qui n'en finit pas « de citer Valéry ou un autre » (*CS*: 96), lecteur dont les lectures des histoires des autres racontent, chacune à sa manière ou depuis son point de vue, sa propre histoire. Tout ce récit, placé sous l'épigraphe suivante : « Une œuvre d'art où il y a des théories est comme un objet sur lequel on laisse la marque du prix », de Marcel Proust, cela va de soi, n'est toujours qu'une longue lecture personnelle de ce qui constitue une œuvre d'art ; Tougas sait manier l'humour. Après avoir, sans sourciller, affirmé que la photo de Claudia Cardinale par Karsh ne peut pas ne pas faire allusion au *Printemps* de Botticelli — et si Karsh « n'y a pas pensé, il aurait dû » (*CS*: 101) —, il compare plus tard les œuvres des deux Marguerite, Yourcenar et Duras, pour conclure que la vraie créatrice de quelque chose de neuf, c'est Duras, dont, analysant le début de *L'amant* et arrivant à cette phrase : « Que je vous dise encore, j'ai quinze ans et demi », il affirme, lui, Marcel : « C'est le début de sa recherche du temps perdu » (*CS*: 116). On ne sera pas surpris si, comparant Senghor et Césaire, il associe

---

[11] Marthe Robert, *Roman des origines et origines du roman*, Paris, Gallimard, coll. « Tel » n° 13, 1976 [1972], 365 pages, p. 42-43 pour l'évocation-résumé du bref texte de Freud.

à Duras l'auteur du *Cahier d'un retour au pays natal* plutôt que l'ancien président du Sénégal, qui fut aussi membre de l'Académie française ainsi que Yourcenar.

Si, selon Marthe Robert, le roman familial que nous nous inventons est de prime importance car il nous permet d'aménager l'Univers de manière à nous le rendre habitable, il faut nous demander quel univers les histoires de Marcel présentent comme le lieu par excellence, le « centre » du monde sinon l'univers de tous les rêves. Je ne crois pas beaucoup exagérer en disant que le paradis selon Marcel réside dans le pays perdu du temps natal, que l'exil et la nostalgie ont chez lui partie liée, que les choses se passent chez lui, ainsi que chez le Joyce d'*Ulysse* ou le Aquin de *Neige noire*, comme si tout avait déjà eu lieu, qu'il n'était rien de particulièrement nouveau ou de gratifiant à attendre : « On réagit toujours trop tard, on n'est jamais heureux qu'au passé » (*CS*: 175). Faisant de moi-même un autre Marcel-qui-cite, je veux souligner ce passage (assez long) du si merveilleux et si dur «*Any Mail?*» qui clôt *La clef de sol*:

> idée banale que je tiens à formuler plus bêtement que n'importe qui, en me doutant que c'est freudien à mort et donc très rebattu, qu'un livre, toute œuvre d'art doit viser à produire l'équivalent de la joie, de l'émoi, de l'effroi du coup de foudre — le coup de foutre, disait Massereau [...]. L'équivalent d'un paradis, et par conséquence, puisqu'il ne s'agit que d'un équivalent fictif, la preuve aussi de la mort et de l'exil, de l'inguérissable nostalgie, des inguérissables faim et soif d'un monde parfait et toujours hors d'atteinte (*CS*: 164-165).

Ajouter ceci après la lecture de ces lignes, en nous souvenant du texte, auctorial selon toute vraisemblance, placé en quatrième de couverture de *La clef de sol* : les histoires, à leur manière qui est la meilleure et la plus sûre, trahissent souvent cette Histoire qu'elles ne sauraient ignorer, le voudraient-elles. Disons alors qu'il y eut le long Irlandais en exil racontant l'histoire d'Ulysse à la recherche de son Ithaque natal ; qu'il y eut l'exilé en son pays natal même, décrivant une fatigue culturelle qui perdure alors qu'il aspirait au prochain épisode ; qu'il y a un Manitobain d'origine en exil chez «*Je me souviens*» sans complément, devise québécoise dont l'énoncé complet traduit une dualité sinon un déchirement. On pourrait ajouter, Freud ne cessant de frétiller, que «le pays perdu du temps natal» dont nous avons tantôt parlé ne peut que renvoyer au lieu natal primordial, la mère. Et qu'entre mère et pays natal, alors, la distance se révèle bien aléatoire: le voyage de retour au Manitoba natal, dans *La mauvaise foi*, ne se clôt-il pas (ou presque) par l'évocation de la mère, dont Marcel écrit qu'il ne sait plus ce qu'il lui pardonne? Marcel et Omer sont frères, fils de mères mortifères; entre ces mères et le Manitoba natal de Marcel qui a exécuté son fils le plus célèbre à ce jour, Louis Riel, peut-on penser, en rappelant la «bifide perfide» et la «Fête du Canada *Day*», que les histoires et l'Histoire selon Marcel tissent des liens que seul un exilé qui est aussi un fabulateur chronique peut tramer? Sans oublier que Nancy Huston est aussi de l'Ouest canadien une exilée.

Bref retour au pays premier des trois épigraphes

Premier ouvrage de philosophie (de science) écrit en français, ouvrage à l'origine d'un large pan de la réflexion philosophique par lui renouvelé, le *Discours de la méthode* est donc, puisque Descartes l'écrit lui-même presque en incipit de son texte, une «histoire», une «fable». Jouons un peu avec ces deux mots-là, «histoire» et «fable»: il est bien évident que Descartes nous raconte une histoire, que son *Discours* n'est pas une fable mais bel et bien un exposé de sa pratique philosophique. Mais celle-ci devait alors se déguiser, être camouflée, Descartes ayant d'ailleurs renoncé en 1633 à faire paraître son grand ouvrage intitulé *Le monde* à la suite de la condamnation de Galilée. Décrivant comme «histoire» ou «fable» son *Discours*, Descartes se protégeait en «racontant une histoire» au sens le plus véridico-inventé de cette expression.

Par ailleurs et à sa manière, la formule de Descartes peut servir d'admirable appui à l'assertion de Thierry Hentsch: le besoin d'histoires est plus fort que tout, le *muthos* a toujours une longueur d'avance sur le *logos*, tant pis ou tant mieux pour nous, lectrices ou lecteurs dits savants des histoires que nous analysons. Comment ne pas insister sur la puissance et la nécessité des histoires qui ont su permettre la publication du *Discours* de Descartes, qui autrement serait peut-être demeuré inconnu ; rendons-nous compte : Descartes a utilisé la notion de « fable » pour assurer la parution, sans trop de dégâts pour lui, de son *Discours* !

Amos Oz a raison, sans l'ombre d'un doute : sa grand-mère n'est pas morte de la maladie qui a causé sa mort, mais de l'idée (imagination, imaginaire, histoire) qu'elle se faisait du Proche-Orient et qui a été cause de la cause qui l'a menée à sa mort. Ça vaut la peine, croyez-en (sur parole, bien évidemment) un défenseur des H/histoires : lisez Oz, vous apprendrez comment il est possible de mourir (au moins) deux fois, ce qui constitue déjà une histoire peu commune, sinon même un... inédit.

BIBLIOGRAPHIE

Ouvrages à l'étude

Tougas, Gérald, *La clef de sol et autres récits*, Montréal, XYZ éditeur, 1996, 187 p.

Tougas, Gérald, *La mauvaise foi*, Montréal, Québec Amérique, 1990, 266 p.

Ouvrages consultés

Beaussant, Philippe, *Le Roi-Soleil se lève aussi*, Paris, Gallimard, coll. «Folio», n° 3635, 2005 [2000], 262 p.

Bouvier, Laure, *Une histoire de Métisses*, Montréal, Leméac, 1995, 200 p.

Descartes, René, *Discours de la méthode. Pour bien conduire sa raison et chercher la vérité dans les sciences*, Paris, Éditions de l'École, 1966 [c1938, 1637].

Guy, Chantal, «Entrevue / Nancy Huston. Nous sommes fiction», *La Presse*, 11 mai 2008, p. 4.

Hentsch, Thierry, *Raconter et mourir. Aux sources narratives de l'imaginaire occidental*, Montréal, Presses de l'Université de Montréal, 2002, 431 p.

Huston, Nancy, *L'espèce fabulatrice*, Arles, Actes Sud, 2008, 183 p.

Montpetit, Caroline, «Fabulation chronique. Nancy Huston», *Le Devoir*, 10-11 mai 2008, p. F1.

Oz, Amos, *Les deux morts de ma grand-mère et autres essais*, Paris, Gallimard, coll. «Folio», n° 4031, 2004 [1995], 321 p.

Robert, Marthe, *Roman des origines et origines du roman*, Paris, Gallimard, coll. «Tel» n° 13, 1976 [1972], 365 p.

Shakespeare, William, *La tempête*, Paris, Mercure de France, 1963 [1623?], 127 p.

TABLE DES MATIÈRES

RACONTER DES HISTOIRES 7
Lucie Hotte

CONTES ET CHANSONS

LA CHANSON SATIRIQUE, LA LITTÉRATURE ET L'HISTOIRE AU XIXE SIÈCLE :
RÉMI TREMBLAY ET *LE CHANSONNIER POLITIQUE DU* CANARD (1879) 17
Jean Levasseur

LE VOYAGE DE LA « CHANSON DE LA GORNOUILLÈRE »
DE PIERRE FALCON, BARDE MÉTIS 35
Annette Chrétien et Robert A. Papen

LE SALUT DE L'ARRIÈRE-PAYS :
LE CONCEPT RADIOPHONIQUE DE LA LÉGENDE ET DU CONTE 71
Johanne Melançon

LE CONTE URBAIN EN ONTARIO FRANÇAIS :
SE (DONNER À) DIRE, SE (DONNER À) LIRE 93
Emir Delic

MES AÏEUX : LE FUNKLORE OU LA TRADITION ORALE REVISITÉE 119
Robert Proulx

THÉÂTRE

JOUER DES H/hISTOIRES : LES THÉÂTRES FRANCOPHONES DU CANADA 139
Jane Moss

ENJEUX IDENTITAIRES DANS LA DRAMATURGIE FRANCO-MANITOBAINE
CONTEMPORAINE 161
Lise Gaboury-Diallo

LES LANGUES DU THÉÂTRE FRANCOPHONE DE L'OUEST CANADIEN 183
Louise Ladouceur

SURTITRAGE ET COLINGUISME : DES HISTOIRES À (SE) RACONTER 197
Nicole Nolette

REPRÉSENTATIONS DE LA MINORISATION
DANS *L'ANNÉE DU BIG MAC*, DE MARC PRESCOTT 213
Nicole Côté

L'ACADIE EN HISTOIRES
PARATOPIE ET SCÈNE D'ÉNONCIATION
DANS LA LITTÉRATURE ACADIENNE CONTEMPORAINE 233
Raoul Boudreau

LES «ACADIENNES» :
PROJET DE DRAME LYRIQUE DE FÉLIX-ANTOINE SAVARD 249
Yvan G. Lepage

ANTONINE MAILLET ET LA COMÉDIE HUMAINE ACADIENNE 271
Robert Viau

LA PETITE HISTOIRE AU SERVICE DE LA GRANDE : LA RÉÉCRITURE
DE L'HISTOIRE ACADIENNE DANS DEUX ROMANS D'ANTONINE MAILLET 289
Denis Bourque

L'ACADIE : POUR UNE ÉCRITURE OUVERTE SUR LE MONDE 311
Julia Morris-von Luczenbacher

HISTOIRES DU *FAR*-OUEST
SUBVERSION FORMELLE POUR UNE THÉMATIQUE ATTENDUE :
LA GROTTE DE JEAN-PIERRE DUBÉ 333
Paul Dubé

DIRE C'EST AUSSI (SE) LÉGITIMER :
COMMENT SE CONSTRUIT L'HISTOIRE DES FRANCOPHONES DES PRAIRIES 349
Pierre-Yves Mocquais

PROLÉGOMÈNES À L'ÉTUDE DE LA (RÉ)ÉCRITURE DE CONTES
PAR LES ÉCRIVAINS FRANCOPHONES DU *FAR* OUEST 369
Pamela V. Sing

LE RÉCIT COMME ESPACE DE RECONSTRUCTION : LA QUÊTE DE L'IMAGINAIRE
DANS *SAUVAGE-SAUVAGEON* DE MARGUERITE-A. PRIMEAU 393
Jimmy Thibeault

LES FEMMES RACONTENT ET SE RACONTENT

AU NOM DE LA MÈRE, DU PÈRE ET DE HILDEGARDE :
DES HISTOIRES DE *FILLES* ET DE FILIATION CHEZ ÉLISE TURCOTTE 417
Andrea Oberhuber

ÉCRIRE LA VIEILLESSE : PERSONNAGES ET NARRATEURS
EN VIEILLES PERSONNES 441
Estelle Dansereau

MIMÉSIS ET SÉMIOSIS DANS *ALEXANDRE CHENEVERT* DE GABRIELLE ROY 455
Vincent Schonberger

MÉDÉE DANS L'HISTORE : *LE LIVRE D'EMMA* DE MARIE-CÉLIE AGNANT 475
Marie Carrière

(SE) RACONTER POUR L'AUTRE (SOI) 497
Eileen Lohka

HISTOIRES DE L'HISTOIRE

HISTOIRES D'ARGENT. DES MOTIFS DE *DÉTERRITORIALISATION*,
DE *DÉGÉNÉRATION* ET DE *RÉGÉNÉRATION* DANS L'IMAGINAIRE
COLLECTIF CANADIEN-FRANÇAIS 517
Jean-Jacques Defert

HISTOIRE ET HISTOIRES DANS LES ROMANS DE PAMPHILE LE MAY 545
Rémi Ferland

ARCHITECTURE TEMPORELLE EN HÉRITAGE
L'HISTORICITÉ CRÉPUSCULAIRE DU *TRIPTYQUE DES TEMPS PERDUS*
DE JEAN MARCEL 557
Stéphane Inkel

OCTOBRE 1970 : UNE HISTOIRE À RACONTER
UN ÉVÉNEMENT À S'APPROPRIER ? 577
Elsa Ollier

HISTOIRES DE L'ESPACE

IL ÉTAIT UNE FOIS DANS L'OUEST : LES *ROAD NOVELS* QUÉBÉCOIS 599
Lise Gauvin

VOLKSWAGEN BLUES DE JACQUES POULIN :
DES HISTOIRES POUR ÉCRIRE L'HISTOIRE,
OU DES HISTOIRES POUR FORMER LES PERSONNAGES ? 619
John Kristian Sanaker

MONTRÉAL MULTICULTUREL : UN NOUVEAU MYTHE LITTÉRAIRE ? 637
Christina Horvath

LE MAGICIEN DE SERGIO KOKIS :
H/hISTOIRE/S DE FRONTIÈRES, VIOLENCES ET EXCLUSIONS..................................651
Maria Fernanda Arentsen

MARCEL ET SES H/hISTOIRES :
LA MAUVAISE FOI ET *LA CLEF DE SOL* DE GÉRALD TOUGAS..................................669
Renald Bérubé

www.ingramcontent.com/pod-product-compliance
Lightning Source LLC
Chambersburg PA
CBHW070252240426
43661CB00057B/2542